權力的毛細管作用

清代的思想、學術與心態
（修訂版）

王汎森　著

序 論

這一本書的編選經歷過兩個全然不同的階段。

大概十年前,有一位熱心的朋友發動了一個計畫,希望在大陸出版一套台灣學者的論著選集,每本約四十萬字,當時我毫不考慮地答應下來。但是這件工作拖了十年仍未交差,最重要的原因是我認為應該多收新作,而不只是把曾經集結出版的文章再集結一次。

然而我一直在準備這個選集。最初的設想是要收入我從明清到近代思想學術方面的文章。我以這樣的面貌規劃了很長一段時間,而且連導論〈史家的邏輯與事件的邏輯〉也都寫好了。最近當我決定應該為這件工作做一個了斷時,一種完全不同的編輯概念浮現在我腦海中,亦即縮小範圍只收集與清代有關的文章。

依我個人觀察,清初以來逐漸形成四股力量的齊旋,一股是晚明以來已發展到相當成熟的生活邏輯、城市化、商業化,逸樂、流動,以及日漸複雜化的生活型態;一股是道德正統主義的力量,這股思想是認為即使當時的現實並非如此,但理想上應該朝道德正統主義邁進;一股是經典考證迴向古代的勢力;一股是因為異族統治者的不安全感所帶來的政治壓力。這四股力量往往交織在一起,像「風」一樣吹掠而過,形成無處不在的影響。這種影響像毛細管作用般,在最微細的、最日常的、最私密的空間中也發揮了意想不到的力量。而這本

書中有多篇文章都與前兩股力量有關。幾經思考，我決定用書中篇幅最長，且從未發表過的〈權力的毛細管作用〉為書名，並加上一個副標題[1]。以「權力的毛細管作用」為題，並不表示它涵蓋了本書每一篇文章的意旨，這是首先要聲明的。

一

我之所以遲遲未將〈權力的毛細管作用〉一文完成，原因很多。我在寫成這篇文稿之後，發現前前後後有若干的問題是應該同時解決的。預想中的題目包括〈晚明遺獻的復活〉等文，但是我始終沒有時間好好將這些長文寫成。

本書中與「權力的毛細管作用」相關的幾篇文章，我稍後再說。此處先介紹這本選集最開頭的幾篇文章，它們分別討論形上玄遠之學的沒落、經典考證及迴向古代之勢、道德意識之轉化、政治思想的轉換，以及「禮治理想」之興起。這五個方面正好是明清思想轉型的幾個主軸。我在《晚明清初思想十論》中還有若干篇文章與「轉型」有關，有興趣的朋友可以參看。

第一篇文章是〈清初思想中形上玄遠之學的沒落〉，該文以「去形上化」為主軸來討論清初學術思想的一個特色，因為有這一個特色，所以清初思想家看社會與自然的眼光皆產生了變化。該文分成五個部分：第一部分藉「寶珠」或「種子」兩種觀念來說明先天預成式的人性論之式微。第二部分是以四書(特別是《大學》、《中庸》)地

1　收在本書的文章只有〈日譜與明末清初思想家——以顏李學派為主的討論〉，與我多年前出版的《晚明清初思想十論》重複，其餘都未收入我的任何論著中。

位之下降說明此一現象。第三部分是以江浙心學社群之去形上化來說明這一段歷史。第四部分則由樸素的原始儒家哲學的興起來說明形上玄遠思想之沒落。第五部分則由清初程朱陸王兩派皆顯現的「去形上化」來證明這一趨勢的普遍性。

〈清初「禮治社會」思想的形成〉一文，主要在談明末到清初「禮治理想」的興起。我認為這不純是一個思想史的問題，而是一個社會文化史的問題；不純然是學術的運動，而是有其現實的社會背景。由於晚明以來四民社會秩序的動搖、士風的敗壞，和高度商業化後高下標準的變動，使得士人感到必須要有一套新的理想、標準來矯正，儒家的「古禮」便成為士人標舉的規範。

17世紀，一群又一群的在地文人發動了一場以「禮」為主軸的清整運動，寫作各種糾正風俗的小冊子，希望賦予各種身分恰當的行為舉止與規範，或可稱之為舉止的一場行為革命。「禮治」運動中，除了呼籲及闡發禮治理想之外，也有許多人深入基層，編纂及推廣各種實用性的參考冊子，可見當時人們認為「心性之學」在建立秩序方面已經失靈，他們關心的是如何以新的「行為主義」來建立新的社會秩序。「禮治社會」的理想，有光譜的濃淡之別，以回到「古禮」為最濃的一端，較淡的一端則是朱熹的《家禮》。禮教運動還有一個目的，是希望與佛、道化的禮儀，或受其沾染的禮儀對抗，其中以喪禮最為顯著。文章的內容在強調清初三禮學研究的興盛，以及禮學學術社群的形成，與上述現實社會的背景是分不開的。

〈清初的講經會〉一文則是對清初浙江甬上地區講經會之形成、思想脈絡、進行方式、會友、治學風格，以及其影響所作的研究。這篇文章論證講經會之形成與明代後期道德價值的混亂失序、社會政治上的頹敗，以及異族入侵的壓力、改朝換代後對社會政治問題上的反

省等都有關。該文以相當的篇幅討論，何以在劉宗周及黃宗羲心學傳統力量最大的地方反而產生了講經團體。同時也描述了講經會前後幾個時期，以及它如何由寧波地區的一個講經團體擴大其影響力到北京、並透過北京的講會影響了聚集京師的官員及士人們。最後，也討論該會與清學興起的關係。

此文還有另一層次的關懷，即「某種政治語言之所以可能」的問題。在這個經典運動之前，政治思想的主流論述與此後是很不一樣的。這個運動牽引出一套新的政治、思想、語言，使得一些原來在明代文化中不存在，或是邊緣性的、沒有重要意義的語言反而成為核心，並在清初的時代氛圍中發揮了重大的作用。從此有一套不同的語言、思想、概念來想像政治、社會與日常生活。過去我們總認為那一套語言，或使用那一套語言的政治型式是自古已然的，但事實上，某種傳統並非自然而然傳下，「繼承」傳統需要努力，就好比不刻苦學習拉丁文就沒辦法繼承古代拉丁傳統一般。

關於明清之交道德意識的轉化，包括了兩篇文章：〈明末清初的人譜與省過會〉、〈日譜與明末清初思想家〉。這兩篇文章是想展示道德意識呈現的方式與轉化、道德理想如何影響日常生活的實踐，而以人譜、省過會等修身冊籍及團體組織為例來說明。

這兩篇文章同時也說明了道德權力的毛細管作用。我認為權力不只是以政治權力的方式展現，事實上道德自我要求的強大力量，也像毛細管一樣作用於個人及社會的各個層面，〈明末清初的人譜與省過會〉及〈日譜與明末清初思想家〉是兩個很顯然的例子。

〈明末清初的人譜與省過會〉一文說明了，即使在最樂觀的人性論下，仍可能存在著極強的道德緊張，明代的陽明學也不例外。本來，遷善改過即是陽明格物說的一個主要部分，到了明季，隨著社會

風俗之敗壞，在部分王學信徒中，省過、改過便成為一個很熱烈的論題。但由於陽明的「心即理」學說主張在省過、改過的過程中，人們一己之心不但要做為被控訴者，同時也扮演著反省者與控訴者。對根器較差的人而言，「心」同時作為一個被控訴者和控訴者，殆如狂人自醫其狂一般；因此有一部分人轉而主張：在省過改過時，應該有第三者扮演客觀的監督與控訴的角色，因而有省過會之類的組織產生。當然，省過組織的產生與運作方式也受到鄉約中公開彰善糾過儀式的影響，而此一現象亦同時象徵著在道德實踐中「心即理」學說所面臨的理論危機。

有一點必須強調的是，這一類省過會或修身日記的傳統，雖有寬、嚴之別，卻是此後士人世界一個強勁有力的傳統。尤其當社會失序或國家混亂之時，人們往往祭出這個辦法，強力地把自己與流俗區隔開來，有系統、有方法、有步驟地組織自己散亂而沒有中心的生活，鍛鍊自己成為「道德化政治」的先鋒隊、把自己鑄造成像曾國藩那樣旋乾轉坤的人物。而這個傳統，是道咸以降思想界的一個重要力量。

〈日譜與明末清初思想家〉一文旨在說明四事：第一、晚明通俗宗教及善書的流行與明末清初修身日記的大量湧現；第二、修身日記反映出17世紀思想界的幾種變化，包括由玄轉實，由悟轉修的傾向；第三、在晚明那種知識分子群體性活動風起雲湧，動輒千百人的講會逐步消歇，老師與學生當面印證的場合漸次減少之後，日記所扮演的角色、規過會的興起，以及它們反映的道德嚴格主義的氣氛；第四、修身日記的流通仍局限在士大夫階層，與功過格等那樣普及群眾的善書不同。我們也可以從日記的內容中看出社會救濟色彩的淡薄，以及天與被罪等宗教色彩的開始等現象。

這兩篇文章是我試著聯繫「思想史」與「生活史」兩個領域之

作[2]。柯靈烏(Robin G. Collingwood, 1889-1943)說：「一切歷史都是思想史」，我理解這句話的意思是說歷史是由思想造成的，所以思想之於人們的日常生活，像是微血管般周流全身。試想如果不是政治思想一次又一次的改變，人類政治怎麼可能從法國大革命一路演變到今天？反過來說，生活、制度或現實當然也塑造人的思想，這兩者相互激盪，成為推動歷史發展的巨大力量。我認為「思想史」與「生活史」的聯繫，開啟了一片廣大的研究天地，如兩者之間聯繫的節點，如思想的傳布與擴散，如介於兩者之間的各種文本、修辭，如思想通俗化的過程，如通俗文本中的思想元素，如思想與各種眼光、觀點的形成等等，都是值得我們關注的課題。

這一組文章的第四篇〈何以三代以下有亂無治〉，原是為一部中國經典系列叢書中《明夷待訪錄》一書所寫的導論，我之所以將它收在這裡，是為了說明17世紀政治思想方面的重大變化。本文除了討論《明夷待訪錄》的幾個思想主軸，還特別提出該書的一個重要特質，即它一方面嚴厲批判古往今來因為君權之私而導致制度、社會的敗壞，並指出三代以下各種制度設計中潛藏了帝王之「私」的性格，而黃氏主張統治者應該以「公」的原則來規劃合乎三代理想的制度，這個原理幾乎貫串《明夷待訪錄》一書中所有的層面，使得它在17世紀政治思想的新發展中變得相當特別。

本文也討論了《明夷待訪錄》一書在清代的流通，說明它雖然從未出現在各種禁書目錄中，但很快地被政治禁制「漣漪效應」波及而銷聲匿跡，目前得見的少數本子中甚至有以明夷卦的卦畫作為書名以

2　相關論點，請參見王汎森，〈思想史與生活史的聯繫——「五四」研究的若干思考〉，《政治思想史》，第1期（天津），2010，頁16-31。

逃避政治忌諱的。這也部分說明了該書為何不像盧梭的《民約論》那樣在問世之後不斷擴大影響力，形成巨大的歷史動能。文中並且提到它在道光之後屢次重刊的過程，正好可以與經世實學思想的崛起，以及我接著介紹〈禁書復出〉那一篇的內容相互關照。

二

　　本書的另一組文章主要是在講「權力的毛細管作用」，這個觀念來自傅柯（Michel Foucault, 1926-1984）。傅柯對權力的了解有非常大的貢獻，他不像過去的人只注意權力在公開的大場面上的展現，例如制度、政策、暴力、處罰、拘捕、閱兵等。他同時也注意到權力在微小的、隱密的空間中作用的狀況。所謂「權力的毛細管作用」，是說權力像水分子的毛細管作用一般滲入每一個角落，每個日常生活的角落都可能受其影響。我借用這個觀念來說明我廿年前所做的一個清代的政治與文化的研究，該文討論在清代的政治壓力下，文化領域中無所不在的自我壓抑、自我刪節的現象。

　　在「權力的毛細管作用」這一個主題下，原先是一個比較大規模的寫作計畫。但目前我只完成了三篇，即〈從曾靜案看十八世紀前期的社會心態〉、〈權力的毛細管作用——清代文獻中「自我壓抑」的現象〉、〈道、咸以降思想界的新現象——禁書復出及其意義〉。這三篇是一個連環套，它們討論清代的政治壓力，一方面是官方的禁制政策；另一方面是造成一種無邊的氛圍產生權力的毛細管作用。在「風」吹掠的當頭及以後，人們祕密地調整自己、壓抑自己。在〈從曾靜案看十八世紀前期的社會心態〉一文中，我已提到各地對這個案件「創造性」的反應，包括不由自主的猜測、衍繹、自我壓抑等。而

在〈權力的毛細管作用〉中我則借用包括寫作、出版、藏書等等難以想像的許多案例，說明在龐大政治壓力下文化活動的進行。自我壓抑的現象在過去的研究中被過度忽略了，事實上這類事例之多，遠非文字所能形容。我認為我們討論清代歷史，尤其是涉及思想、學術、政治等方面，如果不把這個方面考慮進去，是不可能對政治壓力所形成的無處不在的潛在性剝削有比較完整的解釋。而且我也注意到過去二、三十年間研究者，傾向於迴避這個主題，或對之視而不見。我在〈道、咸以降思想界的新現象——禁書復出及其意義〉一文，則是討論一個人們先前不怎麼注意的現象，即這些被禁毀，或是在肅殺空氣之下消失無蹤的書籍，如何又成群地回來。在後面我還要結合晚清歷史，比較詳細地討論一下這個現象。本書的第四組文章主要是在講清代中期思想學術史。

清代中期考證學如日中天，在這個時期，學術思想世界到底是「黃茅白葦，一望皆是」，或是在訓詁考證之外，還有若干值得我們注意的發展？〈程廷祚與程雲莊——清代中期思想史的一個研究〉、〈對《文史通義・言公》的一個新認識〉兩篇文章是我在這方面的嘗試。

〈程廷祚與程雲莊——清代中期思想史的一個研究〉一文討論了幾個較為複雜的問題：第一、本文處理一個胡適所留下的難題。胡適一直想了解一位神龍見首不見尾的思想人物——程雲莊，程氏對明末清初以來的思想界有相當大的影響，但史學界卻又始終無法了解他的面目。胡適曾經將這個問題請教明清史權威——孟森，卻未得到任何解答。本文利用了日本內閣文庫收藏的孤本《程氏叢書》，試著解答胡適在七十幾年前所提出的學術公案，即程廷祚(1691-1767)與明末清初的思想家程雲莊(1602-1651)之間的思想關聯。第二、近三百多

年來，不斷有人提及程雲莊，但因為不曾讀過他的文集，所以對他的思想內容掌握不確，本文透過《程氏叢書》釐清其思想之大概。第三、本文將程雲莊與程廷祚之思想交涉作一梳理，認為在瓦解邵雍、朱子的形上體系這件工作上，程廷祚受了程雲莊之啟發而展現清代中期思想的一個特色——即「尋找平實、淺近的聖人」。同時也對考證學盛行時，學術界的另一種動向，即清代宋學之特質提出一個定位。第四、本文也對胡適當年建立「顏李→程廷祚→戴震」這一思想系譜時的若干成見作了檢討。

至於〈對《文史通義·言公》的一個新認識〉一文，主要是認為章學誠在乾嘉考證學如日中天的時代，對古代著述之實況提出了相當具有前瞻性的論斷。章學誠一方面受當時考證學的影響，同時也孤明先發，揭露了古代著作及知識流傳的實況，並對作者、著作權等問題，提出了許多新的見解。譬如他說古代不認為著作是「私」的，知識是為了公共之用。古人不忌諱抄錄他人文字，倘能致用，根本不在乎原來的作者是誰。他說古代的著作是以「篇」為單位，而不是以「書」的方式流通，而許多「書」事實上是「文件集」。同時章氏的著述觀念也支持了他「君師合一」、「道、學、政合一」的理想；這個政治思想的提出，與清代中後期的社會情狀有密切的關係。章氏揭露了古代的知識是以合乎道而施於用為貴，他認為後世為了凸顯個人的見解或創獲所形成的作者觀及智財觀念遠離了古代的情狀。這樣的觀點對乾嘉考證盛世時期「著書滿家」的情況，也是一種極具針對性的批判。章氏對於古代著作觀的論點，在清代及民國時期並不受人注意，但像余嘉錫這樣敏感的學者在《古書通例》中即大幅繼承了章學誠的論點。章學誠、余嘉錫的這些見解，多已被近代出土的文物所證實。

本書的第五組文章，討論嘉慶、道光、咸豐年間思想界的變化。

大概從嘉慶後期一直到道咸年間，也就是1800-1850年之間，是晚清的一個重大變化期。我注意到許多清代思想史、學術史，往往是在寫完考證學之後便接著寫洋務運動及西學東漸，但是夾在兩者中間大概有半個世紀的時間，卻是一個重要的變化期。在西方，1800-1850也是一個重要的段落，達爾文的《物種原始》的出版、馬克思的《資本論》第一卷的準備都在這個時期。所謂「道咸以降之學新」（王國維），在何種意義下為「新」，「新」的學術思想現象包括哪些成分，都是一個尚未被深入探討的問題。〈清代儒者的全神堂——《國史儒林傳》與道光年間顧祠祭的成立〉及〈道、咸以降思想界的新現象——禁書復出及其意義〉這兩篇文章，是在舉例說明洋務運動、西學漸入之前，帝國內部士人群體的新胎動。

〈清代儒者的全神堂——《國史儒林傳》與道光年間顧祠祭的成立〉一文，是為了替我關心的一個歷史現象，即道光二十三年（1843）之後成立的顧祠會作鋪墊。

道光年間（鴉片戰爭之後），北京有一大批官員發起了祭拜顧炎武的活動，這個祠祭活動持續了七、八十年。本文是以顧炎武祠的建立為引子，藉《國史儒林傳》成書過程，重新檢討嘉、道年間思想文化歷史中，顧炎武乃清朝第一儒者的論斷是如何形成的；同時也討論了在形成顧炎武崇拜的過程中，士大夫圈如何編織了一個似有若無的「全神堂」。而官方功令、政治忌諱之逐步鬆弛與士人世界相應的變化，以及官方意識型態、學術、思想、社會幾種力量互相交織、轉變的情形。

為什麼選擇一種祭拜儀式作為了解這一段歷史的入口？人類學家紀爾茲（Cliffored Geertz, 1926-2006）認為「文化」有部分是由一批模組或格式所組成。人們用它們來理解、詮釋社會經驗，人們也用它們

來表演自己給自己看的儀式。維持這些模組、格式的穩定而又能表達個別之意思，是維持一個社會或文化秩序穩定的要素。人們往往透過對套語、格式的再現，及在其中所作的細微改變，來說出自己的語言，其情形一如Natalie Davis在《檔案中的虛構》(*Fiction in the Archives : Pardon Tales and Their Tellers in Sixteenth-century France*)中所說的，犯人大多不識字，大多是由他人代爲撰寫認罪書(Pardon Tale)，而認罪書有一定的故事模式，所以犯人們是用一些原先即已存在的故事模式在認罪，並乞求寬恕[3]。

在清代文化中也有一些格套、模式，對它們一再地運用與詮釋，是表達士人心曲的重要方式之一。在存在高度政治壓力的時代，如何把握人們思想情緒上可能的變化呢？我們可以從人們一再訴諸格套、模組，或故事題材中，從他們對那些看來老套的東西的衍繹，了解他們如何表達許多隱密、奧妙的情緒與思想。

祭拜白居易、黃庭堅、蘇軾等題材即是這種模組或格套之一。人們一遍又一遍地重述、感喟、祭拜這些歷史人物，並透過這些行動曲折地表達自己的心緒。而道光二十三年之後的顧炎武崇拜即是其中一個重要的例子。

本書的最後一篇文章是〈道、咸以降思想界的新現象──禁書復出及其意義〉前面已大致提及，在這裡，我想多費一些篇幅把我對這個問題的想法作一個比較詳細的交代。

我認爲一部又一部禁書的復出是一個又一個的溫度計。首先它們得以復出，至少反映了兩面事態：一方面是反映了政治壓力鬆弛的歷

3　以上參考了Peter Burke, *What is Cultural History?* (Cambridge: Polity Press, 2004), ch. 3, ch. 4.

程，一方面是曲折反映了清代後期一波接一波新的關心的議題(這些
關心不一定會坦直地表達出來)，同時也道出了若干意識型態世界的
重要趨勢及轉折。

從清初到乾隆時代都進行過大規模的禁燬書籍的工作，而以乾隆
編修《四庫全書》為高峰，關於這方面的著作已經相當多，連當時辦
理這件工作的相關檔案也已整理出版。但是一般人似乎只注意到許許
多多的文獻被禁、被燬，卻很少注意到有許多文獻在清代後期又重新
回到歷史的舞台上來，並扮演相當吃重的角色。

在大規模禁書運動之後，大量的知識與記憶被壓抑下去了，尤其
是已經刻印的書，但事實上還有不少從未刊刻的稿本，一些碑銘、畫
像、遺址或帶有紀念意味的實物也因壓抑而消失，或進入不被人知的
角落。故整體的結果是一種大規模的、刻意的集體遺忘，人們的知識
與記憶空間被重新規範了，使得二百多年中占據人們思想意識世界主
要位置的是另一批知識與記憶。

官方對於書籍的訊息所知仍然有限，故在官方的禁書目錄之外，
還有許多「有問題」的書也悄然地隱入歷史的角落，我們如果披讀周
作人、鄭振鐸、黃裳等人的藏書序跋及許多藏書志時，即會得到一個
結論，有許許多多的文獻，因為政治空氣的緊張，或者是官方的大規
模禁燬，即使並未列名禁燬書目中，也自動地銷聲匿跡二百多年。所
以這是一個「漣漪效應」，向湖心丟下一顆石頭，它的漣漪會一圈一
圈往外擴散，使得「敏感」不只限於官方所認定的範圍，而是廣大百
姓心中對此「敏感性」的擴大詮釋。我在〈權力的毛細管作用〉已將
這些林林總總的自我壓抑現象作了交代。

但是禁燬及自我壓抑，並未根除了所有「有問題」的書，隨著我
們對這方面知識的增加，尤其是近年來幾部套書的出版，我們可以知

道,大部分的書其實都還有少量的遺留。同時,還有刻印書籍的流通管道與抄本的流通管道之分,前者可能因事涉敏感而停止流通了,但後者因為簡便而且帶有祕密性,仍以比較私密的方式在某些地區流傳。

保留這些文獻的,尤其是提供重印的保存者,最大的來源是原著者的家族後裔。我並未作過精確的統計,不過就印象所及,這樣的例子占絕大多數。從這一點可以看出家族的力量。它們在帝國發動大規模的清洗書籍運動時,或出於有意,或出於無心,保留不為帝國正統所容的東西。家族像一個深不見底的囊袋,留存了各式各樣的東西,它們似乎說明帝國穿透力的局限,到了家族的層次,帝國常須透過協議的方式進行控制。

在〈道、咸以降思想界的新現象──禁書復出及其意義〉一文中,我已提到過,乾隆四十一年,皇帝決定褒諡明末忠烈之士,使得許許多多被禁抑的文獻可以藉著朝廷獎勵忠義節操的名義,重新被刊印。不過有一點值得注意,通常在重刊這些文獻,會先做一番加工,將明顯有違礙的地方刪除或改動。此外,《四庫全書總目提要》中對某些禁燬文獻的評論,通常也被用來作為重刊某書的保護。不過我有一種感覺,即使有上述幾道護符,人們在重刊時仍然戰戰兢兢,從他們為這些書所寫的序文可以聞出一種戒慎恐懼的味道,而且還有不少被皇帝公開褒諡者的文集,當時並未見有人重刊。

當然還有不少人是為了學問上的興趣,或根本是愛好新奇,重新發掘被禁抑的文獻。除了前述的忠臣烈士的遺集外,最早出現的一批書與文學有關,它們通常是忌諱最少,也是政治禁抑的力量逐漸鬆弛後,最早因人們的文化、學術上的興趣及商業利益而重新出現在歷史舞台上。

〈道、咸以降思想界的新現象——禁書復出及其意義〉一文中，我也提到了道光年間重刊的書最多，而這個時期重現的書大抵經世意味濃厚，尤其是有關邊疆、兵略、經世濟民，或實用性的書，它們分別反映了道光以來經世風潮的興起。為了重振家族名聲或洗刷家族之名譽，也是重印禁燬書的重要動機，像李清《三垣筆記》的重刊即是一例。

到了晚清，當文字獄的壓力變小時，某些家族後裔會以自己家族曾經擁有過某些歷史名人或忠義之士而感到光榮，以刊印遺獻，作為取得「社會聲望」的途徑之一。在某些個案中，我們還可以看到有些寒門子弟藉著獻上遺集給關心文化的地方官，以獲得他們的重視，通常他們還以請地方官寫序來拉攏關係，或以地方官的序來加重自己在地方上的地位[4]。

太平天國及捻亂之後，重刊禁書的基調已有改變，由「經世」轉向「忠義名節」，許多人為了重新振發人們的忠義之氣以對抗太平天國及捻亂而重刊禁燬書籍，而有些人則是為了喚起種族意識而重印禁燬書籍——不過這一次的種族之別不是漢人與滿人，而是中國與西洋，過去禁抑不敢言，動輒惹禍的言論，這時有了全新的看法和意義，尤其是當西方列強入侵，西方的物質文化大舉滲入，許多士人覺得傳統生活及社會秩序遭到侵蝕，士大夫在這些明末的書籍及事跡中，找到了一帖救時的解藥。

最後一波，則是反映晚明多元文化的書籍重新出現在歷史舞台。這些書包括兩方面，一是思想有異端傾向的書，如李贄、唐甄等人的

4　有些出錢刊書的人並不完全懂得這些書的內容及意義，像廣東鹽商伍崇曜刊印的《粵雅堂叢書》中，有一些被禁燬的集子，伍氏刊印這些書，純粹是為博得自己「賈而好文」的社會聲譽而已。

著作。二是晚明的戲曲、小說、筆記、雜書等，反映生活情趣及眞實感受的書也陸續重現。這一批書有許多並不在禁抑的範圍，但是因爲清代官方意識型態及學術主流氣氛之影響而「壓在箱底」。在清末民初，因爲思想解放及文學革命，抒發性靈及人生眞實感受的風氣，再加上晚清以來解放平民、重視平民生活的風氣，許多晚明的書籍重新獲得重視，成爲藏書家及書商的寵兒。

把「禁書復出」這一議題放在比較寬廣的歷史脈絡來看，我們可以發現歷史記憶的復活大抵經歷了幾個階段。在清代政權相對強勢時，以高度的政治壓力介入文化領域，使得文化呈現「去政治化」的現象，但是在內外動盪時，文化領域又開始「政治化」了。嘉慶後期以後，通俗文學主題由不大與政治相關，開始出現大量與政治有關的主題，姑且名之爲「文化的政治化」，它與當時思想界經世思潮的興起同步，而且關係密切。

晚明清初遺獻的復活，使得原先幾乎已經合體的，再度二分，可是這個二分如果要轉化爲具體的漢族自覺意識與滿族對抗，必須是經歷了日常生活中無數的挫折感之後才會成型。這裡涉及一種「歷史意識」，「這種歷史意識包括一種感覺，即不僅感覺到過去的過去性，而且也感覺它的現在性」，意識到過去的與今天的構成一個「同時存在的整體」，「組成一個同時存在的體系」[5]。晚清的困境啓動了這種「歷史意識」，使得過去的痛史與當今的處境組成一個同時存在的體系並發揮作用。也就是說不但有一大筆原先隱沒的知識重新浮現在知識界，而且因爲清廷對內、對外不斷的挫敗，國亡無日的沉痛與恐

5　艾略特，〈傳統與個人才能〉，李熾寧譯，《艾略特文學論文集》（南昌：百花文藝出版社，2010），頁2-3。

慌使得人們將挫敗與異族的歷史記憶串合起來。因為現實的挫折，人們開始用這些歷史的記憶來詮釋日常生活中的經驗，經驗與歷史記憶互相套疊，相輔相成。所以光是記憶還不夠，記憶與挫折的經驗相加，才能將歷史的記憶轉譯成現實的華夷種族意識。

經過二百多年的禁抑之後，較上層的士大夫已經緊緊跟隨著官方的意識型態，所以並不認為華夷之間有任何的問題，可是，在一般鄉村的百姓中，因為代代相傳的口傳文化中，仍舊保留著對明清之間漢族挫敗史的歷史記憶，所以仍然清清楚楚地知道滿漢之鴻溝。

全國性的訊息網絡及訊息來源，與地方性的訊息網絡及訊息來源雖非截然劃分，但顯然有所出入。在這裡，全國性的網絡主要是靠官員的流動，還有書籍的流通造成的，而地方性的網絡主要還是靠抄本、口傳、遺址、實物、慣習的傳遞。在清代很長的時間內，大量明末清初的文獻被禁絕流傳，全國性的訊息網並不活躍。在地人的訊息來源則不然，禁書若收藏在原作者的後人或當地人士手中，雖然不敢公開流通，但是在地人往往知道它們的存在，有時甚至還私下傳抄，除此之外，遺址、實物、墳墓、碑碣等是在地人日常接觸的一部分，它們雖然可能因社會、政治氣氛而被忽視或是視而不見，但畢竟是日常生活的一部分，加上地方上口傳的傳統，形成了一個若有若無的在地訊息網絡，在遭逢多故的時代，開始活躍起來，形成「國論」與「鄉評」二分的情勢。張繼在清末流連徘徊於孫承宗祠，是因為祠堂在他的鄉里；蘇曼殊流連於金堡的遺跡，也是因為鄉里的緣故。所以里巷之間與士大夫之間有所出入，「國論」與「鄉評」之間，遂產生了某種程度的分裂。

被禁抑的書籍之歷史記憶重新回返，對清末的歷史發展有若干影響——當然，它們是作為清末歷史環境中整體結構中的一部分在產生

影響。第一、是種族意識的形成，它們對於1911年的革命有直接的作用。國學保存會、南社等團體所從事的大量發掘、刊印禁燬文獻的工作常常與他們的革命行動有關。在日本發刊的革命雜誌，也從日本的圖書館中從事這種發掘工作。文獻之外，歷史遺址產生的現實感染力也很大，訪墓(如冒廣生)、訪遺跡(如南社之於虎丘)、訪祠堂(如張繼)都為革命行動增加了動力。第二、是重新劃定「正統」文化的疆界，重新復活了對晚明思想、文化、文學之興趣，同時也包括對所謂「異端思想」的重現。第三、是重新建構明清之間的史事。在清末，這一門學問與政治行動密切相關，在1911年革命成功之後，它成為一門顯學，在袁世凱等復辟勢力活躍之時，這些文獻工作仍有非常現實的作用，這種收集整理及重建史事的工作一直要到1930年代才慢慢退潮。

三

在清理這本論义集時，我發現拙著涉及了幾個問題。在若干篇章中，我所關注的重點是地方人士、小讀書人如何轉動整個學術及思潮的變化。例如在〈清初的講經會〉一文中，幾乎大部分的關鍵人物都是地方人物，是由地方人物發動進而轉動了國家的思想、學術的新動向。

另外，在與「權力的毛細管作用」有關的那幾篇文章中，我的重點並不放在中央的政策與作為，而是放在「受眾」。我在文章中強調受眾、被影響者、被支配者們隱密的、無所不在的消極性的創造力。從中可以看出每一個「影響」不見得只是單純的由上而下的支配而已，它們往往既是「支配」，又是一個又一個「創造」或「再製

造」。人們也可能盡其所能地「創造性」地減少或迴避影響與支配，而其最終的結果卻每每弔詭地擴大了官方政策的實際作用，形成一股席捲每一個角落的旋風。此外在〈清代儒者的全神堂〉文中，我也提到士人及百姓們的「想像」、「傳言」或「猜測」，往往是官方政策為人們所了解、發揮其影響力的方式之一。

第二、我想把握的，毋寧是每個時代的價值觀。什麼是人們認為最有價值、最值得去做的？以何者為高、以何者為值得追求？俗話說：「愛美才會美」，每一個時代所推崇、所愛，或認為高尚的價值，一直不停地變動著，這些正面價值將推動著人們往那些方向熱烈地追求。

譬如，現代台灣的產業以效率生產為主脈，但是經過十幾年來的輿論論述，人們開始認為代工、製造不但不是上位的價值，甚至是應該被拋棄的，而因為這個價值觀的改變，也將劇烈改變台灣的產業政策及資本投入，甚至傾向丟掉事實上目前仍然獲利最多的產業。姑且不論將來的結果如何，但這個新價值現象之出現，便是一個值得研究的「風」。

第三、我個人認為思想史研究的重點之一是intellection 之歷史，是思想像微血管般交織在生活世界、交織在社會的各個角落的歷史。所以一方面應探索思想家深微的思想世界，另方面要關注思想與日常生活世界的聯繫，觀察思想的流動、接受、擴散。於是要問：人們為何接受一種思想？除了思想是否高明與是否具有說服力之外，情境的彷彿性、現實的需要與個人利益都不可忽視。思想、學風與現實利益，有時並不互相排斥，思想、學風常常靠著現實利益而伸張，思想常常乘著現實之翼而前行。當然還有模仿及競爭，我們疑問的是為何每個競爭者都號稱要「區隔化」，但最後卻是激烈的競爭使得一個時

代的思想愈來愈相像。

最後談到「風」。「風」究竟如何形成？如何作用？我預計未來將在《執拗的低音》一書的相關篇章中對此有比較詳細的討論。我們可以確定的是思想的主旋律一旦形成，就會像「萬形而無形」的風吹向各地，這時候史學工作者不能局限於單線的因果關係來考慮思想的授受。譬如五四新文化運動，它是一股吹向四面八方的大風，它不只吹向青年，連在佛寺中讀經修行的僧侶都受其鼓動；譬如太虛法師便在這股大風中，既吸收又反擊，努力摸索新方向。因為新文化運動批評佛、道與現實人生不發生關係，太虛乃提出「人生佛教」。此外，他抓到幾個新觀念，在實際生活中胡亂應用，如在金山寺的鬥爭，批評原來的方丈「專制」，而欲「革命」之，即是一例。有時候「風」是以「泰山崩而洛鐘應」的方式發生作用，有時候「風」只是開啟了一個「機」，從這個「機」出發乃生出無限的新境。

最後我認為我們應該進一步考察：這個國家最有創造力的讀書人們，究竟被什麼問題所糾纏，想成為什麼樣的理想的士人？整個國家的自我形象及意欲是什麼？想成為什麼樣的國家？這樣的文化理想與國家的自我形象，和當時歐洲各國有何異同？儒家的意識型態以及當時國家的自我形象，與明代中晚期以來戲曲小說所反映的日常生活世界顯然是不一致。這個分裂的現象顯示一個社會同時存在許多股纏繞在一起的勢力往前進行，猶如互相繳繞的纖維叢般，有的互相競爭或競合，有些互斥，有些互不相涉，而這些多元並進的勢力，在某一時段中孰居主流，孰居邊緣，或以何種方式在化合、激盪、轉化、流轉、相互建構，正是給史學工作者最美好的習題。

修訂說明

　　趁著本書再版的機會，我請助理將全書再次校讀一遍，並核對全部引文及研究資料，同時也增添了若干新的研究訊息，對少數內容做了修訂。本來曾考慮加入新發表的文章，最後也打消了念頭。所以，全書基本上仍然維持原貌，做為自己過往學術工作的記錄。因為我對本書主題「權力的毛細管作用」的相關問題仍然持續關注，並陸續撰寫新的文章，希望未來能夠出版本書的「續編」，對這個問題做更全面而深入的研究。

目次

第一章
清初思想中形上玄遠之學的沒落

　　明末清初思想界出現兩種趨勢：第一、心性之學的衰微；第二、形上玄遠之學的沒落。這兩者幾乎同時發生，它們動搖了宋明以來思想傳統的兩大支柱。關於第一點，我在〈「心即理」說之動搖與明末清初學風之轉變〉[1]中已經大致討論過，基本上認為當時因為心性不再作為道德之最高依據，故中國思想有一種「外轉」(turning outward)的傾向[2]。本文則想對第二點，即先天預成論式思惟，及形上、玄遠之學的衰落作一粗略的探討。這個現象的產生至少有兩方面的原因，最先是思想內部的發展，但是愈到後來愈與明末清初社會政治上面臨的挑戰有關，人們逐步發現要能不脫離現實、正視社會的失序與危機，必須擺脫形上學的色彩，用樸素平實的思想態度去逼近社會與自然。形上思想之沒落使得過去那種把日常生活世界所見到的一切當成另一個更高境界的附屬品、並以為世俗的認識事物的方式是靠不住的想法產生變化，也使得過去那種認為只有形上的才是關乎本質

1　王汎森，〈「心即理」說的動搖與明末清初學風之轉變〉，《中央研究院歷史語言研究所集刊》65.2(1994)，頁333-373。

2　這是相對於劉子健先生的兩宋之際中國文化「內轉」(turning inward)而說的。參見 James T.C. Liu, *China Turning Inward* (Cambridge: Harvard University Press, 1993).

的想法產生動搖[3]。不過這裡必須聲明兩點:首先,本文重在描述去形上化之現象,而少及其成因。第二,當時思想界的變化異常紛紜,故此處所舉的只是其中較為重要的面相,並不足以盡賅其餘,而且也絕不意味著當時大部分思想家皆有此趨向。不過,這一股新興的力量,後來發展成為歷史的主流。

近儒熊十力(1885-1968)說:「形上化」是北宋諸儒建立理學時最重要的事業[4]。這一方面是為了在人世昏濁綱紀頹壞的時代,提出一個具有超越性的道德、政治、社會標準,引導人向上追求,另方面也是為了對抗佛家的威脅──佛家有一個形上的世界,而儒家沒有。所以北宋諸儒試著提出一個不變的境界作為保證。原來儒家思想中平鋪直敘的境界,現在都被分成兩個境界,而且認為形上的追求才是究竟之義。而我們在明末清初思想界所見到的一個特色是前此奠定下來的形上基礎逐漸動搖,這不但發生在當時具主流地位的王學,也發生在逐步復興的新朱子學。

我想藉幾個例子間接點出它們所蘊含的「去形上化」的現象。文章分成五個部分:第一、「明清嬗遞之際,蕺山一派獨盛」,所以,在對王學的轉變之分析中,我主要是以浙東地區的轉變為主要例子。在這方面,首先我想以黃宗羲(1610-1695)與陳確(字乾初,1604-1677)的思想交涉看宋明理學的最重要基設,即先天預成論式人性論

3　清初形上玄遠之學的衰落也大量反映在自然科學上,這方面的材料相當豐富,但因作者對科學史並無把握,故有關這個問題,此處無法討論。

4　熊十力,《十力語要》(台北:洪氏出版社,1975),頁285。關於理學中形上學之問題,還可參考景海峰的〈簡議「新理學」的形上學系統〉以及陳來的〈「新理學」形上學之檢討〉,在陳岱孫等著,《馮友蘭先生紀念文集》(北京:北京大學出版社,1993),頁209-219、220-232。

之衰歇[5]。第二、以《四書》中，特別是《大學》、《中庸》地位之下降爲例，說明形上玄遠之學的衰退。第三、我要以潘平格(1610-1677)等人的出現，及他們何以迅速席捲一批年輕的劉、黃之學的崇拜者(如萬斯同)，並且迅速與一批在「去形上化」的工作上有所建樹的學者結合在一起，如萬斯同(1638-1702)和李塨(1659-1733)、王源(1648-1710)、胡渭(1633-1714)、閻若璩(1636-1704)之交往及相互欣賞爲例，說明這一種深刻的變化。第四、我要討論當時一股回到樸素的儒家哲學的趨勢。第五、對清初程朱陸王陣營「去形上化」的變化之觀察。

一、人性是「寶珠」還是「種子」：先天預成式人性論之式微

明末心學發展出種種疑團與矛盾，其中有三點與本文有關。第一、人們對理學原來的一些預設信心動搖，譬如天理人欲的問題，是不是人欲淨盡後才是天理流行？還是天理可以從人欲中見？過去那種二元對立的工夫，是不是應該攝歸於一？第二、如果將所有工夫都歸於一心，則「身心意知物是一件」[6]，那麼《大學》中格物、致知、誠意、正心、修身等次第便成了問題，則《大學》一書是否仍可作爲指導性經典？第三、「性」是否是像宋明儒所主張那樣是先天預成的，「學」與「知」對它是否能有發展擴充之力？善是否是先天所固

5　王汎森，〈《中國近三百年學術史》中的一件公案──再論黃宗羲與陳確的思想交涉〉，《錢賓四先生百齡紀念會學術論文集》，《新亞學術集刊》，第14期(2003)，頁241-260。

6　王守仁，《傳習錄(下)》，在《王陽明全集》(上海：上海古籍出版社，1992)，上冊卷三，頁90。

有，復性是否即是善，或人性是在實踐鍛鍊中才可能日益完善化[7]？

　　劉宗周(1578-1645)對第一個問題有決定性推展，但是，一直到劉宗周死前，他對自己的心得仍不敢自安，內心中充滿著緊張，故著作多以「疑」爲名，如《大學古文參疑》、《存疑雜著》。故黃宗羲說：

　　先師蕺山曰：「予一生讀書，不無種種疑團，至此終不釋然，不覺信手拈出，大抵於儒先註疏，無不一一牴牾者。」[8]

因爲心學將一切收歸於心，過去循序的修養工夫到此皆被認爲是支離瑣碎，那麼劉宗周將工夫歸攝於一元，便是很自然的發展。他說：

　　從來學問只有一箇工夫，凡分內分外，分動分靜，說有說無，劈成兩下，總屬支離。[9]

又說：

　　夫道，一而已矣。「知」、「行」分言，自子思子始。「誠」、「明」分言，亦自子思子始。「已、未發」分言，亦自子思子始。「仁」、「義」分言，自孟子始。「心」、

7　蕭萐父，〈含英咀華，別具慧解——蒙文通先生《理學箚記》讀後〉，收入蒙默編，《蒙文通學記》(北京：三聯書店，1993)，頁94。

8　這是黃宗羲爲陳確寫的墓誌銘開頭語。黃宗羲，〈陳乾初先生墓誌銘〉，收入《陳確集》(北京：中華書局，1979)首卷，頁4。

9　劉汋輯、董瑒編次，《年譜》，收入劉宗周，《劉子全書》(台北：華文書局，1968)卷四〇，頁3666。

「性」分言，亦自孟子始。「動」、「靜」、「有」、「無」分言，自周子始。「氣質」、「義理」分言，自程子始。「存心」、「致知」分言，自朱子始。「聞見」、「德性」分言，自陽明子始。「頓」、「漸」分言，亦自陽明子始。凡此皆吾夫子所不道也。嗚呼！吾舍仲尼奚適乎？[10]

《存疑雜著》中對宋明儒分析支離之說，皆統而一之[11]。把二分的境界慢慢溝合為一，把各種「循序工夫」合為一事，全部吸攝到一心中。雖然劉宗周的本意是想將形上世界內化於形下世界，但是在實質上，宋明理學二分的傳統已一步一步消退了。

宋明理學儘管有種種紛歧，但基本上是以先天預成論式人性論為主[12]。主張性原為善，只要能復性即為善，但復原返本的途徑卻有所不同。大抵程朱以即物窮理為入手方法[13]。《朱子語類》卷十二說：

<hr/>

10　同前書，頁3666-3667。

11　姚名達，《劉宗周年譜》（上海：商務印書館，1934），頁316-317。

12　關於宋明理學在先天論（或預成論）方面的思想，蒙文通有精要的分析，參見蒙文通，〈理學札記與書柬〉，《中國哲學》，第五輯（1981），頁碼如下。蒙文通說他年四十時「乃知朱子陽明之所蔽，端在論理氣之有所不澈：曰格物窮理，曰滿街堯舜，實即同于一義之未澈而各走一端」（頁370），又說「宋明儒者雖持論別，然其囿于先天論則一耳」（頁370-371），「孟子言火之始然、泉之始達，苟不充之，以知擴而充之言性；謂苟為不熟，不如荑稗，以熟言仁；曰養吾浩然之氣，曰苟得其養，無物不長，以養言氣；皆以發展言之。宋明儒非不知此，但其整個思想體系中未予以應有之地位，于是一曰即物求理，一則曰滿街堯舜，皆因一弊以走兩端耳」（頁371），他並追究此種先天論的來源說「宋明儒皆辟禪，但其弊處（如強調先天）亦正自禪來」（頁371）。

13　朱子在《大學》的〈格物補傳〉中說：
「所謂致知在格物者，言欲致吾之知，在即物而窮其理也。蓋人心之靈，莫不有知，而天下之物，莫不有理，惟于理有未窮，故其知有不盡也。是

> 人性本明，如寶珠沉溷水中，明不可見；去了溷水，則寶珠
> 依舊自明。自家若得知是人欲蔽了，便是明處。只是這上便
> 緊緊著力主定，一面格物。今日格一物，明日格一物，正如
> 遊兵攻圍拔守，人欲自消鑠去。[14]

至於陽明(1472-1529)則認爲只要人人現成具足的良知呈現作主即是
善，因而有「滿街皆是聖人」之弊。前面說過，陽明與朱子(1130-
1200)都是以人之初生性原爲善，故認爲能復還原本，即是聖人。但
這兩種思想都有困境：依朱子「格物窮理」之說，則一草一木之理如
何格得盡，何時格得盡，格到何種地步才可以「一旦豁然貫通」，
「眾物之表理精粗無不到」？而且，自然世界與人的內在道德世界有
何關聯，物理與吾心如何能一，如何能因格草木之理「而吾心之全體
大用無不明」？若依陽明的良知說，則知識、道德規範與習俗究竟應
擺在什麼樣的位置？難道人可以完全不要知識的陶養、不理會外在客
觀世界所形成的種種規範而成爲一個道德人嗎？

　此外在現實生活上也有種種的疑難。人是不是可能完全回到本然
之性？回到本然之性後，是不是就是成德君子？如果心是純善無惡
的，則惡從何處來？道德與知識之關係如何？修養工夫是有止境的
嗎？是不是只要恢復到兒童般純潔之心便是究竟之義，還是「有賴于
修養，由晦而明，由弱而強，猶薑桂之性老而愈辣」[15]？

(續)──────────

> 以大學始教，必使學者即凡天下之物，莫不因其已知之理而益窮之，以求
> 至乎其極。至于用力之久，而一旦豁然貫通焉，則眾物之表裡精粗無不
> 到，而吾心之全體大用無不明矣。」

14　黎靖德編，《朱子語類》(北京：中華書局，1986)卷十二，頁207。

15　蒙文通，〈理學札記與書柬〉，《中國哲學》，第五輯(1981)，頁369。

先天預成式人性論之流弊以明季陽明學為最厲害，陽明本有只求本體而遺知識之病，承陽明之學者，多認為「何思何慮」是最高狀態，才學，便多了。把「學」與「知」排除在外。北方王門的尤時熙（1503-1580）甚至說「今只要做得起個沒用的人，便是學問」[16]。陽明固可以用成色分兩說解決不學的愚夫愚婦也可以成聖的問題，但是一個學說不可能只重成色之純，而不重視分兩之量，不可能以全天下皆能作愚夫愚婦為滿足。「而學陽明的人，心裡卻早有一傾向，他們並不甘為愚夫愚婦，他們都想成大聖大賢。……固須從鍛鍊成色，不失為一愚夫愚婦做起，但亦不該只問成色，只在愚夫愚婦境界。他還須注意到孟子所謂的大人之事。不應儘說只是灑掃應對，便可直上達天德。」[17]

如何在保留性善論的基礎上，又能擺脫先驗論的困擾，強調「學」與「知」等累積發展的成分對擴充人性中善端的必要性[18]。也就是說，性善論是否可能與先天預成的人性論分開，這個問題考驗著後來的思想家，而同時它也逼向對「本體」的反省，對「習」的功能之發現與闡釋，以及種種後天人性論的說法。人們逐漸得到一種看法：「性」是歷史形成的，是可變的，是發展的，必須在實踐鍛鍊中才可能自覺完善。明季思想家如黃宗羲「心無本體，工夫所至即其本體」的說法，即是不只追求「成色」之純而注意加重「分兩」的新趨勢。但是「心無本體」的「無」字並不是真正的「無」，而是為了強

16　黃宗羲，《明儒學案》（北京：中華書局，1985）卷二十九「北方王門學案」，頁645。尤時熙還說「擴充是去障礙以復本體，不是外面增益來」（卷二十九，頁642）。
17　錢穆，《湖上閒思錄》（台北：自印本，1969），頁35。
18　蕭萐父，〈含英咀華，別具慧解——蒙文通《理學劄記》讀後〉，頁94。

調工夫的重要性。他們是想對治王陽明講即用見體，卻又專重體的弊端，認爲人性有生成發展的過程，最後仍舊要有「本體」。

在打破先天預成論上最有貢獻的人是陳確。他說「本體」二字是佛教的東西，是要不得的，正如黃宗羲在爲陳氏寫的墓誌銘中所提到的「又曰，『本體』二字，不見經傳，此宋儒從佛氏脫胎來者。故以爲《商書》『維皇降衷』、《中庸》『天命之性』皆指本體言，此誣之甚也」[19]，而把「本體」抹煞掉，正是陳確思想之獨特處，也是他的同門黃宗羲感到不能認同之處。

陳確認爲心不是礦物，所以心是可以發展的。他這方面的言論甚多，譬如〈性解〉中他以「穀種」來比喻「性」，認爲要經過後天的培養才能成其種子之美，故主張擴充盡才而後見性，他說：「蓋人性無不善，于擴充盡才後見之也。如五穀之性，不藝植，不耘耔，何以知其種之美耶？」[20] 又說：「是故資始、流形之時，性非不具也，而必于各正、葆合見生物之性之全。孩提少長之時，性非不良也，而必于仁至義盡見生人之性之全。繼善成性，又何疑乎？」[21] 陳確的同門師兄弟們對他這方面的見解非常不能同意，力爭不已，因爲他們了解這些論點動搖了幾百年來根深柢固的先天預成論。然而，這不只是陳確一人獨有的思想，晚明東林後勁錢一本(1539-1610)的思想中也有此消息，只是他未像陳確般深入發揮，而黃宗羲對錢一本也一樣持批判態度。錢一本說：

但知生之謂性，而不知成之爲性，即同人道于犬牛，而有所

19　黃宗羲，〈陳乾初先生墓誌銘〉，頁6。
20　陳確，〈性解〉，《瞽言》；收入《陳確集》，別集卷四，頁447。
21　同前文，頁449-450。

弗顧。[22]

黃宗羲在《明儒學案》中綜述他的思想說：

> 先生之學，得之王塘南者居多。懲一時學者喜談本體，故以
> 「工夫爲主，一粒穀種，人人所有，不能凝聚到發育地位，
> 終是死粒。人無有不才，才無有不善，但盡其才，始能見得
> 本體，不可以石火電光，便作家當也」。[23]

錢一本「成之爲性」的想法，與陳確擴充盡才而後見性的觀點甚似，
而且連以「穀種」比喻「性」的說法都相同，不過，雖然思想上是一
路的，卻沒有陳氏那樣激進。而黃宗羲對錢一本的評論也與對陳確的
批評相近，他說錢氏：

> 此言深中學者之病。至謂「性固天生，亦由人成，故曰成之者
> 性」。夫性爲自然之生理，人力絲毫不得而與，故但有知性，
> 而無爲性。聖不能成，愚不能虧，以成虧論性，失之矣。[24]

黃氏曾說陳確之說「深中諸儒之病者有之」[25]，而此處亦說錢一本
「此言深中學者之病」。此處說「聖不能成，愚不能虧，以成虧論

22　黃宗羲，《明儒學案》卷五十九「東林學案二」，〈御史錢啓新先生一
　　本〉，頁1444。
23　同前文，頁1436。
24　同前註。
25　黃宗羲，〈陳乾初先生墓誌銘〉，頁7。

性，失之矣」，而在批評陳確時則堅持孩提少長之時其性「已自彌綸天地」[26]。由錢一本與陳確之論可以看出這一種反對先天預成式人性論的思想在當時已漸出現，後來王夫之(1619-1692)對這個問題還有進一步的發揮。而黃氏對錢、陳二人的態度都是一樣，既能同情，又持批判態度——既認為深中當時只重本體不講工夫者之病，但又認為講工夫過重竟致持發展的人性論是張皇過度。在同情與批判之間，都可以看見一代學風微妙變化。

二、形上玄遠之學的衰落與四書中心主義之動搖

明末清初出現幾種質疑《大學》、《中庸》是否為聖人之書的觀點。這些激烈論點的形成是兩種思潮匯集形成的，一是心學理論對古典文獻的挑戰，一是對形上玄遠之學的不滿。

首先，在「心即理」的前提下，因為心是一個，所以以前理學範疇中那些二元對立的、具有本體論意味的修養境界，如人心、道心、理與氣等分別逐漸泯滅。不斷向心滑落的結果，心只是此一個心，在心中的活動中並無何等階段順序可以劃分，所以心學家強調格致誠正皆是一件工夫，心身家國天下皆是一件事，故不能同意《大學》八步之類的架構，同時也對朱學分別順序、階段的道德修養論感到不滿。第二、對靜坐觀心，以及「一旦豁然貫通，則眾物之表裡精粗無不至」的「格物」方式不滿。同時認為心性或知識的探索是永遠無窮無盡的工作，不相信有一個「知止」的境界。因為要求實踐實行，故對過去只局限於道德、哲學性知識的傳統不能滿意。希望不再只專論一

26　同前註。

個人內心的鍛鍊修養，而走向整體，走向社會群體的實踐。第三、當時有一種離開形上追求而返回到日用實事實行的要求，認為《大學》、《中庸》所揭示的一些道德修養方法與境界，實際上是無法做到的玄遠之論。

陳確的《大學辨》是清初理學發展史中最石破天驚的著作之一。因為它居然大膽宣稱這一部理學傳統中最重要典籍與聖道無關。陳氏辨此書分「理」、「跡」也就是內容及文獻證據兩部分。但因與《大學》有關的文獻證據非常之少，所以他主要是從思想上來討論何以《大學》「層分縷析」的性格，不符合聖人平鋪直敘的世界。

在說明《大學辨》之地位前，必須先解釋《大學》一書的重要性。《大學》一書可以說是宋明理學傳統中最重要的典籍。它除了提供一套系統的修養工夫外，還提供了「國身通一」的政治思想體系，使一個人從一己的修身到治國平天下連成一個系統[27]。

對於憂慮修身與治國平天下呈分裂狀態的人而言，「國身通一」的理想極具吸引力。耶律楚材(1190-1244)在〈寄用之侍郎〉中說「窮理盡性莫尚佛乘，濟世安民無如孔教」[28]，宋孝宗(1127-1194)則說「以佛修心，以道養生，以儒治世」[29]，這兩個例子大略暗示了修身與治國平天下是無法結合的，個人安身立命的部分是莊、佛之事，至於維繫倫理與政治秩序則是儒家的工作，這兩個領域不大相關聯。而宋學卻一舉消除這一不聯繫狀態，將個人安身立命的要求與仁

27　陳寅恪在〈書世說新語文學類鍾會撰四本論始畢條後〉一文便略道及此，收入《陳寅恪先生論文集》(台北：九思出版社，1977)，頁1300。

28　耶律楚材，《湛然居士集》(《四部叢刊初編》本)卷六，〈寄用之侍郎〉，頁15a。

29　志磐，《佛祖統紀》卷四十七；見《大正新修大藏經‧史傳部》，第49冊，頁430。此條承黃進興兄賜告。

義忠孝的社會道德打通，天理雖然是個人生命的根源，但也可以直接成爲治理天下國家之原理，其中沒有絲毫隔絕或不聯繫之處。

在朱子之後，模仿《大學》的架構來講從個人到治國平天下的治平之書甚多，像《大學衍義》、《大學衍義補》都是。一直到晚明，廣東陳邦彥(1678-1752)尚以諸生上一本《中興政要》，爲綱有八，目卅有二，這一基本架構即是《大學》的，謝國楨形容它是「包《大學衍義》一書而簡練其精要，其於恢復大計，兵餉戰守之機宜方略，皆鑿鑿可見行事，粹然儒者有用之言」[30]。

由於《大學》具有如此獨特的價值與地位，它吸引無數思想家的注意，這些思想家常以自己的思想狀態去與《大學》相對照。又因朱子曾爲《大學》加上〈格物補傳〉，並移易經文，所以有些人一旦發現自己的思想狀態與《大學》的文本有重大出入時，輒想對它的文本作某種程度的移易，種種《大學》改本便因此而起。

當心學思想崛起後，心一元論的系統逐漸變得與《大學》積不相容起來。譬如朱子表彰《大學》特別注意它的循序工夫，朱子說：「『知至而后意誠』，須是眞知了，方能誠意。知苟未至，雖欲誠意，固不得其門而入矣。」[31] 後人也覺得這是他的特色之一，如李顒(1627-1705)在《二曲集》卷四〈靖江語要〉中說「朱之教人，循循有序」[32]。這些特色都在心學將所有工夫收歸一元時消解掉了。

在陽明以前，圍繞著《大學》一書的爭論，主要仍是針對格物的解釋，以及《大學》文本順序的問題。但在陽明的道學革新運動之

30 謝國楨，《增訂晚明史籍考》(上海：上海古籍出版社，1988)卷十九，〈文集題跋上〉，頁877。
31 黎靖德編，《朱子語類》卷十五，頁302。
32 李顒，《二曲集》(北京：中華書局，1996)卷四，〈靖江語要〉，頁36。

後，八步問題出現了。因爲八步中的身心意知物在王陽明看來皆是
「一件」，格致誠正修也不是分開的五個步驟而是「一事」，在陽明
與羅整菴（1465-1547）的信及〈大學問〉等許多地方都反覆說明這一
點。《傳習錄》裡答陳惟濬：「只要知身心意知物是一件。」陳氏
問：「物在外，如何與身心意知是一件？」陽明答說：「耳目口鼻四
肢，身也，非心安能視聽言動？心欲視聽言動，無耳目口鼻四肢亦不
能。故無心則無身，無身則無心。但指其充塞處言之謂之身，指其主
宰處言之謂之心，指心之發動處謂之意，指意之靈明處謂之知，指意
之涉著處謂之物：只是一件。」[33] 既然是「一件」、是「一事」，那
麼便與《大學》的分成「八步」有所扞格了。

　　此外，《大學》上說「欲誠其意者先致其知，致知在格物」，但
陽明懷疑：何以誠意須以格物窮理爲前提，爲何格物窮理之後，意便
會誠？在陽明後學身上，這也始終是一個無法調和的矛盾。這層矛盾
一直到明季劉宗周還未解決，在劉氏殉國前三月，他爲自己的《大學
古文參疑》寫了一段自白：

> 嗚呼！斯道何繇而明乎？宗周讀書至晚年，終不能釋然於《大
> 學》也，積眾疑而參之，快手疾書，得正文一通……。[34]

劉宗周是晚明思想界的關鍵人物，他的《大學古文參疑》一書充分顯
露了思想與文獻之間互相拉扯的緊張性。劉氏繼承陽明《大學》是一
貫血脈的思想，並認爲「誠意」是《大學》的專義，所以他主張在知

33　王守仁，《傳習錄（下）》，《王陽明全集》，上冊卷三，頁90-91。
34　劉宗周，《劉子全書》卷三十六，《大學古文參疑》，頁3298。

本、知止之後，緊接著便是誠意章，而反對在其間加一〈格物補傳〉，因爲加此〈補傳〉之後知本與知止便不再與誠意相聯。劉氏也反對朱子將《大學》中的「此謂知本，此謂知之至也」在〈補傳〉中更改爲「此謂物格，此謂知之至也」。一個是向內反求自家原有的道德資源，另一個是向外格物致知，在知識與道德問題上，處於相對的態度。因此，他強調〈格物補傳〉不必補[35]，爲了證成這一點，他甚至不惜相信當時已有許多人懷疑的豐坊（約1500-1570）《石經大學》，只因這一文獻提供了類似「考古證據」證明了《大學》原無〈格物補傳〉。劉氏雖然東挪西補地作了許多工夫，但是他並未解決自己的疑惑，不過他也從未想過懷疑《大學》這一部書的可靠性。

　　劉宗周的學生陳確就不一樣了，他將《大學》與宋明理學傳統分開，故說程子之言主敬，陽明子之言致良知，劉宗周之言愼獨，雖「皆聖人之道」，但是一旦求合於《大學》，則方枘圓鑿——「以之說《大學》，則斷斷不可合」[36]。陳確認爲問題不是出在這個理學傳統，而是出在想將這個傳統與儒家古典文獻牽合而產生的矛盾，所以這是先秦傳統與宋明理學傳統的決裂；而且認爲這不只是王、劉諸人的難題，也是理學家共同的難題。陳確認爲劉宗周抱怨「前後言格致者七十有二家，說非不備也，求其言之可以確然俟聖人而不惑者，吾未之見」，其實問題並不出在前後疏格致的七十二家，而是出在《大學》：「惟《大學》之誣而不可以理求焉故也。」[37] 所以他大膽寫了《大學辨》，認爲《大學》非聖人之書，並堅決主張將《大學》與聖

35　同前文，頁3303。

36　陳確，〈大學辨(甲午六月三日作)〉，《大學辨》；收入《陳確集》，別集卷十四，頁556。

37　同前文，頁557。

學徹底分開。

　　比陳確晚一代的姚際恆（1647-1715?），是另一個值得注意的人物。過去人們留心他辨偽方面的成績，較少注意到他的許多疑偽工作在思想史上是有所承襲的，尤其是黃宗羲、閻若璩、萬斯同、毛奇齡（1623-1716）等人，而且他們工作的共同特點是去形上化。《四庫全書總目》子部雜家類存目六《庸言錄》條便這樣說：

> 際恆生於國朝初，多從諸耆宿游，故往往剿其緒論。其說經
> 也，如闢圖書之偽，則本之黃宗羲；闢《古文尚書》之偽，
> 則本之閻若璩；闢《周禮》之偽，則本之萬斯同；論小學之
> 爲書數，則本之毛奇齡。而持論彌加恣肆。至祖歐陽修、趙
> 汝楳之說，以《周易》十翼爲偽書，則尤橫矣。其論學也，
> 謂周張程朱皆出於禪，亦本同時顏元之論。至謂程朱之學不
> 息，孔孟之道不著，則益悍矣。[38]

姚氏疑偽作品中特別值得注意的是疑《大學》與《中庸》，而其理由皆與反對形上玄虛之理有關。對於《大學》，他說：

> 聖賢之學，知行並重，未有惟言知而遺行者。今云自知止而
> 后定、靜、安、慮而得之，則一知字直貫到底，便已了畢，
> 全無所用其行，則其所得者果何物耶？非忽然有省，摸著鼻
> 孔乎？[39]

38　永瑢等撰，《四庫全書總目》（北京：中華書局，1965）卷一百二十九，「子部・雜家類存目六」，頁1109。

39　簡啓楨輯佚、江永川標點，《禮記通論輯本（下）》，收入林慶彰主編，

又說：

> 聖門之學，未有單重知而遺行者，……皆實地用力，未有空
> 言致知者。空言致知，非佛氏離語言文字，一惟明心見性之
> 學而何？[40]

這一段話強調「實地用力」是針對「明心見性」之學而發，也符合清
初重視「習行」的學風。姚氏對《大學》「格物」二字的苛評，則是
攻擊宋明理學傳統中最核心的思想：

> 以格物言之，此二字晦澀之甚，物字不知指何物？格字不知
> 是何義？聖賢教人，從無鶻突語，況為大學之首功，為平天
> 下之要務，而顧用格物二字，豈可通哉？[41]

清初學風由明代的追求本體轉向著重平實，所以要追問所「格」何
「物」。「格物」這一流行幾百年的關鍵字，在這裡被輕輕地以「晦
澀」二字帶過。從姚氏的批評中，我們可以看出，在由形上轉向平
實、平庸的過程中，《大學》成了一個靶子，人們將新思潮發展投射
到它身上。姚際恆所做的工作與所持的理由與陳確的《大學辨》都有
其相似性。他們的工作都反映了清初心性之學轉變很大，使得原來尚
可與《大學》勉強相容的，變得不能相容了。

（續）

　　《姚際恆著作集》（台北：中央研究院中國文哲研究所，1994），冊三，頁
　　437。
40　同前書，頁440。
41　同前書，頁440-441。

姚際恆除了攻擊《大學》之外，在《禮記通論》中還批評《中庸》近於二氏之學，是「僞《中庸》」：

> 予分出此帙以爲僞《中庸》者，蓋以其爲二氏之學也。然非予之私言也，實有左驗。[42]

姚氏列許多證據證明歷史上提倡《中庸》之學的多近於禪學，然後說：

> 然則好禪學者必尚《中庸》，尚《中庸》者必好禪學。《中庸》之爲異學，其非予之私言也，不亦明乎？[43]

姚氏說在牽合禪學與《中庸》的人物中，朱子是最關鍵人物，但是他又發現，提倡《中庸》最力且爲《中庸》作章句的朱子，私下裡並不特別推崇《中庸》：

> 如《中庸》一書，自宋以來，爲尊信之尤者，非朱仲晦乎？而世所共尊信者，非因朱仲晦之尊信而尊信之乎？乃閱其文集，〈與蔡季通〉曰：「費隱之說，今日終日安排，終不能定。蓋察乎天地，終是說做隱字不得，（百種計較，再說不來。）且是所說不知、不能、有憾等句，虛無恍惚，如捕風係影，聖人平日之言恐無是也。」……吁！其平居所私疑如

42　同前書，頁315。
43　同前書，頁316。

此，乃作爲《章句》之書，不露所疑之意，陽爲尊信以示天下，豈非所謂失其本心哉？[44]

大抵姚氏處處用「僞《中庸》」三字，是因爲他認爲《中庸》的意旨過於高遠，非實用實事，且不切日用，若依《中庸》行去，則學爲聖人是一件非常困難之事：

《中庸》子思之言曰：「君子之道，辟如行遠必自邇，辟如登高必自卑。」今僞《中庸》所言，無非高遠之事，何曾有一毫卑邇來？與子思之言不啻若冰炭。[45]

又說《中庸》專講不睹不聞，無聲無臭，不是平實可依的道理，且大悖聖人從日用事物上啓迪人的方法：

聖人教人，舉而近之；僞《中庸》教人，推而遠之。舉而近之者，只在日用應事接物上，如孝弟忠信以及視聽言動之類是也。推而遠之者，只在幽獨自處靜觀參悟上，如以不睹不聞起，以無聲無臭終是也。[46]

又說：

學者依孔孟所教，則學聖人甚易，人人樂趨喜赴，而皆可爲

44 同前書，頁327-328。
45 同前書，頁316。
46 同前書，頁317。

聖人。依僞《中庸》所教，則學聖人千難萬難，茫無畔岸，
人人畏懼退縮而不敢前。[47]

姚氏認爲在《四書》中，《論》、《孟》與《學》、《庸》的宗旨其
實是相對抗的。自宋以後《學》、《庸》日盛，而《論》、《孟》日
微，「宜乎僞道學日益多，而眞聖賢之徒日益少也」，並認爲
《學》、《庸》與《論》、《孟》之升降是「古今世道升降一大關
鍵」[48]。姚氏認爲《學》、《庸》張而《論》、《孟》絀，也就代表
實事實行日用平常之道的衰退，而玄遠高虛之說的躍升，故說：

> 《語》、《孟》之言極平常，而意味深長，一字一句，體驗
> 之可以終身行之而無盡。僞《中庸》之言，彌六合，徧宇
> 宙，細按之，則枵然無有也。[49]

宋儒講《中庸》時發揮最多的是「喜怒哀樂未發之中」，而姚際恆竟
易「中」爲「空」字：

> 喜怒哀樂之未發謂之中，予謂不謂之中，謂之空可也。……
> 堯舜「允執其中」之中，指理言，此以未發爲中，指心言。
> 指理言，則共之于人，故孔子言「舜用其中于民」。指心
> 言，則獨用之于己，合眼低眉，參悟而已，于他人有交涉

47　同前註。
48　同前註。
49　同前書，頁318。

耶？[50]

足見他所不滿於《中庸》喜怒哀樂未發之中，至少有兩個原因：第
一、因爲「中」是一己之「心」，所以致力於此則只是致力於一己之
事，非客觀共循的規範，而且爲了追求這個「中」，必須「合眼低眉
參悟」，不是在日用事務中去求得。至於「致中和，天地位，萬物
育」也是幾百年來理學家最常標舉的境界，姚氏卻駁爲「說大話」：

> 致中和，天地位，萬物育，此所謂說大話，裝大冒頭者也。
> 其實皆禪也。何則？禪則其理虛無，故可以任意極言而無
> 礙。若吾儒則事事切實，豈可言此？言之，則中和未致，天
> 地萬物將不位不育耶？中和既致，天地萬物如何位如何育
> 耶？此非虛無而何？[51]

　　「大話」是與「事事切實」相對比的。他說因爲禪學講的都是空
的道理，所以可以「極言而無礙」，在儒家的道德實踐中，則沒有
「致中和」或「位育天地」這種話。《中庸》的「贊化育，參天
地」，被姚際恆說爲是「同爲一種大話，聖賢從無此語」[52]。姚氏所
用以批評《大學》或《中庸》爲禪學的論據，基本上都與陳確等人相
近，也就是不再把聖人之道定義爲本體的追求，或「幽獨自處」、
「靜觀參悟」，而是重新定義爲「日用應接事物」、「卑」、
「邇」、「近」、「平實」、「習行」等最普通平常的道理，而他們

50　同前書，頁322。
51　同前書，頁323-324。
52　同前書，頁332。

對《大學》、《中庸》的批判，也反映了後一種新意識的興起及它與過去數百年理學傳統的決裂。與整個宋明理學傳統相對照，陳確、姚際恆等人的工作是相當令人震驚的。《大學》與《中庸》這兩本理學最高經典竟相繼被斥爲「禪學」，不能不說是一件學術史上重大的事。

在《四書》中，《論》、《孟》二書倒是未受到批判。前面已經說過，姚際恆認爲《論》、《孟》與《學》、《庸》是對抗的，《論》、《孟》所代表的平實道理是應該受到表彰的。不過，如果不單看《論》、《孟》，而是以《四書》作爲一個整體來看，則它的地位也在逐漸下降，而《五經》的地位正逐步崛起。但這並不是說先前無人研究《五經》，而此後無人讀《四書》了；其實整個清代，科舉考試仍是以《四書》爲主，有關《四書》的私人著述更是成千累百。所以這裡是相對於宋明理學占據主流之時《四書》的地位而說的。

《四書》地位的下降，除了是前面所已討論過的一股將《大學》與《中庸》斥爲僞學的潮流之外，還有兩點：第一是朱子《四書集註》地位的下降，第二是《四書》作爲一個獨立的總名，開始遭到質疑。

《四書集註》地位之下降，不是明末清初突起的現象，王學興起後，勸人莫讀朱子的《四書集註》的話便常見到，如張岱(1597-1679)在《瑯嬛文集》的〈四書遇序〉中說「幼遵大父教，不讀朱註」即是。張岱不只不讀《集註》，而且在《四書遇》中對《集註》「或校定句讀，或詮釋字句，或調整章次，或訂正學脈，計有三十來條」[53]。但是《四書遇》所駁者只有三十幾條，而稍後毛奇齡的《四

53　朱宏達，〈張岱《四書遇》的發現及其價值〉，《杭州大學學報》15：1(1985)，頁44-45。

書改錯》，便激烈無比，認爲朱子「無一不錯」，「眞所謂聚九州四海之鐵鑄不成此錯矣」[54]。清初這一類著作不在少數，如《四書證誤》、《四書考異》等等，不一而足。本來，在清初反宋儒的空氣之下，駁宋儒經說的風氣就相當普遍，但因爲《四書集註》過去地位極高，所以攻駁《四書集註》之現象也特別值得注意。此外，清初學者攻駁《集註》的方式也值得分析。清儒不但在義理上批評《集註》所代表的宋學，而且從考證角度論證《集註》「無一字不錯」，是轉而以考證歷史的態度去衡量《四書集註》之價值。將《集註》作考證書看，而不是作爲說解義理的書看待，除了會把《集註》看得一無是處外，也意味著閱讀態度上的重大轉變。

「四書」作爲一個總名是否應該成立，也逐漸遭到質疑。《大學》、《中庸》原是《禮記》中之二篇，而《孟子》在南朝時猶在諸子之列，自朱子始將它們與《論語》放在一起，編爲《四書》。此後《四書》乃自成一個範疇，譬如《明史‧藝文志》便專門爲有關的書列「四書」一門。但是，明季陳確主張將《大學》、《中庸》「黜還戴記」，朱元弼的《禮記通註》中亦反對將《大學》、《中庸》離《禮記》而單行。不過，朱元弼因爲誤信了豐坊的《大學石經》爲眞，所以主張將《大學石經》還回《禮記》，而不是《大學》本文[55]。這些議論開清人之先河。清初朱彝尊(1629-1709)的《經義考》在「四書」一門之前，立了「論語」、「孟子」二目以示分辨。而黃

54　嘗於普林斯頓大學葛斯德東方圖書館讀《四書改錯》，雍正刊本，惜未留筆記。此處引自錢穆，《中國近三百年學術史》（台北：臺灣商務印書館，1968），頁230。

55　李紀祥，《兩宋以來大學改本之研究》（台北：臺灣學生書局，1988），頁141。

虞稷(1629-1691)之《千頃堂書目》中則說凡《大學》、《中庸》之書皆附於《禮》。這個態度與陳確、朱元弼之主張將《大學》回歸《禮記》相近。

　　《五經》與《四書》的優先順序也改變了。在理學傳統中，《四書》自然優於《五經》。朱子對《五經》的態度很可注意，他說不敢對它們下太多文獻批判工夫，免得倒了《五經》[56]。至於《四書》，則說讀《四書》乃要立一尺度權衡，以便由此出發去讀諸經、訂諸史，以及百家之書[57]。此後儒者，有的認爲只要能熟讀《四書》，其他書雖不讀亦無憾；有的認爲能讀《四書》，諸經才可得而治；有的說《四書》是發明《六經》之精義、明千聖心法的著作[58]。然而明末清初居然出現將《四書》一名取消的言論，即使仍舊研讀它們，相對於宋明理學中《四書》的地位，不能不說是一個極激烈的變動。

　　總而言之，《大學》、《中庸》這兩部六百年中最有力量的經典不約而同地被判爲非聖人之書，代表著心學在清理了宋學之後，最後連整個宋明理學的根據地——《四書》中最重要的兩部書也動搖了。

56　錢穆，《朱子新學案》(台北：三民書局，1982)，冊一，頁181-182。

57　朱熹，《朱子語類》卷十一，頁188、195。

58　熊十力，《讀經示要》(台北：樂天書局，1973)，頁103。以下諸人的論調可以爲證：元許衡在〈與子師可〉中則說：「小學四書，吾敬信如神明，自汝孩提，便令講習，望於此有得，他書雖不治，無憾也。」在《許魯齋集》(《叢書集成新編》；台北：新文豐出版公司，1985)卷四，頁50。元虞集說：「若夫四子書者，實道統之傳，入惠之要，學者由是而學焉，則諸經可得而治矣。」見〈濟寧李氏校梓九經四書書後〉，《文集》卷二十五，收入《虞文靖公道園全集》(《叢書集成續編》；台北：新文豐出版公司，1989)，頁13b。明曹端亦說：「夫四書者，孔曾思孟之書，所以發六經之精義，明千聖之心法也。」見〈四書詳說序〉，《曹月川集》(《景印文淵閣四庫全書》；台北：臺灣商務印書館，1983)卷一，頁21a。

理學在退潮，所以過去唯我獨尊的《四書》，現在轉而成了怨府。
《四書》作為一個整體而言，其地位明顯地衰落了，它標幟著六百年
學術傳統的崩潰。此外，由《四書》中心主義到《五經》中心主義的
過渡，標幟著人們由以《四書》來決定《五經》的詮釋傳統解放出
來，也標幟著人們由專重修身的傳統中解放出來。

三、江浙心學社群的變化

這裡要以黃宗羲弟子萬斯同一生的幾次變化為例，說明江浙心學
社群如何逐漸遠離道德心性與形上玄遠之學。

康熙十二年(1673)，萬斯同三十六歲時，他突然被浙江慈谿潘平
格的思想所吸引。潘氏曾於康熙八年到鄞，與陳夔獻(1627-1687)辯
論於證人書院，當時萬氏在會稽授經，未能與聞其事。後來，他到慈
谿訪潘氏，錄其所著《求仁錄》歸。他的同門毛文強從萬氏處讀到此
書時，也深被吸引。證人學友轟言萬氏叛其師黃宗羲，黃氏亦怒。萬
氏遂決定從此以後「不談學而專窮經史」[59]。

潘平格這個人物的出現，以及他之所以吸引大批劉宗周門生，主
要原因之一，便是他拒斥了宋明理學中形上的思惟[60]，而主張將
「道」歸於平實卑近之日用事為。潘平格說「朱子道，陸子禪」，是
將整個宋明理學的兩派一起撕破。他主滅氣、滅心、滅體，實是將宋
明儒所斤斤置辯的論題加以瓦解，指出這些問題全是無聊之談，學問

---

59 陳訓慈、方祖猷，《萬斯同年譜》（香港：中文大學出版社，1991），頁
110-113。

60 潘平格，《潘子求仁錄輯要》，收入《四庫全書存目叢書·子部·儒家
類》（台南：莊嚴文化事業有限公司，1995），第十九冊。

的本質應該是平實的社會政治實踐。潘平格吸引了黃宗羲幾個最忠實的門生，像萬斯同、鄭性（1665-1743）。當萬氏的同門師兄弟向黃宗羲舉發萬斯同被潘平格吸引並代為傳播之時，黃氏移書切責，但萬氏似無真正悔意。他只是說，關於理學的爭論太紛繁，所以今後希望改治經史之學，追求脫離形上爭論的學問。萬氏晚年又被李塨（1659-1733）所吸引。而且李氏吸引他的是《大學辨業》一書，也就是批判《大學》重知遺行，並提倡實踐習行的哲學。足見萬氏脫形上化，轉講日用習行之學的痕跡。

當時人認為經史之學是講日用實行所不可缺。他們講事，而不是講理，所以由性理轉向經史。萬斯同雖從事於經史之業，但並未停止對理論的興趣，尤其是對主張脫離形上的追求，並轉而追求日用實學的理論。萬斯同一生最大的一個負擔即是當他信服潘平格時，其師黃宗羲的批駁。萬氏的思想學問啓自黃氏，可是限制也來自黃氏，在黃氏痛駁之後，遂不敢再往前走。當他遇到李塨時，黃宗羲早已故去，過去的限制已不復存在，可以自由自在地發展自己的想法，而這時最大的發展即是對「格物」之重新理解。「物」到底是什麼？此時萬氏決定接受顏李之解釋，認為「格物」即「學六藝」——「格」即「學」，「物」即「六藝」。而且認為六藝是「禮樂射御書數」，不是「六經」。

李塨在認識萬斯同時，萬氏已名動京師公卿，與他地位懸絕。李氏之所以拿他講格物最重要的作品《大學辨業》向萬氏請教，是為了怕將來出版時遭其譏彈。與其出版後被罵，不如先行請教。顯見當時他並不了解萬氏真正的態度。沒想到萬氏一讀，竟「下拜曰：吾自誤

六十餘年矣」[61]，同時也突然說及三十年前與潘平格的一段往事。此時此地而聯想及潘氏，足見問題有其一貫性：

> 某少受學於黃梨洲先生，講宋明儒者緒言，後聞一潘先生論學，謂陸釋朱羽，憬然於心。既而黃先生大怒，同學競起攻之。某遂置學不講，曰：予惟窮經而已。以故忽忽誦讀者五、六十年。今得見先生，乃知聖道自有正途也。[62]

他此處所說的聖道之正途，雖與潘平格有關，但仍有不同。其差異處見之於他為李塨《大學辨業》所寫的序：

> 後之儒者，不知物為《大學》之三物，或以為「窮理」，或以為「正事」，或以為「扞格外誘」，或以為「格通人我」，紛紛之論，雖析之極精，終無當乎《大學》之正訓。非失之於泛濫，則失之於凌躐。將古庠序教人之常法，當時初學盡知者，索之於渺茫之域，而終不得其指歸，使有志於明親者，究苦於無所從入，則以不知「物」之即三物也。[63]

這段引文中所批判的「窮理」、「正事」、「格通人我」，正是朱子、王守仁、潘平格對格物之解釋，而他本人也正是從朱、而王、而潘，最後才到顏、李；由形而上的玄理追求，到人與人之間的社群關係(格通人我)，到最樸素的以「物」為「鄉三物」、以「格物」為學

61　陳訓慈、方祖猷，《萬斯同年譜》，頁210。
62　同前註。
63　同前書，頁211。

六藝，則所識之「物」便是禮樂兵農名物制度，是家庭、社會、國家
之事。「物」從內在的、玄遠的，轉變爲實際的、平實的、社會生活
的事物，也就是他在浙江講經會及在北京所舉辦講會中所討論的內
容；是「使人實事於明親之道」[64]，而不是玄虛的形上之理。所以此
時他處處用「實」、「實事」等字眼來形容學問，而顏、李的格物新
解，正把他講經究史幾十年的工作，作了一個哲學的概括[65]。

　　萬斯同之所以對潘平格思想還不能滿意，主要原因應該就是李塨
所說的潘氏「置禮、樂、兵、農不講，則力行人倫日用亦祇自了，而
所謂悲天憫人者，何具以救之」[66]。在李塨看來，潘氏置禮樂兵農不
講，仍只是自了漢。而潘平格所沒有觸及的，正是顏、李所提倡的。
萬斯同在讀了李塨以鄉三物爲「物」，以學習爲「格」後嘆息起立，
李氏告訴他：

　　昨有人詰予云：子謂農工商亦非士分業，然則《大學》尚有
　　遺理乎？予曰：明德親民，德行六藝，何理不具？然理雖無
　　所不通，而事則各有其分，如冉有足民，豈不籌劃農圃之
　　務，而必不與老農老圃並耒而耕，而安得兼習胼胝之業與？
　　且言此者，以學乃實事，非托空言，空言易爲，實事難備，

64　同前註。
65　李塨《大學辨業》所講的是「鄉三物」——六德、六行、六藝，以「三
　　物」之「物」爲「格物」之「物」，意在切實可行，而不講原理的部分，
　　所以刊落所有形上的觀點。李塨的學生江蘇陽湖惲鶴生撰《大學正業》，
　　也是順此一路去解釋《大學》，以「物」爲「鄉三物」。中國科學院圖書
　　館整理，《續修四庫全書總目提要·經部》（北京：中華書局，1993），頁
　　886。
66　馮辰、劉調贊，《李塨年譜》（北京：中華書局，1988），頁165。

故治賦爲宰，聖門各不相兼，況學外紛瑣者乎？不然，心隱口度，萬理畢具，然試問所歷，亦復有幾？則亦徒舊無用而已矣。[67]

足見李塨的理論中把禮、樂、兵、農等實事提到關鍵的地位，是吸引萬斯同的地方，而這些其實是先秦儒家原有的一些素樸的想法。

萬斯同思想最後的階段，是一步步發掘理學以外的儒家傳統。這一個傳統是樸素的、不涉及玄遠究竟之理的，所以他能欣賞閻若璩的《古文尚書疏證》、胡渭的《易圖明辨》。

閻若璩、胡渭的工作在清初學術史上的意義，早經余英時先生精彩地論證了。他們爲了解決程朱、陸王的爭論，而打破對方的思想依據，如閻若璩《古文尚書疏證》其實是打破心學的根據地——虞廷傳心的十六字訣「人心惟危，道心惟微，惟精惟一，允執厥中」。而胡渭《易圖明辨》則是打破程朱陣營先天、後天之分的思想架構[68]。不過，我們也同時發現，這兩個敵對陣營石破天驚的工作，與那一代人懷疑《大學》、《中庸》，有一個共同的思想動機，即脫離形上化的要求。不管十六字心傳之分「人心」、「道心」或易圖之分「先天」、「後天」，皆是一種形上的理論，非清初由玄轉實的學風之所喜。萬斯同爲胡渭《易圖明辨》所寫的〈序〉上說：

予初讀《易》，惟知朱子《本義》而已，年垂三十，始集漢魏以後諸家傳註，與里中同志者講習，乃頗涉其津涯，因歎

67　陳訓慈、方祖猷，《萬斯同年譜》，頁210。

68　余英時，〈清代思想史的一個新解釋〉，《歷史與思想》（台北：聯經出版公司，1976），頁121-156。

> 朱子篤信邵子之過，而《本義》卷首之九圖爲可已也。[69]

萬氏早年讀易只知朱子之《易本義》，這是宋明理學的舊徑。他三十歲時改變態度，搜集漢魏以來舊注。萬氏三十歲那一年，正是他與一群黃宗羲的學生開始創立講經會之年，而廣搜宋以前傳注正是講經會之宗旨。他掙脫理學傳統對《易經》所得到的新理解是：過去幾百年被看作天經地義的一些使《易》帶有高度形上色彩的說法，如「河圖、洛書、先天後天、羲文八卦、六十四卦，方圓諸圖」，乃邵子一家之學，以之爲邵子之《易》則可，以之爲伏羲、文王之《易》則不可[70]。既然原來的《易》沒有這些東西，那麼分別「先天」、「後天」便不是聖賢之本意。他比他的老師輩們更爲激進，前一輩學者們如黃宗羲等還爲「後天」是否比「先天」重要而再三爭論著，萬氏則根本認爲不應有「先後天」這兩個思想範疇存在：

> 此不特先天二字可去，即後天二字，亦必不可存。[71]

所以，他與顧、黃、王那一代人不同的地方是他將過去仍斤斤置辯的問題取消，認爲一旦跳出宋明理學傳統來看中國思想傳統，則原無此等問題存在。而取消問題這個舉動，其實即代表過去數百年的思想傳統到了這一步已進入尾聲。

69　萬斯同，〈易圖明辨序〉，收入胡渭撰，《易圖明辨》（《叢書集成初編》據守山閣叢書本排印；上海：商務印書館，1935），頁1。按，萬氏《石園文集》（《四明叢書》四編）中未收此文。
70　同前註。
71　同前註。

四、回到素樸的儒家道德哲學

在「去形上化」的趨勢下，對道德哲學有相當不同的看法，基本上可以一言以蔽之，即將先秦儒家最樸素最普通的內容，作爲一種「哲學突破」。我們發現新一代思想家中最受人矚目的思想，都是先秦儒家傳統中最普通的內容；一批新的詞彙支配了當時思想界，而這些詞彙都是平實素樸，卑之無甚高論。以下我將以幾個趨勢來描述這一個轉變。

新一代思想家由虛玄過渡到實質的言論非常之多，可以在各家文集中隨處發現。像陸世儀(1611-1672)的排斥「精微」之學；像王夫之欲盡廢古今虛妙之說而反之實；像費密(1623-1699)「斥空理而尚事實」等等[72]。他們服膺《論語》中「夫子之言性與天道不可得而聞」一語，致力將儒家由虛玄轉向平實。

首先是古代儒家六藝之學的抬頭。儒家的六藝，原本是最爲尋常的東西，但此時當作全新的思想在看待。它代表一種日用實行、治國平天下之學，不再是宋明以下的形上之學。李塨在一篇〈醒菴文集序〉中追溯這一股將「六藝」重新放在思想重心的現象，並認那是使顏元(1635-1704)提出以「鄉三物」爲格物之「物」的思想背景。他說顏氏提出鄉三物之後「而海內之有識者，亦遂刮目怵心，謂聖學自墮地高舉，群聚異之」[73]。我們試看「鄉三物」的內容，那一條不是古代儒家思想中最

---

72 小島祐馬，〈費密遺書〉，收入馬導源譯，《日本漢學研究論文集》(台北：中華叢書編審委員會，1960)，頁140-142。

73 李塨，《恕谷後集》(《叢書集成初編》據畿輔叢書排印；上海：商務印書館，1936)卷十三，頁162。

平常東西，可是在人們習於把「物」當作人的內在世界的時代，對顏氏之論卻覺得極為震驚，譬如後來成為顏元信徒的王源(1648-1710)，回想起他第一次聽到「鄉三物」時，說是「此昔年聞聲而詈為異端者」[74]。

前面已經提到過他們所講的「六藝」，不是指「六經」，而是指「禮樂射御書數」。把「六藝」與「六經」分開，也等於是要人們從局限於文獻知識的傳統中解脫出來。在他們看來「道」是禮樂、是兵農、是政事體制，現實的「事」壓倒了抽象的哲學，他們所留意的是兵法、是經濟、是水利、是治平天下，所希望成就的是將相，甚至退而求其次作佐幕也可以，但絕不是從事心性玄遠或一意著述的學者。他們日日講求的是修己治人，明德敦民[75]。

顧炎武(1613-1682)則批評以明心見性之空言代修己治人之實學的風氣，他認為，為人君止於仁，為人臣止於敬，為人子止於孝，為人父止於慈，與國人交止於信，即是「格物」。這些思想無甚特別之處，但因它與陽明不同，與程朱亦異，所以在清初思想界便變得非常獨特，同時對許多人而言也非常有說服力。顧氏在〈答友人論學書〉中說：「竊以為聖人之道，下學上達之方，其行在孝弟忠信；其職在灑掃應對進退；其文在《詩》、《書》、《三禮》、《周易》、《春秋》；其用之身，在出處、辭受、取與；其施之天下，在政令、教

74　馮辰、劉調贊，《李塨年譜》，頁91。
75　這一方面的材料在顏元、李塨的文字中出現太頻繁了，茲引幾條李塨的話為例：
　　「而古聖明德親民之學，名遵實亡，遂二千年於茲，顏習齋先生出，大聲疾呼。揭三物以教人，謂六德即四德，行為六行，六行即五倫，事為六藝，六藝即孔門兵農禮樂也，率弟子分日習禮習樂習射御習書數。」見《恕谷後集》卷十三，〈醒簧文集序〉，頁162。
　　「道者，人倫庶物而已矣。」同前書，卷十二，〈原道〉，頁156。

化、刑法；其所著之書，皆以爲撥亂反正，移風易俗，以馴致乎治平之用，而無益者不談。……其于世儒盡性至命之說，必歸之有物有則，五行、五事之常，而不入于空虛之論。僕之所以爲學者如此。」[76] 顧氏一再說的都是一些最爲普通的德目，如博學於文、行己有恥，如辭受取予、灑掃應對，但是，相對於晚明具支配性地位的思想而言卻是新的東西。禪學化的王學學者認爲心的最高狀態是「空」，儒家最根本的仁義禮智以及名節等，被認爲不是究竟的境界，而顧氏正想將這些最普通的東西找回來。

潘平格提倡的則是孝弟仁義。他說：

今人無志於學，往往視聖賢爲高遠。[77]

他認爲聖賢之學只是人倫日用，只是「愛親敬長」[78]，是至近、至易之事[79]。他又說：

性空之旨，虛無之教，非吾儒之脈絡也。[80]

又說：

道在邇而求諸遠，事在易而求諸難，在孟子時已然，又何怪

76 顧炎武，《亭林文集》卷六，〈答友人論學書〉；收入《顧亭林詩文集》（北京：中華書局，1959），頁135。
77 潘平格，《潘子求仁錄輯要》卷六，〈孝弟〉，頁621。
78 同前文，頁623。
79 同前文，頁623。
80 同前文，頁628。

乎後世。今日諸友毋忽視某之言淺近而不足爲也，吾性見在
日用，有何深遠？愛親敬長，事事至道，有何不淺近？⋯⋯
若厭淺近、慕高遠，則背聖道入異端矣。[81]

盡性只是盡孝弟之性。[82]

三代之學，皆明人倫，以此爲學，即以此爲教。[83]

以上種種可以用他的一句話加以涵括，即「學道如是而已耳，豈奇特
事乎」[84]。而他對「道」最平常的闡釋竟被同時人認爲是「中風狂
走」者之論。

　　前述的「明德親民」、「修己治人」、「禮樂兵農」、「古庠序
之教」等，都是很陳舊、很平常的詞彙，但在當時卻很新、很吸引
人，而著力闡發它們的顧炎武、顏元、李塨、陸世儀、潘平格等人，
也都成爲天下人仰望的新思想領袖。尤其是陸世儀，更爲許多人所敬
慕，他的《思辨錄》一書也成爲當時最引人注目的書，該書包括了修
己到治人最爲有用的知識。在今人看來《思辨錄》並不是一部非常新
穎刺激的書，但是在當時卻因爲它符合一種新的風氣，所以馬上成爲
一部里程碑式的著作。

五、清初程朱、陸王去形上化的例子

　　「去形上化」這一個趨勢也同時表現在康熙中期的陸王與程朱學

81　同前文，頁623。
82　同前文，頁624。
83　同前文，頁623。
84　同前文，頁629。

派。在程朱方面，一種新的行為理想興起了，「庸言庸行」成為許
多思想家所提倡的標準，清初的程朱學者，如張履祥(1611-1674)、
熊賜履(1635-1709)、李光地(1642-1718)、湯斌(1627-1687)、徐乾
學(1631-1694)、魏象樞(1617-1687)[85]，如帶有王朱混合傾向的孫奇
逢[86](1584-1675)都持相似的觀點。李塨歌頌孔子是「庸德之行，庸
德之知，不言性天，下學達之」[87]，這股潮流使清初空氣由晚明的瑰
奇歸於平實，但也使得講奇節的骨鯁之臣，不再成為一種理想的人
格。值得注意的是有偽學之稱的熊、魏等代表官方正統意識型態的學
者，與民間思想家張履祥、孫奇逢、李塨等在這一點上合流了；這股
思想在相當程度上也方便了清代異族的統治。在陸王陣營方面的變化
可以拿當時江浙心學代表人物邵廷采(字念魯，1648-1711)為代表。
一般認為邵廷采是在康熙年間，將浙江理學中曾經對立的「證人會」
與「姚江書院」再度統合起來的人。由邵廷采〈學校論〉兩篇中可以
看出他所代表的思想風格是想要回到原始儒家素樸的思想。在〈學校
論〉第一篇中，他要求「息講學而務返其本于孝弟忠信，則人心漸
醇」[88]。「孝弟忠信」是儒家最平常最普通的道理了，而這一代人卻
一再費唇舌宣揚，足見避玄理而究實質，對他們而言不是順順當當的
事。想不游心於性理之鄉，必須經過一番奮鬥。邵氏在〈學校論〉第
二篇中，他又說：

85　張舜徽，《清人文集別錄》(北京：中華書局，1980)，頁15。

86　同前書，頁3。

87　李塨，《恕谷後集》卷九，〈孔子贊〉，頁105。

88　邵廷采，《思復堂文集》(《紹興先正遺書》據清光緒十九年會稽徐氏鑄
　　學齋刊本影印；台北：華世出版社，1977)卷八，〈學校論(上)〉，頁8b-
　　9a。

　　黄道周亦教學者先讀孔門言論，求之躬行，毋早讀宋儒書，
　　啓助長揠苗之病，是即引而不發，無輕語上之意也。今之講
　　學者，患在喜于語上而所以由之者疎，故吾欲以夫子之四教
　　糾而正之。自宋以後，語錄諸書，一切且束勿觀，而惟從事
　　于六經孔顔曾孟之教，行之二十年而故習漸忘，……期于實
　　行實用，……尤我者必以爲道之不明，自不講學始也。……
　　然與夫斷斷于朱陸之間，紛挐于石渠天祿之論者，孰爲去名
　　而實存也哉。[89]

反對「語上」，也就是不要講性與天道。他要人循黄道周之論，不要
早讀宋儒書，「惟從事於六經孔顔曾孟之教」；他要人們將理學的
「故習」漸漸忘去，只從事於「實行實用」。邵廷采還有一段頗有代
表性的話：

　　程朱深探其本，欲窮其彌近理而大亂眞之窟，故説之不得不
　　精，語之不得不詳，既精且詳，則人多馳入于幽深惝怳之
　　途。[90]

深探其「本」，窮其理窟，都是宋明理學所最自負的部分，邵氏則勸
人不要在這一路上努力，這等於是想取消宋明儒學中最關鍵的部分。
邵氏又說：

89　邵廷采，同前書，卷八，〈學校論(下)〉，頁10b-11a。
90　邵廷采，〈學校論(下)〉，頁10a。

　　學術至孔孟程朱無以復尚，而不意人心之僞，即流伏于孔孟
程朱之中。[91]

　　「人心之僞，即流伏于孔孟程朱之中」是極不尋常的控訴，而竟出自
江浙學術殿軍的邵廷采，其意味長矣。

　　在程朱方面，近人曾將17世紀官方編成的《性理精義》與明代的
《性理大全》相比較，發現17世紀的《性理精義》有幾種特色：由抽
象轉具體，下學先於上達，將實務置於玄談之上，對太極亦已失其探
玄之興趣，捨太極而傾向於庸常，凡程朱涉及形而上學的討論，不是
被擱置就是占不重要位置[92]。足見當時官方的程朱之學亦表現一種擺
落形上玄遠之談的傾向。

　　此外，王白田（1668-1741）的《朱子年譜》及幾篇考異的文章，
及他與朱止泉（1666-1732）的往復辯論中，也凸顯非官方的程朱陣營
中有一種潛在而不自覺的改變，它說明清初「新朱子學」——也就是
「去形上化」後的朱子學，如何從文獻考據上將他們所覺得不安的部
分刪去，證明它們實際上並非出自朱子之手。

　　王白田是清代朱學驍將，與李光地、熊賜履等官方色彩濃厚的
儒者有所不同，他的《朱子年譜》用力甚鉅，搜羅極富。除《年
譜》外，白田對朱學最大的貢獻厥有如下數端：一、考證《易本
義》的九圖，認爲它們絕非朱子所作。二、辨《家禮》非朱子之
書。三、反對朱子曾有太極以上更有無極的思想。四、認爲朱子不
主靜，對「世之名朱學者，其居敬也，徒矜持於言貌，而所爲不睹

91　邵廷采，〈學校論（上）〉，頁8b。

92　陳榮捷，〈性理精義與十七世紀之程朱學派〉，《朱學論集》（台北：臺
　　灣學生書局，1982），頁385-420。

不聞者」進行批判[93]。

　　明初大儒薛敬軒(1389-1464)極端墨守朱學，已有對朱子文獻作細密考訂之意。王白田宗朱，亦欲一展考證長才為朱子效勞。不過，白田始意雖善，而其所得卻每適得其反。他考證的路線，實在將拖累朱子名譽的部分，用文獻考證工夫加以切除。而這些被切除的部分有一大部分便是朱子塑造形上系統的工作，白田的初意固是尊朱，但其所作為正好是重新塑立朱學面目以附和時流[94]。

　　首先，朱子《易本義》九圖，一向最為清初大儒所詬病，胡渭〈易圖明辨題辭〉上說：

93　以上見錢穆，〈王白田學述〉，《中國學術思想史論叢》(台北：東大圖書公司，1990)，冊八，頁203。

94　王白田(懋竑)辨家禮非朱子所作意義甚為重大，但因與主題無關，故附此討論。
　　朱子歿後，《家禮》一書頗為盛行，一直到明末清初遵行者還相當多。不過，《家禮》後來卻成為朱子的病累，尤其是以顏習齋的炮火最烈。習齋《年譜》說他居喪時因服行《家禮》而驟得重病，從此認為朱子學說不能遵行(見《顏元年譜》〔北京：中華書局，1992〕，頁22，戊申[1668]三十四歲條)。案：《朱子家禮》將古禮「初喪，朝一溢米，夕一溢米，食之無算」中的「無算」二字刪掉，習齋「遵之，過朝夕不敢食，當朝夕，遇哀至，又不能食，病幾殆」。見戴望的《顏氏學記》(《叢書集成續編》；台北：新文豐出版公司，1989)卷一，〈習齋一〉，頁1。
　　《家禮》本非朱子所作，但託朱子而行已久，至清初成為攻朱者之口實，白田對此考證甚多，《白田草堂存稿》卷二便有〈家禮考〉、〈家禮後考〉、〈家禮考誤〉等三篇。白田提出的證據是：朱子的文集、語錄皆言祭說、祭儀成於壬辰以前，而其後亡之；若家禮則未有一語及之，其為附託無疑。這條證據其實很勉強(錢穆說「此辨則甚大膽」，見〈王白田學述〉，收入氏著，《中國學術思想史論叢》第8冊〔台北：東大圖書公司，1980〕，頁198)，但白田反覆再三、一意坐實，實可反映他護朱的心情。見徐世昌，《清儒學案》(台北：世界書局據1938年天津徐氏刊本影印，1962)卷五二，「白田學案」，〈家禮攷〉，頁10b-12b。

安得有先天後天之別？河圖之象，自古無傳，從何擬議？洛
書之文，見於〈洪範〉，奚關卦爻？五行、九宮初不爲
《易》而設，《參同契》、先天太極，特借《易》以明丹
道，而後人或指爲河圖，或指爲洛書，妄矣！妄之中又有妄
焉！而劉牧所宗之龍圖，蔡元定所宗之關子明易是也。此皆
僞書，九十之是非，又何足校乎？故凡爲易圖以附益經之所
無者，皆可廢也。[95]

胡渭排易九圖之志如此之堅，必欲去之而後心安，而朱子亦因九圖而
備受非難，故王白田起而有開脱之作。他說：

(九圖)斷斷非朱子之作，而數百年以來未有覺其誤者。蓋自
朱子既沒，諸儒多以其意改易，本傳流傳既久，有所篡入，
亦不復辯。[96]
《易本義》九圖非朱子之作也，後之人以《啓蒙》依放爲
之，又雜以己意，而盡失其本指者也。朱子於《易》有《本
義》，有《啓蒙》，其見於文集、語錄講論者甚詳，而此九
圖，未嘗有一語及之。九圖之不合於《本義》、《啓蒙》者
多矣，門人豈不見此九圖者，何以絕不致疑也？[97]

照王白田的說法，胡渭之辨九圖是錯怪了朱子，但從另一面看，亦即

95　胡渭，〈易圖明辨題辭〉，《易圖明辨》，頁1。
96　王懋竑，《朱子年譜》(台北：臺灣商務印書館，人人文庫(特127)版，1971)，附錄《考異》卷二，「周易本義成」條，頁283。
97　同前文，頁282。

是承認胡氏對易九圖的抨擊。值得注意的是清代朱學中人或推衍先天之理、或傳述朱子九圖之義，但都不把九圖列出，雖明白表示不背朱子，但實際上已等於暗中刪去此圖[98]。此外，王白田完全反對「無極」、「太極」二分，可是朱熹是主張二分的，白田的所作所為，竟是隨眾流以赴壑，幫著大家攻擊朱子了。連清代最為正統的朱子學者都不認為形上的部分是朱子系統的一個部分，則程朱陣營中「去形上」的工作基本上便已完成了。

白田為朱子文獻所作的考訂工作，其動機毫無疑問的是「尊朱」，但值得玩味的是：他所考辨的結果，是把過去數百年間一般公認是朱子思想特色的成分切除掉，經他這番大手術之後，朱子學的本來面目全非，反過來是認同了晚明以來去形上化的潮流。

六、結論

清初思想中去形上化的傾向表現了幾種特色。首先，他們不再靜坐冥想、不再求本體，同時他們也發現在靜中培養出的本體常常會在行動時出差錯。接著，他們關照現實的社會人生，不再以形上玄遠的追求為最高目標。他們並非不再談理，但卻不好談形上的天理。正因為眼光是從超越形上的世界重新放在現實的社會人生，而現實的社會人生是包羅萬象的，所以他們不再一味追求宰制一切的理，而將注意力放在「萬殊」的世界，直面正視現實人生的實踐，著重日用常行。因為他們不再戴著形上的眼鏡去看這個世界，所以在對自然、對事物

98　張麗珠，〈清代學術中的「學」、「思」之辨〉，《漢學研究》14：1(1986)，頁71，註45。

的觀察與理解上，都有新的發展。

　　既然講究現實社會人生，他們也就特別注重禮樂兵農制度等實實在在、與現實政治社會人生有關的東西，從而在研究先秦古典時，也是以這方面的事實為主要的範圍。我們固然不可以說，宋明理學心性論與政治無關，但前者畢竟處於優先地位，而在「去形上化」的思潮下，政治卻優先於道德修養。即使是講道德修養，也是將人群之間的倫常道德置於個人的心性之先，將客觀的人倫規範置於主觀的道德之前。

　　「去形上化」的傾向表現為重視事實、重視實踐，以《四書》講論為中心的「義」，被講事實的《五經》所取代，對於《五經》中的歷史事實的考證成為一個主流。

　　然而，形上玄遠之學的消逝，卻也使得宋明儒家思想中的超越性逐漸渺於無形，超越的、理想的、批判的道德形上力量不再具有支配性，對清代士大夫的思想與行為也產生了莫大的影響。

第二章
清初「禮治社會」思想的形成

　　明清之間思想的轉型，包含的層面相當廣，考證學的興起是大家
所關心的層面，相關的著述也特別多。在這篇文章中，我則想討論另
一個主題，即「禮治社會」理想的興起。但這並不意味「禮治社會」
的理想在清初已被充分落實，應該說這一思想蘊含著一個新的價值層
級，以禮治爲其高點，說服人們理想上的秩序應該如此，並時時以能
實踐這個理想爲目標，鼓舞人們向它趨近，因而形成了一種風潮。

　　「禮」的意涵極廣，很難定義。若取較狹之定義，則指日常生活
中的禮儀；若取較廣的定義，則近人章太炎(1869-1936)《檢論》中
說：「禮者，法度之通名，大別則官制、刑法、儀式是也。」[1] 皮錫
瑞(1850-1908)《經學通論》的〈三禮通論〉中說：「六經之文，皆
有禮在其中。六經之義，亦以禮爲尤重。」[2] 是以如果採較廣的定
義，「禮」不只限於禮儀，「禮」也不僅限於《三禮》，而是六經之
文都有「禮」在其中。至於柳詒徵(1880-1956)《中國文化史》則更
進一步認爲禮是整個古代文明之總稱，說：「故中國古代所謂禮者，

1　章太炎，《檢論》(台北：廣文書局，1970)卷二，〈禮隆殺論〉，頁9b。
2　皮錫瑞，《經學通論》(台北：學海出版社，1985)三，〈三禮通論〉，頁
　　81。

實無所不包，而未易以一語說明其定義也。」[3]

明代士人並非不講「禮」。以心學家為例，心學家當然也講禮，《明儒學案》中到處可以見到「禮」字，但大多強調「禮」是「天理之節文」，只要良知作主，合乎天理，則動容周旋，乃至一切儀文度數就自然合「禮」。心學家中提倡《家禮》或古禮的例子並不乏見，但總括而言，他們最關心的仍是合乎天理的節文，而非儀節。

李贄(1527-1602)這位激烈的思想家在他的〈四勿說〉中說：「蓋由中而出者，謂之禮，從外而入者，謂之非禮；從天降者，謂之禮，從人得者，謂之非禮；由不學不慮不思不勉不識不知而至者，謂之禮，由耳目聞見，心思測度，前言往行，彷彿比擬而至者，謂之非禮。」[4] 他把「禮」是由「內」而「外」的思路用最極端的方式表達出來了。而清初禮學家張爾岐(1612-1678)的一段話正好與他相對立，張爾岐所講的是禮沒有「外」即無「內」，他說：「克己復禮為仁，仁不得禮無以為行，並無以為存也。」[5]

此外，明代禮學著作從清代考證學的標準看來往往是不及格的，所以《四庫》著錄及存目中，明代禮學的論著極少，但是歸在《四庫》的雜禮類的禮書，不被清代考證學者所重視的，事實上即是明代流行的禮學，它們是以朱子《家禮》為基礎，配合著現實，不斷改編以合實用的各種本子。像丘濬(1418-1495)的《家禮儀節》，便是添入各種實際的儀節，使之合於實際應用。朱熹(1130-1200)的《家

3　柳詒徵，《中國文化史》(上海：上海古籍出版社，2001)，第十九章「周之禮制」，頁196。

4　李贄，《焚書》(《傳世叢書·子庫·諸子》，冊6；海口：海南國際出版中心，1996)卷三，〈四勿說〉，頁43。

5　張爾岐，《蒿庵集》(《四庫全書存目叢書·集部》，冊207；台南：莊嚴文化事業有限公司，1997)卷一，〈中庸論上〉，頁11a。

禮》以「家」爲場合，明代另有一部分人以「鄉」的場合，在「鄉約」的架構上添加各種禮儀，形成一套系統，黃佐(1490-1566)的《泰泉鄉禮》即是一例[6]。所以我們可以說，明代的禮學往往爲了現實實踐的需要而加入許多發揮創造，甚至加入風水迷信之說，以形成一個合於實用的新系統。

在晚明社會文化最多元、最活潑，或是用另一種方式說，最爲失序的時代，「禮」的呼聲及實踐也始終沒有中斷過[7]。但從晚明到清初，「禮」被刻意提倡，標舉爲思想及社會的核心價值，而且希望在日常生活的整個精神上符合「禮」的精神，或合乎《家禮》、古禮。此外，大體而言，宋、元、明時代以《儀禮》爲主的古代儒家禮儀研究非常少，而且幾乎未曾被提到實踐的層次來。

清初「禮治理想」的興起是一個社會文化史的問題，而不純是思想史的問題。王夫之(1619-1692)引晏子一句總括的話：「惟禮可以已亂。」[8] 所謂「亂」至少有幾個方面：一、士人風氣敗壞，不拘行檢，需要一個清整運動。二、民眾叛亂、抗租、奴變，需要「禮以別之」。三、儒家原先對風俗、禮儀等方面的支配性受到威脅。在一些高度商業化的社會中，貧或富隱然成爲劃分等級的標準，消費品味的雅或俗有時也成爲高下的區別，有一套新的標準隱隱然蠢動著要取代

6　小島毅，〈明代禮學の特色〉，收入林慶彰、蔣秋華主編，《明代經學國際研討會論文集》(台北：中央研究院中國文哲研究所籌備處，1996)，頁373-392。

7　何淑宜，《明代士紳與通俗文化：以喪葬禮俗爲例的考察》(國立臺灣師範大學歷史研究所專刊30；台北：國立臺灣師範大學歷史研究所，2000)已經以葬禮爲例，說明了這一點。

8　王夫之，《禮記章句》(收入《船山全書》，冊4；長沙：嶽麓書社，1988-1996)卷四，頁255-256。

儒家原有的上下尊卑的分別。在新的秩序中，財富或在市場中的位置
是鑒別高下的重要因素，使得儒家原來樂觀天眞、相信事事物物有其
天然秩序及內在價值(intrinsic value)的想法有所鬆動，同時造成士人
階層的危機感。四、佛道的禮儀，威脅或篡奪了儒家禮儀對冠昏喪祭
等生命禮俗的支配。

　　上述種種問題在16世紀至17世紀的文獻中到處可以發現，同時明
代中晚期風俗頹敗、社會秩序動搖是敏感士人一個普遍的感知。因爲
上述種種牽涉到全部社會國家，所以這一次禮治運動不是針對特定的
冠昏喪祭之禮節，而是認爲整個社會國家都要納入「禮」的軌範。所
以這一波禮論不可能只是拘泥於生命禮儀，而有更廣大的關懷。

　　據我個人觀察，這一波禮論並沒有一個一致的方向。最嚴格的原
教旨主義者呼籲回到儒家的古禮，居於中間的是迴向《家禮》，或
《家禮》與古禮的混合[9]，光譜中最淡的一端則是風俗整頓論者依照
自己的信念所編纂的種種帶有規範性或儀節性的書。

一、在新的基礎上建立社會規範

　　討論晚明思想時，一般都注意到一個新現象：在宋明理學中原先
被排斥的「欲」、「氣」、「利」、「習」、「後天之性」、「氣質
之性」，都得到一定程度的新重視。會有這樣的發展並不奇怪，因爲
晚明是一個商業發達、城市文化發展、社會風俗發生巨大變化的時

9　設非如此，恐怕也無法解釋Patricia Ebrey對清代簡明版《家禮》出版數量
　　的統計數目之大。參見Patricia Buckley Ebrey, *Confucianism and Family
　　Rituals in Imperial China: A Social History of Writing about Rites*(Princeton,
　　N.J.: Princeton University Press, 1991), pp. 231-235.

代，許多心學思想家就在這樣的環境下成長、生活，他們很自然而然地受這個變化的影響，並希望解決這個巨大變化所帶來的種種惱人問題，他們的思想體系一方面呼應思想內部的關懷，一方面關聯呼應著時代，對「欲」、「氣」、「利」、「習」、「後天之性」、「氣質之性」的新討論有非常清楚的現實意義。他們從社會強大的滲透力量很自然地得到一種新認識，「自我」不是一個天生的、封閉的系統，必然受到生活世界深刻的影響，人們應思考如何在肯定私人欲望、利益的前提下，為道德建立一個新的基礎。

充分正視人性的社會構成面，是商業社會強大的習染力量所帶來的新發展，宋明理學中那一批對舉的概念：形上、形下；先天、後天；天理、人欲；道、器；義理之性、氣質之性等，原先都是前者居於統攝或優先性的位置，可是到了晚明，思想家對它們的優先性及分兩的輕重，開始有不同的看法，往往是在肯定前者的前提下，充分標舉後者，承認那些屬於社會的、物質的、甚至欲望的成分的重要，認為沒有後天便沒有先天，沒有氣質之性便無義理之性，想要提出一種「後天」的「先天性」[10]。他們對原先的若干範疇作更仔細的分疏，如在「欲」上區分「私欲」與「公欲」（例如：何心隱，1517-1579）；或承認無「習」不足以成「性」，但要「慎習復性」（陳確，1604-1677）；或是用蘇格蘭啓蒙運動中的話說，要發展出一種「enlightened selfish」。用非常精微的分疏以及修養工夫，以便在一個社會習染力量強大的時代，一方面觀照著時代的脈動，一方面守住道德的分寸。

10　Manfred S. Frings, *Max Scheler: A Concise Introduction into the World of a Great Thinker*(Milwaukee, Wis.: Marquette University Press, 1996), pp. 71-107 及江日新，《馬克思謝勒》（台北：東大圖書公司，1990），頁133-140。

　　從「後天」中的「先天性」，在一個新的基礎上建立新的社會規
範，既要能適當地表達現實的生活世界，但又不能過分；講的是「天理
中的人欲」，而不是「人欲中的天理」；是秩序下的欲望，而不是欲望
中的秩序；而這個分寸的拿捏是非常困難的。這一類的困難使得很多人
轉而想尋找另一種更穩固的標準，我稱之為由「內心的軌則」轉向「規
範的外在化」，或是「後心性時代的軌約主義」，在這個新發展中，可
以明顯看出一種「心跡」與「外在行為規範」相對立的思路。

　　晚明心學產生一種特殊的心理特質，這個心理特質形成了兩個極
端，一是各執意見以為天理而紛爭不斷、一是行為上權宜主義，而這
兩者都出為同一個根源，即詮議「心跡」而忽略了外在行為的標準。
明季黨社之爭勢如水火，其重要原因之一便是各自以動機的純潔與否
判斷他人，且因自認動機純潔而把自己的意見當作天理，弄得天下皆
是自負的聖賢，連《笑林廣記》中都常以道學家的各執意見以為天理
作為笑料[11]。

　　客觀道德準則的鬆動，使得道德判斷往往只能出於自己。裴德生
教授(Willard Peterson)用「權宜主義」來形容這個時期晚明心學家的
行為方式[12]。羅汝芳(1515-1588)的三件事最常被引用來說明這種行
為特質：第一是羅汝芳路過一間失火的房子，見一婦人號泣呼喊，因
為她的小孩在屋內，羅汝芳隨手撿起一個石頭說，誰能救出小孩，即
以等重的黃金相贈，果然有人衝進去將小孩救出。第二是為一個婦人

11　遊戲主人，《笑林廣記》(《筆記小說大觀》，4編10冊；台北：新興書
　　局，1989)卷一，〈儒醫〉，頁3b-4a。

12　Willard J. Peterson, "Confucian Learning in Late Ming Thought," in Denis C.
　　Twitchett and Frederick W. Mote eds., *The Cambridge History of China, Vol. 8.*
　　The Ming Dynasty(New York: Cambridge University Press, 1998), ch. 11, pp.
　　716-770.

設法將她的先生從監獄中釋出。婦人之夫可能確有冤獄，加以援救在動機上是適當的，問題是以行賄官府的方式來救人是有問題的。第三是他收取賄賂，再用這些錢來濟助百姓。對羅汝芳而言，上面幾件事在「心跡」上都站得住，故自信而是、斷然而行[13]。羅汝芳的前輩王畿（1498-1583）早已說：「眞達性眞，惡名埋沒，一世弗恤。」[14] 劉塙（生卒年不詳）也說周海門（1547-1629）是「然流俗疾之如讎，亦以信心自得，不加防檢，其學有以致之也」[15]，這一段引文中「其學有以致之」一語尤值注意，表示這種行爲特質與心學有關。

清初陸隴其（1630-1692）這樣說：「自陽明王氏目爲影響支離，倡立新說，盡變其成法，……天下靡然響應，皆放棄規矩，而師心自用，學術壞，而風俗氣運隨之。」[16] 放棄規矩、師心自用，行爲上容易出問題，人們因此找到一個客觀的、非個人的道德準則「禮」來校正，顧炎武（1613-1682）說：「古人與稽，以求其是非之所在。」[17] 在他看來，風俗必須要以禮樂爲規範才能無所失。

清初顧炎武強調「出處、去就、辭受、取與」[18]，呂留良（1629-1683）也說：「今示學者，似當從出處、去就、辭受、交接處畫定界限，扎定腳跟，而後講致知主敬工夫，乃足破良知之黠術。」[19] 晚明

---

13 黃宗羲，《明儒學案》（北京：中華書局，1985）卷三十四，泰州學案三，〈參政羅近溪先生汝芳‧語錄〉，頁805。

14 同前書，卷二十二，江右王門學案七，〈胡子衡齊‧續問〉，頁518。

15 同前書，卷三十六，泰州學案五，〈太學劉沖倩先生塙〉，頁872。

16 陸隴其，《三魚堂文集》（清老掃葉山房藏版本）卷五，〈上湯潛庵先生書〉，頁4b-5a。

17 顧炎武，《亭林文集》（收入《顧亭林詩文集》；香港：中華書局，1976）卷四，〈與人書一〉，頁94。

18 同前書，卷三，〈與友人論學書〉，頁43。

19 呂留良，《呂晚村先生文集》（《續修四庫全書》，冊1411；上海：上海

各種黨爭中，人們在論斷君子、小人時，所用的辭彙及概念往往是心學的，重在詮議人的「心跡」。可是前引顧炎武、呂留良強調的都是最確切可觀察的行為，他們講究先秦儒家一些最素樸的德目，在判定君子小人之別時不再只是詮議「心跡」，而是以外在行為的表現為斷。他們認為念頭的好壞是藏在心中，沒有人看得見的，一個號稱自己滿腔「不容已」的人，其實可能包藏著禍心，所以「心跡」靠不住，「行為」才靠得住。

　　過去二元對舉時，「天理」與「人欲」如怨家相對，兩者之間有較大的緊張，但是現在卻說天理要從人欲中見，則如何能再維持一個外在監督者的角色，成為當時一個很大的問題。儒者若不反求天理，將用什麼來克己？如果沒有全知全能的良知作主，那麼那一套繁複的克己之學如何進行？另外一路即是「復禮」，清初湖南王夫之便說：「克己而不復禮，其害終身不瘳」[20]。山東張爾岐也不約而同地朝這方向發展。我們如果細讀他的〈中庸論〉，便可以發現其中有一微妙之處，即他認為言中庸者，必須指名其「物」，所謂「物」又是什麼呢？他說是「禮」[21]。張履祥(1611-1674)《年譜》中說《論語》不講「頭腦」，只講「謹言慎行」，把良知家所愛講的「頭腦」與「言行」對舉，也是規範外在化的一種表現[22]。

　　當時出現一種「禮」要先於一切的口號。提出這個口號的人，分別處在各地，卻不約而同地提出相近的論點，值得注意。魏裔介

(續)──
　　　古籍出版社，1995)卷一，〈復高彙旃書〉，頁10b。
20　王夫之，《俟解》(收入《船山全書》，冊12)，頁477。
21　張爾岐，《蒿菴集》卷一，〈中庸論上〉，頁8-10a。
22　張履祥，《楊園先生全集》，附錄，〈年譜〉，頁1505。

(1616-1686)提出「以禮治心」的口號[23]，這句簡潔的口號代表了一個新趨向。王夫之不但主張「禮」要先於一切，甚至認爲「禮」要統攝「經」。王夫之說，讀經「必約之以禮」，以免對經書作出任意的詮釋，所謂「約之以禮」就是先在心中存著古代禮意，「皆以肅然之心臨之，一節一目，一字一句，皆引歸身心，求合於所志之大者，則博可弗畔，而禮無不在矣」[24]。他們認爲放棄「禮是天理之節文」之類的說法，從最平實的、可觀察的、可評估的行爲方式入手，才能評判一個人道德的良窳，這是一種規範由「內」向「外」發展的新趨向。

　　清初思想家講規範的外在化最極致的是顏元(1635-1704)、李塨(1659-1733)，他們用嚴格的「禮容」來規範人們的行爲。顏元強調「禮」比「心性」更有助於道德品質的養成，這種由外打進的路數，表現在下述的言論中：

　　　　人持身以禮，則能得人之性，如吾莊肅，則人皆去狎戲而相敬，是與天下相遇以性也。[25]

以是否有「禮」來決定其人是否得其「性」，正是以外在可見的行爲來決定內在道德修養境界的意思，他又說：

　　　　「修身」不是懸空說修，須如夫子「齋明盛服，非禮不

23　魏裔介，《靜怡齋約言錄》（《四庫全書存目叢書‧子部》，冊20），內篇，頁30a。

24　王夫之，《俟解》，頁478。

25　鍾錂編，《顏習齋先生言行錄》（收入《顏元集》，下冊；北京：中華書局，1987）卷上，〈言卜第四〉，頁633。

動」，方是。[26]

李塨主張「學者當肅其九容，使身心修整，袪妄戒昏，則天君湛如」[27]，其命意與他的老師顏元的「人持身以禮，則能得人之性」是相同的，是由外在的行爲是否合「禮」來測量其內在的修養水準。他們師徒兩人恐怕是當時最嚴格的「禮」原教旨主義者，凡是碰到禮方面的疑難，往往要查古書做決定。譬如李塨查賈誼《新書》以確定古人如何規定「立容」、「坐容」、「行容」、「旋容」、「趨容」、「乘容」[28]，即是一例；而且隨時率領學生及家人習禮、行禮，並深以不能隨時保持禮容而感到羞恥；因爲身體衰弱，以不能在夏天整天穿著正式的衣冠而自責，感嘆「昔年盛暑能終日衣冠，而今不勝也」[29]。像顏李所提倡的嚴格禮制主義，並不是一般人所能實行的，但是他們到處有信從者，而且學派影響力持續相當久，足見其力量不能小覷。

二、社會的重建——以禮抗俗

明末清初有一群人開始鼓吹以禮治社會來對抗失序的社會——失序的範圍非常廣泛，從個人、家族以至整個社會國家，而「禮治社會」的提出是想把每一顆螺絲放回它們恰當的位置並鎖穩。

---

26 鍾錂編，《顏習齋先生言行錄》卷上，〈學人第五〉，頁638。
27 戴望，〈學正李先生塨〉，收入馮辰、劉調贊，《李塨年譜》（北京：中華書局，1988），附錄二，頁238。
28 馮辰、劉調贊，《李塨年譜》，頁105。
29 馮辰、劉調贊，《李塨年譜》，頁109-117、123。

　　針對世俗失序而發，大概從東林、復社之後，開始出現一種士人
的「自我撤離意識」[30]（the"withdrawal" of high from popular culture）。
我用「自我撤離意識」是指明末中國出現了一群士人，發展出一種愈
來愈強的自認為趨向古代儒家理想的傾向，而且自覺地以有別於受
佛、道浸染而比較純粹的儒家經典知識作為憑藉，把自己與通俗文化
或流俗區分開來，進而逐漸形成一種清整、批判流俗的運動。所謂士
人的「自我撤離意識」即指他們自覺地以儒家經典知識為憑藉，將自
己從流俗文化「撤離」開來。前述這種「撤離」或自覺的運動表現在
許多方面，而「禮治社會」的提出是其中一個面相。

　　風俗成為他們面對的第一個大問題。人們對風俗的衰敗產生一種
前所未有的緊張，這方面的言論見之於許多著作中[31]，人們動輒說
正、嘉或隆、萬以前如何如何，正、嘉或隆、萬以後又如何如何，到
了清初，風俗整頓論又與明廷之衰亡聯繫在一起。當時嚴肅反省風俗
者相當之多，歸納起來，他們對於宗族群體尊卑淆亂、四民混淆、奢
侈、逾制、身分混淆等深感不滿，而提出以「禮」抗「俗」之主張。

　　抗「俗」勸「俗」的主張在晚明已經有人提出，譬如明季耿定向
（1524-1597）、管志道（1536-1608）、繆昌期（1562-1626）再三致意於時
代風俗之敗壞，而比他們晚一輩的人則得出一個結論，認為只有恢復
禮教才能對抗流俗。劉宗周（1578-1645）在整頓宗族時，即清楚提出

30　關於「自我撤離意識」，請參考 Katharine Park & Lorraine J. Daston,
　　"Unnatural Conceptions: The Study of Monsters in Sixteenth-and Seventeenth-
　　century France and England, " *Past and Present,* no. 92（August 1981）, pp. 20-
　　54.

31　如董含，《三岡識略》（《四庫未收書輯刊》，四輯29冊；北京：北京出
　　版社，1997），卷六，〈三吳風俗十六則〉，頁27b-32b。

要「去世俗之禮」[32]，認爲「先王之禮雖不盡行於後世，而猶得行之一鄉一家之近，以爲移風易俗之機」[33]，即已意會到要以儒家之禮對抗世俗之禮。

顧炎武《日知錄》中論風俗的地方相當之多，其他的著作像《天下郡國利病書》中涉及的也不少。他的討論有兩種策略，一方面是盡情批評當代的風俗，一方面是盡情宣揚東漢風俗之美，闡揚東漢風俗之美即是爲了批判當代風俗之陋[34]。

講清整風俗的同時，則提倡重「名」或「名節」。明代有些心學家聲稱自己不好名，不希望自己被「名」所束縛，但顧炎武卻隨處強調「名」及「名節」之重要，講名教、名節，要以它們來維繫社會，他引范仲淹語說「不愛名則聖人之權去矣」[35]。《日知錄》中反覆講風俗、人心之重要，重流品、重耿介，反對似是而非，反對人們嗜讀《世說新語》，反對講「新」求「新」[36]。《亭林文集》卷四〈與人書九〉中則說：「目擊世趨，方知治亂之關，必在人心風俗，而所以轉移人心，整頓風俗，則教化紀綱爲不可闕矣。」[37] 另方面是到處提出「禮」來。例如：

32　黃宗羲，《子劉子行狀》卷下；收入沈善洪主編，《黃宗羲全集》(杭州：浙江古籍出版社，1985)，冊1，頁257。

33　劉宗周，《劉宗周全集》(杭州：浙江古籍出版社，2007)，冊4，文編六，〈按察司副使累贈資政大夫太子少保兵部尚書烏石吳公家廟記〉，頁137。

34　顧炎武，《原鈔本顧亭林日知錄》(台北：文史哲出版社，1979)卷十七，〈兩漢風俗〉，頁377-378。

35　同前書，卷十七，〈名教〉，頁386。

36　同前書，卷十七，〈廉恥〉、〈流品〉、〈重厚〉、〈耿介〉，頁387-391；卷二十，〈朱子晚年定論〉，頁538。

37　顧炎武，《亭林文集》卷四，〈與人書九〉，頁97。

禮者，本於人心之節文，以爲自治治人之具。[38]

今之學者生于草野之中，當禮壞樂崩之後，于古人之遺文一切不爲之討究，而曰禮吾知其敬而已，喪吾知其哀而已，以空學而議朝章，以清談而干王政，是尚不足以窺漢儒之里，而何以升孔子之堂哉？[39]

其行在孝、弟、忠、信，其職在洒掃、應對、進退，其文在詩、書、禮、易、春秋，其用之身在出處、去就、交際，其施之天下在政令、教化、刑罰。[40]

至於憫禮教之廢壞，而望之斟酌今古，以成一書，返百王之季俗，而躋之三代，此仁人君子之用心也。[41]

顧氏說：「比在關中，略倣橫渠藍田之意，以禮爲教。」[42]「值此人心陷溺之秋，苟不以禮，其何以撥亂而返之正乎？」[43] 他提出要「以三禮爲經，而取古今之變附其下，爲之論斷，以待後王，以惠來學」[44]，顧炎武引晏子的話：「君令臣共，父慈子孝，兄愛弟敬，夫和妻柔，姑慈婦聽，禮也。」[45] 也就是說把所有人依其相對身分，擺在最應當之地位，以最合適之道德行爲爲「禮」。顧氏這些看似簡

38　同前書，卷二，〈儀禮鄭注句讀序〉，頁34。

39　顧炎武，《原鈔本顧亭林日知錄》卷八，〈檀弓〉，頁168。

40　同前書，卷二十，〈內典〉，頁527。

41　顧炎武，《亭林文集》卷三，〈答汪苕文書〉，頁63。

42　同前書，卷六，〈與毛錦銜〉，頁148。

43　顧炎武，《蔣山傭殘稿》(收入《顧亭林詩文集》)卷二，〈答汪苕文〉，頁200。

44　顧炎武，《亭林文集》卷三，〈答汪苕文書〉，頁63。

45　顧炎武，《原鈔本顧亭林日知錄》卷十，〈未有義而後其君者也〉，頁206。

單的話，其實是針對一個失序的時代而發。

顧炎武特別提出《儀禮》，說「三代之禮，其存於後世而無疵者，獨有《儀禮》一經」[46]。但《儀禮》自古以來號稱難讀，他說此事之難，朱子嘗欲爲之而不能成，何況又在四、五百年之後？他說自己少習舉業，多用力於四經，而三禮未嘗用力，年過五十，「乃知不學禮無以立之旨，方欲討論，而多歷憂患，又迫衰晚，兼以北方難購書籍，遂於此經未有所得」[47]。顧氏提倡禮治的言論很廣、影響很大，但他本人並沒有什麼三禮方面的專門著作，然而上面那些禮治言論，已足夠他成爲一位最有力的禮治社會的宣傳者。潘耒（1646-1708）《遂初堂集》中的〈日知錄序〉形容顧氏的貢獻之一，即提出禮教以對抗當世的風俗，他說顧氏對經義史學、官戶吏治、財賦典禮、輿地藝文等方面一一疏通源流，考證得當，貢獻卓著，而「至於歎禮教之衰遲，傷風俗之頹敗，則古稱先，規切時弊，尤爲深切著明」[48]。

黃宗羲（1610-1695）是另一位「以禮抗俗」的宣揚者。在《明夷待訪錄》〈財計三〉中，他論風俗說：

> 何謂習俗？吉凶之禮既亡，則以其相沿者爲禮。婚之筐篚也，裝資也，宴會也；喪之含殮也，設祭也，佛事也，宴會也，芻靈也。富者以之相高，貧者以之相勉矣。[49]

46　顧炎武，《亭林文集》卷二，〈儀禮鄭注句讀序〉，頁34。
47　同前書，卷三，〈答汪苕文書〉，頁63。
48　潘耒，《遂初堂文集》（《續修四庫全書》，冊1417）卷六，〈日知錄序〉，頁4a-b。
49　黃宗羲，《明夷待訪錄》（收入《黃宗羲全集》，冊1），〈財計三〉，頁40。

值得注意的是，黃氏也由對當世風俗的嚴重不滿出發而走向「禮」論，說「故治之以本，使小民吉凶一循於禮」[50]。他的禮論影響了清初禮學的前驅——萬斯大(1633-1683)的《儀禮》研究。萬斯大〈與陳令升書〉說：「黃先生傳尊指授某儀禮圖，俾之句讀，且令發明」[51]，即是一證。

王夫之也是一位「以禮抗俗」的提倡者。他痛恨苟簡、嗜利等時代風俗，主張以「禮」來對治。他在《禮記章句》中痛責「苟簡嗜利」之風是造成種種惡俗的主要原因，說「世降禮壞，夷狄之習日移，而三代之法服，幾無可傳焉」[52]。他指出人之異於動物，其為人所獨有而禽獸所必無者是「禮」，而將「禮」付諸實際不能只靠天機乍現的良知[53]。

清初三大儒之一的孫奇逢(1584-1675)則說，世人如能以「禮」為食、為色，則天下治；如果不能以「禮」為食、色，則天下亂。他說：「世之治也無他，食以禮而已矣，色以禮而已矣，……而禮之重於天下也，此何待言也。世之亂也，亦無他，食不以禮而已矣，色不以禮而已矣。」[54] 他又提出一個當時相當普遍的觀察，即認為惟有禮可以保護家族，並說子弟能學禮者，往往能夠杜絕奢佚之誘惑，也才能保護家族，「故子若孫鮮克由禮，不旋踵而壞名災己，辱身喪

50　黃宗羲，《明夷待訪錄》，〈財計三〉，頁41。

51　萬斯大，《儀禮商》（《景印文淵閣四庫全書》，冊108；台北：臺灣商務印書館，1983），附錄，〈與陳令升書〉，頁4a。

52　王夫之，《禮記章句》卷十三，〈玉藻〉，收入《船山全書》，冊4，頁723。

53　王夫之，《禮記章句》卷一，〈曲禮上〉，頁18。

54　孫奇逢，《孫微君日譜錄存》（清光緒十九年兼山堂補刊本)卷九，「順治十三年丙申七十三歲十月初八日」條，頁43b。

家」[55]。上面這層意思其實也是耿定向《先進遺風》[56]、張履祥《近鑑》[57]等書中的結論。《先進遺風》及《近鑑》記錄許多富厚人家敗散的實例，而敗散的直接理由幾乎都是因爲那些家族出現徇俗廢禮的敗家子弟。

陳確也是提倡「以禮勘俗」而著名的思想家。他嚮往的顯然是一個反商重農的理想社會[58]，從到處看出毛病、不滿高度商業化的社會習俗，而得出「欲使天下知習俗之必不可循」這樣激烈的結論[59]，並寫出〈俗誤辨〉那樣激烈的文章[60]。

陳確的文字中經常透露一層緊張，一方面反覆說要努力使天下人知道他們的習俗「必不可循」，另一方面反覆強調有一個理想中「禮」的社會應該追求，並想從喪禮改革作起。他的一群師友也有意於此，他的同門祝開美（名淵，1611-1645）自殺前交代痛革一切惡俗，喪葬悉遵《家禮》[61]，即是一例。

他們對從士人到百姓日常生活中佛、道禮儀近乎無所不在的支配地位感到不滿，故想和佛、道競爭對日常生活禮俗的支配權，而以儒家的禮制來取代它們。其中有一派是宣傳以文公《家禮》來取代佛道的禮儀。《家禮》是宋代理學家提出的一部日常生活禮儀的規範，但

55　孫奇逢，《夏峰先生集》（《四庫禁燬書叢刊・集部》，冊118；北京：北京出版社，2000）卷十一，〈雜著・家規〉，頁9a。

56　耿定向，《先進遺風》（《筆記小說大觀》，38編4冊；台北：新興書局，1985），第七十帙，頁1-7a。

57　張履祥，《楊園先生全集》卷三十八，〈近鑑〉，頁1023-1040。

58　陳確，《陳確集》（北京：中華書局，1979），文集卷十一，〈古農說〉，頁268-269。

59　同前書，文集卷十二，〈老友許元五小傳〉，頁272。

60　同前書，別集卷八，〈俗誤辨〉，頁506-512。

61　同前書，文集卷十二，〈祝子開美傳〉，頁278。

是在17世紀有不少人覺得《家禮》不夠正統，所以提倡迴向古禮。因為儒家的古禮沒有受過佛、道的沾染，這樣才可能站在一定的高度上與佛、道禮俗相對抗，是對抗使得這些激進派主張拔高到古禮的高度。然而古禮中有許多是千年不行之物，所以這個禮儀運動是日常生活世界的大逆轉，有一大部分古禮只存在書本上，想在考證的層次上將它們弄清楚都已經不容易了，更何況是想在日常生活中實踐它們。當時便有許多人評論他們所做的是幾百年來所不曾有的舉動。

三、士人世界的清整運動及四民秩序之再確立

王夫之說「惟禮可以已亂」，此處所指的「亂」包含很廣。對我們現代人來說，晚明以來的天下多采多姿，但對正統觀念較強的士大夫來說，他們認為當時的天下是亂哄哄的。「惟禮可以已亂」有多層次的意義，首先是以禮整飭士階層的風習。關於明末士人風習之橫恣，劉咸炘(1896-1932)的〈明末三風略考〉有如此生動的指述：

> 明末有三風，為他時所無，一曰山人，二曰遊俠，三曰紳衿橫恣。三者互為因果，而皆原於士大夫之驕侈，沿唐人科第之風而怙權勢，襲宋元名士之習而好玩戲，招納門客，以遂其欲，而山人遊俠皆出其中。士大夫中復分為二，曰鄉紳，曰士子，而遊俠之劣者則為棍徒。鄉紳凌虐平民，而民或起而抗之，士子、棍徒則或佐鄉紳，或佐平民。至於將亡，其鬥爭益顯，社盟、門戶鬥於內，外國、盜賊攻於外，而內復

有此病，故魚爛而不可收拾。[62]

劉咸炘描述明季士習亂哄哄的情狀，對當時一些有心之士而言，覺得觸目驚心。顧炎武、王夫之等禮治論者一再提出「禮」的首要目標是納人人於「軌範」之中，如能納人人於「軌範」，上面所說的「山人」、「遊俠」、「紳衿橫恣」所形成的鬧哄哄的局面才可能停止下來。

「惟禮可以已亂」的第二層次是釐清四民之間的混淆。晚明社會交往互動的關係趨向多元化、複雜化，在我們今天看來是一種「現代性」的表現，但是當時人們則常用「混」之一字來形容，也就是說原來比較清楚，或是人們想像它原來是比較清楚的界限(boundary)變得模糊混淆起來。但是我個人認為在科舉制度之下，當時的新興階層(包括商人在內)並未嚴重威脅士在政治方面的領導地位，他們混淆、威脅的是「士」的社會身分及儒家文化對日常生活社會的主導作用。

商業力量的影響很大，它給人一種社會是以財富，而不是以學問或其他標準來區分的感覺。原先的四民的秩序嚴重動搖，「古者四民分，今者四民混」還只是最溫和的感嘆而已；「金令司天，錢神卓地」[63] 是比較貼切的描述——錢的力量動搖了原先以「士」為中心所建立的尊卑與地位。

士身分的危機感表現在許許多多方面，譬如說現實上有許多家族因為受奢侈之風的影響而揮霍敗落，張履祥的《近鑑》記載了許多這

62　劉咸炘，《推十書》(上海：上海科學技術文獻出版社，2009)，甲輯貳冊，右書七，〈明末三風略考〉，頁530。關於當時人對「流品」的討論，參見趙園，《明清之際士大夫研究》(北京：北京大學出版社，1999)，頁130-145。

63　顧炎武，《天下郡國利病書》(台北：廣文書局，1979)卷三十二，江南二十，〈歙縣風土論〉，頁29b。

樣的例子[64]。而明末江南的奴變使得高下變易，士族面臨了前所未有的威脅感[65]，而以上的共同結果便是歸莊(1613-1673)所說的「世家巨族，破者十六七」[66]。

前面已經說過，三禮以「士」為中心，因此在以三禮為核心的禮治社會中，「士」毫無疑問的是所有社會文化的中心，並以此中心將每個階層的身分、行為再確定下來。在實際生活上，人們很難將古禮的細節付諸實行，但是如果整個社會在理念上又回到這個框架，則自然而然地要以「士」為中心去釐定社會藍圖。

所以在討論清初禮論之興起時，不能忽略士人們用「禮」將士人與商人區別開來的現象。我的觀察是，清初有一批新士人用禮儀、規矩，甚至是用儉約、貧窮而不是奢華、享受，來炫耀自己躬行禮教，而不是以美麗的建築或漂亮的衣服來將自己與商人區別開來。他們以「禮」為思想資本或識認標記，廣泛地進行區別，強烈主張應依「四民」——士、農、工、商重建社會秩序。有科舉功名者的一襲青衿當然可以把自己與商人區分開來，套用小說中的一句話：「衣著這物件，極是擡舉人的。」[67]在清初，我們還看到一群走向當時流行價值或流行形式的反面，以表現得更為儉樸，或是以牢守所謂儒家禮儀形

64　改朝換代也使得許多世家巨族迅速衰敗，參考葉夢珠，《閱世編》(上海：上海古籍出版社，1981)卷五，〈門祚一〉、〈門祚二〉，頁114-134。

65　傅衣凌，〈明清之際的「奴變」和佃農解放運動：以長江中下游及東南沿海地區為中心的一個研究〉，收入氏著，《明清農村社會經濟》(北京：三聯書店，1961)，頁68-153；謝國楨，〈晚明奴變考〉，收入氏著，《明清之際黨社運動考》(北京：中華書局，1982)，頁209-236。

66　歸莊，《歸莊集》(北京：中華書局，1962)卷三，〈王奉常煙客先生七十壽序〉，頁251。

67　華陽散人，《一枕奇》(《古本小說集成》，冊112；上海：上海古籍出版社，1990)卷二，第一回，頁197。

成一種自我超越感。方苞(1668-1749)的〈李荼齋墓志銘〉說「自余客京師，見貴游素封子弟求名稱者，必務為寒士容，而眾終以富人目之」[68]，這段話多少說明了當時的情境。守「禮」成為一種新的界線，靠著合「禮」與否的行為方式，而不是靠財富或消費來區分自我，與商人區分開來。一個顯著的變化是由「雅」vs.「俗」變為「禮」vs.「俗」。以拒絕流俗形成一種身分上的自覺與優越感，可以從當時一些士人描寫自己的儉樸、貧窮或「以禮飭躬」時所透露的驕傲感看出。「以禮飭躬」，刻意與物質享受區別開來的新風氣往往始於一小群人，而終於成為一個新的標準。孫奇逢的一個例子或許可以用來說明這個現象。孫奇逢在蘇門山與親族學生實行古禮，有一次有商人來拜訪他，學生問孫奇逢面對「俗子」時可以以「禮」與他周旋嗎？孫奇逢回答可以[69]。從這一答一問中，可以曲折地看出「禮」在他們心中的新地位。

顧炎武說縉紳之士能否「以禮飭躬」，關係整個社會文化及國家的命運：

> 自萬曆季年，搢紳之士不知以禮飭躬，而聲氣及於宵人，詩字頒於輿皂，至於公卿上壽，宰執稱兒，而神州陸沉，中原左衽，夫有以致之矣。[70]

68　方苞，〈李荼齋墓志銘〉，收入《方望溪遺集》(合肥：黃山書社，1990)，頁99。

69　孫奇逢，《孫徵君日譜錄存》卷十三，「順治十七年庚子七十七歲正月二十二日」條，頁6b。

70　顧炎武，《原鈔本顧亭林日知錄》卷十七，〈流品〉，頁389-390。

顧炎武認為一旦士不能「以禮飭躬」，則會與各種流品的人混雜，「聲氣及於宵人」等等一連串不堪的行為，最後至於「中原左衽」。顧氏《日知錄》中一再講「流品」，也是要士人把自己跟其他流品的人區分開來的意思。用我們今天的角度看，「詩字頒於輿皁」或「四民混」正是社會平等的表現，但顧氏的理想不是這樣一個世界，而是每一個人在傳統儒家秩序中位分確定、行為方式確定的禮治社會。顧氏與他的同志們正是要用「以禮飭躬」把百年來已經混淆的界域重新劃分開來，而且主要的工作落在「縉紳之士」身上，言下之意，是「縉紳之士」而不是商人，應該確定自己在社會文化上的領導地位。

王夫之的著作中也常夾雜著一些今人看起來不甚合適的話語，譬如他一再以「禽獸」之類的字眼比喻庶民與流俗[71]。這類觀念與王陽明(1472-1529)及其弟子所強調的「百姓日用之謂道」有所出入，而如果我們了解他的思想是以恢復宋代張載(1020-1077)所提倡的禮教為主軸，藉以重新確定各種身分秩序，便對他那看來非常反動的思想有深一層的理解。

王氏一再強調同、異、貴、賤、差別，說「聖王所以正天下之性，效陰陽之位」[72]，又說「上下之分相絕而無能陵」[73]，他與顧炎

71　王夫之，《俟解》中說：「人之所以異於禽獸者，君子存之，則小人去之矣，不言小人而言庶民，害不在小人而在庶民也。小人之為禽獸，人得而誅之。庶民之為禽獸，不但不可勝誅，且無能知其為惡者，不但不知其為惡，且樂得而稱之，相與崇尚而不敢逾越。學者但取十姓百家之言行而勘之，其異於禽獸者，百不得一也。營營終日，生與死俱者何事？」、「庶民者，流俗也。流俗者，禽獸也。明倫、察物、居仁、由義，四者禽獸之所不得與。壁立萬仞，止爭一線，可弗懼哉！」頁478-479。

72　王夫之，《黃書》(收入《船山全書》，冊12)，〈慎選第四〉，頁520。

73　王夫之，《讀通鑑論》(收入《船山全書》，冊10)卷七，〈後漢安帝‧殤帝附〉，頁288。

武一樣強調「流品」之分的重要，認為那是一種「天秩」，甚至引用了《管子》「士之子恆為士，農之子恆為農」的思想[74]。而且激烈反對士人從商，說「人主移於賈而國本凋，士大夫移於賈而廉恥喪」[75]。王夫之的宗旨除了是要將「士」與「商」嚴格區分開來以維持「士」對國家社會的指導地位外，更重要的是認為這樣可以重整失序的社會，用「禮」而不是貧富或其他任何標準，將社會中每個分子依禮治社會的精意重新穩定下來。

王夫之盛讚劉宗周在擔任順天府尹時，能「申六條飭冠昏喪祭之禮」[76]，但是他不滿意劉宗周的誠意之學[77]，他的意思是光靠內心意誠並不夠，要嚴分禮數，他在《俟解》一書中舉過一個例子，證明「聖人自有定式之可學」。他說有一次陳白沙(1428-1500)與莊昶(定山，1437-1499)一同渡江，船中有一名惡少知道兩人的身分，故意用種種淫穢的話挑辱他們。這個時候莊定山怒形於色，陳白沙則神色甚和，若不見其人，不聞其語；莊定山因此而佩服陳白沙為不可及。但是王夫之認為問題的關鍵在於這兩人不應該與眾人同乘一舟。他說當時陳白沙已入翰林，莊定山已官主事，按照古禮，則孔子說「以吾從士夫之後，不可徒行」，那麼渡江時應當自雇一舟，不至於和惡少交臂而坐，也就不會受到侮辱了。王夫之說：「聖人不徒行，但循乎禮制之當然，而以遠狎侮者，即此而在。」[78]

前面已經提到，王夫之屢屢把士人與匹夫匹婦區別開來。《讀通

74　同前書，卷十，〈三國〉，頁375。
75　同前書，卷三，〈漢景帝〉，頁123。
76　王夫之，《噩夢》(收入《船山全書》，冊12)，頁561。
77　王夫之，《思問錄》(收入《船山全書》，冊12)，內篇，頁412。
78　王夫之，《俟解》，頁484-485。

鑑論》中說士人應該不苟同於「匹夫匹婦已有定論之褒貶」，主張「流俗之所非，而大美存焉」[79]，凡異於流俗便是有價值的[80]；又說「天下之錮人心，悖天理者，莫甚於俗」[81]，都是表達他想標舉以士人為主體的禮治社會來對抗晚明以來的世俗生活世界。除上述諸人外，黃宗羲感嘆「公卿皀隸，俄頃易位」[82]，陳確說「故士有所以為士，農有所以為農，商有所以為商」[83]，顏元說以「非類相從」為「失身」[84]，皆應該放在同一個脈絡下來理解。

　　上述這些話都讓我們了解到，他們在發動一場以禮為主軸而牽連及於四民秩序、國家前途的清整運動──士人應該以禮自飭，四民秩序應該重新確立，士人應重建「禮」的價值，取代晚明以來社會風俗中被物質所左右、隨貧富而變動的陋習。

四、與佛、道生命禮儀對抗

　　「惟禮可以已亂」的第三層次，是以禮來回應佛、道對儒家文化的挑戰。

　　晚明三教合一式的學術與思想的風氣，在比較激烈的時候，其實已經取代儒家的正統地位，佛化或道化的士大夫往往在文化世界居於

79　王夫之，《讀通鑑論》卷末，〈敘論二〉，頁1176。

80　王夫之，《俟解》，頁485：「凡但異於流俗，為流俗所驚嘆而豔稱者，皆皮膚上一重粗跡，立志深遠者不屑以此自見。」

81　王夫之，《讀通鑑論》卷二十二，〈唐玄宗〉，頁836。

82　黃宗羲，《南雷文案》(收入《黃宗羲全集》，冊10)卷三，〈旌表節孝馮母鄭太安人墓誌銘〉，頁329。

83　陳確，《陳確集》，文集卷一，〈與吳仲木書〉，頁83。

84　鍾錂編，《顏習齋先生言行錄》卷上，〈理欲第二〉，頁622。

領導地位，這種高下變易的現象引發了一種危機感。而當時佛、道在思想及生活世界的巨大力量也嚴重挑戰了儒家的支配地位，一批儒家正統的捍衛者認為應該用更純粹，更不受佛、道沾染的文化遺產，來把儒與釋、道區分開來，使得儒家的本義得以彰顯於社會，並決定應該由儒家來規範一個理想的社會的標準。

近世西方批判日常習俗或中古時代相沿的神學時，主要憑藉乃新興的自然科學，而清初批判流俗及佛、道的是一群古典學家。他們建立一個他們認為比較符合「三代」的理想的文化，以之批判流俗，同時將佛、道、流俗貶為第二義的或是異端。

「士」階層靠著儒家的「禮」與僧道區別開來，他們為了與僧道在思想及生活禮儀方面競爭，在猛烈地批判佛、道及深受佛道浸染的思想及生活文化的同時，致力於建立「真正的」先秦儒家傳統，但是因為魏晉以來佛、道之說已漸漸滲入儒家，為了與它們作更深刻的區分，他們發掘甚至創造更為純粹的傳統，以確立自己的獨特性。「士」階層這種追求純粹的、好古的、強調儒家獨特性的傾向，好像比賽爬竹竿一樣愈爬愈高，思想亦日益趨古，行為方面則要求回到古代儒家禮儀，他們以嚴謹的文字訓詁、文獻考證來建立一個更忠於原始本義的儒家傳統及生命禮儀，以之與佛、道或流俗思想文化與生命禮儀相競爭，甚至企圖加以取代。關於這個現象，我將在下節談到。

五、整合宗族及其他

由萬斯大《儀禮商》及當時江浙一帶士人討論禮制的文字，即可以了解三禮考證之學與現實的實踐有非常密切的關係。周啟榮《清初的禮教主義》已用了幾個實際的例子說明禮學研究之興起與重新整合

家族、恢復社會秩序之間密切的關係，此處不贅[85]。

　　晚明除了社會失序觸動士人敏感的神經之外，他們還面對一個天災頻仍、人民四散流離的時局。「山之東、燕之南，赤地千里，流民載途，炊人以食，析骸代爨」，「江南……蝗蝻魃鬼，屢亦相侵，縣邑之被災者，日漸見告」[86]，天災、兵禍、流民，互為循環，更加凸顯傳統政治結構中，無力處理地方社會諸多問題的弊端。針對傳統政治制度中缺乏對縣以下社會的經營，清初部分士人的對治之方是提倡一種在「鄉」的層次，以儒生自發性的組織擔負起下層社會工作的路線[87]，而另一個路線則是透過「宗族」。

　　清初的士人往往對舉三代之治與郡縣制的差異，藉此凸顯宗族補充政府職能，統合人群的重要性。張履祥即說：

> 古者建國，必先立宗，……當是時，雖有矜寡，不哀無告，雖更喪亂，不輕流亡。後世政教不修，人情渙散，其事已不能望諸朝廷，而〈萃〉〈渙〉之責專于家族。[88]

顧炎武更將秦漢之後的分居、別籍異財之風視為「衰世」的象徵[89]。如果我們拉長時間脈絡來看，張履祥與顧炎武的想法在近世以後討論

85　Kai-wing Chow, *The Rise of Confucian Ritualism in Late Imperial China: Ethics, Classics, and Lineage Discourse*(Stanford, Calif.: Stanford University Press, 1994), pp. 71-161.

86　陸世儀，《論學酬答》（《叢書集成三編》，冊15；台北：新文豐出版公司，1997)卷二，〈答曹尊素避亂書〉，頁23b。

87　王汎森，〈清初的下層經世思想〉，《大陸雜誌》98：1(1999.1)，頁1-21。

88　張履祥，《楊園先生全集》卷十六，〈沈氏族譜序〉，頁480。

89　顧炎武，《原鈔本顧亭林日知錄》卷十七，〈分居〉，頁406。

宗族的言論中，並不特別突出。但是如果將這些想法與他們希望重整地方社會的政治理念並觀，不難看出組織宗族也是包含在這套制度設計的架構之中，而且正如周啓榮所說，宗族是地方社會中超越任何財富、地位差別的理想組織[90]。所以顧炎武說：「自三代以下，人主之於民，……凡所以爲厚生正德之事，一切置之不理，而聽民之所自爲，於是乎教化之權常不在上而在下。」修祠堂、聚宗族的目的就在於由地方社會重掌教化之權，進一步去除「積汙之俗」，改變那個舉世「滔滔」的社會[91]。

當然，以聚族來組織人群並不是清初士人的新發明，方苞即注意到三楚、吳、越、閩、廣山區之間，遍布著聚族而居的宗族[92]，他自己的家鄉安徽桐城也有不少巨姓大族。但是現存的這些宗族離清初士人理想中的形態仍有一段距離，方苞指出：「後世家無恆產，人無常業，……而欲大宗之收族，不亦難乎？」他因而感嘆現世這些聚居的鄉里豪族，「宗法無一能行」[93]。他主張應該恢復「古宗法」，用以改造現在的家族組織。方苞所謂的「古宗法」包括嚴立宗子主祭之制[94]；爲了解決士人無世祿的問題，成立模仿范氏義田的宗族共同

90　顧炎武對宗族的想法，與他的封建論息息相關，詳細討論可見Kai-wing Chow, *The Rise of Confucian Ritualism in Late Imperial China: Ethics, Classics, and Lineage Discourse*, pp. 83-88.

91　顧炎武，《亭林文集》卷五，〈華陰王氏宗祠記〉，頁114-115。

92　方苞，《方望溪全集》（台北：世界書局，1965）卷十四，〈赫氏祭田記〉，頁204。

93　同前註。

94　他說：「禮有百世不遷之宗，以收族也。……宗子非有大過不廢，廢則以子承，無子支子以序承。雖有貴者，別爲小宗，不得主祭。」同前書，卷十七，〈家訓‧己亥四月示道希兄弟〉，頁231。

財產[95]，以及力行族葬之法[96]。他不僅時時與同僚、學生討論祭喪之禮以及古宗法[97]，晚年退休回鄉後，更開始依照自己的理想建立宗祠、設置祭田、考定祭禮、製作祠規，他自述斟酌祭禮的原則在於「以愚心之所安，依古禮經而準以眾人所能行」[98]。

　　方苞雖然提倡恢復「古宗法」，但是除了堅持必須設立宗子之外，他並不執守古禮的儀文。然而，在當時我們確實能看到另有一批士人堅持一種更純粹、不與習俗妥協的禮儀，如稍早於方苞的陳確、張履祥即是如此。陳確對宗族禮儀的關注，來自於對抗風俗的強烈心態[99]。他在〈道俗論〉中標舉出絕對對立的道與俗，即使是冠、昏、喪、祭等日用之禮，也不容含糊放過[100]。他提倡族葬的方法，配合祠堂的各種祭儀，以求解決宗族的禮俗之失[101]。同時，陳確的友人張履祥也在家訓中訓示子孫「宜傚族葬法」[102]。儘管族葬法在現實上並不容易實行，但是在這些清初士人的心中，這種以葬地聯合族屬的方式，與祠堂、祭田，共同成為綰合宗族，進而安定地方的重要憑藉。

　　當然我們也不能忘了清初禮教的復興在種族方面的可能意涵。明亡之時殉難之人有一些遺命以古禮殮葬的例子，說明當時確有人希望

---

95 同前書，卷十四，〈仁和湯氏義田記〉，頁205-206。

96 同前書，卷十七，〈家訓・己酉四月又示道希〉，頁237。

97 同前書，卷十四，〈赫氏祭田記〉，頁205。

98 同前書，附錄，〈年譜〉，頁458，「乾隆七年壬戌」條。

99 此外，陳確也十分重視宗族所能提供的濟助族人的慈善功能。參見Kai-wing Chow, *The Rise of Confucian Ritualism in Late Imperial China: Ethics, Classics, and Lineage Discourse*, pp. 93-95.

100 陳確，《陳確集》，文集卷五，〈道俗論上〉，頁169-170。

101 同前書，文集卷七，〈南北坎祭議〉、〈宗祠末議〉、〈四世祭議〉，頁190-196；別集卷七，〈葬書下・族葬五善〉，頁490。

102 張履祥，《楊園先生全集》卷四十八，〈家訓・重世業〉，頁1375。

以古禮來維持其漢族的文化認同[103]。順治二年(1645)南京陷落,清廷下令薙髮時,桐城醫者楊案山急急忙忙爲其子行冠禮,也是一個有意思的例子[104]。前面提到當浙江張履祥到處宣揚恢復古禮時,他的同鄉便說張氏及其同志是「不降社」[105],就是認爲他們是藉提倡古禮來與新成立的清政府劃清界線。張氏雖然並不承認這一點,但是當時人的觀感確實也值得玩味。

所以我們可以推測,復興古禮的潛在動機之一是重新發掘、創造一套屬於漢人的古代禮儀,把自己和滿人區分開來以維持自我的認同,這種心理可能是存在著的。在乾隆年間,朝鮮使者朴趾源(1737-1805)的《熱河日記》中記載著朴氏與一位王秀才的對話,朴氏問爲何當時婦女纏裹小腳時,王秀才回答說「恥混韃女」[106]。這個回答頗能反映當時人們把自己習俗文化的一些獨特之處刻意突出,或解釋成是維持一種不能明白說出的深層的種族認同的情緒。

六、宣傳禮儀的小冊子

在這一節中,我要說明從明末到清初,一群到處宣傳、編刊小冊子,以宣傳建立一種新的禮治社會者的實際行動。他們散處不同地

103 Kai-wing Chow, *The Rise of Confucian Ritualism in Late Imperial China: Ethics, Classics, and Lineage Discourse*, pp. 44-70;趙園,《明清之際士大夫研究》,頁349-353。

104 錢澄之,《錢澄之全集》(合肥:黃山書社,1998)卷二十二,〈楊翁案山墓誌銘〉,頁436-437。

105 張履祥,《楊園先生全集》卷三,〈答吳仲木十一〉,頁58。

106 朴趾源,《熱河日記》(台北:國立編譯館中華叢書編審委員會編,1982)卷六,〈太學留館錄〉,頁301。

方,彼此之間不一定有聯繫,卻不約而同地朝向「禮」的總方向。他
們所提的方案當然有光譜濃淡之別,在同時代人眼中,他們可能是一
批怪人,但他們都從風俗整頓論出發,而「禮」是最常被提出的一種
藥方。第一批人出現在明末清初,他們是通俗宣傳冊子的作者,他們
到處鼓吹人抵抗惡劣的風俗,回歸到「本」。

　　這些小冊子有的是以「戒」或「約」爲名,像《證人社約》(劉
宗周)、《續證人社約》(惲日初,1601-1678)、《餘慶堂十二戒》
(劉德新,生卒年不詳);或是以「訓」、「鐸」爲名,如《家訓》
(張習孔,生卒年不詳)、《高氏塾鐸》(高措京,生卒年不詳);或是
以「勸」爲名,如張習孔之《七勸》;或以「譜」爲名,如《人譜補
圖》(宋瑾,生卒年不詳)、《新婦譜補》(陳確、查琪各有一本;查
琪生卒年不詳);或是以「砭」爲名,如方象瑛(1632-?)之《俗砭》
痛責當時各種流行風俗;或是以「法」爲名,如丁雄飛(1605-?)約束
鄉官的《古人居家居鄉法》等,不一而足[107]。明代退休居鄉的官員
(鄉官)風氣非常敗壞,而且成爲一個非常值得注意的歷史現象[108],
丁雄飛的《古人居家居鄉法》顯然是針對這一現象而作的。

　　不管他們宣揚的是什麼,基本上都是與當時的風俗針鋒相對。如
《家訓》中要人們「近貧」,認爲近貧才合「道」;認爲理想的婦
女「不喜邪教,不生是非,不苟訾笑,不見外人」;認爲末世人心
詭詐,要能安分,儒者應以「治生爲急」,而所謂「治生」指的是

---

107 以上諸書,皆收於王晫、張潮,《檀几叢書》(上海:上海古籍出版社,
　　　1992)。
108 劉咸炘,《推十書》,甲輯貳冊,右書七,〈明末三風略考〉,頁533-
　　　538。

務農[109]。又如《高氏塾鐸》中力勸子孫不要作商賈,書中鼓吹的治生之道也是讀書之暇,即當用力於農事[110]。《餘慶堂十二戒》中說「富不如貧」,「清談之放,道學之迂,一間耳」[111],這本小冊子的作者既不滿意晉人清談,也不滿意宋人道學,他表現出一種另求出路的意向,他說自己之立論「乃要諸人情世事之所必至,不但襲道學義理之成語也」[112]。

這些小冊子中,有的特別關心「士」應如何維持其菁英的身分,認為晚明的商業化社會顛倒了四民的秩序,如《猶見篇》中說「覩流俗之澆訛,痛狂瀾之艱砥」,痛言士習之變,先前「縉紳群處,所言者皆上關國計,所慮者皆下切民瘼」,不像他那個時代之瑣屑卑陋[113]。它一再強調士為四民之首,並指斥當時衣冠之士無尊卑之分。

有的則用心宣傳儒家規範及農業社會的價值,認為晚明社會悖反了這些規範與價值。李日景(生卒年不詳)《醉筆堂三十六善》中出現最多的是矯正當時習俗的規範,如:「宴會不流連沉湎,不褻狎優俳」、「子弟無輕肥鬥雞走狗之習」、「不蓋造花園,不蓄歌兒舞女」、「謀生不狗市井」、「衣履正大光明,不求異樣華美」、「不看戲不看曲書」、「不看戲不聽說書」、「客至黃雞白酒,不學蘇樣陳設」、「婦女朴實,不用金銀珠翠,不學城市裝扮」[114]。值得注

---

109 張習孔,《家訓》(收入《檀几叢書》,初集卷十八),頁86。
110 高措京,《高氏塾鐸》(收入《檀几叢書》,初集卷十九),頁92。
111 劉德新,《餘慶堂十二戒》(收入《檀几叢書》,初集卷二十),頁96、98-99。
112 同前書,頁94。
113 傅麟昭,《猶見篇》(收入《檀几叢書》,初集卷二十一),頁102、103。
114 李日景,《醉筆堂三十六善》(收入《檀几叢書》,二集卷十五),頁281-283。

意的是，其中有不學「蘇樣」一項，那是因為蘇州是當時各種流行之中心，「蘇樣」、「蘇趣」引領各地之流行，人們往往稱到蘇州為「觀赴」，即等於到蘇州去觀摹、體會最新時髦之意。

　　這些書都是針對日常生活習俗世界的種種細節方面發的，其共通旨趣都是想對侈放的時風有所矯正，但是最後總要提出一個方案來。有人歸於善書，如《太上感應篇》等[115]。有一部分小冊子最後歸結到「禮」，好像「禮」是對治所有社會風俗弊病的大小總匯。如《俗砭》最後說：

> 四方俗尚不同，要惟軌于禮而已。越禮違禮，總謂之失中。
> 養痾無事，取所見昏喪宴會諸事，略加辨正，非敢謂移風易
> 俗，然從此各知循禮，于人心世道未必無小補也。[116]

尤其值得注意的是此時出現一批禮書，它們類似禮儀手冊，但是多本之於三禮，像毛先舒(1620-1688)的《喪禮雜說》是糾正以杭州地區為土、圍繞在喪祭之禮的種種風俗，而提出的針砭之道[117]。

　　在儒家生活禮儀中，葬禮具有指標性意義，黃宗羲《明夷待訪錄》〈財計三〉說：

> 故治之以本，使小民吉凶一循於禮，投巫驅佛，吾所謂學校
> 之教明而後可也。治之以末，倡優有禁，酒食有禁，除布帛

115　同前書，頁282。

116　方象瑛，《俗砭》(收入《檀几叢書》，二集卷十)，頁261。

117　毛先舒，《喪禮雜說》(收入《檀几叢書》，初集卷九)，頁42-45。該書所附〈常禮雜說〉則是針對日常生活禮俗而發(頁45-47)。

外皆有禁。[118]

黃氏提出「使小民吉凶一循於禮」，其實即是指日常生活中重要的生命禮俗皆應一循於禮。不過黃氏只是指出一個綱領性的想法，並未倡導過任何重要的活動，也未在這方面用力著述，他的最上策是由推廣學校之教來達成這個禮治社會的構想，最下策是一些非常激烈的政策——倡優有禁、酒食有禁、除布帛外皆有禁。黃氏在浙江的同鄉陳確、張履祥則要把禮治理想付諸行動，他們到處宣傳、鼓吹，希望人們做到「吉凶一循於禮」。

當時江浙地區除了有人到處編纂禮儀手冊外，另外有一批人則是編纂、刊布行為儀則的小冊子，它們在當時被奮發有為的士人所心儀，並且被非常積極地索求。劉宗周的《人譜》[119]、吳仲木(1622-1656)根據《家禮》所分纂的三種儀式[120]，或是像《日用飭身儀則》[121]、陳確的《新婦譜補》，曹射侯(生卒年不詳)的《規訓》[122]、《閨儀》[123]，還有《日新說》、《家誡》、《葬親之約》、《喪祭雜說》等都是[124]。對抗風俗、復興禮教是編輯上述那些小冊子的主要宗旨，張履祥在

---

118 黃宗羲，《明夷待訪錄》，〈財計三〉，頁41。
119 張履祥，《楊園先生全集》卷三，〈答吳仲木三〉，頁45。
120 同前書，卷三，〈與吳仲木十〉，頁57；卷二，〈與吳仲木十五〉，頁64；卷三，〈與吳仲木九〉：「三儀之作，修身以是，善俗以是矣。」（頁55）。
121 同前書，卷十六，〈飭身儀則序〉，頁478。
122 張履祥寫信給曹氏說其友葉靜遠，「適於海濱見尊刻規訓之書，……並欲請板印刷幾十冊，以惠鄉黨後賢」。同前書，卷三，〈與曹射侯二〉，頁171；卷三，〈與吳仲木九〉，頁55。
123 同前書，卷三，〈與吳仲木九〉，頁55。
124 同前書，卷三，〈答吳仲木三〉，頁45；卷四，〈與唐灝儒三〉，頁78；卷五，〈與何商隱十八〉，頁121。

《飭身儀則》的〈序〉中勸告人們家家都要置備這本書：

> 百餘年來，學術橫決，禮教蕩然，生心害政之禍，日日以
> 加。吾願海內士君子，致禮以治身心，庶幾內外一於恭敬，
> 不使放心邪氣奸於其間，於以視民，俾得則而傚之。慎毋踵
> 曩昔放恣之轍，推波助瀾，以貽生民之烈禍於無窮。[125]

這篇序中處處以「禮教」治心，以爲解決百年來家庭、社會、國家種
種生民烈禍之良方。

　　當時《人譜》常被用來對抗《功過格》[126]。此外便是重刊一些
前人的規訓之書，如朱子的《近思錄》、《童蒙須知》、《白鹿洞學
規》，司馬光(1019-1086)的《居家雜儀》，呂大鈞(1029-1080)兄弟
所立之《呂氏鄉約》，還有宋儒的各種箴銘[127]。此外，當時還流行
一類書，它們是以當時實際的事蹟來說明一個人或一個家庭循「禮」
或循「俗」所造成的重大差異。這類書中比較常被提到的有《先進遺
風》、《近鑑》、《近古錄》等[128]，以《近鑑》一書爲例，該書所
記錄的大多是張履祥所及身接聞的鄉里之事，重要的是張履祥如何解
釋這些禍身敗家的故事，他認爲它們都是因爲循俗悖禮才落得如此的

---

125 同前書，卷十六，〈飭身儀則序〉，頁478。
126 同前書，卷五，〈與何商隱九〉，頁117。參見我的〈明末清初的人譜與
　　省過會〉，《中央研究院歷史語言研究所集刊》63卷3分(1993)，頁679-
　　712。收入本書第五章。
127 同前書，卷五，〈與何商隱二十二〉，頁123；卷三，〈與吳仲木三〉，
　　頁44；卷十，〈與吳裒仲十六〉，頁300。
128 同前書，卷五，〈與何商隱八〉，頁117；卷十六，〈近古錄序〉、〈近
　　鑑序〉，頁486。

下場[129]。

七、喪禮改革運動

自唐代置凶禮於五禮之末以來，喪禮之學漸衰，一直到清代才又復興[130]。清初禮教運動中，喪禮改革是最大的題目，我們甚至可以說當時有一個喪禮改革運動[131]。而禮教改革所針對的最主要對象是佛、道的生命禮儀[132]。這種改革呼聲始終存在，如明末呂坤(1536-1618)在〈寧陵呂氏儒葬圖碑〉中提倡喪事遵四禮而行，不動鼓樂、不作佛事、不鬧喪或請客、不被除鎮壓以及從一切邪說俗說以壞家法[133]，他採取相當激烈的手段來實行回到純正古禮的政策。但是在明末，呂坤實是一個比較特殊的例子。

清初的喪禮改革運動者為數不少，其中陳確是一個代表性的例子。陳確感嘆「世道交喪，吾輩無一可措足處，亦無一可開口

---

129 同前書，卷三十八，《近鑑》，頁1023-1040。

130 林存陽，《清初三禮學》(北京：社會科學文獻出版社，2002)，頁186。徐乾學原請萬氏纂《讀禮通考》。參見全祖望，《鮚埼亭集》卷二十八，〈萬貞文先生傳〉，收入《全祖望集彙校集注》(上海：上海古籍出版社，2000)，頁519。

131 張壽安，〈十七世紀中國儒學思想與大眾文化的衝突〉，《漢學研究》11：2(1993)，頁70-80；何淑宜，《明代士紳與通俗文化：以喪葬禮俗為例的考察》，頁202-212。

132 如許三禮倡行《家禮》中的哭奠上食之禮，來對抗民間招請僧道作佛事的習俗。參見許三禮，《讀禮偶見》(《四庫全書存目叢書‧經部》，冊115)卷下，〈增行哭奠家禮儀注說〉，頁48b-54a。

133 呂坤，《去偽齋文集》(《四庫全書存目叢書‧集部》，冊161)卷八，〈寧陵呂氏儒葬圖碑〉，頁31b。呂坤還著有〈塋訓〉斥責地理風水之說。參見呂坤，《去偽齋文集》卷八，〈塋訓〉，頁32b-34b。

處」[134]，他非常關心喪禮的改革，在〈養生送死論〉下篇說：「學獨行之士不若學守禮之士」[135]，「蓋非禮之俗，雖力所優爲者，必不可從」[136]。

陳確到處找機會去「振行久廢之禮」，所以他到處注意親友之間是否有婚喪等事，並到處勸人利用這些難得機會推行禮治。他以自己爲例，說：「自夫禮教不明，人心盡汨」，所以連他自己也陷溺其間而不自知，以佛道之儀辦理其先人之喪，未能依照儒禮，他後來稍知痛悔，但支離補救，無何裨益。一聽說朋友查石丈(名嗣琪，生卒年不詳)有母喪，馬上認爲這是實行古禮的好機會，說「區區之心，不啻如大旱之望時雨，謂自此得振行久廢之禮，提撕既死之心，於人心風俗大有拯救」[137]。在〈誄查母許碩人文〉中又說「俗流失，世敗壞，而先王之禮之不可復行於後世也，非一日矣」，他希望藉此喪事實踐《家禮》，「非《家禮》之所行勿行，非《家禮》之所止勿止。使吾鄉得一改陋俗之觀，而式於先王之禮教者，自碩人之喪始」[138]。陳確對於能夠成功勸說查石丈行禮，欣喜之情溢於言表。沒想到後來查氏輕聽婦人之言，「於七終之日，暫用酒肉，友朋讌集」，陳確對此大表遺憾[139]。

陳確到處反對人用禮懺[140]，甚至認爲不能守禮即「自夷於禽

---

134 陳確，《陳確集》，文集卷二，〈寄劉伯繩書〉，頁112。

135 同前書，文集卷五，〈養生送死論下〉，頁157。

136 同前書，文集卷二，〈寄劉伯繩書〉，頁112。

137 同前書，文集卷一，〈答查石丈書〉，頁78。

138 同前書，文集卷十四，〈誄查母許碩人文〉，頁328。

139 同前書，文集卷一，〈答查石丈書〉，頁78。

140 同前書，文集卷十三，〈爲董女告阿母文〉，頁314。

獸」[141]。他自己的女兒因為聽從了陳確的禮論，雖然母親臨終前一再交代死後要請僧眾禮梁王懺，但她不從，於是陳確代女兒擬了一道告母文：「雖然，兒豈敢以生死異心哉！惟義之從而已。……今母言俗也，父言禮也，故從父言而不禮懺。」[142] 在這裡很清楚的一個是「俗」、一個是「禮」，兩者之間在鬥爭，而陳確的女兒選擇了以「禮」抗「俗」，否定了母親的遺命。另外，他也反對人們實行墓祭，在〈士祭議〉一文中主張革墓祭，「春秋掃拜，歸祭於寢，祧主之墓，拜而不祭」，他說：「墓祭不革，則寧惟四世，雖數十世而上，凡有墓者，並得與春秋之祭，而尚何祧之有乎？濫也甚矣。」[143]

陳確與一群江浙友人四處宣揚應該回到「禮」，其友人祝開美死前交代革一切惡俗，喪葬悉遵《家禮》[144]，他的朋友蔡養吾(1607-1665)也說「喪禮勿從俗，但依陳子家約可也」[145]，並表示自己在明清鼎革之後，對於親知吉凶之事往往失禮，感到無限抱愧[146]。

此處要舉另一位比較代表性的人物張履祥為例。浙江桐鄉的張履祥是一位窮困而且不太出門的學者，卻成為一個很有影響力的思想家。張氏在甲申那一年(崇禎十七年，1644)由桐鄉前往山陰拜劉宗周為師，不久劉氏殉國，所以他實際從師的時間不長，可是他此後長期研玩劉氏的著作，並深心服膺；劉氏是王學殿軍，所以張氏可以算是廣義的王學中人，但他後來激烈批判王學，可以說是出於王而後來痛斥王的代表性人物。張履祥讀書不特別多，著述中也不常見到新奇之

141 同前書，文集卷十四，〈誄查母許碩人文〉，頁329。
142 同前書，文集卷十三，〈為董女告阿母文〉，頁314。
143 同前書，文集卷七，〈士祭議〉，頁198。
144 同前書，文集卷十二，〈祝子開美傳〉，頁278。
145 同前書，文集卷十二，〈蔡養吾子傳〉，頁295。
146 同前書，文集卷十二，〈婦喪約〉，頁282。

論，但他在當時代表了一種新的學問風格，這種風格迥異於晚明士大夫，可以說他代表著一群有意識拒絕晚明思想與生活風格的人。他的斷然態度，使他逐漸匯聚了很大的影響力。

　　張氏以空前嚴厲的筆調批判王學，斥責王學「生心害政」，流毒百年；認爲信良知者，自信橫決，行爲乖張。在明亡之後他受到何商隱（名汝霖，1618-1689）的囑託準備評《傳習錄》，可是當他把材料準備妥當開始動筆時，卻發現每讀一字，則「頭目皆痛」，評不下去，只好作罷。

　　張履祥刻意拒斥明代的著作，認爲除了寥寥幾本外，明代大部分的書都不必讀。有時候他態度稍稍緩和，則說明代最後一百年沒有一本書值得讀——「三百年以來，詖淫邪遁之書，眞不啻汗牛充棟，究竟不可少者，幾種而已」，「稍覺無益，概欲屛去，勿令徒亂人意也」[147]。張氏堅決選擇拒絕明代的傳統，代表了一種新的思想態度。

　　在生活風習方面，張履祥說「百餘年來，士大夫人品學術希足師法」[148]。他堅決提倡「庸言庸行」，與晚明人的莊老或魏晉式的生活方式針鋒相對。他與顧炎武等人一樣反對城市生活，認爲一旦進入城市就有墮落的可能，在他的筆下，所有墮落的行爲都可以找到一個共同的根源——城市。而理想中的社會是耕讀，是守住農人的本分，是牢牢地守住程朱、四書五經中所昭示的道理。張履祥花了許多力氣在奔走呼號，勸人家以「禮」來檢束生活，這方面的文字眞是引不勝引，他與陳確等人一樣，以宗教般虔敬的精神到處宣傳一種新葬禮，

147　張履祥，《楊園先生全集》卷五，〈與何商隱四〉，頁115。
148　同前書，卷五，〈與何商隱五〉，頁115。

而所謂新葬禮,其實是《家禮》與古禮的混合體。因爲當時民間久已不知古禮,故人們對張履祥的宣傳感到非常驚駭。

他們立「葬社」,到處鼓吹別人仿行,在當地頗有一些人被說服。當吳仲木(名蕃昌,1622-1656)喪親,決定依古禮實行葬禮時,里民至爲駭驚,吳仲木接著生病;張履祥在一封給吳氏的信中表示非常希望他盡快復元,以免當地人認爲他是因爲不遵習俗舉行葬禮而遭到報應[149]。語溪的沈韞斯(生卒年不詳)欲以古禮葬親人,「語溪之人竟以爲蜀之日矣,群非群擠」[150]。

新葬禮所針對的,主要是風水、停寄等習俗,以及佛、道教的生命禮儀,而這些都是人們長期以來所熟悉的。張履祥及他的同志們所提倡的新禮制,在當時可說是一種生命禮俗的革新。他們奉爲模範的新禮儀是《家禮》爲主,參酌古禮,以實用爲主。

八、清初三禮學

前面花了許多筆墨討論清初「禮治社會」的提出,最初並不是一種純學問的興趣,主要是爲了整頓晚明以來社會的失序及風俗的頹敗所形成的一套新理想;反過來說,社會文化的大潮也影響了學術的發展,清初的三禮研究就與「禮治社會」理想的提出息息相關。

我們或許會認爲清代的三禮之學是一種簡單的復興或復活,這個觀念是錯誤的;正如顏元說的,這是千年不行之禮、是宋以後早已衰微之學。譬如像士相見禮、鄉飲酒禮,朱子已謂今不可行,而清代的

---

149 同前書,卷三,〈與吳仲木二十〉,頁70。

150 同前書,卷六,〈與凌渝安七〉,頁179。

朱軾(1665-1736)乃欲一一復行之[151]。《四庫全書總目》卷二十《儀禮述注》說：「三禮之學，至宋而微，至明殆絕」[152]，陳澧(1810-1882)說：「明儒乃無一人治《儀禮》者矣」[153]，大抵是合乎實情的。故當清初儒者想要考證古代禮儀時，馬上發現他們是處在雙手空空無一物的狀態，黃宗羲曾感嘆說：「以余之固陋，所見……三禮頗少。」[154]以《儀禮》爲例，山東張爾岐準備致力研究《儀禮》時，未能見到朱子的《儀禮經傳通解》，而坊間的儀禮《考註》、《解詁》又多謬誤[155]，他的朋友顧炎武研究《儀禮》時，也發現當時最普遍的本子——萬曆監本《十三經注疏》中的《儀禮》經文脫誤兩百餘字之多[156]。

　　以《禮記》爲例，宋代衛湜(生卒年不詳)的《禮記集說》，集漢鄭玄(127-200)以下一百四十四家注疏，歷三十年才編成。因爲幾百年來禮學衰微，而明代通行的《五經大全》中所用的《禮記》注疏是以內容簡略的陳澔(1260-1341)《禮記集說》爲主，衛湜之書遂逐漸淹沒難尋，在徐乾學(1631-1694)所編《通志堂經解》尚未問世之前，衛氏之書世間罕傳[157]。清初黃宗羲與呂留良絕交的原因之一便

151　朱軾，《儀禮節略》(《四庫全書存目叢書・經部》，冊110)，〈凡例〉，頁2a。

152　永瑢等，《四庫全書總目》(北京：中華書局，1965)卷二十，經部儀禮類二，「儀禮述注」，頁163。

153　陳澧，《東塾雜俎》卷十，收入氏著，《陳澧集》(上海：上海古籍出版社，2008)，冊二，頁627。

154　黃宗羲，〈萬子充宗墓誌銘〉，收入萬斯大，《經學五書》(台北：廣文書局，1977)，下冊，附錄，頁1。

155　張爾岐，《蒿菴集》卷二，〈儀禮鄭註句讀序〉，頁3b。

156　顧炎武，《亭林文集》卷二，〈儀禮鄭註句讀序〉，頁35。

157　林存陽，《清初三禮學》，頁180。

是為了爭奪一部衛湜的《禮記集說》。而這樣一部保存大量注疏的書，帶給新興的禮學家的幫助是難以估量的。清初禮學開山萬斯大研究《禮記》，最得力於此書，他說：「俄而或以其本至，取而讎之，則凡櫟齋之所有者，無不在，後乎此者，倍之。」[158] 方苞研治《禮記》，原先也只見到陳澔的書，後來也因衛湜《禮記集說》而成果大有進步[159]。

關於清代禮學的研究已經有幾種著作深入的討論。大體而言，清初禮學有兩派：一派充分了解文獻之間存在許多不同的時間層次，而主張以嚴格的考證重建古禮；一派是仍然相信今人可以揣摩聖人制禮之心思(如治《儀禮》的方苞)，不斤斤計較於登降進反之儀，服物乘色之辨，而是希望由此體會三代之治與聖人彷彿之意[160]。這兩派對清代三禮之學都有貢獻，而以前者影響較大。

三禮學的研究是清代經學考證興起的最重要一環。清代經學研究的興起，有一個必要的心理距離或時間距離感。在明代，人們把經書當作生活世界的一部分，讀者的世界與經書的世界之間是一個連續體，可以毫無任何異樣地用。清代經學考證的前提是認識到：我們生活的時代與古代極為不同，兩者之間有極大的鴻溝，所以我們並不真正了解古人；如果想好好地了解古人，就必須透過嚴格的文字考證訓詁之學才能加以重建。我認為當時人極力主張「以經注經」，同時迴避以己意注經，即是認識到「今—古」之間的距離。毛奇齡(1623-1716)及萬斯大的兩段話可以作為佐證。毛奇齡《西河文集》〈經義考序〉：

---

158 全祖望，《鮚埼亭集外編》卷二十三，〈禮記輯注序〉，頁1179。
159 林存陽，《清初三禮學》，頁266。
160 林存陽，《清初三禮學》，頁267。

> 予之爲經，必以經解經，而不自爲説。苟説經而坐與經忤，
> 則雖合漢、唐、宋諸儒並爲其説，而予所不許。是必以此經
> 質彼經，而兩無可解，夫然後旁及儒説。[161]

至於萬斯大的治經風格，根據萬經(1659-1741)〈先考充宗府君行狀〉中的歸納：

> 人皆以己意釋經，吾但以經釋經，故雖多立異之處，而實非
> 穿鑿附會者比。[162]

在回到古代禮儀世界的巨大熱忱之下，人們往往發現古禮離今人的生活非常之遠，如此難解，往往查了再查、考了再考，仍然得不到要領；用黃宗羲的話說是「禮經之大者，爲郊社、禘袷、喪服、宗法、官制，言人人殊，莫知適從」[163]。

前面已經說過，「禮治社會」包含甚廣，而且提倡者總是將它與整個國家的治亂興衰聯繫起來，他們感到興趣的不只是特定的禮儀而已。不過我們仍可發現在三禮中有關儀文的《儀禮》最受到當時人的重視。

當時對《儀禮》有正反兩派意見，它們正好反映了「由外而內」或「由內而外」兩種主張的分歧。反對《儀禮》者認爲它的禮文太

---

161 毛奇齡，《西河文集》(上海：商務印書館，1935)卷二十九，〈經義考序〉，頁583。

162 萬經，〈先考充宗府君行狀〉，收入萬斯大，《經學五書》(台北：廣文書局，1977)，附錄，頁21。

163 黃宗羲，〈萬子充宗墓誌銘〉，頁1。

繁，是自絕於天下後世——孫奇逢說：「竊自有《儀禮》以來，學士大夫之家相傳為鼎彝，寶玩之而弗用，非天下後世之罪，則禮之文也繁也，自絕于天下後世耳。」[164] 李光地(1642-1718)《榕村語錄》卷一〈經書總論〉則說：

> 《儀禮》雖亦聖作，但在儀節上講，何嘗不是道德性命所發見，畢竟略隔一層。[165]

李光地是清初禮學提倡者之一，但是他基本上是偏在「由內而外」的一派。擁護《儀禮》者如顧炎武則是「由外而內」的一派，他在〈儀禮鄭注句讀序〉中說：「三代之禮，其存於後世而無疵者，獨有《儀禮》一經」，並把《儀禮》提高到開後世之太平的高度，故說當時專治《儀禮》的張爾岐「如稷若者，其不為後世太平之先倡乎」[166]？萬斯大也屬於這一派，他說：「伏念《儀禮》一經，與《禮記》相表裡，考儀文則《儀禮》為備，言義理則《禮記》為精。在聖人即吾心之義理而斷著之為儀文，在後人必通達其儀文而後得明其義理，故讀《禮記》而不知《儀禮》是無根之木，無源之水也」，又說「禮數之未知，何足以明禮義」，也就是離開行為層面就談不上了解「禮意」。他認為：「私謂禮教弘深，學者務使禮經與諸經傳逐節關通，……庶有以得乎恭敬、辭讓之原，而因以見先王制禮之義焉。」[167]

---

164 孫奇逢，《夏峰先生集》卷四，〈家禮酌序〉，頁7a。

165 李光地，《榕村語錄》(北京：中華書局，1995)卷一，〈經書總論〉，頁2。

166 顧炎武，《亭林文集》卷二，〈儀禮鄭注句讀序〉，頁35-36。

167 萬斯大，《學禮質疑》，收入《經學五書》，〈自序〉，頁1b。

清初禮學「由外而內」及「由內而外」兩派皆有擁護者，不過發展到後來，「由外而內」一路顯然成爲主流，而以後來凌廷堪（1757-1809）「以禮代理」作爲最突出的代表[168]。

清代考證學中，三禮學成果最爲豐富，只要對《皇清經解》與《續皇清經解》稍作統計即可得知。對於清代三禮學的研究已有成果，因其內容異常繁富，非此處所能綜述[169]。我們可以比較確定的是，清初「禮治社會」思想的崛起是清代禮學興起的一個重要動源，可以說是由一場社會思想文化轉化成爲學術運動，可是到了後來，人們在學術上工作得太入神太有趣了，反而有些遺忘了禮學運動最初的經世熱忱。

九、結論

此處有必要對前面的討論作一個綜述。「禮治」社會之興起主要是對晚明思想界及社會秩序的不滿，希望有所整頓並提出一個新的、理想的、儒家社會的願景。「禮治」遂被提出來成爲一個新藍圖，而亡國之痛，也給這種反省與決心提供了一個重要的支點。接著歸納前述爲如下幾點：

（一）在17世紀，有一群又一群的在地文人形成了一個道德規範的清整運動，他們寫作各種糾正風俗的小冊子，希望對各種身分賦

---

168 張壽安，《以禮代理：凌廷堪與清中葉儒學思想之轉變》（台北：中央研究院近代史研究所，1994）。

169 請參見Kai-wing Chow, *The Rise of Confucian Ritualism in Late Imperial China: Ethics, Classics, and Lineage Discourse*；張壽安，《以禮代理：凌廷堪與清中葉儒學思想之轉變》；林存陽，《清初三禮學》。

予恰當的行爲舉止與規範,引導人們恰當的舉止以合乎寬鬆定義的禮教。

還有一些人以傳教士般的熱情到處推展禮儀改革運動,尤其是喪禮改革,陳確、張履祥、孫奇逢、顏元、李塨等思想家都是熱烈的禮教運動者。此外值得注意的是,在三禮中,人們對《儀禮》一經最感興趣[170]。而由此經獨占鰲頭可以看出人們相當關心如何以「行爲主義」而不是以心性之學爲主軸,來建立新的社會秩序。

(二)「禮治」社會運動中,有些人只停留在呼籲及闡發道理的層次,但也有人深入基層,編纂及推廣各種實用性的參考冊子[171]。清初以來三禮之學蔚爲大宗,如果我們把這波運動放在長時段的歷史中審視,會發現在此之前幾百年,三禮之學並不是那麼興盛的學術題目。人們基於學術興趣或實用上的需要,往往在三禮的內容及細節上爭論不休,從萬斯大《禮學三書》等書中來往爭論的信件可以爲例。而在每一次的爭論中,爲了求勝於對手,人們無不以嚴肅的態度,使用堅實可靠的證據,希望弄懂古代禮制的實況,最後形成了一個重要的研究領域。

當時有兩批學者,一批是像萬斯大、張爾岐,另一批是像李光地、孫奇逢、方苞;兩批人雖然在提倡禮學這一點上宗旨相同,但前者重儀文度數的考證,後者受宋學之影響而較爲重視禮的大義。這兩波力量雖有出入,但都匯聚成爲一個禮學的運動。

官方對禮制的重視也有一定的推動作用。朝廷碰到一些場合時,屢興大禮,對禮學的推動起了重要作用;而清廷把禮治作爲官方正統

---

170 《禮記》之學之前不絕如縷,並未中斷,對《周官》一經則歷來意見不一,反對者不乏其人。

171 可由書名中常有「酌」或「折中」看出其「準古酌今」的特色。

思想，則使禮獲得了制度性的支持，熊賜履(1635-1709)在這方面貢獻很大，《大清集禮》、《大清會典》等典制性的書的出現可以作為代表[172]。

(三)所謂「禮治社會」的理想，有光譜濃淡之別。回到「古禮」當然是此時的一個理想，但是並不是所有禮教運動者都想回到古禮，像陳確、顏元、李塨那樣鄙棄朱子《家禮》並一心一意要回復古禮者，究非多數。而且他們常常發現，想將古代禮節儀文考證得清清楚楚是一件非常困難的事，想在日常生活中實踐古禮的細節更是不易。事實上因為明代禮學不興，所以研治古禮的條件是很不足夠的，由張爾岐校訂《儀禮》版本時所碰到的種種困難就可以看出這一點。當時較多數人是呼籲人們能在儒家的理想中，各種身分、場合都有恰當的規範與標準，或是實行朱子的《家禮》。所以在「禮」這個口號之下究竟歸向何處，實有光譜濃淡之別，較淡的一端是朱子《家禮》，最濃的是古禮。而顏元追復「古禮」的意向，往往是為了與佛、道禮儀或受其沾染的禮儀相對抗，而節節向上追溯到未受佛道影響前的古禮。同時我們也不能忽略，許多對古禮的研究不是為了照搬，而是用它來對照現實、批判流俗。譬如張履祥考深衣之制，即是用來批判當時衣飾不倫的風氣[173]。

(四)禮治理想究竟對現實生活上產生多大的改變是一回事，它所造成的新的理想標準又是另一回事。「禮」與「俗」的對抗所真正發揮的作用並不是「禮」徹底消滅了「俗」，那樣的事在中國歷史上可能從未發生過，而是造成了一個在日常生活文化當中高下的區分，使

172　林存陽，《清初三禮學》，頁303-310。
173　張履祥，《楊園先生全集》，附錄，〈年譜〉，頁1491。

得「禮」成爲高尚的、理想的、新的標準，如果可能，人們「理想上」應該守禮，而應盡量使其實現，因而微妙地改變了人們認爲日常生活及行爲世界「應該」追求的目標。

所以明代後期以來的通俗文化並沒有因禮治社會的提出而消失，它們有的是被歸納到較低的層次，或以不同的意義及方式存留下來。我們甚至會發現，提倡禮教的士人的日常生活中也可能看到他們所批判的流俗的成分，但是他們並不願意公開宣揚這一部分。

這個新發展把百年以來不大截然區分的日常生活世界區分開來，至少分成兩層：一方面是以「古」、以「禮」爲理想，一方面是習俗的世界。從17世紀中期以來，「俗」每每成爲被勘正或改革的領域，即代表著這種分道揚鑣之勢。

所以禮治社會的理想帶動了一種思想運動，使得禮治理想躋身思想舞台的中央，成爲新價值層級的最高點。經此鼓吹，人們內心中多多少少都認爲即使不能馬上做到合「禮」，也應盡可能擺脫晚明以來人們所沾沾自喜的習俗與行動，盡力向禮治理想趨近。一方面是批評、摒棄舊的，一方面是趨向新的。在「禮治理想」之下，華衣華服、鮮車怒馬不再是突出自我的最好辦法，穿著樸素的布衣、行爲有度成爲另一種突出自己或自我優越感的來源。所以這個思想運動的提出帶動一種再分類，同時因爲這一個思想運動並不可能改變所有人的行爲方式，所以我們千萬不能誤以爲它已經普遍實行。事實上，到處都有違禮、背禮的例子。

（五）清初禮學的提倡者在最開始時並非多數，而且提倡禮治的人也不一定眞正對三禮進行過系統而深入的研究工作（如顧炎武），但是他們的大聲疾呼，卻有助於三禮學研究之興起。

他們的熱忱宣傳固然促發了三禮學研究，對三禮學研究有疑問的

人也起而與之辯難，這些人或考證某書爲僞、或爭論某禮不可行，在往覆的論辯中推波助瀾，創造了一種共同的論域(discourse)，同時也形成了學術的社群，清代三禮學的興盛與上述背景是分不開的。

第三章

清初的講經會

　　明代後期文人結社的內涵及意義異常的豐富，目前為止，仍待深入研究。本文討論清初浙東的「講經會」，探討為何一個以研究經書為目標的團體竟出現在江浙一個心學最為發達，劉宗周（1578-1645）、黃宗羲（1610-1695）思想影響力最大的地區。兩者之間的傳承關係，是否代表著明季道學的修正運動與經學研究之興起有著密切關係？原先認為上述兩種學風是互相排斥的觀點，是否需要重作解釋？劉宗周的思想原先都被認為是心學走上絕路的象徵，何以在這個地方卻有了新的發展？而講經會與清代學術的關係也是值得評估的，究竟在何種程度上它可以被視為經典考證學的前驅？在何種程度上它仍是宋明理學典範的延續？同時我們也要問，這種講經團體究竟只是浙江甬上地區獨特的產物，還是也可以見於當時中國其他地區？如果也可以見諸其他地區，那麼為何這些講經社團同時並起？它們與明季風靡一時的應社、復社有何關聯？此外，在這篇文章中還想問：萬斯同（1638-1702）與講經會的關係究竟如何？一般觀念中，萬斯同的主要貢獻是為纂修《明史》奠下一個堅實的根基。可是我們又從當時人的評價中得知，他們認為萬氏透過甬上與在北京的講經會，對新一代知識分子產生巨大的影響。那麼，我們是否應在史學之外，也從經學影響的層面上去看萬氏？

誠如前面說過的,講經會與清代學術之間的關係是本文所欲加以
討論的。在討論清代學術興起時,似應有幾個前提。第一、它是連
續變化的結果,不只丟棄舊典範、建立新典範兩個階段而已。如果
說清代考據學興起是一個革命,那麼它不是在一次改變中形成的。
我們所熟悉的考證學是一個長期革命的結果,而清初講經會所代表
的是初期的一個階段,他們在整體的大立場上標定了一個方向,但
等這門學問成熟時,後來者又會覺得在細節上他們不夠嚴密,有疏
陋之處。

第二、在研究新典範的形成時,內部解釋與外部解釋並不互相排
斥。誠如孔恩(Thomas Kuhn, 1922-1996)所說的,在典範更迭之時,
外在的文化及社會等各方面的環境具有非常關鍵性的影響;可是一旦
典範確立,進入常規運作時,由專業學者所組成的次文化群形成,問
題和答案、讀者和作者、評判標準與程序,都在這個次文化群中,
那麼內在的邏輯就變得很重要了[1]。這個研究所探討的正是一種新學
風的初始階段,所以要觀察當時在什麼樣的社會文化環境中形成了
考經論史的基本方向。也就是說考證學的「先行結構」(pre-
structure)是如何產生的?那一代士大夫被什麼所吸引?學問方向的
形成有時候並不直接受某種專門學術的影響,而與文化、政治有
關。這裡我想先談晚明文人最為熱心的結社活動,以及當時領導性
社團的文化主張。

1　Thomas Kuhn, "History of Science" and "The Relation between History and
　　History of Science," *The Essential Tension: Selected Studies in Scientific
　　Tradition and Change*(Chicago: The University of Chicago Press, 1977). pp.105-
　　164. 又可參見吳以義,《庫恩》(台北:東大出版公司,1996),頁172。

一、明末清初社集中轉向經史之學的傾向

我們不可以忽略晚明社事對清學開山祖師的影響。顧炎武(1613-1682)、黃宗羲、閻若璩(1636-1704)等早年都是黨社人物，黃宗羲更是整天東奔西跑，參加浙江地區最有名氣的一些社集。當時最有力量的復社及它的一些次級團體有一股轉向古代的趨勢，而且他們與明代兩次文學復古不同，他們偏重的是經學。「應社」又稱「五經應社」，「復社」則是「興復古學」的意思。在陶冶新一代讀書人的思想趨向上，聲勢烜赫的文社風氣起過相當大的作用。

明季出現的讀經或讀史的團體，它們大多有幾個目的。第一是反對當時空疏佚蕩的學風及文風。第二是反對嘉靖、隆慶以來古文的剽竊之習。第三是針對當時內外的危機，想以儒家經典重建社會秩序。第四是想以儒家注疏的傳統取代當時流行的以佛家思想對儒經進行的詮釋。當時的經史社團，也常與經世濟民的關懷相聯，表現出回到經、史與現實經世濟民的密切關係[2]。

黃宗羲在〈萬祖繩墓誌銘〉中有一段話說：

> 君(萬斯年)從錢忠介公學為制義，是時偽子之後，黜者返之於經，然而鈔撮經語，仍不異於偽子，君獨本之《大全》而

2　「經社」一名並不必然是研讀儒家經典，也有可能是講佛經的團體，如明代李士龍(字一山)，便曾立經社以講佛經。見黃宗羲，《明儒學案》(北京：中華書局，1985)，下冊卷三十二，「泰州學案一」，頁721。但此處所舉的，都是講五經的團體。

紆洄以出之。[3]

這一段用來寫萬斯年(1617-1693) 的話，也不斷出現在黃氏的各種文字中，應略加疏釋。明代前後七子的古文運動，他們標榜「文必秦漢，詩必盛唐」。後來艾千子(1583-1646)出而反對，主張由歐陽修(1007-1072)、曾鞏(1019-1083)入手[4]，把文章寫得清楚，不要用支離的文句和煩瑣的典故[5]。而張溥(1601-1641)又出而反對艾氏，並惋惜何、李倡導古文時，只講文章，不曾勸人讀經。張溥主張復興古經，並大量抄撮經語[6]。

張溥模仿六經讖緯的文字，一般人反而讀不懂了，跟前後七子的

3　黃宗羲，《南雷詩文集》(在沈善洪主編，《黃宗羲全集》，第10冊，以下簡稱(全集10)；杭州：浙江古籍出版社，1985-1994)，〈萬祖繩墓誌銘〉，頁473。

4　黃宗羲，《思舊錄》(全集1)，「張自烈」條，頁359。

5　謝國楨，《明清之際黨社運動考》(台北：漢苑出版公司，1975)，第七章「復社始末上」，頁124。

6　譬如張氏的〈房稿表經序〉中有這樣一段文字：
「經之為重於天下，不待今日而明之也。……今則經文忽彰，而聖人作焉，治氣之感，證劾不惑，顧念向時之言有其預者，未嘗不相對以怡也。然而人之為言，命意在彼，則盡于彼；命意在此，則盡于此。以今日而言經，所謂在此者也，言經而底于為人，所謂盡此者也。試以經質之于人，觀乎字形，不離三才，則知其無邪矣。觀其擬言，不踰五倫，則知其近人矣。故予嘗謂使今日有武健之子，日取五經，摹而書之，左右周接，無非鉅人之名，大雅之字，趨而之善也疾焉，刻相漸于意，尤有神明者哉。然則為之若是其易，而人與文俱難之，何也？蓋其始病于作法之異，而其既危于疑人之甚，則言有不能入者焉。抑知善無不可為，經無不可學，即人之好名者，而實其所用，慕君子而從之，初而事其話言，久之而其行是焉，又久之而性情無非是焉。若夫學者之通經，縣奇以反平，因辭以達本，其道亦猶是也。」張溥，《七錄齋集》(一名《七錄齋詩文合集》十六卷，收入《續修四庫全書‧集部‧別集類》，第1387冊，上海：上海古籍出版社，1995)，古文存稿卷之五，〈房稿表經序〉，頁28a、29a-30a。

摹古相差不遠，這也就是爲什麼黃宗羲說他所引領的文風是「鈔撮經語，仍不異於僞子」。但張溥尊經復古的基本方向對當時士人有絕大影響。他發起復社時（崇禎二年，1629），有非常明顯的道德及政治上的理由。他在宗旨上清清楚楚地表明想復興經術，並以此作爲治平天下之基礎：

> 自世教衰，士子不通經術。但剽耳繪目，幾倖弋獲於有司；
> 登明堂不能致君，長郡邑不知澤民；人材日下，吏治日偷，
> 皆由於此。溥不度德、不量力，期與四方多士共興復古學，
> 將使異日者務爲有用，因名曰復社。[7]

在當時無數的文人結社中，這是一篇相當具有指導性的綱領。

　　復社是繼承了應社「尊經復古」的宗旨的傳統，而又有所改變。應社已規定每經立一社，這開啓了後來講經團體中「分曹治經」的傳統。他們提倡一人專治一經，然後集會討論，既分工合作又相互貫通，譬如楊彝（1583-1661）、顧夢麟（1585-1653）主《詩經》，楊廷樞（1595-1647）、錢旃（1597-1647）主《書經》，張采（1596-1648）、王啓業主《禮經》，張溥、朱瓏攻《易經》，周銓、周鍾（1614-1644）主攻《春秋》。應社的活動也不忘提倡「遵遺經，砭俗學」，如崇禎元年（1628）利用士子參加會試的機會，在北京召開的「成均大會」便提出這一個主張。張溥則感嘆天下士人爲了應付考試只「習一經而舍其四經，忘遠圖而守近意，亦云已矣。即一經之說多有未舉，

7　陸世儀，《復社紀略》（《明代傳記叢刊》，第7冊；台北：明文書局，1991）卷一，頁554。

將若之何」[8]，他自然也不滿意於每經立一社的五經應社。他曾想編
三部經解，自周迄唐爲《古解》，宋元爲《通解》，明朝的爲《國朝
經解》。他對經書與科舉之學的主張，基本上主導了後來對此問題的
論述：

> 經學之不明，講說害之也。予心惻焉，意欲廢講說而專存經
> 解。……夫註傳之學盛于漢，疏義之學盛于唐，南宋以後，
> 道學盛興，註疏稍屈。……成弘以來，學者尊尚《大全》
> 《兼通》，註疏等爲閒書。久而講說滋煩，人便剿記淪棄，
> 《大全》亦復不論，是故道隆而隆，道汙而汙。[9]

明末清初讀書、談經或讀史的社團逐漸出現，原因雖還不能完全確
定，不過必與前述風氣有關。

　　郭紹虞(1893-1984)在〈明代的文人集團〉中說，明人結社在
「洪武以後、景泰以前，只是興趣的結合，不管是窗下切磋用以攻文
也好，或是林下逍遙用以娛老也好，總之既無黨同伐異之見，更不論
及國事。這是第一期，而以後各期中仍沿續著這種情形。天順以後、
萬曆以前，派別漸滋，門戶亦立，於是始成爲主張的結合」[10]。在各
種因主張而結合的社團中，以讀書、談經，或讀史爲社名的團體，是

8　張溥，《七錄齋集》，古文存稿卷之五，〈易文觀通序〉，頁13a。
9　同前書，古文近稿卷之二，〈《五經註疏大全》合纂序〉，頁5a、6a-6b。
　　按，以上關於張溥及復社，參考了張顯清，〈張溥『興復古學、務爲有
　　用』的經世思想〉，收入陳鼓應等編，《明清實學簡史》(北京：社會科
　　學文獻出版社，1994)，頁414-419。
10　郭紹虞，〈明代的文人集團〉，氏著，《照隅室古典文學論集》(上海：
　　上海古籍出版社，1983)，上編，頁531。

明季以前所極罕見的；它們在明季大量出現，是一個全新的文化現
象，尤其是相對於王學不重讀書的風氣，更是如此[11]。分析這些社團
的名字，有兩個重點：第一是強調讀書，有的是一開始便以讀書爲
名，有的是逐漸修改其名字，最後才強調讀書。第二是強調讀經或讀
史，而且讀經、讀史又都與經濟有關。以下便是我對這些同時而起的
社團的一些探討。

　　當時有一些受應社、復社影響的社團進行了研治經學的活動，如
淮安閻修齡(1617-1687)、靳應昇(1605-1663)所創之望社，以作詩和
研究三禮之學爲其宗旨，清初考證學開山的閻若璩即其成員[12]。浙江
龍山也有「經社」。全祖望(1705-1755)提到錢光繡(1614-1678)前前
後後參加的許多社團中，其中有一個即是龍山的「經社」[13]。

　　以「昌古」、「讀書」作爲名稱的社團亦以次漸起。江南著名
藏書家丁雄飛(1605-?)與千頃堂主人黃虞稷(1629-1691)結的古歡
社，專以考據爲樂。山陰祁承煠(1565-1628)組「合轍社」，專治經

11　參見郭紹虞的〈明代文人結社年表〉及〈明代的文人集團〉(兩文均收入
　　《照隅室古典文學論集》)，乃至於最近出版的一些研究古代中國之
　　「社」與「會」的書籍，如陳寶良《中國的社與會》(杭州：浙江人民出
　　版社，1996)所羅列的社團名字。在明季以前，都不曾大量出現過這一類
　　名字，而這些名字皆代表其社團的一種主張，那麼它們不可能不含藏重要
　　的訊息。按，陳寶良的書在這方面提供了許多寶貴的材料。

12　謝國楨，《明清之際黨社運動考》，第十章「大江南北諸社」，頁175引
　　阮葵生《茶餘客話》：「陳碧涵先生爲望社名諸生，專精《三禮》之學，
　　淮士治《禮經》者多從之游。」

13　全祖望，《鮚埼亭集・外編》(台北：華世出版社，1977)卷十一，〈錢蟄
　　菴徵君述〉，頁797：「是時社會方殷，四方豪傑俱遊江浙間，因盡交天
　　下諸名士。先生年甫及冠也，而宿老俱重之。硤中則有澹鳴社、萍社、彝
　　社，吳中有逸通社，杭之湖上有介社，海昌有觀社，禾中有廣敬社，語溪
　　有澄社，龍山有經社，先生皆預焉。」

學[14]。餘姚諸士奇與諸來聘、符士龍、諸如錦、魏洝、周肇脩等在崇禎七、八年(1634-1635)間與里人合組的「昌古社」[15]，其內容不得而詳，只知其「效雲間幾社之文」[16]，則知它基本上是受幾社之影響，但特別重視經、史，而且重視「佐王之學」[17]。昌古社在當時餘姚「以熟爛時文骷骸場屋」的風氣中是頗特殊的。黃宗羲在〈兩異人傳〉描寫昌古社的領袖諸士奇在兩京既覆之後，棄諸生，「載《十三經》、《二十一史》，入海爲賈」[18]。有意思的是諸士奇即使想入海爲賈，船中載的竟是《十三經》、《二十一史》。

當時許多地方有讀書社的組織，而與黃宗羲關係密切的是杭州孤山的讀書社。在崇禎六、七年(1633-1634)間杭州有所謂讀書社之立，「以文章風節相期許，如張秀初(岐然)之力學，江道闇(浩)之潔淨，虞大赤(宗玫)、仲皭(宗瑤)之孝友，馮儼公(悰)之深沉，鄭玄子之卓犖，而前此小築社之聞子將(啓祥)、嚴印持(調御)亦合併其間。是時四方社事最盛，然其人物，固未之或先也」[19]。這個會主要是張岐然(1600-1664)開始的，社員多是他過去的學生，且「幾盡一鄉之

14　謝國楨，《明季之際黨社運動考》，第十一章「浙中諸社」，頁181。

15　黃宗羲，《南雷詩文集》(全集10)，〈敬槐諸君墓誌銘〉，頁397。

16　黃宗羲，《南雷雜著稿》(全集11)，〈兩異人傳〉，頁53。

17　同前書，〈諸碩庵六十壽序〉，頁65。

18　同前書，〈兩異人傳〉，頁53。按，諸士奇後來至日本，三十年不返。嘗有人以爲他是朱舜水，也有人反對。主張他是朱舜水者甚多，如顧廷龍，他在跋〈兩異人傳〉的手稿時便引湯壽潛《舜水遺書》〈序〉中所說的「太沖記兩異人，甚至諱『朱』作諸」，見《學術集林》(上海：上海遠東出版社，1995)第五卷，頁1-3。我個人認爲諸士奇不是朱舜水，因爲黃宗羲沒有必要諱其名。

19　黃宗羲，《南雷詩文集》(全集10)，〈鄭玄子先生述〉，頁566-567。又可參同書之〈鄭元澄墓誌銘〉、〈查逸遠墓誌銘〉，頁477-478、366。

善」[20]。照黃宗羲的說法，讀書社社員後多爲禪門網羅而去，不過，當該社盛時，其治學風格中有一路是提倡訓詁考據[21]。黃氏又在〈高古處府君墓表〉中說「武林讀書社，多通經學古之士，如張秀初、江道闇、鄭玄子、虞大赤、仲皜」，「君(高克臨)讀書橫山，與密友孫武書之所考索者，皆經生之不講者也」[22]。以讀書社爲名的，還有丁奇遇等人的讀書社。丁奇遇在〈讀書社約〉中解釋：「社曷不以文名而以讀書命，子輿氏所稱文會，正讀書也。今人止以操觚爲會，是猶獵社田而忘簡賦，食社飯而忘粢盛，本之不治，其能興乎？」故其社約是「一定讀書之志，二嚴讀書之功，三徵讀書之言，四治讀書之心。」[23] 明亡之後還有陸世儀(1611-1672)等人的「水村讀書社」[24]。

20　黃宗羲還說：「其後交道益廣，東浙則陸文虎、萬履安，禾中則薄子玉、魏子一，江上則沈眉生、沈崑銅、梅朗三、趙雪度、吳次尾，江右則舒芑孫、劉孝則，蜀中則劉墨僊。」同前書，〈張仁菴先生墓誌銘〉，頁443。

21　黃宗羲說：「仁菴之讀書，繭絲牛毛，訪戱異同。余時讀《十三經注疏》，刻意於名物象數，江道闇以爲不急，曰：『注《爾雅》者必非磊落人。』獨仁菴與余同志。余疏《漢地理志》，仁菴亦疏《左氏》地理。余著《律呂數義》，仁菴與薒子珏、魏子一，取餘杭竹管肉好均者，截爲十二律及四清聲，吹之以定黃鐘。又倣區田之法，試之於山中。仁菴之篤於好古如此。其於《易》、《詩》、《春秋》，皆有論著，不尚雷同。凡先舊諸家盤滯之處，顯發開張，使昭然可了。即遊方外，尚窮《六經》。」同前文，頁444。

22　黃宗羲，《南雷詩文集》(全集10)，〈高古處府君墓表〉，頁265。

23　轉引自郭紹虞，〈明代的文人集團〉，《照隅室古典文學論集》，上編，頁599。

24　陸世儀在〈水村讀書社約序〉中說：「既壯，有志於聖人之學，應務之暇，博覽先儒語錄。竊見有宋諸大儒德業並隆，人己同治，或聚良友於山水之鄉，或即所居爲鄉約之會，優焉游焉。蓋無往而不得所爲三代也。不覺喟然歎曰：『用世避世之道，其舉在茲乎？治亂世也，而所以爲治亂

讀書社之外，還有徵書社，呂留良(1629-1684)的〈孫子度墓誌銘〉：「崇禎十一年戊寅(1638)，余兄季臣會南浙十餘郡爲澄社，雜沓千餘人中，重志節，能文章，好古負奇者僅得數人焉，孫君子度其一也，越三年(1641)，子度擇同邑十餘人爲徵書社。」[25]

另外一些社團則直接標明讀經或讀史。在討論讀經社團興起前，有必要將明代科考的內容稍爲說明一下。明代科考基本上以四書爲主，五經很少人過問，本經也只需習一種經即可，而且到後來，在所習的一部本經中還刪去一些篇章不考。顧炎武(1613-1682)〈擬題〉中有如下描述：

> 予聞昔年五經之中，惟《春秋》止記題目，然亦須兼讀四傳。又聞嘉靖以前，學臣命《禮記》題，有出〈喪服〉以試士子之能記否者。百年以來，〈喪服〉等篇皆刪去不讀，今則並〈檀弓〉不讀矣。《書》則刪去〈五子之歌〉、〈湯誓〉、〈盤庚〉、〈西伯戡黎〉、〈微子〉、〈金縢〉、〈顧命〉、〈康王之誥〉、〈文侯之命〉等篇不讀，《詩》

(續)────────
者，人之心也。人心不治，雖全盛，吾憂其不免焉。不然，一國之人心不亡，則一國之福未艾也；一方之人心不亡，則一方之福未艾也；雖有兵革，不入善人之鄉，吾爲天道信之。用是又與同志數人相約爲講學之會，一意讀書，自丁丑迄今蓋七、八年於茲矣。……石隱曰：『講學之實可以避世，講學之名不可以避世，請易之以讀書，可乎？』予曰：『唯唯。』」陸世儀，《桴亭先生文集》(收入《陸子遺書》，又名《陸桴亭先生遺書》，第3冊；清光緒二十五年刊本)卷三，頁7b-9a。丁丑是崇禎十年(1637)，寫此〈會約〉時應該是1644至1645年之間，此時國家剛亡，所以語氣間頗多曖昧之處。
25 呂留良，《呂晚邨文集》(《景印岫廬現藏罕傳善本叢刊》；台北：臺灣商務印書館，1973)卷七，〈孫子度墓誌銘〉，頁6。

則刪去淫風、變雅不讀，《易》則刪去〈訟〉、〈否〉、〈剝〉、〈遯〉、〈明夷〉、〈睽〉、〈蹇〉、〈困〉、〈旅〉等卦不讀，止記其可以出題之篇，及此數十題之文而已。[26]

因為向例只習一經，所以當福建顏茂猷(1578-1637)以文兼五經而蒙皇帝詔特賜進士，以其名別為一行，刻於試錄第一名之前時，成為前所未有的特例，而且也造成了一些影響，「五經中式者，自此接跡矣」[27]！如陸世儀觀察到「十七、八，見閩中顏茂猷以五經中式，遂奮然欲效之，力通五經」[28]，看起來這在當時是一件相當震動人心的事。顏茂猷以五經中試是在崇禎七年(1634)，他的舉動是否影響到講經團體，尚待研究。不過，我所見到的幾個講經社，仍是以「分曹治之」的方式研經，所謂「分曹治之」，即是每一經有一班人研治之意。譬如錢謙益(1582-1664)〈常熟縣教諭武進白君遺愛記〉中提到的「五經社」即「分曹治經」：

26　顧炎武，《原抄本日知錄》(台北：唯一書業中心，1975)卷十九，頁476-477。

27　顏茂猷以五經中式事，見酒井忠夫，〈顏茂猷の思想について〉，在鎌田先生還曆記念會編，《鎌田博士還曆記念歷史學論叢》(東京：東通社出版部，1969)，頁261。顏氏後來成為功過格有力的提倡者。另外謝正光、范金民編，《明遺民錄彙輯》(南京：南京大學出版社，1995)，下冊，頁1207「譚貞良」條，記譚氏崇禎癸未年以五經中式，死前囑其子曰：「我死，題墓石曰：『明五經進士譚某之墓』。」

28　陸世儀，《桴亭先生文集》(收入《陸子遺書》，第5冊)卷六，〈毗陵蔡仲全先生小傳〉，頁23b。陸世儀又說：「庚子(1660)徒步三百里訪予於婁，婁中諸賢與仲全接席者無不咋舌稱歎，仲全歸，益以絕學自任，其族人靖公進士聚友數十人從之講五經同異，仲全南面踞高座，言如河漢，聽者俱屏息。」(同前文，頁24a-b)

> 萬曆癸丑(1613)，毗陵白君紹光以進士乙榜署常熟學教諭，
> 疏穢訂頑，緝文屬行，立五經社，分曹課試，四方名士，翕
> 然來從。[29]

白紹光是唐荊川(1507-1560)之外孫，錢氏認爲他是推本唐荊川之學以教邑之子弟，據錢氏說，他們所想發揚的荊川之學的特色便是「繇經術以達于世務」[30]。

在陝西則有左懋第(1601-1645)於崇禎四年(1631)左右在韓城知縣任上[31]，與當地士人組成的尊經社。依照他的〈重修文昌祠碑記〉所載：「余與韓諸生爲尊經之約，五經應制科者居一，外必業一經，月朔核之，一經通，復進一經，期三年，五經俱乃已，二年以來，通三經者彬彬矣。」[32] 在〈尊經社序〉中，左懋第又說「夫聖人之道備于六經，……而後之學者，守一經以爲足，與讀諸經而不返於躬者，皆無以觀乎文之大全者也」[33]。韓城地在西北，而已濡染當時江南社集尊經之風氣，而他們與五經應社分曹治經的方式已經不同，更像是後來甬上的講經會，以人人皆能通習五經爲目標。

江西瑞金的楊以任(1600-1634)也幾乎在同時，於南京組了一個五經社。我們從他生平所組過的幾個社團的名字可以看出其關懷之轉變。他早年是與同邑朱敬之、謝士芳、謝子起、楊汝基等結社論文。

29　錢謙益，《初學集》(台北：文海出版社，1986)卷四十三，頁1120。
30　同前註。
31　依《明史》卷二百七十五，〈左懋第本傳〉，左氏崇禎四年(1631)進士，授韓城知縣，頁7048。
32　左懋第，《左忠貞公文集》(《乾坤正氣集》求是齋刊光緒七年印本)卷四，〈重修文昌祠碑記〉，頁4b。
33　同前書，卷三，〈尊經社序〉，頁2b。

《啓禎野乘》說:「自江右以至吳楚燕齊,無不嚮風,所謂赤水六儁是也。」[34] 但是後來國家動亂,閩廣寇起,楊氏與其兄集父老豪右爲文告城隍,激以大義,傾囊守城。寇至,則斬其渠帥,焚其營壘而重挫之。可見他是一個留心經世實務人的。他與鄭鄤(1594-1639)見面,鄭氏說:「余猶記與公坐談,先埽去時事不可爲一語,凡公于經世,皆有實著,此其一班也。辛未(崇禎四年,1631)第南宮,遂來白下,以造就人材爲任,立五經社、經濟社,以射禮久廢,又立緯社,有蘇湖之風顏。」[35] 楊以任組五經社、經濟社,又組緯社以練習弓箭,足證研讀經書與其現實應世之關係[36]。

在山東,有張爾岐(1612-1677)的「經學社」。張氏以《儀禮鄭注句讀》聞名,顧炎武聞張氏與人談《儀禮》,指畫古代宮制、禮儀,談鄉射、大射、鄉飲酒、燕禮、歌樂、飲饌等事,「衝口圉肒,而辭罔不順」,顧炎武大爲驚異,遂與訂交[37]。這是因爲張氏治禮的風格表現了一種與明人不同的地方,即不講「旨」、「義」,而是在對禮經的名物度數作細部的歷史還原。張氏組有「經學社」(年代不詳)。他在〈經學社疏〉中說「大人之學首先格物,格物莫切於窮

---

34 鄒漪,《啓禎野乘》(《明代傳記叢刊》,第127冊)卷七,〈楊學博傳〉,頁10a-b(總頁273-274)。

35 鄭鄤,《崇陽草堂文集》(收入《崇陽全集》民國21年刊本)卷十二,〈南京國子監博士楊惟節墓誌銘〉,頁8a。

36 當然也有例外的,如涂仲倩等人組成之五筍社,看不出有任何應世的色彩。見黃端伯,《瑤光閣全集》(清嘉慶乙亥年刊本)卷十,〈摩虹草序〉,頁7a:「仲倩湛於經術,不屑爲流俗之譚,程古立言,情深韻遠。余嘗從五筍社內望見諸君子之文章,包山而帶海者,其形文也;鏗金而戞玉者,其聲文也;窮理而盡性者,其情文也。元韻白心,與道爲際,其空千古而獨行者乎。」

37 徐世昌,《清儒學案》(台北:世界書局,1979)卷十六「蒿庵學案」,頁1b。

經」[38]，但因為一般人只以科舉為念，故雖「託業於詩書」，卻並未想好好地了解六經。他說：「然當勢窮理極之會，必有力挽之人。凡此含知負覺之身，誰無斯道之責？每中夜而撫心，敢抗聲於吾黨：各鐲舊累，力振前偷。業不計其生熟，經不限乎大小，分曹而治，計月為程，循環紬繹，浸灌優游。務取益於身心，不旁參以功利。……顧茲暮景，尚希少進；共屬交修，是賴同人。儻獲麗澤之資，願載前茅而導。擬於冬至之次日，汛掃荒齋，申明約束。程課章條，具之別議。」[39] 此處提到「經不限乎大小，分曹而治，計月為程，循環紬繹」似乎表示，除了每人專治的一經之外，還期待能與他人共同參詳其他的經書。

除了講經團體外，明季以來亦興起了一些讀史社。明季山陰大藏書家、澹生堂主人祁承㸁(1565-1628)創有「讀史社」。譚昌言(1571-1625)也組有「讀史社」[40]。而錢謙益為諸生時的好友崑山王志堅(1576-1633)，也結有「讀史社」。錢氏說他「深鄙嘉、隆之剽賊塗墍者，以為俗學」，後來在南京的車駕司時，乃邀諸同舍郎為「讀史社」，「九日誦讀，一日講貫，移日分夜，矻矻如諸生時。少閒，借金陵焦氏藏書，繕寫勘讎，盈箱堆几，……而其讀書，最為有法，先經而後史，先史而後子集。其讀經，先箋疏而後辨論；讀史，先證據而後發明」[41]。

《千頃堂書目》作者黃虞稷(1629-1691)，康熙十八年(1679)舉

38　張爾岐，《蒿菴集》(濟南：齊魯書社，1991)卷三，〈經學社疏〉，頁142。

39　同前文，頁142-143。

40　朱彝尊，《靜志居詩話》(北京：人民文學出版社，1990)卷十六，「譚昌言」條，頁493。

41　錢謙益，《初學集》卷五十四，〈王淑士墓誌銘〉，頁1351-1352。

博學鴻辭，後薦修《明史》，召入史館，食七品俸，分纂列傳及藝文志，後來參與徐乾學(1631-1694)的一統志局。黃氏家藏八萬卷，與江左諸名士約爲「經史會」[42]。黃氏重經史態度甚至還促成清初一種重印古書的運動，最後落實爲《通志堂經解》的刊刻(詳後)。

五經社之類名稱的使用與流行，本身即意謂著一種由四書爲中心的觀點轉移到以五經爲中心的趨勢；基本上也是從關心自身的修心養性，到關心治平天下以及社群的規範和秩序的轉變。所以它們之中有許多雖然仍因襲文社或理學講會的某些形式，甚至脫離不了準備科考的性質，但其內容已有所轉變。

可惜這些社團都沒有充分的史料可以作深入的分析，不過，從它們治經的內容似可以分成兩類(或是兩個階段)：一種是仍以某人專研某經爲主，一種是五經兼治。此外，這些講經、講史的團體，逐步脫離了文社的性質，目標放在經濟社會上。在這個時期人們的政治哲學是認爲經史才是理想的政治藍圖的根源，所以眼光是放在古代，而不是現代。顧炎武把「六經之旨」與「當世之務」視爲一體[43]，黃宗羲說「經、史，才之藪澤也」[44]，陸世儀則說「天下不可不以三代之治治也」[45]，萬斯同則一再說「師古」[46]。這是當時許多人共同的想法，所以我們一再地看到他們想致力「經濟」，致力「佐王之學」，

42　徐世昌，《清儒學案》卷三十三「健庵學案」，附錄「黃先生虞稷」，頁27。

43　顧炎武，《亭林文集》(收入《顧亭林詩文集》；北京：中華書局，1959)卷四，〈與人書三〉，頁91。

44　黃宗羲，《南雷詩文集》(全集10)，〈蔣萬爲墓誌銘〉，頁479。

45　陸世儀，《治鄉三約》(收入《陸子遺書》，第18冊)，〈自序〉，頁1a。

46　如萬斯同，《石園文集》(《四明叢書》民國二十四年四明張氏約園刊本)卷七，〈與從子貞一書〉，頁8a-b。

以經術來經世的想法。對他們來說,一群人在一起研究經史,是為了研究治國平天下的方策。

深受在這一波經史社團影響的黃宗羲是本文章的主角。黃氏在明季黨社中這一股廣讀經史的風氣下成長,早年參加武林讀書社時期便開始讀《十三經》及《二十一史》,甚至讀各種星曆算數之書[47]。這使他後來深研劉宗周思想並復興證人講會時,能用自己的學術素養去重新詮釋老師的思想,使其學說得到新的生命;也使得他與劉子其他門生,如主持山陰證人書院的張奠夫(1591-1681?),風格大不相同。而甬上證人書院也在此思想領導下,很快地由證人會改為五經會,或講經會。

二、如何克服道德相對主義:劉宗周與「越中舊說」之對抗

影響甬上講經會形成的一個重要因素是劉宗周的思想。劉氏的思想體系極為繁博,但與講經會之形成比較有關係的,有下列幾點:第一、他極力辯駁晚明心學中識認本體的一派,並極度強調工夫,使得成聖不再是「想像本體」那種恍兮惚兮、無從下手、不可捉摸、又無從保證的事。這一思路影響了黃宗羲,所以黃氏在《明儒學案》的一篇〈序〉中會說「心無本體,工夫所至即其本體」。第二、是將心提到前所未有的高度,心外無物,心涵一切山河大地。但是劉氏顛倒

47　他回憶其弟黃宗會(澤望)說他自己初讀十三經正是在武林讀書社時:「余初讀《十三經》,字比句櫛,《三禮》之升降拜跪,宮室器服之微細,《三傳》之同異,義例、氏族,時日之襍亂,鉤稽考索,亦謂不遺餘力,然終不及澤望之精。冥搜博覽,天官、地誌、金石、算數、卦影、革軌、藝術、雜學,蓋無勿與予同者。」見黃宗羲,《南雷詩文集》(全集10),〈前鄉進士澤望黃君壙誌〉,頁293。

「心即理」爲「理即心」，同時又將「意」提高到凌駕宋明理學系統中一切層分縷析的範疇之上，使得所有宋明理學中爭論得津津有味的層分縷析失去意義，而心遂能直接認識外在世界，不必再到內在心性種種繁瑣的分別上打轉。第三、劉氏的兩篇〈讀書說〉，使得他思想中「心」與「六經」的關係與王陽明(1472-1529)思想中「心」與「六經」的關係，出現一個逆轉。心不再優先於六經，心的內容反而是應該由六經所決定。而這幾點又都是劉氏和當時浙中禪學化王學長期搏鬥後所產生的結果，所以此處先述當時浙中兩派思想之歧異與對抗。

當時浙中思想空氣中占主流地位的是王學禪學化的一路，浙中王學從王畿(1498-1583)下來，以周汝登(1547-1629)、陶望齡(1562-1609)及陶奭齡(1571-1640)兄弟，以及陶氏的一批學生爲代表，他們有意識地謹守浙中王門之傳統，並認爲這才是王門的眞傳。尤其是在受到東林的攻擊之後，對於他們的正統性特別敏感[48]。

而劉宗周正是受東林學派影響，從外面回到浙中的學者，他所帶回來的思想氣質正好處處與當地浙中王學傳統相矛盾。當時人屢有拿「越中之舊說」與劉氏學說相對照，即是在指這兩種思想間之對立[49]。

爲什麼劉宗周一派對「越中舊說」會如此敵視？主要是當時禪學

48　發生在1598至1605年的幾件事可以說明之：1598年顧憲成與管志道辯無善無惡之說；1599年周汝登、陶望齡共祭陽明祠，務相發明守仁遺教；1601年周汝登與友生五十餘人，宴於天泉橋，並語及昔年陽明與門人證道之事；1605年周汝登《聖學宗傳》著成，陶望齡序之。以上見麥仲貴，《明清儒學家著述生卒年表》(台北：臺灣學生書局，1980)，上冊，頁230-237。

49　如黃宗羲銘劉汋時說：「而山陰愼獨宗旨，暴白於天下，不爲越中之舊說所亂者，先生有摧陷廓清之功焉。」見黃宗羲，《南雷詩文集》(全集10)，〈劉伯繩先生墓誌銘〉，頁306。

勢力極大，而越中王門又是禪學化最厲害的地方，黃宗羲的觀察是：

> 崇禎間，士大夫之言學者尚廣大，多以宗門為入處。[50]

又說浙中王門的幾個代表人物與禪家的關係是「如肉受串」、「同其義味」：

> 萬曆間，儒者講席遍天下，釋氏亦遂有紫柏、憨山，因緣而起。至於密雲、湛然，則周海門、陶石簣為之推波助瀾。而儒、釋幾如肉受串，處處同其義味矣。[51]

孫靜庵並說：「石梁陶文覺公之學盛行姚中，沈求如、史子虛，其高弟也，顧頗參以禪悟。」[52] 黃宗羲對此當然是極為不滿的，一再抱怨「禪門之草，植於吾庭」。後來，連明顯屬於「越中舊說」這派後嗣的邵廷采(1648-1711)也這樣說：

> 啟禎之際，(陶石梁)與蕺山劉子分席而講，悅禪者皆從陶。[53]

50　同前書，〈朝議大夫奉勑提督山東學政布政司右參議兼按察司僉事清溪錢先生墓誌銘〉，頁341-342。

51　同前書，〈張仁菴先生墓誌銘〉，頁443。

52　孫靜庵，《明遺民錄》(杭州：浙江古籍出版社，1985)卷八，「邵以貫」條，頁65。

53　邵廷采，《思復堂文集》(台北：華世出版社，1977)卷一，〈王門弟子所知傳〉，「陶望齡、陶奭齡」部分，頁51b。邵氏甚至說陶望齡自己承認是深受禪學影響：「(陶望齡)其學與海門同時，嘗言吾自悅禪，從此得力，何能顧人非議耶？」同前文，頁51b。

「舊說」與新說的爭執，當以劉宗周與陶石梁之間的爭執為最。後人讀黃宗羲等人的記載很容易產生誤解，以為劉氏講學在前，而陶石梁的門徒隨而干擾之。其實浙中本來盛行的便是周海門以下的禪學化王學，至於劉宗周則屬於另一路。劉氏既與東林顧憲成(1550-1612)、高攀龍(1562-1626)同講學於首善書院，提倡名節、倡有善無惡，又問學於許孚遠(敬菴，1535-1604)，而許氏正是與周海門反覆爭辯「九諦」、「九解」的人[54]，一個講「有」，一個講「無」，論點針鋒相對。

劉氏回到浙中與陶石梁聯講，其實是闖入敵人的大本營。浙中陶望齡兄弟，除了以講學而名重當時外，同時也是餘姚顯紳。但是劉宗周這時也有不能小看的經歷，他當時五十四歲，甫從京兆府尹卸任，任上治績可觀，京師百姓呼之為「劉順天」。他在1631年(崇禎四年)二、三月間遇陶奭齡，謀會同志而講學，以衍文成公良知一脈[55]，陶奭齡欣然贊成，遂在紀念陶望齡的陶文簡公祠(即石簣書院)聯講，與會者有兩百餘人。聯講是在陶氏的大本營上進行的，但是從一開始，劉、陶二人便對許多問題有了歧見，尤其是重躬行或致知之爭(按，此處所謂致知是指心體的解悟)。到了這一年十一月，兩人有關工夫與本體的爭論正式開始，而且纏鬥甚久，這是劉、陶兩派第一個重大歧異。劉氏主張：「學者只有工夫可說，其本體處直是著不得一語。纔著一語，便是工夫邊事。然言工夫而本體在其中矣。大抵學者肯用工夫處，即是本體流露處。其善用工夫處，即是本體正當處。若工夫

54　關於這個爭論，參黃宗羲，《明儒學案》，下冊卷三十六，「泰州學案五」，頁854-868。

55　姚名達，《劉宗周年譜》(上海：商務印書館，1934)，「崇禎四年辛未(1631)先生五十四歲」條，頁174-175。

之外，別有本體，可以兩相湊泊，則亦外物而非道矣。」[56] 而陶石梁
在會講中卻總令學者自識本體，主張：「識得本體，則工夫在其中。
若不識本體，說恁工夫？」劉宗周反駁說：「但既識本體，即須認定
本體用工夫，工夫愈精愈密，則本體愈昭焭。今謂既識後遂一無事
事，可以縱橫自如，六通無礙，勢必猖狂縱恣，流爲無忌憚之歸而後
已。」[57] 爭論一直持續到隔年(崇禎五年，1632)，宗旨既不相合，講
會遂告分裂，擁陶奭齡的王朝式、秦弘祐等奉陶氏，集同志數十人另
外在白馬巖居。過了不久，劉宗周也離開陶石簣祠，另會於古小學及
陽明祠。

　　不過此後兩派人士仍續有往來，恐怕還常在一起講學，劉宗周甚
至勸擁護他的學生莫存芥蒂，並曾主動荐舉陶氏。在陶氏死後，劉氏
率門下士哭，且私諡之。儘管如此，他與陶氏或其學生(如秦弘祐)的
爭論不曾斷過，一直要到明亡劉宗周自殺爲止[58]。譬如1634年，劉氏
與秦弘祐討論「九諦」、「九解」之爭論；同年八月，秦宏祐記劉、
陶二人會講語錄時說「陶先生言識認本體，識認即工夫」，劉宗周卻
說「識認終屬想像邊事，即偶有所得，亦一時恍惚之見，不可便以爲
了徹也。且本體只在日用嘗行之中，若舍日用嘗行，以爲別有一物，
可以兩相湊泊，無乃索道於虛無影響之間乎」[59]。就在陶、劉的這一

56　同前條，崇禎四年十一月，頁186-187。
57　同前書，「崇禎五年壬申(1632)先生五十五歲」二月條，頁189-190。
58　如《證人社語錄》中，劉、陶兩人所寫的〈題辭〉便對識認本體一事互別
　　苗頭，劉氏質問陶氏「便欲識認个恁麼」。見劉宗周撰、岡田武彥解說，
　　《劉子全書及遺編》(京都：中文出版社，1981)，遺編卷一，「證人社語
　　錄」，〈題辭〉，頁1b(總頁966)。
59　劉宗周，《劉子全書》(台北：華文書局，1968)卷十三，〈會錄〉，頁
　　21b(總頁790)。

次爭論後，劉宗周著手著《證人小譜》，後改名《人譜》。這場爭論
與《證人小譜》的成書相聯是有深意的。劉宗周既然攻擊陶氏「索道
於虛無影響之間」，那麼，到底應該「索道」於何處呢？如何在日用
常行間求本體呢？《人譜》中所揭示的改過之法是一條路，另一條路
是讀聖賢的經書。

　　除了本體與工夫之爭論外，陶石梁一派「借路葱嶺」之事也是劉
宗周這一派所極力反對的第二個主題。1636年(崇禎九年丙子)，劉宗
周答陶氏書中說：「顧今天下談新建之學者，未有不借路葱嶺，⋯⋯
高明之士，談性宗而忽彝倫；卑暗之士，樂倡狂而惡名檢。」[60] 1638
年(崇禎十一年戊寅)十一月，在答王朝式(金如)書中他還責備陶氏
門人說「諸君子言禪言，行禪行，律禪律，遊禪遊，何以道學爲
哉」[61]。1642年，劉宗周爲陶氏的《今是堂文集》作序，說「或疑先
生學近禪，先生固不諱禪也」[62]。

　　陶、劉兩派的第三個差異是：石梁一路，強調的是個人的證悟，
周海門說：「自心缺陷，世界缺陷；自心滿足，世界滿足。不干世界
事。」[63] 而蕺山一路，尤其是黃宗羲，受到現實社會政治的刺激，強
調的是社會的事，故對「知」及格物的「物」字有不同的解釋。黃宗

60　劉宗周，《劉子全書及遺編》，遺編卷五，〈與石梁二(丙子)〉，頁20b-
　　21a(總頁1014-1015)。

61　劉宗周學生中有十七位不信禪者，包括王業洵、王毓蓍、張應鰲、黃宗羲
　　等，上書劉氏，請別爲講會，而先生拒絕之。但隔年，沈國模、管宗聖、
　　史孝咸、史孝復等創半霖義學於餘姚，是爲姚江書院之濫觴，從此一在紹
　　興，一在餘姚，兩派的距離更形遙遠了。劉宗周，《劉子全書》卷十九，
　　〈答王金如三〉，頁32b(總頁1368)。

62　同前書，卷二十一，〈陶石梁今是堂文集序〉，頁35b(總頁1600)。

63　黃宗羲，《明儒學案》，下冊卷三十六，「泰州學案五」，頁856。

義說:「家國天下固物也,吾知亦有離於家國天下之時?」[64] 而且認
爲應該讀經,不再局限在個人道德修養的關懷,而是強調社會性、政
治性的關懷。何以爲了治平天下,必須讀經?首先,爲了維持社群中
的禮教秩序,經書提供了人人共遵的常道。關於這一點,黃宗羲的後
人黃嗣艾有這樣一段概括性的觀察:

> 公既閱桑海,趨變博觀,晚年誨後進年少,輒專以讀書爲第
> 一義,謂學者不窮究經術,則幾無立身餘地。身之不守,國
> 遑恤歟?蓋勘透理路,事無小大,乃有把握。素中國行乎中
> 國,素夷狄行乎夷狄,古來相傳禮教兩字,就是當路之準
> 的。……然則興亡之樞機,允在禮教之隆替。既認得此癥
> 結,豈復容自作聰明哉!彼從政作制,胥有因革。若言立國
> 大原,殆捨禮教外無一是處。[65]

足見重建可以眾人共遵的道德行爲標準,也就是所謂「禮教」,是黃
氏提倡讀書講經的一個重要理由。

爲了治平天下不能只有原理而無內容,而要有內容,則必須攻習
詩書禮樂。這是當時許多人共同的想法。如與黃宗羲年輩相近的太倉
陸世儀在《思辨錄》中有這樣一段話:

> 後世但有大學之道,無所謂大學之法,故成就人才較難。何
> 謂大學之法,詩書禮樂是也。[66]

---

64 黃宗羲,《南雷詩文集》(全集10),〈答萬充宗論格物書〉,頁194。
65 黃嗣艾,〈南雷公本傳〉,收入《全集》,第12冊,頁100。
66 陸世儀,《思辨錄輯要》(清光緒三年江蘇書局刊本;台北:廣文書局,

如只有大學之道，則只有原理而沒有內容。他們認為僅治理學而不通
經史，是空有原理而不足以應付現實，故不是有用的道學。從發起講
經會諸子的變化，也可以看出由原理轉向實質的痕跡。以萬氏兄弟為
主的一批青年，在經黃宗羲轉手得聞蕺山劉氏證人之學時(康熙六
年，1667)，原先所讀的是程頤(1033-1107)〈定性書〉、朱熹(1130-
1200)〈中和說〉、周敦頤(1017-1073)《通書》、張載(1020-1077)
〈西銘〉等，也即是蕺山所輯先儒粹言，這是原理的部分。但接著他
們便「改證人之會為五經講會」，要講內容及方法。他們之所以專意
蒐討六經，是因黃宗羲教人必先通經，嘗曰「故受業者必先窮經，經
術所以經世，方不為迂儒之學」[67]，又說「人不通經，則立身不能為
君子；不通經，則立言不能為大家」[68]。「迂儒」、「不能為大
家」，都是指空有原理、沒有實質的人說的。關於這一點，當時人還
有如下的觀察。全祖望在〈甬上證人書院記〉說：

> 先生(黃宗羲)始謂，學必原本於經術，而後不為蹈虛，必證
> 明於史籍，而後足以應務，元元本本，可據可依。[69]

其中「蹈虛」或不足以「應務」，也都是指只空談原理，而沒有內容
或方法。《黃氏續錄·失餘稿》說：

(續)━━━━━━━━━━━━━━
　　　1977)，前集卷二十，頁1a。
67　全祖望，《鮚埼亭集》卷十一，〈梨洲先生神道碑文〉，頁136。
68　李鄴嗣，《杲堂文鈔》(收入《杲堂詩文集》；杭州：浙江古籍出版社，
　　　1988)卷三，〈送萬充宗授經西陵序〉，頁448。
69　全祖望，《鮚埼亭集·外編》卷十六，頁880。

> 府君（黃宗羲）謂學問必以六經為根柢，空腹游談，絡無撈
> 摸，於是甬上有講經會。[70]

除了原理，還要有內容才能應務，這個教訓也深深銘刻在講經會的弟
子中。如鄭梁（1637-1713）曾引述陽明的話，反駁陽明對讀書的鄙
視：

> 陽明先生曰讀書只要曉得，如何要記得，曉得已落第二義，
> 只要明得自家本體。[71]

可是鄭梁認為，如果不曉得、不記得，自家本體裡面是空空洞洞的：

> 暇時合眼一思，胸中了無一字，何況千百年帝王賢聖謨訓功
> 烈，禮樂文章，海闊山崇，豈能言其崖略。因思聖門身通六
> 藝之學，決不如此。陽明謂如何要記得，亦是一時口快，非
> 篤論也。[72]

除了經書之外，黃宗羲還極力主張鑽研其他各種學問來充實自己。萬
經（1659-1741）說丁未、戊申（康熙六年，1667、康熙七年，1668）之

70　黃百家，《黃氏續錄》（清道光四年餘姚悖倫堂刊本），書藏餘姚黃梨洲文
　　獻館，未能借讀。轉引自陳訓慈、方祖猷，《萬斯同年譜》（香港：中文
　　大學出版社，1991），頁88。

71　鄭梁，《五丁集》（收入《寒村詩文選》；《四庫全書存目叢書·集部·
　　別集類》第256冊；台南：莊嚴文化事業有限公司，1997）卷一，〈書讀書
　　雜記稿前（己未）〉，頁35a。

72　同前文，頁35a-b。

間，他目睹講經會的情況是「維時經學、史學以及天文、地理、六書、九章，至遠西測量推步之學，爭各磨礪，奮氣怒生，皆卓然有以自見」[73]。他們認為依照其師「一本萬殊」的原理，本來就應該開展各種學術。所以當萬斯同轉向專治史學時，他在一封給同學的信中說「誠留意於此，不但可以通史，并一代之制度，一朝之建置，名公卿之嘉謨嘉猷，與夫賢士大夫之所經營樹立，莫不概見於斯，又可以備他日經濟之用」[74]。為了避免只懂理學的一些空泛原則而流為「陋」而無用，萬斯同認為應該專力史學，探討歷史上的制度、建制與嘉謨嘉猷，以備他日經濟之用。

陶、劉思想上的第四種歧異是：陶派步趨禪學化的心學，認為心的最理想狀態是「空」，但劉、黃認為心的理想狀態是以儒家道德傳統作為內容。以「空」作為最高境界是當時流行的看法，管志道(1537-1608)說「空」是孔子學說的大本即是一例[75]，不管他們實際行為上如何，既講「空」，則在理論上，一切人倫庶物之理皆足以為我之障，都應該蔑棄之。反對他們的人則認為儒家的理想境界應該是「實」——實之以仁義禮智，實之以六經中正之道理。劉宗周批評道：

> 佛氏止言一心，心外無法，萬法歸空，依空立世界，何等說得高妙？乃其教門，則忍情割愛、逃親棄君，……則佛氏之

---

73 萬經，《寒村七十祝辭》(康熙五十六年慈谿二老閣刊本)，〈寒村七十壽序〉，原書不得見。轉引自陳訓慈、方祖猷，《萬斯同年譜》，頁88-89。
74 萬斯同，《石園文集》卷七，〈寄范筆山書〉，頁5b。
75 管志道，《惕若齋集》(日本內閣文庫藏明萬曆二十四年序刊本；東京：高橋情報，1990)卷一，〈奉復天臺耿先生筆示排異學書(甲申)〉，頁9b。

言心，可謂喪心之極。[76]

兩派思想的第五個分歧是「改過」思想。「改過」是明季思想之大題
目，即使在這個問題上，兩派也有分歧。晚明功過格極爲流行，它雖
然有濃厚的功利思想，可是畢竟讓從事者有確切明白可循的方法。功
過格在浙中王學圈中相當流行，故後人有云：

> 文成之學，至海門、石梁，直以蓮池放生文、雲谷功過格爲
> 聖學筌蹄，而諸先生皆爲所魅，不能覺也，二史爲尤甚。[77]

不但是「二史」史孝咸（子虛，1582-1659）、史孝復爲功過格所
「魅」，石梁門人秦弘祐也仿功過格而作《遷改格》，劉宗周因而作
《人譜》以對抗之，認爲在修養過程中只有過、沒有功可言，斤斤計
算功過是功利之心。因爲人人天生便是一個聖人，所以道德修養過程
中，應該注意的是如何盡可能地把過錯消除掉。而且，改過之事不能
等過錯已經造成後再去記錄、反省，理想上應該是在意念尚未發動之
先，便先貞定純善的「意」，使惡的念頭不致發生，否則只是皮面補
綴的工夫。

　　以上五點是當時劉宗周一派與陶石梁一派爭執的論題。陶、劉二
派的爭執非常激烈，有彼消我長、彼長則我消之勢，後來的人也能充
分了解劉子的證人社與周海門一派的緊張關係[78]，全祖望的〈蕺山瞻

76　黃宗羲，《子劉子學言》（全集1）卷二，頁322。

77　李慈銘，《越縵堂讀書記》（台北：世界書局，1975），上冊，「《國初人
　　傳》同治己巳(1869)十月十三日」條，頁430。

78　如全祖望注意到劉宗周講學的解吟軒後來爲比丘尼所居，足見作爲寧波當

雲樓上有大士焉馱而去之〉詩即爲一證：

> 安得證人昌墜緒，海門弟子息狓狙。[79]

其實除了上述的種種思想差異之外，陶、劉二派還牽涉到政治鬥爭。在魏忠賢(1568-1627)垮臺之後，浙東不少魏黨餘孽回到當地，卻依然作威作福。他們對黃宗羲之父黃尊素(1584-1626)的墓地及祠堂萬般阻撓，黃宗羲認爲這是因「浙中之爲禪學者，以爲忠義、名節無關于理學」，所以對於閹黨格外巴結，對於忠臣橫加打擊[80]。這一段觀察基本上並未摻雜黃宗羲個人的意見。當時遠在北方的刁包(1603-1669)便覺察到閹黨的支持者利用周汝登《聖學宗傳》打擊東林志士的情形，他在〈與王燕山宗伯書〉中說：

> 梁溪(高攀龍)倡道於璫禍方烈之日，一時言官群起而攻之，而學道者公然以周海門《聖學》一書遞相唱和，蓋淪肌而浹髓也。[81]

遠在湖南的王夫之(1619-1692)也有類似的觀察，他說王學末流是「爲刑戮之民，爲閹賊之黨，皆爭附焉，而以充其無善無惡，圓融

(續)—————

地人的他，始終視這兩者爲互相對立的陣營。全祖望，《鮚埼亭集・詩集》，卷八，〈朱綿之解吟軒當戢山之左念臺先生主講地也今爲比邱所居〉，頁1579。

79　同前書，卷八，頁1578。

80　黃宗羲，《子劉子行狀》(全集1)卷下，頁260。

81　刁包，《用六集》(《四庫全書存目叢書・集部・別集類》，第196冊)卷一，〈與王燕山宗伯書〉，頁12-13。

理事之狂妄,流害以相激而相成」[82]。刁、王二人一在河北、一在湖南山區,得到的印象如此相近,那麼當時禪化的王學與東林反閹黨運動之爭是相當清楚的。黃宗羲的好友高斗魁(1623-1670)的一段觀察,說明了某些閹黨與浙中王學互相倚附,以至於當地氣節風俗敗壞,而黃宗羲、萬泰(1598-1657)、劉瑞當(?-1648)等人與之相抗的情形。高斗魁並無文集傳世,在稀見的《濠梁萬氏宗譜》中收有他的一篇〈悔菴萬先生行狀〉說:

> 時璫燄方熾,鄉里縉紳多附之者,先生(萬泰)與文虎極口詆之,恥不與交。四明僻處海濱,聞見固陋,前輩鮮知崇尚氣節,支派相承,沿習莫解,海內砥礪名行之士視四明爲異域而不之齒。先生慨然思一雪其恥,以移易人心爲己責,與慈谿劉瑞當、姚江黃太冲先生兄弟激揚風節,扶掖後進,孑孑乎其如恐不勝也。[83]

足見黃宗羲與其好友們在當地形成了一個維持道德氣節的圈子,與附和閹黨的士大夫相抗。這種態度一直到黃氏子弟陳錫嘏(1634-1687)也沒改變過。在罕見的陳氏《兼山堂集》中便有這樣一段話:

> 佛氏欲舉天地人物彝倫日用而悉空之,以自私其所爲虛靈圓

---

82 王夫之,〈序論〉,收入張載撰、王夫之注,《張子正蒙注》(台北:廣文書局,1970),頁8-9。

83 高斗魁,〈悔菴萬先生行狀〉,在萬斯大輯、萬經增輯,萬承式、萬福纂修,《濠梁萬氏宗譜》(清乾隆壬辰辨志堂刻本;北京:北京燕山出版社,2006)卷七,頁5b(總頁376)。

覺者，至於彌近理而大亂眞，而要皆不忠不恕爲之本。[84]

黃氏本人在《思舊錄》中的記載如果可信，則他已明白說出袒護閹黨的是沈國模（求如，1575-1656）、管宗聖、史孝咸等禪化王學的學人：

> 先生(劉宗周)於余有罔極之恩。余邑多逆黨，敗而歸家，其氣勢不少減，邑人從而化之，故于葬地祠屋，皆出而阻撓。其時，吾邑有沈國模、管宗聖、史孝咸，爲密雲悟幅巾弟子，皆以學鳴，每至越中講席，其議論多袒黨逆之人。先生正色以格之，謂當事曰：「不佞白安先生之未亡友也，苟有相齮者，請以螳臂當之矣。」戊辰(1628)冬，先生來弔，褰幃以袖拂其棺塵，慟哭而去。[85]

黃宗羲說禪學化王學認爲「忠義、名節無關於理學」，在政治上採取權宜主義，所以在魏忠賢的問題上，沈國模、管宗聖、史孝咸「其議論多袒黨逆之人」。而劉宗周「正色以格之」，特意在崇禎元年(1628)弔唁黃尊素時，「褰幃以袖拂棺塵，痛哭而去」[86]，以表達他

84　陳錫嘏，《兼山堂集》(《四庫全書存目叢書・集部・別集類》，第247冊)卷一，〈一貫忠恕說〉，頁17a。

85　黃宗羲，《思舊錄》(全集1)，頁338，「劉宗周」條。

86　黃炳垕(1815-1893)，《黃梨洲先生年譜》(北京：中華書局，1993)卷上，頁13，「崇禎元年戊辰(1628)公十九歲」條。姚名達，《劉宗周年譜》，頁129，崇禎元年條：「九月，先生聞奄黨正法，黨禍已解，遂裹糧渡錢塘，徧弔死難諸友之喪。無錫則高攀龍，蘇州則周順昌，江陰則繆昌期、李應昇，桐城則左光斗，吳江則周宗建，餘姚則黃尊素。或登堂就位而哭，或拜哭於墓門，其道遠者如楊漣、周起元，並遣使弔之。」

的態度。其實禪學化的王學者在立身處世上亦多有嚴正剛方者,但因爲他們的思想中未替忠義名節安排任何位置,所以易於被利用來作違犯名節忠義之事。在現實上曾受閹黨欺壓的劉宗周、黃宗羲特別留心在理學思想中爲名節忠義安排一個地位,而且也要在人心中築起一道看得見的堤防,讓求心性之學的人知道在行爲上要能持循忠義名節才是達道,否則,即使悟得本體,在行爲上不能持忠義、名節,仍是枉然。劉、黃的著作中遂刻意要談名節。劉宗周《會語》說:

> 先生謂祝淵曰:「人生末後一著,極是要緊。儘有平日高談性命,臨岐往往失之。其受病有二:一是僞學,飾名欺世,原無必爲聖賢之志,利害當前,全體盡露。又有一種是禪學,禪家以無善無惡爲宗旨,凡綱常名教,忠孝節義,都屬善一邊,指爲事障、理障,一切掃除而歸之空。」[87]

《會語》中另有一則,記:「有友問:『三代之下,惟恐不好名,名字恐未可抹壞。』王金如云:『這是先儒有激之言,若論一名字,貽禍不是小小。』」[88] 王金如即王朝式,是陶奭齡的門人,他認爲名是理障。但不好名,就不受名節之拘束,這是劉、黃所反對的。

劉宗周與黃宗羲強調工夫、強調禮教名節、強調有用之學,他們逐漸覺得不能不在思想體系中爲六經三史安排一個位子。

87 黃宗羲,《明儒學案》,下冊卷六十二,「蕺山學案」,頁1546。
88 同前文,頁1540。

(一)劉宗周的新心學運動

劉宗周思想影響甬上講經會的實況，不能純從劉氏思想來看，而應從甬上弟子們對他的學說所留下的印象來判斷。李鄴嗣(1622-1680)在〈原旨書後〉中有這樣一段觀察：

> 子劉子之書，功在萬世者，在壹其學于心也。……但由正心以前，誠意以慎心之動，致知以廓心之明，二者而已，是皆壹之于心也。孟子亦曰：求心之外，無他學問焉。然則天下至微至精至一至中之道，誠無有尚于心者也。及戰國以來，學術不壹，而人始紛紛言性。不知性者心之所生也，非離心而二之也。今乃使方寸之宮，而名號蠭起，諸儒日聚議其中，今日而舉一性焉，明日而舉一理焉、一氣焉，翻使心失其官，以讓爲冥漠之舍，其離析已甚。而胡廣、楊榮輩，復揭揭然尚其所集之書曰「性理」，而天下益共譁言性矣。某固心疑之，第未敢倡其說也。邇者子劉子之書既已大出，而黃梨洲先生更以《原旨》一編相授，得伏而讀之，始若渙然釋然，悅于中心，至忘寢食，因爲刻之塾中，以公于吾黨，使後來學人惟反求于吾心，各有其至微至精至一至中者在，而不煩冥求諸不可聞之性，然後天下之學，始得盡歸于壹矣。斯其功在萬世者夫！[89]

當時劉門弟子及講經會諸子所接受到的印象，都是劉氏提倡「壹其學

89　李鄴嗣，《杲堂文鈔》卷五，〈原旨書後〉，頁499。

于心」，而且認爲劉氏的心學思想很新鮮。他的弟子陳確（1604-
1677)說：

> 先生每云「無心外之性，無心外之理，無心外之學」，而歸
> 其功於愼獨，可謂破末學之藩籬，造義、姚之堂奧矣。[90]

又說：

> 惟當反求諸心，即山陰先生「無心外之性」之旨也。……以
> 見所謂天、命、性皆不越吾身吾心之外，學者毋徒馳騖于荒
> 忽不可知之域。[91]

「壹其學于心」的思想，看起來殊無異於陽明等人，但對當時思想界
卻有肅清作用。「壹其學于心」是將天、命、性等，全部交歸心來
管，由心來決定它們的內容，所以不必在天、命、性上探求以致「馳
騖于荒忽不可知之域」。

劉宗周反對將「心」作爲求學目標的話隨處皆是，如《子劉子學
言》中說：

> 吾人有生以後，此心隨物而逐，一向放失在外，不知主人翁
> 在何處。一旦反求，欲從腔子內覓歸根，又是將心覓心。惟
> 有一敬爲操存之法，隨處流行，隨處靜定，無有動靜顯微前

90　陳確，《大學辨》二，〈與劉伯繩書〉；收入《陳確集》（北京：中華書
　　局，1979），下冊，頁576。
91　陳確，《大學辨》三，〈與張考夫書〉；收入同前書，頁584。

後巨細之歧，是千聖相傳心法也。[92]

黃宗羲也贊同這一個論點，在《孟子師說》中說：

> 千古性學不明，只是將做一好題目看，故或拘於一處，或限
> 於一時，……朱子以未發言性，仍是逃空墮幻之見。性者生
> 而有之理，無處無之。如心能思，心之性也；耳能聽，耳
> 之性也；目能視，目之性也。[93]

他又引其師的話：

> 識得夫子言性處，方可與盡性。後人皆以性求性，妄意有一
> 物可指，終失面目。[94]

至於將「心即理」倒轉爲「理即心」，也有一個發展的過程，高攀龍
已經發過「理即是心」之類的言論了。高氏在給劉宗周的一封信上
說：

> 理者心也，窮之者亦心也，但未窮之心，不可謂理，未窮之
> 理，不可謂心。[95]

92　黃宗羲，《子劉子學言》（全集1）卷一，頁264。
93　黃宗羲，《孟子師說》（全集1）卷三，「道性善」章，頁78。
94　同前註。
95　高攀龍，《高子遺書》（清康熙二十九年刊本）卷八上，〈復念臺二〉，頁
　　27a。

> 今人說著物，便以為外物。不知不窮其理，物是外物，物窮
> 其理，理即是心。[96]
>
> 心即理，理即心，理散見於六經，聞見狹而心亦狹，非細事
> 也。[97]
>
> 格物窮理，皆所以致其良知。[98]

正因為心是認識天地萬物的，所以「心體」即是天地萬物，不是別有
一物。「心體」只在日用常行，不是別有一物。求心體正是要求諸日
用常行及天地萬物，而不是渺茫恍惚、無可捉摸之處。劉子這一類的
話甚多，茲引數則如下：

> 一心也，統而言之，則曰心，析而言之，則曰天下、國、
> 家、身、心、意、知、物。惟心精之合意、知、物；粗之合
> 天下、國、家與身，而後成其為心，若單言心，則心亦一物
> 而已。[99]
>
> 心以物為體，離物無知。今欲離物以求知，是程朱所謂反鏡
> 索照也。然則物有時而離心乎？曰：無時非物。心在外乎？
> 曰：惟心無外。[100]
>
> 只此一心，……陰陽之為《易》，政事之為《書》，性情之
> 為《詩》，刑賞之為《春秋》，節文之為《禮》，升降之為

96 同前書，卷一，〈語〉，頁3b。
97 同前書，卷八上，〈與子往二〉，頁54a。
98 同前書，卷八上，〈與涇陽論知本〉，頁14b。
99 黃宗羲，《子劉子學言》（全集1）卷一，頁286。
100 同前書，卷一，頁278。

> 皇帝王伯，皆是也。只此一心，散爲萬化，萬化復歸一
> 心。……[101]
>
> 心無體，以意爲體；意無體，以知爲體；知無體，以物爲
> 體。[102]

這些話明顯地爲讀經及外求諸天地萬物的知識安排了位置。此外，他
也將他的觀點與佛學作一比較，說：

> 釋氏之學本心，吾儒之學亦本心。但吾儒自心而推之意與
> 知，其工夫實地卻在格物，所以心與天通。釋氏言心便言
> 覺，合下遺卻意。無意則無知，無知則無物，其所謂覺，亦
> 只是虛空圓寂之覺，與吾儒盡物之心不同。[103]

劉氏說過「天者，萬物之總名」[104]，那麼此處所謂「心與天通」其
實即是心與萬物通。

　　那麼我們也可以了解爲何黃宗羲「盈天地皆心也」這樣看來極端
唯心的思想，竟會發展成爲研究經書、天文曆象、文學辭章、溝渠水
利之學？何以極端唯心的思維之中又透露出唯物的傾向？心學與經
學，原是看來完全矛盾的東西，何以會有邏輯的關聯？心學之後何以
接著便是實學？《明儒學案‧序》說：

101　同前書，卷一，頁263。
102　同前書，卷一，頁288。
103　同前書，卷一，頁265。
104　同前書，卷二，頁304。

　　盈天地皆心也，變化不測，不能不萬殊。[105]

又說：

　　故窮理者，窮此心之萬殊，非窮萬物之萬殊也。[106]

因為心是認識萬物的主體，而不是被認識的對象，所以這兩段看似唯心色彩極為濃厚的話，其實飽含玄機。劉、黃皆將「心即理」轉換為「理即心」，而這一個轉換也必須等到將心的內容看成是萬殊，而非一成不變，才有可能。否則是萬理應從屬於心，而不是心從屬於萬理。誰主誰客極為關鍵。如果說「心即理」是唯心主義，那麼「理即心」就幾乎是相反的東西了。

(二)劉宗周、黃宗羲對經學的新看法

　　從蕺山「理即心」的學說，發展出他的前後兩篇〈讀書說〉。第一篇作於1627年(天啓七年丁卯)，是為了給他兒子劉汋(1613-1664)讀的；第二篇則作於1632年(崇禎五年壬申)。這兩篇提倡讀書的文字，並不是為讀書而讀書，而是為了明心而讀書，也就是後來黃宗羲的「以書明心」，所以他們並未完全脫離心學的矩矱。他們為讀經書所找到的理論依據是因為聖賢之心即吾心，所以欲明白自己的心，便要了解聖賢的心；而學者如果想窺見聖賢之心，則捨四書五經無由。
　　首先應該談陽明心學體系中，經書與心體的關係。陽明的經學與

105　黃宗羲，《明儒學案》，上冊，〈原序〉，頁9。
106　同前文。

心學觀點，以〈稽山書院尊經閣記〉爲主。他說：

> 六經者非他，吾心之常道也。[107]

陽明又說：

> 是常道也，以言其陰陽消息之行焉，則謂之《易》；以言其
> 紀綱政事之施焉，則謂之《書》；以言其歌詠性情之發焉，
> 則謂之《詩》；以言其條理節文之著焉，則謂之《禮》；以
> 言其欣喜和平之生焉，則謂之《樂》；以言其誠僞邪正之辯
> 焉，則謂之《春秋》。[108]

劉宗周在〈讀書說(示兒)〉中將上述的命題作了相當巧妙的轉換。這
是一篇相當重要的文字，所以我將大段徵引：

> 人生蠢蠢耳，此心熒然，喜而笑、怒而啼，惟有此甘食悅色
> 之性耳。迨夫習於言而言，習於服室居處而服室居處，而後
> 儼然命之人，則其習於學而學，亦猶是也。人生而有不識父
> 母者，邂逅於逆旅，亦逆旅而過之。一旦有人指之曰：此爾
> 父母也，爾即子也，則過而相持，悲喜交集，恨相見之晚
> 也。吾有吾心也，而不自知也，有人指之曰：若何而爲心，
> 又若何而爲心之所以爲心，而吾心恍然，吾心恍以爲是

---

107 王守仁，《王陽明全集》(上海：上海古籍出版社，1992)卷七，〈稽山書
　　院尊經閣記〉，頁254。

108 同前註。

矣。……由是而及於天下，其是是而非非也，不亦隨所指而
劃然乎？夫書者，指點之最眞者也。前言可聞也，往行可見
也，多聞，擇其善者而從之，多見而識之，所以牖吾心也。
先之小學以立其基，進之《大學》以提其綱，次《中庸》以
究其蘊，次《論語》以踐其實，終之《孟子》以約其旨，而
所謂恍然於心者，隨在而有以得之矣。於是乎讀《易》而得
吾心之陰陽焉，讀《詩》而得吾心之性情焉，讀《書》而得
吾心之政事焉，讀《禮》而得吾心之節文焉，讀《春秋》而
得吾心之名分焉。又讀《四子》以沿其流，讀《綱目》以盡
其變，而吾之心無不自得焉。其餘諸子百家泛涉焉，異端曲
學誅斥之，可也。於是乎博學以先之，審問以合之，愼思以
入之，明辨以晰之，篤行以體之。審之性情隱微之地，致之
家國天下之遠，通之天地萬物之大，而讀書之能事畢矣，儒
者之學盡於此矣。故曰讀書，儒者之業也。自後世有不善讀
書者，專以記誦辭章爲學，而失之以口耳，且以爲濟惡之具
有之。於是，有志之士始去而超然即心證聖，以聞見爲第二
義，而佛老之徒益從而昌熾其說，其究至於猖狂自恣以亂天
下。[109]

後面這幾句話完全是針對陽明而說的。陽明〈大學問〉中激烈批判專
以記誦辭章爲學，甚至以之爲「濟惡之具」的人，而劉宗周雖然並不
反對陽明的話，但是他也指出陽明之說本身就是「猖狂自恣以亂天

---

109 劉宗周，《劉子全書》卷八，〈讀書說(示兒)〉，頁7b-8b(總頁472-
474)。

下」的開始，尤其是「即心證聖」一語。那麼依劉宗周的意思，應該用什麼來「證聖」呢？——六經。應該「讀《易》而得吾心之陰陽焉，讀《詩》而得吾心之性情焉，讀《書》而得吾心之政事焉，讀《禮》而得吾心之節文焉」，這正好是陽明讀書觀的大逆轉。陽明說「六經者，吾心之記籍也」，「禮」只是吾心之條理處，吾心處於優先的地位。現在卻反逆過來，心的內容還得要等六經來證定與規範。

陽明認為「尊吾心之常道，即所以尊經」，故說：

> 君子之於六經也，求之吾心之陰陽消息而時行焉，所以尊
> 《易》也；求之吾心之紀綱政事而時施焉，所以尊《書》
> 也；求之吾心之歌詠性情而時發焉，所以尊《詩》也；求之
> 吾心之條理節文而時著焉，所以尊《禮》也；求之吾心之欣
> 喜和平而時生焉，所以尊《樂》也；求之吾心之誠偽邪正而
> 時辯焉，所以尊《春秋》也。[110]

這一段話劉宗周也常援用，不過他反過來認為尊經即是尊吾心之常道，而不是尊吾心之常道即尊經，在這關鍵之處劉宗周與陽明有極大不同。他是主張要讀《易》才能得吾心之陰陽，讀《詩》才能得吾心之性情，讀《書》才能得吾心之政事，讀《禮》才能得吾心之節文，讀《春秋》才能得吾心之名分。陽明主張人心中有自家無盡藏，故反求諸心即可得經，但劉宗周認為心與常道的關係是像從小失散的兒女與父母之關係，即使在路上遇見了也認不得，必須有人從旁指點，而指點的人即是「六經」。

---

110 王守仁，〈稽山書院尊經閣記〉，頁255。

　　六經是看得見的，寫得清清楚楚的。遵照六經，則什麼該做與什麼不該做都比較確定，可是如果一切以心來判斷，就捉摸不定了。劉宗周在〈讀書說(示兒)〉中又舉張居正(1525-1582)奪情事為例說：

> 余嘗從陽明子之學，至拔本塞源論，乃以博古今事變為亂天下之本。信有然乎，充其說，必束書不觀而後可。夫人心不敢為惡，猶博此舊冊子作尺寸之堤，若又束之高擱，則狂瀾何所不至。舊偶閱一書，江陵欲奪情，盡指言者為宋人爛頭巾語，此事惟王新建足以知之。夫江陵欲奪情，不管新建不新建，何至以新建之賢而動為亂臣賊子所藉口，則亦良知之說有以啟之。[111]

　　這一段引文中「猶博此舊冊子作尺寸之堤」一語特別值得注意。「舊冊子」之所以能作尺寸之堤，是因它不是可以任心稱意去發揮的東西，它寫得清楚而不能變更，像成文憲法般。而張居正之認為「奪情」一事只有王陽明能同意，便是因為如果照心即理的道理，人應隨著境遇之不同而變，只要心之所安，便可以做了。張居正是否真說過這樣的話，還待考證。要緊的是劉宗周認為陽明的話可以被如此利用，而且曾經被如此利用。依劉氏的意思，為了挽救這一弊病，必須提出一套確定可見而客觀共認的知識系統來規範心的內容。心原來是裁決者，現在反而在相當程度上是被裁決者。

　　如果照著這一思路，則閱讀及詮釋經書的方式及態度也要大加改變：要一反明代理學家拿經來發揮哲學，或拿經來講自己一套義理的

---

111 劉宗周，〈讀書說(示兒)〉，頁9b(總頁475)。

方式，把經變成比義理哲學更優位的東西，由它來決定心的內容，不是由心決定它的內容，所以客觀地了解聖人原來的意思變成是了解聖賢之心——也就是我之本心的不二法門了。劉宗周並未說出這一層，不過，「以書明心」的路子基本上已經定下來。

劉宗周在另一篇〈讀書說〉中又說：

> 學者誠於靜坐得力時，徐取古人書讀之，便覺古人真在目前，一切引翼提撕匡救之法，皆能一一得之於我，而其為讀書之益，有不待言者矣。昔賢詩云：萬徑千蹊吾道害，四書六籍聖賢心。學者欲窺聖賢之心，遵吾道之正，舍四書六籍無由。夫聖賢之心即吾心也，善讀書者，第求之吾心而已矣。舍吾心而求聖賢之心，即千言萬語無有是處。陽明先生不喜人讀書，令學者直證本心，正為不善讀書者舍吾心而求聖賢之心，一似沿門持鉢，無異貧兒，非謂讀書果可廢也。先生又謂，博學只是學此理，審問只是問此理，慎思只是思此理，明辨只是辨此理，篤行只是行此理，而曰心即理也。若是乎，此心此理之難明，而必假途於學問思辨，則又將何以學之問之思之辨之而且行之乎？曰古人詔我矣。讀書一事，非其導師乎？即世有不善讀書者，舍吾心而求聖賢之心，一似沿門持鉢，苟持鉢而有得也，亦何惜不為貧兒。昔人云，士大夫三日不讀書，即覺面目可憎，語言無味，彼求之聞見者猶然，況有進於此者乎？惟為舉業而讀書，不免病道，然有志之士卒不能舍此以用世，何可廢也？吾更惡夫業

> 舉子而不讀書者。[112]

此段引文中有極可注意之處，他一方面並不完全脫離王陽明心學的傳統，可是又處處在與他爭持。陽明認為世間有不善讀書者「舍吾心而求聖賢之心」，並譏之為「沿門托鉢效貧兒」。劉宗周反駁說，如果是這樣而有所得，「亦何惜不為貧兒」。他甚至說士大夫之「求之於聞見者」還覺得三日不讀書則面目可憎，那麼求道者怎能不更汲汲講求聞見之知？

　　劉宗周雖然指出了讀六經以明心的路，可是甬上證人講會的弟子們之所以走上「講經」一路，主要是透過黃宗羲的詮釋與發揮。

　　黃氏當時所發揮的議論，我們必須從參與講會的弟子們的紀錄中推測，才算得其情實，不應由黃氏一般的哲學理論中去看。前面已經引用過黃百家（1643-1709）《黃氏續錄‧失餘稿》中說的一段話：「府君謂學問不以六經為根柢，空腹游談，終無撈摸。」百家是當日參與講會的人，他的紀錄定是當日親聞之辭，所謂必以六經為根柢否則「終無撈摸」，可以解釋作：如果只是談心，是恍恍然空空洞洞的，沒有準則也沒有內容。另一位講經會弟子李鄴嗣在〈送范國雯北行序〉中說：

> 先生嘗嘆末世經學不明，以致人心日晦，從此文章事業俱不能一歸于正。[113]

---

112 劉宗周，《劉子全書》卷八，〈讀書說〉，頁15a-b（總頁487-488）。
113 李鄴嗣，《杲堂文鈔》卷三，頁445。

這幾句話可以解釋爲因爲人們不能以六經明心，每個人任心以爲理，以致道德紛歧、價值混亂，故「從此文章事業不能一歸于正」。後來的全祖望在記甬上的證人書院時，作了非常有名的歸納：

> 不知自明中葉以後，講學之風，已爲極散，高談性命，直入禪障，束書不觀。……先生始謂學必原本於經術，而後不爲蹈虛；必證明於史籍，而後足以應務。元元本本，可據可依，前此講堂錮疾，爲之一變。[114]

全氏又在〈梨洲先生神道碑文〉中歸納出黃宗羲是主張「讀書不多，無以證斯理之變化」──

> 公謂明人講學，襲語錄之糟粕，不以六經爲根柢，束書而從事於遊談。故受業者必先窮經，經術所以經世，方不爲迂儒之學，故兼令讀史。又謂讀書不多，無以證斯理之變化，多而不求於心，則爲俗學。故凡受公之教者，不墮講學之流弊。[115]

他們認爲，理是在人心中，可是它並沒有形跡，空空蕩蕩，如果不讀書，無從證知其內容。就好像劉宗周所說的，一個幼年與父母失散的人，在路上見了也互不認識，一定要到別人指證時，才知道是自己的父母。過去以心證聖是行不通的，應該要用書來明心。

---

114 全祖望，《鮚埼亭集・外編》卷十六，〈甬上證人書院記〉，頁880。
115 全祖望，《鮚埼亭集》卷十一，頁136。

以禮學為例,在心學的理論系統中,聖人是可以即吾心之義理,發而為合乎聖人經典上所記之禮的。但問題出在我們不是聖人,一般人不一定能做到這一步,所以必須倒過來做,先明儀文才能得其義理。黃宗羲門生萬斯大(1633-1683)說了幾句看似平淡,其實很有深意的話:

> 在聖人即吾心之義理,而漸著之為儀文;在後人必通達其儀文,而後得明其義理。[116]

所以他們講三禮之學時強調《儀禮》。[117]

(三)何以「聖人必可學而至」

黃宗羲在《明儒學案》的〈姚江學案〉中曾說:「自姚江指點良知人人現在,一反觀而自得,便人人有個作聖之路。」不過一反觀而自得其本體,畢竟是非常主觀而沒有保證的事;即使得到,不一定真實,即使真實,不一定能保持勿失。明儒楊慎(1488-1559)批評說,道學、心學「使人領會於渺茫恍惚之間,而無可著摸,以求所謂禪悟,此其賊道喪心已甚」[118]。劉、黃二人則想將之從渺茫悠忽、無

---

116 萬斯大,《儀禮商》(收入萬斯大撰、黃宗羲點定之《經學五書》上冊;台北:廣文書局,1977),附錄,〈與陳令升書〉,頁99-100。另參見小野和子,〈清初の講經會について〉,《東方學報》36(1964),頁650。按,小野和子這篇文章是關於此會很重要的前驅之作。

117 萬斯大說:「故讀《禮記》而不知《儀禮》,是無根之木,無源之水也。」同(萬斯大)前文,頁100。

118 楊慎,《楊升菴文集》(明萬曆十年張士佩重編刊本)卷七十五,〈道學〉,頁15a。

可捉摸之境拉下來，用最普通可行的方法去鋪設這一個「作聖之路」。

　　當時甬上這一批年輕人在初見到由黃氏轉手的劉宗周著作時，第一個反應是非常樂觀地認爲成聖是一件可能做到的事，而且有方法、有步驟，很容易下手。他們的樂觀情緒有以下諸例，鄭梁〈生朝自述〉：

> 天幸丁未(1667)夏，遇師甬江滸，得聞蕺山傳，不覺志氣鼓。愼獨談何易，讀書勇可賈。[119]

又〈上黃先生書〉：

> 去年五月十三日，獲見先生於鄞郊，……始翻焉知聖賢之必可爲，而學之不可以不汲汲也。[120]

陳錫嘏說：

> 一時不下十餘人，……而皆以爲聖人必可學而至。[121]

本來聖人是否可學而至，是中國思想史上的大問題[122]。在這裡，他

119　鄭梁，《五丁詩稿》(收入《寒村詩文選》)卷一，〈生朝自述〉，頁5b。

120　鄭梁，《寒村雜錄》(收入《寒村詩文選》)卷二，〈上黃先生書〉，頁28b。

121　陳錫嘏，《兼山堂集》卷四，〈陳母謝太君六十壽序〉，頁24a-b。

122　參見湯用彤，〈謝靈運辨宗論書後〉，氏著，《魏晉玄學論稿》(北京：人民出版社，1957)，頁112-119。

們的樂觀氣氛有其背景：即劉宗周所許諾的，人人可以成爲聖人，而且不必像浙中王門那樣懸空講本體、求證悟，才能成聖。成爲聖人的方法很容易，一是改過，一是讀書。

劉氏的改過思想，使得接觸到他的學說之人馬上相信上聖可達。黃百家提到宋子瑜對他說「今世學者多用空言，蕺山《人譜》最爲切實，若能循此而行，聖域眞不難到」，百家同時又說「《人譜》一書，眞有途轍可循，不患不至上達」[123]。我們應注意其中「途轍可循」、「不患不至上達」、「聖域眞不難到」三語，因爲遵循《人譜》就像會計師記帳一般，內在世界成德轉化的情況，完全可以從簿記中一覽無遺；但它與功過格不同，只記過不記功，故只要在日用常行中消除過錯，便是工夫、便是本體呈現、便可成聖人，此之謂「有途轍可尋」也。另外一種工夫便是讀書。劉氏的兩篇〈讀書說〉及〈證學雜解〉皆將讀書與成聖的關聯說得相當清楚。總之，劉氏的《人譜》與〈讀書說〉及〈證學雜解〉都有步驟、有方法，只要能刻刻改過、刻刻不放過，只要能勇於讀書，即可成爲聖人。比較起來，這是對當時浙東思想界以求悟本體爲達於上聖的思想空氣的革命。黃

---

123 黃百家，《學箕初稿》（收入《南雷文案》附錄；《四部叢刊初編‧集部‧縮本》，第341冊；台北：臺灣商務印書館，1965）卷一，〈《人譜》譜圖序（代）〉，頁12。但是陳錫嘏後來卻著有《彙纂功過格》，似乎後來覺得劉子《人譜》的辦法仍不似功過格般簡便易行。陳錫嘏之《彙纂功過格》係1828年刊本，但陳氏《兼山堂集》中並未言及他曾著有此書。此書現存日本，見Cynthia J. Brokaw, *The Ledger of Merit and Demrit*(Princeton: Princeton University Press, 1991), pp. 178-183, 184, 186, 191, 192-200, 208-214。陳氏並非特例，山陰張際辰後來也有相似的發展，見（清）徐元梅等修、（清）朱文翰等輯，《嘉慶山陰縣志》（清嘉慶八年修民國二十五年校刊鉛印本；台北：成文出版社，1983）卷十六，頁3b：「際辰習聞證人之學，……既嘗受《人譜》於師，後復悟證學主修不主驗，乃盟諸神祇，力行所謂《太微功過格》者，意主於修省，無邀福想。」

宗羲則突出「讀書」而少談「改過」。他的文章談改過的不多，一再
強調的都是以六經為作聖根柢，在黃氏看來，要想「撈摸」到「本
體」，最重要的工作便是讀書了。在他的影響下，浙江甬上出現了
「講經會」。

三、甬上講經會之形成與進行

　　講經會弟子中關於萬斯同的史料最多，我們便以他作為個案，分
析講經會逐步形成的過程。大抵萬氏的為學經歷，即是與他相友善的
一批甬上青年如何一步步走向講經會之歷程。他們的第一個階段是與
「共郡中故家子弟二十九人為文會」[124]，這一段時間的風格是「相
聚劇談史書治亂古文歌辭，視世路賄利之事如土芥」[125]。這已是順
治十三年(1656)的事，雖距清廷禁社(順治十七年，1660)還有四年，
但因文網日嚴，其父深以結社為禁忌，故在《祖訓錄》中訓示說：

> 讀書人不知古今，與聾瞶等耳。會考立社，但須集同志十許
> 人，以四書為面會，以經為窓會。聞汝等聚集多人，如同鬧
> 市，此無益有損，萬萬不宜。[126]

1660年清廷禁社，過了三年(1663)，季野參與的文會亦罷散。隔年

124　陳訓慈、方祖猷，《萬斯同年譜》，「1656年清順治十三年丙申十九歲」
　　春季條，頁53。
125　同前註。
126　萬斯大輯、萬經增輯，萬承式、萬福纂修，《濠梁萬氏宗譜》卷十三，
　　《祖訓錄》，〈昌一府君訓子家書〉，頁9a(總頁733)。按，依《宗譜》
　　卷七，十二世「昌一府君」即為萬泰。

（康熙三年，1664），他常與澹園社成員陳赤衷（1617-1687）、陳錫嘏、陳自舜（1634-1711）、董允瑤（?-1679）、董允璘（1636-1671）、范光陽（1630-1705）等相過從[127]。接著萬斯同等人在1665年（康熙四年）組策論之會，會中骨幹主要便是上述諸人再加王文三（1640-1707）、錢魯恭、張九英（?-1675）、張士塤（1640-1676）。此會「煮酒論文、詩歌唱和，赫然以為不可一世」[128]。由文會到策論之會，標誌著他們治平天下之志的萌興。也就在1665年春天，甬上的萬斯大、萬斯同、陳錫嘏、陳赤衷、董允瑤、董道權（1630-1689）、董允璘、仇兆鰲（1638-1717）等二十餘人，到餘姚向黃宗羲問學[129]。1666年（康熙五年），萬斯同被一個重大的問題困擾著——即修己與治人是否互相矛盾。他在〈與從子貞一書〉說：

> 歷觀載籍以來，未有若是其憔悴者也。使有為聖賢之學，而抱萬物一體之懷者，豈能一日而安居於此。夫天心之仁愛久矣，奚至於今而獨不然？良由今之儒者皆為自私之學，而無克當天心者耳。吾竊不自揆，常欲講求經世之學，苦無與我同志者。……夫吾之所為經世者，非因時補救如今所謂經濟云爾也。將盡取古今經國之大猷，而一一詳究其始末，斟酌其確當，定為一代之規模，使今日坐而言者，他日可以作而行耳。若謂儒者自有切身之學，而經濟非所務，彼將以治國

---

127 陳訓慈、方祖猷，《萬斯同年譜》，「1664年清康熙三年甲辰二十七歲」條，頁68。

128 同前書，「1665年康熙四年乙巳二十八歲」年初及初夏條，頁71-72。

129 黃炳垕，《黃梨洲先生年譜》卷中，「康熙四年乙巳（1665）公五十六歲」條，頁33。

平天下之業非聖賢學問中事哉！……吾竊怪今之學者，其下者既溺志於詩文，而不知經濟爲何事；其稍知振拔者，則以古文爲極軌，而未嘗以天下爲念；其爲聖賢之學者，又往往疏于經世，見以爲粗跡而不欲爲。於是學術與經濟遂判然分爲兩途，而天下始無眞儒矣，而天下始無善治矣。[130]

這一個重大的困惑後來逐漸被黃宗羲所轉手的蕺山理學所解決（詳後）。

萬氏等人的第三階段開始於兩年後（康熙六年，1667）的正月，也就是斯同三十歲時。他們由策論轉向理學的追求，與里中前述諸人，再加上其他共二十六人，至餘姚黃竹浦，正式執贄於黃宗羲[131]。甬上年輕士人之所以受教於餘姚黃宗羲，除了地緣接近外，這個教育圈的形成與明季東林黨也有關。黃宗羲的父親黃尊素（1584-1626）早年從師於甬上，且曾客於當地大族董氏。後來還與此地陸符（文虎，1597-1646）、萬泰（1598-1657）相友善，並同遊劉宗周之門。而且他們都是支持東林反閹黨的同志。萬、陸既歿，黃宗羲還有二、三故人在甬上，故常乘小舟循甬江到甬上。所以萬、董兩家子弟領著里中後起諸賢向黃氏請業，也不是全無淵源可言[132]。

黃宗羲於1667年（康熙六年丁未）前來甬上[133]，　一個月後，他們

130　萬斯同，《石園文集》卷七，頁8a-9a。
131　陳訓慈、方祖猷，《萬斯同年譜》，「1667年清康熙六年丁未三十歲」正月條，頁77。
132　以上參李鄴嗣，《杲堂文續鈔》（收入《杲堂詩文集》）卷二，〈黃母葉淑人六十壽序〉，頁625。
133　黃宗羲黃竹浦老門口，正是三江——甬江、剡溪、姚江交會處。由鄭梁的「遇師甬東澥」詩句看來，黃氏是循甬江而來的。參見註119。

決定改策論之會爲證人之會，由名稱的改變可見他們開始以劉宗周的
後學自居。這時所研讀的都是理學書籍，尤其是劉宗周的文字[134]。

萬氏與友人的第四個階段發生在同年(1667)，他們改稱證人之會
爲五經講會[135]。由他們當時之文字可看出從證人到講經有一脈相承之
跡。譬如李鄴嗣便說：「既在梨洲黃先生門，得讀蕺山遺書，始渙然
冰釋，爲大道不遠，惟當返而求諸六經，……立爲講經之社。」[136]隔
年(1668)，黃宗羲在講經會的骨幹上創甬上證人書院[137]。

(一)講經會與證人會的重疊與思想承襲之跡

細察證人會與講經會之間，有一段模糊的重疊地帶。一般提及兩
個社名時，也都語帶含糊，似乎有一段時間這兩個會是一個會，這兩
個名字也可能同時並用。這一段模糊重疊之跡，說明了當時理學的發
展與經學之間的沿承關係，而不是截然兩個對立面。

劉宗周思想隨著黃宗羲第一次系統地被介紹到甬上。劉宗周在世
及死後不久，主要是以節義而聞名，一般士大夫學者對他在思想史上
的地位並無確定的了解。邵廷采在〈答蟫吾李恕谷書〉中，便將這一
實況點出：

> 孔孟以後集諸儒大成無粹于此，特全書未經刊布，世多傳其

---

134 陳訓慈、方祖猷，《萬斯同年譜》，「1667年清康熙六年丁未三十歲」五
月條，頁80。
135 同前書，頁83。
136 李鄴嗣，《杲堂文續鈔》卷二，〈陳太母謝太夫人七十壽讌序〉，頁
627。
137 陳訓慈、方祖猷，《萬斯同年譜》，「1668年清康熙七年戊申三十一歲」
三月條，頁85。

節義，至其爲承千聖絕學，尚罕有知之者，向讀孫徵君《理
學正傳》一編，寫蕺山纔百餘字。[138]

而一般也都承認發揚劉子思想，並將它介紹到甬上來，是黃宗羲絕大
的功勞。

　　黃宗羲與劉子遺書之關係值得細加釐清。黃氏早年受父命從學於
劉宗周，但是誠如黃氏所自言的，他雖久侍劉氏[139]，但當時只留心
科舉時文，四處參加文社，後來又致力於抗清，東奔西走，根本不曾
仔細體會劉氏之思想。其子黃百家也說黃氏「顧是時，心力旁溢，既
業制舉，復騁詩文。就試南都，凡一時四方知名之士無不交，遠近時
文詩賦之會無不赴；選《文統》於東浙，就盟會於三吳，故雖得子劉
子以爲之師，嘗自謂『先師夢奠以前，痛掌血痕，不沾牛革』」[140]。

　　他開始用心體會劉氏遺書是奉其母避居山中時，「大啓蕺山書，
深研默究，以爲世知蕺山之忠清節義而已，未知其學也」[141]。其子
黃百家也說，在「奉王母避之山中」之時，黃氏才「大發篋衍，默體
徧勘，始悟師門之學，爲集儒先之大成」[142]。黃氏避居四明山，居
處甚多，不過此時應是在化安山，也就是黃尊素墓旁的丙舍[143]。不
久後因爲山兵起，才又遷入餘姚城中。奉母山居在順治三年(1646)，
離開時是順治六年(1649)。李鄴嗣在〈黃先生六十序〉中說「先生抱

138　邵廷采，《思復堂文集》卷七，頁10a。

139　黃宗羲，《南雷詩文集》(全集10)，〈續師說〉，頁639。

140　黃百家，〈先遺獻文孝公梨洲府君行略〉，收入《南雷詩文集(附錄)》
　　　(全集11)，頁422。

141　邵廷采，〈遺獻黃文孝先生傳〉，收入《全集》，第12冊，頁62。

142　黃百家，〈先遺獻文孝公梨洲府君行略〉，頁422。

143　黃宗羲，《南雷文鈔》(全集11)，〈家母求文節略(癸丑)〉，頁26。

蕺山之遺書，伏而不出，更二十餘年，而乃與吾黨二、三子重論其學」[144]，大抵年代是符合的。黃氏在摩挲蕺山遺書二十多年後，才於丁未年(康熙六年，1667)與姜希轍(定菴，?-1698)在紹興復興證人講會，開始系統講述蕺山之學[145]。

劉宗周的遺著原先是在其獨子劉汋手中，黃宗羲並未能窺其全豹。這時候因爲劉汋死去，黃宗羲得以透過他的女婿[146]——劉汋的長子劉茂林，取得原先掌握在劉汋手上最完整的劉氏遺稿。甬上講經會的弟子便記載，1667年是劉子遺書由黃宗羲大量發露並帶到甬上的時候。

> 始從黃先生所，得讀子劉子遺書。[147]
> 而子劉子之遺書，亦以次漸出。[148]
> 上溯蕺山，以爲絕學宜傳。[149]

甬上講經會是黃宗羲意外的收穫[150]，因爲他的講學事業原先是在紹興。黃氏在〈姜定菴先生小傳〉中說：

> 先生歸爲鄉邦領袖，越中喪亂之後，人不說學。先生率二、

---

144 李鄴嗣，收入《全集》，第12冊，頁207。
145 黃宗羲，《南雷詩文集》(全集10)，〈董吳仲墓誌銘〉，頁453。
146 黃尊素因批評閹黨被逮時，劉宗周曾餞別他，並約爲婚姻，故後來劉氏長孫劉茂林娶黃宗羲之女。
147 李鄴嗣，《杲堂文續鈔》卷二，〈黃母葉淑人六十壽序〉，頁625。
148 李鄴嗣，《杲堂文鈔》卷二，〈黃先生六十序〉，頁435。
149 同前書，卷三，〈送萬季野授經會稽序〉，頁450。
150 黃宗羲，《南雷雜著稿》(全集11)，〈壽徐掖青六十序〉，頁63：「時余四方之交遊方息，其所以慰寂寥者，賴有甬上也。」

> 三老友讀書談道，重舉證人社會。每遇三之日，先生入講
> 堂，釋菜先師。士子之有志者，雲委景從，始知場屋之外，
> 大有事業。[151]

紹興是劉宗周故鄉，有不少舊日弟子在此，黃宗羲顯然不能太自由地
闡發他自己的想法。紹興講會材料不多，看來是以「讀書談道」為
主，但並未特別標舉講經。劉宗周臨死前曾將講會付託給他的大弟子
張奠夫，後來黃氏也將紹興證人講會交給張氏，這裡的講會辦得不太
有起色，所以黃宗羲形容該會「五年汶汶」[152]。甬上的講經會就不
同了，甬上所傳的蕺山思想是經黃氏詮釋發揮過的，黃氏所倡的窮經
讀史，旁及文學、曆算、地理，皆是劉子思想中所未觸及或未充分發
揮的內容。甬上的年輕人在聽了黃氏所傳的蕺山之學後，確立了以讀
經為通向「大道」之路。李鄴嗣說：

> 既在梨洲黃先生門，得讀蕺山遺書，始渙然冰釋，為大道不
> 遠，惟當返而求諸六經。[153]

(二)講經會之進行

　　提議創辦講經會的人是陳赤衷。他從1665年(康熙四年乙巳)起便
向黃宗羲問學。黃氏後來在回憶陳氏所創講經會時，曾認為講會可以
彌補科舉學校養成人才之不足：

151　黃宗羲，《南雷詩文集》(全集10)，〈姜定菴先生小傳〉，頁609。

152　同前書，〈壽張奠夫八十序(辛亥)〉，頁655。

153　李鄴嗣，《杲堂文續鈔》卷二，〈陳太母謝太夫人七十壽讌序〉，頁627。

> 制科盛而人才絀,於是當世之君子,立講會以通其變,其興
> 起人才,學校反有所不逮。[154]

黃氏又說士之爲經義而立社者,有幾社、讀書社等,並將甬上講經會
列入這一波經學社團的潮流中,但又強調它與幾社、讀書社、復社不
同:

> 逮陽明之徒,講會且遍天下,其衰也,猶吳有東林,越有證
> 人,古今人才,大略多出於是。然士子之爲經義者,亦依做
> 之而立社,余自涉事至今,目之所覩,其最著者,雲間之幾
> 社,有才如何剛、陳子龍、徐孚遠,而不能充其所至;武林
> 之讀書社,徒爲釋氏之所網羅;婁東之復社,徒爲姦相之所
> 訾謷。此無他,本領脆薄,學術龐雜,終不能有所成就。丁
> 未(康熙六年,1667)、戊申(康熙七年,1668)間,甬上陳夔
> 獻創爲講經會,搜故家經學之書,與同志討論得失。[155]

我推測黃宗羲之所以批評幾社、讀書社、復社「本領脆薄,學術龐
雜」,是因爲它沒有理論背景;但講經會不一樣,他們有整套劉宗周
思想作爲基礎,所以不致爲釋氏所網羅。

講經會主要是講經書,但也攻習古文詞。講經的辦法是一部經沿

---

154 黃宗羲,《南雷詩文集》(全集10),〈陳夔獻墓誌銘〉,頁439。

155 同前文,頁440。黃氏認爲陳赤衷之所以獨特,是因爲他對科舉、對佛法
都看破了,故說「夔獻以學問之道,非場屋所可究竟,乃入天井山,與苦
節名僧,屢淹星鳥,焂然冰解;歸而返求之六經,近理亂眞之説,始不足
以惑之。」(頁441)

一部經講，每月聚講兩次。當講論某經時，全體會友都攻習這一部經典，最後當然是期望能盡通所有經書。故他們與五經應社以來「分曹而治」或明代科舉之只治一經不同。他們先從《易經》開始，設主講，「每講一經，必盡搜郡中藏書之家，先儒註說數十種，參伍而觀，以自然的當不可移易者爲主。而又積思自悟，發先儒之所未發者，嘗十之二、三焉」[156]。足見他們不但在所有盡可能找到的先儒註疏中，擇取最「自然的當不可易」之說外，還有十之二、三是自己研探的心得。講經會(或稱五經會)前後共持續八年之久，「自《大易》至《春秋》以次畢講」[157]。後來因爲幾位核心會友中舉，而萬斯同又應聘赴北京修史而罷。

講經會進行的程序大致是這樣的：他們先從黃宗羲所授說經諸書，各研其義，然後集講。每次講會，一天的行程是：「先期于某家，是日晨而往，摳衣登堂，各執經以次造席。先取所講覆誦畢，司講者抗首而論。坐上各取諸家同異相辯折，務擇所安。日午進食，羹二器，不設酒，飯畢，續講所乙處，盡日乃罷。諸家子弟自十歲以上俱得侍聽。揖讓雍容……。」[158] 黃宗羲並不常住甬上，可是如有疑問，可以等他到時，「則從執經而問焉」。

以講《禮經》爲例，他們是「大略合之以《三禮》，廣之以註疏，參之以黃東發(1213-1281)、吳草廬(1249-1333)、郝京山(1558-1639)諸先生書，而裁以己意，必使義通。中有漢儒語雜見經文，則

---

156 黃宗羲，《南雷詩文集》(全集10)，〈陳葵獻偶刻詩文序(己未)〉，頁28。

157 李鄴嗣，《杲堂文續鈔》卷二，〈陳太母謝太夫人七十壽讌序〉，頁627。

158 李鄴嗣，《杲堂文鈔》卷三，〈送范國雯北行序〉，頁445。

毅然斷之，務合于聖人之道。至專經治舉業家聞之，率其生平誦解所不及，茫然不知所說為何經也。諸賢各相詰難，俱在言論，而充宗(萬斯大)獨盡載之筆疏。凡諸家之說，各有所長，則分記之；吾黨所說，有足補諸家所不足，則附記之[159]。所謂「中有漢儒語雜見經文，則毅然斷之」，也就是說他們只取《易》、《書》、《詩》、《春秋》及《左》、《國》、《公》、《穀》，此外，如汲冢竹書之類，「非古而託之於古，附會多而確據少，置而不道」[160]。足見他們有相當嚴格的斷代及文獻批判觀念，將年代可疑的古文獻盡行剔除。

講經會的會友還在所規定的幾部經書之外發展自己的興趣。如陳赤衷也集講《資治通鑑》[161]，而萬斯同很快地轉向明史。

除了講六經、探求百家之學之外，他們特意標榜氣節，所以說：

> 今海內皆知甬上，精綜六籍，翱翔百氏，危儒行，標清議，一切誇誕骩骳之習擊去之。[162]

參與講會諸人其實已形成一個生活社群，婚喪之事互相扶持[163]。

159 同前書，卷三，〈送萬充宗授經西陵序〉，頁448。
160 萬斯大，《學禮質疑》(收入《經學五書》，上冊)，〈自序〉，頁3。
161 李鄴嗣，《杲堂文續鈔》卷二，〈陳太母謝太夫人七十壽讌序〉，頁628說「集諸生闓春秋義兼司馬公鑑本」。
162 黃宗羲，《南雷詩文集》(全集10)，〈陳夔獻五十壽序〉，頁661。
163 譬如說：「康熙庚戌(1700)五月十五日，鄞縣高鼓峰先生卒於家。同邑友李文胤、陳赤衷、萬斯選、范光陽、董允瑤、萬斯大、董道權、陳紫芝、陳錫嘏、陳自舜、董允瑋、董允璘、萬斯同、萬言、王之坪、張九英、錢魯恭等既各為文奠之矣。六月二十有二日，慈谿馮政、鄭梁來弔，同人復相與會哭，而因屬梁以公奠之文。」鄭梁，《見黃稿》(收入《寒村詩文

關於講經會的參與者，始終沒有一個確定的數目，也始終沒有一份令人滿意的名單，有說是二、三十人，有說是四十餘人，但有時也出現百餘人的說法。依我的推測，這幾個數目字分別代表幾種意義。三十幾人應該是指黃氏的學生。四十幾人，可能還包括講經會友攜其子弟前來旁聽，也就是漢代所謂的「門生」。至於百餘人，可能是活動進行得最盛時參與的聽眾。

有關講經會友的材料，多寡至爲懸殊，譬如萬斯大與萬斯同，因爲是清學在經、史兩方面相當重要的開山人物，所以有關他們的傳記資料相當之多。至於其他人物，則可以分成兩群。曾經獲得一定科名的，通常有墓誌銘留下；至於一些地區性知識分子，相關史料就很少了。講經會的會友名單，依我目前考證所得如下：萬斯同、萬斯大、萬斯選(1629-1694)、萬斯備、陳赤衷、陳錫嘏、李文胤、陳自舜、范光陽、董允瑤、董允珂、董允瑋、董允璘、鄭梁、仇兆鰲、錢魯恭、張九英、張士培(1603-1687)、張士塤、張汝翼、張九林、李開、王之坪、董允霖、萬言(1637-1705)、董道權、董孫符、董胡駿、董元晉、陳汝咸(1658-1714)、陳汝登(1670-?)、董霈、萬經、范廷諤(1654-1719)、張錫璜、張錫璁(1662-1731)、張錫錕、陸鎣。講經會友基本上包括兩個世代：他們或係黃宗羲的門生，或係門生的子弟。主要出自甬上的幾個大家族，如萬氏、董氏、張氏、范氏。大部分會友的事蹟非常隱晦，我在全祖望的《續甬上耆舊詩》中發現其中多人的小傳，由於內容比較零碎，所以另作一表，放在本文的〈附錄〉中。

此外，還有仇雲蛟、陳和中等人一時無法考得其生平。毛文強、

(續)——————————————

選》)卷一，〈祭高鼓峰文(庚戌)〉，頁42a。

顏曰彬亦為講經會初期弟子，但是潘平格（1610-1677）來到甬上挑戰
證人之學時，二人被潘氏所吸引，從此成為潘氏弟子，而且是潘氏學
說最主要的捍衛者[164]。講經會友中為黃宗羲所推許者十六、七人。
所習範圍包括《易》、《書》、《詩》、《禮》、《春秋》，未畢
《春秋》而止。會友中以萬氏兄弟及董氏兄弟為著。當時萬斯同雖年
少，卻已為學友所推崇。1669年（康熙八年己酉），也就是講經會開始
一、兩年後，萬斯同發生一個變化，他因授經姜希轍家而得觀大批明
代史料，乃開始轉向明史學，準備以史學備他日經濟之用。

　　如果從全祖望《續甬上耆舊詩》的記載看來，講經會友中留有文
集的並不少，但是可能多未刊刻，所以除了萬氏兄弟之著作、陳錫嘏
的《兼山堂集》、范光陽的《雙雲堂文稿》之外，在經過多方尋找之
後仍無所得。

　　從講經會友的履歷中可以看出：講經會不能解釋為是改朝換代或
排斥科舉的產物[165]。講經會大部分的會友仍追求科舉功名，而且希
望以功名來證明講經是正確的路子。黃百家在一篇文章中便得意地
說：

　　　　丙午（1666）之薦，陳子非園雋，己酉（1669），董子在中、鄭
　　　　子禹梅雋，今年（康熙十四年，1675），國雯與陳子介眉、仇
　　　　子滄柱復雋，而介眉為薦首，萬子貞一亦舉副薦，于是向之

---

164 見潘平格，《潘子求仁錄輯要》（《四庫全書存目叢書・子部・儒家
　　類》，第19冊），〈序〉，頁1-2；卷十，頁29。

165 講經會的人非但不放棄科舉，像黃宗羲還要透過選《浙東文統》一書來和
　　思想對立的陶石簣、石梁兄弟相抗。參見黃炳垕，《黃梨洲先生年譜》卷
　　上，「崇禎十二年己卯（1639）公三十歲」條，頁18。

笑者，始訝然疑，向之疑者，亦稍稍信，以爲古學之士，非
惟不妨于進取，或反有助于進取矣。[166]

在他們身上，充分體現了「遺民不世襲」的事實。他們沒有老師黃宗
羲早年那種華夷緊張或是否該仕新朝的問題。相反的，如何在清朝追
求功名，是大部分人共同的關懷。康熙十一年(1672)，萬言、王文
三、張梅先、黃百家等應試省城，而董允璘又於去年(1671)死去，講
經會開始中衰[167]。康熙十四年(1675)，陳錫嘏、范光陽、仇兆鰲皆中
鄉舉，陳錫嘏爲榜首，萬言爲副榜。張士壎至京候補行人，萬斯大在
杭州，張九英卒，甬上證人講經會諸子或散或卒，講經會遂罷[168]。

(三)講經會對當時學風之刺激

　　我們要評估甬上講經會所產生的震動前，必須先了解當時的讀書
風氣。第一、以四書爲主，而且連朱子的集注也都不太讀，承學風極
敝之後，有「矜《集註》爲祕錄」之情形[169]。第二、即使讀經書，
也只讀應付科舉考試的一經。即使是一經，也不讀《五經大全》中的
注，能讀《五經大全》中一、兩行小注，便可以高談調論了。萬言在
〈鄭禹梅制義序〉中說：

　　　而又無識等輩，粗涉《大全》小注一、二行，便欲高談性

---

166 黃百家，《學箕初稿》卷一，〈范國雯制義稿序〉，頁9。
167 陳訓慈、方祖猷，《萬斯同年譜》，頁110，「1672年清康熙十一年壬子
　　三十五歲」條。
168 同前書，頁117，「1675年清康熙十四年乙卯三十八歲」條。
169 黃宗羲，《南雷詩文集》(全集10)，〈陳夔獻五十壽序〉，頁661。

命，偶記伊雒弟子一、二氏，便欲遠附支流。[170]

應試士子與講學家一樣，摘索不出一卷之外，自一經四書以外都不讀，而且相戒不應該讀，甚至認為讀本經以外的經書有害於科舉考試。李鄴嗣說：

> 自海內不尚古學，學者治一經四書外，即能作制義、中甲乙
> 科。後生有竊看《左氏傳》、《太史公書》，父兄輒動色相
> 戒，以為有害，遂使舉俗盡若避世中人，初不知曾有漢
> 晉，……凡今日擁蓋食梁肉，炤耀里門，俱治一經四書人
> 也。[171]

科考須嚴守功令，所以讀書人不敢越出有司之尺度，不敢超出官方所頒傳注說話：

> 科舉之學，限以一先生之言，……信傳過於信經，所謂有司
> 之尺度也。……數百年以來，推明其義者，《大全》以外，
> 蔡虛齋之《蒙引》，陳紫峰之《淺說》，林次崖之《存
> 疑》，其書獨傳。以其牛毛繭絲，於朱子之所有者無餘蘊，
> 所無者無儳入也。[172]
> 自科舉之學興，以一先生之言為標準，毫秒摘抉，於其所不

---

170 萬言，《管邨文鈔內編》（《叢書集成・續編・文學類》，第190冊；台北：新文豐出版公司，1989）卷一，頁43a-b。

171 李鄴嗣，《杲堂文鈔》卷五，〈戒菴先生生藏銘〉，頁512。

172 黃宗羲，《南雷詩文集》（全集10），〈顧麟士先生墓誌銘〉，頁416-417。

必疑者而疑之，而大經大法，反置之而不道。[173]

今日科舉之法，所以破壞天下之人才，唯恐不力。經、史，才之藪澤也，片語不得攙入，限以一先生之言，非是則爲離經畔道，而古今之書，無所用之。言之合於道者，一言不爲不足，千言不爲有餘，限之以七義，徒欲以荒速困之，不使其才得見也。……三年之中，一歲一科，士子僕僕以揣摩主文之意旨，讀書更在何日？[174]

《五經大全》久爲學者所詬病，認爲它將古注全行刊落。但是在晚明「講堂極敝」之後，即使能讀《五經大全》也是大不容易了。黃宗羲稱讚萬祖繩能讀《大全》，是「當時未之或先」的例子[175]。

和上述學風相比，講經會的治學風格——每讀一經必盡可能求古今各種注疏彙而觀之，以求「立一闕之平」，是相當獨特的。首先，講經會對不少會友本身的治學態度產生了深刻的影響。如鄭梁，他說自己原先不但不認爲六經是道，而且直以爲是「糟粕」，是「糠粃」。鄭梁在〈環村詩文偶刻序〉中說：

環村子之志於道也，寂乎其無聞，茫乎其無見，閟乎其無可言，浩浩落落乎其中，如有所得。其視六經，直糟粕而糠粃

---

173 同前書，〈萬充宗墓誌銘〉，頁405。

174 同前書，〈蔣萬爲墓誌銘〉，頁479-480。

175 黃宗羲說：「壬申(1632)之冬，余始交文虎、履安兩先生，是時祖繩年十六，讀書西皋，蓋所謂翠竹碧梧鸎鵡停峙者也。從錢忠介學制藝，稱爲高第弟子。場屋氣習，不用力古作，而更竄易於時文；不訂經史本處，而求故事於時文。祖繩求理於《大全》，求法於大家，原原本本，當時未之或先也。」同前書，〈萬祖繩七十壽序〉，頁672。

之也。[176]

又說他自己最早因受心學的影響，故認為六經非道之所在(「始以為六經非道也」)[177]。他既想聞道，可是又不知從何處下手，最後是講經會終止了他的徬徨：

> 已聞梨洲先生之教而變焉，講《易》、講《詩》、講《三禮》、講《尚書》、《春秋》、《通鑑》，窮一經，綜萬事，彙眾說，質一心。[178]

蔣學鏞也說范光陽的改變：

> 自言文體凡三變，少之時驅策六朝，為應世之文；壯之時，考辨典故，為用世之文；及從梨洲先生游，始知撥華存實。[179]

當時人認為講經會所提倡的治學風格是「聞所未聞」，萬言在〈與諸同學論尚書疑義書〉中說：

> 自家叔葦與諸君設為講經之會，言時客袁州，聞之亟歸，共業《毛詩》、《戴記》，追隨朔望，遂得聞所未聞。[180]

---

176 鄭梁，《五丁集》卷一，〈環村詩文偶刻序(己未)〉，頁29a。
177 同前文，頁31a。
178 同前文，頁29a。
179 蔣學鏞，《鄞志稿》(《叢書集成·續編·史地類》，第258冊)卷十五，「文苑傳下」，頁23b。
180 萬言，《管邨文鈔內編》卷一，頁1a。

李鄴嗣也說講經會的治經風格是「率其生平誦解所不及」：

> 至專經治舉業家聞之，率其生平誦解所不及，茫然不知所說
> 爲何經也。[181]

也有的說是「絕學初興」，「驚世駭俗」[182]。當時人也敏感察覺
到，黃梨洲及他所領導的講經會是能使「五經復興」的關鍵。李鄴嗣
說：

> 蓋五經復興，盡在黃氏矣。[183]

李鄴嗣在〈與萬貞一書〉中又說：

> 而先生(黃宗羲)因授諸生以所傳蕺山愼獨之學，發古今說經
> 諸書爲世所未傳者，點定西漢、唐、宋及先輩大家文鈔，不
> 煩探索而坐辯千載，是非較然明白，……使五經季興，復續
> 文章之統，此眞今日事也。[184]

而黃宗羲本人也說：

---

181 李鄴嗣，《杲堂文鈔》卷三，〈送萬充宗授經西陵序〉，頁448。
182 孫靜菴，《明遺民錄》卷二十八，「盛敬」條，頁215。
183 李鄴嗣，《杲堂文鈔》卷四，〈寄黃晦木先生書〉，頁468。
184 李鄴嗣，《杲堂文續鈔》卷三，頁653-654。

甬上講學之事，數百年所創見。[185]

在當時風氣下，以經史古文教館的人是很不受歡迎的。萬言記自己的
經驗說：

> 近世父兄師友之教，惟以時藝速化爲工，謂經史古文之書可
> 以束而不觀。而家大人立教之法，務使之研窮乎經旨，綜核
> 乎史要，沈醉乎古文諸家之言，而後發爲藝詞，可望其聲實
> 之俱茂焉。然一時場屋虛聲之士，從之者如水赴壑，而吾父
> 子書笈所至，講坐殊落落。[186]

所以當張梅先在講章制藝之外，還收藏經史之書時，便是當地前所未
見之創舉了：

> 士大夫仕宦未成，而架有十三經、二十一史、《通典》、
> 《通志》、《通考》諸編及唐、宋大家文集，實自張君始。
> 乘未選之暇，發而讀之，與余輩從事講經之會，彼此辨難，
> 務得其解而後止。[187]

當時有不少人認爲這種學問風格不利場屋。萬言說：

> 不意悠悠之口，遂以余輩欲立異同，笑訕沓興。有爲余輩惜

---

185 黃宗羲，《南雷詩文集》（全集10），〈董吳仲墓誌銘（壬子）〉，頁453。
186 萬言，《管邨文鈔內編》卷一，〈朱天木壽序〉，頁61a-b。
187 同前書，卷三，〈雪汀詩鈔序〉，頁40b。

者曰：「凡人之爲理學爲詩文者，類不利于場屋，諸子信多
才，亦何樂而爲此？」其與余輩仇者則曰：「豈惟不利于場
屋，行將寒餓之莫救，趑趄以終其身，正復不足恤也。」雖
吾黨之素稱傑然者，往往因而疑之。[188]

所以科舉與講經之間存在緊張關係，在記述甬上講經會時，常可見到
一段這樣的話，「其有奮心篤志、窮經學古者，鄉里之人群轟然而笑
之，而古學與時文不啻冰炭矣」。當講會開始時，「其鄉之士莫不竊
竊然曰：是殆不欲以進取爲事者乎？是殆將爲蓬藋之老生以終者乎？
是殆與博弈好飲、不顧父母之養者同爲臧穀之亡羊乎？」[189] 由於甬
上當地舊派人士對講經會相當敵視，陳赤衷起了很大的護法功用，甚
至準備以打鬥來解決。許多人的文字中不約而同地提到這一點，黃宗
羲說：

方會之初立，聞見之徒，更口齗故，鷗鼓害翼，犬呀毒啄，會
者不憚益虔。里中有以罵坐自喜，勝流多爲所絀，間出違言，
夔獻大聲叱之，搤袖將搏，其人沮喪避去。故凡僻經怪說撼其
會人者，夔獻必析義秋毫，愍痛以折其角。蓋未幾而同學益
進，不啻山鳴而谷應也。向之齗故者，皆懺舌嗟嘆。[190]

---

188 同前書，卷一，〈鄭禹梅制義序〉，頁43b。
189 黃百家，《學箕初稿》卷一，〈范國雯制義稿序〉，頁9。
190 黃宗羲，《南雷詩文集》（全集10），〈陳夔獻五十壽序〉，頁661。此
外，甬上地區的一些家長們認爲他們的年輕子弟和黃宗羲、李鄴嗣這一類
遺民來往，是有害前程的事：「若余輩山林失職之人，更斥爲不祥，禁勿
與通名紙。一時後輩，見里中諸君子師事姚江、過余門，輒背笑曰：此數
人尚圖進取，何至與廢人周旋？」李鄴嗣，《杲堂文鈔》卷三，〈徐遞生

四、甬上講經會之特色

　　講經會的風格也同時是對舊講會的一種革新。明儒講會的一般風格，可以拿劉宗周的證人會的講學紀錄爲例。證人會每次開會，是由與會者舉四書或經書中的一章，然後由老師說明，再由會友輪流發揮其旨，所舉的題目及所發揮的內容，大致就圍繞著修身問題上轉[191]。這與禪宗舉公案的方式相當近似。講經會的進行方式顯然不同，所要討論的文本由偏重四書轉向五經。除了修身之外，討論更多的是古代歷史、禮樂制度及治國平天下之道，所以範圍寬闊許多。討論的重點也不再是如何向著修身的方向去體悟，而是了解經文在古代的眞正意義是什麼，制度的眞實情況是什麼，最後才引向自身的實踐。所以由一個講會之微的變化，可以看出一代風氣之變。

　　劉宗周證人社的講會留有相當完整的開會紀錄，有時候連一些很小的細節也寫進去。而黃梨洲指導的講經會雖無紀錄，但是萬斯同所主導的甬上講會，卻留有一份《講經口授》[192]。只要比較一下證人會與講經會的主題與內容，便可了然在幾十年間，即使同一學派的內部，所重視、所探討的主題已經有了革命性的變化。心性方面的問題逐步被拋棄，而禮樂兵農成爲後來人最重要的關懷。

(續)────────────

六十序〉，頁456。

191 參考《劉子全書及遺編》證人社十一次講會的紀錄，在遺編卷一，「證人社語錄」，頁1a-30b(總頁966-980)。

192 萬氏在北京時期的講會，有溫睿臨隨場記錄，可惜不得見。參李塨，《恕谷後集》(《叢書集成‧初編》，第2488-2490冊；上海：商務印書館，1936)卷六，〈萬季野小傳〉，頁71。

(一)刻意講求名物度數及文獻之可靠性

從一些蛛絲馬跡中可以看出,當時講會中人已相當刻意地將「合理」與「事實」分開,也就是將以理推測的和實測的作風相對比,如黃百家的〈哀張梅先辭〉中描述他們第一次見面時之情景:

> 猶憶余之見梅先在丁未(1667)歲,是時余讀書甬上,梅先過訪萬子季野,意氣軒鬉,余在座,梅先初不相識,視之蔑如也,有頃抗聲問季野春王正月,文定之冠夏時,此不易之論矣。何以必欲謂之改月改時乎?余曰:此不可以懸虛臆斷也。梅先始愕然,問余于季野,季野爲道余姓,梅先曰:此得非即黃先生之世兄主一乎?季野曰然,因始向余致寒溫,且問何以爲斷始不懸虛。余曰:此必明于曆始知之。蓋吾家大人有〈春秋日食曆〉,推之于改月時者,無不肳合,而推之夏時,則不啻河漢也,至于諸經之證佐,則篝墩諸人固又辨之詳矣。當是時,梅先爲學銳甚,其自許亦甚高,因數至余家質疑于家大人,其時甬上知名士慕蕺山之源流,同梅先而來問學者,不啻二十餘人。[193]

張梅先與黃百家偶然見面論經的丁未年(康熙六年1667),正是講經會醞釀之時。張氏聽了黃百家對其父經學的描述後,對自己原來那種純粹從文辭表面去推理的作法感到不足,並開始對黃氏的經學感興趣,而「數至余家質疑于家大人」。曆法本來就是黃氏的專長,而且黃氏

---

193 黃百家,《學箕初稿》卷一,〈哀張梅先辭〉,頁24。

研究經書的辦法是把經的全體當作整個的問題進行研究，這與張梅先原先所熟悉的風格相當不同。

　　講會治經的風格是刻意講求名物度數，並講究文獻可靠性。黃宗羲早年在武林讀書社已經培養出此一風格了：

　　　　余時讀《十三經注疏》，刻意於名物象數。[194]

在講經會中，人們對經文字句異同的校勘工作甚為講究，《鄞志稿》中說「同學為講經會，于字句間多異同」，但會友董允璘並不能同意，認為「學當鞭逼近裏，從得力處做工夫，區區訓詁，同亦可，異亦可」[195]。其實「紛然於字句異同之間」正是他們與明代經學風氣大不相同之處。我們當然不敢說明代經學中無人從事這類工作，不過，大體而言，他們主要是藉經學談理學，立足於哲學而假途於經典，只要義理講得通，並不太講客觀文獻的精確性。劉師培(1884-1919)《經學教科書》〈序例〉中說，「宋明說經之書，喜言空理，不遵古訓」[196]，大抵是正確的評估。相對於這樣的風格，則「紛然於字句異同之間」便是相當新的作風了。

　　由於經比心優先，心從屬於經，而非經從屬於心，所以如何求得經的真正意義成為首要課題。因此經被客體化，成為被研究的問題，而不是講哲學的津筏。持這個態度的人，首先是將經當成一個整體，研治一經或任何一段經文，都不是孤立地看，探究經的義理

---

194 黃宗羲，《南雷詩文集》(全集10)，〈張仁菴先生墓誌銘〉，頁444。
195 蔣學鏞，《鄞志稿》卷十五，「文苑傳下」，頁13a。
196 劉師培，《經學教科書》(收入《劉申叔先生遺書》，第4冊；台北：大新書局，1965)，〈序例〉，頁1a。

時也必須放在整體中，不能隨意抽取一段經文，如同禪宗舉公案般
孤立地發揮[197]。這種將經當作整體的問題研究之精神，在黃宗羲爲
萬斯大寫的墓誌銘中有恰當的描述。萬斯大是講經會中治經最有成績
的人：

> 充宗生逢喪亂，不爲科舉之學，湛思諸經。以爲非通諸經，
> 不能通一經，……充宗會通各經，證墜緝缺，聚訟之議，渙
> 然冰泮，奉正朔以批閏位，百注遂無堅城，而老生猶欲以一
> 卷之見，申其後息之難，宜乎如腐朽之受利刃也。[198]

值得注意的是，顧炎武等人也是這樣說的，如他講到治《易經》時
說：

> 是故盡天下之書皆可以注《易》，而盡天下注《易》之書，
> 不能以盡《易》，……《詩》、《書》、執禮之文，無一而
> 非《易》也。下而至於《春秋》二百四十二年之行事，秦、
> 漢以下史書百代存亡之跡，有一不該於《易》者乎？[199]

---

197 張岱《四書遇》(杭州：浙江古籍出版社，1985)便是像解公案般解四書。
　　張岱在《四書遇》的〈自序〉中表達了對古來注釋的不滿，認爲它們限制
　　了對經文的發揮，見頁1：「六經四子自有註腳而十去其五、六矣，自有
　　詮解而去其八、九矣。故先輩有言：六經有解不如無解。完完全全幾句好
　　白文，卻被訓詁講章說得零星破碎。」馬一浮(1883-1967)說：「明人說
　　經，大似禪宗舉公案，張宗子(岱)亦同此血脈。」見馬一浮，〈四書遇題
　　記〉，收入《四書遇》，無頁碼。
198 黃宗羲，《南雷詩文集》(全集10)，〈萬充宗墓誌銘〉，頁405-406。
199 顧炎武，《亭林文集》卷三，〈與友人論易書〉，頁42-43。

(二)「發古今說經之書爲世所未傳者」

講經會的會友盡可能地「發古今說經諸書爲世所未傳者」，黃宗羲說：

> 於是爲講經會，窮搜宋、元來之傳註，得百數十家，分頭誦習。[200]

似乎講經會的主要特色便是「窮搜宋、元來之傳註」。陳錫嘏也是這樣主張的。黃氏在〈翰林院編修怡庭陳君墓誌銘〉上說：

> 先是甬上有講經之會，君與其友陳赤衷等數十人，盡發郡中經學之書，穿求崖穴，以立一闕之平。[201]

這也是萬斯大的風格：

> 季野第六兄充宗，博通經學，每讀一經，輒盡集古今先儒諸說經家。間有得自梨洲黃先生，多世所未傳，充宗錄其言尤精者，率蚊腳細書，歲積至十餘卷。[202]

更是萬斯同的風格。李鄴嗣〈送萬季野北上序〉說：

200 黃宗羲，《南雷詩文集》(全集10)，〈陳夔獻五十壽序〉，頁661。
201 同前書，〈翰林院編修怡庭陳君墓誌銘〉，頁433。
202 李鄴嗣，《杲堂文鈔》卷一，〈歷代史表序〉，頁406。

余家苦無書，季野遍從里中大家借得異本，數童子往來道中。
一時諸君欲叩經史疑義則造季野，欲論古文詞則造余。[203]

李鄴嗣又說他們的工作特質是：

發古今說經諸書爲世所未傳者，點定西漢、唐、宋及先輩大
家文鈔，不煩探索而坐辯千載，是非較然明白。[204]

以《易經》爲例，在講會一開始時是從《易》卦著手的[205]，而他們
當時搜集各種《易》註以供參考的情形，可以從《昭代名人尺牘》中
萬斯同致董道權的一封信看出。信上說：

數日不見，甚思一晤。……《易》書必須借弟一看，多多益
善。[206]

這些經學活動的意義，必須放在明代心學盛行、蔑視經典的脈絡下
看，才能得其正解。前面已經提到過，心學家對待經典有兩種特色，
第一是純從心的理解出發解經。第二是以禪理解經。錢謙益在〈賴古
堂文選序〉中批評明代經學：

203 李鄴嗣，《杲堂文續鈔》卷三，〈送萬季野北上序〉，頁642。
204 同前書，卷三，〈與萬貞一書〉，頁653。
205 依鄭梁在〈記南凡先生遺事〉中所追述的：「丁未(1667)，余隨同志會講
　　鄞城，每會講易卦若干。」《見黃稿》卷一，頁4b。
206 (清)吳修編，《昭代名人尺牘》(清光緒七年杭州亦卣齋刊本)卷十一，
　　〈萬處士斯同〉；轉引自陳訓慈、方祖猷，《萬斯同年譜》，頁92。

> 以臆見考詩書，以杜撰竄三傳，鑿空瞽說。[207]

也就是說一切全憑心的理解，而不管客觀訓詁的紀律，錢氏用「臆見」、「杜撰」、「鑿空瞽說」，都是相當重的話。當時人說經，基本上強調的是在電光石火般一閃中悟出某種妙解，而不是忠於古人心思的訓解。經書的文本只是「學」的過程物，而不是「學」的目標，張岱(1597-1685?)《四書遇》或馮夢龍(1574-1646)《麟經指月》等書都是好例子。即使到了清初，李光地(1642-1718)這樣嚴肅的理學家也還沾染明季遺習，動輒用解公案來比喻解經書[208]。

明儒解經的另一特色是大量以禪理來解經。譬如寇慎的《四書酌言》釋《論語·公冶長篇》的「弗如也；吾與女弗如也」兩句為「盡奪前塵，忽渡彼岸」；解《論語·八佾篇》的「始可與言《詩》已矣」一句為「入無上妙明」；解《論語·為政篇》的「知之為知之，不知為不知，是知也」為「知原在知不知外理會，其他學問不過此知中之法塵。此處掃除，乃為逗機，又扭來補綴」[209]。類似這種解經著作，數量相當之多[210]。

在上述的風氣下，解釋經典最重要的根據是心的理解，如果違背心之理，經典的文本是可以懷疑的，所以「非章句化」本身，帶來了

---

207 錢謙益，《牧齋有學集》(《四部叢刊初編·集部·縮本》，第349-351冊)卷十七，頁155。

208 李光地，《榕村語錄》(北京：中華書局，1995)，上冊卷一，〈經書總論〉，頁2：「四書中公案有極難解處。」

209 轉引自何耿鏞，《經學簡史》(廈門：廈門大學出版社，1993)，柒「元明經學」，頁215。

210 如荒木見悟，〈四書湖南講じついて〉，氏著，《明代思想研究》(東京：創文社，1972)，頁292-328。

「心」與「文獻」之間的緊張關係，是文獻來遷就心或心來遷就文獻？而明季經學，尤其是晚明王學禪學化，顯然是心的權威壓過文獻，那麼恢復宋、元以來甚至更早的古注疏運動，以及盡可能恢復原始儒家學說作爲詮釋經書的根據，並以之取代佛學的詮釋，在當時是很新的嘗試。提倡讀經，並提倡將古注疏帶到詮釋的中心位置，一方面是追尋儒家經典中的理想世界，另方面是對浮泛發揮，或是相對色彩過於濃厚的詮釋風氣，立一個限制。

(三)宋元注疏的復興

講經團體基本上還針對當時另一種學風，即奉功令傳注爲不刊之則。顧起元(1565-1628)〈金陵社草序〉中有一段話說：

> 嘉隆之際，談秕者尊傳註爲法，令士曾不得如國初之文，旁搜古注疏及《大全》所載諸儒之言，況敢遠及諸子史百家之瑰琦者，采其精而用之，以當張皇斧藻之盛乎？[211]

所謂「尊傳註爲法」是指遵《四書集註》或《五經大全》，也即是黃梨洲所說的：

> 於朱子之所有者無餘蘊，所無者無攙入也。[212]

《五經大全》基本上是在宋、元注疏中選取一些作爲定論，如果奉行

---

211 顧起元，《懶眞草堂集》（台北：文海出版社，1970），文部卷十四，頁2554。
212 黃宗羲，《南雷詩文集》（全集10），〈顧麟士先生墓誌銘〉，頁417。

《大全》和《集註》，其實是奉官定的詮釋系統於一尊。

明代後期有一股恢復古注疏的運動，想打破這個局面。楊慎（1488-1559）認爲應復漢、唐的注釋，並菲薄宋代的解經之書是「議論」，反對「近世學者往往舍傳注疏釋便讀宋儒之議論，蓋不知議論之學自傳注疏釋出，特更作正大高明之論爾」[213]。他並舉了不少例子說明古注之所以「不可輕易」的理由[214]。

楊慎的態度是比較特殊的。在心學大盛之後，一般論者並不一定主張非回到古注不可，他們甚至也不認爲非廣搜宋元注疏不可，而是認爲在一般人連《五經大全》及《四書集註》都不讀時，只要能恢復《大全》或《集註》以取代異端的解經就夠了[215]。如呂留良（1629-1683）分析理學惑亂之局的源頭時說：

　　而其原，則從輕看經義，不信章句傳注焉始。[216]

他主張牢守《集註》就可以了。清初朱學復興健將陸隴其（1630-1692）說嘉靖、隆慶以來「異端紛出，持身者流入於晉魏，講學者迷溺於佛老，以方正爲迂闊，以傳註爲塵腐」，並認爲這種學風的直接

---

213 楊慎，《楊升菴文集》卷七十五，〈劉靜修論學〉，頁13a。

214 如「不日成之」一語，「古注，不設期日也。今注，不終日也。愚案：不設期日，既見文王之信，亦于事理爲協，若曰不終日，豈有一日可成一臺者？此古注所以不可輕易也。」同前書，卷四十二，〈不日成之〉，頁26b。

215 清初葉夢珠的《閱世編》（台北：木鐸出版社，1982）卷八，〈文章〉，頁183說，當晚明「子史佛經，盡入聖賢口吻」時，「六經四子，任意詮解，周、程、朱註，束之高閣」。

216 呂留良，《呂晚邨文集》卷一，〈答葉靜遠書〉，頁29b。

後果是「教弛俗敗，而宗社隨之」[217]。「以方正爲迂闊」則「持身者流入於晉魏」，以「傳註爲塵腐」則「講學者迷溺於佛老」，他想要根絕以佛老詮釋儒經之風，故到處宣揚要一字一句地牢守住《四書集註》。

　　講經會友們既不像楊愼那樣高遠，也不像呂、陸那樣保守。他們當時想到的，是怎樣先廣搜宋、元注疏，把它們與《大全》、《集註》等書放在一起看，然後選取可從的，以「立一閧之平」，也就是「廣以注釋，參以宋元明諸家之書，而裁以己意」。他們要廣泛地、跨時代地搜集各種經注，從各種說法中裁定一種較爲適恰的解釋，以免被《四書集註》、《五經大全》中「一先生之說」所拘束，他們要：

　　　　足破從來訓詁。[218]
　　　　破壞訓詁陋。[219]

而一般形容黃宗羲及講經會弟子中對經學最有研究的萬斯大時，也是強調他們這一個特點。全祖望〈跋黃梨洲孟子解〉：

　　　　梨洲於書無所不通，而解經尤能闢前輩傳注之訛……。[220]

217　陸隴其，《三魚堂外集》（收入《陸子全書》清光緒十六年刊本）卷四，
　　　〈道統〉，頁5b。
218　鄭梁，《安庸集》（收入《寒村詩文選》）卷一，〈怡庭陳先生行狀（丁
　　　卯）〉，頁5a。
219　黃宗羲，《南雷詩曆》（全集11）卷二，〈寄陳介眉兼懷萬貞一〉，頁
　　　282。
220　全祖望，《鮚埼亭集‧外編》卷二十七，〈跋黃梨洲孟子解〉，頁1041。

鄭梁〈萬允誠詩稿序〉：

> 充宗埋首六經，破從來傳註訓詁之陋。[221]

如何破傳註之陋呢？萬斯大有一套辦法：

> 以爲非通諸經，不能通一經；非悟傳、註之失，則不能通
> 經；非以經釋經，則亦無由悟傳、註之失。何謂通諸經以通
> 一經？經文錯互，有此略而彼詳者，有此同而彼異者，因詳
> 以求其略，因異以求其同，學者所當致思者也。何謂悟傳、
> 註之失？學者入傳註之重圍，其於經也無庸致思，經既不
> 思，則傳、註無失矣，若之何而悟之？[222]

他們不是乾嘉考證學正盛時期的學者，他們所面對的是一個一切以官
方功令爲依據的時代。顧炎武抱怨那一個時代是「一時人士盡棄宋、
元以來所傳之實學」[223]。他們極力想衝破「傳、註之重圍」，而不
再以官方欽定的註解爲圭臬，以便得到客觀的正解。羅聚宋元各種注
疏是破傳註重圍的第一步，而第二步便是在廣泛比較之後，裁定一種
較合理客觀的註解。

　　相對而言，宋元注疏要比明人的經解高明。宋儒解經也有種種問
題，譬如朱熹解經好以理度之，有時將認爲不合理的刪除或加以合理

---

221 鄭梁，《五丁集》卷一，〈萬允誠詩稿序(己未)〉，頁32b。

222 黃宗羲，《南雷詩文集》(全集10)，〈萬充宗墓誌銘〉，頁405-406。

223 顧炎武，《原抄本日知錄》卷二十，〈四書五經大全〉，頁525-526。

的解釋[224]，或是違背古代的本義而以理學的體系隨意掉換[225]，而遭清儒之譏刺。但是一般而言，比起明季儒者，宋元經學家要更忠於事實，而宋儒的學問其實是清學的重要前驅。持此說之人甚多，譬如傅斯年(1896-1950)說「清代樸學家之最大貢獻，語學耳（兼訓詁音聲），至于經學中之大題，每得自宋儒」[226]，近人張舜徽(1911-1992)也有如下之觀察：

> ……大氐清儒治學，名雖鄙薄宋人，實則多所勦襲。戴東原說《詩》，即多本朱傳，其明徵也。他如段若膺注《說文》，多陰本小徐《繫傳》之言，掠爲己有。……況有清一代樸學，實兩宋諸儒導夫先路。[227]

近人汪辟疆(1886-1966)也有清學出於宋學之說[228]。他主張在清儒考

---

224 譬如春秋夾谷之會，孔子曾令斬優倡侏儒，照《穀梁》及《史記》，還有將其人「手足異處」、「異門而出」，先儒多疑此，而朱熹將這故事中「萊兵劫魯侯，優施舞幕下」這一節刪去，令宋代以後讀《春秋左氏傳》時，竟不再見此節，而明清考據家似亦認爲合理，並不加以駁詰。以上見李璜，〈葛蘭言與社會學方法〉，氏著，《法國漢學論集》(香港：珠海書院，1975)，第96-97頁所述法國漢學家葛蘭言(Marcel Granet, 1884-1940)對此的研究。

225 戴望，《顏氏學記》(《叢書集成・續編・哲學類》，第42冊)卷三，〈習齋三〉，頁12b：「孔子討陳恆，而料其民不予，會夾谷而卻萊兵、反汶田，聖人之智勇也。乃宋儒僅以明理解智，去私解勇，其氣運之阨哉？」

226 傅斯年，《性命古訓辨證》下卷，第二章「理學之地位」；在《傅斯年全集》(台北：聯經出版公司，1980)，第2冊，總頁727。

227 張舜徽，《清人筆記條辨》(北京：中華書局，1986)卷十，頁394。又參同書，頁391。

228 見汪辟疆，《讀常見書齋小記》，〈清學出於宋學〉；收入《汪辟疆文集》(上海：上海古籍出版社，1988)，頁749-750。

證學的正統尚未確立之前，有過一段不成熟的時期，是以宋元經學爲
主：

> 大抵康、雍之間，學術漸趨正軌，而明季餘習，尚未凘除。
> 故治經主宋、元，語史喜明季。……其時叢書著聞於時者：
> 如張潮《昭代叢書》、納蘭成德之《通志堂經解》、……皆
> 此時期叢書之魁壘也。[229]

汪辟疆說《通志堂經解》是當時流行之書，這一觀察相當有意思。
《通志堂經解》所收的正是宋元注疏，其中有不少是講經會友們所特
別推重的書。

在當時，許多宋元注疏雖然保存在某些藏書樓中，但因爲它們不
是學者普遍使用的書，所以大部分未曾印刷通行。當它們再度成爲學
者關心的重點時，人們便用種種辦法借、鈔。我們不敢說所有「鈔書
會」或流通古書的約定[230]，都有相同的思想動機，不過在黃宗羲及
講經會諸子身上倒是表現得相當清楚。以黃宗羲爲例，當時人對他印
象最深的事，除了「授諸生以所傳蕺山慎獨之學」外，便是「發古今
說經諸書，爲世所未傳者」[231]；又如萬斯同，人們說他「遍從里中

---

229 汪辟疆，〈叢書之源流類別及其編索引法〉，氏著，《目錄學研究》(台
　　北：文史哲出版社，1983)，頁99。
230 如丁雄飛的〈古歡社約〉，在嚴靈峰編，《書目類編》(台北：成文出版
　　社，1978)，第91冊，總頁41017-41018。又如曹溶，〈流通古書約〉，同
　　前書，第91冊，總頁41015-41016。
231 李鄴嗣，《杲堂文續鈔》卷三，〈與萬貞一書〉，頁653。按，此信亦附
　　在萬言的《管邨文鈔內編》，冊首〈序〉，頁3b。

大家借得異本，數童子往來道中」[232]；黃宗羲說到萬斯年時說「余
於經史詩文，多所鈔節，君必借之手錄，至於等身；未見之書，余或
失其原本，反從君處鈔之」[233]；談到張士塤時，則說「里中有講經
會，……同邑范氏多藏書，余偕同學借抄，日計君所手抄，過於傭書
者；君不特抄之，而且發之爲詩」[234]。

《清稗類鈔》中說：「梨洲晚年益好聚書，所鈔者爲天一閣范
氏、叢桂堂鄭氏、靜惕堂曹氏、傳是樓徐氏之書。」[235] 寧波天一閣
在經典興起的過程中，具有相當顯著的地位。天一閣自范欽(1506-
1585)以來照例不許外人登閣，但是黃宗羲及李鄴嗣、全祖望等卻是
例外。而黃氏及其弟子破例登閣之年，恰巧也正是講經會進行得很熱
烈的時候[236]。

黃宗羲和他的弟子們在搜集宋元經注的過程中，也有一些不愉快
的插曲。黃宗羲急買山陰祁氏澹生堂的藏書，特別看重的就是宋元經
注，尤其是衛湜《禮記集說》。當時他的學生萬斯大正在排纂《禮記
輯注》，黃氏乃刻意爲他搜集：

> 吾鄉萬先生充宗湛於經學，六經自箋疏而下，皆有排纂，
> 《三禮》爲最富，三經之書，其成帙不一種，《禮記》爲最

---

232 同前書，卷三，〈送萬季野北上序〉，頁642。
233 黃宗羲，《南雷詩文集》(全集10)，〈萬祖繩墓誌銘〉，頁473。
234 同前書，〈進士心友張君墓誌銘〉，頁388。
235 徐珂編輯，《清稗類鈔選》(北京：書目文獻出版社，1984)，上冊，〈黃
     梨洲好聚書〉，頁94。
236 范光文(1600-1672)、范光燮(1613-1698)准許他們登閣之事，「范光文」
     事見蔣學鏞，《鄞志稿》卷十，「列傳十」，頁1b；「范光燮」事見駱兆
     平，《天一閣叢談》(北京：中華書局，1993)，頁15、81。

富。方崑山《通志堂經解》之未刻也，櫟齋之本，世間流傳頗少，先生求之不可得。會姚江黃徵君，自山陰祁氏書閣見之，遽售以歸，踔急足告先生，而中途爲書賈竊去。先生曰，以吾所見，未必較櫟齋爲少。乃自注疏，暨陳馬方陸而下，錯陳而貫穿之，豪鈔摘抉，袞然成編，俄而或以其本至，取而讎之，則凡櫟齋之所有者，無不在，後乎此者，倍之……。[237]

而這一次買書過程中的意外事件，所謂有書「而中途爲書賈竊去」者，即衛湜《禮記集說》及王稱(1370-1415)《東都事略》。黃宗羲認爲是呂留良中途差人偷走，引起黃、呂二人終生的爭隙[238]。

---

237 全祖望，《鮚埼亭集‧外編》卷二十三，〈禮記輯注序〉，頁968。

238 全祖望，《鮚埼亭集‧外編》卷十七，〈小山堂祁氏遺書記〉，頁892。按，黃宗羲與呂留良爲了購買澹生堂遺書而起鬨之一事，已有不少討論，可是似乎未曾有人留意過，他們所爭的書在當時思想史中有何意義？黃宗羲在當時以拚命購書有名，當桑海之交，許多故家大族的藏書大量散出，他每天派遣僕人四處訪購，傍晚再回到住所清理。這種收書行爲其實是智識主義興起的象徵。在先前心學盛行之時，不需如此搜書，尤其是沉浸禪學之人，更視書爲土苴。最直接的例子便是澹生堂藏書之所以散出，即因它的主人參禪學佛。呂留良在買得澹生堂藏書三千餘本示其子呂無黨時的詩：「阿翁銘識墨猶新，大擔論觔換直銀。說與癡兒休笑倒，難尋幾世好書人。宣綾包角藏經笈，不抵當時裝釘錢。豈是父書渠不惜，只緣參透達磨禪。」最後兩句即是說澹生堂繼承人信禪，任令僧人賣其藏書之事。此詩在《呂晚邨家訓眞蹟》(據清康熙四十二年家刊本影印；台北：廣文書局，1975)卷五，〈得山陰祁氏澹生堂藏書三千餘本(示大火)〉，頁1a。而這次買書行動中，黃宗羲在〈天一閣藏書記(己未)〉中自記所得爲「經學近百種，稗官百十冊，而宋元文集已無存者。途中又爲書賈竊去衛湜《禮記集說》、《東都事略》」(《南雷詩文集》(全集10)，頁113)。經學近百種特別值得注意，而引起兩人衝突的衛湜《禮記集說》則與梨洲思想有關。全謝山爲萬斯大的《禮記輯注》寫〈序〉時也曾提起。見《鮚埼

當時出現了一些鈔書團體[239]，這似乎反映一個事實：因爲心學風氣籠罩太久，許多舊書並未印行，故極不易得，而須以鈔寫方式獲取。這個現象提醒我們，他們是在與一個斷絕的傳統重新接上線。宋、元經疏後來被大量重印，也必須在這一思想動機下去理解。講經會友們在描述當時宋、元注疏日漸出版的現象時，常用過去渴求而未得、現在終於可以到手那樣急切的口氣。萬言的一段話可以爲例：

> 宋、元來經學未見之書，吳中成刻已久，余方將求之以歸，
> 與諸子辨論商榷，所得當有異於前日者。[240]

又如全祖望把「今秋從書賈得吳草廬《春秋纂言》」[241]當作一件大事在記，可見這些書之稀貴不流通了。

值得進一步注意的是，《通志堂經解》的刊印過程也與這一波搜求宋、元經疏的風氣有關。一般認爲《千頃堂書目》的作者黃虞稷（1629-1691）是最早提出這一構想的人，而黃氏也正是「經史會」的

(續)————

　集‧外編》卷二十三，頁968。黃、呂二人衝突之後，呂氏在各種詩文信札中攻擊黃氏，其刻毒程度，令人咋舌，而絕交之後，呂留良與萬斯大及梨洲之弟黃晦木，感情仍相當不錯。晚邨可能將衛湜《禮記集說》借與或錄副本給萬斯大。而我們應當注意的是，萬斯大之輯《禮記輯注》，其實即是黃氏講經會宗旨下之工作，甚至是黃氏原本爲各經作輯注的計畫之一，後來由萬氏接手。

239 關於清初鈔書與學風之關係，錢穆的《中國近三百年學術史》（台北：臺灣商務印書館，1968）有不少例證，如頁144、157。

240 萬言，《管邨文鈔內編》卷三，〈登高什序〉，頁43a。值得注意的是此序作於1693年，而徐乾學刻《通志堂經解》編書時間應爲1673到1680年。

241 全祖望，《鮚埼亭集‧外編》卷四十四，〈奉九沙先生論刻《南雷全集》書〉，頁1336。

發起人，該會之宗旨活動不得而詳，或許他也是因窮搜宋元經注之書
的經驗，才發起這樣一個出版計畫。《昭代叢書》中有黃氏的《徵刻
唐宋祕本書目》，列黃虞稷與周在浚(1640-?)兩家家藏罕傳本一百多
種，希望有力量的人，能各刊刻一、兩種或數種以廣流通。贊成他們
的有紀映鐘(1609-?)、錢陸燦(1612-1698)、朱彝尊(1629-1709)、魏
禧(1624-1681)、汪楫(1636-1699)五人，他們聯名公布了一份〈徵刻
唐宋祕本書啓〉，張芳(1612-?)寫了一篇〈徵刻唐宋祕本書論略〉，
曹溶(1613-1685)作了〈流通古書約〉，倪燦(1626-1687)和周銘合寫
了〈徵刻唐宋祕本藏書例〉，後來受他們影響的徐乾學為納蘭性德
(1655-1685)編刻《通志堂經解》時，將上述啓事中所列的二十二種
經部的書都刊刻了[242]。

　　最後，在討論講經會的特色時，不能忘了躬行劉蕺山的道德哲學
是他們一開始便立下的主要目標。鄭梁說他們這一批會友向梨洲學習
是「總期師法姚江以顯蕺山之道於將矇」。[243] 《人譜》一書尤其為
許多人所奉行，鄭梁還說：

　　　余方讀子劉子《人譜》，知書畫古玩好之亦同於希名競利。[244]

戊申是1668年(康熙七年)，也正是講經會進行之年，鄭氏當時因為讀
《人譜》而心中產生了變化，開始覺得書畫古玩之好是壞習慣，由此
一例可以看出他們注重道德修養的情形。他們也認為外在的誦讀最後

242　以上見王重民，〈千頃堂書目考〉，氏著，《中國目錄學史論叢》(北
　　　京：中華書局，1984)，頁188-190。
243　鄭梁，《見黃稿》卷一，〈祭高鼓峯文〉，頁42b。
244　同前書，卷一，〈還望雲圖詩序(戊申)〉，頁20a-b。

要與內在的心性合一，而不可以見外而遺內，所以經席辯論也是爲了
身心性命。這也是爲什麼萬言在多年後回憶說：

> 怡庭展冊之際，迴思已往之年，事事皆成陳跡。而惟姚江請
> 業，經席辯論之時爲有益於身心性命焉，則所以獨擅其千古
> 者，當必有在矣。[245]

不過後來講經的分量大大超過了身心性命，許多人可能忘了讀經是
爲了明心，所以我們一再看到會友之間互相警告的話。萬公擇說
「吾黨今日講經之會已稱極盛，但尚須語語驗之躬行」[246]，也有人
警覺到講經會友們在經典文獻中櫛比字求，恐怕會忘了體驗於身心
的要務[247]。但從萬斯同及萬斯大後來的發展可以看出，「以書明
心」，合「內」、「外」的理想逐漸遺落了。萬斯同後來所欣賞的，
都是擺落心性之談、實講禮樂制度的思想家，他本人也不再談什麼心
性問題了，「外」與「內」不再合一，而清學中講考據而抹煞心性的
風格已然成形了。

　　講經會友不但窮經讀史，事實上也旁及文學、曆算、地理，這
是黃宗羲「一本萬殊」思想所決定的[248]。當時講經會子弟們想分別

245　萬言，《管邨文鈔內編》卷二，〈八景詩序〉，頁52a。按，此序寫於康
　　熙二十四年乙丑(1685)立夏前二日。
246　李鄴嗣，《杲堂文鈔》卷三，〈送萬公擇授經石門序〉，頁446-447。
247　蔣學鏞，《鄞志稿》卷十五，「文苑傳下」，頁13a董允璘的批評。
248　黃宗羲有關一本萬殊的思想主要見於《明儒學案》〈序〉、《孟子師說》
　　的〈題辭〉，及〈移史館論不宜立理學傳書〉中。可參李明友，《一本萬
　　殊：黃宗羲的哲學與哲學史觀》(北京：人民出版社，1994)，第六章。

繼承其師之學，所以常選擇專攻其中一門[249]。萬斯同決心發揚其師
的史學，他在〈寄范筆山書〉中說「吾輩既及姚江之門，當分任吾
師之學。今同志之中，固有不專於古文而講求經學者，將來諸經之
學，不患乎無傳人。惟史學，則願與吾兄共任之」[250]。萬斯大則發
揚其師之經學。一般都承認他們兩人是開啓清初學風的關鍵性人
物。

　　萬斯大撰有《經學五書》，內容相當繁複，這五部書是講經會的
直接產品。由於甬上講經會並未留下任何紀錄，所以從這幾部經學著
作可以間接推測講經會的內容，像《學禮質疑》即是參與講會的一項
成果。萬斯大的〈自序〉這樣描述該書，「自丁未(1667)學禮以來，
心有所疑，取其大者條而說之，而質之吾師梨洲先生者也」[251]；李
鄴嗣也在〈答溧陽周二安書〉說，「即如足下所見萬充宗《學禮質
疑》，謂以其讀《禮》所疑質諸黃先生也，足下既已見甬上經學一派
矣」[252]。方祖猷先生已撰有專文，將《經學五書》作過分析，此處
不贅[253]。

　　黃宗羲在講經會中原有一套「大修群經」的計畫，但沒有任何的
成果。後來賴著萬斯大將《春秋》的部分繼續下去。《鮚埼亭集‧外
編》有一篇文章說：

249　萬經，〈寒村七十壽序〉，轉引自陳訓慈、方祖猷，《萬斯同年譜》，頁
　　88-89。
250　萬斯同，《石園文集》卷七，〈寄范筆山書〉，頁5a-b。
251　萬斯大，《學禮質疑》(收入《經學五書》上冊)，頁3。
252　李鄴嗣，《杲堂文續鈔》卷三，〈答溧陽周二安書〉，頁658。
253　方祖猷，〈萬斯大的經學及其歷史地位〉，《萬斯同評傳》(南京：南京
　　大學出版社，1996)，頁323-382。

《春秋》筆削之旨，如高山深谷，不易窺探，故有爲三傳之
所不得，而啖趙見之者；有爲啖趙之所不得，而宋元諸家迭
相詰難而見之者。甚矣夫會通之難也。往者，姚江黄徵君，
以經學大師，倡教浙東西之間，嘗欲推廣房審權、曾稑、衛
湜諸君之緒，大修群經，而首從事於《春秋》，先令其徒薈
萃大略，輯爲叢目，只篇首春王正月一條，草卷至五大冊，
猶未定，徵君笑曰，得無爲秦延君之説《尚書》乎？度難以
成編而止。萬充宗先生者，徵君之高弟也，不以爲然，退而
獨任其事，取其重複者去之，繁蕪者刪之，分別門户，芊區
而爪疇，輯成二百四十卷，一夕，爲大火所燬。[254]

光是從「只篇首春王正月一條，草卷至五大冊，猶未定」一語，可見
它是彙集古今多少注疏而成。但是這部大書後來被大火燒了。

　　萬斯同在史學上貢獻很大，尤其是爲明史奠基之功，最爲顯著。
事實上，當一個朝代初亡，關於這個朝代史實的內容、輕重、主要節
目、史料分辨、史事考訂等，都是啓榛莽闢蠶叢的難事，在這個時候
搭起大架構，是一件極困難的工作，所以萬氏花費很大的工夫在這上
面。但是這一部分的工作並未及身完成。萬斯同在甬上及北京，特別
是在北京之講會，幾乎全以史學爲主，尤其是想以史學來定一代長治
久安之大經大法，這基本上是推展其師黄宗羲所謂不學史無以應務的
思路。

---

254 全祖望，《鮚埼亭集・外編》卷二十三，〈春秋輯傳序〉，頁968-969。

五、五次講經會

(一)從甬上講經會到北京講會

　　事實上講經會前後共有五次，主持人也有不同。第一次是甬上講會，前後共持續約八年，從1668到1675年(康熙七年戊申至十四年乙卯)，這個階段主要是由黃宗羲指導。第一期講會因同志星散，作官的作官，早逝的早逝，有些則以教塾維生，最後則是因爲陳錫嘏到北京作官而告終。第二次講會是始於1678年(康熙十七年戊午)秋天，由陳錫嘏重舉的第二次甬上講經會。當時自北京告假回到故鄉的陳錫嘏覺得他有義務在家鄉振講經會[255]，可惜陳氏《兼山堂集》中並未提及這期講會的情況[256]。

　　1690年(康熙二十九年庚午)，鄭梁曾在北京約萬斯同重回甬上再舉講會，但未成功。萬氏雖未能南回甬上重開講會，但是同年便接受昔日講經會友仇兆鰲(1638-1717)與大明一統志局的同仁之邀，開始了北京講會。

255　黃宗羲爲陳錫嘏所寫的墓誌銘説：「自君出，而諸子亦散，至是復集，甬中多志行之士，由此會爲之砥礪耳。」在《南雷詩文集》(全集10)，〈翰林院編修怡庭陳君墓誌銘〉，頁433。

256　而陳氏本人後來也不能牢守蕺山之教，除了爲劉宗周最爲反對的功過格作了進一步的編輯工作之外，在格物的問題則走向朱子的老路，見黃宗羲的《南雷詩文集》(全集10)，〈翰林院編修怡庭陳君墓誌銘〉，頁433-434：「君從事於格物致知之學，於人情事勢物理上工夫不敢放過。……凡君之所以病，病之所以不起者，雖其天性，亦其爲學有以致之也。夫格物者，格其皆備之物，則沓來之物，不足以掩湛定之知，而百官萬務，行所無事。若待夫物來而後格之，一物有一物之理，未免於安排思索，物理、吾心，終判爲二。故陽明學之而致病，君學之而致死，皆爲格物之説所誤也。」

在北京講會中，萬氏從田賦、兵制、選舉、樂律、郊禘、廟制、輿地、官制等方面進行講論，每月三次，聽者常數十百人。楊無咎(1634-1712)的〈萬季野先生墓誌銘〉說：

> 季野志在國史，而其有功於後學，則講會之力爲多。……其北遊也，則月凡三舉，益以田賦、兵制、選舉、樂律、郊禘、廟制、輿地、官制諸論說，凡宜因宜革，皆勒成典，則實史事之權衡也。朝而設席，向晚而退，如歲寒書屋、梅花堂、浙江江南會館，皆其講經史處也。[257]

十天一舉的講會可能是利用官員旬休的那一天進行的[258]。講學之地有歲寒書屋、梅花堂及浙江江南會館等，講會是從早到晚進行的。當時的人在回憶他的貢獻時說，萬斯同雖然爲修《明史》花了幾十年的時間，但若論及他對後學的啓迪，在北京所辦的講會要遠遠超過修《明史》。講會的內容以探討古往今來的禮樂制度爲主，所以用今天的話說就是中國制度史的講授，並期望從中得出各種制度之優劣，何者當採、何者當捨，與黃宗羲寫的《明夷待訪錄》甚爲相近。北京講會是由仇兆鰲發動的，可惜的是，在寧波天一閣所藏的仇氏《尚友堂自編年譜》中，只有康熙二十九年(1690)條提到他與一統志局中同仁

---

257 收入《石園文集》卷首，頁2b-3a。參考陳訓慈、方祖猷，《萬斯同年譜》，頁171，「1690年清康熙二十九年庚午五十三歲」條。

258 楊聯陞先生認爲自唐至元的旬休或旬假制度，在明清時代被削減，甚至完全廢去，見楊聯陞，〈帝制中國的作息時間表〉，氏著，《國史探微》(台北：聯經出版公司，1983)，頁63。但是如無旬休，何以京官可以在每月十、二十及最末一日前來講會，俟考。

邀請萬斯同舉講會之事,而別無其他材料[259]。

　　萬氏北京講會中,與會者的身分與甬上的兩次講會大有不同。它是以京師的公卿大夫及舉子爲主,不再局限於浙東士子。萬氏在北京講會中,結識了胡渭(1633-1714)、閻若璩、李塨(1659-1733)、王源(1648-1710)等一批來自各地,在思想界頗爲活躍的士人。

　　在康熙三十年(1691)秋天到達北京的方苞(1668-1749)便深受萬斯同的影響而暫輟他拿手的古文之學轉研經義。方苞在〈梅徵君墓表〉說梅文鼎(1633-1721)的曆算之學,好者甚稀,但萬斯同的經史講會則車水馬龍:

> 季野承念臺劉公之學,自少以明史自任,而兼辨古禮儀節,
> 士之欲以學古自鳴及爲科舉之學者皆轅焉,旬講月會,從者
> 數十百人。[260]

由前面這段引文看來,除了制度史外,古禮儀節也是萬氏的重要講題。大概從康熙三十四年(1695)起,他的講會由溫睿臨進行記錄,陳正心說萬氏:

> 奮袖抗談,問難蜂起,應之如嚮。溫子從旁記其語,歸而考
> 證諸書爲文,其詞今所著《講會錄》是也。[261]

---

259 仇兆鰲,《尚友堂自編年譜》(寧波天一閣藏抄本),無頁次。

260 方苞,《方苞集》(上海:上海古籍出版社,1983),上冊卷十二,頁335。

261 陳正心,〈序〉,在萬斯同,《歷代紀元彙考》卷首;轉引自陳訓慈、方祖猷,《萬斯同年譜》,頁185。

由這一段紀錄足見北京的講會仍與甬上講經會一樣，不只是一人演說，主講者和與會者也進行公開辯論。可惜溫睿臨的《講會錄》已經不存，無以窺見講會之詳。錢名世（1660-1730）與溫睿臨是萬氏這個時期的兩個記錄員，錢名世記其明史方面的見解，而溫睿臨記其講會中的談辯。溫氏後來輯《南疆逸史》也是受萬氏影響[262]。

在北京講會進行了八年之後（康熙三十七年戊寅，1698），萬氏乘回鄉之機，在甬上重開第四次講經會。這次講會前後只持續了數月，便因萬氏回北京而罷。可喜的是，這九回講會的紀錄《講經口授》的抄本被保留在浙江圖書館[263]。浙圖的《講經口授》可能是一個乾隆年間的傳鈔本[264]，其中有一些地方仍生動地記載了萬氏當時的口語。

第一會是□月□日，講田賦。

262 溫睿臨，《南疆逸史》（香港：崇文書店，1971），〈凡例〉，頁3。
263 在浙江圖書館所藏這份《講經口授》的抄本前，有伏跗室主人馮貞群（1886-1962）的一段跋文，認爲這是萬氏北京講會的記錄，鈔者是溫睿臨。方祖猷先生認爲這應該是錯的（《萬斯同年譜》，頁195），方先生的證據是《口授》的目次與張錫琨〈贈別萬季野先生北上四十二韻〉（《續甬上耆舊詩》卷一百十二）中所記康熙三十七年（1698）萬氏在甬上講會的內容相符。我個人贊同方先生的判斷，並認爲還有幾個證據可以支持這個論斷。
首先是《口授》中記第二講是三月十九日（第一講日期空著，應是三月九日），而最後第十四講是七月二十四日。萬氏在是年春天南歸，則三月九日起講甚爲合理。他在這年秋天偕錢名世北上，則七月底罷講也合理。第二、《講經口授》中一再特別強調歷史上鄞、明州、寧波的史事，其中有一條，談明代衛所時，特地「附說」明代寧波府的四個衛，從《口授》的語氣看來，是離題發揮的。他很明顯地是針對甬上的聽眾而發，如果是北京的講會，聽眾來自全國各地，便不會如此強調本鄉的史事了。第三、《講經口授》應是張錫琨所記的，否則他在〈贈別萬季野先生北上四十二韻〉上不會說「執卷隨人叩，載筆獨予許」。我因爲方祖猷先生的幫助而得讀《口授》，附此致謝。
264 此鈔本中凡遇「弘」字皆缺筆，故可能是乾隆的鈔本。

第二會是三月十九日，再講田賦。

第三會是三月二十九日，復講田賦。

第四會是四月初九日，講兵制。

第五會是四月十九日，再講兵制。

第六會是四月二十九日，復講兵制。

第七─十回講會缺。

第十一會是六月廿九日，講宮廟祭祀。

第十二會是七月初八日，講廟祀。

第十三會缺。

第十四會是七月二十四日，講律呂。

這些講會基本上都是制度沿革史的講述。雖然他基本上不講經，不過必然仍以講經會為名，否則紀錄的名稱就不會是《講經口授》了。從這份紀錄看來，除了《明史》以外，他對從古以來的歷史都非常精熟，對於經部之書亦極嫻悉。在講授過程中，他自然而然地將相當的注意力放在檢討明亡的原因上面，並常徵引《明實錄》來談明代史事。

在講演中，萬氏主要是就制度演變之大段落處作客觀的講述，很少下個人的意見，不過整體而言，也有一些個人的分析在裡面，此處我僅舉田賦及兵制兩個講題為例作一介紹[265]。萬氏講田賦時有幾個重點，首先是討論三十稅一的理想為何不能維持，且一步一步地變化。接著討論徵銀的沿起，以及徵銀對國家的禍害。除外他也討論明末三餉徵收之過程及對百姓所造成的負擔。他總結明亡之因為用銀及

___
265 方祖猷，《萬斯同評傳》，頁122-137。

重賦，說：「從古無征銀者，至明而征銀。從古民間無用銀者，至明而用銀。從古加賦無如此之重者，至明而極重。生民之苦極矣，國欲不亡得乎？」[266] 萬氏主張禁止百姓用銀，違者處死。萬氏反對用銀、徵銀的態度與當時一大批知識分子相同[267]。

此外，在談田賦時，他評論了王安石(1021-1086)改革，說「行青苗之罪小，而廢三倉之罪大」。他也評論了一條鞭法，說自一條鞭之法行，先前的僱役遂歸正賦，「其餘零星雜徭皆役貧苦小民，此役法之不得其平也」[268]。他並針對蘇松田賦之重，作了歷史的考察，指出蘇松重賦由於官田，對於官田形成的幾次原因作了清楚的剖析[269]。

---

266 《講經口授》，頁15。
267 如顧炎武的〈錢糧論〉上，《亭林文集》卷一，頁17-19。
268 《講經口授》，頁17。
269 此處即詳引這段文字以明《講經口授》之一斑：
「蘇松田賦之重，由於官田。官田之所以多者，其一、由宋賈似道因國用不足，制爲關子，倣交子會子之制，以罷民田。其時兩浙江西皆行，而平江(即蘇州)獨多。時包恢知平江府最酷，制炮烙之刑，勒民罷田，故其田入官者獨多，此官田之一也。其二、元時封大功臣大十人謂之十投下。元世祖既定天下，以江南田賜大功臣，故蘇松之田皆屬十投下，十投下各令其家臣收租。又多買民田爲己田，亦名曰達魯花赤，此官田之二也。其三、張士誠割據揚州，蘇、松、杭、嘉、湖、紹等處，其宗族親戚盡買蘇松之田，及明太祖滅士誠後，其田盡入於官，此官田之三也。其四、明太祖初年，以此田賜功臣爲莊田，及功臣誅戮後，并其自置田盡入於官，此官田之四也。其五、蘇松豪強兼并之患最多，明太祖起家寒微，深恨豪強之家，即位後，籍沒沈萬三、倪雲林等田，盡入於官，此官田之五也。有此五者，蘇松強半皆官田矣。又加以太祖惡吳民爲張氏堅守，故其田賦猶仍張苛政之舊，不與減租，建文欲減而未行，永樂以建文變法，興靖難師，故即位後不變祖制。洪熙有輕賦意，而在位日淺，及宣德時屢詔輕蘇松重賦，而户部不行，五年(1430)，有詔切責户部，令其舉行，時各省有按布而無巡撫，江南係留都，并布按無有，止有知府，得以自專，時特命六臣巡撫天下，而南直得周忱，蘇州知府況鍾，相與減蘇州之糧額。先時有二百七十萬餘石，減去七十萬石，時民田之糧，每畝僅三四升，官田自

在談蘇松重賦之後，萬氏並特談明初寧波一府糧米十七萬石，此外別無徵收，至正統後，僅鄞一邑便有折色七萬餘石，其糧數之重一至於此。他之所以特提鄞縣徵賦之重，想必與講會聽眾是鄞地士大夫有關。

接著再以萬氏講兵制為例。他主要是以政府是否需耗費大量金錢養兵來判斷一代兵制的良窳。他說：「自漢至隋唐，天子俱無養兵之費，養兵自宋始，故國貧而民賦重。」[270] 他也感嘆唐代兵制之逐步變壞，引歐陽修的話說，「唐文三變，每變而上；唐兵三變，每變而下」。他與明末清初許多士大夫一樣皆主張封建，而且是從養兵方面去看這個問題的。他認為在封建制下，封君必然盡一切力量去經營自己的小封國，故能充分足其兵食：

> 唐封建之制，自春秋戰國以及唐藩鎮割據，皆各君其國，各子其民，欲以自強，無不盡地力，以足其兵食。一歸郡縣，則土地荒蕪而兵力衰矣。[271]

萬氏在講演中強調，宋代「朝廷多養兵之費而不得其用」[272]。不過，他認為宋召募之制雖多養兵之費，卻也還有一些優點：

(續)────────────

三斗以至二石不等。況鍾減賦，官田止於三斗，此雖周、況二公奉行之善，而實由宣宗之德音也。周忱之後(忱為巡撫二十三年)，相繼為巡撫者鄒來學、李秉、崔恭皆名臣，漸均官田之最重者，加於民田之最輕者。至嘉靖年間，巡撫歐陽鐸、知府王儀盡均官、民田之糧，時宰相顧鼎臣在朝，常曰此法一行，吾家驟增糧千石，然豈可以我一人而廢永遠之利，故其法得行。」同前書，頁17-19。

270 同前書，頁23。
271 同前書，頁30。
272 同前書，頁32。

> 然召募之制，朝廷雖多養兵之費，而民間晏然，否則，如唐
> 府兵之制，雖其法最善，而一人爲兵，則六家盡受其累，倘
> 有缺少，又須補足，父母妻子皆愁苦太息，是以唐時塞上從
> 軍之曲，最爲傷情。[273]

萬氏甚至認爲處在宋代，輸歲幣給敵國也不失爲一個可行辦法，因
「歲幣所費無幾，邊防得以休息者實賴其力，觀明季之兵餉則可見
矣」[274]。足見他最關心的還不一定是國家尊嚴，而是民間是否「晏
然」及百姓是否「愁苦太息」。萬氏在討論兵制時，仍將相當多注意
力放在明代。他比較明代的衛所制與唐府兵制，說衛所制即府兵制，
「其異者，唐府兵派於民間，每六家出一人。明衛軍則世爲之，而復
屯種。唐十六衛調於各府，明五府出於召募」[275]。

在甬上的講會中，他除了縱論賦役、兵制外，還談官制、選舉、
禮樂、曆法、明史等，並強調苛稅及科舉是古今兩大弊端。《續甬上
耆舊詩》卷一百十二〈張太學錫瑢・贈別萬季野先生北上四十二韻〉
對當時的演講做了精要的歸納：

> 昔日談經會，都講先生主。秋郊送別來，廿年雲散聚。今歲
> 暮春歸，兩度見鄉土。講堂得重開，生徒喜欲舞。首論賦役
> 法，則壞溯神禹。井田不可復，限田亦虛語。惟有租庸調，
> 唐制頗近古。兩稅一條鞭，救患患仍巨。次論古兵制，田賦
> 寓卒伍。漢唐調發多，府兵法可祖。宋乃專召募，遂受養兵

---

273 同前書，頁33。
274 同前書，頁33-34。
275 同前書，頁37。

苦。明世軍兵分，北都勞禦侮。季年成土崩，加餉禍由部。
繼及選舉條，賓興德行取。用吏眆秦政，設科起漢武。中正
法久弛，諸科弊難杜。下逮王氏學，至今流毒蠱。前代惟制
科，庶幾得人普。終乃禮與樂，津津聽揮麈。郊社與禘祫，
群疑融水乳。律呂通曆法，妙理入淵府。燈火有餘閑，繪圖
紀寰宇。蛟川十日游，官制詳縷縷。《明史》及東林，約略
傾端緒。腹笥便便盈，三筐何足數！執卷隨人叩，載筆獨予
許。中有兩要言，可作《三通》補。白金供正賦，貪風成蛇
虎。治道不古若，大半由阿堵。科目取人才，登進雜枯窳。
假令孔孟生，豈由場屋舉！二者利名根，斬斷須利斧。奇快
論不刊，勃崒氣暫吐。倘得此言行，如暮日重午。敢云即至
道，齊變乃可魯。空抱王佐才，誰識名世輔。史館羈淵雲，
筆墨日纂組。[276]

萬斯同於1698年(康熙三十七年)秋天重回北京。兩年後(1700)再度在
仇兆鰲的鼓倡下，舉行第五次講經會。北京講會不斷地有新的會友加
入，尤其是在康熙三十九年(1700)十月，朝廷平三藩之亂後，因為天
子獎勵學習，故講會中翰林、部郎及一般士人四、五十人環坐聽講，
而且講會的準備工作皆由顯官供張[277]，在京師引起莫大的轟動。當
時會友李塨記萬氏講說時，「不繙書，每會講一事，口如瓶注，溫睿

---

276 全祖望輯選，《續甬上耆舊詩》(民國四明文獻社排印本)卷一百十二，
〈張太學錫瓈‧贈別萬季野先生北上四十二韻〉，頁21a-b。

277 陳訓慈、方祖猷，《萬斯同年譜》，頁208，「1700年清康熙三十九年庚
辰六十三歲」十月條。

臨札記。何代，何地，何人，年月日事起訖，豪釐不失也」[278]。

我們大致歸納北京講會的主題如下：

田賦

兵制

選舉

樂律

郊禘

廟制

輿地

官制

禮樂源流

典章沿革

國書曆象

河渠邊務

三代及元明制度

地理

河渠

倉庫

政刑

上面這一張表只是就當時人的零星記載歸納而成，有的只是概略的名字，有的則是相當確定的主題。其中有些與萬氏回甬上舉行的第

278　李塨，《恕谷後集》卷六，〈萬季野小傳〉，頁71。

四次講會主題相類似，有些是隨著北京講會的持續進行，又陸續開關
的新主題。從講會的題目看來，心性探索或「以書明心」這一類主張
已經不見了。這時他欣賞胡渭、李塨等人對心性及形上之學的攻擊，
並反對過去宋明理學對「格物」的「物」字之解釋太過偏向內在的探
索。此時他同意顏元(1635-1704)、李塨之以「鄉三物」解「格物」
的「物」字[279]，而所謂的「鄉三物」——「六德」、「六行」、
「六藝」全是與治平天下有關的實務。

(二)影響

　　1668年(康熙七年戊申)講經會正在甬上展開時，聲勢一定不小，
以致當時正在外地的萬言聞訊趕回參加，高斗魁(且中)還覺得未能參
與是一大遺憾。該會在浙東一地有相當大的影響，陳錫嘏《兼山堂
集》說「東浙學者為之一變」[280]，黃宗羲也說講經會「不及十年而
能轉浙河東黃茅白葦之風，概使之通經學古」[281]。即以個別會友的
成就而言，像萬斯大，陳錫嘏便說：「海內名士如豫章彭躬菴、吳郡
顧景范，皆歎經學不如充宗。」[282]
　　在甬上講經會影響下也出現了仿行的講經團體。譬如陳錫嘏的學
生顧諟(在瞻，1653-?)在山陽所舉行的：

　　　陳介眉教授里中，書舍至不能容。其時顧在瞻來學，介眉稱
　　　其為後來之秀，……未幾，返於淮海。歲辛酉(1681)，萬公

279　萬斯同，《石園文集》卷七，〈大學辨業序〉，頁12a-13b。
280　陳錫嘏，《兼山堂集》卷四，〈陳母謝太君六十壽序〉，頁24a。
281　黃宗羲，《南雷詩文集》(全集10)，〈陳夔獻五十壽序〉，頁662。
282　陳錫嘏，《兼山堂集》卷四，〈萬充宗五十壽序〉，頁22a。

擇自淮歸，言在瞻倡率其里人爲經史之學，不殊甬上。[283]

所謂「率其里人爲經史之學，不殊甬上」，應即是模仿甬上講經會的一種組織。而顧在瞻當日受學於陳錫嘏時，陳氏再三叮囑他的正是劉宗周以經明心的思想，其〈與門人顧在瞻書〉云：

> 蓋博文約禮二者不可缺一，陽明子又從而合之，曰博文是約禮工夫，則爲學之功，其不可不從事於讀書窮理也，明矣。夫必博學而後可以審問、慎思、明辨，必多聞多見而後可以闕疑闕殆，則讀書窮理，其不可保殘守缺、孤陋寡聞，妄言內求之功、希心頓悟之學也，明矣。[284]

陳錫嘏又說：

> 文以載道，求道者不得不取證於文，顏子親見聖人，尚口口說博我以文，而孔子之贊回也，亦曰擇乎中庸，則以天命之性，雖不待外求，而要不可不辨別眾理以求其至善之所在，況我等去聖千載，苟欲證明其心，舍昔人閱歷有得之言，其亦從何而入乎。讀書之法，六經其淵源也，次而及於先儒之語錄文章，足以發明義理，又次而及於歷代之正史，足以開通聞見。[285]

283　黃宗羲，《南雷詩文集》（全集10），〈顧君榮生六十壽序〉，頁673。
284　陳錫嘏，《兼山堂集》卷三，頁12a-b。
285　同前文，頁12b-13a。

這一段文字強調因為我們去聖人千載，如果想「證明其心」必須讀經書、正史等。他又說：

> 夫吾心之理，誠未有出於孔孟所言之外也，然恐生之所見為
> 孔孟者未必得孔孟之微言精義，而欲專求之於一心，幾何而
> 不流於扣盤捫燭之訛耶？夫先儒之說誠不能無支離，然此是
> 彼非，必參稽博考而後可以歸於一。[286]

因為我們心中之理不可能出於孔孟所言之外，所以要求我們心中之
理，反而需要把孔孟之言弄清楚才行。陳氏又說：

> 故我見不足恃，必考之於先儒；先儒一人之言不足恃，必博
> 考之於諸儒；諸儒之言不足恃，必返證之於吾心；如此乃謂
> 之心得，猶未已也。義理無窮，進一步更有一步，做得到方
> 見得到。[287]

陳錫嘏強調「我見不足恃，必考之於先儒」，但是這樣還不夠，應該
要「博考之於諸儒」才行。最後，他強調非讀經讀史不可：

> 讀書之法，經固為主，而史其佐之，不可偏廢者也。從來無
> 不讀書、不窮理、不博古通今之聖賢也。書之所在，學之所
> 在也。[288]

---

286 同前文，頁13a。
287 同前文，頁13b。
288 同前文，頁15a。

雖然黃宗羲曾說甬上講經會這一批弟子是他最得意最有收穫的門生，可是我們仍不可將眼光局限於該處。在甬上講經之後，黃氏曾講學海昌，受到海寧知縣許三禮(1625-1691)的欣賞，曾命當地士大夫聚會聽黃氏講學。黃氏在海昌講學時，「每拈《四書》或《五經》作講義，令司講宣讀，讀畢，辨難蠭起」[289]。海昌的學生也曾模仿甬上講經會的規模立「經會」，因為材料甚少，我們只就當時隨父在海昌的黃百家《學箕初稿》中的記載窺其內容。百家在〈贈陳子文北上序〉中說：

> 去年(康熙十五年丙辰，1676)春，家大人講學海昌，得同志者十餘人，而陳子子文抗心問學，以為文章不本之經術，則學王、李者為勦，學歐、曾者為偽。學問不本之經術，非矜《集註》為祕經，則援作用為軔傳，于是將與同志創為經會，以崇實學。[290]

他們「創為經會」之後實際如何進行，並無進一步史料。黃百家只說首事的陳子文(1648-1709)是「慕蕺山之源流，務經術為宗主」，而當陳氏北行時，行囊中所帶的書是《儀禮》與《周禮》注疏。黃百家期望他到北京時能與甬上講經會友陳錫嘏討論經書，尤其是《三禮》之學[291]。

289 黃炳垕，《黃梨洲先生年譜》卷下，「康熙十六年丁巳(1677)公六十八歲」條，頁40。

290 黃百家，《學箕初稿》卷二，頁1b。

291 黃百家，《學箕初稿》卷二，頁2說：「顧子文窮經之志未嘗少懈，檢其行囊累累，則《儀禮》與《周禮》之註疏也，其言曰：今人講《禮》往往窒礙，則以不熟讀《儀禮》與《周禮》故也，舟中清寂，余將以三千里之

目前無法建立萬斯同北京講經會的會友名單，所以其影響不易評估。不過，從方苞前後的轉變可以看出一二。全祖望的〈前侍郎桐城方公神道碑銘〉對方氏與北京講會的關係，有這樣一段描述：

> 公少而讀書，能見其大，及遊京師，吾鄉萬徵君季野最奇之，因告之曰：勿讀無益之書，勿爲無益之文。公終身誦以爲名言，自是一意窮經，其于通志堂徐氏所雕九經，凡三度芟薙之，取其粹言，……諸經之中，尤精者爲《三禮》，晚年七治《儀禮》。[292]

全氏所記三讀《通志堂經解》一節甚確，但治《儀禮》次數似有誤。據方氏〈答陳榕門書〉是「弟雖衰病，九治《儀禮》」[293]，方氏在信中也不時與人談《三禮》[294]，且屢屢道及自己全力治經的情形[295]。

(續)————

程畢此願力。」又說：「余友陳子介眉，縱橫經庫，酉戌(1681-1682)之間，課業至《三禮》，余嘗聆其辨論，通貫詳瞻，今在中秘，子文于舟中有所悟而獨得者，有所疑而未釋者，試與討論焉，必能有以相賞而相晰也。」乾隆年間有一位不知名的作者寫《國初人傳》，以後來人的眼光對甬上講經會的影響有如下評價：「有云甬上先生(黃梨洲)倡甬上講經之會，天下始蔚然向風，皆知崇本經術，究聖人本旨。」參見李慈銘，《越縵堂讀書記》，上冊，「《國初人傳》同治己巳(1869)十月十三日」條，頁432。又，《李塨年譜》第98頁記康熙四十二年(1703)毛奇齡(1623-1716)欲舉講學會說群經，或許也受一時風氣之影響。馮辰、劉調贊，《李塨年譜》(北京：中華書局，1988)，頁78。

292 全祖望，《鮚埼亭集》卷十七，頁203-204。

293 方苞，《方望溪遺集》(合肥：黃山書社，1990)，〈答陳榕門書〉，頁64。吳孟復序云其「十治儀禮」(頁1)。

294 例如《方望溪遺集》第33頁的〈與沈立夫書〉：「僕病且衰，《三禮》未盡之緒，于賢者重有望焉。」

295 方苞在〈與閩撫趙仁圃書〉表示「自分此生恐無緣更畢志于經學」；在

而方氏治經專力於《通志堂經解》，一方面可證明清初學者專力宋、元經學著作的情形，同時也與萬斯同所傳甬上講經會重視宋、元注疏的學風有關。

六、結論

　　本文是對清初講經會之形成背景、思想脈絡、進行方式、會友、治學風格及影響所做的研究。

　　本文認為甬上講經會的形成，是兩大思潮交叉而成。而這兩個思潮的形成與明代後期道德價值的混亂失序、社會政治的頹敗及異族入侵的壓力都有密切的關聯。首先是晚明文人社集轉向經史實學的傾向。文人及文社在知識界轉向經史的運動上扮演了鼓動風潮的角色，定下了新一代士人關心的大方向，方向既定，深入的研究與枝節問題的精細化，則是後來的事。這些提倡轉向古學的文人，對經史並未有嚴謹精密的研究，但是受他們影響的下一輩，則陸續出現了一批清學的前驅者，如黃宗羲、顧炎武、閻若璩等都是。本文也花了相當大的篇幅析述劉宗周如何一步一步走向強調讀書的重要性，而且最要緊的是讀書成為他改造心學的一個關鍵。本文描述了劉宗周與「越中舊說」的對抗，及他的工夫觀如何一步步的激烈化，到最後則認為工夫愈昭焭則本體益顯豁，甚至於本體由工夫所決定，而工夫即是讀書和改過；一個是讀經書，一個是照《人譜》計算過錯，它們都是平易可

（續）

　　〈與黃培山書〉說「告歸五年，求一好經書識名義者，與之共學，竟未見其人」；收於《方望溪遺集》，頁38、頁65。方苞後來想為平生最為親密的友人建一「敦崇堂」，所謂「敦崇堂四友」，其中李塨、王源即北京講會時之友。見〈與黃培山書〉，同前書，頁65。

行的辦法。本文同時也指出這兩派思想的對立與當時的政治鬥爭有
關，尤其是東林與魏黨在浙東一地的傾軋；劉宗周與黃宗羲認爲浙中
禪學化的王學間接提供了閹黨理論武器，使得他們認爲名節與道德規
範必須在心學體系中有堅確的地位，因而促使他們對陽明以來的心學
進行改造，欲引六經作爲心之堤防。但劉宗周基本上還在心學的矩矱
中，故他本人一生並未在經史之學上有突出的表現。但是他所開啓的
以讀書、改過這兩件人們可以掌握的工夫，作爲達到聖人境界的方
法，便將當時追求本體之學，從浙中王學的憑空識認本體拉下來，與
後來的讀書運動相契合。所以他的思想經過黃宗羲的詮釋後，甬上的
一批士人會興奮地覺得「聖人必可學而至」，並說「愼獨談何易，讀
書勇可賈」，以讀書(尤其是讀經書)作爲成聖的一條重要途徑。由於
甬上講經會基本上由上述兩條脈絡交織而成，所以它的特色是一方面
奮厲讀書，一方面也講修身。他們所期望的境界不是爲讀書而讀書，
而是黃宗羲所強調的「以書明心」，內外合一，期望心中本有的與聖
賢書中所有的能相湊泊。

　　本文的第二個部分是析述講經會的會友，以及他們所呈現出的學
術特色。由於講經會大部分的會友並不具全國性知名度，且多無著作
留傳下來[296]，所以本文只能盡可能勾稽他們的事蹟，尚無法對他們
的生平及著作進行深入的分析。但是有幾個特色是值得注意的：他們
多是當地縉紳之子弟，晚明以來講會聽眾中常常發現的商人或農人，
在這裡並不存在。他們是「遺民不世襲」的最好體現者，他們竭誠效
忠新朝，儘管他們斥責當時時文科舉的弊病，卻仍積極參與科舉，甚

---

296 全祖望的《續甬上耆舊詩》往往在講經會會友的名下註該人所著書稿的名
　　字，以明他取材的來源，但是這些書稿率多不存。

至刻意要以考場上的勝利來證明講經的成果。

　　本文中也將講經會的治學特色加以介紹，他們的主要貢獻有三：第一是恢復經書的地位。第二是復興宋、元注疏，以破除朱子功令之學對經義的獨占。第三是對經書之態度上，反對把經作爲心之解悟的津筏，而是把經書作爲研究的客體，從事精密客觀的研究。研究經書的目標不僅是爲了開發心中的義理，而是想好好地了解古代聖賢和禮樂制度。

　　最值得注意的是他們重新接續了宋、元注疏之傳統。這個傳統基本上因爲幾個原因而斷絕了。第一是明代考試由《五經大全》及《四書集註》支配的學風，對《四書》、《五經》的詮釋是定於一尊的。而後來心學盛行之時，士子索性連《大全》與《集註》都擺落不讀，甚至以禪佛思想直接解釋經書。講經會一方面打破了《大全》、《集註》一元之說對《四書》、《五經》詮釋的壟斷，並在各種詮釋間衡量揀擇，選取一個最爲合乎經書原意的解釋；同時，這些經學活動的最高目標，是想斷絕佛老思想對儒家陣地的侵占。心原本是「空中四達」（劉宗周語[297]）之物，如果沒有一套思想加以充實、貞定，則空中四達至虛至靈的心可以被任何義理所盤據。晚明清初思想家多認爲劉宗周的最大貢獻是「絕蕺嶺之傳」，這與他純善無惡的「意」的哲學，及將六經重新在心學系統中定位有關。

　　清儒考證之學的最先源頭便是宋、元經學注疏。這與講經會所代表的一代治學風氣有密切的關係，《通志堂經解》的刊刻便是這一風潮下的產物。不過，由於他們眞正想了解的並不是宋、元儒的注釋，

---

297 黃宗羲，《南雷詩文集》（全集10），〈先師蕺山先生文集序〉，頁51中對其師劉宗周思想之敘述。

而是經書中的義理,所以很快地便發現宋、元儒的注疏尚有不足。從清初以來,注經的風氣便如拾級而上,越翻越高,由宋元而魏晉隋唐、而兩漢、而先秦。

講經會當然不只帶起一個廣泛的風氣而已。在講經治學氣氛下培養出來的萬斯同與萬斯大,便是對清代學術有重大開山之功的兩位學者。萬斯同在史學及禮學方面的開山工作,及萬斯大在經學(尤其是《三禮》)方面對18世紀漢學的前導之功,前人已有恰當的評價[298]。在萬斯同與萬斯大的經學著作中,我們已經可以看到清代考據學的規模,及戴震(1724-1777)、阮元(1764-1849)訓詁注疏之學的嚆矢了。

甬上講經會的後續活動也是本文所特別注意的。本文敘述了在第一次講經會持續七、八年而中歇之後,陳錫嘏曾一度由北京回到故鄉主持第二次講經會,萬斯同在北京受仇兆鰲鼓勵而舉行的第三次講會,萬斯同回到甬上的第四次講會,以及萬氏回到北京後,持續多年的北京講會。這些講會之間也有變化的痕跡。大抵到了萬斯同手裡,講會的內容已由經轉史,所以有人甚至稱之為「講史會」[299]。甬上講經會中經學與修身兼重,最後以內外合一為最高理想的宗旨,也漸漸起了變化。萬斯同本人始終留意修身,可是他的講學內容中,心性之學的成分愈來愈淡,甚至於不提,而完全關注於治國平天下的事業。這種現象也凸顯出清學發展的一個特色,即心性之學的內在之路逐步結束,而對外在禮樂制度的探討逐步興起。

至於講經會的影響,也不應以黃宗羲所指導的甬上講經會為限。

---

298 如梁啓超的《中國近三百年學術史》、侯外廬的《中國思想通史》第五卷第二編第十章。

299 見吳德旋,《初月樓聞見錄》(台北:臺灣商務印書館,1976)卷四,頁3b。

從第二次到第五次講會，都對江南及北京知識界產生影響，可惜我們並沒有較豐富的資料加以評估。整體而言，這五次講經會有兩方面的影響：第一、在道德修養方面，甬上及其附近地區興起了一股砥礪志行的風氣，黃嗣艾在《南雷學案》中不無誇張地說「至是南中多志行之士，由斯會（講經會）砥礪之耳」[300]。第二、在經學典範的開啓方面，不只是「不及十年，而能轉浙河東黃茅白葦之風，概使通經學古」，乾隆年間的一位士人甚至認爲「天下始蔚然向風，皆知崇本經術」。從甬上講經會到萬斯同在北京的講會，前後斷續進行近三十年，對浙東及來自全國各地的士子、京官之影響，更值得將來進一步評估。

附錄　甬上講經會的會友

甬上講經會的會友顯晦不一，此處擬大致勾稽他們的生平。除了仇雲蛟、陳和中等人一時無法考得其事跡，而毛文強、顏曰彬後來已轉向潘平格，故未予列入外，對其餘諸人，皆作一簡短的描述，爲了整齊起見，此處盡量引用全祖望《續甬上耆舊詩》中的材料：

萬斯同（1638-1702），字季野，號石園，萬泰（1598-1657）第八子。及梨洲之門，得聞蕺山之學，博通經史，尤熟明代掌故，撰明開國以後至唐桂功臣將相內外諸大臣年表，荐博學鴻儒，力辭。以布衣參史局，不署銜、不食俸。《明史稿》五百卷皆出其手。萬氏當時年紀雖輕，但已是講會中的靈魂人物。不過他後來轉向史學，兄萬斯大

則專力經學。他們一史一經，充分追隨其師黃宗羲的不以六經，則爲
蹈虛；不以史學，則不足以應務的思想。不過萬斯同早年在講經會中
培養的經學根柢後來也曾得到發揮，而爲時人所重。《新世說》說
「萬季野初至京師，時議意其專長在史，及徐尚書乾學居憂，請公纂
《讀禮通考》，自國卹及家禮，十三經之箋疏，二十一史之志傳，漢
唐宋諸儒之文集說部，無或遺者，又以其餘爲《喪禮辨疑》四卷，
《廟制折衷》二卷，乃知公故深於經術者」[301]。萬氏的著作有《補
歷代史表》、《紀元彙考》、《廟制圖考》、《儒林宗派》、《石經
考》、《周正彙考》、《宰輔彙考》、《宋季忠義錄》、《南宋六陵
遺事》、《庚申君遺事》、《群書辯疑》、《書學彙編》、《崑當河
源考》、《河渠考》、《石園詩文集》。

　　萬斯大(1633-1683)，字充宗，號跛翁，萬泰之第六子。專治經
學，尤精《春秋》、《三禮》，著有《經學五書》（《學春秋隨
筆》、《學禮質疑》、《儀禮商》、《禮記偶箋》、《周官辨
非》）。又輯《春秋》三百四十卷，燬於火，晚年復輯，絕筆於昭
公。其說《春秋》，不似元明學者之專注意於書法義例，而是以禮制
爲基礎，故別開生面。其禮學著作排纂說禮之言，持論精覈，多發明
前人所未發。爲人剛毅，嘗遊武林之玉龍山，見張縉彥(1599-1660)
神主，擊碎之，觀者咸辟易。（按，張縉彥曾在明清政權更迭之時出
賣抗清義士。）

　　萬斯選(1629-1694)，字公擇，萬泰之第五子。劉宗周死難之
後，其遺書由萬公擇爲之收藏，全祖望稱之爲子劉子功臣。李鄴嗣云
「粹然有得，造次儒者，吾不如公擇」。年六十卒。黃宗羲認爲甬上

301　易宗夔，《新世說》（《清代傳記叢刊》，第18冊）卷二，「文學」，頁252。

從遊弟子中，能振蕺山之絕學者，惟有萬斯選一人耳[302]。

萬斯備，字允誠，一字又菴，萬泰第七子也。「亂後隱居不試，贅於李氏，婦翁杲堂先生愛之。……杲堂尤稱其五律搜索意匠，疏理血脈，一字一句，無不雕磨，且自以爲不如。……先生書法極工，兼精篆刻。……所著有《深省堂集》。」[303]

陳赤衷(1617-1687)，字夔獻，曾入天井山向苦節名僧問道，對於釋氏名理有深入的了解，然而終感不滿足，遂「歸而返求之六經，近理亂眞之說始不足以惑之」[304]。講經會之名爲陳氏所取[305]，他同時也是講經會最重要的護法——「方會之初立，聞見之徒，更口靳故，鷗鼓害翼，犬呀毒啄，會者不懈益虔。里中有以罵坐自喜，勝流多爲所紲，間出違言，夔獻大聲叱之，搢袖將搏，其人沮喪避去。故凡僻經怪說撼其會人者，夔獻必析義秋毫，懇痛以折其角。蓋未幾而同學益進，不啻山鳴而谷應也。」[306]

陳錫嘏(1634-1687)，字介眉，號怡庭，是甬上講經會創始者之一。「先是甬上有講經之會，先生與陳赤衷等數十人，盡發郡中經學書籍，穿求崖穴，冀平一闕。自先生出而諸子亦散。至是南中多志行之士，由斯會砥礪之耳。」[307] 陳氏雖是講經會的核心，但論格物與其師黃宗羲不合。陳氏於康熙乙卯(1675)年舉浙省榜首，隔年登進士

302　黃宗羲，《南雷詩文集》(全集10)，〈萬公擇墓誌銘〉，頁504。

303　全祖望，《續甬上耆舊詩》卷七十七，頁3b-4a。

304　同前書，卷九十八，頁1b。

305　同前書，卷九十八，頁1a。

306　黃宗羲，《南雷詩文集》(全集10)，〈陳夔獻五十壽序〉，頁661。

307　黃嗣艾，《南雷學案》卷七，「陳怡庭先生」條，頁457。黃宗羲撰有墓銘。鄭梁撰有行狀，見《安庸集》卷一，〈怡庭陳先生行狀(丁卯)〉，頁3a-10a。

第，改庶吉士，曾奉命纂修《皇輿表》、《鑒古輯覽》。陳氏後來由
北京告假回甬上，重理講經會，卒於康熙丁卯(1687)年。

李文胤(1622-1680)，「字鄴嗣，……別號杲堂。……直兵革之
際，睊睊觸死，儀部(按，李文胤之父李櫆，崇禎年間曾官禮部儀制
司主事)下省獄，先生亦驅至定海，縛馬廄中七十日，事得解。……
遂絕意人世。……集《甬上耆舊詩》。」[308]

陳自舜(1634-1711)，「字小同，其年稍晚出，甚媿其父(按，其
父爲御史陳朝輔，乃閹黨之一員)之所爲，以是頗不欲人稱爲公子。
梨洲先生講學甬上，小同從之。終日輯香經學，兀兀不休。其人強毅
方嚴，於名教所在，持之甚篤。……一日，梨洲座上，或言天啓時某
官以某物贈奄，即御史所爲也，小同爲之數日不食。喜購書，其儲藏
爲范氏天一閣之亞。」[309]

范光陽(1630-1705)，「字國雯，學者稱爲筆山先生。康熙戊辰
(1688)進士，以庶常改戶兵二部曹，出知延平府。先生與慈水鄭丈寒
村(按，鄭梁)最善，同遊梨洲之門，砥礪甚篤。寒村先得售，隨從稍
盛，先生以書戒之，其古道如此。又曰，吾黨當自期以振古之豪傑，
不徒語言文字間。……先生不欲以文名，然梨洲甚稱先生之文，其詩
亦淡雅，間涉道學語，要不墮橫浦偈頌一派也。」[310]

308 黃宗羲，《南雷詩文集》(全集10)，〈李杲堂先生墓誌銘〉，頁399-400。
　　李氏乃講經會核心人物，但與黃宗羲在師友之間，其《杲堂詩文集》頗能
　　傳當日講經會之實況。

309 全祖望，《鮚埼亭集·外編》卷十二，〈七賢傳〉，頁821。鄭梁，《息尚
　　編》(收於《寒村詩文選》)卷四，〈陳君堯山墓誌銘〉，頁4-7a。

310 全祖望，《續甬上耆舊詩》卷九十六，頁9b-10a。朱汝珍輯，《詞林輯
　　略》(《清代傳記叢刊》第16冊)，頁61。范氏係會元，著有《雙雲堂文
　　稿》、《詩稿》。鄭梁，《息尚編》卷四，〈范筆山先生墓誌銘〉，頁13-
　　15。

董允瑫(?-1679)，字在中，董天鑒之長子。康熙己酉(1669)，舉於解試，因得交京師公卿，深爲葉方藹(?-1682)所欣賞，葉氏因董允瑫而知其師黃宗羲，故薦黃氏爲博學鴻儒，康熙己未(1679)年卒。全祖望說：「予觀先生所取舍亦與梨洲有不同者，梨洲於鄧豁渠(鄧鶴，1498-1578?)、顏山農(顏鈞，1504-1596)、林三教(1517-1598)輩，雖不甚許，然皆有取於其言，先生則力斥之，以爲無忌憚之尤，蓋梨洲意在博采其長，而先生防其流弊。」[311]

董允珂，董天鑒之次子，「字二嘉，一字莪山，……徵君(董天鑒)四子，(董)在中(允瑫)最英厲刻苦，(董)吳仲(允璘)亦負異才，而莪山和平大雅，介於其間，孝弟之行，克相埒之，所著有《莪山集》。」[312]

董允瑋，字俟眞，董天鑒之三子，事跡不詳。

董允璘(1636-1671)，字吳仲，董天鑒之四子，其學從陽明入手，後讀劉宗周《學言》而疑之，乃有《劉子質疑》之作，但經黃宗羲解釋後，自署「蕺山學者」。全祖望說：「梨洲述其師說，以意爲心之所存，世多未達，先生爲解之曰，存固存而發亦存也，問者始釋然。先生在講社，梨洲倚爲禦侮之友。有挾異說以至者，先生必敵之。梨洲歎曰，使吾惡言不入於耳者，吳仲之力也。先生見社中諸子紛然於字句同異間，笑曰，學者但當鞭辟近裏以上聖賢之路。……若字句之間，不過口頭上見解，非正學也。」[313]

鄭梁(1637-1713)，「字禹梅，慈谿人，康熙戊辰(1688)進士，選庶吉士，改戶部主事，升郎中，出知高州府，有政聲。嘗學於南

---

311 全祖望，《續甬上耆舊詩》卷九十五，頁1b。

312 同前書，卷九十八，頁4b。

313 同前書，卷九十七，頁18b。

雷，聞蕺山緒論，工文藝，南雷序其槀云：禹梅深於經術，而取材於諸子百家仁義之言，質而不枯，博而不雜，如水之舒爲淪漣，折爲波濤，皆有自然之妙。」[314]

仇兆鰲(1638-1717)，「字滄柱，鄞縣人，康熙乙丑(1685)進士。廷試策問官方及海禁，先生言：官方有保舉徇私之弊，開海宜捐利以與民。讀卷官楊雍建(1631-1704)大稱賞之，改庶吉士，授編修，預修《一統志》，復預修《明史》，直南書房，後乞假歸。」[315] 仇氏以批選科舉時文聞名，陸隴其譏其講學則從梨洲，講舉業則宗朱。仇氏另以《杜詩詳註》一書而有名於天下。

錢魯恭，字漢臣，一字果齋，知臨江府(錢)若賡曾孫也。學於梨洲之門，梨洲嘗語人曰，「漢臣學三年可以大成」，不幸年二十七而卒[316]。

張九英(?-1675)，「字梅先(先一作仙)，邢部郎(張)翼之子也。諸生，負奇氣，婦翁爲棲霞令陳治官，梅先視之蔑如，酒後謂曰，莫道先生爲泰山，吾以爲冰山耳。棲霞失色，然愛其才更甚。同社萬季野最博學，梅先不爲之下，季野嘗示以詩，曰弱筆奄奄耳，而季野心折之愈甚。……梅先學於梨洲之門最淺，乙卯(1675)覆舟姚江而沒。」[317]

張士培(1603-1687)，「字天因，梨洲先生之高弟也。其父(張)遐勳曾參豫冰槎幕府事，傾家輸餉，先生與有力焉。已而事敗，新朝

---

314 徐世昌纂，《清儒學案小傳》(《清代傳記叢刊》，第5-7冊)，上冊卷一，頁117。按，鄭梁傳記甚多，此不備載。

315 同前書，上冊卷四，頁568。

316 全祖望，《續甬上耆舊詩》卷九十八，頁11b。

317 同前書，卷九十八，頁9b。

進士范某搆釁欲害先生之父，幾被五君子之難，及先生兄弟出補諸生，而又多方以滅其跡，遂得免。先生屢試不售，因佐父貨殖，不數年，三致千金，則其才可知矣。有別業在西郊，曰墨莊，即梨洲講學之所，其詩與弟雪汀齊名，隨作隨棄，故無足本。」[318]

張士塤(1640-1676)，「字心友，一字雪汀，康熙甲辰(1664)進士，將任司理，值汰冗，改選大行，尋卒，年僅三十有七。梨洲黃先生銘其墓且序其詩，稱其恂恂孝友，銳志實學，才諝敏達，一惟經世是圖，手錄經史子集幾至等身。」[319]

張汝翼，「字旦復，一字學齋。」[320]「少善讀書，母葉氏授以《大學衍義》，由是有志於聖賢之學，孝友益著，稱名諸生，南雷之甬上，遂請業焉。講經之會諸人談鋒起，徐以一言折之，聞者皆意愜，南雷每稱之曰：張旦復篤行君子也。」[321]

張九林，「字璧薦。」[322]

李開，「字錫衰，一字子實，訓導(李)如玉子也，粹然長者，以副車貢太學。」[323]

王之坪(1640-1707)，「字文三，一字恭堂，知縣(王)之坊弟也。」[324]

---

318 同前書，卷九十七，頁9b。

319 同前書，卷九十七，頁11a。李放纂，《皇清書史》（《清代傳記叢刊》，第83-84冊），上冊卷十五，頁484云張士塤「善書，喜購古碑名跡」。另黃宗羲撰有張氏之墓誌銘。

320 同前書，卷九十八，頁2a。

321 徐世昌纂，《清儒學案小傳》，上冊卷四，頁568。

322 全祖望，《續甬上耆舊詩》卷九十八，頁11a。

323 同前書，卷九十八，頁10a。

324 同前書，卷九十八，頁9a。鄭梁，《息尚編》卷一，〈文學王君恭堂墓誌銘〉，頁17-20。

董允霖，「字扉雲，一字梨山，諸生(董)應遵孫也。……以明經知臨漳縣，……所著有《笨言》。萬編修九沙(經)曰，扉雲生平重然諾，慎取與，性忼直而不詭於道，真可訂久要者。」[325]

萬言(1637-1705)，萬斯年(1617-1693)之子，字貞一，號管村。自言：「余少習舉業，弱冠出與郡中諸大家子為文會，于時會者城南沈氏四人、城東李氏九人、月湖徐氏二人、比閭黃氏五人，其他高氏、葛氏、傅氏、水氏、陳氏各一人，及家叔充宗、允誠、季野，凡二十九輩，皆年少勤學，更十日或十五日一會，會試二義，必劇飲盡歡而散，郡中傳為盛事，即他邑多聞而效之者。」[326] 但他當時已不滿於只是作文會飲，故接著又說：「余獨念吾輩相慕而友，豈僅以文字為事。固宜敦氣誼，重然諾，如古書傳中所稱始為無負，察其可語于斯者，因以告之，其人多心喜余言。」後來文會因主要成員李重明卒而罷[327]。「稍長學舉業，初治《周易》，繼治《禮記》，既復治《尚書》，顧其解皆講章訓詁，雖習其說，意殊未愜。嘗欲旁求諸家解經之書而貫通之，自家叔輩與諸君設為講經之會，言時客袁州，聞之亟歸，共業《毛詩》、《戴記》，追隨朔望，遂得聞所未聞。」[328] 萬言後於康熙十八年(1679)以副貢召修明史，授翰林院纂修官，旋改授編修，成《崇禎長編》百餘卷，列傳若干卷，復出為五河知縣。

董道權(1630-1689)，「字秦雄，一字巽子，號缶堂，浙江鄞縣人，有《缶堂》、《炳燭》、《墨傭》諸集。先生既以詩名，尤以孝著，其沒也，同人私諡為貞孝先生。好交方外，挂履洗鉢，有巽子詩

---

325 同前書，卷一一一，頁3b-4a。

326 萬言，《管邨文鈔內編》卷一，〈李重明墓誌〉，頁35a-b。

327 同前文，頁35b。

328 同前書，卷一，〈與諸同學論尚書疑義書〉，頁1。

便增顏色。」[329]

　　董孫符，「字漢竹，一字桃江，諸生，(董)道權長子也。江北董氏自明季顯，次公戶部稱北董，別以天鑑戶部為西董。及兩家子弟在證人講社，亦以西董北董別之，至是蓋三世矣。桃江稱北董，而天鑑長孫旦菴稱西董，於通家兄弟中二人最長，各有詩名。」[330]

　　董胡駿，「字周池，一字南田，諸生(董)道權次子也。……顧舌耕者四十年，而晚歲卒以貧死，圖書散失，少弟孫籥收其遺詩。」[331]

　　董元晉，「字靖之，一字旦菴，舉人(董)允瑤長子也。」[332]「梨洲先生為證人之集，其高座皆得攜其子弟聽講，或有以生徒來者，所謂受業者為弟子，受業於弟子者為門生也，其中有聲於時者，自董太學元晉而下復有文學(董孫符、董胡駿)兄弟。」[333]

　　陳汝咸(1658-1714)，「字莘學，一字恦廬，翰林(陳)錫嘏子也。大理(汝咸)少隨父講學於證人社中，心領神悟，多所自得，梨洲嘗謂人曰，此程門之楊迪、朱門之蔡沈也。……尤得力於愼獨之旨，驗其功於修己治人之間。……曰，梨洲黃子之教人頗泛濫諸家，然其意在乎博學詳說以集其成，而其究歸於蕺山愼獨之旨，乍聽之似駁而實未嘗不純。」[334]陳氏於星緯律曆方輿之說，無所不究[335]。李光地曾欲羅致於門下，為陳氏所拒，「方公謝安溪之學，或疑其以師傳之

329　張維屏輯，《國朝詩人徵略初編》(《清代傳記叢刊》，第21-22冊)，上冊，卷五，頁254。按，董氏另有《缶堂說詩》，黃宗羲撰有董氏之墓誌銘，鄭梁有其傳，見《安庸集》卷一，〈貞孝先生傳(己巳)〉，頁55a-57b。
330　全祖望，《續甬上耆舊詩》卷一〇九，頁11a。
331　同前書，卷一〇九，頁15b。
332　同前書，卷一〇九，頁1a。
333　同前書，卷一〇九，頁1a。
334　同前書，卷一一〇，頁1。
335　全祖望，《鮚埼亭集》卷十六，〈大理恦廬陳公神道碑銘〉，頁191。

異，不肯苟爲授受。及當湖陸清獻公稼書所著出，公亟喜而梓之，當湖亦與梨洲有異同者，乃知公之非墨守也。」[336]

陳汝登(1670-?)，陳汝咸之堂弟，「南雷公講學甬上，諸高弟各率其子姓來聽，先生因編有《證人講義》。後聽於萬季野之門，又續編有《證人講義》。」[337]

董雰，「字山雲，一字復齋，諸生(董)應遵孫也。由太學生知房縣，累官知永昌府致仕。」[338]「少從萬徵君季野遊，得聞證人之教。」[339] 同時亦參與講經會。

萬經(1659-1741)，萬斯大之子，字授一，號九沙，「少隨諸父讀書，南雷黃子方移證人書院於鄞，申明戢山之學，公擇先生兄弟最稱高座，公劍負侍於席末，預聞格物傳心之教。」[340]「增補充宗先生《禮記集解》，又數萬言。《春秋》定、哀二公未畢，又續纂數萬言。少嘗取從兄《尙書說》輯成一編，至是又整頓之，以成萬氏經學。從兄《明史舉要》未畢，續纂二十餘卷，又重修季野先生《列代紀年》，以成萬氏史學。」[341] 自著有《分隸偶存》。

范廷諤(1654-1719)，「字質夫，一字訥齋，知延平府(范)光陽長子也，少有幹略，以管、樂自命，延平案牘多出其手。其後知泰甯縣，稱能吏。泰寧有畫網巾先生墓，……訥齋以其地窪溼，改葬之城東，建忠義亭，且立碣焉，論者以爲不愧姚江黃氏之傳。……其在講

---

336 同前文，頁196。
337 黃嗣艾，《南雷學案》卷八，「陳南臯先生」條，頁502。
338 全祖望，《續甬上耆舊詩》卷一一○，頁8a。
339 同前書，卷一一○，頁9b。
340 同前書，卷一一一，頁1b。
341 同前書，卷一一一，頁2b。

社中，別成一格，所謂不羈之才也。」[342]

　　張錫璜，「字志呂，一字漁谿，大行（張）士壎（士塤，1640-1676）長子也。……其於講社，得聞證人之教，而能致力於淡泊寧靜者已深也。」[343] 有〈送萬季野先生北上〉詩，描述萬氏重回甬上所聞講經會之實況。

　　張錫璁（1662-1731），「字豈羅，一字齟山，大行（張）士壎次子也。……蓋梨洲黃氏再傳高弟，能以善人之資成君子之養者也。」[344] 有〈贈別萬季野先生北上四十二韻〉，述萬氏重回甬上所開講經會之題目及內容甚富。

　　張錫琨，「字有斯，一字過雲，又自號四青山人，諸生（張）天因之子也。所著有《菉猗閣集》，梨洲先生序其詩又志其墓。」[345]

　　陸鋆，「字鈝侯，一字雙水。……學於梨洲之門，以明經終。」工詩[346]。

---

342 同前書，卷一一一，頁26a。鄧之誠，《清詩紀事初編》（北京：中華書局，1965），頁855云「師事鄭梁學詩文，……後送游食四方，晚始以捐納知縣，選授福建會寧知縣，康熙五十八年卒于官，年六十六。撰《訥齋詩稿》八卷，……別有《邊防要略》、《海防議》、《律例箋註》，……今不傳。」

343 全祖望，《續甬上耆舊詩》卷一一二，頁1a-b。

344 同前書，卷一一二，頁20a-b。

345 同前書，卷一一二，頁27a。

346 同前書，卷一〇〇，頁1a。

第四章

何以三代以下有亂無治？

──《明夷待訪錄》

　　《明夷待訪錄》是一部奇書，其中有許多震人心弦的思想。它是黃宗羲(1610-1695)從其復國的艱難辛苦中得出的道理，其中有許多指涉17世紀的具體問題，也有不少具有長遠價值的政治提議，是清季言民權、憲法、平等的張本。

　　《待訪錄》共有廿一篇，討論的主題有十三個：〈原君〉、〈原臣〉、〈原法〉、〈置相〉、〈學校〉、〈取士〉、〈建都〉、〈方鎮〉、〈田制〉、〈兵制〉、〈財計〉、〈胥吏〉、〈奄宦〉。其中〈原君〉、〈原臣〉、〈原法〉、〈學校〉等篇最為近人所注意，且讓我摘述〈原君〉篇中觸人心弦的段落。

　　〈原君〉篇說生民之初，人人各顧一己之私，人人各為自己之利，對公共有利之事沒人去辦，對公家有害的事沒人去除，於是有這麼一個人出來，不專為個人一己之利益而願意使天下之人皆受其利，不考慮自己的損失而讓天下免禍，於是人們推戴他為領導者。可是後世的領導者相反，他們「以為天下利害之權皆出於我，我以天下之利盡歸於己」，而且使得天下之人沒有自己的「私」，沒有自己的「利」。統治者「以我之大私為天下之公」，一開始還覺得難為情，久而久之便不以為意，視天下為莫大之產業，傳之子孫，享受無窮。於是黃宗羲區分兩種政治型態，「古者」是以天下為主，君為客，後

來是以君爲主，天下爲客。黃宗羲強烈地說：「凡天下之無地而得安寧者，爲君也」，「然則爲天下之大害者，君而已矣！」如果沒有君，「人各得自私也，人各得自利也」，就因爲有君，天下人才沒有自己的「私」與「利」，「今也天下之人怨惡其君，視之如寇讎，名之爲獨夫，固其所也」，但是「小儒」們卻以爲君臣之義無所逃於天地之間。

在〈原臣〉篇中，他又以天下爲公爲出發點，重新釐定君臣關係，說因爲天下太大非一人所能治，故君臣分工以治之，「故我之出而仕也，爲天下，非爲君也；爲萬民，非爲一姓也」，而世人卻錯以爲天下之臣民爲人君囊中之私物，於是他接著說出「蓋天下之治亂，不在一姓之興亡，而在萬民之憂樂」這樣的話。這些篇章中動人心魄的文字正是《明夷待訪錄》最引人注目的部分。

無獨有偶地，在同一個時代也出現若干與此相近的言論，像唐甄（1630-1704）《潛書》中說：「殺人之事，盜賊居其半，帝王居其半。……蓋自秦以來，屠殺二千餘年，不可究止。嗟乎！何帝王、盜賊之毒至於如此其極哉。」（〈全學〉）又說「周秦以後，君將豪傑，皆鼓刀之屠人」（〈止殺〉）、「自秦以來，凡爲帝王者皆賊也」（〈室語〉）。足見這些思想在當時並不是孤例。

一、「明夷」何以稱「待訪」

1980年代，《黃宗羲全集》的編者在浙江寧波天一閣發現了黃宗羲的《留書》五篇，那是寧波馮貞群（1886-1962）伏跗室的舊藏，後來移交給天一閣。這五篇文稿的出現，印證了幾百年前全祖望（1705-1755）〈跋明夷待訪錄〉內所說的「原本不止於此，以多嫌諱弗盡

出」。有趣的是，這五篇文章後面所附的一張字條，還生動地說明了五篇稿子的來由。它說明了黃氏在順治十八年(1661)已開始寫《留書》，「留」是要「留傳後人」的意思。康熙元年(1662)，黃氏開始寫《待訪錄》時，已將這五篇文章的內容部分吸收到新書中，但是他也把五篇文字中大量涉及華夷之別，意思極為強烈的文字，刪削殆盡，讀者不再看到「以中國治中國，以夷狄制夷狄，猶人不可雜之于獸，獸不可雜之于人也。是故即以中國之盜賊治中國，尚為不失中國之人也。」(〈史〉篇)這一類的見解。故《留書》是「種族版」，《明夷待訪錄》是「新朝版」。

　　從《留書》僅存的五篇看來，黃宗羲早先種族意識極強，他的一些政論即是以最決絕的種族意見為基礎[1]。康熙元年(1662)，當他收到桂干被處死的消息之後[2]，知道復明運動已經沒有希望，便開始寫《明夷待訪錄》[3]。「明夷」是《易經》的一卦，離下坤上，土在上火在下，表示火冒出來卻被土遮蔽，闇主在上，明臣在下，不敢顯其明志，或等待天亮之意。「待訪」二字可能是等待新朝君王之下訪，他又說如果依照秦曉山十二運之說，「向後二十年交入大壯」，也就是預言新朝將有隆盛的局面。這個書名曾經引起不少人的質疑與不滿，尤其是那些曾經追隨他東奔西跑復明抗清的人們。

1　譬如他主張「方鎮」，認為如此一來，即使亡國了，仍可亡於同為漢族的軍閥之手，不至亡於異族之手。

2　司徒琳的《南明史》對桂王被殺前後的歷史研究甚詳。見司徒琳(Lynn A. Struve)，《南明史》(上海：上海古籍出版社，1992)，第七章。

3　全祖望：「萬西郭(承勛)為余言：微君自壬寅前，魯陽之望未絕。天南訃至，始有潮息煙沈之歎，飾巾待盡，是書於是乎出。」見全祖望，《鮚埼亭集外編》，收入《全祖望集彙校集注》(上海：上海古籍出版社，2000)卷三十一，〈書明夷待訪錄後〉，頁1390-1391。

17世紀出現過一批比較成規模的政論，如顧炎武(1613-1682)《日知錄》，外表看起來是學術的，但實際上同時也是政治的；如王夫之(1619-1692)的《讀通鑑論》中大量的按語，也是政論，當然他的《俟問》、《搔首問》等也是。唐甄的《潛書》、王源(1648-1710)的《平書訂》、陸世儀(1611-1672)的《思問錄輯要》等，也都是政論。在這一批書裡，《明夷待訪錄》之所以有突出的地位，我個人認為不單是針對君臣、學校、兵制、田制、財政等提出這樣或那樣的看法，他與上述諸書最大的不同是有一套系統性的原則貫串於大部分的政論中。

二、思想淵源

談《待訪錄》一書最富挑戰性的部分，是探究它的思想淵源，我在《待訪錄》中讀出一種contended schizophrenic，即它不是明代文化特質的簡單進一步發展，它同時也是16世紀末以來的一種迴向經典時代的胎動，是兩者互相辯證的產物，是一種二律背反，而這也是歷史上許多重要突破的主要資源。唯有這樣才能理解何以看似一方面發揚明代後期之新思潮，一方面又表現了若干我們現代人看來有點「荒謬」的復古言論。

《待訪錄》全書提倡公天下的思想。在先秦典籍中，實不乏以天下為「公」的想法，譬如《呂氏春秋‧貴公》篇中說：「天下非一人之天下也，天下之天下也。」《逸周書‧殷祝》篇說：「天下非一家之有也，唯有道者之有也。」這些話在後漢以後基本上消沉不顯，在過去並未被充分重視，但在明末清初得到一種新的轉變與新的生命力。乾隆年間陝西一個不知名的儒士也發出「古帝王之治天下也，其

心公，與賢士共之；後世帝王之治天下也，其心私，與親屬私人共……」，又說：「以天下之賢理天下之民而不私爲己有」[4]。足見這一思路在當時黃氏兄弟師友之間並不太陌生。日本學者溝口雄三(1932-2010)說得很有道理，古老「天下非一人之天下也，天下之天下也」的公天下觀念在17世紀以前是對皇帝提出的，作爲其應具有的政治態度與道德標準，不是爲主張百姓的權利而提出的。但是17世紀初出現之私(私有財產)、欲(生存欲、所有欲)的主張，始轉換由上面恩賜而來，以天下之公轉換爲百姓的「私」或「欲」的集積或調和狀態的公[5]。

　　從《待訪錄》中也可看出《孟子》書中若干學說的落實或激烈化。《孟子》書中講「君一位，卿一位，大夫一位」(《孟子·萬章下》)，這類話在明末清初也得到新的詮釋，譬如顧炎武《日知錄》中論爵祿時，即是透過史料考證大談「班爵之意，天子與公侯伯子男一也」，這不是天上地下之懸絕的道理，而是各自之間只有一位之差[6]。這個意思也貫串在《待訪錄》中，書中凡是譏斥「小儒」如何如何的，多數是認爲「小儒」故意拉大君臣之間的距離，使它成爲天上地下之差別。

4　李源澄，〈張蔭谷先生學術思想之特色──讀張蔭谷先生文集〉，在《李源澄著作集》(台北：中央研究院中國文哲研究所，2008)，頁1452-1453。

5　溝口雄三，〈公私〉，井口靜譯，在《在歷史的纏繞中解讀知識與思想：學術思想評論》(長春：吉林人民出版社，2003)，第十輯，頁570-571。

6　顧炎武即說：「爲民而立之君，故班爵之意，天子與公侯伯子男一也，而非絕世之貴。代耕而賦之祿，故班祿之意，君卿大夫士與庶人在官一也，而非無事之食。是故知天子一位之義，則不敢肆於民上以自尊；知祿以代耕之義，則不敢厚取於民以自奉。不明乎此，而侮奪人之君常多於三代之下矣。」顧炎武，《日知錄集釋》(長沙：嶽麓書社，1994)卷七，〈周室班爵錄〉，頁257-258。

我們從黃氏的《孟子師說》,也就是他從自己的老師劉宗周
(1578-1645)的著作中所整理出來,認為可以反映劉氏對孟子的詮
釋來看,其中有七、八段話的意思與《待訪錄》的觀點相近[7],可
見其師對孟子思想的激烈化或現實化理解對他是產生了一定的影
響。

明代是二千年來專制體制的弊病達於高峰的時代,到了16、17世
紀,反省、批判君主的言論相當普遍[8],而且在各種文體中都有表
現,譬如《明武宗實錄》、《明神宗實錄》字裡行間居然也批評起皇
帝來。至於明代被允許「風聞奏事」的諫官們動輒對皇帝尖酸刻薄的
批評,更是屢見不鮮。這種情形與清代形成重大對比。

《待訪錄》中最受人矚目的君權批判思想有明顯的前驅,就晉朝
鮑敬言的〈無君論〉,清末革命學者劉師培(1884-1919)〈鮑生學術
發微〉大力闡發其無君思想[9]。而唐末五代《無能子》及宋元之際鄧
牧(1247-1306)《伯牙琴》中,也都表達了清楚強烈的「非君」思

7　談到天下不為個人私產私利,與《孟子師說》中〈伊尹曰〉章相近:「後
　　世之視天下,以為利之所在,故篡奪之心生焉」(《黃宗羲全集》,冊
　　一,頁156);談到君臣之禮時與〈孟子將朝王〉章相近:「由是,天子而
　　蹇窬其臣下,人臣而自治以備隸,其所行者皆宦官宮妾之事,君臣之禮幾
　　於絕矣。」(《黃宗羲全集》,冊一,頁72)又如談到稅制時與〈二十而取
　　一〉章相近:「然當時田授於上,故稅其十一而無愧。今以民所自買之
　　田,必欲倣古之什一,已為不倫。且封建變為郡縣,苟處置得宜,以天下
　　而養一人,所入不贍,則二十取一,何為不可!漢氏三十而稅一,未見其
　　不足也。」(《黃宗羲全集》,冊一,頁146-147)參見黃宗羲,《孟子師
　　說》,收入《黃宗羲全集》(台北:里仁書局,1987)。以上材料承方祖猷
　　教授見賜,附此誌謝。

8　晚明人的文章中動輒要檢討國君與人民的關係(如程雲莊)。

9　劉師培,〈鮑生學術發微〉,收入劉師培,《劉申叔先生遺書》(台北:
　　華世出版社,1975),第三冊,總頁1766-1767。

想。自然狀態下的「平等」觀是這一些異端思想家的潛在基礎。但是對於歷史上零星出現的無君思想與《待訪錄》之間的關係，人們有若干的觀察，但並無確證[10]。不過，黃氏與上述的「非君論」有所不同。近人馮天瑜認為上述「非君論」主要鼓吹無政府狀態，而黃宗羲並非如此，黃氏並不想廢君，黃氏是想在君權的格局之下，作一件更困難的工作，重新定義君臣應當怎樣？國家、臣僚、百姓之間應有的關係為何？

黃宗羲深受晚明心學及萬曆以降士風之薰陶。明代心學中有解放的一個面向，如王陽明(1472-1529)在〈答羅整庵少宰書〉中說如果求諸自己的良心，而發現不妥當，則「雖其言之出於孔子，不敢以為是也，而況其未及孔子者乎！求之於心而是也，雖其言之出於庸常，不敢以為非也，而況其出於孔了乎！」李贄(1527-1602)在其《藏書》的〈世紀列傳總目前論〉中說，三代之後漢、唐、宋千百餘年之所以沒有是非，並不是人們都沒有是非，而是因為「咸以孔子之是非為是非，故未嘗有是非耳」。這一類思想早在黃宗羲之前已有相當大的影響。故雖然黃氏批判李贄相當嚴厲，他仍然脫不開時代風氣的影響而不自知。

在審酌種種因素之後，我認為明代思想中對「公私觀念」有一種相當普遍性的看法起了關鍵的作用。在宋明理學中「公」是好的，「私」是不好的，化「私」為「公」是一件應該努力的事。晚明以來思想中對公、私問題的看法，則比先前靈活，只要有一種合適的關係，「公」是好的，「私」也可以是好的。一方面解除了「公」

---

10 馮天瑜，〈《明夷待訪錄》思想淵源考〉，《武漢師範學院學報(哲學社會科學版)》，1983年第4期，頁42。

「私」的對立，彰顯「私」的正面意義，另一方面出現了「遂私以成公」的思想，認為「公」是由個別的「私」匯合而成的，這一思想進一步發展為政府的「公」是在天下百姓各個人的「私」得到保護之後，才算是總體地完成了的新思想。此外，也有人提出所謂「公欲」的主張，如何心隱（1517-1579）認為私欲只要能符合公眾的利益，即為「公欲」。在這個新思想基礎上形成了一種政治觀，即政府是「公」，但此「公」是由能滿足天下個個百姓的「私」所形成的，故一方面君王應該以天下為「公」，政府施政要能「公」，要能時時顧及「公論」，另方面要能為天下庶民百姓保有生存、財產等權利之「私」，保護天下百姓每個人那一份應得的「私」是政府的最高責任。顧炎武說「用天下之私以成一人之公而天下治」（〈郡縣論五〉），維護所有人民的「私」，即成就天下之「公」，即是這一種新銳思想的具體例證，這一思潮在《明夷待訪錄》中也起了決定性的作用。

三、兩種政治原理之爭

我認為最能用來貫串《待訪錄》各篇大義的是兩種政治原理之對立，而他之所以敢在全書的第一句就說這本書是想說清楚何以「三代以下有亂而無治」這個大問題，是因為他掌握了這個欄柄：究竟三代以後的君臣關係、制度設計、法律、兵制……等林林總總的議題，是從哪一種原理出發的，是「以天下為天下之天下」這個原則出發，還是從以天下為帝王之私產出發的？

黃宗羲回答這個問題最直接的答案是認為被他理想化了的「三代以上」與「三代以下」，是兩種政治原理之爭，一種是天下是天下之

天下，是公的、萬民的、百姓的，並從此原理出發去思考、規劃一切
制度，在《待訪錄》中對君臣、方鎮、封建、法律等重大問題的新思
考，都是從這個原理出發的。與它相對的是「三代以下」之原理，即
以天下爲帝王「一家之私」爲出發點的思考，對一切事物防之又防、
密之又密，而最後歸於無效。正因爲兩種政治原理截然相異，所以黃
宗羲要求全變，而不是小小變革，要求有治法而後有治人，即要從原
理出發，重新檢視兩千年來一切的政治設計與政治實踐。

四、一切從國家而不是從君之私產出發

　　就從基本原理的差異，產生了重大的不同，譬如他認爲「君」與
「天下」、「國家」不能等同爲一，而且「天下」、「國家」優先於
「君」，又因爲「天下」、「國家」是由許許多多百姓所構成的，所
以「百姓」又優先於「君」。在〈原君〉與〈原臣〉篇中，黃氏提出
一個類似我們現代人所了解的股份公司的國家觀，這個看法在晚清經
梁啓超(1873-1929)等人進一步擴張詮釋而盛極一時，他們主張君主
是總經理，全國國民才是業主或董事長。

　　在這種國家觀中，臣與君是分工的關係，故臣不是爲君曳木之
人，而是「君與臣共曳木之人」也（〈原臣〉）。臣的工作不是君之所
授，而是以其才能與君合作共同爲國家服務。故臣道是公的，非私
的，臣是君之「師友」。

　　在法律方面，法究竟是君王之家所擁有還是天下人所共有，也是
一個重大的不同。因爲三代以下之法是一家所擁有，所有法條的內容
及重點，往往是爲了保護君主一己之利益而設，而不是爲天下人共有

之秩序而制定[11]。所以黃氏說「天下之法」與「後世之法」相對，「後世之法」是「藏天下于筐篋者也」（〈原法〉），天下之法是「刑賞之權，不疑其旁落」（〈原法〉）。

〈置相〉篇最開頭一句「有明之無善治自高皇帝罷丞相始」，是傳誦久遠的斷語。黃氏認爲「廢相」問題之所以值得再三討論，除因它確實是明代政治的一個重大分水嶺外，還因爲它牽涉到一個基本的政治原則。黃氏說天子之子不皆賢能，賴賢相加以補救，明代廢相，則連必要的補救機制都沒有了。而且，這個議題與前面提到的「公天下」或「家天下」之分別有關。如果以天下爲一家之「私產」，便會產生一種矛盾心理，既要宰相幫忙處理大政，卻又不願宰相「分享」其大權，但是如果以天下爲天下之天下，則就不會有上述的矛盾。黃氏又說如果以國家爲天下所公有，則不會像三代以下之各個朝代視天子之位爲「天」，以爲君民之間是「天」、「澤」之別，故他強烈地說天子只比宰相高一階，不是到了天子便截然沒有等級，這一點與《日知錄》中的討論相近。在帝制中國，這是何等大膽的言論！此外，他認爲只有公天下的想法。帝王也不可能有「遂謂百官之設所以事我」（〈學校〉）這樣狂妄的想法。

從政治制度之設計也可以看出重大的分歧，三代之封建是「天下」的，三代以下「郡縣」制度則是爲帝王一家的。爲了國家整體的利益，在軍事要地設「方鎮」，並容許鎮帥世守其地，傳之子孫，世代相守。他說「封建」之害是王命不行，而郡縣之害，是戰爭之害無

11　故黃宗羲於〈原法〉中反覆說：「三代之法藏天下於天下者也，……法愈疏而亂愈不作，所謂無法之法也」，「後世之法，藏天下於筐篋者也；……故其法不得不密，法愈密，而天下之亂即生於法之中，所謂非法之法。」《黃宗羲全集》，第一冊，頁6-7。

已，欲去兩者之弊，是在沿邊設方鎮，可以「以一方之財自供一方」，而不必等到事起時「竭天下之財供一方」。這是在以「天下」爲「天下之天下」的思維下才可容忍之設計。如果以天下爲帝王一家之私產爲出發，則「外有強兵，中朝自然顧忌」（〈方鎮〉），國中有國，在國中容許「方鎮」這種強大的半獨立勢力是不可想像的。

以資源的調取爲例，如果以天下爲天下人之天下，則「山澤之利」絕非帝王之家的私產，也就不能禁止人民取山澤之利。

用人亦然，如果天下爲天下人之天下，則用人出於公，出於國家公共利益之考慮。如果是帝王之私產，則用人首先考慮對方是否忠心於我。

《待訪錄》中常常出現「教」、「養」二字，認爲這兩者是統治者最應全力以赴的工作，並慨嘆三代以下專制帝王不能「教」、「養」人民。三代以下帝王苛求租稅，也是因爲他們不能以天下爲天下之「公」出發去考量。黃氏說，如果聖人以「惻隱愛人」（〈置相〉）爲出發點去設計制度，則帝王要授田與民才能收田稅，要養民才能收丁稅。黃宗羲認爲三代以下有一種潛在的錯誤政治思維，忘了稅賦不是帝王自然而然就能徵收的，統治者必須先盡授田養民等責任才有權收稅。

上述兩種政治原理的重大差異，也可以從《待訪錄》中討論輿論、監督、制衡、學校等議題時看出。黃氏認爲，以天下爲私產，則帝王不容許獨立輿論存在，如以天下爲百姓所共同擁有時，則輿論、監督、制衡皆是國家所當有之事，非帝王私人所得而操縱。在此狀態之下「天子之所是未必是，天子之所非未必非，天子亦遂不敢自爲非是，而公其非是於學校」。（〈學校〉）黃氏嚴厲批評朝廷必欲以其權力與學校、書院爭勝，故刻意突出學校及儒士之權，認爲他們才應該

是社會勢力的中心，而且其地位應該高於官員——譬如說國子監祭酒的地位應該與宰相相等或是應該以退休的宰相擔任祭酒等。黃氏以學校爲一種制衡機關，相對於行政機構而言，既擁有考試權又有監察權，我頗懷疑章太炎(1869-1936)清末民初所提出的行政、考試、監察「三總統」說，是受到這類觀念的影響。黃氏在〈學校〉篇甚至主張可以依學校的公議驅除不適任的地方官員，儒士在學宮講學時，他們的地位應該高於縣令，在鄉飲酒禮中，讀書人的地位亦復高於地方官員。他的種種提議，皆是以天下爲「天下之天下」這一思維的系統發揮。

當然，朝廷之是非與學校、書院之是非相敵對的思想，也相當生動地反映了晚明東林黨勢力最盛時的實況，當時他們成爲士論的領導者而與政府形成抗衡之勢，以至於有人形容說是：「廟堂所是，外人必以爲非；廟堂所非，外人必以爲是。」[12]

黃宗羲在討論科舉制時，前述兩種原理之異仍然表現得相當明顯。黃氏說三代以上進人之途寬(可以透過許多不同管道登進)，用人之道嚴，後代進人之道只出於「科舉」一途，而用人之道非常隨便，考課賞罰非常鬆散。在檢討這種不合理性時，他責備說因爲三代以下之帝王以用人爲一人之恩寵，故讀書人「亦遂以朝廷之勢利一變其本領」。(〈學校〉)

在討論「建都」問題時，黃氏說：「昔人之治天下也，以治天下爲事，不以失天下爲事者也。」如果以治天下爲事，則首都理應建在天下財賦所聚集的核心地區，如果以失天下爲事，則考慮就完全不同

12　顧與沐，《顧端文公年譜》，收入《續修四庫全書》(上海：上海古籍出版社，1997)，553冊卷上，頁20a，萬曆十四年九月。

了。他認為明代捨南京而移都北京，便是因為成祖想把首都遷到他的勢力範圍內以保安全，是一個帝王以他的私心左右建都大事最明顯的例子。黃氏進一步說建都失算，則不可救，所以反對都於北京，遠離江南財賦之所在，以致為了將糧食通過漕運運到北方，「江南之民命竭於輸挽，大府之金錢靡於河道」。

在討論「兵制」時，黃氏主張衛所制度是可行的；他又認為士人本應兼理文武，但是後來文、武分途，而明代後期帝王又過於相信武人，大量任用武人典兵，導致明代兵事不可聞問。黃氏說，明末投降敵人的大部分是武將，而非典兵的文人，可見文人領兵有許多優點。在「兵制」的討論中，黃氏也涉及一個重要問題：兵制的安排究竟是以天子一人之私以防下為出發，還是以國家之公共安全為出發？如果不是以防下為念，則不至於「文臣之督撫，雖與軍事而專任節制，與兵士離而不屬。是故蒞軍者不得計餉，計餉者不得蒞，節制者不得操兵，操兵者不得節制。方自以犬牙交制，使其勢不可為叛」。（〈兵制〉）

在論及「奄宦」時，他認為明代奄宦數目特多，有一個根本之因，即「人主之多欲也」。同時也因為「人主以天下為家」，故大量用近身的奄宦來幫忙管理其家產，而不信任官吏之治理。黃氏又說人主愛奄宦之道，惡師友之道，故他進而認為明代「一世之人心學術為奴婢之歸者，皆奄宦為之也」。

黃氏對明代宦官之禍再三致意。《待訪錄》中論〈取士〉有兩篇，論〈田制〉、〈兵制〉、〈財計〉各有三篇，而〈奄宦〉居然也有上下兩篇。〈奄宦〉篇第一句就痛斥奄宦之禍，歷漢、唐、宋相尋無已，「然未有若有明之為烈也」，漢唐宋的宦官要乘人主昏庸才能得志，明代的奄宦則充分建制化，「格局已定」，即是英烈之主也不

能捨之。而最根本的原因就是「視天下爲娛樂之具。崇其宮室,不得不以女謁充之:盛其女謁,不得不以奄寺守之。」也就是說問題出在於帝王以天下爲私產、爲「娛樂之具」。

在討論到後宮妃嬪之多時,黃氏也提到人主之所以需要一百二十個妃嬪,除爲了宣洩慾望之外,主要還是因爲擔心子嗣不夠──「唯恐後之有天下者,不出於其子孫,是乃流俗富翁之見」(〈奄宦下〉),也就是後宮妃嬪數目的問題,也與是否以天下爲個人之私產密切關聯。

總之,《待訪錄》中所討論的十三個重大主題,或顯或隱都與兩種政治原理的根本差異環環相關。他在書中反覆用「筐篋(家中物)」一詞,認爲三代以下之君主以天下爲其個人之「筐篋」,對其他所有人防之又防,條規密之又密,而最後一切防備都終歸無用,是從其根本原理處的錯誤所造成的。

前面已經將我認爲《待訪錄》中最爲關鍵的原理作了陳述,並且盡量聯繫《待訪錄》各章的內容立說。由於《待訪錄》的文章並不難讀,我就不擬再說明各章的思想。

以下將進一步陳述黃宗羲在《待訪錄》中表現出若干重要的思想傾向,譬如「士人中心主義」。黃氏在〈學校〉篇中主張「必使治天下之具皆出於學校」。學校是一個國家之總發電機,「蓋使朝廷之上,閭閻之細,漸摩濡染,莫不有詩書寬大之氣。天子之所是未必是,天子之所非未必非,天子亦遂不敢自爲非是,而公其非是於學校。」學校兼有智庫、議會的監督、制衡、主持輿論之權,清季湖南的「南學會」便隱隱然落實了〈學校〉篇的意思。黃氏在〈學校〉篇中還提出「毀廟興學」的主張。另外,他又認爲士人不但高於官員,應爲社會之中心,而且應該擔任所有積極任務,如領兵作戰,以解決

武人專擅之弊；如擔任胥吏，以解決胥吏把持之弊等。〈胥吏〉篇說：「古之胥吏者一，今之胥吏者二。」古代是辦事的人都是同一群人，後來將政府工作分成士途與胥吏兩個世界，則百弊叢生。此外，「儒家中心主義」也使得黃氏積極反對佛、老之學，而且為了維護儒家正統思想之純粹性，公然主張燒書——燒掉與正統思想無關的一切書，如「時文、小說、詞曲、應酬代筆」等（〈學校〉）。

　　有人認為黃氏這種「士人中心主義」可能影響到呂留良（1629-1683）及曾靜（1679-1735）等人。清朝雍正帝曾經引用曾靜所著《知新錄》、《知幾錄》，其中有這樣一段話：「皇帝合該是吾儒中學者做，不該把世路上英雄做。……春秋時皇帝該孔子做，戰國時皇帝該孟子做，秦以後皇帝該程、朱做，明末皇帝該呂子做（按：呂留良）。今都被豪強占據去了。吾儒最合做皇帝，世路上英雄他那曉得做甚皇帝。」呂留良與黃宗羲一度非常親近，他的思路確實可能直接啟迪了呂留良並間接影響到曾靜。

　　《待訪錄》的篇章中常顯示一種不害怕地方力量，認為資源應該盡量配置在地方的想法。他認為如此一來，地方可以有力量照顧自己，而當地方有力量時，才可能抵抗各種變亂，敵人也不會像滿洲兵入侵中國一樣，一路勢如破竹如入無人之境。唐甄的《潛書》中主張保護地方上的富室，以他們作為地方的中心，也有同樣的意思。

　　此外他與顧炎武等許多當時有名的知識界領袖一樣，傾向反對商業中心主義（請參見巫寶三《中國經濟思想史資料選輯·明清部分》中所收錄的材料），而且對商業社會的種種衍生現象，譬如對當時不徵收實物稅而以銀為稅的辦法即表示激烈反對，甚至也反對用銅鑄幣。他在〈田制〉篇中主張恢復孟子所說「三十稅一」，主張恢復井田，主張如有「王者復古」，必將「重定天下之賦」，將天下之田定

為「下下」之田來起徵才算合理。他認為「錢」不是「田賦」，故主
張徵收實物稅以免農人受通貨膨脹之苦。而且他從中國賦稅史之發展
看出歷代層層疊加上去的稅收，比古人心目中所想像的合理徵收額度
相去甚遠，是對百姓「潛在的剝削」，而百姓亦被潛在剝削而不自
知。黃氏認為從明代衛所屯田制度中，便不難看出井田可以復行於當
代。他在本篇中還作了相當仔細的計算，認為明代天下之田足夠像井
田時代那樣分配給每一個人。不過，計口授田與計戶授田兩者間畢竟
有很大的差距，黃宗羲的計算是有問題的。另外，他在〈財計〉篇中
說聖王如欲使天下安定，必須禁止以金銀交易，錢是壞東西，主張一
種「崇本抑末」的節約主義，禁倡優、禁酒肆、「除布帛外皆有
禁」。前面已提到他主張工商皆「本」，但是基本上只是主張不要刻
意壓抑商業，但是絕不鼓勵，他堅決認為農業才是國家經濟之本。

五、百年以上無聞，不代表思想之中斷

　　哲學史與思想史的一個重要區別，是後者不只要問出現何種成系
統、論證清楚的思想，還要問那些論點在歷史上造成何種實際的影
響。《待訪錄》於1673年初刻，顧炎武、湯斌(1627-1687)等人很快
對它有所評論[13]，其中有些評論非常正面，但也有一些浙江的地方人
士對他還想「待」滿人之「訪」感到遺憾[14]。然而從17世紀後期到19

13　《湯子遺書》卷五〈與黃太沖書〉：「戊午入都，於葉訒庵處讀《待訪
　　錄》，見先生經世實學。」收入《景印文淵閣四庫全書》(台北：臺灣商
　　務印書館，1983)，第1312冊，頁526。惲敬《大雲山房文稾》中有〈明夷
　　說〉兩篇，但所談與《待訪錄》並無直接關係。

14　《續耆舊》卷百三十二，「諸葛布詩之一」詩前的題辭：「嘗與子讀《明
　　夷待訪錄》，曰：是經世之文也。然而猶有憾。夫箕子受武王之訪，不得

世紀後期，將近兩百年的時間，我們並未見到對《待訪錄》一書公開評述或進行明顯的討論，而且有相當長的時間也未見到印本。在明清時代，儘管印刷大行，但抄本的流傳力量仍然相當之大，所以我推測該書抄本隱隱地在流傳[15]，但公開的宣揚是見不到的，所以這部奇書中對君權的新定義，以人民為本位的思想，並沒有什麼實際的影響。

許多學者因此不假思索地說《明夷待訪錄》是一部禁書，但我遍查手中的禁燬目錄，並未見到此書的蹤影，近人也已指出它不是禁書[16]，其中原因我們目前尚無法斷定。然而由於黃宗羲的《南雷文約》列入浙江禁燬目錄中（抽燬），因為「漣漪效應」，使得不必確實列在禁書目錄之中，而只要「沾親帶故」的各種書將也連帶隱入晦暗中。因為《待訪錄》一書內容敏感，又因為黃氏的《南雷文約》遭到查禁，所以他的《待訪錄》沉晦了一百多年，直到道光十九年（1839）才再度出現刊本（指海本）。

不過，因為《待訪錄》內容敏感，而且書名「明夷」二字容易引起誤會，所以我們可以看到一些特殊的遮掩手法。「明夷」本身是《易經》中的一卦，但是一般人未必知道，或是即使知道，仍然認為這兩個字容易有夷狄之聯想，並觸犯忌諱，所以清代有的傳本被撕去封面，也有刊本的封面書名部分的「明夷」二字是直接作䷣，成了

（續）

　　已而應之耳。豈有艱貞蒙難之身，而存一待之見於胸中者？」全祖望輯，
　　《續耆舊》，收於《續修四庫全書》，第1683冊，頁1b。

15　宮崎市定，〈明夷待訪錄當作集〉中舉了一大堆《待訪錄》道光印本的錯
　　誤，我推斷是由抄本轉成印本之流通。《東洋史研究》第24卷，第2號（昭
　　和40年9月30日），頁85-88。

16　吳光，〈「《明夷待訪錄》是禁書」一說缺乏文獻證據〉，《北京日報》
　　理論週刊，2008.7.21。

《三三待訪錄》[17]。

前面說到過，《待訪錄》在晚清經過梁啓超等人鼓吹，如火山爆發般，掀動一代風潮。立憲派梁啓超在《清代學術概論》中說他與譚嗣同(1865-1898)等人為了提倡民權共和之說，曾將其書節抄，大量印行，祕密散布，因而「信奉者日眾」、「於晚清思想之驟變，極有力焉。」[18] 我推測梁啓超等所能讀到的《待訪錄》可能是道光十九年以來陸續出現的各種重刊本之一。這部書在沉寂百年之後，突然陸續出現了一批重刊本，而且最為敏感的〈原君〉等篇並沒有什麼刪竄、隱瞞，我個人對於這個現象是有些吃驚的──在1840年左右的大清帝國出現這樣強烈攻擊君權的文字是極不尋常的，而且出現之後並未被查禁或引起公開非難。但是我也並不完全吃驚，因為那個時代正是大清帝國經歷內亂(白蓮教亂等)及外患(鴉片戰爭等)的巨大衝擊而重新調整其思想動向，有許多關懷現實的舊書被重印[19]，同時也因為內亂外患讓清廷無暇篩檢與箝制思想言論，一些過去被查禁而長期伏匿不出的文本，不但得以重新被傳抄或刊印，而且並未遭到官方制止。當然，這些重刊本有的被暗暗地作了某些刪改。《待訪錄》在道光年間重現，反映了上述兩種時代情勢：如果不是當時文網漸寬，這本書是不可能出現的。如果不是人們強烈的關懷現實，《明夷待訪錄》之類

17　陳鴻森兄告訴我，李詳《媿生叢錄》卷三：「黃梨洲《思舊錄》繆藝風藏有迻抄戴子高校本。其中《明夷待訪錄》，『明夷』兩字作三三象地火，以表其字，並避國初忌諱。」李詳，《李審言文集》(南京：江蘇古籍出版社，1989)，頁483-484。

18　梁啓超，《清代學術概論》(台北：臺灣中華書局，1980)，頁32。

19　還有許多先前觸犯忌諱之書重刊。關於這個問題，我有長篇的文稿討論，《中國史新論》「思想分冊」中〈道、咸以降思想界的新現象──禁書復出及其意義〉，亦收入本書第十二章。

的書也不大可能重現。

前面所引梁啓超的那一段話並未提及道光以來的各種刊本，口氣中儼然他們是最早重印此書之人，這當然不是事實。但是與舊刊本之只印一、兩百或兩、三百部，清季拜新式印刷之賜動輒印個成千上萬本，其影響力完全不可同日而語。依我目前的了解，道光年間《待訪錄》的實際影響相當有限，不易看到強烈響應或極端批判的文字。一直要等到清季，《待訪錄》這個小冊子才成爲思想界的炸藥庫。

《待訪錄》一書本身的內容與這本書後來的命運一樣重要。因爲這是一本極富刺激性的著作，它對君權的定義，對君臣關係的釐定，對「萬民」地位的肯認（recognition），對「國家」與「天下」的區分，對古代的理想政治與當代齷齪失敗的政象的對照等，提出非常前衛而犀利的論點。不但比自古以來批判君權的文字更爲激烈，如果單獨抽出激烈的篇章，更讓讀者觸目驚心。但是我們不能忽略一個重大事實，即從這本書的流傳史及書籍史的角度看來，上述思想在清初非但不曾有過重要影響，而且此後一直到清末，它幾乎不曾被熱烈討論過。有一百年左右的時間，它也並未被再度刊刻過。

這個事實提醒我們，新思想的出現與否是一回事，它們是否引起熱烈討論並在思想世界生根、實現，是另外一回事。1902年梁啓超在〈黃梨洲緒論〉中說「歐洲一盧梭出，而千百盧梭接踵而興，風馳雲捲，頃刻徧天下。中國一梨洲出，而二百年來，曾無第二之梨洲其人者。盧梭之書一出世，再版者數十次，重譯者十餘國。梨洲之著述，乃二百年來濬沈於訓詁名物之故紙堆中，若隱若顯，不佚如縷。」[20]

---

20 收入夏曉虹輯，《飲冰室合集集外文》（北京：北京大學出版社，2005），上冊，頁128。

這段話已充分道出前面的事實。

不過《明夷待訪錄》的命運雖然如前所述，但是它在晚清的命運卻符合了王安石(1021-1086)的「人間禍故不可忽，簀中死屍能報仇」這一首詩的意思。只要這個文本還在，在激烈環境的激盪之下，它便隨時可能像火山爆發般噴薄而出，對現實產生重大影響。

「道假眾緣，復須時熟」一語正好用來說《待訪錄》。雖然在道光本中，所有譏斥君權的刺目語言都歷然在目，但是當時「眾」尚未「熟」，當時的時風眾勢還不足以鼓動人們對此等言論的敏銳感受。

一般都知道《待訪錄》經清末的梁啓超、譚嗣同的大量印發之後，對「民權共和」產生風雷破山海的影響。梁啓超的陳述加上革命派章太炎在〈非黃〉一文中對黃氏的抨擊，使人們隱隱然認為散布《待訪錄》的主要是清季的立憲派，所以當發現《明夷待訪錄》節刊本不只是梁啓超，連革命派的孫中山(1866-1925)或他的盟友也刊印散發[21]，甚至孫中山本人對《待訪錄》也非常推崇時，人們無不感到訝異。但是我對此並不覺得驚奇。黃氏的突破性言論，對當時的革命、立憲兩派都有意義。後來革命派之所以「非黃」，與章太炎等人的思想變化有關。

當時革命派內部有兩派，一派偏向革命，一派偏向光復。光復派認為一切都是種族問題，不是政制問題，故反對全盤改變傳統的政治制度，尤其對代議立憲相當排斥，所以對帶有民權憲政意味的《待訪錄》漸取批判態度。

清末立憲、革命兩派提到《待訪錄》時皆言節刊、節選，大概就

21　朱維錚，〈在晚清思想界的黃宗羲〉，《天津市工會管理幹部學院學報》第9卷第4期(2001年12月)，頁58。

是把〈原君〉、〈原臣〉、〈原法〉、〈學校〉等篇節出刊印成書。不過我們不能忽略一點：《待訪錄》中有許多篇章往往在我們意想不到的地方產生了影響。譬如晚清有一些政論家模仿《待訪錄》的篇章、主題寫政論文章（如鄭觀應，1842-1921）。譬如康有為（1858-1927）在戊戌時期提出的「毀廟興學」，其議論的來源即是《待訪錄》〈學校〉篇中的話。

　　歷史理解，尤其是涉及價值判斷時，往往有一個參照的框架。每一位史學家的參照框架不一，有時來自其思想信仰，有時來自某一種傳統。以近代大史學家錢穆（1895-1990）為例，我就覺得他的評判框架的一個重要支柱便是《明夷待訪錄》。《國史大綱》及《中國歷代政治得失》等書中對歷史上稅制演變之評判、對建都問題、對中央與地方等問題的看法等，都受到《待訪錄》的影響。

六、清末兩種政治思想之實踐

　　一般都注意《待訪錄》在清末憲政革命風潮中的推動力，比較忽略當時反對派的言論。譬如朱一新（1846-1894）、李滋然（1847-1921）兩人，他們的時代不同，且毫不相關，但是有些議論居然相當近似，顯示他們代表當時一般舊士大夫的想法。

　　這些舊士大夫顯然受到清代一種君權觀的影響。乾隆常說的「乾綱獨斷」，「萬機決於一人」，乾隆的《御批通鑑輯覽》連篇累牘地灌輸一種君權觀：即皇帝的意志凌駕於天下臣民之上，有時甚至高於儒家思想所認可的是非、善惡標準，而且認為牢守這一君權觀對天下臣民有益無損。當《待訪錄》大行之時，強烈加以反對的李滋然便不知不覺抱持這個觀點。

李氏是四川人，光緒十五年進士，他在宣統元年(1909)出版了
《明夷待訪錄糾繆》，對黃書中重要部分逐段反駁。譬如「公」
「私」之分，李氏的論點與黃氏完全針鋒相對，他說：「後世人君特
患不能以我之大私爲天下之公，視天下之大爲己之產業耳」，又說：
「而以治家之法治國，未有不治者也」(駁〈原君〉語)。李氏的意思
是帝王如能眞以天下爲自己的私產，則必然會用盡心思去治理，則國
家沒有不治的。這正好表現了與《待訪錄》截然相反的政治原理。

李氏爲了反駁《待訪錄》，對孟子及上古史事作了許多新解釋，
譬如反駁孟子的「聞誅一夫紂也」，說「誅」不是「殺」，「武王親
爲紂臣，斷不敢以獨夫名紂也」(駁〈原君〉語)，他認爲黃氏口口聲
聲孟子，「至謂士之委質爲臣，非以爲君而專爲萬民，非爲一姓而兼
爲天下，則於聖人言君臣之義顯悖」(駁〈原臣〉語)。他認爲黃宗羲
所要動搖的是絕對性的君臣關係，這正是儒家政治原理中最有永恆價
值的部分，他說臣事君「如人載天，仁暴不易其人」，「而天下竟無
一君，尚復成何世界？」(駁〈原君〉語)

天下如果沒有君王，「尚復成何世界」，李氏認爲如果徹底實現
與黃氏完全相反的政治原理，天下將有治而無亂。我們現代人讀到這
些言論時或許會覺得他的思想荒謬無稽，然而李滋然的議論正是當時
廣大士大夫的代表，這是我們重溫這段歷史時所不能不注意的。

第五章
明末清初的人譜與省過會

　　本文旨在探討明末清初士人道德意識的呈現與轉化，而以人譜、省過會等修身冊籍及團體組織爲例來說明。由於明代中晚期思想界是以陽明(1472-1529)學爲主流，故本文所論亦以與王學直接或間接相關者爲主。

　　本文首先說明，即使在最樂觀的人性論下，仍可存在著極強的道德緊張，明代的王陽明學說也不例外。本來，遷善改過便是陽明格物說的一個主要部分，到了明季，隨著社會風俗之敗壞，在部分王學信徒中，省過改過便成爲一個很熱烈的論題。

　　但由於陽明的「心即理」學說假設：在省過、改過的過程中，人們一己之心不但要作爲被控訴者，同時也是反省者與控訴者。在陽明看來，這對良知時時呈露作主的上根之人來說，並不成問題。可是上根者畢竟太少，而中、下根器者太多。故當王學廣行，而又產生許多「非復名教所能羈絡」的信徒後，人們逐漸認爲：「心」同時作爲一個被控訴者和控訴者，殆如狂人自醫其狂；故有一部分人轉而主張，在省過改過時，應該有第三者扮演客觀的監督、控訴角色，因而有省過會之類的組織產生。而此一現象亦同時象徵著在道德實踐中「心即理」學說所面臨的理論危機。

　　王陽明的「心即理」是明代中期以下最具勢力的思想，在此脈絡

之下，對人性的樂觀達到前所未有的高峰，它一方面造成王學末流的
侈蕩之風，但另一方面，在其他人身上亦可能因目睹當時風俗隳敗的
惡況，而表現為嚴格的道德修養。

因為王陽明認為人天生是純善的，任何道德修養只是為了恢復心
的原始狀態，因此道德修養的過程主要便是如何去除過錯的過程，故
「改過」這個源遠流長的傳統也就成了王學最重要的課題之一。加上
當時佛教的提倡，傳統中原有的各種省過方式亦在晚明恢復其活力。
但王學主張「心即理」，強調整個修養過程中都是「自」、「主人翁
只是一個」，故使得其省過訟過方式相當獨特，在整個過程中控訴者
與被控訴者都是同一個「心」。但是人心本是善惡交雜的，而且看內
心中的善與惡非但不是永遠分別的，有時候甚至還互相掩護欺瞞，所
以，由善惡交雜的心去反省善惡交雜的人，常常是有如狂人自醫其
狂，因而有不能認識潛習錮蔽或是「認賊作子」的困境。為了解決這
個困境，逐漸發展出兩種辦法；第一是省過會之類的組織，藉助於會
友的幫助來認識，糾舉自己的過錯。這類組織可能也同時受到鄉約中
彰善糾過方式的影響。第二是不再只是從內在心性上的鍛鍊下手，因
為內在於人心的道德境界是無法看見的，而且只從心性上下手，其效
果常是不能持久的，所以人們愈益相信只有從表現在外的行為下手，
由外而內才能奏效。故一方面有省過會這類會友互相彰善糾過的組
織出現，另方面是作為道德行為外在規範的禮學日漸發達。這兩者
也導致對聖賢經傳的重視，以便能以古代聖賢言行做為道德修養中
客觀共認的標準。本文便試圖追溯並鋪陳這一發展的過程。由於王
學內部「左」、「右」派思想上的歧異與爭執，討論者多，故本文
從略。

一、「滿街都是聖人」與「不爲聖賢，即爲禽獸」

陽明說：「人胸中各有箇聖人，只自信不及，都自埋倒了。」[1]
難怪他的弟子王畿(1498-1583)、董澐(1457-1533)會說出門所見，發
現「滿街人都是聖人」[2]。「滿街人都是聖人」之說，應與陽明的
「成色分兩說」合觀。陽明認爲人天生都是至善的，如果以黃金爲
喻，聖人與凡人都是精金，其成色都是百分之百，僅在分兩多少上有
所不同，聖人是萬鎰之金，而凡人則是百鎰之金或十鎰之金[3]。陽明
對人成德的可能性如此樂觀，與朱子(1130-1200)顯然有所不同。

朱子認爲從天命之性來說，人固然沒有偏全之分，但從稟受天命
之性的具體人、物來說，卻有著偏、全之分。在《朱子語類》卷四中
有一段話說：「人之性皆善，然而有生下來善底，有生下來惡底，此
是氣稟不同」[4]。又說：

> 都是天所命。稟得精英之氣，便是爲聖爲賢，便是得理之
> 全，得理之正，稟得清明者便英爽，稟得敦厚者便溫
> 和，……稟得衰頹薄濁者，便爲愚、不孝、爲貧、爲賤、爲
> 夭。[5]

1　王守仁，《傳習錄》，《王陽明全書》(台北：正中書局，1975)，頁77。
2　同前書，頁97。
3　同前書，頁26。
4　黎靖德編，《朱子語類》(北京：中華書局，1986)，冊一卷四，頁69。
5　同前書，頁77。

朱子並強調「人之爲學，卻是要變化氣質，然極難變化」[6]。朱子主張一心可同時產生善與惡，王陽明卻主張：所謂惡，乃吾人情欲之過當者，若不過當，則情欲本身亦不是惡[7]。所以從對人成德的可能性這一點來看，王陽明是比朱子樂觀的。由於對成德的可能性極度樂觀，所以陽明刻意降低了聖人的標準，認爲愚夫愚婦也得以成道入聖[8]。同時，因爲他主張心安即理，認爲只要自信得過自己心中當下的良知，便是「自家底準則」[9]，如此「實實落落作去」，便是聖人了。這使得許多凡夫自負爲聖人，難怪王門後學中會出現了黃宗羲(1610-1695)所描述的玄虛而蕩，「非復名教所能羈絡」的情形[10]。觀諸泰州學派幾位人物的言行，便可知梨洲所言並不過分。陶望齡(石簣，1562-1609)就說過：

> 妄意以隨順眞心，任諸緣之並作爲行持。[11]

他相信只要能隨順眞心便無不是之處了。難怪他會說「學求自知而已，儒皆津筏邊事」。他所標舉「自知」是順應自己的眞心，「任緣」正是不要任何名教的標準，故自然會以儒家爲津筏邊事了。又如

6　同前書，頁69。

7　參見馮友蘭，《中國哲學史》(香港：太平洋圖書公司，1970)，頁693。王陽明的看法見《傳習錄》，頁81。

8　《傳習錄》，頁97。陽明甚至認爲「蘇秦張儀之智，也是聖人之資……但用之於不善爾」，同前書，頁95-96。

9　同前書，頁77、89。

10　《明儒學案》，泰州一，頁62，黃宗羲識語。過去學者多認爲「滿街皆是聖人」只與道德墮落相關聯，如梁啓超《清代學術概論》(台北：中華書局，1987)，頁7。

11　《明儒學案》，泰州五，頁75。

李贄(卓吾，1527-1602)說「出入于花街柳市之間，始能與眾同塵矣」[12]。羅汝芳(近溪，1515-1588)則借禪宗捧茶童子之說宣稱：童子只要把茶水捧好亦是聖人。羅氏爲了替一婦人救其丈夫，甚至不惜行賄官府[13]。他們一樣是相信人人皆可成聖的，但是他們認爲只要能隨順眞心去做，動機純潔，則手段上是不必拘於名教之樊籬的。

不過，性善論也是具有道德強制性的，我們也不能忽略了在人人皆是聖人這一個對人性極度樂觀的態度下，也可能導出極爲嚴格的道德要求。這大致可以分成兩個方面來說：第一，陽明說人人胸中各有個聖人，固然可能使放蕩不拘的人自認爲聖人，但如果從另方面看，他等於也把「成聖」規定爲每個人責不可卸的義務。因爲每個人天生便是聖人，所以一旦無法成聖，便是自暴自棄。也就是人天生就有絕對力量來控制自己所有的行爲，故如果人在道德修養上軟弱無力或變化無常，那絕不是因爲任何天生的缺陷，而是自己努力不夠，完全無處可委過，因而在道德修養上的緊張情緒，也就非常強烈。第二，因爲對人原具的天性太過樂觀，故認爲善才是正常狀態，也就愈求純化意識，從而對現實生命中昏暗與陷溺的層面也愈爲敏感，甚至有通身都是罪過的感覺。因此，我們一方面在王門後學身上看到一些俗人自負爲聖人，同時也看到一些對人性近乎無知的樂觀，卻又對自身罪過極深刻自覺與自責的例子，他們常常掛在嘴上的口頭禪是「如其非人，即是禽獸」[14]。

12　李贄，《焚書》(北京：中華書局，1961)，增補一，頁261。

13　參見嵇文甫，《晚明思想史論》(重慶：商務印書館，1944)，第三章及第五章，頁34-47、58-61。

14　陳確，《陳確集》(北京：中華書局，1979)，頁399。此處參考了張灝先生對幽暗意識深入的分析，見《幽暗意識與民主傳統》(台北：聯經出版公司，1989)，頁21-27、69-73。

　　本來孟子便說過「人之所以異於禽獸者幾希」（《離婁》下），而像「日墮於夷狄禽獸而不覺」[15]這類的話也是陽明所常說的，在陽明弟子身上，我們也不時可以看到這一類的話。例如王畿，他的兩篇「自訟」文字便顯得格外沉痛[16]。陽明後學羅洪先雖爲現成良知問題與王畿反覆爭論，但同有「吾輩一個性命千瘡百孔，醫治不暇」之語[17]。明季的劉宗周更是主張「萬性一性也，性一至善也」[18]，「人雖犯極大罪，其良心仍是不泯，依然與聖人一樣，只爲習染所引壞了事，若纔提起，此心耿耿，小明火燃，泉達滿盤，已是聖人」[19]，但也正因他相信心本至善，故認爲人的行爲一旦稍有不善，即是自暴自棄的禽獸[20]。崇禎四年(1631)，劉宗周五十四歲，他在證人書院第一次講會上說：「此學不講久矣，文成指出良知二字，直爲後人拔去自暴自棄病根，今日開口第一義，欲信我輩人人是箇人。」他又畫龍點睛地說：「人便是聖人之人」（《年譜》崇禎四年條)[21]，所以「證人」二字是證人人可以成爲聖人，而《人譜》二字是求所以達到聖人之法，這個方法便是省過與改過。在《人譜》這部省過書中，劉氏對道德修養的嚴格規定到了空前的高度，他把道德實踐分成六關，從閒居愼

15　《傳習錄》，頁33。陽明又說「若違了天理，便與禽獸無異」，同前書，頁86。

16　王畿，〈自訟長語示兒輩〉及〈自訟問答〉，《王龍溪全集》（台北：華文書局，1970)卷十五，冊四，頁16-28。

17　羅洪先，〈與何善山〉，《明儒學案》，江右三，頁36。見引於張灝先生，前引書，頁71-72。

18　劉宗周，《人譜》，《劉子全書》（台北：華文書局，1968)，冊一卷一，頁162。

19　同前書，頁180。

20　同前書，頁163。

21　劉汋，《劉宗周年譜》，在《劉子全書》，冊六，頁3575。

獨，到克治靈魂深處的念頭，到容貌辭氣之間的當然之則，到盡五倫之道，到推天地間皆吾父子、兄弟、夫婦、君臣、朋友[22]。他說如未做到上述的「凜閒居以體獨」、「卜動念以知幾」、「謹威儀以定命」、「敦大倫以凝道」、「備百行以考旋」這幾關，則「通身都是罪過」，但是即使通過這幾關，「通身仍是罪過」，必須時時刻刻無一息或停地從內心深處到推善行以及天地間，做到「遷善改過以作聖」才是究竟[23]。這種通身是罪過的感覺，使得他認爲人的道德修養的過程就是如何把「過」減到最少的程度，絕無任何「功」可言。所以他主張以嚴格的省過改過作爲通往聖人的唯一途徑。劉宗周的弟子陳確(1604-1677)亦相信人心渾然是善，即使是氣質亦不可謂非善，但同時也常常提到不爲聖人即爲妄人禽獸[24]，並說「要窮就窮，要死就死」[25]，在道德修養上非但不能有任何放鬆，而且處處流露出一種深刻的緊張。故似不宜因看到陳確主張氣質之無不善，便認爲他提出「接近自然人性論的命題」[26]。正因陳確主張氣情才無不善，故不能成聖的人不能藉口於氣情才上的先天缺陷，而純屬自暴自棄。關於這一點，此處擬再深入一層討論。

陳確徹底反對宋儒把人性分爲氣質之性與義理之性兩部分，在〈氣情才辨〉這篇相當重要的文章上，他說：

一性也，推本言之曰天命，推廣而言謂之情、才，豈有二

22　如《人譜》中講「叢過」的部分，《劉子全書》，冊一，頁177-179。
23　同前書，頁170。參考張灝，前引書，頁73。
24　《陳確集》，頁422、587。
25　同前書，頁426。
26　李澤厚，《中國古代思想史論》(北京：人民出版社，1985)，頁263。

哉！由性之流露而言謂之情，由性之運用而言謂之才，由情
之充周而言謂之氣，一而已矣。性之善不可見，分見于氣、
情、才。情、才與氣，皆性之良能也，天命有善而無惡，故
人性亦有善而無惡，人性有善而無惡，故氣、情、才亦有善
而無惡。是知氣無不善，而有不善者，由不能直養而害之
也。曰「平旦之氣」，則雖梏亡之後，而其所爲善者，固未
始不在也。……且孟子兢兢不敢言性有不善，並不敢言氣、
情、才有不善，非有他意，直欲四路把截，使自暴自棄一輩
無可藉口，所謂功不在禹下者。宋儒既不敢謂性有不善，奈
何轉卸罪氣質，益分咎才、情。情、才、氣有不善，則性之
有不善，不待言矣。……祇多開門徑，爲下愚得自便耳。[27]

陳確的這段話不啻是說：假定我們指出某些道德生活上陷溺或軟弱的
人是由於遺傳，或其他先天的決定性因素所引起，那麼這個道德上有
缺陷的人便無須爲他的陷溺負責了。陳確說，孟子正好是要指出人天
生全是善的，包括氣、情、才也都無不善，所以人們如果道德上有陷
溺，絕不是因爲某些先天的生理或心理緣故，而是因爲他的自暴自棄
使他自己成爲一個道德上的懦夫，一切責任都應由其自身承擔。故提
出性、氣、情、才無不善，等於是「四路把截」，把所有將後天的不
善推給天性中的不善的路完全封住，使得自暴自棄之人完全無處躲
閃。所以在陳確的解釋下，孟子的性善論是充滿道德修養之強制性
的。陳確說宋儒紛紛言氣、才、情有不善，正好與孟子的「乃若其
情，則可以爲善矣，乃所謂善也，若夫爲不善，非才之罪也」（《孟

27　《陳確集》，頁451-452。

子‧告子章句》)徹底相違背[28]，而使得「自暴自棄」之輩有卸責之
處。陳確認為王陽明正是孟子性善論最忠實的繼承者[29]，至於那些紛
紛言氣質之性為惡者，是「助紂為虐」，「正告子意中之言」，為修
養上自暴自棄之徒找到了好藉口。故他說：

> 告子之說似中正，然大有便于愚不肖，孟子之說似偏執，然
> 大不便于愚不肖。此聖學異學之別也。[30]

又說：

> 君子立言，務使賢者益于善，而不肖者咸悔其惡，斯可耳，
> 胡乃旁引曲證，以深錮不肖之路？若曰「皆天之所限，人何
> 與焉？」不亦冤甚矣哉！孟子道性善，正為象、虎一輩言
> 之，真是大不得已。孟子之意，以為善人之性固善，雖惡人
> 之性，亦無不善，不為，非不能也，謂己不能則自賊，謂人
> 不能則賊人。……不責心而責性，不罪己而罪天，天與性不
> 任受也。[31]

主張性有不善的人是不罪己而罪天，為不肖之徒預留後路，故他說言
性善或言性有不善，實「關係世道人心不小」，說人性有不善，是使

28　同前書，頁474。
29　同前書，頁442。
30　同前書，頁452。關於孟子「才」與「情」無不善的思想，請參黃彰健先
　　生，〈釋孟子公都問性章的「才」字與「情」字〉中的疏釋，收《經學
　　理學文存》(台北：臺灣商務印書館，1976)，頁227-240。
31　《陳確集》，頁451。

「彼下愚者流皆得分過于天」[32]。道性善，則「使自暴自棄一輩更無處躲閃」[33]。

我們接著再看陳確的「人亦盡聖也」[34]，這個前提，可以導致多麼深刻的道德緊張。陳確鄭重地說：

> 則人之未至于聖者，猶人之未完者耳。人之未完者，且不可謂之人，如器焉，未完者亦必不可謂之器也。[35]

他的意思是，凡不能成為聖人者，皆不能算是「人」。這不由得使我們回想起他的老師在解釋「人」時所說的——「人便是聖人之人」。把做為「人」的起碼條件定為聖人，那麼自然會得出「人之為聖人也，直不為禽獸已矣」[36]及不為聖人即為「人之未完者」、「不為聖人，直為非人而已」[37]、「不為聖人，即為鄉人，无中立之勢」[38]這類的結論來。如此嚴格的道德要求竟然是從「人亦盡聖也」這樣樂觀的前提得出來的，那麼我們看到陳確思想中對道德修養的問題如此緊張便不必感到意外了。陳確說：

> 學聖人而未至于聖人，即其去鄉人而未遠于鄉人，有至危之機。則夫吾之仁未至于舜，至易知也，我之禮未至于舜，所

32　同前書，頁448。
33　同前書，頁447。
34　同前書，頁151。
35　同前注。
36　同前注。
37　同前書，頁152。
38　同前書，頁543。

共見也。仁未至舜，即不可謂之仁，……禮未至舜，即不可
謂之禮。[39]

他在日常生活的每一個細節中都看到聖人的典型，且都認爲應該用聖
人的標準來衡量自己，道德要求如此之高，便極易有處處是錯，通身
是過的感覺，難怪陳確會積極發起省過會了(詳後)。早於陳確大約七
十年的呂坤(新吾，1536-1618)，雖不是王門弟子，但他受到王學之
影響卻是彰彰可見的。他在爲自己所寫的墓誌銘〈大明嘉議大夫刑部
左侍郎新吾呂君墓誌銘〉中說，他之所以要作《呻吟語》一書，是因
感於：

一身罪過，都是我心承當，五官百體無罪。兩間無過，都是
我身承當，天地萬物無罪。[40]

正因「一身罪過，都是我心承當」，「兩間無過，都是我身承當」，
所以自己所有的過罪完全無法躲閃推諉，既不得委過於天地萬物，也
不得推託給五官百體等先天或外來的因素。和陳確一樣，這樣的思想
使得他自覺身心所應承擔的道德責任特別沉重，對一己身心之罪亦特
別敏感，因而對自己一生在修養方面的缺憾，有痛苦一至於「呻吟」
之感[41]。年輩稍晚於陳確的李顒(二曲，1627-1705)，他致力於融合
朱、王，非常樂觀地在《觀感錄》序言中指出人人心中有個仲尼，他
說：

39　同前註。
40　侯外廬編，《呂坤哲學選集》(北京：中華書局，1962)，頁84。
41　呂坤，《呻吟語》(台北：河洛圖書出版社，1975)，〈序〉，頁1。

> 先儒謂箇箇人心有仲尼，蓋以箇箇人心有良知也。良知之在
> 人，不以聖而增，不以凡而減，不以類而殊，無聖凡無貴賤
> 一也。試徵之，孩而知愛，長而知敬，見孺子之入井而知
> 惕，一切知是知非，知好知惡之良，凡與，聖與，賤與，貴
> 與，有一之弗同乎？[42]

李顒相信不管聖凡貴賤都是天生的聖人，所以他的《觀感錄》中特別
記載了泰州學派的樵夫朱恕、陶匠韓樂吾、田夫夏叟成德的事蹟，以
證明他們並不因地位卑賤而絲毫影響成德的可能性。可是在主張「個
個人心有仲尼」的同時，李顒也自責說：「顒本昏謬庸人，千破萬
綻，擢髮難數」[43]，且自號為「多慚夫」，這樣深刻的罪惡感與如此
樂觀的成聖希望非但不相違背，而且正是密相聯結的。因為「個個人
心中有仲尼」，所以若不成仲尼，即是自棄，則對於自己的生命自會
有「千破萬綻」之感。他在〈悔過自新說〉中說：「其所為有不遠於
禽獸者，此豈性之罪哉？然雖淪於小人禽獸之域，而其本性之與天地
合德，日月合明者，固未始不廓然朗然而常在也。」連已經淪於小人
禽獸之域者其本性也仍是「與天地合德」，這一方面是把回到聖人的
機會許給每一個陷溺之人，另一方面則是說明了，不能從小人禽獸的起
步自我振拔便是自己「輕棄之」[44]。他說：

> 君子小人，人類禽獸之分，只在一轉念間耳，苟向來所為是

---

42 李顒，〈觀感錄〉，《二曲集》（台北：臺灣商務印書館，1973）卷二十
一，頁1a。
43 《二曲集》卷十三，頁8b。
44 《二曲集》卷一，頁1b。

禽獸，從今一旦改圖，即爲人矣。[45]

一轉念間便可能由聖人墮爲禽獸，一轉念也可能由禽獸變爲聖賢，一切都決定於一念之間，若欲不墮爲禽獸，則連一念差錯也不行。故他對成德如此樂觀的同時，也對墮於禽獸的可能性無比悲觀，因而察覺到，如果要想成爲聖人，必須刻刻反省，時時改過。二曲在關中提倡「改過自新」之說，便主張「必至於無一念之不純於理，無一息之或間於私，而後爲聖人之悔過」[46]，其嚴格周密的程度幾乎與南方的劉宗周不相上下。他在〈悔過自新說〉的「小引」中強調，爲使每一念都純於天理，務必無時無刻地悔過，才能「或脫禽獸之歸」[47]。在他的思想中，悔過與成德正好是一線相連的。所以二曲引其友人樊嶷的話說：「先儒有言，滿街都是聖人，余謂滿街能悔過自新，安見滿街之不可爲聖人。又云箇箇人心爲仲尼，余謂箇箇能悔過自新，安見箇箇之不可爲仲尼。」[48]

二、大量「省過簿」的出現

前面已經談過，在「人人胸中皆爲一個聖人」的思想下，所帶來的影響是兩方面的：陽明既把成聖的可能性許給每一個人，所以可以發展出像李卓吾等所宣稱的「人都是見見成成的聖人，才學，便多

45　同前書，卷一，頁2b。
46　同前書，卷一，頁8a。
47　《二曲集》卷一，〈小引〉，頁3a。
48　《二曲集》，〈悔過自新序〉，頁2a。

了」[49]，也可以發展出前面所談及的「千瘡百孔」，「通身皆是罪過」的感覺。不過在這兩個側面中嚴肅而緊張這一面的擴展，主要還與明季社會風氣的惡化[50]，以及目睹王學末流狂禪的佚蕩之風而生的警醒有關。如此嚴重的道德緊張加上如此樂觀的成聖思想，可以通過任何型式的省過方式來幫助成德，其中最有趣的現象是大量的省過改過書的出現。譬如日鑑篇(如高攀龍)、日史(如楊應詔、劉宗周、陳瑚)、自反錄(如顧憲成)、自監錄、記過簿等都是[51]。藉著這些道德生活的日記，他們一方面可以更有系統地診斷自己的功過，另方面因他們對自己是否已經成聖毫無把握，故藉著計算功過，多少可以解除內心的緊張。

「改過」是中國思想中不斷出現的主題，不過，在王陽明的思想系統，道德修養上更傾向「改過」一路，因為陽明一再強調人天生即是純金的聖人，所以任何修養工夫只是去蔽去過，使歸返心的原初狀態，而不是在心上添加些什麼。這是為什麼陽明說：「吾輩用功，只求日減，不求日增」之故，陽明文字中遂不斷強調自訟。

但是，自訟式的省過方式起源是相當早遠的，而且絕不限於儒

49　此條轉引自容肇祖《明代思想史》(台北：開明書店，1978)，頁243。這原是顧憲成《當下繹》引史際明語。本所所藏《顧端文公遺書》(明崇禎年間刊本)中只存《當下繹》之目而無文。

50　相關論述不少，如徐泓，〈明代後期華北商品經濟的發展與社會風氣的變遷〉，收於《第二次中國近代經濟史會議(論文集)》(台北：中央研究院經濟史研究所，1989)，頁107-176，及〈明代社會風氣的變遷〉，收於《第二屆國際漢學會議論文集》(台北：中央研究院，1990)，頁137-159。劉志琴〈晚明城市風尚初探〉，收於《中國文化研究集刊》，第一輯，頁190-208。

51　參見麥仲貴，《明清儒學家著述生卒年表》(台北：臺灣學生書局，1977)，表中的1585年、1592年、1611年、1637年條。

家[52]。孔子要人「內自訟」，宋代的楊簡也主張內訟，並自號其居為「內訟齋」[53]，明初的吳與弼也立「日錄」[54]，用以記錄自己生活上的成過。陳白沙門下便設有「日錄」以記同門師友之過，也有「自罰帖」來報告自己的過錯。白沙文集中有一條記：「讀一之自罰帖，所謂喜三代之餼羊猶存也，此舉雖過，然究其為心，蓋亦可憫，且自罰之辭甚實，其進固未可涯也。若夫久居師席，不能致門人於無過舉之地，此則老夫之罪，請附此於日錄，算一過，諸君其誌之」[55]。而與陽明並世的黃綰，顯然在還沒有受到陽明學說洗禮前，便已開始分天理、人欲兩項來計算自己的功過[56]。這些零星的例子都足以說明省過書的來源是很久遠的，而且材料相當之多，非此處所能俱引。但是晚明王學的省過風氣卻相當突出，除了是受當時民間宗教提倡功過格之激盪外，與陽明學自身實有密切關聯。

改過在陽明思想中的地位既有如前述[57]，此處想談他的後學弟子們在這方面的言論。像江右王門的鄒守益便說過「遷善改過，即致良知之條目」[58]。北方王門第二代健將孟化鯉（叔龍，1545-1597）在〈三子記過簿序〉這一篇文章中便強調「過亦聖人所不能無」[59]，更

52　Pei-yi Wu,（吳百益）"Self-Examination and Confession of Sins in Traditional China, " *Harvard Journal of Asiatic Studies*, vol. 39(June, 1979), pp. 5-38.
53　楊簡，《慈湖遺書》(文淵閣四庫全書本)卷二，〈內訟齋記〉，頁2。
54　容肇祖，《明代思想史》，頁18-22。
55　孫通海點校，《陳獻章集》(北京：中華書局，1987)，頁78-79。
56　依照《明儒學案》，「浙中三」所記，黃綰在南京任官始受學陽明，而他立冊計天理、人慾是少年時事，見頁280。
57　〈教條示龍場諸生〉的第三條即是「改過」，見《王陽明全書》(台北：正中書局，1954)，冊一卷一，頁124-125。
58　黃宗羲，《明儒學案》，「江右一」，頁57。
59　孟化鯉，《孟雲浦先生文集》(明萬曆年間刻本)卷四，頁12a。

何況常人？他勉勵學子設置記過簿，「吾有過，吾紀之，庶幾睹斯簿
也，怵目惕心，赧顏汗背，將有言也，將有爲也，監於覆轍，不致復
犯乎，斯亦昔人分豆識念之遺意！」[60]「分豆識念」是《續高僧傳》
中所載禪僧記過之法。孟氏在〈初學每日用功法〉中便具體地規定學
生每夜省過的方式[61]，這套方法曾在關中地區廣泛流傳，張維新《餘
清樓稿》便把這套規定原原本本照抄下來[62]。而且設置這類省過書的
人已不僅限於理學思想家了，有些輾轉受到他們影響的人也起而效
法，明末在嘉定殉國的黃淳耀(蘊生，1605-1645)，年輕時爲督責自
己，便著一書叫《自監錄》(四卷)，「每日所爲，夜必書之，兼考念
慮之純雜，語言之得失」[63]。他的《自監錄》是從崇禎四年(1631)三
月十一日起[64]，也即是他廿六歲時。他談到自己之所以會立冊自監，
是因受到明代理學家張邦奇(常甫，1484-1544)《觀頤錄》每夕記過
之影響[65]。張氏雖非王陽明門人，但黃宗羲在《明儒學案》上說他
「受陽明之益多矣」[66]。張邦奇自謂每日晨起「便焚香拜天，取易書
詩要語，……對天嘿誦數過」，以省察自己是否違失這些經典的教
訓[67]。而黃淳耀的《自監錄》則是日記式的，或反省自己生活，或記
前人在道德修養上的精警之語。值得注意的是，在寫《自監錄》的過
程中，黃氏另輯了一部《吾師錄》(1632年始)，取古人言行之可法

60　同前引。
61　同前書，卷六，頁19-21。
62　張維新，《餘清樓稿》(明萬曆刊本)卷二十四，頁51-53。
63　黃淳耀，《自監錄》，收《黃陶菴先生全集》(清乾隆年間刊本)補遺，冊六卷一，頁1a。
64　同前引。
65　同前書，頁10。張邦奇生平及思想略見《明儒學案》卷五十二。
66　黃宗羲，《明儒學案》，「諸儒六」，頁30。
67　黃淳耀，《自監錄》，頁10。

者[68]，輯成卅二類作爲自己的借鏡，並告訴看此書的人說：「初學入門，不得不如此，若到純熟地位，一徹盡徹，頭頭是道，此錄猶筌蹄耳，子等勿輕傳也」[69]。他可能一方面認爲在理想上，省過時只要照著自己當下那一點眞誠惻怛的良知，便可自知何者爲是，何者爲過，不必藉助於任何外在的榜樣或道理格式。另一方面同時也察覺到，如果在初學入門時，便不以聖人爲榜樣而只靠自己的良知，則是不容易把握分寸的。

像年輩稍早於黃淳耀的瞿式耜（起田，1590-1650），是永曆年間守桂林的名臣，他於崇禎九年（1636）寫成《媿林漫錄》這部自我省過之書，分「在位」、「規家」、「處世」等十項，從日常生活的每一個面去反省自己。他自稱立冊自省是受到江右王門羅洪先的「一失人身，萬劫難復」之語的影響[70]。在《漫錄》中，瞿氏是圍繞著一個「媿」字在記錄自我反省的成果，他說：

> 人生有身，下對天日，中副君親，下育子姓，閑居雜處，言笑宴宴，孰非天監人隨，福善禍淫之地，刻刻引媿，惟恐出則淪歝冠裳，居則流毒桑梓。[71]

瞿式耜「刻刻引媿」的精神正與自稱「多慚夫」的李顒前後輝映。一稱「媿林」，一稱「多慚」，都充分體現了他們道德修養的緊張性及

68　黃淳耀，《吾師錄》，〈小引〉，收《黃陶菴先生文集》補遺，冊六，頁1a。

69　同前書，頁17b。

70　瞿式耜，《媿林漫錄》（明崇禎九年序，清刊本），「自序」，冊一，頁1b-2a。

71　同前引，頁2b。

對自己一身過錯無比的敏感。瞿式耜因此寫成《媿林漫錄》，李顒則把省過當成「關中書院」全體學生日常生活的一部分[72]，並再向他們強調能改過者是人，不能改過是禽獸[73]。

　　同一時期的顏元(1635-1704)雖反對整個宋明理學的傳統，但他早年實是王學信徒，在程朱與陸王之間，他仍是偏向陸王的，尤其篤信陽明成色分兩說。《顏氏學記》中記了一段他的話：

　　　性之相近，如真金多寡，輕重不同，而其為金相若也。[74]

這段話顯示相信每個人原本都是真金聖人，並感到後天的種種習染是使人墮落的根源，因而對生活中的每一個細節在道德上的從違加以最嚴密的監視。他在五十五歲那年自訂「常儀功」，嚴格規定自己每日省過，「每日習恭，時思對越上帝，謹言語，肅威儀，每時心自慊，則○；否，則●，以黑白多少別欺慊」[75]。在這「常儀功」中，規定之嚴格及奉行之謹，都足以令人驚詫。顏元的學生李塨(1659-1733)也受其師影響，自訂了一份《訟過則例》[76]。但是以上所說諸例，不管是王門後學，或與他們間接相關者，畢竟不足以用來說全部王門，更不可

72　《二曲集》卷十三，頁8。

73　同前書，卷十三，頁9。

74　戴望，《顏氏學記》(台北：臺灣商務印書館，1970)卷一，頁4。顏元在《存性編》中力斥其友張石卿的「傻人絕不能為堯舜」之說，見顏元，《四存編》(北京：古籍出版社，1957)，頁5。

75　李塨，《習齋先生年譜》卷下，己巳五十五歲條。收《顏李叢書》(台北：廣文書局，1965)，冊一，頁30。

76　「常儀功」收在《顏習齋言行錄》中。《言行錄》所記平日處世方法，極為嚴格，見《顏李叢書》，冊一，頁90。李塨《訟過則例》收於《顏李叢書》，冊四，頁1323-1324。

用來說明當時全體士大夫的傾向。事實上，王學內部放浪形骸者不在少數，而一般士大夫中，特別是顧炎武(1613-1682)指爲「文人」者，更多不檢細行之輩。所以上述諸例，只可用來說明王門內部的一種轉向之趨勢，而不可概其餘。

在這許多提倡省過改過的理學家中，劉宗周的《人譜》特別值得重視。他對過去理學家省過的方式並不滿意，尤其反對當時許多士大夫也奉行的《功過格》。本來省過改過的精神是可以藉用各種方法來進行的，所以在明代民間或士大夫中早就流行著佛道家的《感應篇》、《功過格》之類的書，而且明代的一些理學家在省過工作上也毫不忌諱地借用它們[77]。東林學派的高攀龍就是一個好的例子。當有一位屬姓人士重刊《感應篇》時，他便曾寫過一篇〈重刻感應篇序〉加以鼓吹，他說有人因《感應篇》近於佛氏因果之說而諱言之，其實「佛氏因果之說，即吾儒應感之理。聖人以天理如是，一循其自然之理，所以爲義，佛氏以因果如是，懾人以果報之說，所以爲利。其端之殊，在秒忽間耳」[78]。高氏的例子顯示：目睹風俗敗壞的儒士大夫，願意借取儒學以外的資源來增進道德修養，我們在前面也提到，孟化鯉也說他所提倡的改過之法與過去禪門的「分豆識念」記過法相

77　關於功過格在明代流行的情形，酒井忠夫的〈功過格の研究〉敍述甚詳。收於《中國善書の研究》(東京：國書刊行會，1960)，頁356-403。他認爲漢代考核朝廷官吏的「功過殿最」，以及漢代到六朝的太山信仰，葛洪的減算、紀算功過思想，以及道教戒律中的功過報應思想，都是功過格成立之思想源頭。又可參考Cynthia Brokaw, "Yüan Huang(1533-1606)and the Ledgers of Merit and Demerita," *Harvard Journal of Asiatic Studies*, 47:1(1987), pp. 137-191.Chün-fang Yü, *The Renewal of Buddhism in China*(NewYork: Columbia Univ. Press, 1981), pp. 112-124.

78　高攀龍，《高子遺書》(光緒二年重刊本)卷九上，冊七，頁43b-44a。

似[79]，在明末南方的王學重鎮證人書院中也可以看到相似現象。證人
書院由劉宗周與陶石梁共主講席。此院後來分裂，因爲「石梁之門
人，皆學佛，後且流於因果」最後分會於白馬山，而黃宗羲、王業洵
等四十餘人，則執贄於劉宗周門下，這兩派的分裂大抵代表當時王學
的兩大支派[80]，一派堅守儒家陣營，一派親近禪佛之說。

　　陶石梁之兄陶石簣是名僧袾宏(1535-1615)的信徒，而袾宏正是
在明季大力鼓吹《功過格》之人，他的省過書《自知錄》亦顯然沿承
此風而寫[81]。所以，石梁門生秦弘祐會仿袁了凡(1533-1606)《功過
格》改編成《遷改格》即可能間接受到袾宏的影響。劉宗周對此極不
滿意，他堅決主張在儒家的改過之學與佛道家的改過之學中間應劃清
界線。吾人不覺感到好奇：他的《人譜》與《功過格》究竟有何不
同？

三、劉宗周《人譜》的特色

　　首先要談《人譜》出現的思想背景。陽明「心即理」之說帶來了
許多爭論，其中最重要的一點，便是心是不是可以永遠作一個毫無偏
私的客觀標準？因爲人心是有感性之雜的，陽明良知說所謂的「即于

79　參見酒井忠夫，〈功過格の研究〉，在《中國善書の研究》，頁401-2。酒
　　井指出這是出自《續高僧傳》卷二〇，〈道綽傳〉的「勸人念彌陀佛名，
　　或用麻豆等物而爲數量，每一稱名，便度一粒，如是率之，乃積數百萬斛
　　者，並以事邀結，令攝慮靜緣，道俗響其綏導，望風而成習矣」。
80　《明儒學案》卷六十二，〈蕺山學案〉，頁36，黃宗羲識語。
81　袾宏〈自知錄序〉，收《蓮池大師集》(台北：淨土宗善導寺，1955)，頁
　　80。袾宏後將功過格刪改重刊，題爲《自知錄》。

人倫日用，隨機流行，而一現全現」[82]，其一現全現者豈眞是良知之天理乎？難道沒有情識之雜嗎？如果有情識之雜，良知自己必定會察覺嗎？如果混入情識而又不自知，不正是如劉宗周所說的：

今天下爭言良知矣，及其弊也，猖狂者參之以情識，而一是皆良。[83]

劉宗周是深深了解到良知會有「猖狂者參之以情識」的危險，故特別重視以嚴格的自我反省來補偏救弊。由他一生爲《人譜》一書所做的各種努力，即可證其重視之一斑[84]。牟宗三說自孔子提出改過這個觀念後，一直到劉宗周的《人譜》，始能完整地、徹底而透體地說之[85]，實非誇人之詞。劉宗周是相信人人是個聖賢的，《人譜》一書強調「人心自眞而之妄，非有妄也，但自明而之暗耳」[86]，故一旦有了過錯，只是心的狀態有了變化，而不是本質變了，所以只要能改過，「卻妄還眞」，由暗而明，便依然是個聖賢。

　　然而，我們不免感到奇怪，何以如此重視改過的劉宗周，竟會嚴厲批判功過格？劉宗周是從三個方面反對功過格的：第一，反對它的因果觀念[87]。第二，反對它只在事後改過，有「落後著」之弊。第

82　牟宗三，《從陸象山到劉蕺山》（台北：臺灣學生書局，1979），頁452。
83　劉宗周，〈證學雜解〉解廿五，收《劉子全書》卷六，冊一，頁441。
84　劉宗周除了《人譜》之外，還輯有《人譜類記》（台北：廣文書局，1971）。根據其子劉汋所撰《年譜》記載，劉氏死前一月還在改訂《人譜》。見《劉子全書》，冊六，頁3699。
85　牟宗三，《從陸象山到劉蕺山》，頁536。
86　《人譜》續篇，〈改過說二〉，《劉子全書》，冊一，頁185。
87　《人譜》〈自序〉，《劉子全書》，冊一，頁159-160。《功過格分類彙編》（有福讀書堂叢刻續編本），列功過一如記帳，見頁22-23。

三，認為功過格除了記過之外，還記功，不但有功利之習，而且充分顯示出自滿的心理。對於王陽明以下的改過之學，他也有所批評，其批評重點也是「落後著」，認為他們只是就念起念滅之處作檢點的工夫，一如水上作字，在道德修養上難有圓滿效果。因而「落後著」這個問題是他與別人最大的分歧點。此處想進一步討論，「落後著」何以成為一個最核心的差異[88]。劉宗周是從兩個方面對這個問題進行批評與補救的。第一，他分析陽明良知四句教「無善無惡心之體，有善有惡意之動，知善知惡是良知，為善去惡是格物」。陽明是把「惡」的來源放在有善有惡的「意」上，但陽明曾說「爾那一點良知，是爾自家底準則，爾意念著處，他是便知是，非便知非，更瞞他一些不得，爾只不要欺他，實實落落依著他做去，善便存，惡便去」[89]。所以良知是自己過咎的檢察官。但是良知之所以能知是知非，其前提是自己的私慾不能欺他，問題是良知既然是全然知善知惡的，又為何容許私慾欺他？如果說私慾會以詭辯的方式騙過良知，那麼這個會被矇騙的良知便不能說是全然知善知惡的。第二，劉氏指出，如果在人欲已重，或是已經形諸行動之後才去知過改過，實際上已經太遲了。他主張應該從更根源之處把惡念化除。而上述兩種觀點，使得劉宗周提出了他思想中最核心的一個觀念。即「意為心之所存，非所發」[90]，也使得《人譜》的改過之學著重「愼獨」與「治念」，而與流行的

88　批評事上檢點為「落後著」不是自劉宗周始，鄒守益便說過「其謂落在下乘者，只是就事上檢點」，《明儒學案》，「江右一」，頁57。

89　王守仁，《傳習錄》，頁77。

90　〈學言上〉，收《劉子全書》卷十，冊一，頁613。案：關於「意為心之所存」問題，劉宗周弟子黃宗羲與惲仲升意見嚴重分裂。見《明儒學案》，「序」，頁1。亦可參考陳榮捷，〈論明儒學案師說〉，《幼獅月刊》48：1(1978.7)，頁8。

《功過格》、《紀過簿》之類不同。

此處再進一步討論第一點。照著王陽明的說法，良知是無所不知的，他在〈答歐陽崇一〉中說：

> 良知之在人心，……不慮而知，恆易以知險，不學而能，恆簡以知阻，先天而不違。天且不違，而況人乎！[91]

也就是良知之在人心，天、人都不能違它。所以良知雖然不一定能知道每一件事的所有細節，但卻能知每一件事的是與非，當然也能分辨什麼是善，什麼是過。良知在分辨是非與過錯時，自然知道它自己在如此做，也就是說良知是知道自己知的，否則它怎麼會允許一些正當的需要清楚地在意識中表達出來，而又把不正當的私欲與習氣壓抑下去呢？所以依照陽明的學說，良知對自己心中的私欲與習心必然有所認知。可是爲什麼陽明還會說良知有時會被私欲、習心所「戕賊蔽塞，不得發生」[92]？良知既然知道自己的私欲與習心，又無法檢制它們，竟使它們順利通過良知的檢查，得以在意識中表達出來，則對於這一個奇怪的現象，可以用一個理由加以解釋——也就是理學家們常說的「私欲之詭辯」（借用熊十力〔1885-1968〕語[93]）。劉宗周《人譜》中對此問題已有警發，他在〈改過說二〉中說：

> 人無有過而不自知者，其爲本體之明，固未嘗息也，一面明，一面暗，究也明不勝暗，故眞不勝妄，則過始有不及改

91　王守仁，《王陽明全書》卷二，冊一，頁61。

92　王守仁，《傳習錄》，頁84。

93　熊十力，《明心篇》（台北：臺灣學生書局，1976），頁84。

者矣，非惟不改，又從而文之，是暗中加暗，妄中加妄
也。……蓋本心嘗明，而不能受暗於過，明處是心，暗處是
過，明中有暗，暗中有明。明中之暗即是過，暗中之明即是
改手勢。[94]

「從而文之」及「改手勢」二語，充分說出私欲之詭辯的實況，也就是
說私欲習心意識到它們自己如果保持著原來的樣子，必定會被良知所排
斥，所以它們會自我「文之」，乘著良知不備時，借助於良知中出現的
相關聯因素，把自己化妝成相類似的樣子。劉宗周所說的「暗中之明」
即指私欲很技巧地改一個手勢，讓良知被騙，而使得這些私欲與習心能
夠通過良知的檢查。但是，「私慾之詭辯」仍未解決下面這個問題：良
知既然知是知非，天、人都無法違它，無法欺它，那麼，私欲和習心在
偽裝自己的時候，良知又怎會不知？良知既然是知，卻又容許它們如此
做，那麼只能有兩種解釋，第一、良知實際上並不能完全知是知非，第
二、良知偶爾也會自欺。而不管是說良知不能完全知是知非，或良知偶
爾也會自欺，則都與陽明的良知說有矛盾。所以，標舉「毋自欺」其良
知作為知過改過途徑的人，只要再深一層思考，便可能發現只是做到
「毋自欺」其良知，而他的良知卻不真能知是知非，他也還不一定能成
為一個成德君子，更何況一個從事省過的人，到底應該用什麼標準判斷
自己是否已經做到不自欺其良知呢？對於主張不必以孔子之是非為是
非、一切標準皆在自己心中的王門後學身上，這個問題便顯得更為突出
了。因為至少就理論層面來說，良知有可能會是個不客觀的監督者，那
麼自己怎能如實糾舉自己的過錯呢？

---

94 《人譜》續篇，〈改過說二〉，在《劉子全書》卷一，頁186。

　　接著談第二點。王守仁認為「心」含「意」、「知」兩部分，而
有善有惡的「意」發動後，便有「知」來加以鑒別：

> 凡應物起念處，皆謂之意，意則有是有非，能知得意之是與
> 非者，則謂之良知，依得良知，即無有不是矣。[95]

在劉宗周看來，良知如果總是在「意」既發之後才去鑒別是非善惡，
則它永遠「落後著」，只能替惡「意」收拾善後，那麼，「知」只是
被動的，「意」才是主動的，「知」只是在「意」發動之後才作檢
查，並不能預先加以防範，故如果依照良知說，人便沒有主動定向的
能力，那麼道德修養的工作便永遠只是皮面補綴。可是陽明又說「意
之本體便是知」，被動的「知」反而是主動的「意」之本體，這個問
題引起了劉宗周的疑慮[96]。所以他改說「意是心之所存」——意不再
是心之所「發」，而是心之所「存」；「心」是方向盤，「意」是
針。既然「意」是善的，那麼專事鑒別善惡的「知」的功能便不再是
那麼重要，「意」突出成為主動的定向針。在《劉子全書》卷十二中
有一篇〈學言〉(下)說：

> 「有善有惡意之動，知善知惡知之良」二語決不能相入，則
> 知與意分明是兩事矣。將意先動而知隨之邪？抑知先主而意

95　王守仁，《王陽明全書》，冊二，頁55。

96　關於良知落後著的問題，參考勞思光先生詳密的討論，見氏著，《中國哲
　　學史》三下(台北：三民書局，1981)，頁581-586。此問題在黃宗羲《明儒
　　學案》亦已言及，見《學案》卷六十二，〈蕺山學案〉中梨洲案語。但是
　　本文的解釋脈絡與他們不盡相同。

> 繼之邪？如意先動而知隨之，則知落後著，不得爲良。如知
> 先主而意繼之，則離照之下，安得更留鬼魅？[97]

這是一個相當銳利的質疑：如果良知與意是一件，則主善的良知何以會容許惡的「意」表現出來？也就是「離照之下，安得更有鬼魅？」良知既然對一切洞若觀火（「離照」），全然知善知惡，又怎能容得惡「意」欺它？劉宗周爲了補救這個罅隙，遂強調良知是善，意也是善的。可是曾經困擾王陽明的一個問題又出現了：既然知、意皆善，那麼人心中的惡從何處來？這個問題劉氏也考慮過了。他說，有不善的是「念」。「念」的性質與「意」、「知」不同，它不是心的一部分，而只是「心之餘氣耳」[98]，「念有起滅，意無起滅」[99]。「念」隨著經驗而有起滅、有善惡，但因它只是心的餘氣，而不是心的一部分，所以即使心中出現惡念，也沒有理由說被私欲所蒙蔽的良知是在自欺了。「念」是否只是心的「餘氣」，非此處所能論，不過在劉宗周自己的理論體系中，這倒是可以自圓其說的。

爲什麼我們在討論《人譜》時要一路追索劉宗周對「念」的看法呢？——由於劉氏把罪惡的根源歸到「念」上，所以改過的重心自然是如何治「念」的問題。他六十五歲時所寫的〈治念說〉中說：

> 予嘗有無念之說，以示學者，或曰，念不可無也。何以故？
> 凡人之欲爲善而必果，欲爲不善而必不果，皆念也。此而可

97　《劉子全書》卷十二，冊二，頁703。

98　〈學言中〉，收《劉子全書》卷十一，冊二，頁655。

99　〈答董生心意十問〉，《劉子全書》卷九，冊一，頁541。案董生指陝西董標。此十問爲反映宗周思想的重要文獻。

無乎？曰：爲善而取勝辨於動念之間，則已入於僞，何善果
爲？[100]

勞思光先生解釋這段材料說：「蓋動念始求其善，則自覺心或自我實未
眞正轉化，……轉化既未達成，則所謂『爲善』亦只是浮面表現，故云
『僞』」，所以劉氏是更徹底、更根本，希望從根源的主宰——「意
根」處著手，使得「意」全善無惡，惡「念」絲毫不能出現，而不是像
王陽明在念起念滅上用功[101]。這使得他《人譜》有了相當獨特的風貌。
《人譜》的「證人要旨」中首先要人「凜閒居以體獨」，接著便是「卜
動念以知幾」，要人「就動念時一加提醒，不使復流於過」[102]，因爲
「一念未起之先，生死關頭最爲喫緊，於此合下清楚，則一眞既立，
群妄皆消」[103]。而要能在一念未起時徹底解決，則須先「愼獨」、
「靜存」，在「意根」上建立善的主宰，才能培養大根大本。他說：
「如樹木有根方有枝葉，栽培灌漑都在根上用，枝葉上如何著得一
毫，如靜存不得力，纔喜纔怒時便會走作，此時如何用得工夫。」[104]
《人譜》上說：「如一事有過，直勘到事前之心，果是如何，一念有
過，直勘到念後之事，更當如何，……若只是皮面補綴，頭痛救頭，
足痛救足，敗缺難掩，而彌縫日甚，仍謂之文過。」[105]不但追索事
前之心，還要勘到念後之事，兩路攔截，才可能逼使內心不敢有一念
之妄。連一個妄念都不能忍受了，更何況是一個錯誤的行爲。所以當

100　同前書，頁505。
101　劉汋，《劉宗周年譜》，在《劉子全書》，冊六，頁3666。
102　《人譜》續篇二，《劉子全書》卷一，冊一，頁166。
103　〈證學雜解〉解二，《劉子全書》卷六，冊一，頁416。
104　劉汋，《劉宗周年譜》，在《劉子全書》，冊六，頁3541。
105　《人譜》續篇，〈改過說二〉，《劉子全書》卷一，冊一，頁187。

劉氏把省過改過的工作逼到「念」上時，則其道德修養之謹慎與緊張可以知矣。在劉氏看來，動念始求其善，或只在一念上求其善都太過鬆懈了，若等人欲既成，再用天理去克它，在他看來自然會像移山之難。故他認為朱子以天理制人欲是注定要失敗的。至於《功過格》記帳式的省過辦法，在他看來更是落後中的落後了，即使功再多，過再少，都還只是落在具體行為後的省察，心中並未真正轉化，對道德修養毫無助力可言。《人譜》中將人日常生活之過錯分成六種，依等級可分成「微過」、「隱過」、「顯過」、「大過」、「叢過」、「成過」，所包括的條目極多，從任何妄念到「溢喜」、「牽怒」、「傷哀」、「多懼」、「溺愛」等，到「箕踞」、「交股」、「高聲」、「謔笑」、「搖首」、「側耳」、「當門」、「跛倚」……，其嚴格的程度到了空前的地步，幾乎包括了從內心到日常舉止的一切細節。如果依照《人譜》的規定，幾乎只有世俗所謂「木頭人」才足以符合其道德要求。而且他所列的幾百種過錯中，許多是針對明代中期以來社會風俗上的弊病而發，在現實上確有所指，亦足見晚明王學內部之轉向與現實風俗之急遽惡化有關。

四、陳確與省過會

但是不管劉宗周的省過方法規定得如何細密嚴格，「客觀標準」的問題仍再度出現。既然「改過」是道德修養的核心，那麼怎樣知道自己的過錯，又怎樣不自欺其過錯？

在劉宗周的訟過法中，控訴者是良知，而被控訴的是自己的宿疾和惡念，主告與被告都是自己的心，他寫過十首詩，每首詩的首字都以「自」開頭，藉以強調從警發自己的過咎開始，到或成德或墮

落，都決定於自己，他說：「主人翁只是一個，認識是他，下手亦是他，這一個只是在這腔子內，原無彼此」[106]。而他弟子張履祥的《楊園全書》中除了有〈自訟箴〉外[107]，更立了一百條以「自」開頭的箴言[108]，也是認為從省察己過到能否成德都繫於自己。所以，不管《人譜》中條文如何嚴密，顯然仍沒有解決一個關鍵的問題：良知既然會自欺或是被私欲的詭辯所蒙蔽，那麼人心中的良知怎會有能力分辨自己是否在最明澈的狀態執行知過改過的任務呢？陽明弟子王畿晚年在自訟時所遭遇的困難正好可以用來說明這個問題。他在〈自訟長語示兒輩〉中說：

> 自今思之，果能徹骨徹髓，表裡昭明，如咸池之浴日，無復世情陰霾間雜障翳否乎？……任逆億為覺照，則圓明受傷，甚至包藏禍心，欺天妄人之念，潛萌而間作，但畏惜名譽，偶未之發耳。[109]

王畿在自訟的過程中發現，良知並不是永遠能準確地指出自己的罪

106　見《劉子全書》，續編卷一，〈證人社語錄〉及《劉子全書》卷二十七，冊四，頁2253-2257。劉氏的這十首詩都與道德修養有關，題名分別為「自呈」、「自求」、「自判」、「自勘」、「自鏡」、「自勖」、「自病」、「自慰」、「自詫」、「自自」。

107　《張楊園先生全集》(同治十年江蘇書局刊本)卷二十四，冊七，頁27。此條見引於吳百益文。

108　同前書，卷廿，頁28-29。

109　《王龍溪全集》卷十五，冊五，頁17。黃綰後來也對自己早年閉戶罰跪自擊，並記錄自己的行為於「天理」、「人欲」兩塊木牌上的方式感到不滿，認為應該在知識上講述才能知道自己錯在那裡，故「必有以見當然之理而不容已處，方為有益」。見邱漢生等，《宋明理學史》(下)(北京：人民出版社，1987)，頁398。

咎。由最相信現成良知的王畿自訟時的告白，最可證知良知不一定能
永遠客觀地扮演一個第二人稱的客觀控訴者的職責。

在宋明理學研究中最早提出在「改過」中「客觀控訴者」這角色
的是吳百益先生。這也是理學內部長期面臨的共同問題。朱子嚴分
「道心」、「人心」，要人讓道心作將，人心作卒從[110]，天理人欲
之間應進行激烈的格鬥，一如劉邦、項羽相拒於滎陽、成皋之間，
「彼進得一步，則此退一步，此進一步，則彼退一步」[111]，就很像
吳先生所說西洋古懺悔文學中，良心與靈魂分裂為二，由有神性的良
心對有獸性的靈魂進行控訴，所不同的是，基督教的懺悔中有神在鑒
臨[112]，而朱子正好反對這一點。《朱子語類》卷一中說：

> 而今說天有箇人在那裏批判罪惡，固不可，說道全無主之
> 者，又不可。這裏要人見得。[113]

他認為天理與人欲對抗時應該要有一個公正的監視者，所以說「全無
主之者」也不行，但又不同意天上有個人在那裡批判罪惡。不過因朱
子把人心、道心嚴格分開，所以這個問題似乎比較容易解決。劉宗周
雖也常說人心、道心，可是在他看來，道心是人心之所以為心，所以
二者還是同一個，絕不是分裂的，因此進行自訟時，是自己的心控訴
自己的心，那麼對劉氏而言，朱子所強調的那個「主之者」應該到何

---

110 黎靖德編，《宋子語類》卷七十八，冊五，頁2012。
111 黎靖德編，《宋子語類》卷十三，冊一，頁224-225。
112 Pei-yi Wu,(吳百益) "Self-Examination and Confession of Sins in Traditional
China," pp. 5-38.
113 黎靖德編，《宋子語類》卷一，冊一，頁5。

處去找呢？理學家是不相信有一個人格神在那裡計算功罪的，可是這
個問題又非解決不可，陶石梁的門人秦弘祐仿行《功過格》，被劉宗
周說是「篤信因果」，但也許在秦弘祐看來，因果報應的理論中畢竟
還假設了一個客觀的監察者在那裡計算功罪以次賞罰，這個監察者雖
然不能自見，可是人們寧可相信它是絕對公正的，而且冥冥中存在
著。而較早的高攀龍也說佛氏「憴人以果報之說，因以爲利」──那
是因爲果報之說使人相信冥冥之中有神在計算功過，故即使人們自欺
其心，有過不省，仍然逃不過神的監視。高氏之所以說「吾儒應感之
理」即是「佛」氏因果之說，主要還是想在省過時安排一個客觀的
「主之者」[114]。劉宗周爲了解決這一難題，安排了一個非人格的天
在鑒臨[115]。在《人譜》中有一篇〈訟過法〉，說明了省過的程序：

> 一炷香，一盂水，置之淨几，布一蒲團座子於下。方會平旦
> 以後，一躬就坐，交趺齊手，屛息正容。正儼威間，鑒臨有
> 赫，呈我宿疚，炳如也。乃進而敎之曰：爾固儼然人耳，一
> 朝跌足，乃獸乃禽，種種墮落，嗟何及矣！應曰：唯唯。復
> 出十目十手，共指共視，皆作如是言。應曰：唯唯。於是，
> 方寸兀兀，痛汗微星，赤光發頰，若身親三木者。已乃躍然
> 而奮曰：是予之罪也夫！則又敎之曰：莫得姑且供應！又應
> 曰：否否。頃之，一線清明之氣徐徐來，若向太虛然，此心
> 便與太虛同體。乃知從前都是妄緣，妄則非眞。一眞，自若
> 湛湛澄澄，迎之無來，隨之無去，卻是本來眞面目也。此時

114　《高子遺書》卷九，頁43-44。
115　《人譜》，〈序〉，收《劉子全書》卷一，冊一，頁159-160。

> 正好與之葆任；忽有一塵起，輒吹落。又葆任一回；忽有一
> 塵起，輒吹落。如此數番，勿忘勿助，勿問效驗如何。一霍
> 間，整身而起，閉閤終日。

這個過程與《法華懺儀》有許多相似之處，其中「復出十目十手，共
指共視，皆作如是言」顯然是從《大學》誠意章的「十目所視，十手
所指，其嚴乎」脫胎而來，在這個自訟儀式中的「鑒臨有赫」四字，
新本《人譜》中改作「祇祇栗栗，如對上帝」[116]，是指有一個
「天」在監臨整個自訟的過程，使得自己不敢加意隱瞞己過。這一客
觀控訴者的問題在劉宗周的學生陳確，及關中的李顒等人身上也碰到
了。他們希望有另一種解決辦法。從孟化鯉及李顒等人的省過規程中
可以發現：他們除了自訟外，還希望進一步在師友同處時，將自己的
過失向大家坦白，由大家一起來糾察。

　　明季有不少心學家也許亦感到有必要讓朋友幫助自己省察過錯，
故在心學盛行之後的許多會講、會約中，有些便規定集會時「自呈己
過」。以王陽明的故鄉爲例，南中王門的查鐸(1516-1589)的〈水西
會條〉及〈楚中會條〉便有這類規定。譬如〈楚中會條〉中說：

> 今須共立會朝，此會之外，更求同心者常常相會，善相勸，
> 過相規，疑義相質。

這段話有很重的鄉約色彩。他另外又說：

---

116 《人譜》續篇，〈訟過法〉，《劉子全書》卷一，冊一，頁181。

> 每月或二會，或一會，就依作文之期，先二日會，至作文日
> 會文，凡與會者辰集，雍雍穆穆一堂之上，就有三代氣象，
> 切不可徒說閒話，或各商量近日功夫，或自呈己過，或論家
> 庭難處之事，或論宗族鄉黨該處之事。[117]

上述兩種會條還影響了不少浙江的講會，如〈稽山會約〉、〈赤山會
約〉，不過，並不是所有會約中都有「自呈己過」之類的規定，譬如
「稽山會約」及「赤山會約」中便不曾出現[118]。而且此處所說「自
呈己過，或論家庭難處之事」，並不像後來陳確等人的省過會那樣規
定嚴密，執行有法。又如〈楚中會條〉本是沿承〈水西會條〉的，而
且又出自同一個作者，可是後者有「自呈己過」之規定，而前者沒
有，可能是依個人及地區之不同而有所別。

　　在《孟雲浦先生文集》的〈初學每日用功法〉中除了說，每夜睡
前必須「將此日工夫，不論好歹，細細檢點，有過必痛自悔責，期無
再犯」之外，更強調「如師友相處，便舉出商量」[119]。李顒在訂定
關中書院的「會約」時，除了說每晚初更必須在燈下靜坐，自己「默
檢此日意念之邪正、言行之得失，苟一念稍差，一言一行之稍失，即
焚香長跽，痛自責罰」[120]外，還要求：

> 聯五七同志，每月朔望兩會，相與考注問業，夾輔切劘，公

---

117 查鐸，〈楚中會條〉，頁2、4；收在《叢書集成初編》（上海：商務印書
　　　館，1937），第732冊。
118 同前書。蕭良幹，〈稽山會約〉，頁1-2。蕭雍，〈赤山會約〉，頁1-15。
119 孟化鯉，《孟雲浦先生文集》卷六，頁20a。
120 李顒，《二曲集》卷十三，頁13a。

置一簿，以記逐月同人言行之得失，得則會日公獎，特舉酒
三杯以示勸，失則規其改圖，三規而不悛，聽其出會。[121]

也就是說應該由五至七個人組成省過會，由他人幫助觀察自己的言
行得失，使得省過工作也能外在化、客觀化，不只是一個孤零零地
在其內心中自省自改。李顒形容友朋相聚時互相坦白過失又互相糾
正的情形，就像病人不自諱疾，「肯將自己病源一一述出，令醫知
其標本所在」[122]，而朋友也應「就症言症，庶獲見症商症，以盡忠
言之益」[123]。這一類的例子之在晚明頗不少見，譬如周汝登(1547-

121　同前引，頁14b。
122　同前書，卷十三，頁9。
123　同前註。省過會可能是自鄉約「彰善糾惡」的規定中得到的靈感。宋以來
　　的鄉約中彰善糾惡的規條，與我們所見的理學家省過會有相當近似之處，
　　它們之間應有相當密切的關係。明太祖建國以後，有施加紀律於全國的傾
　　向，下令在各地建申明亭(可參《明會典》)。國子監中亦有繩愆廳，甚至
　　於有所謂《彰善癉惡冊》，每年由各地彙送京師，在李晉華所編《明代敕
　　撰書考》中，即收有《癉惡冊》。關於申明亭實施之情況，可以況鍾的故
　　事為例。當況鍾初為太守時，為整飭地方豪紳，曾在申明亭上記下諸人過
　　錯，公諸於群眾。鄉約中的彰善糾惡規定，及彰善簿、糾過簿等，在許多
　　家譜中也被括入，作為宗族之內實行之依據(見葉顯恩，《明清徽州農村
　　社會與佃僕制》〔合肥：安徽人民出版社，1983〕，頁167-168。在晚明，
　　鄉約有明顯復興傾向，此亦與社會脫序及風俗隳壞有關。如呂坤《實政
　　錄》的〈鄉甲約〉中非常刻意地將呂大臨鄉約中的糾過部分推衍擴充到極
　　詳盡，極嚴格的條文。關於鄉約的研究，如楊開道的〈鄉約制度的研究〉
　　(見《社會學界》，第5期，1931年6月)，尤其是頁16-27；王蘭蔭，〈明代
　　之鄉約與民眾教育〉(《師大月刊》，21期，1935年)，頁103-122。至於原
　　始資料，如《王陽明全書》，頁279-283，黃佐，〈泰泉鄉禮〉(文淵閣四
　　庫全書本)卷三，頁20-1等。至於家譜中的材料，如陳師復的《仰止堂規
　　約》，及陳效的《重刊興化府志》(1500年版)卷卅一，頁21-22等。至於小
　　說中之材料，如《儒林外史》(上海：新文化，無出版日期)，頁208-209
　　等。明代傳入中國的耶穌會亦時有類似省過會般的省查良心(examination

1629），他是晚明泰州學派的領袖人物，他一方面確信良知的本體妙
用，同時是走向援儒入釋的代表，但並不就表示他沒有道德修養的努
力。對心即理的信仰，亦可能使他更感受到除心以外之無客觀依據，
故其舉會以互相規勸過失，亦不令人感到意外。(但並非所有同樣思
想傾向的人皆有同樣的舉動)。周汝登在1567年，當他三十歲時，與
他的七個學侶組織了一個省過團體，他們共同立下一本《八士會錄》
來記載會友過錯。照〈題重修八士會錄〉上說，他們每月一會，共持
續了二十年。1589年時，他們原來的「會錄」已填滿了，所以重立一
簿。根據周汝登的說法，他們希望這個會最少能再持續另外三十年，
這樣，到時新簿也已記滿同會八人的功過及道德修養之進展。他們希
望能前後保持五十年間的紀錄，並相信當年紀老耄時，回過頭來看這
五十年來在道德修養上的努力時能有無憾無悔之感[124]。可惜我們已
經找不到資料證實這個「省過會」是否持續到1619年。不過從別的資
料可以看出，周氏另外還與其他學侶組織了別的團體。這個團體要求
其會員每天晚上記下自己一天之所行。由於大家心中都想著到了晚上
得記下這一天的所作所為，那麼，白天行事時也就格外小心了[125]。
這些記錄，想必是要定期出示給會友以相互指正的。

　　從呂維祺(1587-1641)的文集中，我們亦可發現一些晚明省過團
體與文社相混的事例。呂氏建立了一個「伊洛大社」，呂氏宣稱，他

(續)───────────────

　　　of conscience)組織，見 Jonathan Spence, *The Memory Palace of Matteo
　　　Ricci*(New York: Penguin Book, 1984), p. 77。但此類團體是否由利瑪竇引入
　　　中國，已無法判斷。在清教徒中道德檢查日記極普遍，譬如《富蘭克林自
　　　傳》，見 *The Autobiography of Benjamin Franklin*(New York: Washington
　　　Square Press, 1964), pp. 103-106.

124　周汝登，《東越證學錄》(台北：文海出版社，1970)，頁755-757。

125　同前書，頁570-573。

不敢期望所有社友成爲孔子，但是孔子的「心」及「理」事實上在每個人心中，只是因爲被私欲所縛，以致不得成聖，於是決定設立這個社，讓朋友之間互相商證、規勸、提醒[126]。這個社中的社友只有在會中口頭公開規勸過失，但未設立簿冊來保持紀錄[127]。在「伊洛大社」之前，呂維騏已創另一「芝泉講會」。他在會中說，如果沒有會友規諫過失，人們在日常行爲上會有「認賊作子」的危險。所以除了在會中講究作詩作文外，他們另立兩冊，一爲「遷善簿」，一爲「改過簿」。不過呂維騏爲了維持會友的面子和和諧，規定會友在批判對方錯誤時要私下進行，只有當對方一再犯錯，不能遷改時，再公開將之記入「改過簿」，但並不直接記入「改過簿」。記入前者，是期望他馬上改正而馬上可以擦拭，而登入後者，則成永久記錄。「芝泉講會」還規定，如能在犯錯之後馬上自動報告「約正」及其他會友，則其過錯並不馬上被記入「改過簿」。可是如有人連犯三次同樣的過錯，則不但要被記入改過簿，而且在會後還得被公開斥責。

有資格進入這類團體是被視爲一種榮譽的。故規定只有官僚及讀書人可以參加，至於沽名釣譽之商人是被排除在外的，而且每個新會員加入之前還得先在「立志簿」上坦白自己加入此會的眞正動機[128]。但是有人與呂維騏爭論說，邵雍(1011-1077)與王艮都是平民出身的，所以爲何不容一般百姓加入呢？呂維騏仍然堅持說，如果有心向道的農夫、商人、市民想從事這樣的活動，他們可以加入本地的鄉約，因爲鄉約的規條與此會大致相似[129]。有些遠地之人想前來加

---

126 呂維祺，《明德先生文集》(清康熙七年刊本)卷八，頁11。
127 同前引。
128 前引書，卷廿一，頁7-8。
129 同前書，卷廿一，頁10。

入，呂維騏勸他們在當地另組，但可以模仿芝泉講會之規章[130]。

　　至於劉宗周本人，或許是發現《人譜》中自我省過的種種困難，所以他曾組織「證人社」，主要是為召集會講之用，但他同時立有〈證人社約〉，嚴格規定會友互相察過舉過。社約立於1643年，已是劉氏生命將盡之前，是否有感於《人譜》的自勘己過的省過方式有所不足，已不得而知。其約條大致分為十則，每則下又分數條，全部為三十條，譬如第一則「戒不孝」，下有四條：

　　　一、語言觸忤、行事自專者，上罰。
　　　一、甘旨不供、陰厚妻子者，上罰。
　　　一、制中嫁娶、宴樂納妾者，上罰。
　　　一、虧體辱親、匿喪赴試者，出社。

所謂「上罰」，是杜門不准參加會講兩次，到了第三次准許赴會講時，必須負責供應會友們的湯餅飲食之類。「出社」即開除社籍之意。另外還有所謂「中罰」，譬如在「戒奢侈」一則下有兩條：

　　　一、衣冠過麗、隨俗習非者，中罰。
　　　一、飲食過侈、暴殄無紀者，中罰。

所謂「中罰」是不准其參與會講一次，等到可以正式與會時，必須捐贈古書一冊。如稍加分析這十則的則目——「戒不孝」、「戒不友」、「戒苟取」、「戒干進」、「戒貪色」、「戒妄言」、「戒任

130　同前書，卷廿一，頁11。

氣」、「戒過飲」、「戒奢侈」、「戒惰容」[131]——則可發現不少
是與《人譜》中所列舉的各種過錯相重疊的,不同的是《人譜》中列
了許許多多只有自己知道,而平時並不表現在外的過錯,故《人譜》
的省過是著重令人自我主動反省,包括內心所想及行為表現,可說是
內外兼有,而〈證人社約〉偏重在會友們看得見的外在行為舉止上。
劉宗周可能有意內外夾輔,既有自省的《人譜》,也有會友互相觀察
日常行為,記錄其過差的〈證人社約〉。

　　後來在劉宗周弟子陳確所指導下成立的省過會,便針對「內」
「外」兩種方式作一綜合,會友之間不但互相觀察糾正看得見的行
為,而且每個人必須將心中所想的,以及別人看得見或看不得見的錯
誤行為一律自動坦白地寫在「日史」中,然後在集會時公諸他人,由
「直會」來公開糾過定罰。陳確並不諱言這個省過會與劉宗周證人社
之源承關係。此下擬對陳確之省過會作一較詳細析述。

　　陳確是徹底奉行知過改過之學的人,在這方面尤受到其師劉宗周
《人譜》很大的影響。他說:

　　　　吾輩功夫只須謹奉先生《人譜》,刻刻檢點,不輕自恕,方
　　　　有長進,舍此,別無學問之可言矣![132]

除了劉宗周之外,董瀓(蘿石)、祝淵(開美)對他也有啓發。他說「千
聖心法,皆盡此知過改過中」,世人常說「聖人無過」,其實是句
妄語,孔子也絕不敢說自己無過,而只敢說無大過,「聖人有苦自

---

131 劉宗周,〈證人社約〉,在《叢書集成初編》(上海:商務印書館,
　　1937),第733冊,頁7-9。
132 《陳確集》,頁106。

知，直從千競萬業中磨練得出聖人人品」，故「學聖人者，舍克己改過何由乎」[133]。他說人若自是、自知便不能勇於改過，不能勇於改過者，便入聖無門[134]。他說舜就是能不自明、不自察，故無所不明，無所不察[135]。必須是不自明的人才能切實反己，切實反己才能常見己過，在〈顏子好學解〉一文中，他說「顏子之好學，反己而已矣，……反己，故常見己之過，……彼故无時而勿省也，无事而勿省也」[136]。又說「舍遷與改，而又何知之致乎？」[137]陳確認爲人們常常內化了這個社會中約定俗成的「習」而不自知，以致渾身是過卻無任何不安之感。故他一生致力於批判流俗，常說人如果肯流俗自安，則盡無錯處，盡可自安，「苟不僅安流俗而已，則日用動靜之間，處處是過，必有怵然不敢一息寧者」[138]。在〈坐箴〉一文中，他舉出了廿種日常周旋不捨的過錯，而自己卻安之若素，渾然不覺。像下棋看戲，在晚明是最普通的娛樂，可是陳確卻認爲是很大的過咎[139]。正因他主張人身處處是過，所以反覆指評「自是」之人，認爲「吾無不是」四字，是害人陷阱，其毒甚深。正因爲他深知人喜自是自安，在〈自盜招詞〉這篇文字中，他借窩藏在自己心中的「盜」的口氣說「有子之心，以爲我窩主，有子之肝膽腎腸，以爲我內黨，耳目手足，以爲我外黨」[140]，充分說明了一切過錯都是來自自欺自是。

---

133 同前書，頁431-432。
134 同前書，頁423。
135 同前書，頁547。
136 同前書，頁536。
137 同前書，頁343。
138 同前書，頁109。
139 同前書，頁354。
140 同前書，頁255。

「過」既然有自己的五臟六腑作爲內黨,那麼一一警發便不是一件太容易的事。所以陳確也和他的許多前輩一樣面臨過一個難題:常人的良知並不是能永遠有效地監督自己,告訴自己哪些是應該省改的。在順治十六年(1659)的〈與祝鳳師書〉中,他說:

知過改過,便是聖學。下愚不知過,知亦不改;中人不能盡知,亦不能盡改;上智則無過不知,無過不改。聖愚之分,在此而已。但吾輩學力未深,或宥于氣質,或牽于習俗,日用動靜,何處非過,何時無過,苟不細心體察,亦何由知之?古人所謂認賊作子者,往往而是。[141]

只有上智之人才能「無過不知」,「中人不能盡知」,「下愚不知過」,可是上智之人畢竟不多,所以他說人們事實上常常「認賊作子」,非所安而安,身在過中,卻毫不自知。爲能免於「認賊作子」的危險,他用了種種辦法主動尋求他人的諫諍。順治十一年(1654)元旦,他與當時不少士人一樣在家中廳堂的客人座上貼了一紙告示:

確鳳以疎頑,猥積罪過,衰老知悔,欲慚懲改,又自以當局之迷,未若旁觀之鏡,所望仁人君子,閔其无知,以確過差面相傾告,其或下愚之性,終迷不悟,則至于再,至于三,至于徵色發聲而不舍予焉。[142]

---

141 同前書,頁122。

142 同前書,頁380。

他說自己雖然希望懲過改過，可是「自以爲當局之迷，未若旁觀之鏡」，所以昭此告示，請求來訪的客人盡情指摘他的過失。同年，他又召集了一個「省過會」，在會中遵照劉宗周《人譜》實行改過之學[143]。參與這個會的共有一、二十人[144]，大半是陳確的子姪與學生。姪四人：陳枚（爰立）、陳錫世（潮生）、陳楫世（彭濤）、陳煌世（槎光），學生二人：許全可（欲爾）、許瀗（大辛），此外還有查嗣琪、查樂繼等[145]。這個會的辦法是「每日記個人言行過失之多少而互次其賞罰」[146]，也就是由他人擔任罪過的控訴者。這個會似乎舉行過相當多次，陳確曾寫過〈諸子省過錄序〉以記其盛，在這篇序文中，他談到開會的過程中「……次第陳日史於前，直會廉日史所犯之多寡輕重而差其罰。日史無欺己之言，司罰無阿眾之筆」[147]。日史應該毫不隱瞞地記載己過，而與會者應客觀地扮演控訴者的角色及處罰的工作。這些規則都是爲了補救以心治心時易陷於自欺的流弊。可是它的效果也不應過度誇張，因爲不管是公開自我坦白或向大家展示自己的日記，如果自己仍有「欺己」之言，他人還是無法完全覺知。當時參與省過會最力的許令瑜（許大辛之父），在給陳確的一封信上說除了開會互相糾過外，還應提倡讀書，助人自識己過：

> 《省過錄》極是聖賢路上事，《省過錄》敍乃字字指授墮坑落塹處，令人寒毛倒豎。師乎，師乎，凡人百病不能死人，

143　同前書，頁69。
144　同前書，頁615。
145　同前書，頁228。
146　同前書，頁343。
147　同前書，頁228。

一病乃至不起，此一病直從父母生下時便真帶來與他過活，日久不但不以為病，反安樂之。安且樂矣，亦何知其為病而得治之乎？治之之法，無過于讀書。讀書而後知過，此從染習中來，此從先天雜氣中來，皆能歷歷自詳其故，久之義理深，筋骨鍊，雙眼明，病根自然拔去。《省過錄》亦到處體認法，向上人自不可少，而讀書更能使體認不錯。蓋未省過時之過，能自以為過，既省過後之過，將不自以為過矣。各趁一種道理做去，而其實道理之誤與私慾之誤，相去有不能以寸者，乾初各以一字道破。諸子欲其因病下藥，而吾更從治病下藥時進之以方。[148]

許令瑜所說的「安且樂矣，亦何知其為病而得治之乎」，充分指出人在過錯的狀態下並不一定能真知。所以他提倡應該要以讀書來助人知過。只有藉助於古聖先賢的道理，才能在填「日史」時覺知自己心中那些是習染，那些是從先天雜氣而來。他強調讀書能使人「體認不錯」，並特別提到：「道理之誤」與「私欲之誤」一樣嚴重。所以如果道理不明，只是一味去私慾，即使作到毋自欺其良知，又何以知道自己是在過錯的狀態下呢？陳確在談忠信之道時說：「吾所謂不忠信，非全是虛偽。心不實固非忠信，心實而理不實亦非忠信……理不實即是心不實，即是虛偽也」[149]，這一段話的意思與許令瑜很相近，顯示出陳確已充分認識到如果沒有知識作為輔助，則「理」不實，即使能不自欺其良知還是可能墮於無知而不自知，所以，只是談

---

148 同前書，頁70-71。
149 同前書，頁256。

毋自欺還不夠，他說「讀書事大，今人一言一動，无有是處，只緣不
曾讀書，……深心讀書，自覺自家不是。不讀書人，雖有過差，惘然
不覺也」[150]。而且會中其他人如果不曾讀古聖賢經書，又如何能察
覺別人的對錯並予適當的糾正呢？書中的道理在這裡被提出作爲省過
時印證從違的依據，足見他們是相信知識與道德修養之間可以密切扶
會的。而這樣的例子也可以幫助說明明末清初道問學風氣的興起與道
德修養之間不但不相排斥，而且可能有密切關聯。

　　滿清入承大統後所頒的禁社令，顯然未能阻擋那一代知識分子結
社以互相督促道德修養之熱情。在1662年，當顏元廿八歲時，便與好
友郭靖共、王魁楚等十五人設立一會，其最重要目的便是會友相互規
過遷善。此會自然也同時有文社的性質。不過，它可能持續了不久，
兩年後顏元與王法乾又立下規約，天天記錄自己所行所爲，每十天見
面一次，互讀日記、互相批判。根據記載，在見面的時候，他們通常
疾言厲色地指斥對方道德上的過失[151]。

　　年輩與顏元大致相當的湯斌也有類似的組織。湯斌（1626-1687）
繼承並改訂馮從吾（1556-1627）的〈學會約〉而訂了〈志學會約〉，
其中規定：

> 一會以每月初一、十一、廿一中午爲期，不用柬邀，一一揖
> 就坐，世情寒溫語不必多，各言十日內言行之得失，務要直
> 述無隱，善則同人獎之，過則規正。……不許浮泛空談，褻
> 狎戲謔，凡涉時政得失，官長賢否，及親友家門私事與所作

150　同前書，頁380。
151　郭靄春，《顏習齋學譜》（上海：商務印書館，1957），頁4-5。

過失，并詞訟請託等事，一概不許道及，違者註冊記過。

又說：

> 會中崇眞尚樸，備饌多不過八器，圍坐、葷不許過素，若人
> 少則四器亦可，飯罷即止，甚勿盃盤狼籍，飲酒笑謔，以傷
> 風雅，違者註冊記過。[152]

這些規定大部分是從馮從吾那裡抄來的。可是因爲明代後期風俗日趨窳劣，所以新約中有明顯的嚴格取向，如果將之與馮從吾的〈學會約〉對比，便可發現一點明顯的變化，那就是馮約上沒有「違者註冊記過」的規定，而湯約上增添了這一條[153]。

五、結論

總之，陽明提出的成色分兩說及「人人胸中有個聖人」，一方面把聖人的標準降低，以致出現捧茶童子即是聖人之類的論調，但有些人卻因爲對成德的過度樂觀而產生了不爲聖人即非人、不爲聖人即爲禽獸的觀點，故極度要求純化道德意識。我們常可以發現他們一方面主張每個人都是一個潛在聖人，一方面卻愈加敏感到覺得自己通身都是罪過，爲了系統地診斷自己道德生活的脈搏，遂出現了許多省過之書。本來省過或自訟都是源遠流長之事，而且也不是儒家所獨有的，

---

152 湯斌，〈志學會約〉，在《昭代叢書》，第63冊，頁1-2。
153 馮從吾，〈學會約〉，見《少墟集》，《文淵閣四庫全書》本，頁123-124。

但因儒家的改過之學到劉宗周時達到了前所未有的高度，因此《人譜》一書就更值得重視了。在劉宗周看來，過去理學家的省過改過最多只是在念起念滅上作工夫，功過格派更是完全落在事後檢點，所以心性未能實際轉化。劉宗周乃主張從根源處著手，保持「意」的主動性，在「念」尚未動時下工夫，這使得他的《人譜》比其他的遷改之書更加嚴格。王陽明要人不必理會外在的道理格式，故良知說下的改過之學顯然面臨了兩個難題：第一，良知有時會被私慾的詭辯所蒙蔽，所以它並不能永遠保持客觀的自我控訴者的責任。第二，省過者能根據什麼標準判斷自己的良知是否真在克盡監察官的責任？為免於陷入有過不知的困境，周汝登、孟化鯉、李顒等主張人們應主動地互相指摘過錯，或是組成小團體幫忙他人省過，而劉宗周的弟子陳確等人則倡行省過會，規定由他人來檢查自己的過錯。

　　可是後來王夫之(1619-1692)認為，不管是一個人孤制其心式的省過或是一群人互相糾過的方式仍都有一間不及之處。因為宋明心性之學下「克己」的老路其效果終究不敵由外而內的行為上的鍛鍊。故說「克己而不復禮，其害終身不瘳」。王夫之認為兌治人的非道德不應是只從內轉化開始，而是應實踐「禮」來對治，故他在《俟解》中說：

　　先儒謂難克處克將去。難克處蔽錮已深，未易急令降伏，欲克者但強忍耳！……若將古人射御師田之禮，服而習之，以調養其志氣，得其比禮比樂，教忠教孝者有如是之美，而我馳驅鷹犬之樂淡然無味矣，則於以克己不較易乎？[154]

---

154 王夫之，《俟解・思問錄》合訂本(北京：中華書局，1956)，頁1。

夫之認識到人蔽錮極深的習氣之不易克治，所以主張由外而內，以禮
治非禮。王夫之思想中一方面有許多宋明心性之學的成分，可是又同
時超越宋明理學內在心性論的舊徑而逐步外轉，主張以「禮」來代不
可捉摸的「心」及「理」。清初以來禮學的發達以及後來凌廷堪
(1757-1809)等人所主張的「以禮代理」大抵是此脈絡下的產物。值
得注意的是寫省心日記或傳觀日記互相批判的型式並沒有隨著考證學
興起而消失，清代道咸年間唐鑑(1778-1861)、倭仁(1804-1871)等亦
重新復興了傳觀日記互相批評的辦法。曾國藩在道光廿一年七月十四
日的日記上說：

> 近時河南倭艮峰(仁)前輩用功最篤，每日自朝至寢，一言一
> 動，坐作飲食，皆有札記，或心有私欲不克，外有不及檢，
> 皆記出。

曾氏當時並未仿行，隔年，他向倭仁請教修身之道，倭仁向他提示了
劉宗周《人譜》的傳統，並告訴他必須馬上寫「日課」。這一次他遵
照倭仁的提示寫日記，一方面將日記與吳廷棟(1793-1873)、馮卓
懷、陳源兗等傳觀，且送請倭仁批閱[155]。倭仁和其他人也這樣做，
故目前所存倭仁日記上仍有當時傳閱者的批語。此外，在民國初年五
四時期的某些社團中我們甚至也都可以看到省過會的影子[156]。

---

155 朱東安，《曾國藩傳》(成都：四川人民出版社，1985)，頁19-20。
156 如「武昌人社」規定「各人須將自己的過失，醜惡的心理，重行盡情披
  露，實行人格公開」，或是攜帶日記供社員傳閱，並上台坦白自己及社友
  的過失。見《五四的社團》(北京：三聯書店，1979)，冊一，頁138-146。
  不過，五四時期的省過方式與明末清初之省過會不必然有源承的關係。

第六章
日譜與明末清初思想家
——以顏李學派爲主的討論

　　宋明理學中修身日記的傳統很長，但是，不管是研究宋明思想或是研究日記史的作品中，都未見到過專門討論它們的作品[1]。研究宋明思想時多注意思想層面的探討，而少從生活史的層面著手，然而宋明儒學以修身實踐爲主體，不純粹從事思想論辯。所以本文試著討論像日記、功過冊、公案、肘後牌在這個以修身爲主體的思想傳統中所扮演的實際作用。因爲材料所限，我的討論集中在修身日記上[2]。

　　本文有幾個重點：第一是討論明末清初受到功過格等影響，帶有簿記性質的日記大量出現；第二是討論日記或日譜在修身踐履中的功能，以及它們如何在17世紀思想日常生活化，由玄轉實、由悟轉修、由崇尚顏子的超悟到看重曾子的「吾日三省吾身」時所扮演的角色；第三是日記或日譜中究竟反映了哪些時代及思潮的變化；第四是何以士大夫的日譜或日記不能像功過格那樣平民化，它不但始終局限在士大夫，而且隨著清學之興起，在士人中的影響力也消退，一直到

1　如陳左高，《中國日記史略》（上海：上海翻譯出版公司，1990）。
2　日記或日譜之間還看不出明顯的區別，「譜」是籍、錄，所以日譜是每天的記錄，日記也是每天的記錄，故而我們也常見到兩者互換借用的情形，譬如顏元、李塨時而稱日譜，有時又稱日記。我之所以選定此名，純粹是因爲在我討論的這個時期「日譜」一詞較常使用之故。

清季道光年間才又復興。

一

　　探討這個問題時先要說明，在宋明理學中，修身日記不時可見，譬如王陽明(1472-1529)惜陰會中，要求每人立日記、每家立日記、每個地方也有紀綠，但是本文強調的是明末清初思想變化最爲劇烈這一段時間，一方面是因爲當時日記數目驟增，另一方面是其中不少帶有系統的、簿記的性質。

　　討論日譜必須將它放在幾個脈絡下來看：第一是宋明理學之中修身日記的傳統；第二是晚明的善書運動，尤其是袁黃(1533-1606?)所提倡的《功過格》的廣大影響，以及儒家對這個影響深遠的運動的反應。

　　此處先談直接激盪明末清初修身日記之風的功過格。晚明佛道二氏皆有一種簿記式的日記運動。以佛家爲例，馮夢禎(1548-1605)《快雪堂集》中記馮氏：

> 余辛巳(1581)夏，嘗與淨侶結制拙園，扁其堂曰淨業，一事一念之失，必至佛前籍而記之，以驗功夫之進退，用心之疏密，目之曰淨土資糧，佩之胸前，出入臥起必俱。[3]

這裡所謂「淨土資糧冊」當是一種系統地記載每日念慮云爲的紀錄，

3　馮夢禎，《快雪堂集》(《四庫全書存目叢書‧集部‧別集類》，第164-165冊；台南：莊嚴文化事業有限公司，1997)卷三十，〈刻淨土三經緣始〉，頁5。

與功過格及下面要談到的日譜有某種彷彿之處。馮夢禎顯然認爲保持這樣一份紀錄太辛苦了，故他說：「才數月耳，其後漸怠漸棄，并冊子亦不知何在。」[4]不過照他的記載，當時頗有遵行之人[5]。

在通俗道教方面，袁黃《功過格》的影響力是異常深遠的，他在當時是位里巷皆知的人物。自從《功過格》流行之後，模仿它的作品也相當多[6]。甚至於只要能與《功過格》等善書的想法相共鳴，或是袁黃在〈立命篇〉中所提到的一些早已湮沒不彰的，也重新得到重視，譬如北宋儒者趙抃(1008-1084)原來不是一個引人注目的人，但是因袁黃提到他每夜告天的辦法，趙的〈守己四箴〉[7]乃在明末清初引起了重視[8]。

4　同前註。
5　同前註。
6　目前所存的至少還有十幾種，見Cynthia J. Brokaw, *The Ledgers of Merit and Demerit: Social Change and Moral Order in Late Imperial China*(Princeton: Princeton University Press, 1991). pp. 241-242.
7　吳德旋，《初月樓聞見錄》(台北：臺灣商務印書館，1976)卷七，〈黃人閣(修)條〉，頁2。
8　《宋元學案》中曾幾次提到趙抃(清獻)，但都是在讚揚他的清正不苟，亢直敢言。如卷一「安定學案」提到周頔從學安定，與趙清獻交，「清獻爲諫官，先生移書曰：『當公心以事君，平心以待物，無以難行事強人主，無以私喜怒壞賢士大夫。』」收入《黃宗羲全集》(杭州：浙江古籍出版社，1992)，第3冊，頁86。
《宋元學案》卷十二「濂溪學案」中提到「濂溪同調」時，有較詳之說明：「趙抃字閱道，西安人，進士及第，累薦爲殿中侍御史，彈劾不避權倖，京師目爲鐵面御史。知成都，匹馬入蜀，以一琴一鶴自隨。擢參知政事。王介甫用事，屢斥其不便，乞去位。知杭州，改青州，復知成都，以太子少保致仕，卒，年七十七，贈太子少師，諡曰『清獻』。」收入《黃宗羲全集》，第3冊，頁641。
《宋元學案》卷九十二「草廬學案」引吳草廬的話：「昔趙清獻公日中所爲，夜必告天；司馬文正公平生所爲，皆可語人，如欲日新乎？每日省之，事之可以告天、可以語人者爲是，其不可告天、不可語人者爲非。非

　　善書運動的廣大影響，對正統儒者的啓示與威脅非常大。它不是一些零零碎碎的辦法，而是一整套新的行善觀念及作法。經《功過格》之類的善書淘洗過後，人們的心靈其實已經重重烙印下一層功過格式的因果報應觀。但是正統儒者又想在理論的層次上，反駁或表示對因果報應觀念的不同意，這種情形尤其表現在那些早年曾接觸過《功過格》、《感應篇》的士人們。他們常表現出一種矛盾的心態，在遇到無子嗣或科舉失利時，馬上覺得必須行善來累積功德，可是不久卻又表示這是不正確的觀念，道德與善報不應該如此緊密相連；以善行求好報，也是過度功利的錯誤觀念[9]。

　　另外有一批是「新功過格」派，大部分成書於明末清初，作者們多在道德與幸福、善行與福報這方面用盡力氣想要加以緩和，而且盡力要將此世馬上可以得到福報的成分盡可能地沖淡，但是又想保留其勸人為善的種種樂觀性，故常見一種既模稜兩可，又試圖調和的口氣[10]。

　　正統派儒者對此是不能滿意的。著文批駁〈立命篇〉，或是以各種方式非難袁黃的文字多至不可勝數，而且從明末到清初不曾斷過。譬如明末的劉宗周(1578-1645)、清初的張爾岐(1612-1677)，都有文章批駁袁氏[11]。魏象樞(1617-1687)說他偶與在太原的友人講孟子「盡心知性」章，他的朋友「於立命有異解，余不敢聞」[12]，而晚明

(續)————————————
　　　　則速改，昨日之非，今日不復為也。日日而省之，日日而改之，是之謂『日日新，又日新』。」收入《黃宗羲全集》，第6冊，頁581。
　9　陳龍正等人身上都顯露過這一個矛盾。
　10　Cynthia J. Brokaw, *The Ledgers of Merit and Demerit*, chapter 4.
　11　張爾岐的《蒿菴集》(濟南：齊魯書社，1991)卷一有〈袁氏立命説辨〉，專駁袁黃的《功過格》及〈立命篇〉之非。
　12　魏象樞，《寒松堂全集》(太原：山西人民出版社，1992)，頁923。那是

流行的〈袁了凡斬蛟記〉這一短篇小說更是諷刺袁氏的代表作[13]。

這些儒者認爲實行功過格實在不能帶來眞正的道德轉化，而且使人沾染功利之習[14]，他們的批評不是全無道理的。在晚明小說《金瓶梅》中不無諷刺意味地借西門慶之口說了一段話：只要我多施一些銀子救濟窮人，則即使強姦了嫦娥，也沒有什麼關係[15]。這一簡短的告白直接道出了晚明善書運動的弱點：功過格式的道德行爲，不一定能使人成爲一個道德人，因爲功過不斷相互折抵的思維，確實會使人產生只要施銀救助許多人的性命，便能與強姦嫦娥所犯的過錯相抵，甚至還有剩餘的心態！另一個諷刺性的例子發生在祁彪佳（1602-1645）身上。祁氏熱心參與放生會，有一次他買好田螺與會友準備放生，不料被偷了，祁氏爲此大怒，準備訴官，因而引起許多人的不滿。人們批評放生會的人寧可放生，不肯救餓人之飢，把人命看得比田螺的命還賤[16]。

即使有許多正統士大夫對功過格之類的善書感到不滿，但他們卻不能否認一點：善書是通俗而有力量的，即使不滿意，仍然要對它另眼相待。許多有志的儒者，便想以功過格爲底本對它進行脫胎換骨的

（續）————

　　因爲袁了凡所用「立命」的觀念，最早是從孟子來的，但是他對之加以自己的解釋，看來魏氏的太原友人是順著袁氏的觀點解「立命」，而不爲魏氏所同意的。

13　孟森，〈袁了凡斬蛟記考〉，氏著，《明清史論著集刊續編》（北京：中華書局，1986），頁73-80。

14　參見我的〈明末清初的人譜與省過會〉一文，載《中央研究院歷史語言研究所集刊》63：3(1993)，頁679-712。收入本書第五章。

15　笑笑生，《金瓶梅詞話》（明萬曆刊本），五十七回，頁9b-10a：「咱只消儘這家私，廣爲善事，就使強姦了嫦娥，和姦了織女，拐了許飛瓊，盜了西王母的女兒，也不減我潑天富貴！」

16　夫馬進，〈善會善堂的開端〉，收入劉俊文主編，《日本中青年學者論中國史：宋元明清卷》（上海：上海古籍出版社，1995），頁426。

工作。劉宗周(1578-1645)的《人譜》是一個最好的例子[17]。除了《人譜》外，還有一大批不滿意功過格、但又受其影響的修身冊產生。陳瑚(1613-1675)、陸世儀(1611-1672)早年皆實行功過格，篋中不時放著一本功過格，但他們兩人皆或作或輟，因爲覺得「德不加進」[18]，而且也因爲考試失利而感到徹底失望，陸世儀乃「做了凡意作《格致編》」[19]。因爲大部分的書不易見到，所以我們還沒有足夠的了解，故此處只能從書名及其他零碎史料去判斷，當時是出現了一個風潮，可以名之爲「儒門功過格運動」。

值得注意的是，科考的焦慮是當時許多士人共同的焦慮，它使得許多人面臨了強烈的意識危機，有的轉向宗教，譬如科考失利便是楊廷筠(1557-1627)轉向天主教的一個重要原因[20]；至於袁黃對於科舉的焦慮，也是他信仰功過格的重要原因[21]。足見晚明因爲參與科舉人數與錄取名額之間愈來愈懸殊的比例，對士人所造成的焦慮與挫折感，其影響是非常深廣的[22]。李塨(1659-1733)是反對《感應篇》

17　劉子《人譜》出現後，功過格才有了競爭者，但是無論如何，《人譜》中的記過格仍是模仿功過格的。

18　陳瑚，〈尊道先生陸君行狀〉，在《桴亭先生行狀行實》，頁3b；收入陸世儀，《陸子遺書》(又名《陸桴亭先生遺書》，清光緒二十五年刊本)，第1冊。

19　陸允正，〈顯考文學崇祀鄉賢門人私諡文潛先生桴亭府君行實〉，在《桴亭先生行狀行實》，頁16a。

20　關於楊廷筠，見裴德生、朱鴻林，〈徐光啟、李之藻、楊廷筠成爲天主教徒試釋〉，收入《明史研究論叢》(南京：江蘇古籍出版社，1991)，第五輯，頁477-497。

21　袁黃，《了凡四訓白話解釋》(台南：無出版社，1979)，頁7-11。袁氏信仰功過格的另一個焦慮是爲了求子。

22　參見余英時，〈士商互動與儒學轉向：明清社會史與思想史之一面相〉，收入郝延平、魏秀梅主編，《近世中國之傳統與蛻變：劉廣京院士七十五歲祝壽論文集》(台北：中央研究院近代史研究所，1998)，上冊，頁3-52。

的，認爲「其言頗荒唐，且以徼福之心爲善窒惡，已屬私欲也」。可是他四十歲之前尚無子嗣，日夜懸想的是販夫傭保居然都有小孩，會不會他們的德行勝過自己呢[23]？足見他心理的最深層仍然相信善惡都會得到現世報應。在不自覺的層面，他的想法實在與袁黃沒有太大差別。

二

　　前面已經提到過，我們在討論宋明理學的歷史時，常常忽略了他們的生活史，尤其是他們在從事道德修養時，除了語錄與高深的談論外，究竟還有什麼憑藉，使得這種基本上是內心世界的轉化能夠有所保證？

　　自古以來，人們就以各式各樣的方式來警醒自己。理學大興之後，盛行於各地的以一、兩句修身提醒的書匾、書聯、書壁等極爲流行。以朱子(1130-1200)爲例，他的行蹤所經之地所留下的遺蹟中，便有大量的這類遺物[24]。但這並不是主要的，理學家生活踐履中有以下幾種重要的模範或是憑藉：

　　(一)自傳：如胡直(1517-1585)、高攀龍(1562-1626)的《困學記》都成了人們從事道德修養的範本[25]。

　　(二)功案(或「公案」)：《陳獻章集》中〈與賀克恭黃門〉一文

23　李塨，《恕谷後集》(《叢書集成初編》，第2488-2490冊；上海：商務印書館，1936)卷一，〈警心編序〉，頁5。

24　高令印，《朱熹事跡考》(上海：上海人民出版社，1987)，頁161-301。

25　關於自傳，請參看吳百益的研究。Wu Pei-yi, *The Confucian's Progress: Autobiographical Writings in Traditional China*(Princeton: Princeton University Press, 1990).

有一段話：

> 林緝熙此紙，是他向來經歷過一個功案如此，是最不可不
> 知。……若未有入處，但只依此下工，不至相誤，未可便靠
> 書策也。[26]

陳白沙(1428-1500)指出，從事身心性命之學者如果不知如何下手，可照著林緝熙的「功案」去下工夫，「不致相誤」。足見「功案」是一個人道德修養歷程中所經過的種種重要關節及轉折，記下這些歷程，就像一件案子的前因後果，所以稱爲「功案」。而對於尋找入手工夫的初學者而言，它有點類似基督教的聖徒傳記，只要模仿聖徒，照著去做，便不致走錯路。陳白沙並特別強調「不可便靠書策」，可能因爲書策畢竟不像「功案」那樣，是一個修養有成之人道德轉化過程中搏鬥的痕跡，易於循守，而且更得要領。

(三)年譜：我們現在通常只將年譜當作某人的生平史料，但在宋明理學的傳統中，「年譜」常有實際修身借鑒的功用，參詳某人的年譜，便是參詳他道德奮鬥的歷程。以《王陽明年譜》爲例，這份成於陽明親近學生之手的紀錄，便是許許多多王學信徒求道過程的參考冊子，其功用有點像基督教的《模仿基督》(De imitatione Christi)。有一些被認爲在道德實踐上有所成就的人物常在生前編年譜，多少也是將年譜視爲一種教學手冊。

(四)肘後牌：李二曲(1627-1705)有「肘後牌」，他曾這樣說明

26　孫通海點校，《陳獻章集》(北京：中華書局，1987)，上冊卷二，〈與賀克恭黃門〉第二則，頁133。

它的功用：

> 肘後牌者，佩日用常行之宜於肘後，藉以自警自勵，且識之
> 於不忘也。上帝臨汝，無貳爾心，其可忽乎！[27]

中醫有所謂「肘後方」，表示緊急時不可或缺之方藥。此處的「肘
後」二字，也有道德修養過程中之肝膈要旨的意思，不過它不只是這
樣。照李二曲的描述，它是一塊木牌上面寫著自警自勵的話，佩於手
肘之處，則每當手肘彎曲之時，便因碰觸而自警。李二曲的「肘後
牌」上寫的是[28]：

```
        默 恭
      擴 提 修
      善 起 九
      端    容
         放
         下
      定 寂 明 虛

      贊 參 綸 經
         化
      奧 無 聲 無
```

　　李二曲用一段話來說明這塊木牌上口訣的意義：「終日欽凜，對
越上帝，篤恭淵默以思道；思之而得，則靜以存其所得。動須察其所
得，精神纔覺放逸，即提起正念，令中恆惺惺；思慮微覺紛雜，即一
切放下，令萬緣屏息。修九容，以肅其外；擴善端，以純其內。內外
交養，湛然無適，久則虛明寂定，渾然太極，天下之大本立矣。大本

27　李顒，《二曲集》（北京：中華書局，1996）卷十五，附〈授受紀要〉，
　　「肘後牌」，頁134。

28　同前註。

立而達道行，以之經世宰物，猶水之有源，千流萬派，自時出而無
窮。然須化而又化，令胸中空空洞洞，無聲無臭，夫是之謂盡性至命
之實學。未至於斯，便是自棄。千萬努力，念茲在茲！」[29]

（五）書壁、書門：書於門或書於壁想必是在門上或壁上直書警句
或是張掛條幅來警醒自己。此處擬舉顏元（1635-1704）與李塨（1659-
1733）的例子。《顏元年譜》1690年條引顏氏日譜，對「書壁」之功
用有所闡發：

> 行中矩，望見壁上書「毋不敬」，快然。思敬時見箴而安，
> 急時見箴而惕，不啻嚴師爭友矣。湯、武逐物有銘，有以
> 哉。[30]

李塨書壁的內容相當豐富，想來是隨著年齡與進境而不斷更換。1682
年他書於壁上的是當時的日課──「一山立、一莊坐、一慎笑、一朗
言、一勿作輕佻語姍人、一言事勿急躁、一勿閒言廢時、一與人言須
待人語訖、一論古人以和平、一戒深言、一戒輕作勉人語、一戒浮
態、一勿以盛氣加人。」[31] 隔年，因為有一次與顏元討論改過的問
題，而恥昔日改過不力，乃大書於壁曰：「塨，汝改過不力者，天其
刑汝！」[32] 1702年，書壁的內容是：「坐如尸，坐時習也；立如齊，
立時習也；周旋中規，折旋中矩，趨以采薺，行以肆夏，行時習也；

---

29 同前文，頁135。
30 李塨，《顏元年譜》（北京：中華書局，1992），卷下，康熙二十九年「庚
    午(1690)五十六歲」正月二十二日條，頁71。
31 馮辰、劉調贊，《李塨年譜》（北京：中華書局，1988）卷一，康熙二十一
    年「壬戌(1682)二十四歲」條，頁19。
32 同前書，卷一，康熙二十二年「壬戌(1683)二十五歲」條，頁20。

寢不尸，寢時習也；皆習禮也。」[33] 1715年李塨五十七歲，自書於壁的是：「斷欲，勿詈人，勿躁，勿言人短長，力肩聖道，表裏並盡。」[34] 隔年，書壁云：「高冷暴躁，予之大病，不改之，非夫也。」[35]

(六)書衣：明末清初的盛敬(1610-1685)爲了實踐「慎獨」之訓，便將這兩個字書於所穿的葛衣之上，以便隨時提醒自己[36]。

(七)但是最值得注意的、使用最廣泛的，還是日記、日錄。

書院弟子立日記，是從宋代一直到清代都還使用的一個辦法。雖然目前尚未見到這種日記留下來，不過吾人可以從各種規約中看出，書院要求學生立日記，將所讀何書、所見何人記下來，以供山長閱看[37]。至於私人立日記的更是眾多，例如陳白沙有日錄[38]，吳與弼(1391-1469)有日錄[39]、董澐(1457-1533)《日省錄》[40]、林光(1439-1519)《晦翁學驗》[41]、高攀龍《日鑑編》[42]、劉宗周《日記》[43]、祁彪佳《日記》[44]、魏象樞《日記》[45]、張爾岐《日記》[46]、

33　同前書，卷三，康熙四十一年「壬午(1702)四十四歲」條，頁89。

34　同前書，卷五，康熙五十四年「乙未(1715)五十七歲」六月條，頁153。

35　同前書，卷五，康熙五十五年「丙申(1716)五十八歲」條，頁159。

36　葛榮晉等著，《陸世儀評傳》(南京：南京大學出版社，1996)，頁288。

37　李國鈞主編，《中國書院史》(長沙：湖南教育出版社，1994)，頁987。

38　孫通海點校，《陳獻章集》，上冊卷一，〈手帖〉，頁78。

39　吳與弼，《康齋先生日錄》(京都：中文出版社據日本明治三年和刻本影印)。

40　黃宗羲，《明儒學案》(北京：中華書局，1985)，上冊卷十四，「浙中王門學案四」，頁291。

41　容肇祖，〈補明儒東莞學案：林光與陳建〉，在《容肇祖集》(濟南：齊魯書社，1989)，頁228。

42　該書以德業之敬、怠義，分註於天時人事之下。參仲貴，《明清儒學家著述生卒年表》(台北：臺灣學生書局，1980)，「1585年」條，頁214。

43　參仲貴，《明清儒學家著述生卒年表》，「1592年」條，頁222。

張履祥(1611-1674)《日記》[47]、魏禧(1624-1680)《日錄》、朱用純《毋欺錄》、方苞(1668-1749)《省身錄》等等[48]，不過這些日記大都沒有留下來。他們也不認為有全本保留的必要，最多只是將日記中比較精采的心得摘抄刊印，譬如朱用純(1627-1698)的《毋欺錄》即是。

修身日記大抵可以分為兩種。第一種是比較不具系統的紀錄，明代吳與弼的《日錄》是一個例子。我們今天翻開吳氏《日錄》三百多條的紀錄，既不是系統的、帶有簿記性質的紀錄，也看不出明末清初日譜或日錄中那種你死我活式的內在鬥爭痕跡，而大體是一些生活體驗、一些反省、一些悔恨、對於聖賢語言的一些體味[49]。這類日記或日譜數目不少，規模最大的一部是孫奇逢(1584-1675)的《日譜》。

另一種是帶有簿記性質的修身冊子。它的流行，除了是受功過格影響外，也與當時社會脫序，需要更嚴格的修身日記有關。當時儒者在個人方面有《人譜》及各種省身錄，在社群方面則流行鄉約中的彰善糾過，士人也倡組省過改過之會[50]。當時文人悔過、懺過之風甚盛，

---

44 祁氏有日記多種，見《祁彪佳文稿》(北京：書目文獻出版社，1991)，第 2冊。

45 李塨，《顏元年譜》卷上，「辛丑(1661)二十七歲」條，第9頁記習包「研程、朱學，蔚州魏敏果公象樞甚重之，月送日記求正」，不過在《寒松堂全集》中未見到魏氏的日記。

46 張爾岐，《蒿菴集》卷二，〈日記序〉，頁73-74。

47 蘇惇元編纂，《明末張楊園先生履祥年譜》(台北：臺灣商務印書館，1981)，頁19。

48 麥仲貴，《明清儒學家著述生卒年表》，「1703年」條，頁424。

49 當然，我們現在所看到吳與弼《日錄》是選刊，而非全貌。關於《日錄》可以參考鍾彩鈞，〈吳康齋的生活與學術〉，《中國文哲研究集刊》10(1997)，頁269-316。

50 參見王汎森，〈明末清初的人譜與省過會〉，頁679-712。

所以刊刻功過格、《感應篇》[51]或《人譜》[52]的風氣非常盛行[53]。

　　當時儒學內部的幾種發展也與嚴密的修身日譜的興起有關。明代後期思想有逐步擺脫現成感悟，而走向日常生活中實踐的意味，故道德實踐上有一種「日常生活化」的傾向。當心學盛行時，人們所求的是「悟」，是「一旦豁然貫通，則眾物之表裡精粗無不到」，所以讀書靜坐之外，還到處追逐得道大師，聽講、印證、提撕，尋求開示，以求證悟。一旦開悟，還要時時保住勿失。但是後來思想有所變化：第一、主張要從動中實踐，從實踐中去取得中節。第二、不再是開悟的，而是日常實踐的，那麼日譜中所記的不應再是一些電光石火般的感悟，而是生活的、全面的，所以日譜就傾向以簿記式涓滴不漏地記載每一舉動、每一念慮云爲。

　　我們由清初顏元與李塨兩次意見上的差異，便可以看出新舊兩種典範不同。1689年李塨三十一歲時，他問顏先生：「近日此心提起，萬慮不擾，祇是一團生理，是存養否？」顏元的回答是：「觀足下九容之功不肅，此禪也，數百年理學之所以自欺也。……蓋必身心一齊竦起，乃爲存養。」[54] 照顏元說，看不見的心與看得見的九容都要合符規矩，故不再是「此心提起萬慮不擾」就夠了，應該是生活中表現出來的每一細節。另外一個例子也可以看出由操存到習行的變化。李乾行(1646-?)向顏元說：「何須學習，但操存功至，即可將百萬兵無

51　鄧之誠，《清詩紀事初編》(北京：中華書局，1965)，頁551。

52　同前書，頁837。

53　例如樂純的《雪庵清史》(明萬曆刊本)，其中〈清課〉一卷，有講每日懺悔。

54　馮辰、劉調贊，《李塨年譜》卷二，康熙二十八年「己巳(1689)三十一歲」四月條，頁41-42。

不如意。」顏元悚然，「懼後儒虛學誣罔至此！」[55]

他們稱呼自己所做的是「日日工程」。顏元六十八歲時，有一天突然憶起「少年最卑汙事」，遂想起友人的一段話：「鳶飛戾天，一斂翅即落地。」故了解到「自今，不可任此身頹衰，須日日有工程」[56]，成德不靠一時的了悟，而是日日要努力的事，只要有一日沒有「工程」，便會像高飛的鳶突然收翅般，即刻掉落地上。

在對感悟式的修養觀感到失望之後，人們尋找一種可以用務實的方法來達到超越目的的東西。每有一善，便算一件功，每作一件壞事，便算一過，整個靈魂的狀態可以像公司的營運狀態，用簿記來管理，而且自己可以像一個老練的會計，搬出帳本，則公司的本質與營運狀況便一清二楚了。自己成德的可能性，以及在成德的路上走了多遠，都可以從這些簿記中查得。不再像過去那種求悟的方式，究竟何時可以超悟是不知道的，悟後可以保持多久也是沒有保證的。我覺得從孫奇逢《日譜》中的一篇〈序〉中，可以看出這種由務實的方法達到超越的目的之道路。這篇序強調由日用常行以窺先天未盡、以窺良知，而且是日日慎之、日日記之，終身無不慎、須臾無不慎。所記又是自證自勘，非他人所能識測者。而且這樣一件工作是無一人不可為，無一事不可盡，無一時不可學[57]。

因為是在日常生活所有細節上見分曉的，日記遂有兩種功用：第

55 李塨，《顏元年譜》卷下，康熙三十年「辛未(1691)五十七歲」八月條，頁78-79。

56 同前書，卷下，康熙四十一年「壬午(1702)六十八歲」三月八日條，頁98。

57 這篇〈補刊日譜序〉是由瀋陽曾培祺撰於光緒癸巳(1893)季夏，距離日譜主人孫奇逢(1584-1675)的年代已有兩百多年；見《孫徵君日譜錄存》(清光緒十九年兼山堂補刊本)，第1冊，頁1-2。

一、立日記者規定自己凡是日間所思所行，夜間必須不能遺漏地忠實記錄下來，因爲時時刻刻想到自己的念慮云爲到了晚間必須記錄下來，所以許多念頭便不敢有，許多事便不敢做。第二、必須對內在心靈的全部活動都要保持記錄，而且要將生活中所有的細節都記錄下來，以供自勘或請求成德君子代爲診治。這裡有點像是西方基督教的傳統中對「記憶」的重視。記憶是告解與悔罪傳統中相當關鍵的一部分，如果不能清楚記著自己的云爲，也就沒辦法進行一場完整的告解。所以教會中人發展記憶術，在中國傳教的利馬竇即以擅記憶術而名噪一時[58]。又如艾儒略(P. Julins Aleni, 1582-1649)的《滌罪正規》中便清清楚楚地寫著，想要眞正的告解與完整的懺悔，首先必須將所犯的過錯盡可能完整地記下來[59]。

明季儒者並未發展記憶術，不過日譜或日記的功用，也相當於西方懺罪過程中的記憶術；而求人評日記，或是在省過會、規過會中互質日記，也頗似向神父告解。所以教人立日記的話中都一再強調兩點：一是從最隱微的念頭之發動開始記下所有細節；二是功過並錄，一字不爲鎣飾。這兩個要點都是爲了記下善惡鬥爭的過程，以求悔過的完整，或爲自己及指導者在反省或教導時提供完整的紀錄。

日譜還提供自己「回勘」的紀錄，尤其是當自己神智變得較爲清

58　Jonathan Spence, *The Memory Palace of Matteo Ricci*(New York: Penguin Books, 1984).

59　艾儒略，《滌罪正規》(香港：納匝肋靜院，1929)卷一，〈禪忘〉，頁33-34：「凡欲解罪，當先追想所犯各罪，及其曾犯幾次，存記在心，以便吐告。然或日久遺忘，則求所以禪助記心者，略有三焉：其一，遵依十誡之序，逐條省察，庶解時陳說不紊；其二，細想從前領洗，與從前解罪以來，先後所居之地，所行之事，所接之人，則能追憶，曾在某地，行某事，接某人，曾有某失。」

醒客觀,或是道德修養上更有進境時,再回頭翻看,可以更清楚地診斷自己。我們在明末清初的日記或日譜中便常常看到回勘日譜之語。《李塨年譜》有一條:

> 思昔年煤毒、部問二事,心夷然不動,以爲學問所就。今回勘日譜,當時大本未立,蓋冒認也。[60]

因爲生命是一個縱深的歷程,所以自己藉著「回勘」去發現過去的修養實跡,對於未來工夫的進步也非常要緊。故要盡可能保留奮鬥進退之完整痕跡。

　除了修養「日常生活化」之外,明代思想的一些變化,也是日譜興起的重要原因。宋代理學至朱子而確立了理氣二元論,其論人心之疵病,每舉「氣拘物蔽」。但至陸王一系則不談氣稟,只談物欲。氣稟之拘是天生的,工夫是窮理,以求心之發動及身之行爲能越過氣稟之拘[61],陸王只論物欲之蔽,既無天生的氣稟之拘,則雖蔽固深重,皆由習染積成,而其工夫亦在以自心之明來光照及化除。此外,明代後期,心學家對人性的看法有所轉變,認爲氣質亦不可不謂性,習與性成,傾向一種自然的、發展的人性論。所以必須非常小心地在日常生活的細節中,分辨出對與錯來。不過他們基本上認爲人內在的光照可以辨別善習與劣習,然後盡可能地把劣習去除。這也是爲什麼儒門發展出記過而不記功的譜冊。

60　馮辰、劉調贊,《李塨年譜》卷四,康熙四十九年「庚寅(1710)五十二歲」十二月條,頁141-142。

61　參考鍾彩鈞,《王陽明思想之進展》(台北:文史哲出版社,1983),頁112-115。

　　值得進一步說明的是，過錯不是孤立的東西，它是一個症狀，所以了解過錯及改過之前，必須先知道自己的過錯只是整個人格的一個痛症，在它之下，有一個廣而深的結構。所以將每個念慮行爲，最忠實地記錄下來，是提供「症候閱讀」（symptom reading）的根據。劉宗周說：

> 吾輩偶呈一過，人以爲無傷，不知從此過而勘之，先尚有幾十層，從此過而究之，後尚有幾十層。……謂其出有源，其流無窮也。[62]

　　這不是劉宗周獨有的想法，只是他說得更明白而已。而想對這個前幾十層、後幾十層的症候加以徹底地了解，必須有最完整、最無隱諱，完全忠於自己的紀錄。

三

　　在明末清初的思想圈中，我們觀察到一個現象，即日譜除了是自省的憑藉外，它還常常是一種教材。日譜之所以成爲教學的媒介，與明清兩代之間士人社會生活的變化有關。

　　晚明士人與清代士人的生活型態相當不同。晚明士人的特色之一是知識分子的群體性活動。他們到處遊學，到處拜訪同氣相求的朋友，到處談論，到處切磋，所以遊記中常記載一些重要的思想辯

62　黃宗羲，《明儒學案》，下冊卷六十二，頁1541。梁啓超，《德育鑑》（台北：臺灣中華書局，1972），頁93，引了這段話，值得注意。

論[63]。而且當時士習囂張，結黨營社的事情極為平常。如果想窮舉當時各種性質的群體活動，幾乎是不可能做到的事[64]。

　　而講會乃知識人群體性活動的一大項目，士人每每跟隨一個大師東奔西跑。有些大型講會，在各省設有道宗，先期通知，傳單四發，屆時動輒數千或數萬人聚集在一起。這類記載非常之多，譬如《關學續編》中提到的幾次講會，與會者多到幾千人[65]。當時有幾位名重一時的講家，所到之處，經常吸引幾個省份的聽眾。首先是王陽明。他在會稽建稽山書院，湖廣、廣東、直隸、南贛、安福、泰和等地來的聽講者多達數千人。在江西講學時，也是四方學者輻輳，他當時所住的射圃，容不下這些來學的人。如徐階（1503-1583）為講會於靈濟宮，使歐陽南野、聶雙江等分主之，學徒之集者千人。又如顏鈞（1504-1596），他一開始講學，便趁庚子秋闈，出講豫章同仁祠，榜曰「急救心火」，「得千五百友」[66]。1541年三月，他聞其師訃音，遂赴泰州祭拜王艮（1483-1541）墓，廬墓三年，並聚友千餘，講論《大學》、《中庸》之學[67]。1545年他在泰州、如皋、江都、揚州、儀真等地講學，廣泛傳播王艮「大成之旨」，未記錄姓名者據說有幾千幾百之眾[68]。1553年顏氏五十歲時，還作〈告天下同志書〉，約聚

63　譬如羅洪先在《念菴文集》（文淵閣四庫全書本）卷五的〈冬遊記〉。
64　如方以智即是一個好例子，參任道斌，《方以智年譜》（合肥：安徽教育出版社，1983）。
65　馮從吾，《關學編（附續編）》（北京：中華書局，1987），續編卷一，頁74。
66　黃宣民編訂，〈顏鈞年譜〉，收入《顏鈞集》（北京：中國社會科學出版社，1996），「嘉靖十九年庚子(1540)三十七歲」條，頁126、128。
67　同前文，「嘉靖二十年辛丑(1541)三十八歲」三月條，頁130。
68　同前文，「嘉靖二十四年乙巳(1545)四十二歲」條，頁131-132。

各方學友於南都講明聖學[69]。又如羅汝芳(1515-1588)，他一生東奔西走到處講學，吸引無數聽眾，《明儒學案》稱他「舌勝筆」[70]，絕非虛語。譬如1576年(萬曆四年)他六十二歲時在騰越的一場講會——「徧塞場中不下四、五萬眾。……雖講生八、九人據高臺同誦亦咫尺莫聞也。」[71] 他一生所歷講會中，聽眾的數目總是非常龐大[72]。他的演講工作帶有到處佈道的意味[73]，直到他七十歲時遠近學生還移家就學[74]。

　　但是隨著國家的滅亡，學風沉靜下來了。士人對先前的學風有所反省批判。陸世儀說：「天下無講學之人，此世道之衰；天下皆講學之人，亦世道之衰也。」他反對「嘉、隆之間，書院遍天下，講學者以多爲貴，呼朋引類，動輒千人，附影逐聲，廢時失事」[75]。官方的態度也與他們合拍。順治九年(1652)清廷下令：「各提學官督率教官、生儒，務將平日所習經書義理，著實講求，躬行實踐，不許別創書院，群聚徒黨，及號召他方游食無行之徒，空談廢業。」[76] 當時雖

69　同前文，「嘉靖三十二年癸丑(1553)五十歲」條，頁137。

70　黃宗羲，《明儒學案》，下冊卷三十四，「泰州學案三」，頁762。

71　程玉瑛，《晚明被遺忘的思想家：羅汝芳(近溪)詩文事蹟繫年》(台北：廣文書局，1995)，頁107。

72　同前書，頁108。

73　同前書，頁161。

74　楊起元在《證學編》說：「先師平生將有所適，則同志預戒以待。及其至也，輒數十人在，同食寢矣。次日多至百人，少亦不下五、六十人，再過一、二日則二、三百人，此其常也。」在《楊復所先生家藏文集》裡又說：「近師平生徒足所至便集百十人，多至數百人，絕未嘗有意於約戒號召之，而莫知其所由然也。」同書〈告同門〉中說：「明德先師仕無祿入，悉以待四方來學。」以上三則皆轉引自程玉瑛，《晚明被遺忘的思想家》，頁211、215、217。

75　陸世儀，《思辨錄輯要》(台北：廣文書局，1977)，前集卷一，頁8b。

76　見《大清會典‧儒學‧學規》(台北：新文豐出版公司，1976)；轉引自周

然還有一些講會，如紫陽講會仍具相當規模[77]，而且還有一些名儒在
各處主持書院，但講會的聲氣已近尾聲。雍正十一年(1733)又有「屏
去浮囂奔競之習」[78]之詔，講會便不常再見了。

　　相應於士人群體活動的消寂，文化活動的型態也有了微妙的改
變。以評選文字爲例，過去由詩社評文，社盟衰歇之後，出現了新的
方式。鄧之誠《清詩紀事初編》「徐文駒」條：

> 自社盟禁後，人人可操選政，以言資生，時藝所得過于詩古
> 文者多矣。故呂留良、戴名世、何焯皆甘爲選家。[79]

文學活動如此，思想性活動亦相應而變。講會減少了，像心學大盛時
那種動輒幾千人、甚至上萬人的講會不再出現，一個老師身邊聚有大
量學生的盛況也不再見，像過去那種四處出遊、先期張貼布告招來聽
眾的情形也幾乎消失了[80]。但是有些卓有聲名的大師，仍舊是各地士
人們所嚮往的。既然少了當面受教的機會，以日譜作爲教學媒體的風
氣乃漸出現。

(續)————————————

　　　德昌主編，《中國教育史研究·明清分卷》(上海：華東師範大學出版
　　　社，1995)，「清代書院的沉寂期」，頁74。
77　周德昌主編，《中國教育史研究·明清分卷》，「明清書院的講會制
　　　度」，頁102-105。
78　《清朝文獻通考》(台北：臺灣商務印書館，1987)卷七十，〈學校考〉，頁
　　　5504。
79　鄧之誠，《清詩紀事初編》，頁861。
80　以講學爲例，在《關學續編》有一則記一位關中學者日與諸生講論不輟，
　　　「或以時方忌講學之風，有勸非其時者」(卷一，頁74-75)，我們沒有更進
　　　一步資料討論這一句「時方忌講學之風」究竟是指政治的壓力，或是當時
　　　學界風氣如此，因爲事實上，當時政府與士人皆有反講學、反對士人群體
　　　性活動之傾向。

　　同時，因為這些大師對成德的看法與前人已有不同。一覺已無餘蘊式的思考已經過時，代之而起的是要在日常生活的所有細節中去實踐聖人之道。所以千里來見一面、聽一席演講、得一番開示的教誨方式，已經不夠了。有些人想到使用日譜，抄送日記求人評論，教人立日記，或要求讀他人日記的風氣漸盛。譬如魏象樞將日記送請刁包(1603-1669)評[81]，孫奇逢《日譜》中有一條說張蓬元寄信索求他的日譜[82]。孫氏的《日譜》這時根本不曾印刷，而竟有人來信要求觀覽。顏元在與他素未謀面的關中李復元通信時也表示，希望對方將平時所用功及所得力處告訴他，並客氣地說「相望千餘里，貧儒難以負笈親炙」，即使連信也不能常寄，故摘「功課記」中一紙，寄請對方指正[83]。又如他在給南方大儒陸桴亭的信上也說：「山河隔越，不敢多寄，謹以〈性〉、〈學編〉各一紙、日記第十七卷中摘一張呈正。」[84] 此外，如安徽環山的方啟大(1612-1677)，在他將死之前，是把自己的日錄一篇授予其子，說：「此中聊見爾父所學，他無足念也。」[85] 今人認為最私密的日記，在當時竟是類似學報、論文抽印本、講義，甚至是函授教材的東西。

　　在顏李的教學過程中，日譜扮演特別舉足輕重的角色。而這個現象與整個社會環境的變化有關。顏李不是以讀書為滿足的人，他們亟

81　李塨，《顏元年譜》，卷上，順治十八年「辛丑(1661)二十七歲」條，頁9。

82　孫奇逢，《孫徵君日譜錄存》卷四，「順治八年辛卯(1651)六十八歲六月二十六日」條，頁39b。

83　顏元，《習齋記餘》卷三，〈寄關中李復元處士〉；收入《顏元集》(北京：中華書局，1987)，頁435。

84　同前書，卷三，〈上太倉陸桴亭先生書〉，頁428。

85　黃容，《明遺民錄》卷五，「方啟大」條；收入謝正光、范金民編，《明遺民錄彙輯》(南京：南京大學出版社，1995)，上冊，頁35。

思以其學斡旋世運，幹濟天下；想轉世，而不是爲世所轉；想以其學培養百萬鄉官，以落實其全國之政治改革。

但懷抱這樣一個理想的人必須要能廣泛接觸各地士流，才能落實他的弘願，然而顏元卻僦居在河北鄉間的一個荒村中，極少有機會離開，與明代心學家那種到處講學到處勸化的生活方式正好形成激烈的對比。顏元又反對著述，認爲詩文字畫是「乾坤四蠹」，反對人多念書，嘲笑有人開了一份書目勸天下士人誦讀三萬遍的構想是莫名其妙，甚至認爲明代動輒以官爵賞賜領銜修書之大臣爲荒謬[86]。那麼他要靠什麼來傳達學說？

顏元認爲他學問的特色是實踐，所以想承其學的人必須在日常生活中活出聖賢的規模來。如果千里之外的人立志要走他的路子，不必一定要聚會見面，也不必讀他的著作，要緊的是趕快模仿他的辦法立日記。而當時也確有不少千里之外從未謀面或從未通過任何消息的人，只要發心仿照他的方式立日記，便自稱是他的學生。譬如常州孫應榴（1694-1733），是因爲在1723年（雍正元年）三十歲時聞惲皋聞（1663-1741）述顏李之學而嘆服，便「遙拜先生（李塨）爲師，立日記，省過甚嚴，且分日習六藝」。五年後，他將四個多月間的日記一本託惲氏寄給李塨，李塨讀後，覺得其師顏元的學問已經開始南傳了。這本日記原先藏在李塨的舊篋中，後來被《李塨年譜》的編修者發現。他們發現孫氏原想北上拜李塨爲師，但「因斧資不給，乃北向

86　鍾錂編，《顏習齋先生言行錄》卷上，〈禁令第十〉；收入《顏元集》，頁655。案據《顏元集》點校者指出，此處之「三萬遍」或爲「三百遍」之誤。顏元反智識之態度可參見余英時先生的〈清初思想史的一個新解釋〉，氏著，《歷史與思想》（台北：聯經出版公司，1976），頁121-156。

遙拜先生爲師」[87]。由此可知立日記是決心皈依師門的表現，所以在顏李學派中常見有「於是立日記，學先生之學焉」一語[88]。惲氏決心立日記後讀到李塨題〈王崑繩省身錄〉一則，「慨然曰：『數載景仰，未得遂願見先生之志，今以斯言自省，庶幾如見也與。』乃逐句分註之日記，訂爲自省之要。自省心存密否，密則日記書一直畫｜，否則書二斜畫╳，且以畫之大小，別存否之久暫。自省視聽言動中禮否，中禮則書方□，否則書馬眼〇，亦以大小，別中否之輕重。自省時覺有進否，進則書一圈〇，否則書一黑子●，亦以其大小，別進否之分數。禮樂諸藝，每朔望兩考，有加則書環◎，間斷則書缺〇，亦以大小，別加損之多寡。天理所悟，人情所照，經濟所閱歷，或日新，或仍舊，夜寐而寤，能一一自省，則晨起書一大紅圈〇，昏忘不省，則書一大黑子●。每月朔，設案南窗下，省一月之記，某畫幾，某畫幾，記過之多少，跪而自訟。」[89]

不過立日記嚴格省查善過，每月結算，過多善少則跪而自訟的工作，與顏元所痛訴的「半日靜坐半日讀書」一樣，不是平民做得到的。所以，心學盛行時那種平民化的，大量村民、大量農工商賈都被發動起來參與講會的情形再也看不到了，一般百姓也不可能「立日記」，所以由講會到日譜，多少也可以看出理學中平民精神的萎縮。

87　馮辰、劉調贊，《李塨年譜》卷五，雍正六年「戊申(1728)七十歲」二月條，頁193-194。

88　同前書，頁194。

89　同前註。

四

我們現在所能讀到的修身日記並不多。許多立日譜的人，在某一個時期便要焚棄，所以留存的很少，加以刊刻的又更少了。刊刻工作通常是經他人之手。

本文就幾種較有代表性的日譜或日記加以討論：依年代先後，分別是陸世儀《志學錄》、陳瑚《聖學入門書》，這兩種是明朝滅亡前幾年的日譜；接著是明亡前十六個月，黃淳耀(1605-1645)的《甲申日記》；然後是由《顏元年譜》所輯得的顏氏日譜；最後是由《李塨年譜》所輯得的李塨日譜。顏李的日譜已下及雍正年間。這些日譜的內容正好見證明末到清初這一段歷史。

陸世儀是江蘇太倉人，他與同里陳瑚(1613-1675)、盛敬(1610-？)、江士韶等人以道義相勸勉，於1633年(崇禎六年)秋間始行袁了凡《功過格》，後來因為覺得不滿意，故作《格致編》，又創立《考德課業錄》。《考德課業錄》始於丁丑，也即是1637年(崇禎十年)，日書「敬」、「不敬」於冊，以驗進退[90]。在1639至1640年間，他認為自己所考猶疏，故更為一法，「大約一日之間，以十分為率，敬一則怠九，敬九則怠一，時刻檢點」[91]。他把1641年起所作的日譜稱為《志學錄》，所記更為詳盡。足見他的日記有一個發展的過程，愈發

90　陸世儀，《年譜》(收入《陸子遺書》，第1冊)，「崇禎十年丁丑(1637)
　　二十七歲春」條，頁6b。依陸世儀《年譜》頁5b，《格致編》作於崇禎九
　　年(1636)。

91　陸世儀，《志學錄》(收入《陸子遺書》，第13冊)，見清道光十年(1830)
　　錢敬堂之〈弁言〉，頁1b。

展愈嚴謹，檢點的間隔愈來愈緊湊，計算更為準確，所記的事也更詳密。

《格致編》未存，《考德課業錄》應是他們「考德課業會」會友所立日記的通稱，其得名是因他與陳、盛、江等人所創的考德課業會而來。至於《志學錄》則是該會中每個人所立日記之通稱，但是只有陸世儀的這一份留下來。陸氏的《志學錄》甚為簡短，從1641年(崇禎十四年辛巳)三月到十二月共十個月之久，特別值得注意的是，此時陸世儀正在服喪。

陳瑚的《聖學入門書》只留下一批表格，沒有實際的內容，它依年齡、性別去分，故有小學日程、大學日程、內訓日程三種，而且為了照顧不識字的婦女，他在內訓日程規定「奉行法」中作了一些特殊的安排[92]，他的條規中也反映了一些意識型態，譬如內訓日程規定婦女「歲終總計其數，入夫告天文中一并焚化」[93]，即是將婦女視為先生附屬之想法。袁了凡《功過格》中也有相同的規定。

殉明名臣黃淳耀的日記甚多，有《自監錄》、有《日省記》等。此處所討論的是《甲申日記》。

《甲申日記》，一冊，起於1644年(崇禎十七年甲申)一月，止於該年三月，是黃氏殉國之前十六個月的日記。第一個月是先以《二程書》、《近思錄》作為反省的依據。第二個月是分身、口、意三方面自我檢省。到了第三個月，他覺得分類檢查還不足，故在時間上又分早起、粥後、午後、燈下、夜夢五個時段以自省，「刻刻提撕，不令

92　陳瑚，《聖學入門書》，在《確庵文稿》(日本淺草文庫本；東京：高橋情報，1991)，無頁碼。

93　同前註。

稍懈」[94]。由以上種種，也可以看出他與陸世儀等人一樣，所立日記
有愈來愈嚴、愈來愈緊的趨勢。這樣的發展基本上符合明清之間思想
轉變的大致趨勢[95]。

顏元從1664年開始立日譜。他的日譜未見存留，不過我們非常幸
運地從《顏元年譜》勾稽了不少材料。李塨等在《顏元年譜》的〈凡
例〉中表示：在1664年（康熙三年甲辰）三月以前的《顏譜》是本之顏
氏自己的追錄稿及李塨的傳聞，此後一直到1704年（康熙四十三年甲
申）顏元死去為止，皆採諸日譜。李塨他們所見的日譜共七十餘帙，
每歲日記不下七、八十頁。也就是因為有這麼完整的日譜，所以編輯
年譜的工作不到五十天就完成了。這部年譜對顏氏一生功過並錄，不

94 黃淳耀，《黃忠節公甲申日記》（《明清史料彙編》，第72冊；台北：文
海出版社，1967-1969），〈劉承幹跋〉，頁82。
95 本文偶爾提到孫奇逢的《孫徵君日譜錄存》可能是此時期中卷帙最為浩繁的
一份日譜。孫氏立日譜甚早，不過目前所能見到的是順治六年（1649）十一月
告墓移家起至康熙十四年（1675）止的日譜。在孫氏逝世之後，日譜即已出現
過抄本，魏一鰲案頭曾有一部，參見常大忠，〈孫徵君日譜錄存序〉，《日
譜》，第1冊，頁21a：「於蓮陸魏師之案頭見日譜一書。」此書最終得以印
出，乃孫氏後人得之於孫氏門生馬平泉之後人，它的正式刊印，受到史學家
陳寅恪之祖陳寶箴之贊助（見《日譜》第1冊光緒十一年（1885）九世孫世玟
〈紀事〉，頁24-25），可能印本無多，故到光緒年間仍極罕見。由於這一份
日譜的存佚狀況始終在若隱若現之間，一直到一九八○年代，侯外廬等編寫
《宋明理學史》（北京：人民出版社，1984-1987）時仍不知它的存在，該書在
討論孫奇逢時說他：「寫了大量著作，尤其是所作的日譜，據說卷帙浩繁，
可惜已經遺佚。」（頁703）近年來北京圖書館將其所存善本整理出版時，也
把所藏的《日譜》發表了，然而只有不到兩卷的殘稿。不過在中研院史語所
傅斯年圖書館藏有足本的《日譜》，共三十六卷、30冊，與北京線裝書局
2003年出版的版本相同（俱為光緒十九年兼山堂補刊本），而上海古籍出版社
1997年出版的《日譜》（《續修四庫全書‧史部‧傳記類》，第558-559冊）也
是三十六卷本。不過因為《孫徵君日譜錄存》不是一種系統性的、帶有簿記
性質的反省日記，所以不在此討論。

刻意曲隱[96]，所以所抄錄的日譜材料極爲逼眞生動。

　　李塨的日記現在也不能見到，所以本文全憑《李塨年譜》中所節引自日記者爲討論的根據。我們知道李氏從二十二歲(1680)開始立日譜[97]，一直到他在1733年(雍正十一年癸丑)故世爲止的五十幾年間，日記不斷。當李氏弟子馮辰(約當康熙中葉至乾隆初葉人)編他的年譜時，李塨只有五十二歲，距死亡還有二十一年，後來劉調贊(1700-?)在李塨故世後再續完該書[98]。他們所根據的「自庚申七月以後，皆採之日譜，以前，則本之(馮)辰所素聞於先生者」[99]，庚申(1680)是李氏始立日譜之年。足見馮、劉二人編年譜時全是根據第一手的日譜資料，其中只有康熙五十、五十一、五十二、五十三年的日譜遺失了[100]。馮、劉編譜也是功過並錄，一字不爲鎪飾[101]，所摘錄的日譜亦至爲直接而生動。

　　修身日記的記法也各有不同。黃淳耀在殉國前十四年立有《自監錄》，他表示自己的記法是「每日所爲，夜必書之，兼考念慮之純雜，語言之得失，自辛未(崇禎四年1631)三月十一日始」，他還寫著「勿忘勿遺，勿示他人」，足見其日記一開始就不準備公諸世人[102]。《自監錄》中偶爾也說「日日查己過，刻刻查己過」[103]，

96　李塨，《顏元年譜》，〈凡例〉，無頁碼。

97　馮辰、劉調贊，《李塨年譜》卷一，康熙十九年「庚申(1680)二十二歲」七月條，頁6。

98　劉調贊，〈續纂李恕谷先生年譜序〉，同前書，頁143。

99　同前書，〈凡例〉，無頁碼。

100　同前書，頁143。

101　同前書，〈凡例〉，無頁碼。

102　黃淳耀，《自監錄》，《陶菴語錄》(收入《陶菴全集》清乾隆二十六年寶山學刊本，第6冊)，〈小引〉，頁1a。

103　同前書，卷一，頁24a。

「每夕查一日過失」[104]。黃氏這個作法在十三年後的《甲申日記》中基本上是延續著的。

　　陸世儀記日記的辦法在當時相當有名氣，這套記法是他長期摸索的結果。陸世儀一開始並不認爲記日記時應該善過並錄，後來則發展出好幾種簿錄：《志學錄》是記自己之過的，另有一種《紀事錄》是記自己之善的，至於《相觀錄》則記同會會友之嘉言善行。陸世儀在《志學錄》中常常後悔自己對過失所記不嚴，常有有意[105]無意放過之處，而深感痛悔。一如黃淳耀在他的日記中所感喟的：「已前所記不嚴，過失多有放過處，此後務期密之又密。」[106]

　　陳瑚《聖學入門書》分大人、小孩、女性三種紀錄本子。大人、小孩的記法是一樣的：

> 奉行法：先期齋戒三日，焚香告天，隨置一簿，編次年月，每日臨臥詳記所爲，明註善過，不得欺隱，不可間斷，半月一小比，歲終一大比，仍齋戒告天，考其善過多寡，自知罪福，不必更問休咎。[107]

由於女性多不識字，所以丈夫必須居於輔導的地位，爲之講解奉行條

---

104 同前書，卷一，頁16a。

105 陸世儀在《志學錄》「崇禎十四年三月初八日」條，頁3b-4a有一段話說：「途行與(陳)曰夏言紀事例宜紀善而不紀過，曰夏不以爲然。乃同至蕃侯齋，出凡例觀之。議論少頃，乃是予議。予欲於紀事錄之外，另訂一相觀錄，紀諸兄嘉言善行。予與曰夏言志學錄只須紀過。凡家庭隱微之善皆不可紀，亦不必紀。」「崇禎十四年四月初七日」條，頁14b有：「紀相觀錄五條。」

106 黃淳耀，《黃忠節公甲申日記》，「崇禎十七年二月十四日」條，頁42。

107 陳瑚，《聖學入門書》，無頁碼。

目,而且女性也不被要求記下內容,只要能用代碼即可:

> 奉行法:婦人奉行內訓:爲夫者將此數條與之講解明白,隨
> 造一冊,開明月日,每日臨臥詳記一日善過,能書者自書某
> 善某過,不能書者每日下開列善過兩行,有善則于善下加
> 一、,十善加一◯,……如有不明,請命于夫,夫爲定其善
> 過之數。歲終總計其數,入夫告天文中,一并焚化。[108]

顏元的日記強調毫不隱瞞地記下每日身心行爲的每一細節。顏元三十
七歲時,他的夫人曾經向顏氏表示希望「隱過不可記」,這裡的隱過
可能包括閨房之事。顏元卻表示:

> 惡!是僞也,何如不爲記?且卿欲諱吾過,不如輔吾無過。
> 夫凡過皆記,雖盈冊無妨,終有改日也。若不錄,即百過盡
> 銷,更愧,以終無改機也。[109]

因爲是時時反省、時時記錄,事事反省、事事記錄,所以記錄是全面
的,盡可能避免自己任意的選擇或有意無意的迴避。顏元在1666年三
十二歲時說:

> 思日記纖過不遺,始爲不自欺。雖闇室有疚不可記者,亦必

---

108 同前書,無頁碼。
109 李塨,《顏元年譜》卷上,康熙十年「辛亥(1671)三十七歲」正月條,頁
32。

書「隱過」二字。至喜怒哀樂驗吾心者，尤不可遺。[110]

「闇室有疚」，不便明白說出的，顏元也要用「隱過」二字作爲代號，使自己在反省時見字便可以回想起當時所犯的過錯了。顏元還發展了一套符碼來記錄自己的善過：

時心在則○，不在則●，以黑白多少別在否分數。多一言則◐，過五則⊗。忿一分則◑，過五則⊗。中有✕，邪妄也。[111]

李塨也是每時勘心，不是隨興或想到什麼便記什麼。李塨說他開始立日記時，便決心每時下一圈，方法是簡單的○✕，✕當然是代表過失，可是爲了要簡要地識別所犯何過，他有一個辦法：「多言則✕圈上◐，過忿則✕圈下♀，有貪利心則✕圈右◔，有求名心則✕圈左◑，有怠心則✕圈中⊗，有作僞心則圈上下左右皆✕ ✦。」[112] 要緊的也是「功過並錄，一字不爲鏝飾」[113]。

在長年的實踐中，當時人也有互相觀摹日譜的記法。如有一年李塨發現自己因爲太受其師顏元的影響，以致「內功」不密時，「乃以陸道威每日敬怠分數自考」[114]。顏元偏重的不是心性隱微的審檢，而是禮容的表現，所以李塨想在「內功」方面有所長進時，便想到向南方的陸世儀學習。

---

110 同前書，卷上，康熙五年「丙午(1666)三十二歲」正月條，頁19-20。

111 同前書，卷上，康熙八年「己酉(1669)三十五歲」十一月條，頁28。

112 馮辰、劉調贊，《李塨年譜》卷一，康熙十九年「庚申(1680)二十二歲」九月條，頁8。

113 同前書，〈凡例〉，無頁碼。

114 同前書，卷三，康熙三十八年「己卯(1699)四十一歲」條，頁72。

記日譜的辦法在當時似乎相當新穎，故山東張爾岐（1612-1678）
說他到二十三歲時「始得日記之說」：

> 至二十三歲，始得日記之説，蓋有合焉，乃効而爲之。其法
> 年自爲卷，篇題之月，月綴之日，凡有所舉，罔不注之。其
> 日篇末計其大凡，而勤與怠可自考矣。儻有所謂日新者耶。
> 且以號於同志，曰：亙古如斯日矣，豈至我而易之？不佞固
> 始於二十三歲之七月，而後以終其身之日也。[115]

此文寫於1635年（崇禎八年乙亥）。值得注意的是，張氏原來並不曉得
日記的記法。他所提到的記法顯然帶有簿記性質，故特別提到每日之
末要「計其大凡」。

記日記者通常要立定一些省察科目。除了正常的省察科目外，立
日譜者亦每每在日記的冊面或明顯的地方寫下一些警句以提醒自己。
如李塨1699年決定除了「儀功如常」外，日譜每月下，書「小心翼
翼」以自課[116]，後來又在小心翼翼之下加「昭事上帝」，每日三復
之[117]。這種特別加書數字於日記的作法頗為平常。有時自書，有時
由評日記的人寫。

我們似乎已經很難想像一個人每半日或每天晚上，都要將這一天
的所有念慮云為、甚至夜晚夢境一一據實記錄下來，在行旅之時，囊
篋中也要隨時放置日譜。但當時人就是這樣做的。李塨《訟過則例》

115　張爾岐，《蒿菴集》卷二，〈日記序〉，頁74。

116　馮辰、劉調贊，《李塨年譜》卷三，康熙三十八年「己卯（1699）四十一
　　　歲」條，頁70。

117　同前書，頁73。

中就記載說他在王餘佑的囊中翻到記過格[118]。

後來李塨的兒子李習仁(1698-1721)的行篋中也放著日譜。李習仁英年早逝，其父在〈長子習仁行狀〉的附錄〈習仁日譜儀功〉中這樣說：「卒後檢其南行篋得之。」[119]此外我們在其他地方也都可以發現類似的記載。

五

立日譜不是偶發性的行為，而是道德修養的重要課程。此處我想舉陳瑚與顏元、李塨為例，他們一南一北，不約而同地到處勸人立日譜。而且一家有一家奉行的規條。

以陳瑚為例，陳氏只要一有機會，便要推銷他的日譜之學，《確庵文藁》中有幾篇講義是他在各處講會中所作演講的白話紀錄，其中便充分反映這一個事實。譬如〈時習講義〉：

> 但既說讀書，則凡天文地理兵農禮樂十三經二十一史，那一件不當讀？既說做人，則凡為孝子，為悌弟，為忠臣，為信友，那一項不當做？然也不是空空去讀、空空去做的，須有一個規矩準繩，須有一個法則，當初袁了凡先生有《功過格》，劉念臺先生有《證人社約》，文介石先生有《儒學日

---

118 「塨少受家學，及長，益以先生長者之訓，顧不敢自暴棄，然每愧日省不勤，愆過滋多，一日繙王五公先生秘囊中，見劉念臺紀過格，條分縷析，刺血驚心，似專為愚瞶而發者。」李塨，《訟過則例》，收入《顏李叢書》(台北：廣文書局，1965)，頁1324。

119 李塨，《恕谷後集》卷八，〈習仁日譜儀功〉，頁101。

程》，這都是讀書做人的規矩準繩，時習的法則，今不佞又
參酌三先生的，定爲大學日程，半月一考較，以此治己，亦
以此治人。[120]

他在印溪書舍的演講中，這樣介紹日譜在修養中的功用──

務期勇猛精進，勿使一念懈怠，一刻虛廢，方爲自愛，即如
日紀，乃策屬進修良法，遵奉紀錄，切須誠實，勿事粉飾，
以欺父兄師友，欺人實所以自欺，己受其損，於人何與？[121]

陳氏應邀參加陸桴亭的歲會時，回憶他們一群有志聞道者所做的修養
工夫時說：「當初吾輩講學，歲有歲會，月有月會，旬有旬會，季有
季會，大家考德課業，嚴憚切磋，讀一句書就要身體力行，遇一件事
就要格物窮理，步步操存省察，時時講習討論。」[122]
　　1660年（順治十七年）夏五月，陳瑚過如皋訪冒辟疆（1611-1693）
等人，集於水繪園中論學，陳氏講了一章《中庸》作爲贈別之禮，陳
氏表示要實踐《中庸》的道理，須從「致曲」上做去──「前不佞有
所著《聖學入門書》，要人遷善改過，原是掇拾諸儒緒餘，要人做致
曲工夫，……是千聖相傳心法。……愚意只從致曲做去，便是即心即
事，無有不合。」[123] 前面已經說過了，《聖學入門書》即是日譜的
一種。

---

120 陳瑚，〈時習講義〉，《確庵文稿》，無頁碼。
121 陳瑚，〈印溪書舍講義〉，同前書，無頁碼。
122 陳瑚，〈白鹿洞規講義〉，同前書，無頁碼。
123 陳瑚，〈水繪園講義〉，同前書，無頁碼。

　　至於顏李，前面已經說過他們是以日譜作為修身及溝通思想之用。當時士人刊印文字常只刊印一篇，或抄一篇，遇到需要切磋學問之人，則奉上一篇[124]。日譜也好比是一篇論文，如顏元在書信中常提到以日記一紙呈正[125]，或說「拙功課記中亦摘一紙」[126]，此處所謂功課記即是日譜。李塨也是一樣，他到陝西富平講學，離開時有〈富平贈言〉，最後便有「附呈恕谷日譜數條」，然後開列了一些為學要則[127]。

　　贈送日記範本，也是常見的事。如李塨於1705年送《訟過則例》給在他處教館的馮辰，馮辰收到後「遂上書問學」，接著並齋宿來拜、問學，李塨教以約心、力行、學經濟之後，接著是「命立日記」，馮辰遂立日記請李塨評，而李塨也馬上出示自己的日譜，請馮辰評[128]。

　　千里之外不得相見之人或平素不常見面的人，更以互評日記來發揮切磋的作用。如李塨的學生惲皋聞，人在南方，便評李塨的日記曰：

　　近有毀先生於予者，予曰：「久不相見，聞流言而不信，古人之交也。況常相見乎？」毀者遂止。……或者先生惡惡太

124　如顏元，《習齋記餘》卷七，〈祭寧晉張公儀文〉；收入《顏元集》，頁533。

125　顏元，〈上太倉陸桴亭先生書〉，頁428。

126　顏元，〈寄關中李復元處士〉，頁435。

127　李塨，《恕谷後集》卷十，〈富平贈言〉，頁121。

128　馮辰、劉調贊，《李塨年譜》卷四，康熙四十四年「乙酉(1705)四十七歲」條，頁108。

嚴，不見和於流俗也。[129]

李塨與外界的交往活動遠多於顏元，他能吸引大量的信徒，令其師顏元刮目相看。李塨把日譜作為教學材料的記載也多些。譬如1681年「深州國公玉來拜，抄先生日譜、〈常儀功〉及〈祭五祀儀〉去」[130]，又如1728年（雍正六年）二月，當李塨準備與門人往博野祭顏元時，將登車，有人自縣城郵寄了一卷日記來，李塨披閱之下，發現是常州孫應榴決心拜顏元為師後所立的日譜。李塨祭罷回家，便開始評乙——「歸拭目眇，評乙數日乃訖」[131]。由這段話看來，日譜差不多等於是作業，而評日譜也等於是評作業，而且評日譜不只是在卷末寫幾句總結性的話而已，不然何以會「評乙數日乃訖」？

日記有時似等於自我介紹，或至少是讓別人了解自己思想學問之大概的文字。它成為極私人極隱密的紀錄，恐怕是相當後來的事。譬如顏元有一次從博野去蠡城訪李明性（1615-1683），「見日記及所輯《性理》、《通鑑》諸書，大嘆服」，回家便將李明性的名字寫成一張紙條貼在座上，出入必拱揖[132]。

前面已說過，吾人常在顏李學派的記載中見到把立日記作為「始學先生之學」的字樣。譬如李培（李塨弟）「始編日記求教」，便是開始拜顏氏為師的意思[133]。甚至到咸豐年間，當顏李之學略有復萌之

---

129 同前書，卷五，康熙五十四年「乙未（1715）五十七歲」八月條，頁154。

130 同前書，卷一，康熙二十年「辛酉（1681）二十三歲」條，頁13。

131 李塨，《恕谷後集》卷十一，〈孫生日記序〉，頁134。

132 馮辰、劉調贊，《李塨年譜》卷一，康熙二十二年「癸亥（1683）二十五歲」九月條，頁24。

133 李塨，《顏元年譜》卷下，康熙四十一年「壬午（1702）六十八歲」條，頁99。

跡時，程貞(1838-1862)從戴望(1837-1873)得見顏元的著作，說
「曰周孔之學蓋在是矣」，接著便是「仿之爲日譜，糾察身心得
失」[134]。此處便將隨目所見顏李學生立日譜，或自省錄、檢身冊的
作一舉例，並將相關材料錄於其旁：

李塨　　　　　「先生服習齋(顏元)改過之勇，……效習齋立日記自考，
　　　　　　　自此日始。」[135]

王源　　　　　「六月，大興王源，价(李)塨執贄從學，先生(顏元)辭不
　　　　　　　受，固請乃受之。曰：『……近又聞因剛主言爲省身錄，
　　　　　　　從事身心，尤使僕喜而不寐。』」[136]

王承烈　　　　立日省錄。[137]

李元春　　　　作檢身冊。[138]

葉新　　　　　「字惟一，浙江金華人。康熙五十一年順天舉人，從蠡縣
　　　　　　　李塨受業，立日譜自檢。」[139]

張琡璋　　　　「立日記，記得失過惡以自考。」[140]

孫應榴　　　　立日記。[141]

---

134 戴望，《謫麟堂遺集》(清宣統三年歸安陸氏校刻本)，文二，〈程履正墓
　　銘〉，頁18b。
135 馮辰、劉調贊，《李塨年譜》卷一，康熙十九年「庚申(1680)二十二歲」
　　七月條，頁6。
136 李塨，《顏元年譜》卷下，康熙四十二年「癸未(1703)六十九歲」六月
　　條，頁100。
137 馮從吾撰，陳俊民等點校，《關學編(附續編)》(北京：中華書局，
　　1987)，頁114。
138 同前書，頁117。
139 趙爾巽等撰，《清史稿》(北京：中華書局，1977)卷四百七十七，〈列傳
　　二百六十四〉，頁13011。
140 張琡璋，〈顏習齋先生年譜跋一(丁亥)〉，收入《顏元年譜》，頁109。
141 李塨，〈孫生日記序〉，頁134-135。

劉調贊、林啓心	「劉調贊、林啓心來，……贊同啓心從先生學士相見禮、祭禮，彈琴挽弓演數，分日習之，各立日記，省功過。……維周亦立日記。」[142]
馮辰	「辰齋宿來拜、問學，先生教以約心、力行、學經濟，命立日記。」[143]
劉煥章	「聞顏習齋先生爲聖學，忘年爵來拜。入會，力滌宦習，立日記，以聖賢相規勉者幾三十年，至卒不懈。」[144]
惲皋聞	李塨說：「昨讀(惲皋聞)來諭，擬自十月朔訂日記考身心，且清夜平旦存心之功，已覺有驗，爲之狂喜起拜。」[145]
黃宗夏	「黃子宗夏，歙人，居於吳，游京師，聞予友王崐繩稱予(李塨)學，因與予交，予之學蓋得諸顏習齋先生，乃舉先生之學相示。宗夏慨然曰：『人不作聖，非人矣。』於是悉劙後學浮文，求禮樂倫物之實，日有所習，時有所勘，倣予立日譜以自考，而其學大進。」[146]
古季榮	「華州古子季榮，以今歲乙未二月來問道於予(李塨)，……將予四書傳註、小學與禮樂射御書數諸書，皆鈔錄，其貌虔，其意勤，取與廉謹，衣冠整飭，立日記考課言行，可謂善士矣。」[147]
李長人	「肥鄉白宗伊任若，習齋之門人也，……遂出遊四方，能

142 馮辰、劉調贊，《李塨年譜》卷五，雍正元年「癸卯(1723)六十五歲」十月條，頁180。

143 同前書，卷四，康熙四十四年「乙酉(1705)四十七歲」條，頁108。

144 同前書，卷一，康熙二十七年「戊辰(1688)三十歲」條，頁38。

145 李塨，《恕谷後集》卷十一，〈復惲皋聞書〉，頁131。

146 同前書，卷一，〈送黃宗夏南歸爲其尊翁六十壽序〉，頁1。

147 同前書，卷二，〈送古季子西歸秦中序〉，頁16-17。

舉顏李之學告人，人聞多有興者。今二月又來，先生(李
塨)與言聖學。長人(案：李長人是李塨之子)在旁聞之，
喜而起，效先生立日譜以自修省。先生喜之，爲立〈日譜
條例〉。……批長人日譜曰：『此即誠意之功也。立日譜
者，欲遷善改過以爲聖賢也，果見善如好色，好之必力，
改過如惡臭，除之必決，則誠矣。』又曰：『自顏先生、
王法乾、王崑繩相繼舍我，皋聞南旋，而予侁侁無師友之
助矣。今汝有志自修，則吾道近在家庭，聖經有事父幾諫
之道，況以學相後先，則交修益急。凡見吾過，汝即進
言，勿以嚴而見憚也。』」[148]

　　立日譜或檢身冊，對學生確會造成氣質上的變化，以王源(1648-
1710)爲例，他原先是一個粗豪之人，好談兵略，但在師承顏元並立
日譜之後，給朋友信中的口氣有非常重大的轉變，而且都是傳教的口
吻，所傳的內容不外是勸人立日譜[149]。

　　此外，顏李學派中亦廣泛使用年譜。對他們而言，年譜有聖徒傳
般的功用。譬如鄭知芳是在讀了《顏元年譜》，發現顏氏是不可多得
的模範，乃盡心於顏李之學[150]。李塨也不時以其師之年譜作爲教
材，譬如惲皋聞於1714年前來請教時，李塨便以《顏元年譜》及《四
存編》示之。惲氏撫掌稱是，「遂盡棄其學，而學先生六藝之學，立

148　馮辰、劉調贊，《李塨年譜》卷五，康熙五十六年「丁酉(1717)五十九
　　　歲」二月條，頁160。

149　如王源，《居業堂文集》(《叢書集成初編》第2478-2482冊)卷八，〈與墢
　　　梁仙來書〉，頁120。

150　鄭知芳，〈顏習齋先生年譜跋(丁亥)〉，收入《顏元年譜》，頁110。

日記以省身心」[151]。

　　李塨也編自己的年譜，作爲教學材料。他在五十二歲那年遊陝西前便命馮辰編年譜，當時有人表示不應在生前修年譜，他的學生馮辰卻認爲日譜可以策勵習行，年譜亦然，置之几案，可以策勵譜主長期保持戰兢惕厲之精神。更要緊的是，後學可以因此「觀先生（李塨）年譜，少壯精進如此，有不勃然奮勉，求步其後塵者耶」？[152]

　　年譜與日譜一樣有函授的功用。李塨在〈給鄭子書〉中強調「年譜則論道全迹」[153]，並表示如能將其師顏元和他的年譜合觀，則能「粗見聖道，……且功過並載，使有志者於二仲外千里萬里，得其人觀之，去僕過而取僕功，由僕以尋習齋，由習齋以尋周孔。即萬一當世不得其人，後世有興者如之」[154]，故對他們而言年譜不只是傳記。而年譜也確能發揮教學作用，如李塨〈賀趙偉業中舉人序〉一文中說，程石開曾從金陵寄李塨信[155]，那些信經過三年才到達李氏手中，李塨發現程氏便是讀了顏元年譜，才「深幸後儒之痼轍不迷也」[156]。

　　顏李學派所訂的常儀功與宋明理學傳統所重視的相當不同，不只

151　馮辰、劉調贊，《李塨年譜》卷五，康熙五十三年「甲午（1714）五十六歲」條，頁150。

152　馮辰，〈李恕谷先生年譜序〉，同前書，頁1。按，李塨五十二歲命馮辰修年譜，時爲庚寅（康熙四十九年，1710）春二月。

153　李塨，《恕谷後集》卷十一，〈給鄭子書〉，頁130。

154　同前註。

155　按，程石開即程廷祚（1691-1767）。程廷祚康熙五十三年（1714）致書李塨時，自稱「新安後學程石開頓首再拜」，但程廷祚自己的文集《青溪集》並未收入該函。後人得見該函，係因其附錄於李塨回函〈復程啓生書〉之後，見《恕谷後集》卷四，頁42-43。

156　李塨，《恕谷後集》卷二，〈賀趙偉業中舉人序〉，頁20。

是心性之涵養，還有一大堆繁瑣的禮儀與容貌舉止的規則，所以在居喪或身體病痛之時都不易實行。以居喪爲例，1673年五月九日顏元的日譜上記著：「練，惟朔望往哭殯宮。不與燕樂，不歌。復常功，如習書數類。仍廢常儀，如朔望拜類。晨謁告面生祠不廢。」[157] 以病痛爲例，如1688年七月朔日，行禮畢，顏元告其夫人曰：「吾與子雖病，但能起，勿怠于禮。」李塨規顏元：「病中鬱鬱，是中無主也。」顏元即書於冊面自警[158]。李塨在1684年十月時，表示先前因爲父喪而停止日省的工夫，這時決定恢復日省功：「以圈爲辨，失言黑圈左，失行黑圈右，妄念黑圈中，俱失純黑，無失則白。黑白者，人禽之介也。」[159] 過了一年多，也就是1685年十一月出服，乃決定全面恢復日譜[160]，1692年，他又再度居憂，記日譜的工作中斷了六個月才又恢復[161]。

李塨也規定自己不可輕易缺常儀及常功，即使非常匆忙而有所缺，也應補記[162]。顏元則規定自己追錄或回勘日譜是時常應做的事[163]。由於日譜是提供省察以增進自我道德修養狀態的紀錄，所以除了每天、每月、每年要總結要自勘之外，平時沒事也要回勘。許多

---

157 李塨，《顏元年譜》卷上，康熙十二年「癸丑(1673)三十九歲」五月九日條，頁38。
158 同前書，卷下，康熙二十七年「戊辰(1688)五十四歲」七月朔日條，頁65。
159 馮辰、劉調贊，《李塨年譜》卷一，康熙二十三年「甲子(1684)二十六歲」十月條，頁26。
160 同前書，卷一，康熙二十四年「乙丑(1685)二十七歲」十一月條，頁27。
161 同前書，卷二，康熙三十一年「壬申(1692)三十四歲」條，頁49。
162 同前書，卷一，康熙二十一年「壬戌(1682)二十四歲」條，頁18：「立課即甚匆冗，勿缺常儀功，有缺即書之。」
163 李塨，《顏元年譜》卷上，康熙三年「甲辰(1664)三十歲」五月條，頁13。

自勘的記載至爲沉痛，顏元死前最後一次自勘時這樣說：「乃年及七十而反身自證，無一端可對堯、舜、周、孔而無慚者，且有敗壞不可收拾。」[164] 在定期盤點自己的過錯之後，必須進行自責自罰的儀式。自罰跪或自責板[165]，是顏李日譜中時常見到的紀錄。自罰的方式隨所犯過錯之性質而有所不同。個人侵犯到他人的過錯，譬如言人之短，重則罰跪。但是，如果過在於與家人宗族有關之事，包括家祭禮儀錯誤，則罰跪於父祠或宗祠前。如果「過在教人、交友」，則罰跪於孔子神位前[166]。

與日譜密切相關的是省過會、規過會。

陸世儀等人組織考德課業會中，設有三種紀錄。第一是《紀事錄》，記善不記過；第二是《志學錄》，記過不記善；第三是《相觀錄》，專記會友的嘉言懿行。《志學錄》是要在考德課業會中交給大家閱讀的[167]。

舉會之日，分「考德」與「課業」兩方面的活動，「考德」是互考《志學錄》中的修養紀錄，「課業」則以研讀經書爲主，所以當有人向陸世儀提議應該注重五經時，陸氏的回答是他們已經講求經書多年了[168]。他們通常同時參加幾個這種省過團體，譬如陸世儀似乎參

---

164 同前書，卷下，康熙四十三年「甲申(1704)七十歲」正月十五日條，頁102。

165 如馮辰、劉調贊，《李塨年譜》卷二，康熙二十五年「丙寅(1686)二十八歲」條，頁31：「因自省，病淺、病急、病熱、病粗，自責三板。」

166 鍾錂編，《顏習齋先生言行錄》卷上，〈三代第九〉；收入《顏元集》，頁652-653。

167 陳瑚在《聖學入門書》的〈序〉裡說，他們從崇禎丁丑(1637)年始，「定爲日記考德法而揭敬勝怠勝於每日之首，格致誠正修齊治平於每月之終」。

168 我們在陸氏的《志學錄》中也不時可以看到討論經書的記載，如頁7a，

加了另一個「直言社」，該會也期待在聚會之日，會友能盡情報告自己的過失。直言社比考德課業會晚，而且基本是不同的兩批人所組成的，考德會創於1637年(崇禎十年)，直言社創於1642年(崇禎十五年)，前後有五年之差。據黃淳耀《陶菴全集》中的〈陸翼王思誠錄序〉：

> 壬午春有同志斯道者十餘人為直言社，前輩則有高叔英，友人則唐聖舉、陳義扶、蘇眉聲、夏啓霖，門生則陸翼王、張德符、高德邁、侯記原、幾道、研德、雲俱、智含兄弟，暨吾弟偉恭也。平居自考咸有日記，赴會之日各出所記相質，顯而威儀之際，微而心術之間，大而君父之倫，小而日用之節，講論切偲，必求至當之歸而後已。……苟一言不合乎道，一行未得乎中，小經指摘，立自刻責，飲食俱忘。[169]

從黃淳耀的話看來，陸世儀一開始並不屬於此社，但他後來也不時參加直言社互糾過失的活動。

每個人的日記——《志學錄》，是要供人家閱讀的[170]，社友俱集，互閱《志學錄》的記載不少[171]，這一類修身團體到處都有。就

(續)————————————
「崇禎十四年三月十四日」條。
169 黃淳耀，《陶菴文集》(收入《陶菴全集》，第1冊)卷二，〈陸翼王思誠錄序〉，頁8a-b。
170 譬如《志學錄》「崇禎十四年三月二十三日」條，頁10b記：「同蕃侯、聖傳至草堂會講，上午考德業，讀志學錄。」
171 同前書，「崇禎十四年四月十九日」條，頁19b記：「午後至虞九草堂，聖傳、蕃侯、曰夏、尊素俱集，互閱志學錄。」另，《黃忠節公甲申日記》「崇禎十七年一月二十五日」條，頁29記：「同偉恭赴義扶社集，同社諸君各有精進意，互傳日記。」

在考德課業會的同時，山陰祁彪佳（1602-1645）也與一群友人在浙東組織了規過會，他們在1637年（崇禎十年）三月初八日「泊舟白馬山房，與管霞標諸友習靜，晚互糾過失」[172]。1656年（順治十三年）春，陳瑚參加了一個在庸夫草堂舉行的會講，他便觀察到與會諸子「對聖像自書其過」，彷彿嚴師在前，並說他們「謁聖畢，諸君子各書己過，交相勸勉」[173]。

　　社友們每天要結算，每十日要結算，除此之外，不定何時，大部分是半個月左右，還要反省自己的心理狀況。陸世儀參加直言社的會集，經過會友的提撕之後一段時間，覺得有觀察自己進退情形的必要，每每以口過、身過、心過多少進行結算。他所結算的東西及單位都值得注意，譬如有一條日記說：

> 自初十日赴眉聲直言社至是日，凡半月。總計口過或少，然細檢著亦未必能免也。身過則連晨晏起，多怠惰之氣，又遇食飲時多不撙節。心過則慾念共起四次，雖起而旋忍，然心已不淨矣。其他細數流注不勝其數，惟惡念不生耳。善狀無一可舉，但自省矜心將盡，識障稍輕，則或者近日寸進在此也。[174]

如果陸世儀對自己心理狀態的描寫可信，那麼，在群體的幫助之下，道德轉化的工夫確實有相當的效果，在十五天內，慾念只起四次，而

172　祁彪佳，《山居拙錄》，在《祁彪佳文稿》，第2冊，頁1077。

173　陳瑚，〈不違仁講義〉，在《確庵文稿》，無頁碼。

174　黃淳耀，《黃忠節公甲申日記》，「崇禎十七年一月二十四日」條，頁27-28。

雖起而旋忍。以精確的算術來計算慾念,這是向內探索的心性之學達
到了最高峰,但這樣精微的內省,也使得他們不可能發展出像功過格
那樣通俗化的運動。

以上所述的考德課業會、直言社等,俱是明亡前的結社。他們在
當時感到最關心的是社會風習的敗壞。在明亡之後,陳瑚及他的朋友
們也陸續組織規過會,這時他們舉會的迫切理由是對國家滅亡的反省
以及對天災人禍的警惕。

陳瑚在1648至1649年(順治五年戊子至六年己丑)時,在江蘇崑山
附近的一個小鄉村中與諸仕儼和一群朋友們實行改過之學。到了1651
年(順治八年辛卯)因為目睹改朝換代、天災人禍,痛自修省,故決定
再約集友人為改過之會:

> 雖然,一家行善,一家必受其福,一人種德,一人必食其
> 報,不言事應,而事應具存,況匹夫匹婦之誠有可以感天地
> 動鬼神者乎!吾友諸鼎甫⋯⋯自戊子、己丑,予在蔚村,相
> 約瀾、漕諸友,為遷善改過之學,月朔十五,則考其進退而
> 勸戒之,鼎甫與焉,亡何,予徙隱湖,諸友各散去,遂以中
> 輟。今春(1651,辛卯),鼎甫感於凶歲,重理前業,名其所
> 日記曰《不欺錄》。其自序曰:善事隨遇隨行,惡念隨起隨
> 滅,一息尚存,此志不懈。[175]

由上面這段文字看來,諸仕儼等人在改過之會中斷後,又一度因為凶歲
而重理前業,並名其日記曰《不欺錄》。可惜我們目前看不到這份日

---

175 陳瑚,〈不欺錄序〉,在《確庵文稿》,無頁碼。

記，或許諸氏的《勤齋考道日錄》正是從這份日記中摘出的心得[176]。

對規過會提倡最力的是顏李學派。顏元參與的第一個規過會創於1662年（康熙元年），最開始是一個文社，他與郭靖共、汪魁楚等十五人結會，立社儀，社長焚香，同拜孔子，然後「各聚所聞，勸善規過，或商質經史。訖，乃拈題爲文」[177]。後來「拈題爲文」的部分消失了，成爲專門規過的團體。由文社慢慢蛻變爲專門的社團是當時常見的一個現象[178]。

顏元回憶1664年正月四日，王法乾（?-1699）來，與顏元二人約定十日一會。會日，焚香禮拜孔子後，主客各就坐，「質學行，勸善規過」。到了三月的時候，這個會又有了發展，他們加進一件新東西——日記，他們覺得光是口頭上勸善規過還不夠，有立日記以備會質的必要。王法乾說：

> 遇者易言，意日記所言是非多少，相見質之，則不得易且多矣。

顏元回答王氏：

> 豈惟言哉，心之所思，身之所行，俱逐日逐時記之，心自不得一時放，身自不得一時閒。會日，彼此交質，功可以勉，

176　諸士儼，《勤齋考道日錄・續錄》（《叢書集成續編・哲學類》，第42冊；台北：新文豐出版公司，1989）。

177　李塨，《顏元年譜》卷上，康熙元年「壬寅（1662）二十八歲」條，頁9。

178　如萬斯同等人組織的講經會最初也是文社。參見王汎森，〈清初的講經會〉，《中央研究院歷史語言研究所集刊》68：3（1997），頁503-588。收入本書第三章。

過可以懲。[179]

為了心不得一時放，身不得一時閒，系統而全面地省過，他們決定立日記，然後見面時有書面的根據可以互相規過。

在顏元參與的一些規過會中，也有過波折，有人不習慣公開揭人之過，故「祕授一小封規失」[180]。1672年，王法乾因為接連喪妻、喪子而耽溺於《莊子》，這與顏元所倡的六藝之學嚴重相違，顏元「乃告以止會」[181]，兩個月後，因為王法乾親自前來悔過，聲請復會，乃定仍每月之三、六日行規過會[182]。

除此之外，顏元還與王法乾五日一會，五日一送規過紙[183]。不是會友也可以送規過紙。從顏氏日譜摘錄下來的《顏習齋先生言行錄》中記載著顏元曾經告訴彭好古，要彭氏每五日投「規過錄」一紙給顏元：

> 吾自得張漵而坐莊，得李仁美而冠正，得石孚遠而作字不苟簡。每當過將發，未嘗不思三子也。今後許汝五日投規過錄一紙。[184]

---

179 李塨，《顏元年譜》卷上，康熙三年「甲辰(1664)三十歲」正月條，頁11-12。

180 同前書，卷上，康熙元年「壬寅(1662)二十八歲」條，頁9。

181 同前書，卷上，康熙十一年「壬子(1672)三十八歲」九月條，頁36。

182 同前註，十一月條，頁37。

183 顏元，《習齋記餘》卷四，〈答清苑馮拱北〉；收入《顏元集》，頁462。

184 鍾錂編，《顏習齋先生言行錄》卷上，〈言卜第四〉；收入同前書，頁631。

這有點像是寫論文時到處搜集批評意見了。顏元每作回憶文字，都將他與王法乾共約為五日一見之規過會看成是自己生命史中的轉捩點。他說甲辰(康熙三年，1664)以前，也就是遇到王法乾之前，「亦自分枉此生矣」，直到與王法乾舉規過會才又燃起成德的希望[185]。他在題其徒鍾錂的日記中也說：「吾自幼多過，迨康熙甲辰，得交法乾王子，相期以聖人之道，訂五日會，各為日記，逐時自檢言行課程之得失，相規過而勸善焉。」他說自己將近七十歲而能無大過，而且對周孔之學似能有所了解，全是因為過去四十年改過上的努力[186]。

　　依照《顏元年譜》中所引日譜看來，王法乾常規顏元流於「雜霸」[187]，而顏元總不滿法乾好《莊子》，不肯學習真正六藝之學[188]，或「不繫念民物」[189]，此外，交責「為學不實」之紀錄亦時有所見[190]。足見這是兩個相當不同的人，但總是想透過規過的方式將對方招以從己。

　　1681年十月李塨亦加入每月三、五日舉行之規過會[191]。顏元與李塨除了在會日交質外，因為平時見面機會還多，所以訂定規約，「以對眾不便面規者，可互相祕覺也。云：『警惰須拍坐，箴驕示以睛，重視禁暴戾，多言作嗽聲，吐痰規言失，肅容戒笑輕。』」[192]

185　顏元，《習齋先生記餘遺著》，〈上廷翁王老伯〉；收入同前書，頁597。
186　顏元，《習齋記餘》卷十，〈題記前示鍾錂〉；收入同前書，頁588。
187　李塨，《顏元年譜》卷下，康熙三十一年「壬申(1692)五十八歲」十一月條，頁81。
188　同前書，頁36、81。
189　同前書，卷下，康熙三十八年「己卯(1699)六十五歲」二月條，頁92。
190　同前書，卷上，康熙十六年「丁巳(1677)四十三歲」九月條，頁47。
191　同前書，卷上，康熙二十年「辛酉(1681)四十七歲」十月條，頁56。
192　同前書，卷上，康熙二十一年「壬戌(1682)四十八歲」九月條，頁57。

王法乾卒後，顏元對無人能夠時時規其過失爽然若失，後來因馮繪升來學，遂與馮氏約一年兩會，互相規過[193]。

顏元到處勸人行規過會，認為這是「忘一世之紛囂，而釀一堂之虞、夏」的要著，譬如乙卯(康熙十四年，1675)〈與高陽孫衷淵書〉就希望他訪求一、二朋友，相與結社，演禮歌詩，互相規過[194]。又如河北滄州戴道默(?-1660)尚書致仕，與貧士及鄉老結社，五日一會，顏元聽到了，寫信勸他們應增加互相規過的活動[195]。而顏氏學生子侄也有受其影響而舉規過會者。如李塨之弟李培亦效法其兄立日記，逐時自省，「於是(顏)元門下姪修己、爾儼及門人李植秀、鍾錂因俱鼓舞，各集冊互相糾繩」[196]。

李塨與學生們都把握見面的機會互質日譜。譬如他與常州惲皋聞師徒一生沒見過幾次面，但是每次見面，討論修身功課時並不以隨興問答的方式進行，因為那帶有太大的偶然性、選擇性，甚至會互相隱瞞，他們所要做的是把隨身攜帶的日譜拿出來「互質」。如1718年李塨六十歲時，聞惲皋聞到北京，因為蠡城與北京較近，所以李塨前往探視，「相見甚喜，互質日記」[197]。隔年，又在河北故城見面，李塨在日譜中也這樣記錄著：「甚喜，互質日記。」[198] 老學生久久不

---

193 同前書，卷下，康熙三十八年「己卯(1699)六十五歲」九月條，頁95。

194 顏元，《習齋記餘》卷四，〈與高陽孫衷淵書〉；收入《顏元集》，頁456。

195 鍾錂編，《顏習齋先生言行錄》卷上，〈學人第五〉；收入同前書，頁635。

196 顏元，《習齋記餘》卷七，〈季秋祭孔子祝〉；收入同前書，頁526。

197 馮辰、劉調贊，《李塨年譜》卷五，康熙五十七年「戊戌(1718)六十歲」條，頁162。

198 關於這次見面互質日記，留有較詳細的紀錄。李塨書皋聞日記後云：「詳閱大記，省察嚴，克治勇，所謂欲寡其過而未能也，聖學在是矣。然功力

見面，一見面時，也是先看日記。如李塨在1720年曾想與方苞
（1668-1749）換田，移家江南，在經過衡水劉邦司家時，也是先觀其
日記[199]。1709年當李塨五十一歲時，他與學生馮辰訂半月一會學[200]。
在1717年九月，馮辰來共質日記，互相規過時，李塨規馮辰「貧而
怨，則志不卓」，馮氏規李塨「言人議先生力農致富」，李塨解釋說
自己並非刻意求富，而是因爲平生志欲行道，今已遲暮，無所表現，
故欲以農事顯其「雄傑之餘勇也」[201]。由兩個人針鋒相對之處，可
見規過要能全無意氣成分，也是不可能的。

　　與李塨相互規過的人，不限於其師顏元，或是他自己的學生，像
其師之友郭靖共[202]、王崑繩[203]也受李氏規過。規過時對象不拘生
熟。李塨在1709年一度應邀遊幕，認識三位後進，他也「求三子規己
過」，而其中兩位也不客氣地指出他在與他們見面時「有交股一

（續）────
　　所在，存心應事而已。存心也，或染二氏之說。屏事息念，檢攝靈明，一
　　遇事牽念引，復覺昏勞，且夢魂亦爲顚倒。不如專從聖學，無論有念無
　　念，有事無事，皆乾乾惕若。敬以直內，所謂修己以敬者，心自有主，身
　　自不擾，夢魂自爾清醒之爲得也。應事也，或有周旋世故人情之見，則情
　　故既去，自有懈怠。不如聖言所謂質直好義，察言觀色，慮以下人，非以
　　爲人，即以成己，虛恭肆應，人自歸懷之爲得也。」惲皋聞亦書李塨日記
　　後云：「伏讀大記，刻刻念念，以天下萬世爲懷。鶴之不肖，不以其頑魯
　　而棄之，諄諄誘接如此。鶴雖不敏，請事斯語矣。」馮辰、劉調贊，《李
　　塨年譜》卷五，康熙五十八年「己亥(1719)六十一歲」八月條，頁167。
199 同前書，卷五，康熙五十九年「庚子(1720)六十二歲」十月廿二日條，頁
　　174。
200 同前書，卷四，康熙四十八年「己丑(1709)五十一歲」條，頁128。
201 同前書，卷五，康熙五十六年「丁酉(1717)五十九歲」條九月，頁161。
202 同前書，卷二，康熙三十三年「甲戌(1694)三十六歲」條，頁51。
203 李氏所規與顏元規勸王氏的話甚爲相似──「規以養心謹微，倡明正道，
　　斥去虛文。崑繩規先生虛受納言」。同前書，卷四，康熙四十六年「丁亥
　　(1707)四十九歲」條，頁121。

過」，李塨表示拜受[204]。

規過會的教誨意味很強。即使是師徒互相規過，看似平等，但實際上也有占主導性的一方。顏元與其生徒互相規過時，生徒多規其性格上的缺失，如雜霸、躁而易怒之類，但顏元規其生徒時，則顯然更著重在將自己學說——尤其是六藝、九容，及毋溺於詩文三點，盡可能地灌輸給對方[205]。有時當然會出現思路針鋒相對的情況。譬如顏元一度規李塨「策多救時，宜進隆古」，而李塨則規其師「盡執古法，宜酌時宜」[206]。從這針鋒相對的規過內容，也可以看出師徒二人思想宗旨有相當大的不同：顏元認為欲救當世，必須「隆古」；而李塨則認為欲救當世，「宜酌時宜」。

在規過會中，互相摘發對方所不察覺或已察覺而不肯改正的錯失時，其氣氛是肅殺的，但情緒是純真的。馮辰觀察說，每當顏元、劉煥章(1614-1688)、王法乾、李塨四人會學，勸善規過時，是「互無迴護，且日記詳錄，不肯隱諱飾觀」[207]。李塨在一次與惲皋聞爭論的信上也說他們「每會勸善攻過，摘露肺腑，面赤髮植不以為甚，以此雷霆斧鉞受之熟矣。旁人見之，以為不近人情，而與習齋，直如頭目手足互相救援」[208]，充分顯示出規過者率直認真的情形。

此外，互評日記之風在明末清初也頗為盛行。評者通常是受人

204 同前書，卷四，康熙四十八年「己丑(1709)五十一歲」條，頁131。
205 同前書，頁14(1681年塨23歲)「習齋教先生加功九容」，頁18(1682年塨24歲)習齋「又規先生繫心詩文之失」。
206 同前書，卷一，康熙二十二年「癸亥(1683)二十五歲」條，頁22。
207 同前書，卷二，康熙二十八年「己巳(1689)三十一歲」十一月馮辰按語，頁45。
208 同前書，卷五，康熙五十九年「庚子(1720)六十二歲」三月復惲皋聞函，頁170。

敬重的老師，這取代了心學大盛時親自見面點撥的那些場合。譬如
蔚州魏象樞(1617-1687)因爲崇敬刁包(1603-1669)，所以每月固定送
日記求刁氏評論[209]。在顏李學派中評日記之風更是盛行，而且是雙
向的師徒互評、父子互評[210]。譬如1680年李塨規其師顏元「言躁而
長，猶未改」，顏元甚爲感謝，表示他正賴有良友來扶持，故從此起
便持日記求李塨評[211]。隔年顏元在評李塨日譜時，發現其譜中代表
善的白圈甚多，便評說「此非慊也，怠也。怠則不自覺其過，不怠
則過多矣」，顏元並表示自己的日譜中，一歲之中純白的圈只有數
個，他自己總是要到自勘私欲不生、七情中節、待人處事無不妥當
時，才覺得滿意而下一個白圈[212]。顏元評李塨日譜的記載還很多，
此處不能齊論[213]。當王源決定拜顏氏爲師時，顏元率源祭拜孔子，
希望孔聖能使王氏「成德興行，有功乾坤」，這是先爲他立定了人生
的方向，接著便評王源的《省身錄》[214]。

209　李塨，《顏元年譜》卷上，頁9。

210　師徒互評見《李塨年譜》，頁104；父子互評見同書，頁183。

211　李塨，《顏元年譜》卷上，康熙十九年「庚申(1680)四十六歲」條，頁
　　　53。

212　同前書，卷上，康熙二十年「辛酉(1681)四十七歲」三月條，頁54。

213　譬如1700年，因爲李塨自南方回來，受毛奇齡等南方學者影響，喜歡文字
　　　著述之業，顏氏在其日譜中記他評李氏日譜說：「評塨日譜，戒以用實
　　　功，惜精力，勿爲文字耗損。」同前書，卷下，康熙三十九年「庚辰
　　　(1700)六十六歲」十二月條，頁96。

214　李塨，《顏元年譜》卷下，康熙四十二年「癸未(1703)六十九歲」六月
　　　條，頁100；又如顏元評李培的日記時說「既脫俗局而高視遠望，再斂空
　　　虛而自卑自通，則可與適道矣」(《顏譜》頁100)。評日記時所根據的標
　　　準其實即代表一種理想的人格狀態，譬如顏元評李塨日譜，各個階段評語
　　　的重點都有不同。顏元評二十三歲的李塨說「學習多於讀作，快甚」
　　　(《李譜》頁14)；又如評二十五歲的李氏曰「氣象多得之五公，亦善取於
　　　人矣」(《李譜》頁21)；李塨三十五歲時，顏元評其日記說「氣象振起，

李塨評他人日譜的紀錄也不少。譬如1703年「陳叡菴爲日記，求先生評」[215]，「鍾鋑金若至，求評其日記」[216]。過去是大師所到之處便有識或不識之人前來聆聽演講或受其點撥，現在則常代之以評日記。譬如1728年，李塨前往博野，與博野縣令會於縣署，署中素不相識的葉姓孝廉（葉新，?-1767）便持日記求評，細問之下，知道他是「聞習齋之學而興起者也」[217]。

六

從日譜中自省的科目可以看出人格理想上的變化，同時，由日譜所記錄的實際生活情形亦可以看到一些士大夫生活史上的變化。

隨著商業的發展與習俗之日趨侈靡，明代後期生活有很大的變化，這時士大夫中至少有兩種分化：有一類人如屠隆（1542-1605）、馮夢禎等文人，是盡情地享受這個時代；但是，另外有一群人拚命想抵抗這個時代。從日譜中可以看出這些人是以近乎戰鬥般你死我活的態度在反省自己，如黃淳耀說：

燈下氣象與午前後不同，如孤軍復振，旌旗變色，遂欲鼓行

（續）
　　更宜檢校身心，無怨無倦」（《李譜》頁50），這一種評語是針對李塨的實際狀況而說的，因爲這時李塨在日譜中描述自己「自愧放棄，務期心一刻勿放，身一刻勿頹」（《李譜》頁50）。
215 馮辰、劉調贊，《李塨年譜》卷三，康熙四十二年「癸未（1703）四十五歲」三、四月間，頁96。
216 同前註，同年六至八月間，頁100。
217 同前書，卷五，雍正六年「戊申（1728）七十歲」正月條，頁193。

而前矣，但氣力尚弱，保住爲急。[218]

他們的罪惡感非常深重，覺得處在那樣的社會中，自己的生命是非常危險的存在。黃淳耀說：

> 此心一刻在即人也，此心一刻不在即禽也。日用動靜間，一提撕，則去者可還也；一不提撕，則存者立亡也。矛頭淅米劍頭炊，不足喻其險。[219]

他們反省的內容是異常嚴格的。此處摘引李塨的紀錄爲例：

> 之北街，寒甚，袖手偏，悔曰：「此非所以自強於手容也。」乃端拱。[220]
> 聞賣桃，動嗜心，既而曰：「一桃之微，可以喪身。」止之。[221]
> 人勸飲，加一斝，旋悔曰：「負顏先生教矣。」[222]
> 思晝有得，夜有思，近頗不愧。而入廁搔癢，不忘敬，未若戊寅年也，愧之。[223]

---

218 黃淳耀，《黃忠節公甲申日記》，「崇禎十七年三月十五日」條，頁58。
219 同前書，「崇禎十七年正月二十四日」條，頁24。
220 馮辰、劉調贊，《李塨年譜》卷一，康熙十九年「庚申(1680)二十二歲」條，頁9。
221 同前註，頁7。
222 同前註，頁10。
223 同前書，卷四，康熙四十四年「乙酉(1705)四十七歲」九月條，頁109。按，這裡的戊寅年當指康熙三十七年(1698)。

定行前視五步，不得流及左右，失則記過。[224]

他們省察的單位是極細微的，譬如陸世儀常說某日有不好念頭幾個。省察範圍更深及夢境，也就是整個心靈世界全部在省察範圍中，完全不容許有陰暗的角落。

他們當時當然沒有現代心理學中「潛意識」的觀念。不過我們發現，他們對夢與今人所謂「潛意識」之間的關係認識得相當深入，所以幾乎每一位日譜的主人都將「夜夢」作為反省的要項[225]。譬如李塨有一天的日錄記著如果「夜夢不靜止，則黑其圈」[226]，足見自我轉化的範圍要包括夢的領域。而且這個領域是只要心一發動便不自覺地留下痕跡，所以最不會欺騙自己。照他們的想法，潛意識是應該保持全然乾淨毫無渣滓，一旦夢境有問題，表示心靈的整體狀態也有問題，所以李塨有一次說「自勘近夢不清」，接著便說「必心不敬也」[227]。他們認為睡眠的時間占每天的將近三分之一，如果真想從事道德轉化的工夫，這三分之一的時間自然不能放過。所以他們常說除了白天保持完全純淨，無一毫渣滓沉於心底外，睡時姿勢也應當注意，使得夢能保持清正的狀態[228]。他們似已相當清楚「潛意識」的渣滓會在夜間趁著意識篩選機制鬆懈時，乘機竊發。所以記下夢境的作用

---

224 同前書，卷四，康熙四十五年「丙戌(1706)四十八歲」六月條，頁117。

225 這當然不是他們所獨有的現象。舉個例說，明代日本入明僧策彥周明的日記，也是盡可能每天記夢境，所夢何人，夢是否清。見牧田諦亮，《策彥入明記の研究(上)》（京都：法藏館，1951），其中有關夢境之記載隨處可見。

226 馮辰、劉調贊，《李塨年譜》卷二，康熙二十七年「戊辰(1688)三十歲」十一月條，頁41。

227 同前書，卷三，康熙四十一年「壬午(1702)四十四歲」條，頁88。

228 李塨說：「臥用敬功，夢遂清。」同前註，頁88。

之一，便是提供人們反省潛意識底層的依據，有如去清除喜馬拉雅山的積雪般。

「日有所思，夜有所夢」，此時日記中常見的夢，相當程度地代表了人們關心的主題。當陸氏開始摸索《志學錄》的記法時，便夜「夢與諸兄言紀事法，朗朗如晝」[229]，也就是夢見自己與考德課業會的會友談記過的方法。這是因爲那一天白晝，他「思得紀事法分二部，一紀講學始末，一紀言行」[230]，大概是因爲白天想得太過投入，故夜間乃有此夢。這是很特別的夢境。一般而言，他們所記夢境中有幾個較常見的主題：第一、夢見受女色誘惑而不動，如黃淳耀「夜夢見一冶女挑撓，不爲之動，而亦有強制之意，此偷心未絕之徵也」[231]。偷心未絕，是指藏在潛意識中好色的念頭，趁著作夢意志鬆懈時發露出來。第二、夢見自己是忠節之臣或正在力抗異族侵略。有一夜黃淳耀作夢「憶其一乃見靖難時忠臣卓敬，心有敬之之意」，他評論說「此亦是平時矜高自許之根所伏藏而偶現者」[232]。黃氏這些夢似乎反映他自己意志中忠誠意識之強烈。第三、夢見與古代聖人周旋，如黃淳耀「夢謁孔林，四顧庭廡雲木蒼然，思欲廁弟子之末而不可得，泫然垂涕」[233]。這個夢境在宋明儒者相當普遍，吳與弼的《日錄》中便反覆出現這個主題[234]。至於黃淳耀的第二種夢境，與

---

229 陸世儀，《志學錄》，「崇禎十四年三月初五日」條，頁3a。
230 同前註。
231 黃淳耀，《黃忠節公甲申日記》，「崇禎十七年三月二十三日」條，頁77。
232 同前書，「崇禎十七年三月十七日」條，頁63。或如「崇禎十七年三月二十四日」條，頁77：「夢有賊見劫，脅之以兵，余怒罵曰賊，賊吾豈畏汝者。」
233 同前書，「崇禎十七年正月十六日」條，頁20。
234 吳與弼，《康齋先生日錄》，頁3。

他在寫那一段日記十幾個月後殉國成仁的經過，竟相彷彿。

　　從日譜的記載中也可以看出從「倫理的」到「禮儀的」，由「內推外」到「外打進」的轉變。明末日記中到處是驗看念頭之語[235]，不但不及禮容，也未見到反省或督促自己從事社會性工作。甚至於國家動亂、邊事緊急等大事，也都不大出現在日記上。以陳瑚、陸世儀等人的日譜爲例，可以看出他們反省的範圍是內傾的，心的狀態仍是最重要的反省目標。基本上他們仍然相信念頭上正了，外面的行爲便沒有問題。故常可見到「日間有兩箇不好念頭」[236]，或「口雜，身無過，心發一慾念，可恨之極」[237]，或「又發一慾念，慾根久而不斷，縱有絕慾之事，與不絕等也」[238]的紀錄。他們在相當程度上仍然相信「要之心正則百物皆正，所謂動容周旋中禮也」[239]。

　　不過從日譜中吾人也可以看出清初禮容之學已開始有興起的傾向。陸世儀《志學錄》中只偶爾說「坐談時言容手容不肅」[240]；至於顏元、李塨，從他們日譜中的〈常儀功〉及所記的內容看來，他們處處皆講「容」。他們也都追溯到明季心學家鄧潛谷(1528-1593)提倡九容之學是一項重要的突破[241]，足見這在當時以內本論爲主的思

235 如黃淳耀，《黃忠節公甲申日記》，「崇禎十七年正月五日」條，頁5。
236 同前書，「崇禎十七年三月二十五日」條，頁78。
237 同前書，「崇禎十七年二月二十日」條，頁50。
238 同前書，「崇禎十七年二月二十三日」條，頁51。
239 同前書，「崇禎十七年一月二十五日」條，頁29。
240 陸世儀，《志學錄》，「崇禎十四年三月初一日」條，頁1a。
241 李塨，《顏元年譜》卷下，康熙三十年「辛未(1691)五十七歲」七月條，頁77說：「觀鄧汝極傳，以當時心學盛行，崇證覺，以九容、九思、四教、六藝爲多，汝極駁之曰：『九容之不修，是無身也；九思之不謹，是無心也。』先生續曰：『四教之不立，是無道也；六藝之不習，是無學也。』」

潮中占有很特別的地位。

　　九容之學復興，而且成爲日記中反省的主要題目，足見道德修養工夫由抽象的道德準則到日常生活道德之轉變。尤其重要的是由內本論向禮的轉變，從內在看不見的心靈狀態到外在看得見的行爲儀節的謹守。這反映了後心學時代的人間秩序，偏重以外在的禮容作爲內在心性的基磐。顏李極爲講究古禮，他們的文字中極多古禮細節的討論，而且他們也盡一切力量，希望將之付諸日常實踐。在他們每日省察自己言行的過程中，作爲對照的依據也泰半是儒家的古禮，而且其中許多是兩千年所不行的禮文，即使經過仔細考核仍無法重建[242]。

　　此處要舉顏李日譜中的一些紀錄作爲例子，來討論這一變化。顏元早年有一次靜坐，觀喜怒哀樂之未發，覺得心情無比和適，「修齊治平都在這裏」[243]，王源後來不客氣地加以批駁，他說心裡面的境界，與外在的治平沒有關係[244]。在本文前面已經提到過，有一次李塨對顏元說：「近日此心提起，萬慮不擾，祇是一團生理，是存養否？」顏元回答：「觀足下九容之功不肅，此禪也，數百年理學之所以自欺也。」[245] 朱主一有一次也對顏元說：「用習禮等功，人必以爲挈腔做勢，如何？」顏元正色回答他：「正是挈腔做勢，何必避？……挈得一段禮義腔，而敬在乎是矣！」[246] 從師弟的應答之

---

242 馮辰、劉調贊，《李塨年譜》卷三，康熙四十三年「甲申(1704)四十六歲」條，頁102。

243 李塨，《顏元年譜》卷上，康熙三年「甲辰(1664)三十歲」五月十五日條，頁12。

244 同前註，王源按語，頁12。

245 馮辰、劉調贊，《李塨年譜》卷二，康熙二十八年「己巳(1689)三十一歲」四月條，頁41-42。

246 鍾錂編，《顏習齋先生言行錄》卷上，〈王次亭第十二〉；收入《顏元集》，頁665。

間，可以反映由心性到禮容的轉變。

由於顏元始終偏向外面而忽略內面，所以李塨偶爾也感到不滿足，李塨南遊時將陸世儀的著作返告其師，欲以陸氏的心性存養補師門專講事功經濟之缺憾[247]。但顏元始終不曾加以重視。而李塨〈詩經傳註題辭〉中說：「予自弱冠，庭訓外，從顏習齋先生遊，爲明德親民之學。其明德功課，則日記年譜所載是也。」[248] 觀其日記年譜中所載，其實也不過是對自己是否恪遵禮學的反省，足見其工夫重點之所在。

另外一個值得重視之處是：即使在這個時代已經有人開始質疑《大學》作爲理學核心文獻的地位[249]，可是，《大學》的八目仍然是指導人們由個人到天下的生命藍圖的重要依據。換句話說，當時儒家士大夫似乎也很難跳出這個格局的限制。陳瑚、陸世儀這個修身團體每十日分八步作一結算[250]，但是從日譜的紀錄可以看出，八步之中超出個人修省的部分，主要是「治平」類，它有一個特色，即包括的範圍異常空泛。此處我舉陸世儀《志學錄》中「治平」類的幾條資料作一說明。譬如：

> 作講學紀事凡例六條。記事式二葉。思以女配亡友遺孤。肅

---

247 錢穆，〈陸桴亭學述〉，氏著，《中國學術思想史論叢》（台北：東大圖書公司，1980），第8冊，頁373。

248 李塨，《恕谷後集》卷十一，〈詩經傳註題辭〉，頁136。

249 陳確，《大學辨》，收入《陳確集》（北京：中華書局，1979）。參見王汎森，〈清初思想中形上玄遠之學的沒落〉，《中央研究院歷史語言研究所集刊》69：3(1998)，頁557-587。收入本書第一章。

250 陸世儀，《志學錄》，「崇禎十四年三月十日」條，頁5a-6a。

清亡友門庭。思得相觀錄法。紀諸兄言行八條。[251]

應援親戚。公事謁官長。爲友人思得悅親之道。思輯會講集說。代同善會作致州尊書。與通俠論理學。與景賢說書義。[252]

與周宸工談理學。[253]

不謀錢靖侯私事。[254]

與過在蓀論學。與虞九晤談一夕。[255]

篤友誼。與孚光講性善義。[256]

平息登善家橫逆之事。[257]

消弭虞九兄家大訟。[258]

與王原達論儒釋。[259]

足見他們認爲平息他人家裡的訟事或爭端，爲友人思得悅親之道，與人論理學、論儒釋、談性善、說書義都可以算是「治平」之學，但是晚明通俗宗教蓬勃一時的社會福利事業、社會救濟工作，或是屬於公共生活的部分，除了陸世儀在《志學錄》中時常提及的「同善會」外，在其他人的日譜中都不常出現。社會福利的性質不強，從事社區或國家經世之務的色彩也不濃厚。比較例外的是陸世儀參與同善會的

---

251 同前書，「崇禎十四年三月十日」條，頁5b-6a。
252 同前書，「崇禎十四年三月二十日」條，頁9b。
253 同前書，「崇禎十四年八月二十日」條，頁61a。
254 同前書，「崇禎十四年八月三十日」條，頁64a。
255 同前書，「崇禎十四年九月十日」條，頁66b。
256 同前書，「崇禎十四年九月二十日」條，頁69b。
257 同前書，「崇禎十四年十月十日」條，頁76a。
258 同前書，「崇禎十四年十月二十日」條，頁79b。
259 同前書，「崇禎十四年十月三十日」條，頁82a。

活動，陸世儀曾把有關同善會的活動列為其「治平」方面的成績[260]。

在明末清初的文獻中，陸氏《志學錄》中保留了最多同善會活動的資料，這些資料顯示出他們的活動與功過格的實行者有所不同。因為功過格是以個人為單位計算功德，所以善舉的特色偏重於個人所從事的社會救濟等工作；而陸世儀他們認為善行是不為個人福報的，故從《志學錄》看來，似乎更重視的是團體性的救助工作，譬如有一個親戚前來求助時，陸氏要對方改向陸氏所屬的同善會求助[261]。

七

簿記式的日譜主要是受功過格影響而產生的，但又與功過格立異，並且要在道德實踐的領域上與功過格爭領導權。但是它們之間許多明顯的差異，使得日譜無法被廣大的下層士大夫或平民所接受，無法形成一個平民運動。

首先是道德與幸福是否能密切關聯的問題。在儒家的思想傳統中，這兩者是不可能密切相連的。孔子基本上是一個俟命論者，孟子則主張修人爵以俟天爵[262]。東漢的思想家王充(27-91)說「偶遇」，東晉的神滅論思想家范縝(450?-515)也有類似的思想[263]。他們都不曾

---

260 同前書，「崇禎十四年四月二十日」條，頁20b：「同善會事一日。」

261 Joanna Handlin Smith, "Benevolent Societies: The Reshaping of Charity During the Late Ming and Early Ch'ing, " *The Journal of Asian Studies*, 46.2(1987), p. 327.

262 傅斯年，《性命古訓辨證》，收入《傅斯年全集》（台北：聯經出版公司，1980），第2冊，頁639-640。

263 森三樹三郎著、蕭英彥中譯，《中國思想史》（台北：文思出版公司，1981），頁18-25、44-45。

在道德與幸福之間創造一個等號。不過，佛教所傳進來的報應觀則相當程度地克服了這個問題[264]。宋明理學本身也未提出辦法來解決道德與幸福問題。正統的理學家認爲，道德行爲本身即是它自己的目的，所以不必再去問是否有福報跟隨而來，而且認爲企求福報的想法是錯誤的。理學家固然也在相當程度上相信《書經》中的「作善降之百祥，作不善降之百殃」，但是通常是在災禍之後自我警醒，而很少去揣想自己的善行可以立即打開命運的大門。譬如王畿（1498-1583）在遭到大火之後自訟，反省自己是否因爲道德修養上的過咎而導致這一場大火，即是一例[265]。

在晚明，功過格等善書提倡「現世報」，人們可以藉著日常的功德打開自己命運的大門，也可以很快地在道德與幸福之間得到預算的平衡，不必等到來世。袁了凡本人的故事告訴人們，累積了多少善行便可以生子，再積多少可以中進士。有了道德行爲，馬上可以得到福報。而且，這一次的許諾與保證比佛家更直截了當，不需地獄、不需輪迴，而是人活著的時候馬上可以得到的「現世報」。在各種功過格的版本中所見到的種種激勵人行善的故事，都一無例外地在闡述按照功過格行善之後所能帶來的現世幸福，尤其是科舉上的成功以及子嗣上的繁衍。甚至連最反對功過格的劉宗周也被拉進去，作爲是行之有驗的一個例子[266]。人與命、道德與幸福，似乎有最緊密的對應關係。這一路思想很能打動廣大的人民，影響力非常強大。

264　同前註。

265　王畿，《龍谿王先生全集》（《四庫全書存目叢書・集部・別集類》，第98冊）卷十五，〈自訟問答〉，頁26-36。

266　《功過格分類彙編》（《有福讀書堂叢刻・續編》清光緒壬寅年儀徵吳氏刊本），「功過格靈驗」，頁4：「劉宗周行此格，刻小譜行世，後爲都憲。」

「現世報」的思想與袁黃的「立命」思想有密切關係。袁黃的
〈立命篇〉鼓勵人可以透過自己的道德行為，決定自己的命運，它對
道德帶來幸福的許諾是斬釘截鐵的。討論袁了凡的立命說，不能不談
一談明代心學中最具影響力的一支——泰州學派的「造命」、「立
命」思想。儒家「命」的思想有過無數變化，但孔子的生死有命、尊
天命、畏天命始終是主流。正統理學中基本上也是以俟命論為主流，
但是王艮(1483-1541)提出了造命說。王艮的造命觀可能與其思想中
的平民性有關。為了要鼓舞平民百姓，而且為了給信眾建立一種樂觀
的、向上的情緒，相當自然而然地提出「造命」之觀點，說服百姓只
要能努力，命運便握在自己手中。王艮在〈與徐子直〉中便說：「我
命雖在天，造命卻由我。」[267] 而羅近溪的老師顏鈞在〈自況吟〉中
也吟道：「我欲斯人生化巧，御天造命自精神。」[268] 而袁黃正是泰
州王艮的信徒。事實上，明代後期兩種通俗信仰的提倡者皆與王氏有
關，一個是「三教合一」的林兆恩(1517-1598)，一是《功過格》的
袁黃。林兆恩可以說是王艮的再傳弟子，而且吸收了不少王艮的思
想。袁黃原來也是王艮學說的信從者[269]。

但晚明的正統儒家最排斥的，也正是道德能與幸福這樣清楚而直
接地聯起來的想法，那些對功過格進行修改的儒家正統派都刻意強調
這一點。但是，一旦沒有現世報的成分，它的吸引力便大大降低了，
許多人對之感到不滿足。最能說明這種不滿足的人，是原來遵行劉宗

267 王艮，《王心齋全集》(京都中文出版社據日本嘉永元年和刻本影印；台
　　北：廣文書局，1987)卷五，〈與徐子直〉，頁15b。
268 顏鈞，《顏鈞集》卷八，〈自況吟〉，頁67。
269 柳存仁，《和風堂文集》(上海：上海古籍出版社，1991)，第2冊，頁996-
　　997。

周《人譜》，但後來因為不滿於其有「證」無「驗」，而改行功過格
的人。這裡想舉兩個例子：第一個是《嘉慶山陰縣志》記張際辰：

> 際辰習聞證人之學，……既嘗受《人譜》於師，後復悟
> 《譜》學主修、不主驗，乃盟諸神祇，力行所謂《太微功過
> 格》者，意主於修省，無邀福想……[270]

第二個是陳錫嘏(1634-1687)。他原本是劉宗周《人譜》最忠實的提
倡者，可是後來卻編了一部《功過格彙纂》，由他的轉變也可以看出
只關注道德修養的《人譜》無法滿足一部分人的情形。

　　試想，如果這個問題不是很嚴重的話，何以陶望齡(1562-
1609)、陶奭齡(?-1640)的弟子們會如此熱切地實行功過格，而秦弘
祐會模仿立《遷改格》。陶奭齡〈功過格論〉中說明功過格可以接
受，而且應該接受，他說：

> 或曰為善去惡，在心而已，奚必是格？予曰：子讀書耳，奚
> 必課程賞罰耳？奚必律令出納耳？奚必會計哉？不知會計當
> 則盈縮可稽，律令明則趨避不惑，課程立則作止有度，否則
> 勤惰任心，高下任手，有餘不足，無從參覈也。徒曰我為
> 善，我去惡，曾為幾善，去幾惡耶？[271]

但是當時儒家思想圈中占上風的，始終是不講「驗」的部分，認為能

270　徐元梅等修、朱文翰等輯，《嘉慶山陰縣志》(台北：成文出版公司影印
　　本，1983)卷十六，頁3b。
271　《功過格分類彙編》，頁3。

行善已是心中最大的滿足。所以，我們可以說功過格「立命」、「造命」的性格，在儒者的日譜中完全見不到了，因此也限制它轉移世俗的力量。

在袁了凡的《功過格》中，不識字的人也得到了安排，《了凡四訓》這樣說：

> 余行一事，隨以筆記。汝母不能書，每行一事，輒用鵝毛管，印一硃圈於曆日之上。或施食貧人，或買放生命，一日有多至十餘圈者。至癸未八月，三千之數已滿。[272]

袁氏規定：讀過書的人應該將日常行事記下來，並記功過，不識字的人可以用鵝毛管打印作為功過的標誌。但是在我們所見到的幾種日譜中，除了陳瑚的《聖學入門書》之外，並未見到為不識字的人做任何安排，同時也未見到士大夫以外的人立日譜的記載。故王學及晚明善書運動中極為濃厚的平民性消失了，日譜成為純粹士人修身的紀錄。

此外，在功過格等善書的科目中，可以看出濃厚的社會慈善、社會福利的色彩，譬如施棺、掩骸、放生、救濟等。但是在儒家的種種修身簿籍之中，這個面相越來越萎縮，到了顏李的日譜中幾乎看不見這一面；而顏李除了內省之外，基本上關心的是治國平天下之事，以及是否遵照古禮來規範自己的日常生活。所以這些日譜反映了當時士人生活中社會面的消失。

在明末清初那一批摹仿功過格的修身簿冊以及日譜，都有一個共同的特點：錢不能再折換成道德資本了，而道德資本也不能折換成當

---

272 袁黃，《了凡四訓白話解釋》，頁49。

世的或將來的福報[273]，這是對晚明以來與商業密切聯繫的道德心態的逆轉。值得注意的是，許多研究都指出，明清之間，除了因改朝換代有過一段動盪外，經濟情況基本上沒有大變化，但是這一輩士人們卻不再像晚明士人那樣，認爲錢能通神了。從日譜中各種反省的條目看來，由金錢的付出便可以稱爲善行的條目幾乎看不見了，連物質上的奉獻足以稱善的想法也減到最少，所有的條目都回到儒家最正統的德目。

提倡功過格的人相信，有鬼神會在人所不知處監督一切反省的過程，所以人不可能不忠實地寫下自己內心世界的所有善過。陶奭齡的〈功過格論〉將人下筆記錄時，覺得鬼神森然滿目的心情寫得相當生動。他說：

> 或曰：是固然，其如明功隱過何？予曰：子勿慮也，人有明功隱過於人者，未有明功隱過於鬼神者也。我日而爲之，夜書而誌之，焚香染翰，幽獨無侶，四顧森然，鬼神滿目，以心蒞手，以手蒞筆，一點一畫，罔敢不誠，而明功隱過乎哉？[274]

但是純正的理學家基本上認爲鬼神只是二氣之良能，所以在日譜中並未安排鬼神職司監察之事。不過，他們有兩層保證，一個是規過會中會友互評日記，互相規過，他們假設由於會友見面的機會，在相當程度上可以從表現的行爲來對照該人日記中的紀錄。他們有時是規定會

273　關於錢財可以折換成道德資本，見Cynthia J. Brokaw, *The Ledgers of Merit and Demerit*.

274　《功過格分類彙編》，頁3b。

友在聖像前切實省過，此處所謂「聖像」是指學堂裡的孔子像，足見孔子像有時具有類似佛道神像之功能，代表一個冥冥中的監督者。不過，這一類的記載並不常見。真正扮演把關角色的是「天」。「告天」二字在各種與日譜有關的文字中不斷出現，而且都是在最後想求一個客觀、全知全能的判斷者及監察者時出現，而且告完天之後，通常要將日譜焚去，而得到一種「結案」的感覺[275]。但是，宋明理學以「理」註「天」，以鬼神為二氣之屈伸，故不認為有鬼神或人格神的天，那麼「天」與鬼神也不易扮演主宰者、監察者的角色了。

最後，罪的祓除是許多宗教中相當關鍵的一環，有的是告解完即祓除，有的是靠嘔吐來祓除，有的是靠書寫之後焚燒來祓除，有的是在書寫之後放在水中漂流，不一而足。中國的宗教裡，佛教、道教也都有祓除罪過的方式[276]。但是在宋明理學中，過錯是無法祓除的，即使在談到如何消除罪過時也都含糊其辭。對他們而言，功罪無法互相折抵，如果在計算之後，發現罪過太多，除了不斷自責或是焚香告天之外，實在沒有辦法可以徹底清除罪感。在本文所討論的幾種日譜中，對罪的祓除都沒有儀式性的安排。這是一個關鍵性的缺環，使得遵行它的人無法獲得內心的紓解，罪過永遠緊緊地跟著自己。

以上幾點，都是儒家修身日記的局限，是使它們不能普遍化、平民化的重大局限。此後隨著考證學的興起、內省面的逐漸褪失，修身日記基本上便不流行了。

---

275 程玉瑛，《晚明被遺忘的思想家：羅汝芳詩文事蹟繫年》，頁9記羅汝芳於嘉靖十一年十八歲時焚《克己日錄》。
276 如楊聯陞的〈道教之自搏與佛教之自撲補論〉，《中央研究院歷史語言研究所集刊》，第34本上冊(1962)，頁275-289。

結論

　　修身日記是一個思想史與日記史研究中都被忽略的課題。在這篇文字裡，我主要是以明末清初的幾種日記、日譜爲例，討論它們大量出現的思想條件。文中指出：宋明理學修身日記的傳統，明季功過格運動對儒家士大夫的刺激，理學思想由重悟到重修，及主張在日常生活的實踐中達到超越的思想，還有士人對晚明風俗習染的不滿，都是激起這一波修身日記運動的重要原因。

　　談到日譜在學術思想活動中所扮演的角色時，我主要是以顏李學派的材料爲例，說明在知識分子群體性活動逐漸衰歇之後，心學家原來那種面對面的啓悟點撥變得越來越不可能時，日記或日譜所扮演的種種角色。

　　文中也談到幾種日記中所反映的思想心態：譬如當時士人對純粹享樂的人生態度感到不滿意，有一種愈來愈趨向嚴格化、紀律化的傾向。同時思想界也出現了一種逐漸「外轉」的傾向──重視外在儀節對人生的規範作用，放棄過去那種只要內心了悟便一了百當的想法。這股潮流與清代禮治社會的興起自然有關。

　　但是，比起功過格之類的善書，這一波修身日記顯然有幾點不同。首先，調子越唱越高，有一種內捲化（involution）的傾向，使得它們不可能是淺俗易行的東西，所以它們不是功過格那樣平民性十足的運動。而且修身日記中只講「修」不談「驗」，對罪惡感的祓除等問題也都最嚴守儒家正統的精神，所以它不像通俗宗教運動那樣吸引人，基本上只在士大夫圈中流行。這些使得它們在與通俗宗教競爭對平民百姓教化的領導權時，顯得有局限性，也使得明代王學泰州學派

一支那種士農工商一起共學的風潮逐漸平息。隨著考證學興起，左經右史、喘息著書的生活更是平民百姓所不可能企及的，儒者的學問事業與庶民百姓便形成兩條不大可能交會的直線了。

第七章
從曾靜案看十八世紀前期的社會心態

　　清雍正朝的曾靜案，在經過晚清革命志士的渲染後，成了反清倒滿的一股動力。幾十年來，討論此案的學術文字並不乏見，尤其是對整個事件的過程大致已有相當詳盡的描述。本文則想從幾個前人較少著墨的角度來看這個事件：第一、從曾靜(1679-1735)醞釀投書的整個過程看民族思想與社會經濟失序之間的互動。第二、曾氏是一個不得意的生員，其思想心態多少有助於我們了解沉滯在帝國底層士人的心態。第三、我想以這個案子作為媒介去了解從雍正到乾隆對華夷等問題觀點之轉變，並探討何以強調敬天法祖的清廷，在乾隆即位後卻馬上將其父下令纂輯的《大義覺迷錄》（以下簡稱《覺迷錄》）查禁，匯送禮部。第四、從曾靜案發到定罪，以及《覺迷錄》頒布各級學校定時學習之後，究竟一般士人如何反應，是極值得注意的。但以清代文網之密，涉及此案的材料，保存極少，所以作者希望透過有限的材料探其一鱗半爪。

　　曾靜在成為「彌天重犯」（曾靜在《覺迷錄》中之自稱語）之前，只有兩本日記，除此之外，當大吏搜查其宅時，除了口供外，也不曾留下任何文字。不過，雍正(1678-1735)在訊問曾靜時，一再引用他的兩本日記：「知新錄」及「知幾錄」，替我們保留了一些曾靜日常的思想狀態。此外，如果將雍正由審問人轉化為類似人類學調查中的

發問人，然後審慎地使用曾靜的幾十道簽供，也可以勾勒出一些蛛絲馬跡來。

不過，所有以審訊口供作爲重建生活史或心態史的嘗試都是踩在地雷上的危險工作。Le Roy Ladurie的*Montaillou*，便因以審訊口供爲史料而招致一些懷疑[1]。因爲犯人在嚴刑拷打下，不免因恐懼或脫罪而謊騙、扭曲。所以，儘管雍正在曾靜案發後便一再叮囑「不必刑詢」、「前來途中加意照看，勿令受苦」，但曾靜內心的恐懼必然不可輕忽。不過，曾靜在審訊中常坦白述說先前的種種錯誤想法，然後徹底認錯。如謹慎爬梳這些道白，對他案發的思想心態仍能有所了解。

一、湖廣塡四川

曾靜案的最初階段必須與清代湖廣塡四川的潮流合看。從康熙朝的前期開始，皇帝便不斷地鼓勵湖廣(包括現在的湖南與湖北)地區的人民移民四川，一般稱之爲「湖廣塡四川」。這些移民多是因爲天災人禍以及重稅，在故鄉難以維生，故大量遷川。到了雍正年間，湖南

---

1 關於搜查曾宅及雍正下令「不必刑詢」、「勿令受苦」，分見〈海蘭等奏拏曾靜張熙讅中翼摺〉、〈杭奕祿等奏進曾靜等口供及著作摺〉、〈杭奕祿等奏曾靜等口供及解京日期摺〉，《文獻叢編》(北平：故宮文獻館，1930- ；台北：台聯國風出版社1964年影印本)，頁26、28、29。至於Emmanuel Le Roy Ladurie, *Montaillou: village occitan, de 1294 à 1324*(Paris: Gallimard, 1975)一書中所使用口供材料的問題，參考Peter Burke, *The French Historical Revolution: the Annales School, 1929-89*(Stanford: Stanford University Press, 1990), p.83; Peter Burke ed., *New Perspectives on Historical Writing*(University Park, Penn.: The Pennsylvania State University Press, 1991), p. 29 and p. 39 note 17.

情況亦無好轉，我們常可以看到雍正時，皇帝常問起當地米貴的情形[2]。

　　依照現代學者所重構的旱澇資料，在雍正三、四年(1725-1726)間，湖南一地旱澇之災尤其嚴重[3]，雍正五年(1727)時，湖南嚴重歉收、時疫流行，這些災荒導致數萬災民移往四川[4]。本文的主角曾靜便於雍正三年雜在這一批移民潮中。

　　在曾靜準備移民四川的那幾年中，四川成都街上有一瘋漢盧宗漢大呼：「岳公爺帶川陝兵丁造反了！」後來盧宗漢被逮。在故宮博物院於1930年代刊布的一件盧氏供狀中，盧氏說他原是從湖北黃州移民四川。在審訊中，盧宗漢不斷提到「田土」、「造狀」、「病苦」之類字眼[5]。幾種研究湖廣填四川的文字中都指出，移民與當地人之間常產生土地所有權的衝突，常有地主聲稱某片新闢土田是他所舊有，這類事情屢屢導致纏擾不休的訴訟。由前面提到的幾個零碎的字眼可以推測盧宗漢大概也是在四川的開墾工作不順利，甚至捲入與四川當

2　關於湖廣填四川的問題，參考王綱，〈「湖廣填四川」問題探討〉，《社會科學研究》3(1981)，頁83-90；田光煒，〈「湖廣填四川」的移民過程〉，《四川師院學報(社會科學版)》1981：2，頁79-82。根據王綱一文，清初有大量湖廣人避賦入四川，而康熙四十一至四十六年，以及五十四至五十七年的九年間，在湖北、湖南都發生了大面積的水災、旱災、雹災、蝗災和瘟疫，引起了普遍饑荒，故大量人民遷往四川。雍正年間，因歉收等問題仍逼使大量災民逃川。如同治《新化縣志》卷一上，頁21，說雍正五年因湖南歉收米貴，「相率而遷移四川者不下數萬人」。不過他們有時遇上四川發生大災害，生活更加悲慘。至於湖南米貴問題，見林毓輝、史松，〈雍正評議〉，收於《清史研究集》第一輯(1980)，頁65。

3　參考中央氣象局科學研究院編，《中國近五百年來旱澇分布圖集》(北京：地圖出版社，1981)，頁134。

4　王綱，〈「湖廣填四川」問題探討〉，頁89。

5　見〈四川提督黃廷桂奏盧宗漢沿街叫說岳鍾琪造反摺〉，《文獻叢編》，頁104。

地人的土地糾紛[6]，所以有種種因挫折而起的瘋狂舉動，在無限的挫折沮喪之下，使他將改變這一切失意的希望投射到當時駐於成都的川陝總督岳鍾琪(1686-1754)身上。所以「岳公爺帶川陝兵丁造反了！」的狂呼，實代表一種主觀的投射。但是，為什麼岳氏會成為盧宗漢投射其幻想的目標？首先，岳鍾琪是岳飛(1103-1141)的後代。抗金名將岳飛在中國歷史上，早已是領導漢人捍禦胡人的一個代表性人物，他的故事透過各種通俗小說、戲曲等，久為各層社會所耳熟能詳。一般對現實不滿而又將之歸罪於滿族統治的人，可能因岳鍾琪出身岳飛之後而有種種幻想。

岳鍾琪同時也是第一個成為川陝總督的漢人。由於他的戰績，以及他與雍正合作劃除其上司年羹堯(1679-1726)，他很快地在雍正三年被擢為川陝總督，統領十幾萬名兵丁。由於這是一支龐大的武力，所以大概從那時開始，民間的種種謠言便起來了，說岳鍾琪不穩，進奏給皇帝的謗書合起來便有一籮筐之多；同時還說他曾上諫書給皇帝，說了些不合時宜的話，故激怒了雍正。隔年，在四川謠言越傳越烈，人們說岳鍾琪已經被皇帝處罰，同時他的兒子岳濬(?-1753)已經被逮捕[7]。這些謠言並非全無根據，確有大量滿洲官員攻擊岳鍾琪的奏摺，但是滿官對他的種種詆謗與漢人對他的種種幻想是基於一樣的理由：岳鍾琪是岳飛之後，又是第一個打破康熙帝漢人不得為川陝總督禁令之人，手中握有絕大的兵權。其實，岳氏當時君眷正深，而且

6　移民與四川當地人的土田糾紛極為頻繁，參見田光煒，〈「湖廣填四川」的移民過程〉，頁80。

7　見〈王國棟奏報訊問陳帝西等口供摺〉及〈王國棟奏覆訊陳帝西口供及解京日期摺〉、〈陝西總督岳鍾琪奏辯讒毀摺〉，《文獻叢編》，頁30-32，104-105；並參考馮爾康，《雍正傳》(北京：人民出版社，1985)，頁222-223。

絕無任何可資上述種種聯想的舉動[8]。

如果將上述謠言、期望試作重建，大致可以理出這樣一條脈絡來：當時人想像當漢人遭異族欺壓之際，岳鍾琪必會如乃祖一樣起而領導漢人。而且岳氏對當時傳言中雍正的種種失德必有所知，對頻仍的天災所造成的人禍必定不能忍受，故必有措詞極強硬的諫書上呈皇帝，導致雍正的勃然大怒，而終致引起他的被罰及其子岳濬的被捕。而且，正因為這些懲罰，岳鍾琪極可能要領川陝兵叛變了。

就在盧宗漢狂呼「岳公爺帶川陝兵丁造反了」的前兩年左右，遠在湖南的曾靜受困於天災時疫，加上新被褫落生員資格，亦打算前往四川開墾[9]。但曾靜從老家郴州坐船行至長沙時卻中途折回，因為在長沙市街上，他看到「五星聯珠」的告示。對於這一吉兆，曾靜的解釋是他幾年來心中蘊蓄的井田制理想要得到實現了。他想，一旦井田實行，天下人都有田可耕，故不必遷川了[10]。但他等了兩年多後發現井田仍未實行，故派遣他的學生張熙(?-1735)到成都伺機投呈「生員應詔書」給岳鍾琪，歷數雍正罪狀，勸岳鍾琪反滿。這兩年多時間

8　當時旗人對岳鍾琪以漢人而居軍事要職之不安，參考徐珂，《清稗類鈔》（北京：中華書局，1986），第八冊，頁3608「岳襄勤交怡親王條」：「岳襄勤公鍾琪居京師，怡賢親王與之納交。一日，岳以忌之者多，不克保身為憂。王遂於奏對之暇代為陳之，岳不知也。世宗曰：『既如是，可令其改入旗籍，當無敢有撼之者。』」徐珂《清稗類鈔》不註出處，故不知此記載來源。但此故事即使非真，也顯示一事實：當時傳言認為旗人對於岳鍾琪握重兵不放心。

9　曾靜於雍正三年失去生員資格，又於是年遷川，兩件事之間必有關聯。

10　《大義覺迷錄》（台北：文海出版社，據1730年版影印），頁155-156。普林斯頓大學葛斯德東方圖書館亦藏有雍正年間內府刊本《大義覺迷錄》一部，版式內容與此冊完全一致，唯缺頁數處，如卷二缺頁3、26，卷三缺頁2，卷四缺頁43。

內的轉變很值得注意。此下,我想試著利用有限的口供資料,重建曾靜的生活史及思想上的轉變。

曾靜於1679年生於湖南郴州永興縣(大約衡陽南方七十五里左右)一個叫十九都的小山村中,附近住著不少苗人。曾靜年幼喪父,故家中只有老母、妻子陳氏,以及幾個小孩。曾靜的妻子有一個兄弟,因為窮困而於康熙五十七年(1718)由湖南遷往四川謀生。曾靜有一長兄也是因為太窮,所以強迫太太改嫁[11]。科考與教書館似是曾靜生活的重心,但他卻從未通過鄉試。

由於科考的挫折,曾靜後來對雍正抱怨,光是他的家鄉永興縣一地,每年便有將近二千四、五百童生參加縣試,還有將近兩千生員參加鄉試。曾靜說這麼大量的舉子只能造成大量的無恥之人[12]。作為永興縣兩千生員中的一名,如果不是在他五十歲的時候勸岳鍾琪謀叛,成了舉國震驚的「彌天重犯」,其事跡必永遠不為後人所知。

如果不是生活困苦,而官員又太苛急,曾靜的種族意識不一定會被挑起。從曾氏供詞可看出他最大的不滿是土田盡為富戶所占以致分配不均的問題,所以他對《孟子》中的井田制最為嚮往。雍正三年這一年是曾靜潛意識中的一些念頭浮現之關鍵時期。在這一年,他因參加歲考被黜居五等而褫奪了「生員」的頭銜。清代社會紳衿固不如明季之橫,但生員在當地社會仍享有某種程度的榮譽,可是曾靜現在連這最後一項資產也被褫落了。就在這一年歲考時,他買了一些呂留良(1629-1683)的著作及其所評點之文字。

可是直到此時,曾靜對清政權並未失去信心。正如許多革命者行

11　《覺迷錄》,頁217-218。
12　《覺迷錄》,頁157-158。

動前的最後一個念頭是將希望寄託在最高領導者身上一般，此時他曾想「來京城上書獻策」，但因當時社會上對雍正的各種傳說使他終究放棄了這個念頭。正因當時對清廷尚未失去信心，所以當他在往四川遷徙的途中，見到官府的告示「五星聯珠」的祥瑞出現，他仍舊朝有利於清廷的方向解釋這個天象，一廂情願地認為這個天象是在預示滿清政府準備進行一系列改革，尤其是實行他所夢寐以求的井田制。他之所以從長沙折回，無非是想既然井田制得行，則到處都是樂土，又何須千里迢迢移民四川開闢新土？但是接下去這一年，曾氏始終未見清廷有何動靜，而連續兩年洞庭湖的水災又使包括他本人在內的無數沿湖居民無以度日，加上時疫流行，他想「天心」大概要變了。故到了雍正五年，他對五星聯珠的天象又有了另一層解釋，那便是井田制是待某一大有德有才之人而行的，並不是等著清廷而行，而他本人的任務將是輔佐這個人完成任務。在他後來被搜出的雜記本上寫著：照此異象，不久必有大事發生，而且，如果上天是要讓百姓過太平日子，那麼曾靜認為他本人必將有大貢獻於此事。他這樣寫道「求人於吳楚東南之隅，舍某其誰」[13]。從這段材料看來，曾靜已逐漸將信心由寄託在清廷轉移到正統權力結構之外的某個人，或某力量。曾靜之所以自誇是洞庭湖以南之大才，還是因為他長兄的妻子曾誇獎他「有宰相之量」，而他自己的學生張熙與廖易也「推崇過量，把某看作莫大的人物」[14]。也就在雍正五年，曾靜得到一個新結論：滿人入據中國就像盜賊擄人家產、住人家室，現在這個家庭的人醒覺了，並以驅逐盜賊為分內事[15]。曾靜於是再度在他的雜記冊上寫著，對付滿人的

13　《覺迷錄》，頁145、157。

14　《覺迷錄》，頁217、168。

15　《覺迷錄》，頁174-175。

方法「只有殺而已矣，砍而已矣。」[16] 同年，他再度讀呂留良的著作
——其中大部分是他的弟子張熙剛從浙江呂家買回的，發現那些他原
先認爲「怪」而「疑」的句子，現在都逐漸明白過來，漸而感到親
切，終至全盤信服[17]。儘管在呂留良公開發刊的著作中能挑起種族思
想的部分極少，並且是以非常含混的方式表達，可是曾靜讀時卻投進
了許多他的不滿與想像，尤其是呂氏的「題如是江山圖」及「錢墓松
歌」等關於元明之際朝代興亡之感的文字，他也看出了深意。

大抵在這個時候，他開始反芻前些年聽人談起的種種有關新皇
帝雍正的傳說。在湖南，他聽人說新皇帝命令浙江地區鬻賣官爵，
並準備用所得的六百萬兩銀子修建西湖，作爲自己娛玩之所。他還
聽說新皇帝醉酒無度，並且準備將全中國的銅搜集起來運往滿洲，
修建一座銅宮。他並且聽說雖然雍正已登基六年，可是從不留心鑄
幣，所以百姓說雍正錢不值一文，得之「即投之溝壑」。曾靜又聽
說雍正帝在盧溝橋設站收路錢，宛然盜賊封山收費的行徑[18]。以上這
些，大多是與錢財方面有關的。曾靜寫給岳鍾琪的「生員應詔書」
中還指出皇帝在內廷的種種陰謀：第一、謀父。第二、逼母。第
三、殺兄(指胤礽之死於雍正二年，懷疑遭雍正殺害)。第四、屠
弟，雍正謀殺了兩個反對他嗣位最力的弟弟允禩(1681-1726)與允禟
(1683-1726)。第五、雍正貪財並濫支國用。第六、雍正好殺。第
七、雍正耽酒。第八、雍正好淫。第九、雍正懷疑誅忠。第十、好

16 《覺迷錄》，頁205-206。
17 Thomas Fisher, "Lu Liu-liang and the Tseng Ching Case"(Ph.D. diss., Princeton University, 1975), p. 264.
18 《覺迷錄》，頁64-65、234、242、368-370。

誂任佞[19]。這幾條材料全是曾靜從各種傳言中拼湊起來的，卻成為他用來規勸岳鍾琪謀反的理由。他派遣弟子張熙攜帶著信件，走了四十餘日，於雍正六年(1728)十月廿八日，張熙趁岳鍾琪訪客回衙時，攔輿呈帖。帖上稱岳為「天吏元帥」，而自稱「江南無主游民」。

　　出乎曾靜和張熙意料之外，岳鍾琪絕非如外傳之不穩。這一點其實是曾靜原先曾警覺到的，故在「知幾錄」中諄囑張熙一路訪問，如所聞與在家所傳不合，「即便回來，另作主意」。而張熙到成都後，亦發現事實與傳言不合，本想作罷，但因千里而來，仍決定一試。岳鍾琪迅即設計誘供，並將此事件報告遠在北京的雍正。雍正一開始有些震驚，但是馬上決定利用這個機會進行一場對抗種種關於他的流言的宣傳。他一方面派員到湖南、浙江調查所有與此事件直接或間接相干的人犯，牽涉範圍相當之廣。一開始呂留良的後人及門生與此案的牽涉並未特別引起注意，可是後來範圍漸圈漸小，最後決定集中在兩股人上，一是曾靜、張熙等投書預備起事者，一是呂留良之後人門生呂毅中、嚴鴻逵、沈在寬等(他們只是賣書給張熙，後來可能提供過一些呂留良的未刊筆札而已)。曾靜於當年——雍正六年——十二月十五日被拘往長沙，接著押送北京由雍正親自審問[20]。

19　清代規定悖逆語不入奏摺，故以上罪狀並不見於曾靜案發後各種來往文件中，卻是雍正在上諭中自己引述的，見《覺迷錄》，頁28-66。

20　關於此案案發後處理過程，請參考陳捷先，〈岳鍾琪與雍正朝曾靜、張熙的文字獄案〉，《歷史月刊》2(1988)，頁54-61、前引Thomas Fisher的博士論文、馮爾康《雍正傳》，以及小野川秀美，〈雍正帝的《大義覺迷錄》〉，《東洋史研究》16：4(1958)，頁95-107。

二、曾靜的內心世界

以皇帝之尊審訊犯人是古往今來所少有的，雍正是否曾與曾靜會面已不得而知。依《覺迷錄》所載，他的卅七道問題都是以書寫方式，由刑部侍郎杭奕祿(？-1748)代轉曾靜作答。粗加歸類，這卅七道問題可分為幾種：第一、關於滿洲政權的合法性。第二、華夷之辨。第三、關於君臣之關係。第四、關於天災人禍以及清之失政。第五、關於貧富不均與科舉之弊。第六、呂留良思想的影響。第七、也是最重要的，關於曾靜對雍正的控訴以及繼位之謠言。

《覺迷錄》中文字冗贅反覆，不過，因為雍正多次徵引曾靜的兩本雜記本來審問他，所以正好為我們保留了這個沉於社會底層的知識分子的心態世界。

這兩冊雜記分別是「知幾錄」及「知新錄」。曾靜告訴雍正，「知新錄」是模仿張載(1020-1077)「心有開明」便動筆記下而不管其精粗的辦法(案：張載集中並無「知新錄」之類標題)[21]，至於「知幾錄」則是派遣張熙做事的備忘錄[22]。所以「知新錄」事實上即是一部曾氏日常生活及想法的點滴，而「知幾錄」即是曾氏日常行事計畫的一個大概。

前面提到曾氏因考居五等，被褫奪生員資格之事。為了保住生員的頭銜，曾靜必須應付歲試，其壓力之大，可想而知。而曾氏又無力考中舉人，而長處進退兩難之境，故曾氏對科舉制度極為不滿。在審

21　曾靜大概是模仿張載寫作《正蒙》時心有開明即便箚記的方式。參見《張載集》(北京：中華書局，1978)，頁247。

22　《覺迷錄》，頁157。

訊中，他告訴雍正，科考與八股文之害甚於王陽明(1472-1528)哲學；陽明哲學只是害道，而科考卻終將毀盡所有人之廉恥[23]。故在「知新錄」上，曾靜一再記下科考制非廢不可。有意思的是，從《覺迷錄》中的對話來看，雍正似乎並不太反對曾靜的意見，但是，雍正一方面告訴他已經沒有更好的甄選人才的辦法，並且駁斥曾靜：科選並不是清廷選用人才的唯一辦法，尚有其他種種途徑來彌補遺才之缺失[24]。

曾靜的貧窮使他對貧富不均極爲敏感，我們可以想像他曾寫下過多少這一類的抱怨。他認爲貧富不均應歸罪於雍正朝的失政。在第五次訊問中，雍正頒了一道上諭，表示貧富不均本屬天然，任何人力皆無可挽回，所以曾靜沒有理由歸罪於他。雍正並質問曾靜，難道貧富不均是雍正朝之後才有的現象[25]？前面提到過，因對貧富不均強烈的不滿，使得曾靜對井田制極爲心儀。他最初之所以特別被呂留良著作所吸引，不是因爲呂著所涉及的種族思想，而是因爲大部分人都說井田不可復，唯獨呂留良認爲可行。所以儘管呂留良死時曾靜只有四歲，兩人從未見面，但因對井田制的共同想法，使得曾靜對呂氏有一份忻慕，遂派遣他的學生前往呂氏故鄉搜尋其他著作。

曾氏承認他自幼讀《孟子》中有關井田的段落便心生歡喜，因爲這個理想與其家無田可耕之窘境對照之下意義更爲深刻。依照曾靜供詞及我們現在所能看到的地理資料[26]，曾氏故居永興縣十九都的石棍

23 《覺迷錄》，頁186、190。
24 《覺迷錄》，頁187、190。
25 《覺迷錄》，頁116-118。
26 根據呂鳳藻編纂，《永興縣志》（台北：臺灣學生書局據清光緒九年刊本影印，1975），頁58-59。

村是一處狹窄的山谷,故耕地極為有限[27]。永興縣遷往四川的人很多,傳話回來說當地土田甚賤,但曾氏認為實行井田制比遷往四川更能解決普天下之問題[28]。

其實雍正自己也試行過井田,而發現其不可能。雍正三年(1725),為了解決部分旗籍家庭之苦境,下令在順天、保定府屬下的幾個縣施行井田。雍正決定盡可能模仿《孟子》中所描述的井田制,但是一半以上的旗人中途退逃。值得注意的是,康熙時也曾有大臣建議行井田,可是康熙從未試過,而雍正卻一直在零星的試著,直到他死時,才由乾隆下令廢止[29]。也難怪雍正徵引了曾靜雜記中關於井田的議論強烈地加以駁斥。

曾靜還一心嚮往鄉約制度。曾靜對雍正說,在他五十年生涯中,從未見過一次鄉約的實際實行。他只知道康熙曾頒發聖諭,但是雍正所寫的《聖諭廣訓》卻從未聽說過,只有當他被押送北京後才知道。曾靜不解,如果照官方文章所說,鄉約確在城市與鄉村中廣泛施行,何以他不知道有《聖諭廣訓》的存在[30]?曾靜向雍正提議,應參照鄉約中的「記善籍」中所載當地有德人士來擢用人才,只有如此,才能避免選出只具備應付臨時考試的文學才能卻缺乏道德修養的官員[31]。曾靜也認為,只有透過廣行鄉約,政令才能盡可能達到下階層[32]。值得注意的是隔年——雍正七年(1729),皇帝下令鄉約必須全國施行,

---

27 《覺迷錄》,頁155。

28 《覺迷錄》,頁146-147。

29 參考魏建猷,〈清雍正朝試行井田制的考索〉,《史學年報》2:5(1933),頁113-126。

30 《覺迷錄》,頁233。

31 《覺迷錄》,頁232。

32 《覺迷錄》,頁243。

違者治罪[33]。

　　曾靜也與明末清初許多思想家一樣，主張封建制。與顧炎武(1613-1682)的想法相近似，曾靜也認爲分封是防禦外來侵略的有效辦法。在郡縣制下，因爲輪調制度使得官不能久居其職，如此固可以防止割據，可是地方官也便於推卸責任。而且因爲任期太短，他們即使有心爲百姓謀興革，也鮮能成事。曾靜認爲分封不應該局限於皇室成員，而應該從臣民中擇其賢良，使他們既可全力照顧百姓，又可從容從事武備[34]。雍正駁斥曾靜說，在曾的「知新錄」中提到分封是聖人治平天下之道，但是，封建只能行之於疆域未開、聖教未備之時，而絕不可行之於今。雍正說，叛逆之人所以好倡封建，是因爲一旦犯罪便於潛逃至其他封國[35]。在雍正七年，陸生楠的「通鑑論案」，也是以主張封建制爲由而被判斬立決。

　　在種族問題上，作爲一個程朱思想的信徒，曾靜以理氣之分來解釋華與夷之不同。因爲漢人生於中土，所以稟氣較純，故生而爲人。夷狄生於邊陲，稟氣不純，所以生而爲禽爲獸[36]。這當然不是由曾靜首先提出的。曾靜在他的雜記上寫著：中國自明亡後，實際上八十餘年無君，「地塌天荒八十餘年」[37]。曾靜原先自負對《春秋》有特殊的領會(這也是爲什麼他後來在懺罪時一再說自己過去「錯看春秋」，故「一路直錯到底」[38])，他認爲明季學者未將《春秋》中種族之別高於君臣之義這一點說清楚，以致當異族入據時，廣大漢人仍

33　馮爾康，《雍正傳》，頁370。
34　《覺迷錄》，頁200-201。
35　《覺迷錄》，頁194-196、198-199。
36　《覺迷錄》，頁108。
37　《覺迷錄》，頁112、182-184。
38　《覺迷錄》，頁116、132、135、176。

拘執於君臣之義，而未起而推翻異族統治。

雍正對這兩件質疑的回答很有意思。他駁斥曾靜，如果地理上中樞與邊陲之不同可以決定人禽之別，爲什麼在中國內部有這麼多雞鴨禽豚[39]。他又說五倫才是儒家之最高義，故君臣之別必然超乎種族之異，只要滿人有德，即可爲中夏之主。他引《孟子》的「舜東夷之人也，文王西夷之人也」的說法證明夷人有德也可以成爲聖君[40]。雍正也引用韓愈(768-824)的「中國而夷狄也則夷狄之，夷狄而中國也則中國之」[41] 來說服曾靜。在整個夷夏辯論中，雍正相當技巧地運用中國傳統文化的象徵來爲異族政權作辯護。最後，雍正怒責曾靜，從曾氏祖父起，食毛踐土八十餘年，何以宣稱八十年來實際上沒有統治者[42]？

曾靜也是傳統君師合一理想的信仰者，認爲有德者應該有位，所以說「皇帝合該是吾學中儒者做，不該把世路上英雄做」，而歷史上的帝王卻多爲「老奸巨猾」，即諺所云「光棍」[43]。他說：「春秋時皇帝該孔子做，戰國時皇帝該孟子做，秦以後皇帝該程朱做，明末皇帝該呂子(呂留良)做。」「吾儒最會做皇帝，世路上英雄他那曉得做甚皇帝。」[44] 在訊問的過程中，大臣奏報，去年(雍正六年)的十一月

39　《覺迷錄》，頁109。

40　《覺迷錄》，頁84-85、101。

41　《覺迷錄》，頁16。

42　《覺迷錄》，頁80。

43　《覺迷錄》，頁162、164-165，同時參考頁166、167、191、193、281。「光棍」即流氓無賴之意，舊時有「光棍律」以懲治無賴流氓。章太炎《新方言》的〈釋言〉說：「古謂凶人曰梼柮，今謂凶人曰光棍，其義同也。」見章太炎，《新方言》，收於《續修四庫全書·經部·小學類》(上海：上海古籍出版社，1995)，第195冊，〈釋言〉，頁43。

44　《覺迷錄》，頁162。

廿六日，慶雲出現在曲阜孔廟的大成殿上，雍正馬上派人將此消息告訴曾靜。曾靜順著解釋說：「蓋有亘古未有之道德，自能成亘古未有之治功，有亘古未有之治功，斯能備亘古未備之休徵。」慶雲現於大成殿，即表示「孔子之心即天心，今聖心與孔子之心為一，即是與天心為一，而祥瑞見於曲阜」[45]。審問至這一步，至少在表面上曾靜已完全貼服了。

　　整個審訊過程中最緊要的自然是關於雍正即位過程之傳言。雍正似乎對傳言之所自來很在意，故在案發後的來往文移中一再責令巡撫及大臣們追出流言的根源，最後且一無例外地推到允禩及允禟集團。據曾靜說，因為他的書館在湖南安仁縣路傍鵬塘地方，故偶聽來往路人傳出這些話，其中雍正比較關心的有：

> 先帝欲將大統傳與允禵。聖躬不豫時，降旨召允禵來京，其旨為隆科多所隱。先帝賓天之日，允禵不到，隆科多傳旨，遂立當今。
> 聖祖皇帝原傳十四阿哥允禵天下，皇上將十字改為于字。
> 聖祖皇帝在暢春園病重，皇上就進一碗人參湯。不知何如，聖祖皇帝就崩了駕，皇上就登了位，隨將允禵調回囚禁。太后要見允禵，皇上大怒，太后於鐵柱上撞死。

雍正的反駁集中在強調他如何受康熙寵重，而允禵（1688-1761）如何受輕賤。雍正說，康熙曾對太后說允禵即使供胤禎作護衛使令，「彼亦不要」，又說「而逆黨乃云聖意欲傳大位於允禵，獨不思皇考春秋

已高，豈有將欲傳大位之人，令其在邊遠數千里外之理(案：指派允禵為陝西將軍)？……祗因西陲用兵，聖祖皇考之意，欲以皇子虛名坐鎮，知允禵在京毫無用處，況秉性愚悍，素不安靜，實借此驅遠之意」，雍正強調「傳位於朕之遺詔，乃諸兄弟面承於御榻之前者」。

至於太后撞鐵柱而死之事，雍正也有辯解。他說允禵入京後欲見太后，但太后諭云「我只知皇帝是我親子，允禵不過與眾阿哥一般耳，未有與我分外更親處也」，故不允。後來還是雍正之要求，允禵才與諸兄弟入見等等。並說「允禵之至陵上，相去太后晏駕之前三、四月，而云太后欲見允禵而不得，是何諭也」[46]。

在審問過程中，幾乎千篇一律的，雍正從「知新錄」上找材料，一面問曾靜、一面斥駁，然後問曾靜經過批駁，他是否仍持前見。曾靜則毫無例外地覆述他先前的錯誤想法，並順著雍正給的線索認錯。

曾靜脫罪的辦法也可以歸納為二。第一、關於雍正個人的部分，雍正總是一面訊問、一面為自己辯解，並將謠言的來源歸之於允禩、允禟等反對集團，尤其是幾個該集團宦官在被流放到廣西的路上所散發的。正因為流言乃出自被懲處的反對集團之惡意捏造，雍正本人即可以順當地脫身，而曾靜也可以「錯信謠言」來卸責[47]。第二、至於漢滿之別，曾靜也總是將責任推給呂留良，說是「誤信」呂氏之言，並稱他因自幼生於窮山奧壤，家鄉附近無一人在朝供職[48]，甚至連李自成(1605-1645)的名字都沒聽過，所以不知道在清入關前，明社早

46　以上所引，見《覺迷錄》，頁350、352-353、356-358、361-363。

47　《覺迷錄》，頁110、112、116、135、206。至於雍正主動將曾靜控訴他的內容與允禩、允禟集團所布流言相聯，見《覺迷錄》，頁349-355。

48　《覺迷錄》，頁106。

已先亡於李自成，以致不知清「得天下之正」[49]。曾靜推說從未聽過
李自成的名字，後來便引起浙江一個士人齊周華(1698-1767)的懷疑
(詳後)。

　　不過曾靜雖然一再承認自己過去五十年「不算爲人」，或「昔爲
禽獸，今轉人胎」，但他仍被迫坦白，過去既然說對滿人「只有殺而
已矣，砍而已矣」，何以一時遽變，全力歌頌清廷？到底這種轉變是
否出自他的良知？

　　不知是否出於雍正的授意，曾靜巧妙地運用理學素養來爲自己的
前後不一致辯解。曾靜自承「我生平講究程朱性理，見呂晚村拒陸尊
朱，直接濂洛之傳，心裏慕他」。當刑部侍郎杭奕祿在曾靜故里調查
時，發現當地人並無憫惜曾靜之意(當時情況下也不容憫惜)，而且群
指曾氏平日「假稱道學」[50]。

　　由曾氏供訊的文字看出來，曾氏確實相當熟習理學中的某些道
理。所以當他爲自己前後的不一致辯解時，我們便發現他的理學素養
竟成爲脫罪之工具。曾靜回答雍正時說，「心」與「知」可以分成兩
部分：

　　蓋人身之主宰在心，心之所繫在知，知上一錯，凡發言行事
　　逆天背理，遂致不可窮詰。[51]

他也以這個分法將其犯罪責任分成兩股，一股是他的本心，一股是他

49　《覺迷錄》，頁176-177。
50　見〈海蘭等奏拏獲曾靜等訊出口供摺〉、〈杭奕祿等奏進曾靜等口供及著
　　作摺〉，《文獻叢編》，頁26-27、28。
51　《覺迷錄》，頁176。

所接觸到的知識。他儘可以本心非常純潔，而因外來知識之差，逐一錯到底；也可以本心仍舊一絲不變，但因外來知識已變，故翻然悔罪而不失其本心之一貫。所以當雍正一再追問曾靜何以後來「翻供乞憐」——「今日稱功頌德、極口讚揚，可問他還是要殺(滿人)？還是要砍(滿人)？」[52] 曾靜面對這些壓力時，不時祭出其「聞見」、「義理」二分的心性觀來，說他早先的錯謬：

> 原不是從彌天重犯本心上說出來的，實因呂留良批「射不主皮」文有云：「弧矢之利，以威天下，聖人何故製此不祥之物，蓋有所用也」句，推出這箇說話，遂信以爲實。[53]

當雍正問及何以曾靜當初將道統由孔子推到呂留良，認爲呂氏應有天下，而自古至今大部分統治者皆屬「光棍」，何以現在極口斥呂？是真斥還是假斥[54]？曾靜也是以此二分法答辯：

> 從前之所以心服呂留良者，實無他，爲因山野僻性，未有見聞，讀書只心服三代的治體治法，……其教養之大者，則有井田學校之制。然世儒多以爲不可復，唯呂留良的著述文章內以爲可復，與僻性相合，……今日明目張膽極口痛斥呂留良者，實因得見他的遺稿殘篇內有大逆不道之語。[55]

52　《覺迷錄》，頁206。
53　《覺迷錄》，頁206。
54　《覺迷錄》，頁207-208。
55　《覺迷錄》，頁208-209。

所以過去與現在的本心都是不曾變的，變的是所接觸到的知識訊息：

> 此心自問毫無別，爲皆是從知識聞見上差錯起，到今日解出
> 經義，毫不相干。[56]

也就是當他對《春秋》有了新解釋後，對清廷的看法全變，但「此心
自問毫無別爲」，絕不是如雍正所懷疑的「翻供乞憐」。最後曾靜在
回答刑部侍郎杭奕祿同樣的質疑時，也一樣說：

> 此則前之狂悖由於無知，後之愛戴出於有見，前後雖異，其
> 實皆發於本心。[57]

曾靜並請求速正自己典刑。既求速正典刑，則更可證其翻供不是爲求
保命。「義理」與「聞見」截然二分的結果，使曾靜脫罪時有極爲順
當的說辭。

三、「奇料理」

當曾靜案發時，雍正曾在給鄂爾泰(1677-1745)的硃批中說：
「遇此怪物，自有一番奇料理，卿可聽之。」[58] 他的「奇料理」除了

56　《覺迷錄》，頁137。

57　《覺迷錄》，頁342。

58　見《雍正硃批諭旨》(台北：文海出版社排印本，1965)，第5冊，總頁
　　2845；原始資料編目作「第九函第五冊，硃批鄂爾泰奏摺，雍正七年四月
　　十五日，頁一百六(106a)」。另見國立故宮博物院編，《宮中檔雍正朝奏
　　摺》(台北：國立故宮博物院，1978)，第12輯，〈雍正七年四月十五日，

包括史無前例地以皇帝之尊與一位「彌天重犯」以筆訊的方式,作了
三十七次訊問外,甚至還包括量刑的方式。

雍正將曾靜與張熙,以及呂留良的後代與學生分作兩股處理。對
實際犯罪的曾、張採取完全寬恕的態度,而對間接相關的呂氏一門卻
處罰奇嚴。雍正於七年五月廿一日,特下諭旨詢問九卿翰詹科道及督
撫提督兩司,呂留良及其子孫、嫡親兄弟子姪應照何律治罪。所得到
的回答是應照大逆處置。雍正遂於十年(1732)十二月下令將呂留良、
呂葆中戮屍梟示,呂毅中斬立決,其孫輩發往寧古塔給披甲人為
奴[59]。

這種處罰方式使當時人感到大惑不解[60],即使現代史學工作者也
覺困惑。馮爾康曾提出,雍正在量刑時實際上具有兩種身分:在涉及
他個人的行為時,他本人是被告,所以是防禦性的角色,因此他選擇
原宥曾靜等人。但是在涉及種族思想時,他變被告為主告,所以嚴懲
呂氏一門,甚至到呂留良及呂葆中之屍首[61]。以上的解釋自有相當道
理,不過我認為雍正如果將原告訴人曾靜等處死,必令人覺雍正惱羞
成怒,則他在《覺迷錄》中的長篇辯解馬上失去信用。由於雍正是透
過駁曾靜來為自己辯解,而最後說服了曾靜,使他寫下了〈歸仁
說〉;故如果殺掉曾靜,則臣民必猜想皇帝是為了毀滅自己一手導演

(續)

雲南總督鄂爾泰奏陳逆犯曾靜難逃法網摺〉,頁877。
59　陳垣,〈記呂晚村子孫〉,在北平故宮博物院文獻館編,《文獻特刊》
　　(台北:台聯國風景印本,1967),頁1-4。雍正並下令拍賣呂氏家產,以佐
　　官用。1956年在浙江省桐鄉縣崇福鎮的舊貨商店裡,發現了雍正十三年石
　　門縣知縣奉旨變賣呂留良田產的一張田契執照,見褚謹翔,〈清雍正變賣
　　呂留良田產執照〉,《文物》1980:3,頁96。
60　尤其是呂留良故鄉浙江的士人更感困惑,詳後。
61　馮爾康,〈曾靜投書案與呂留良文字獄論述〉,《南開學報》1982:5,
　　頁46。

整個過程的證據，或曾靜並未被說服，只因遭威脅利誘而佯示貼服……等。所以雍正不但選擇釋放曾氏，而且還要他到浙江、蘇州、江寧等地宣講《覺迷錄》，平時則在湖南觀風整俗衙門聽候差遣。張熙則由史貽直(1682-1763)帶往陝西宣講《覺迷錄》。浙江、江蘇等地正是明末清初以來抗清行動風起雲湧之地，在雍正初即位的幾年，又出過歐秀替允禩集團刊刻傳單，以及查嗣庭(1664-1727)案等[62]。而在曾靜案之後，浙江士人又對呂留良的處置感到疑惑，且有齊周華、唐孫鎬等之抗疏救解(詳後)。所以雍正將曾靜安排在這個地區宣傳《覺迷錄》是有特殊用心的。張熙之所以被派到陝西宣講，也是因為川陝地區屢有「岳公爺帶川陝兵丁造反」之類的傳言，而且整個曾靜案便由這個地區爆發，雍正擔心此地軍民不穩，故作此安排。

但是雍正並不能讓人覺得他對這樣一件滔天大案無所處置。既然不便殺曾靜、張熙，則只好另尋對象，而浙江呂氏一門正符合這樣的需要。加上呂留良的種族思想不僅冒犯了雍正一人，而是冒犯了整個滿族，所以被告者不是雍正，而是整個滿族，因此再嚴屬的懲罰都無法牽扯上個人惱羞成怒、消滅證據等問題。雍正的公開說詞是：呂留良侮辱的是其父親，他不能代父原諒呂留良；而曾靜侮辱的是其個人，他可以原諒之[63]。雍正的量刑方式與說辭都相當奇怪，但他又想讓全國士人公論貼服於他的「奇料理」，所以降旨各省學臣詢問生監，准予獨抒己見，或許具結狀具奏[64]。除了浙省齊周華表示意見

62　停止浙省鄉會試(生員歲考照舊舉行)，便是查嗣庭案引發的，說是由查宅搜出科場懷挾文字數百篇。

63　《覺迷錄》，頁423-425，346-349，377-384。

64　周采泉、金敏，〈齊周華年表〉，收入齊周華，《名山藏副本》(以下簡稱《副本》)(上海：上海古籍出版社，1987)，「附錄」，頁341。

外，全國士人莫不具結贊成取得共識。雍正並於七年(1729)九月下令
將有關此案的上諭十道、審訊詞，以及曾靜口供四十七篇、張熙口供
三篇，編輯成書，後附曾氏懺罪的〈歸仁說〉一篇，輯成四卷，刊為
《大義覺迷錄》，頒發全國各府州縣，各貯一冊於學宮，每月朔望連
同聖諭一起講解，違者以罪論。

四、乾隆為何查禁《大義覺迷錄》？

　　雍正於十三年(1735)突然駕崩，二十五歲的皇次子弘曆即位。弘
曆不像滿清前五個統治者俱得位於爭雄之中，他自幼受其祖康熙之寵
愛，所以傳說康熙曾考慮到因為雍正有此佳異子嗣，故決定將帝位傳
給雍正，一如明成祖之傳位仁宗[65]。無論此說是否屬實，弘曆十八歲
時便已被任命為軍機處大臣，參與政事。

　　乾隆即位後便大改其父苛嚴之政，並推翻其父的許多處置。乾隆
雖然很技巧地將雍正的錯誤決策推給他的臣僚，但追根究柢仍是直接
針對其父而發。在清廷「敬天法祖」的傳統下，這種舉措實甚奇特。
乾隆對雍正一朝宮廷鬥爭下的種種處置大力翻案，譬如將允禵與允禩
的後代重新編入玉牒中。乾隆並貶逐不少其父重用的大臣，以致王士
俊(1691-1756)批評說，當時凡是推翻雍正的措施，盡情「翻駁前
案」的，「即係好條陳」，王氏因此而被乾隆處以斬監候。在這些改
變中，對曾靜案的重新處置是令人矚目的舉措之一[66]。

65　馮爾康，《雍正傳》，頁63-64。
66　乾隆大改其父措施事，參考周遠廉，《乾隆皇帝大傳》(河南：河南人民
　　出版社，1990)，頁19-29；戴逸，〈乾隆初政和「寬嚴相濟」的統治方
　　針〉，《履霜集》(北京：中國人民大學出版社，1987)，頁39-58。乾隆在

雍正死後三月，乾隆非但禁繳其父下令編刻的《大義覺迷錄》，並立刻將曾靜及張熙凌遲至死，他聲稱沿用的是其父當年處置呂氏一門的理由[67]。幾乎沒有材料記載這個重大改變的過程，只有透過《實錄》及《東華錄》等猜測其因。

根據《東華錄》，雍正死後兩個月，《世宗實錄》總裁徐本（1683-1744）便進奏請求查禁《覺迷錄》，並得到乾隆的同意（當然徐本也可能出自乾隆的授意）[68]。當徐本動手編纂《世宗實錄》時，他與僚屬必詳閱手頭擁有的各種材料，並準備為世宗塑造一個較理想的形象。他們自然注意到《覺迷錄》中所錄的幾道上諭暴露了太多宮廷醜聞。雍正本是要向天下人解釋其得位過程之正的，可是為了說明過程，卻也無意間告訴天下人太多前所未聞的祕密，以至於《覺迷錄》頒下之後，人們越讀越糊塗，流言猜測滋長益盛，而內廷之黑暗更加廣布人口。這些現象必為人們所熟知，但因雍正在位而不敢公開提出。雍正駕崩之後，徐本等人乃乘修實錄之機會，要求查禁《覺迷錄》，匯送禮部[69]。

（續）——————

　　仍為皇太子時似乎便對其父的種種舉措有意見。如果乾隆的話可信，雍正在生命的後期，對允禩及允禟集團的處置，可能亦略具悔意。在乾隆未即位以前的文集《樂善堂全集》中有一篇〈寬則得眾論〉，顯然是針對其父刻核之政而寫，說：「誠能寬以待物，包荒納垢，宥人細故，成己大德，則人亦感其恩而心悅誠服矣。苟或不然，以褊急為念，以刻薄為務，則雖勤於為治，如始皇之程石觀書，隋文之躬親吏職，亦何益哉！」尤其是文中最後一段顯然是針對其父雍正而發的。轉引自戴逸，〈乾隆初政和寬嚴相濟的統治方針〉，頁43。

67　其理由即是「曾靜祇譏及於朕躬，而呂留良則上誣聖祖、皇考之聖德」。《覺迷錄》，頁445。

68　王先謙，《東華續錄》（台北：大通書局景印本，1968），「乾隆朝」卷一，頁15。

69　值得注意的是，我查了《清史稿》、《清史列傳》、《國朝耆獻類徵》、

現代學者在詳細比較過清世宗《起居注》、《實錄》、《上諭內閣》三種材料後，所得到的結論是「《起居注》記事最接近歷史眞象，雖然文字不夠通達，但史料價值最高，是三書中最好的一部；《上諭》前七年部分敘述的眞實性不如《起居注》，卻比《實錄》強，是次好的書；《實錄》竄改歷史較多，儘管文字流暢，這不能彌補它的過失，它是最差的一部書」[70]。《世宗實錄》不但大量潤飾修改文句及事件，而且大量採取迴避不寫的方式，使得雍正的形象由苛屬變爲溫和、莊嚴。由這些迴避修改，皆足以顯示雍正一生的自我矛盾及與皇帝身分不宜的言行，皆早在其子乾隆的洞矚中(或許雍正自己後來也發現了，但已騎虎難下)。其中破綻最多的一道上諭說：康熙六十一年(1722)十二月，派胤禛代往天壇祭天，這件事自然也可以解釋成康熙對胤禛的信任[71]。在十二月三日凌晨四時左右，病危的康熙突然要諸皇子齊集榻旁。根據這道上諭，當諸皇子及隆科多(？-1728，當時負首都衛戍之責)齊集其旁時，康熙下了一道簡短詔旨：

(續)————————————

《從政觀法錄》、《漢名臣傳》等書中徐本的傳記，皆未提徐本與查禁《大義覺迷錄》之事。

70 馮爾康，〈《雍正朝起居注》、《上諭內閣》、《清世宗實錄》資料的異同：兼論歷史檔案的史料價值〉，《明清檔案與歷史研究：中國第一歷史檔案館六十周年紀念論文集》(北京：中華書局，1988)，頁626。馮氏在比較三種文獻後，得出幾點結論：有「潤色形成的文字差異」、「內容不同的差異」、「《起居注》記載而《上諭》或《實錄》的失載」等三種情形。《實錄》內容上與《起居注》及《上諭》不同之處是：第一、改寫雍正參加儲位爭奪的歷史；第二、對允禩政治鬥爭目標的不同記載；第三、降低反朋黨的調子；第四、隱諱雍正帝的權術；第五、改動雍正帝責人不當的言論；第六、改變雍正帝對人評價的記錄；第七、改變雍正不準確的論事語言。

71 Silas H.L. Wu(吳秀良)，*Passage to Power: Kang-hsi and His Heir Apparent, 1661-1722*(Cambridge: Harvard University Press, 1979)，p. 173.

「皇四子人品貴重，深肖朕躬，必能克承大統，著繼朕登基，即皇帝位。」依據雍正的這道上諭，彼於清晨八時趕到，大約十時左右進入其父病房，其父對他訴說病勢日增之原因。大概當晚八時左右，康熙駕崩。當時隆科多才當著諸皇子面前告訴胤禛，康熙指定由他繼位[72]。一般讀過這道諭旨的人馬上會有兩個疑點：第一、從胤禛趕到其父養病的暢春園以迄宣布皇上駕崩，間隔甚長，爲什麼不由康熙親口告訴胤禛他是繼位人，而是待死後才由隆科多口傳？第二、雍正說，當康熙下那道簡短諭旨宣布其爲繼承人時，果親王(1697-1738)在寢宮外等候。可是他自己在《上諭八旗》雍正八年(1730)五月初九日的一道上諭中卻說當時果親王在北京城中值班，聞大事而出，與隆科多相遇於西直門大街，隆科多告以四阿哥紹登大位，「果親王神色乖張，有類瘋狂，聞其奔回邸第，並未在宮迎駕伺候」[73]。《世宗實錄》的編纂者看出這些矛盾及罅漏，故刻意避過了果親王在場與否的問題以及隆科多代傳詔旨這兩點。雍正繼位過程之實況非此處所敢論，其中必有種種內幕，但亦無從得知。此處只是就一個尋常讀者的角度來看，一個沒有機會讀《覺迷錄》，而又無法拿它與《上諭八旗》等文獻對校的讀者，大概會被《實錄》的敘述帶著過去，而未注意其間任何閃避之處[74]。其實，避而不談是《世宗實錄》中處理雍正朝各種夾纏不休

---

72 Silas H.L. Wu, *Passage to Power*, p. 183. 吳秀良在此書中相信雍正自述繼位故事的眞實性。

73 依雍正《上諭八旗》中所述，見引於孟森，《清初三大疑案考實》（此處所用是附於《近代中國史料叢刊》的《大義覺迷錄》一書之後的版本；台北：文海出版社，1969），頁76。《上諭八旗》編於雍正九年。

74 《大清聖祖仁皇帝實錄》（台北：華文書局，1964）卷三百，頁6b-7a，「上疾大漸，命趣召皇四子胤禛於齋所，諭令速至，南郊祀典，著派公吳爾占恭代。寅刻，召皇三子誠親王允祉、皇七子淳郡王允祐、皇八子貝勒允禩、皇九子貝子允禟、皇十子敦郡王允䄉、皇十二子貝子允祹、皇十三子

的自我辯解時常用的方法[75]。但是如果把《實錄》與《覺迷錄》中的
上諭對讀，則有出入立見。那麼編《實錄》而順便去《覺迷錄》便是
相當順當的事。

　　除了雍正的自我矛盾外，還有許多宮廷醜聞是不見於其他任何官
方文獻，而唯獨見諸《覺迷錄》的。譬如，由傳位「十」四太子改為
傳位「于」四太子[76]，以及仁壽皇太后(1660-1723)因為允禵被拘禁
而自殺之說，皆僅見於《覺迷錄》[77]。此外尚有許多有關康熙傳皇子
的醜聞也因雍正的上諭裡毫無顧慮地表暴，而廣布於世。過去只是不
曾印證的流言，或親信王公大臣才能接觸的祕辛，現在透過強迫閱讀
《覺迷錄》，弄得國人不知也不行。而且在《覺迷錄》中有時候雍正
竟失了皇帝的身分，或與全國臣民起誓，或信口謾罵。例如他在辯駁
其繼位過程的上諭中說：

　　　倘朕言有一字虛捏，是亦如若輩之居心，必遭上天之責罰
　　　也。

或謾罵他的兄弟(案：雍正有兄弟二十人)：

（續）────────────

　　胤祥、理藩院尚書隆科多至御榻前，諭曰：『皇四子胤禛人品貴重，深肖
　　朕躬，必能克承大統，著繼朕登基，即皇帝位。』皇四子胤禛聞召馳至。
　　巳刻，趨進寢宮，上告以病勢日臻之故，是日，皇四子胤禛三次進見問
　　安。戌刻，上崩於寢宮。遺詔曰：從來帝王之治天下，……」，既不提隆
　　科多口傳遺詔的角色，也不提果親王的事。
75　馮爾康，〈《雍正朝起居注》、《上諭內閣》、《清世宗實錄》資料的異
　　同〉，《明清檔案與歷史研究》，尤其是頁620-624。
76　《覺迷錄》，頁352。
77　《覺迷錄》，頁353-354。

> 從前儲位未定時，朕之兄弟六、七人各懷覬覦之心，彼此戕
> 害，各樹私人以圖僥倖。

連其父「康熙甚吝」這樣的話，還有「永曆帝被執時，滿漢皆傾
心」[78]這類傳言，本來未必有其實，一般人可能也不知道，現在經皇
帝在此提出，也就弄得天下皆知了。

　　除了前述種種以外，還有一點促使乾隆覺得此書該禁。從雍正到
乾隆，顯然對華夷之別及其相關之問題有不同的看法。雍正喜歡以公
開辯解的方式對付異論（雖然強詞奪理），但乾隆更相信「萬言萬當，
不如一默」，直接查禁。對呂留良的幾部著作，雍正便主張讓其繼讀
流傳，以免後世之人因好奇而覓讀，但同時也命朱軾（1665-1736）著
書駁其《四書講義》。而到了乾隆，便將呂留良的所有著作禁毀[79]。
雍正並不大量禁書，但乾隆大約禁了三千餘種，六七萬部[80]。乾隆對
「忠」的問題也有新看法。從清定鼎中原到乾隆即位，已過了九十多
年，基本上已不再有明顯的反清武裝勢力。乾隆覺得應著力培養忠於
清廷的意識，他的第一個重要步驟便是下令編《貳臣傳》，對滿清入
關之初倚重的降臣重新評估。乾隆認為如果不將這些貳臣的罪愆表暴
於天下後世，則後來之人將會因他們對清的貢獻而忽略了他們對前朝
的不忠。他說：

> 當國家戡定之初，於不順命者，自當斥之曰僞，以一耳目而
> 齊心志。今承平百有餘年，纂輯一代國史，傳信天下萬世，

78　以上引文皆見《覺迷錄》，頁390-391、402、432、442。
79　Thomas Fisher, "Lu Liu-liang and the Tseng Ching Case," p. 289.
80　左步青，〈乾隆焚書〉，《故宮博物院院刊》1980：1，頁36。

一字所繫，予奪攸分，必當衷於至是。[81]

不過，在《貳臣傳》中仍作分別，譬如錢謙益(1582-1664)只能入乙
編，以示不得與洪承疇(1593?-1665)之流者為伍。因為乾隆後來在閱
讀錢謙益的文集時，發現錢氏雖然迎降，但是後來仍心存怨望。乾隆
不但把對清有大功的降臣列入《貳臣傳》以鼓勵人們忠於所事之朝
廷，同時也選擇性刊刻過一批晚明烈士的文集，以資表揚[82]。這些舉
措的意思非常清楚地是要鼓勵人們盡忠於本(清)朝。也就在修《貳臣
傳》的同年，乾隆開始大規模的禁書運動。不但是所有晚明書籍中提
到「女眞」或「建州衛」的字眼都被刪去，即使任何可以提供這方面
聯想的前代文獻，亦在刪改之列。例如南宋對金之罵斥或明初對元的
詬罵[83]。為什麼一個清代皇帝在他國力最盛、天下最太平的時候會進
行這樣大規模的禁書運動，甚且勞心為金、元等朝在歷史上的形象擔
憂[84]？為了提倡忠清意識，乾隆對發生在任何一朝的排斥夷狄思想，
以及是否忠於該朝的問題都予注意，因為它們都足以對清的臣民造成
歷史暗示作用。但另一方面，他又一再捍衛滿洲統治集團在中國的獨
占性地位。所以他雖一再說「華夷一家」，但同時卻又要壓制漢人對
自己的認同意識，再三強調「清為中夏之主」[85]。一方面要公開鼓勵

81 《貳臣傳》(上海：上海文藝書屋，無出版年)，書前所附乾隆上諭，頁2。
並參考Frederic E. Wakeman, *The Great Enterprise: the Manchu Reconstruction
of Imperial Order in Seventeenth-century China*(Berkeley: University of
California Press, 1985), vol. 2, p. 1098.
82 鄧之誠，《清詩紀事初編》(北京：中華書局，1965)，頁307。
83 左步青，〈乾隆焚書〉，頁31-32。
84 R. Kent Guy, *The Emperor's Four Treasuries: Scholars and State in the Late
Ch'ien-lung Era*(Cambridge: Harvard University Press, 1987), p. 157.
85 安部健夫，〈清朝と華夷思想〉，《人文科學》1：3(1946)，頁137-158。

人們相信華夷無別，可是又要滿人記得他們是不同的部族，以長保其統治集團的地位。在計畫進行《四庫全書》之前，乾隆下令，先從事編纂《滿洲源流考》等幾部官書，旨在追溯滿族從姓氏到種族源流如何地不同於漢族[86]。這可能是因為乾隆覺察到當時旗人漢化情形嚴重，而恐懼長此以往，將來無法保住其部族統治（也就是滿族為「中夏之主」）之局面。但同時他又要大量刪除各種書籍中華、夷之類的字眼。雖然《四庫全書》只抄了七部，但清廷可以藉此以表示其態度──既要漢人泯滅其種族思想，又要滿人突出其種族思想。這一方面是一種雙向策略，但同時也反映了乾隆內心的緊張。這些也都表現在他初政時對曾靜案的後續處理上。

嚴格說來，在雍正朝忠清意識已不再是大問題了。有的學者甚至認為在三藩之亂中，因為大部分漢人選擇站在清廷這一邊，所以某種忠清意識早已經產生[87]。雍正一朝的文字獄大多與權力鬥爭有關，只是在表面上以華夷等問題緣飾之。雍正一再在《覺迷錄》中宣稱「夷狄之名本朝所不諱」[88]，並強調因為天心厭棄無德的明朝，所以由「我外夷」繼承天命，統治中夏，又自稱為「外國入承大統之

86　阿桂等，《滿洲源流考》（瀋陽：遼寧民族出版社，1988），頁86-90。編者把金代女真近百個姓氏和清代滿族姓氏相對照，一一列出。誠如新校本整理者在該書〈前言〉中所說，該書是為證明滿族與金同源、與漢人無關，說明清「得天下之堂堂正正」；有的為反映滿族先世不那麼落後，並強調「滿洲國自古有之，愛新覺羅氏是天生的國君。聯繫到當時的社會現實，就是說滿族人愛新覺羅氏統治大清國是天經地義的，理所當然受到尊敬」（頁15）。

87　Frederic E. Wakeman, *The Great Enterprise: the Manchu Reconstruction of Imperial Order in Seventeenth-century China*, p. 1099, 1123-1124.

88　《覺迷錄》，頁85。

君」[89]。《覺迷錄》中出現了無數次雖然我滿族是「外夷」，或是雖然我們是「外國」，可是因爲我們有德，故爲天命所歸的話[90]。這是雍正自認爲極有力的辯解，可是在他的兒子乾隆看來，這無異是不斷地提醒廣大漢人，統治他們的是「外夷」、是「外國」。既然《覺迷錄》中自稱爲「外夷」或「外國」，但又一再說漢人是「履大清之土、食大清之粟」[91]，不是自相矛盾嗎？因爲此「粟」此「土」本來是漢人的，而爲「外夷」、「外國」所占，則何食毛踐土之有？乾隆後來既然連宋明文獻中提到的夷狄字眼都要刷除，則他早年不能容忍人們朔望兩次宣讀到處是「我外夷」、「我外國」的《覺迷錄》，也是不難想像的。

五、時人的反應

在短短五、六年之間，《大義覺迷錄》一書由「若有不知，必從重治罪」到查禁匯送禮部，改變實在太快，以致許多士人反應不過來。江蘇太倉王時翔(字臯謨，1675-1744)便是其中的一個。在他的《小山詩初稿》目錄中有〈宣講大義覺迷詩〉一詩，可是正文中卻已完全剗去，形成有目無詩之怪現象。《小山詩》有初稿二卷、續稿四卷、後稿二卷，大約始刊於康熙四十五、六年(1706-1707)，迄於乾隆九年(1744)之間，斷續成書。而《覺迷錄》之禁毀則在乾隆初年，足見王時翔是在《覺迷錄》頒下之後，立刻作了應和的詩。可是局面變得太快，幾年後便奉到查禁該書之令，故在付刊時刪去了內容，卻

---

89 《覺迷錄》，頁9-18。

90 《覺迷錄》，頁9、14-15、18-19。

91 《覺迷錄》，頁80。

忘了刪去目錄[92]。

不過查禁《覺迷錄》並匯送禮部的命令似乎難以執行得徹底，因為在幾十年後處理《四庫全書》的檔案中，我們仍可以看到《大義覺迷錄》的書名一再出現在各種沒收的「違礙書籍單」中[93]。

曾靜案發之後以迄《覺迷錄》刊發前，雍正曾下過幾道上諭討論此案。敏感的士人馬上覺察到這是一個重大的訊息，投機者便想發表文字引起統治者的注意。以下我所舉的福建諸葛際盛討呂檄文，便是歷來研究者不曾注意到的一個例子。

諸葛際盛的年齡、爵里、身世背景，俱無可知，他的檄文亦已不存，但從當時浙江一位士人唐孫鎬讀了檄文後所發表的反對文字所引，可知諸葛氏竭力攻擊呂氏本人及其後代，譬如：

呂留良私造日記，捏誣聖德。

92　錢仲聯主編，《清詩紀事》（南京：江蘇古籍出版社，1987），頁4502-
　　4503。修訂時按：二十幾年前寫這篇論文時，所引用的是鄧之誠《清詩紀
　　事初編》。鄧之誠所根據的本子是刪節過的，但古書版本非常複雜多元，
　　由近年新出《續修》、《存目》、《禁燬》叢書，我們往往可以看到許多
　　先前所未見的版本。以《小山詩初稿》為例，我們至少還可以看到兩種版
　　本：一種是挖空敏感的一部分（《四庫存目叢書》），一種是原詩俱在，
　　並未有任何避忌之現象（《清代詩文集彙編》本）。這兩種版本並存的情
　　形，告訴我們在政治壓力之下，由於刻板的高度靈活性、可改易性，所以
　　呈現出多樣性的面目。而這個特性也意味著，對政治壓力的反應，隨時
　　間、地域、個人的不同而有出入，而且形態各異，有的手忙腳亂、有的可
　　能無知、有的是明顯不受影響，同樣的情形也發生在本書〈權力的毛細管
　　作用〉一文中提到的陸隴其《三魚堂文集》。常見的《四庫全書》或《存
　　目叢書》影本，皆已刪去與呂留良有關的幾篇文章。但也有其他版本未刪
　　的，如康熙年間刊印的嘉會堂本。

93　〈違礙書籍單〉，分見乾隆四十四年四月江蘇、四十四年九月閩浙、四十
　　三年六月江蘇查繳，《文獻叢編》，頁195、201、219。

呂留良子孫窩隱毒孽，固結不改。[94]

諸葛際盛的檄文應是起草於雍正七年(1729)五月上諭發往全國以後，因為所有他拿來作文章的材料全是從上諭裡抄來的。譬如說呂留良「私造日記」一事，除非閱讀上諭，否則無從得知。但檄文又是成於該年十月以前，因為當時大小臣工對如何處罰曾、呂的意見尚未彙達雍正，故唐孫鎬在攻擊他時說：「外僚之奏未齊，廷臣之議未定，自際盛吠聲一作，即有一、二敢言之臣亦為之氣阻。」[95]

諸葛際盛的動機大概純為倖進，想趁各直省各學生監尚未完全取具結之前，以更積極的行動附和雍正。據載，他的檄文「皇上覽之，幾為所惑」[96]。足見皇帝是很欣賞他對呂氏落井下石的檄文，但他是否達到獵官的目的，則無從考知了。

浙江紹興府唐孫鎬當時年僅二十餘，他在讀到福建諸葛際盛的討呂檄後，立刻作檄文討諸葛際盛，其文現存於《名山藏副本》中。《名山藏副本》在有清一代久成禁書，清末民初雖曾重印，但一般皆視為遊記而少注意其中幾篇有關曾靜案的史料，如〈唐孫鎬討諸葛際盛檄〉。這篇檄文甚長，大約有兩千字。起首說：

浙江紹興府會稽縣唐孫鎬，為小人之醜態畢露，士林之公憤難禁，謹瀝冒死之愚忠，以救將喪斯文事。竊惟好善惡惡

94　唐孫鎬，〈唐孫鎬討諸葛際盛檄〉，收入齊周華，《副本》，頁328。上海古籍出版社採用民國九年天台人張翅據家藏本排印的存本而點校，原刻存佚待考。

95　同上註。

96　醉魁氏，〈呂案紀略〉，《副本》，「附錄」，頁322。

者，生人同具之良；殺身成仁者，志士獨鍾之氣。孫鎬浙江
布衣，秉性耿介，……茲者閹奸諸葛際盛，天良喪盡，妄作
謗書，上蔽聖聰，下欺士類，幾令吾道淪滑，斯文掃地。此
誠危急存亡之秋……

唐孫鎬顯然對雍正處置呂氏一門的方式極爲不滿，而又對天下官吏及
生監同具公結同意雍正的處置更爲不滿，所以說：

……今也不然，皇上曰可，臣亦曰可；皇上曰否，臣亦曰
否。上有憂勤之聖，下無翊贊之賢，此其所以遜於唐虞也。
即如呂留良著書一案，皇上降旨之初，尚疑信相參，使公卿
大臣舉呂留良所著之書而力爭之，則崇儒重道之聖心自必油
然而動。無如內外臣工，恐干批鱗之咎，因作違心之談，此
曰椎骨、彼曰揚灰，此曰焚書、彼曰滅族，舉朝同聲附和，
而宸衷益增其怒矣。

唐孫鎬雖將雍正對呂氏處置之責從雍正身上推給大小臣工，但其不滿
是一樣的。此下我們可以看出唐孫鎬對諸葛際盛檄文之鄙夷，其實也
正是爲表達他對雍正處置之不滿。他說：

且際盛不見《四書講義》乎？《講義》一書，闡揚聖道至精
且詳，海內之人莫不宗之，聖人復起，不易其言。惜乎皇上
日理萬幾[機]，無暇翻閱此書；左右臣工，又因聖怒未解，
不敢冒昧進呈。致使呂留良家藏之戲筆日暴日彰，傳世之嘉
言日隱日沒，而讒諂之小人遂乘機而肆其讒謗矣。

文中所指控的，句句針對諸葛際盛，但其實是暗暗針對雍正之不能欣
賞呂留良在詮釋四書上的貢獻，而只懲治其種族思想。唐孫鎬是將呂
留良功罪兩分的，其罪是：

> 留良之罪誠大矣，……當我朝定鼎之初，海氛未靜，尚多洛
> 邑之頑民。留良自附前代儀賓之後，不覺誤入頑民之列，此
> 則其罪也。

然而其功是有助於清廷所尊之朱子學：

> 至於生平著作，若《講義》，若《語錄》，與夫評選兩朝制
> 藝，反覆辨論，義理透澈，直能窺聖人之堂奧，兼可啓後世
> 之頑蒙，此其功也。雖筆底微勞不足蓋彌天之大罪，然看聖
> 人情面，亦應少爲之貸。[97]

他甚至認爲假如雍正能在「半月以前，早閱留良《講義》等書，聖明
必爲之擊節」，而寬假其罪。由檄中「半月以前」四字看來，唐孫鎬
的檄文作於雍正七年十月之後，當在對呂案處置後不久。唐孫鎬更在
檄文中提議與閩省的諸葛際盛在皇帝面前對質論辯，並說：「是檄
也，感悟天心者什之一，身罹法網者什之九；然而與無恥之諸葛際盛
並生陽世，曷若與儒雅呂氏父子同歸陰府也。」[98]

　　這篇檄文是雍正八年(1730)由湖北學政代爲題奏的，雍正讀畢，

97　以上幾段引文皆見〈唐孫鎬討諸葛際盛檄〉，頁327-330。
98　〈唐孫鎬討諸葛際盛檄〉，頁329-330。

置而不問，但唐孫鎬卻因自度該檄「罹法網者什之九」，乃於檄發後，即作書別家人親友，親自投獄。不久，由臬司提禁武昌候旨，但因久無北京對此事處置的進一步指示，被偷偷囊沙坑死於獄中[99]。唐孫鎬的檄文及要求與諸葛際盛辯論的事遂不了了之地結束了。

　　《覺迷錄》是在雍正七年九月由皇帝下令編印出版的，可能次年初便已發出。雖然雍正早在七年九月便下令全國各府州縣學必備一部，「如不知此書，即將該省學政，該州縣教官從重治罪」，而且在每月朔望讀聖諭時，兼讀《覺迷錄》，但我們已沒有資料估計它的實際影響力了。這一類官方要求的活動是否可能達到預期的效果是很難說的。田文鏡(1662-1733)在雍正八年說過，鄉約宣讀聖諭事，一開始亦雷厲風行，可是日子一久，大家便懈怠下來[100]。想來講讀《覺迷錄》之事亦不可能完全例外。不過我們從故宮所公布的檔案裡大致可勾勒出，至少在該書甫頒之時是激起相當漣漪的。

　　在雍正八年(1730)三月廿六日，陝西的岳鍾琪已經奉到兩部《大義覺迷錄》，他立刻上奏謝恩[101]。五個月後，已經可確定在福建汀州府上杭縣這樣的小地方，《覺迷錄》已在學校中廣泛講讀，以致縣裡的一個小童生也略略從各種口傳談論及閱讀中，知道了一些書中的內容。這個童生名叫范世傑，當時年廿三歲。他家庭貧寒，讀書艱

99　見無名氏為〈唐孫鎬討諸葛際盛檄〉所寫〈後記〉，收入《副本》，頁330。

100　田文鏡說：「講約一事奉行已久，臣為州縣時，曾按月按期，實心宣布，遍傳齊集，其始雖則有人，其後漸亦稀少。」收於《雍正硃批諭旨》，第6冊，總頁3477；原始資料編目作「第十函第七冊，硃批田文鏡奏摺，雍正八年四月十三日，頁七十九」。

101　〈岳鍾琪奏接到《大義覺迷錄》二部摺〉，《文獻叢編》，頁25。

難，有志不能上達[102]。所以當《覺迷錄》頒下時，他可能猜測到雍
正這一場宣傳戰的用心，並認為是一個進身的佳機，乃先向福建觀風
整俗使劉師恕(1678-1756)呈詞，其內容雖不得而知，但想必與此下
我們將引述的另一篇呈詞差不多。不過，呈劉師恕的一篇文字比較簡
單，是范世傑自作的。劉師恕不夠敏感，只批了「忠愛之心可嘉」六
字[103]，但並不代呈皇帝。范世傑想，劉師恕大概認為他學問不夠，
不肯代呈，於是又寫出「用經傳成語湊合而成，所以不一樣」[104]的
一篇，於雍正八年八月某日，攔路投呈學政戴瀚(1686-1755)，並對
戴瀚謊稱劉師恕亦答應代題。

　　這篇稀奇古怪、拼湊經傳而成的文字，正好幫助我們了解《覺迷
錄》頒下後，一般人愈宣讀卻愈糊塗的一個例子。范世傑在文中盛讚
雍正得天下是因為他的三哥見他賢明，故以帝位相讓，但雍正再三揖
讓不肯就。戴瀚當時拒收這篇呈詞，因為按學政定例，途中公文呈詞
概不收受，以杜請託。故戴氏再三曉諭，令范世傑於放告之期再投。
至期，范世傑果然再來投呈。戴瀚細讀，發現這數千言呈詞是以頌揚
皇上聖德、斥責曾靜之悖逆為主，到處雜引經傳，並有「予豈好辯
哉，予不得已也」的話，儼然以孟子自況。但是其中有幾段文字卻背
離了《覺迷錄》的官定版本：

> 我聖君未登位時，以子道盡之，事父母能竭其力。以臣道盡
> 之，事君能致其身。盡孝之道何其至也。盡忠之道何其誠
> 也。非賢賢易色，安能如此之竭力致身者乎。及是時，傳賢

102 〈福建總督劉世明、巡撫趙國麟、學政戴瀚摺〉，《文獻叢編》，頁71。
103 〈福建學政戴瀚摺〉，《文獻叢編》，頁69。
104 〈福建學政戴瀚摺〉，頁68。

傳子，三兄有撫馭之才，欽遵父命，讓弟居之。而聖君不敢
自以爲是，三揖三讓而後升堂踐天子位焉。敬兄之禮，抑何
恭也。且兄弟既翕，和樂且耽，濟濟多士，眾皆悦之，雍容
揖遜乃如此。吾想仁君之於眾昆弟也，親愛之而已矣。親之
欲其貴也，愛之欲其富也，封之爲侯爲王，富貴之也，待眾
昆弟之道又何其隆也，所以家齊而后國治，國治而后天下
平。

他又說：

從孝弟以推其内本外末之意，好賢易色之心，又何有謀父逼
母弑兄屠弟好色貪財之謗哉。

范世傑又爲曾靜呈岳鍾琪詞中指控雍正好酒之事辯解說：

夫子惟酒無量，不及亂，又曰：不爲酒困。聖君即夫子也，
則無酗酒也更可知矣。靜(曾靜)何人斯，無以爲也，聖君不
可毀也，果有此毀，是可忍也，必不忠也，是無義也，必不
仁也，是無禮也，此之謂不知類也，惡得無罪，所謂殺之而
不怨，……赦過宥罪，恩免自新，誠曾靜不幸中之一幸耳，
實生民未有如聖君包涵之大度也。[105]

他並說如果不是因值歲考，則準備攜此詞稿親赴北京部堂投呈，但因

學政戴瀚到上杭主考,所以呈請代題。

從這封呈詞看來,范世傑對《覺迷錄》可能有相當程度的了解,但是他所稱頌雍正的,卻又都是想當然耳之詞,句句引經書上頌揚聖德的文字去比擬雍正,但卻在在與《覺迷錄》版本相左。《覺迷錄》中雍正惡罵其兩位兄弟爲阿其那、塞思黑(意即「厭煩」),一再駁斥有關他繼位的流言以及他逼母弒父等傳說。范世傑顯然也略略知道這些情節,所以前引頌揚雍正的話也處處有對象,絕非虛發。譬如說雍正至孝,而又親愛兄弟,封之爲侯爲王等,顯然都是想爲雍正辯解的,可是雍正在《覺迷錄》中並不隱晦他與兄弟之凶狠鬥爭,而此呈詞的內容卻處處在引經書中的聖賢以況雍正,在熟讀《覺迷錄》的人看來,或竟有諷刺之感。不過范世傑所犯最大錯誤是在雍正得位這一點的解釋上自編自造,嚴重脫離雍正上諭的版本。由於他說是三兄讓位給雍正的,絕非篡奪而來,這使得敏感的大員懷疑,是否有其他版本的謠言在福建一帶流傳。故後來戴瀚會同其他大員審問范氏時,也一再追問這一點。他們甚至問:「雍正六年十一月內奉頒發上諭一道,內中宣示皇上繼統登極之事甚爲著明,你可曾見過麼?」范世傑答稱見過。戴問:「你既見過上諭,就該知道這三兄讓位的事是無影響的了,你如何又捏造這些話出來?」范世傑默而不答[106]。范氏大概以爲好話不嫌誇張,故明知而故違。不過,他交代了三兄讓位及三揖三讓之說的來源:

> 小的住在山陬海澨之間,淺見寡聞,此一段總是稱頌萬歲至德的意思……又聞皇上序居第四,因此小的推想起來,該有三個

---

106 〈福建學政戴瀚摺〉,《文獻叢編》,頁68。

兄，……三揖三讓者，總是想萬歲德愈盛而心愈下的光景。

戴瀚又問范世傑，范氏說三兄有「撫馭之才」，這「撫馭」二字是有治天下能力的意思，「這三兄確是何等樣人，如何見得有撫馭之才？」這是雍正最關心的權力鬥爭問題了。范世傑回答說：「小的只想三兄俱是聖祖皇帝之子，天家的龍子龍孫自然都該是賢才了。」至於「撫馭」二字，是因「小的年輕，不識不知，用錯了」。但是戴瀚等熟悉《覺迷錄》，領略到雍正對流言之來源特別關懷，故仍追問不休：

你先在汀州時供係聽見城裡人說的，你可將傳說這些話之人據實供出來。

范世傑說這是上杭縣城內「人人傳說」的，「小的叔子范上達回家曾言朝廷家有個三爺，雖然有才，乃是秉性凶暴，做不得人君。小的聽了記著，遂用在呈詞之內了」。但戴瀚根據審訊范上達的口供問：「你叔子范上達傳說不過云三兄雖然有才，……並沒有讓位之話。這讓位的話，還是你叔子說的，還是人傳說的？」戴瀚等顯然懷疑另有謠言來源，但范世傑仍堅持「並不曾遇著甚麼匪類之人、聽說甚話來」，只是因推想三兄既然秉性凶暴，「就想這樣的人自然是做不得天下，就該退讓了」[107]。戴瀚等雖在此問題上再三逼問，但後來還是放棄了。雍正對這范世傑案的看法是「無甚悖逆不法之意」，所以硃批「押交原籍去」，每逢朔望令其宣讀《覺迷錄》[108]。

---

107 以上引文同出〈福建總督劉世明、巡撫趙國麟、學政戴瀚摺〉，頁71。
108 見雍正在該摺上的硃批，〈福建總督劉世明、巡撫趙國麟、學政戴瀚摺〉，頁72。

　　由這一個荒唐的故事，可以推知即使在福建上杭這個地方，下級書辦、童生也在議論紛紛，故范世傑說城內「人人傳說」。他們有的靠著《覺迷錄》一書的內容，有的靠著想像作了種種的添造。

　　在廣東，當《覺迷錄》頒到，經朔望誦讀之後，也引發了一點餘波。這件事涉及另一位晚明遺民屈大均（字翁山，1630-1696）。

　　福建范世傑一案發生之後兩個月，廣東巡撫傅泰突然進奏，說當他研讀《覺迷錄》時，發現書中涉及其治下百姓之事。在故宮所刊《清代文字獄檔》的〈傅泰奏屈明洪繳印投監摺〉中，傅泰奏云：

> 臣又將歷年奉到有益人心世道之上諭，並頒到《大義覺迷
> 錄》書，朔望宣講，並嚴行各府州縣，無論市鎮村莊，必須
> 每月講解，使人人共曉，戶戶週知。[109]

傅泰先說明他推廣《覺迷錄》之情形，接著說「及臣近敬看《大義覺迷錄》內有曾靜之徒張熙供開亦有《屈溫山集》議論與逆書相合等語，臣思屈溫山與屈翁山字雖有別，其音相似，隨即購覓書坊，竟有屈翁山文外、詩外、文鈔……」，他發現翁山文中「多有悖逆之詞，隱藏抑鬱不平之氣，又將前朝稱呼之處俱空擡一字」。接著又說「現有惠來縣學教諭屈明洪，係屈翁山之子。臣正密與布政使王士俊商酌拘審之法，適值屈明洪于十月十六日到省，前往布政司繳印，又往廣州府投監」，因爲他「今任教諭，奉到頒賜《大義覺迷錄》，宣讀之際，知有屈溫山姓名，與父翁山聲音彷彿，隨檢查伊父所著詩文，始

109　以上引文皆見故宮博物院文獻館編，《清代文字獄檔》（台北：華文書局據北京1934年鉛印本影印，1969），頁207-209。

知伊父亂紀悖常，竟親自投首投監，請正典刑」。傅泰並「仰懇皇
上，嚴旨敕究，庶邊海之地，咸知有尊君親上之風，而地方卑陋、人
民愚蠢，亦可漸明大義矣」。此摺於雍正八年十月十九日，也就是屈
明洪自首後三日發出。可是今存原摺上，雍正非但不曾讚譽傅泰，所
批竟是「糊塗繁瀆，不明人事之至」。

在故宮所刊文字獄檔中，涉及屈明洪一案的只此一摺，無法對此
批語詳細推究。不過，雍正的批語似乎表示，他認為傅泰的摺中敘事
前後有編造之嫌。正確的版本應該是屈明洪讀了《覺迷錄》後，發現
其父屈翁山的名字與《覺迷錄》中屈溫山相似，故專程前來廣州自
首。而傅泰等大員惟恐雄猜的雍正怪罪他們平時不曾盡力訪察地方隱
事，或不曾細讀《覺迷錄》，以致未先行發現屈溫山實即廣東的屈翁
山(而相反的，遠在陝西的岳鍾琪卻早在此年三月即已注意到屈溫山
的事[110])。所以傅泰將他研讀《覺迷錄》而發現屈翁山事，與屈明洪
正好前來自首當作巧合，則一方面可以飾失察之過，一方面也可以報
告屈明洪繳印自首之事。實情似當如此，雍正之批語始有著落。

不過，此處並不想追問真相，而只想借著這個餘波來說明在雍正
八年末，《覺迷錄》應已頒及相當廣大的地區並被廣泛研讀，至於其
持續時間之長短則不得而知了。

在《覺迷錄》的餘波中，齊周華一案是比較值得注意的，它反映
了此案發生後浙江一地的興論。

齊周華(1698-1767)是浙江天台人，天台與呂留良子孫所居之石
門縣相隔四、五百里，而齊家與呂氏一門亦不曾有任何關係。可是雍
正為了尋求全國士人對其處置此案之共識，所以要天下士人表示意

---

110 〈岳鍾琪奏接到《大義覺迷錄》二部摺〉，《文獻叢編》，頁25。

見，如無意見，可以具結。齊周華當時本已隨眾具結，同意雍正之處
置，可是不久後他又表示反對。齊氏撰於雍正九年正月(1731)的〈救
呂晚村先生悖逆凶悍一案疏〉在故宮所刊《清代文字獄檔》中並不曾
見，也始終未被各種來往文箚所引用，這一方面是因為清代規定「悖
逆」語不入奏摺[111]， 一方面可能是因這一通抗疏始終未曾到達皇帝
手上，故不可能存於故宮檔中。現在我們得以見到原疏，完全是因齊
氏自己保留，後來刊附於《名山藏副本》中。

　　細繹這通疏稿，其意見與一年多前浙江唐孫鎬的〈討諸葛際盛
檄〉甚為近似，無非是頌讚呂留良對《四書》闡釋上的貢獻，並認為
應與呂氏家藏日記中種種不滿清廷的話分開來看，而加原宥。齊氏顯
然大惑於雍正「奇料理」下對曾、呂二宗人處罰寬嚴之不同，強調曾
靜嫁禍呂氏一門的不當，說：

> 查逆賊曾靜，生於今，長於今，既非泯帝之故黎(案：呂留
> 良是明遺民)，復非儀賓之末裔(案：呂留良為明宗室之後
> 裔)，踐土食毛，久享太平之福。乃頓起無良，謀為不軌，
> 及事敗禍臨，將罪盡嫁呂留良。夫留良以先朝遺泯，華夷之
> 辨托詩書以見志，固屬鄙陋之私，實未嘗教曾靜以叛逆
> 也。……今逆賊曾靜，嫁禍呂留良，供云「誤讀呂書所
> 致」，是何異於刺人而殺之，曰「非我也，兵也」。

齊氏的意思是，既然皇上可以因曾氏的〈歸仁說〉一篇懺悔詞而開釋
他，如果呂氏一門能切實懺悔也可能得到原宥，故說：

---

111 單士魁，《清代檔案叢談》(北京：紫禁城出版社，1987)，頁61。

> 臣思呂留良、呂葆中,逝世已久,即有〈歸仁說〉作於冥冥
> 中,臣已不得而見。第其子孫以祖父餘孽,一旦罹於獄中,
> 其悔過遷善,趨於自新之路,必有較曾靜爲激切者。夫曾靜
> 以現在叛逆之徒,尚邀赦宥之典,豈呂留良以死後之空言,
> 早爲聖祖所赦宥者,獨不可貸其一門之罪乎?

所以齊周華等於是在替呂氏一門構思懺悔之道,以求如曾靜般獲得寬宥。齊氏大概不曾想到,因〈歸仁說〉而赦曾靜罪,只是雍正的飾詞,以支持他既不能殺曾、又須赦曾之合理性。

齊周華對於所有涉及此案之人都傾向於要求雍正從寬處置。譬如曾靜雖然爲他所不齒,但因已「倖蒙皇上如天之仁,臣亦不必再議」。但是,他也指出一點讀《覺迷錄》後的疑惑:

> 第彼供詞數萬餘言,引古證今,無不淹博,而獨不識一李自
> 成,臣之所不解也。

不知李自成是曾靜脫罪的一個重大關鍵,因爲雍正在《覺迷錄》中沿用了多爾袞(1612-1650)的論證,清是得天下於李自成之手,不是得自明之手,故清是助明平亂,而不是滅明。而曾靜在這一點上要認罪認得圓滿,只能一再申說因不知李自成構亂於前,而滿族是從流寇手中奪過政權,故無以知「本朝得天下之正」。雍正是否派人暗示曾靜這條脫罪的線索已無從得知,不過,這至少是清廷同意的脫罪方式,而齊周華竟敢暴露之,無怪乎浙省閱過這通疏文的官員以及北京刑部,皆不敢代題此呈。

對於呂氏一門,齊氏除希望照曾靜等獲赦外,並答應願意代清廷

化導。疏上說：「令呂毅中等各具改過自新結狀一道，盡行釋放歸里。臣願爲皇上多方化導，使之改過自新，不蹈前轍，俱得重爲聖世之良民。」對內外臣工之建議將呂留良、呂葆中父子剉屍梟示，齊氏則建議「竟請免議，俾枯骨長被皇仁」。對於將呂氏日記傳給曾靜的呂氏弟子嚴鴻逵、沈在寬、房明疇等，他說雖「罪大惡極，無可解免，但仰賴鴻慈，廣爲覆載，一視同仁可也」。甚至對於浙省各臣因呂留良案而降革者，也希望開復原職。疏中並有爲浙江人辯解之意味，如說：「呂留良產於浙，浙之信從者宜視楚人猶深，而浙之人皆知天經地義之所在、尊君親上之極誠，未嘗有向陝西總督投以叛逆之書也。」[112]

齊周華的文詞之間不時透露出他對曾靜之憎恨及對呂氏一門之憐惜，兼又爲浙省辯解，故前引有「浙之人皆知天經地義之所在」。他雖然在疏中對曾靜與張熙之獲赦表示「臣亦不必再議」，但五年後，當乾隆下令將曾、張凌遲處死時，齊氏在〈巨山自記〉一文中說：「不勝痛快，惜乎呂氏子孫，猶未賜還也。」[113]

雍正對曾靜、張熙的寬貸，及對浙江呂氏一門之酷罰，想是許多人感到震驚的。但由兩位出面抗疏的齊周華及唐孫鎬俱爲浙江人看來，可見浙人對此案之反應較爲強烈。這至少有三個原因：第一、晚明浙江抗清義師之規模與持續力幾爲各省之冠，抗清故事故老相傳，當猶爲此地人民生活記憶之一部分。第二、呂留良係浙人，以販書教學評選爲業，且影響極大，尤其當陸王之學逐漸消歇，而程朱之學日上，其評選四書在舉子士人之間聲譽極高。第三、在曾靜案爆發之

---

112 以上引文均出自齊周華，〈天台齊周華救呂晚村先生悖逆凶悍一案疏〉，《副本》，「附錄」，頁323-326。

113 齊周華，〈巨山自記〉，《副本》，「附錄」，頁326。

前，浙江已於雍正四年因查嗣庭(1664-1727)案，被停止鄉、會試一年。在傳統中國科考功名的社會中，停止鄉、會試是極大的處罰，故浙省士人對雍正再度選擇呂留良作為打擊浙省士人的手段，必較敏感。

雍正確對浙省久懷不滿之意，屢思藉故整頓。雍正最在意允禩及允禟集團，所以任何與此集團有關之人，皆為其所恨。而早先為允禟集團刊刻傳單的歐秀即是浙人。雍正嚴辦的查嗣庭、汪景祺(1672-1726)兩案，主角也都是浙人。雍正整頓浙江的想法，得到當地理學家沈近思(1671-1727)的附和。在汪景祺、查嗣庭事起後，沈近思疏論浙省積弊十事，其中包括如生員舉貢有哭廟抬神等事，除將本人嚴加治罪外，其餘同黨人士悉行褫革治罪；生員妄遞條陳，及連名公呈，俱以褫革治罪；士人逢迎權貴，刊刻詩詞歌賦，以為獻媚進身之階……等[114]。尤其最後一條顯然是針對查嗣庭而發的。嗣庭之罹禍，一般認為係出題不當，其實是因交通宮禁諸王，如其《雙遂堂遺集》中「代皇子壽某」詩等，而且他又為隆科多所薦之故[115]。雍正認為沈近思所論十事切中情弊，下令照所請嚴禁之，並於四年冬十月甲子，宣布設立史無前例的浙江觀風整俗使，說：

> 朕聞浙省風俗澆漓，甚於他省，若不力為整頓挽回，及其陷
> 於重罪，加之以刑，實有不忍。朕意專遣一官，前往浙江省
> 問風俗，稽察姦偽，應勸導者勸導之，應懲治者懲治之，務
> 使紳衿士庶，有所儆戒，盡除浮薄囂凌之習，歸於謹厚，以

114　李元度，《國朝先正事略》（長沙：嶽麓書社，1991），頁390-391。
115　鄧之誠，《清詩紀事初編》，頁793。

昭一道同風之治。[116]

唐代貞觀時設觀風俗使以巡省天下,而雍正於觀風俗使上加一「整」
字,則嚴厲多了。為了停止浙江的鄉、會試這件事,雍正又說:「浙
江文詞甲於天下,而風俗澆漓,敝壞已極,……浙江風氣如此,儻聽
其頹敝,不加整飭,何以成一道同風之治。」[117] 此後各種來往文書
及硃批,無不說浙江「風俗習詐」。浙江觀風整俗使王國棟到任以
後,每至一州縣,即傳集紳衿人等至明倫堂,宣布因為浙省風俗澆
薄,所以專派他來整俗。要他們戒絕一切浮狂、詐偽、抗糧、興訟種
種惡習,洗心滌膚,痛自革除[118]。

呂留良一門,早在聖祖朝已被控與一念和尚(?-1708)之亂有關,
現在又與曾靜案相關連,正是雍正對浙江殺雞儆猴之機。而且在審訊
中,曾靜又一再推說他本人住在湖南山區中,前後附近沒有一個達人
名士,故對聖朝功德一無所知,直到後來從湖南被押解,一路經湖北
以抵河南,由河南而到直隸京城,「所過都邑省郡,自野及市」,皆
甚豐饒[119],所以他自己可以從被捕時在衣服上寫的「蒲潭先生(曾
靜)卒於此」[120] 馬上變為歌頌雍正與天心合而為一。但是呂留良不
同,呂氏生長於江浙人文之鄉,而竟於聖朝功績全然不顧,引起雍正
極大的不滿,在《覺迷錄》中屢次公開責罵浙江:

---

116 《世宗憲皇帝實錄》(北京:中華書局,1986)卷四十九,「雍正四年冬十
月甲子條」,頁6。

117 《世宗憲皇帝實錄》卷五十,「雍正四年十一月乙卯條」,頁18-19。

118 橫山裕男,〈觀風整俗使考〉,《東洋史研究》22:3(1963),頁94-112,
尤其是頁98-99。

119 《覺迷錄》,頁115。

120 〈海蘭等奏拏獲曾靜等訊出口供摺〉,《文獻叢編》,頁27。

> 朕向來謂浙省風俗澆漓，人懷不逞，如汪景祺、查嗣庭之
> 流，皆以謗訕悖逆，自伏其辜，……蓋浙江士人等習見呂留
> 良之恣爲狂吠，……[121]

曾靜供詞中也說到：

> 今日之所以切齒痛恨於呂留良者，爲伊生於明末之季，身處
> 江浙人文之區，於本朝功績豈有不知，……竟支吾旁引春秋
> 之義以抵當本朝，……今日士子之從事舉業文字，曉得他的
> 說話者，胸中未嘗不染其惡。[122]

凡此種種，不可能不引起浙人的反感。故齊周華抗疏救呂氏一門的行
動，使他很快贏得許多當地士人之同情，而與唐孫鎬有「二君子」之
號[123]。不過，由於文字獄的禁網太密，所有表現這種情感的文字多
付闕如。藉著幾件轟動的大案，清廷很成功地使一般士人在心中樹立
一把尺檢查自己的作品，而不必等著官方來查禁或修改。譬如雍正辦
查嗣庭，又讓幾百人詠詩責罵錢名世爲「名教罪人」(1726)後，史申
義(1661-1712)的詩集中便劃去查嗣庭、錢名世之名[124]。而遠在雲南
的趙河(字燕鄰)，其《待焚草》中，闕字尙隱隱可辨，鄧之誠(1887-
1960)推測「必禁書時凡涉怨望及字面可曲解者，皆逐刪去」[125]。甚

---

121 《覺迷錄》，頁446-447。
122 《覺迷錄》，頁456。
123 周采泉、金敏，〈齊周華年表〉，頁343。
124 鄧之誠，《清詩紀事初編》，頁503。
125 同前書，頁961。

至於到了嘉慶五年(1800)，文網已不如是之嚴時，孫銀槎《曝書亭詩集箋註》二十三卷，其中仍以「友人」二字代替「翁山」(屈大均)[126]。所以勾勒當時浙省士人之反應時，只能透過一些零星的文字，尤其是從齊周華抗疏不成後，浙省士人的同情來看。

齊氏的抗疏原想請浙省地方官代題，但為天台縣的訓導王元洲所阻。他又到省城杭州抗疏，但當道因呂留良為浙人，而現在抗疏者又是浙人，恐怕賈禍，故不以上聞。齊周華乃徒步北上，行至金陵，因資斧乏絕，乃將所佩古劍質押。抵達北京後，投其詞於刑部。刑部推說齊氏作法與雍正上諭不合，故令其回浙，請浙省學政代題。齊氏回浙後，督撫仍執前見，不肯代題，反而將他下獄，前後五年[127]。就在獄中，齊氏將浙省士人對他表示支持或同情之詞，彙為《諸公贈言集》一冊。其中像浙江新昌的呂撫(字安世)所寫〈贈天台齊巨山先生序〉中回憶雍正九年齊氏被解往監獄時，一路之人忻慕之情：

> 披鎖受械，往返長途，寒暑不絕者五年。……往者遞解過敝邑，邑門適演傳奇。眾夙聞巨山才，圍繞捧筆乞區，且言禁用成語，巨山即書「今人作古」四字，眾皆嘆服。又索聯，復書云「一部春秋看不厭，三千禮樂賴猶存」，其頃刻應酬者如此。時予甫聞，亟出就見，無如囚車已行矣。由是屢託天台梅友赤霞，代向獄中詢候。

從這段追憶文字看來，當時齊周華囚車所過之處(皆在浙省)，人們圍

---

126 同前書，頁749。
127 周采泉、金敏，〈齊周華年表〉，頁342。

堵索求墨寶，受到英雄般看待。等到呂撫聽說齊氏囚車過境，追出家
門時，囚車已行，故只好轉託人向獄中致候。呂撫又說，當時齊周華
獄室中有奇花，一白鳳仙忽中生紅蕋，眾人名之曰「一點丹心」，以
隱喻他「誠能動物」的義舉[128]。

　　浙省鄞縣的蔣栻之(季眉)在為《半山學步》(齊周華的制義文集)
所寫〈序〉上也說：

> 巨山時以義勇賈禍，名震東南，故群知其人。[129]

足見此事當時在東南引起相當的注意。連齊周華舊日的老師楊匯(景
川)在與齊氏分手十餘年，回到北京後，聽到齊氏抗疏救呂氏一門的
案子時也說：

> 而乃一旦輕功名，委性命，強諫納忠，救時衛道，直抵賢
> 關，欲呼古聖而相質，其風力亦不在孔璋、郭亮下矣。故人
> 或有為齊子諱，為齊子惜，猶予轉深為之喜也。[130]

浙江平湖的陸大業(同菴)是與齊周華同時拘禁於浙江仁和縣監獄的獄
友。當乾隆元年(1736)齊氏獲赦時，他在獄中寫了〈步韻送行小
序〉，敘述當時獄中人對齊氏之觀感：

> 至天台齊君，以累兩至，初遇於仁(案：指仁和監獄)，繼幽

128　呂撫，〈贈天台齊巨山先生序〉，《副本》，頁300-301。
129　蔣栻之，〈半山學步序〉，《副本》，頁302。
130　楊匯，〈送天台山人遊五嶽序〉，《副本》，頁304-305。

> 於府(案：指杭州府監獄)，實能以氣節、文章雄一世，以不
> 肖廁其間，若鼎峙而三焉。[131]

齊氏表現在抗疏救呂一事上的「氣節」顯然受到相當的敬佩，故與關
在仁和的陸大業及另一關押在錢塘監獄的「淳安吳君」(缺名)同稱當
時浙省三個監獄中最具聲望的犯人。如依一不知名作者所寫的〈風波
集序〉，則當齊氏在監獄時，前來獄門致意者便不在少數：

> 故無論吾黨諒而悲之，即愚夫愚婦，無不聞而哀之。所以數
> 年間向獄門問訊而涕泣者，皆未嘗謀面之人，且半出於未嘗
> 學問者也。豈非天理人心之不死者乎？

如果這篇序所言可靠，則當時有許多與齊氏原不相識的人，尤其是一
些學識水準不高之人，屢來致候。作者又說：

> 巨山生於晚村(呂留良)既歿之後，浙水東西，相隔五百餘
> 里，非有葭莩之親也。未受升斗之祿，非有官守言責也。止
> 以局於有問必對、言必由衷之理，遂甘殺身以自盡。[132]

不過齊氏故里中詆毀他的人亦復不少。故浙江天台的陳溥(南陔)有這
樣的描述：

---

131 陸大業，〈步韻送行小序〉，《副本》，頁306。
132 佚名，〈風波集序〉，《副本》，頁314-315。

> 先是巨山獲罪時，里中闒冗少年多有詆毀而非笑之者。而吳
> 越諸知交知其志本無他，特以狂直取罪，因相與咨嗟痛惜，
> 不遠千里，折簡裁詩，致音問者無虛日。[133]

浙省曾因多事而被停鄉、會試，當地官員士大夫不願生事，「恐干聖
怒，波及有司」，故當地士人也大有不滿意齊氏之多事者，認爲他是
以此倖進，所以當時雖有「未見其疏章，未悉其原委，貿貿然妄從而
和之者」，但也有如陳溥所說「詆毀非笑之者」。不知名作者所寫的
〈風波集序〉也說：「乃里黨小人尚有鰓鰓然竊議其後者，或謂其好
事也，或謂其希冀功名也，又或謂其好名也。」[134]

　　乾隆查禁《覺迷錄》以後，有關該案的材料雖仍有所見，但基本
上日漸稀少。在一般相信定稿於道光年間的《兒女英雄傳》的第四十
回中，卻有幾大段敘述。首先，作者燕北閒人借小說讀者之口問到底
什麼是「觀風整俗使」：

> 怎的既說放了他(安驥)學政，又道放了他觀風整俗使？這觀
> 風整俗使，就翻遍了搢紳簿，也翻不著這個官銜。這些不經
> 之談，端的都從何說起？難道偌大個官場，眞個便同優孟衣
> 冠，傀儡兒戲一樣？還是著書的那個燕北閒人在那裡因心造
> 象，信口胡說謅？皆非也。

又說：

133　陳溥，〈諸公贈言集序〉，《副本》，頁308。
134　佚名，〈風波集序〉，頁313-315。

卻說我大清聖祖康熙佛爺在位，臨御六十一年。厚澤深仁，
普被寰宇。真個是萬民有福，……無如眾生賢愚不等，也就
如五穀良莠不齊。見國家承平日久，法令從寬，人心就未免
有些靜極思動。……後來佛爺神駁賓天，雍正皇帝龍飛在
位。這代聖人，正是唐虞再見，聖聖相傳。因此，一登大
寶，便親製聖諭廣訓十六條，頒發各省學宮，責成那班學
官，按著朔望，傳齊大眾，明白講解。無如積重難返，不惟
地方上不見些起色，久而久之，連那些地方官，也就視為具
文。那時如湖南便弄成彌天重犯那等大案，浙江便弄成名教
罪人那等大案，……當朝聖人，早照見欲化風俗，先正人
心。欲正人心，先端人望。便在朝中那班真正有些經濟學問
的儒臣中，密簡了幾員，要差往各省，責成整綱飭紀，易俗
移風。因此，特特的命了這樣一個銜名，叫作觀風整俗
使。……這樁事，但凡記得些老年舊事兒的，想都深知。須
不是燕北閒人扯謊。[135]

作者作這段敘述時顯然仍有些忌諱，故雖是小說，仍不敢提曾靜等人
的名字，而只說「彌天重犯」。這兩段話有對有錯。觀風整俗使確是
雍正朝之創舉，不過並非曾靜案發後首設於湖南，而是案發前二年便
已先設在浙江了。不過，《兒女英雄傳》的敘述必曾深入人心，並極
可能是後來大力渲染曾靜案的燕北老人《滿清十三朝宮闈祕史》的引
子(「燕北老人」與「燕北閒人」兩個筆名的近似性意涵著某種程度

135　文康(燕北閒人)，《兒女英雄傳》(台北：三民書局，1976)，頁604-605。

的聯繫）[136]。而到了晚清，這個案子竟激勵了不少士人的種族思想，改革派的譚嗣同(1865-1898)以及革命團體中的章太炎(1869-1936)等都是例子，此案遂成爲反清倒滿的一個助力[137]。

136　燕北老人，《滿清十三朝宮闈秘史》（香港：萬象書店，1954）。

137　《覺迷錄》在晚清影響甚大。參見三聯書店編，《譚嗣同全集》（北京：三聯書店，1954），頁59。

第八章
權力的毛細管作用
——清代文獻中「自我壓抑」的現象

　　清代「文字獄」是一個過去一向被過度重視，而近來卻變得過時，愈來愈不受人注意的主題。以至於史家筆下的清代思想或文化的歷史，往往有意無意地忽略或降低這方面因素的重要性，而本人所想要闡述的是，清代「文字獄」所導致的政治壓力對各方面產生一種無所不到的毛細管作用，尤其是自我禁抑的部分，其影響恐怕還超過公開禁制的部分。在正式討論清代文化中的自我禁抑現象之前，我仍須介紹清代文字獄的一些基本背景，沒有這些人們耳熟能詳的文字獄事件所造成的緊張空氣，就不會出現無所不在的自我禁制作用。而為了方便起見，我將引述別人的研究來描繪清代文字獄的大致狀況。

　　清代文字獄獨多，其中順治、康熙、雍正、乾隆四朝，約一百三十餘年，案件總數大約160-170起左右，比歷史上其他朝代都來的多。其中有些案件牽涉規模之龐大及整肅之殘酷頗令人觸目驚心。大約順治四年(1647)發生的函可(1612-1660)《變記》案是清代最早的文字獄，隔年有毛重倬(生卒不詳，順治二年舉人)坊刻制藝序案。康熙年間則有11起文字獄，極被重視的是稱為「江浙兩大獄」的《明史》案和《南山集》案。《明史》案始於順治十八年(1661，時康熙已即位)，莊廷鑨(？-1655)購買明末朱國楨(1558-1632)未完成《明史》稿，並召集各方人才，補寫崇禎及南明史事。因書中敘及南明史

時，奉弘光、隆武、永曆年號為正朔，不寫清之年號，又提及清人入關前不光彩祕聞等各項罪狀而被告發，株連被逮者極眾。《南山集》案發生於康熙五十年(1711)，因書中寫入永曆年號，將清朝年號剔除，結果是原刻集中掛名者皆死，後因康熙寬宥，「得恩旨食活者三百餘人」。雍正朝有文字獄案25起，如《大義覺迷錄》等案。乾隆朝有135起，集中在乾隆十六年至四十八年(1751-1783)，其中在《四庫全書》編纂期間，查繳禁書的文字獄有48起[1]。

　　這些文字獄所帶來最重要的影響是它們對人們所造成的心理壓力，如明清易代之際文人吳偉業(1609-1671)說自己在鼎革之後，閉門不與人來往，可是因為在當時頗有名聲，故「每東南有一獄，長慮收者在門，及詩禍史禍，惴惴莫保。」[2] 孔尚任(1648-1718)在〈答僧偉載〉詩中說：「方外亦懼文字禍」[3]。這一類的記載相當多，可以顯示出當局打壓之酷與形成的「漣漪效應」，使得人心極度恐慌，而處處形成「自我壓抑」的現象。然而「文字獄」恐怕是任何時代都有的事，而自我壓抑也一樣發生在所有的時代，即使是在我們日常生活的周遭世界，也有種種自我壓抑或迴避的現象，但是每個時代的自我壓抑內容不同，重點不同，規模不同。相較之下，清代的文字獄及自我壓抑的現象，力道特別強，規模特別大，相當值得注意。

　　清初以來的大小文字獄案猶如龔自珍(1792-1841)所說的「萬形而無形」的「風」，形成一種無所不在的心理壓力與滲透力。不過，

1　以上皆引自張兵、張毓洲，〈清代文字獄的整體狀況與清人的載述〉，《西北師大學報(社會科學版)》45卷6期(2008.11)，頁62-70。
2　吳偉業，《吳梅村全集》(上海：上海古籍出版社，1990)卷五十七，〈與子暻疏〉，頁1132。
3　汪蔚林編，《孔尚任詩文集》(北京：中華書局，1962)卷四，〈答僧偉載〉，頁237。

文字獄或政治壓力與自我禁抑之間不一定是按著時間順序，像銀丁扣般一個扣一個發生的。人們對各種文字獄案及禁忌的了解，有些直接得自官方的政令，但是還有許多來自傳聞、謠言。它們捲成一個個暴風圈，故有些來源比較明確，有些來自模糊的訊息與想像。

為什麼自我禁抑的現象值得研究？過去人們研究這方面的問題，所關心的幾乎都是清代官方政策（包括種種上諭及公文書）、文字獄、禁燬目錄，及禁燬行動等；但是禁書目錄的流傳是有限的，官方查禁的人力也是有限的。以編撰《四庫全書》過程中的大規模禁燬事件為例，從辦理四庫全書的相關檔案及二手研究看來，為了彌補人力的不足，確實大幅調動佐雜、教官及地方上有初級功名的士人參與蒐查，並一直要求藏書者或原作者的後代子孫自己查閱，或請人幫忙查閱家中藏書的內容，自動繳出有所違礙的書物。但是地域、宗族等地緣及血緣關係形成一定的保護網，以當地人查當地書的方式，常常難以完全穿透上述網絡。如從官方禁繳紀錄來看，數目並不是那麼龐大。所以討論清代政治壓力對文化領域的影響這個問題，如果僅從官方的種種作為進行了解，必然失之狹隘。

事實上因為官方的種種作為形成一個又一個暴風圈，形成一種看似模糊卻又無所不在的敏感意識，每個事件像投石進入池塘產生「漣漪效應」，所以許多不曾出現在禁書目錄中的書物，人們為了防患未然，也對它們作了龐大的禁抑工作。至於任何真正牽扯到忌諱的物事，自然成為無所不在的自我禁抑的對象。正因如此，自我禁抑的活動有時候無涯無邊，有時候卻完全出人意表，而這些都是在各種文字獄案或禁燬目錄中所從未被提到的，是一種無法捕捉到的、屬於「萬形而無形」的世界。

故本文是在探討官方在思想禁制方面的作為所形成的巨大壓力，

如何形成毛細管作用，深入到各處，以及權力在極小的範圍，尤其是
在無名的文人心中自行運作的實況。本文重視廣大士大夫對這些壓力
的感受及詮釋，及在私密的空間中(譬如在排版房中，或在個人的小
書齋中)，權力如何滲透到文化活動，左右它的運作方式與發展。並
且著重討論人們在得到各種政治禁制的訊息之後，如何在心中揣度、
發酵、醞釀出一套檢制約束自己的標準，然後在別人發現他逾軌之
前，自己先偷偷抑制、刪改，把可能有問題的地方遮掩得無影無蹤。

這一個沉默的內心世界，非常不容易探測，我試著從文獻的空
白、刪竄的痕跡來進入這一個沉默的世界。這些空白與罅隙究係無
心，還是有意為之(有時「無心」也是長期薰染之後的結果)，相當費
人思量。但是我們可以確定，不管是自覺或不自覺，確實有這樣一個
世界存在，並且嚴重影響到他們現實的活動。而這一個自我禁抑的世
界的範圍是不斷改變的，它的邊界的消長，與現實政治息息相關，譬
如對明清之際史事記憶程度的不同與範圍的消長，密切聯繫後來對滿
清政權的態度。

在這篇文章中我想討論的是悄悄地、主動地，在私密空間中進行
的禁抑，是一部全民大合唱。作者、讀者、書商，及有關無關的人都
在參與的銷毀改竄的活動。他們有的是幫助藏匿違礙書物[4]，有的是
為了避禍，不管青紅皂白，先刪塗或燒毀再說，使得政府的禁抑政策
透過不知名的廣大群眾之手幫助擴大執行，擴及官方的物理力量所完
全到達不了的地方，而且靠著人們的揣測、想像，發展出許多令人始
料未及的作法。

一般所關心的是書物出版以後官方的抄查。本文所關心的是事情

4　這種例子非常之多，但我覺得最有代表性的是王夫之書稿的故事。

發生之前的壓抑，是在緊張心情下，寫作時種種壓抑、閃避，是尚未被發現之前的遮掩或銷毀。不是「要其後」，而是「原其先」。

這種潛在性的壓抑，究竟對清代思想文化的版圖造成什麼影響？任何一個時代的思想文化都有特殊的內部零件組合方式及版圖的變化，而因為每一個時代思想、文化版圖的組成及知識的邊疆難以勾勒出來，所以往往忽略了那些部分悄悄生出能量，那些部分悄悄地消失，或由中心遺落到邊陲。而此處所提到的「潛在性壓抑」──人們應當說什麼，不應當說什麼，忌諱什麼，迴避什麼等，即嚴重影響到這個版圖的伸縮、升降。在公開的禁制與自我壓抑的過程中，許多東西悄悄消失，而身處於幾百年後的我們並不覺察，而且經常造成嚴重的誤解[5]。

這個研究有一些內在的困難──自我壓抑往往是偷偷地進行，所以大多無法確定時間，或真正的行動者。因為行事祕密，所以往往沒有辦法說出與個別事件有關的完整故事，在這裡我是以「書籍」的生命歷程為主，從作者寫作的緊張壓力，到刻書者的手下，到出版發行，到藏書家，到讀者自己的祕密刪竄，到書商的偷偷銷毀，去勾勒清代的政治與文化的這一個重要面相。

一、清代文字獄概況

歷朝皆有文字獄，清代是一個高峰，而且最常發生在康、雍、乾

5　章太炎在清末種族意識高漲的時代，閱讀當時流通的《日知錄》時，總詫異書中竟然完全沒有華夷種族思想，同樣的情形亦發生在顧炎武的詩中。幾百年來的讀者未在其中看到任何種族思想的成分，一直到清末，當原抄本《日知錄》重影出現，及孫詒讓以孫溈的筆名揭出顧詩中以韻目代字時，人們才恍然於過去不但官方壓制，私人也幫忙禁抑的情實。

盛世。其中康熙朝不超過十起，雍正朝近二十起，乾隆朝則在一百三十起以上，其中精神病患或偶爾因為文字不慎構成罪案的情形不少，約有二十一起。康熙、雍正朝觸犯者多為官僚、鄉紳及有名文人，乾隆朝則波及粗通文墨的社會下層，其中諸生有近四十起，平民五十幾起。到了嘉慶以後，文字獄案就不怎麼再出現了[6]。細究這些案件的內容大部分與種族思想或背逆無關，但處罰之嚴重則甚為驚人，動輒處斬、凌遲，造成巨大的社會心理緊張。

仔細一點的說，康熙朝觸犯禁諱的書多是載述明清易代的史料，以及所謂「詭言邪說，語既不經」的著作，如莊廷鑨明史案、戴名世案。莊廷鑨案中，凡題名之士、刻書之工、販書之賈、列名參校之士與初辦此案之官員，株連而死者達221人，犯人婦女供給邊人為奴，波及近二千人。而康熙50年的《南山集》案，則是因戴名世(1653-1713)曾言：「今以弘光之帝南京，隆武之帝閩越，永曆之帝兩粵，帝滇黔，地方數千里，首尾十七、八年，揆以春秋之義，豈遽不如昭烈之在蜀，帝昺之在崖州？」而且在其文集中多採方孝標(1618-1796)[7]《滇黔紀聞》之事。刑部處理此案時牽涉多達數百人，後來康熙以牽連太重，聊為減免，其中三百多人乃得旨獲生。[8] 至於所謂「詭言邪說，語既不經」之著作，則有如朱方旦(?-1682)案，因為他提倡「中道在兩眉之間，山根之上」，此言被認為「立論怪僻，違悖聖

---

6 郭成康、林鐵鈞，《清朝文字獄》(河北：群眾出版社，1990)，頁34-35、39。

7 方孝標認為永曆朝不可視為偽朝，戴名世〈與倪生書〉說：「本朝當以康熙壬寅(即永曆帝亡沒之年)為定鼎之始。世祖雖入關十八年，時明祀未絕，若循蜀漢之例，則順治不得為正統。」轉引自丁原基，《清代康雍乾三朝禁書原因之研究》(台北：華正書局，1983)，頁45。

8 丁原基，《清代康雍乾三朝禁書原因之研究》，頁37、42-44。

經」[9]。

　　雍正朝的查辦重點是黨派人士的相關著作。譬如查禁黨派首領年羹堯(1679-1726)、隆科多(?-1728)門下士之著作，當然也有禁燬闡揚漢族民族意識之著作，禁燬違背帝王意旨之著作的案例。雍正朝第一大案當然是雍正四年(1726)的曾靜(1679-1735)案，這個案子牽涉種族思想，同時也牽涉到黨派鬥爭。雍正痛斥其兄弟胤禩(1681-1726)、胤禟(1683-1726)為「阿其那」、「賽思黑」，兩人同年死於監所，胤禵(1678-1735)則半生監禁，同時查禁呂留良(1629-1683)的著作，更將《大義覺迷錄》發給全國各地生監，要求全國生員承認呂留良之罪，全國無一人有異同。甚至連已經死了三十餘年的屈大均(1630-1696)也被牽扯進來，屈氏的著作入禁燬之列。除此之外，也有幾個以涉及種族思想或帝王忌諱為名，但實際上是鬥爭年羹堯、隆科多門下士的案子，如汪景祺(1672-1726)《讀書堂西征隨筆》案。汪氏在書中以「宇宙之第一偉人」推許年氏。另外還有雍正四年查嗣庭(?-1727)試題之獄，查氏出題「維民所止」，被認為暗示雍正無頭。

　　雍正朝的另一種文字獄之罪狀是違背帝王旨意，且混合著黨羽之爭。如謝濟世(1689-1755)曾於雍正四年指斥雍正寵臣田文鏡(1662-1733)十大罪狀，雍正七年(1729)有人告狀說謝氏所注《大學》毀謗程朱，雍正大怒。一般認為雍正覺得謝氏是李紱(1673-1750)與蔡珽(?-1743)之黨羽，這也是雍正大怒的原因之一，謝濟世被罰當苦差。此外如陸生楠(?-1739)的《通鑑論》案，則是因為當時諸王主張封

9　朱方旦的話出現在所刊刻的《中質祕書》。參丁原基，《清代康雍乾三朝禁書原因之研究》，頁47-48。

建，雍正力加裁抑，因為見到陸氏著文為言封建之利，故大怒而加罪[10]，最後陸生楠被判軍前正法。謝、陸兩人，謝濟世以註《大學》獲罪，陸生楠以論史獲罪，雖然背後大多另有原因，但是這些表面的罪狀及其處罰之嚴酷，皆足以讓天下人民產生嚴重的心理緊張。

到了乾隆朝，則至少有如下各種著作被禁：一、未避廟諱、謗議國君；二、涉及清代前期史事；三、反清志士之著作；四、眷懷故國、語涉怨望；五、有虧臣節者之著作；六、倖進大臣之著作；七、議論聖賢之著作[11]。以清代任何一件大案訊息傳播之迅速，對當時人心造成的震撼效果，恐非今人所能理解。處罰也非常任意，江西巡撫海成(?-1794)是最賣力的搜繳者，但因《字貫》案發生時，未嚴屬辦理，本人也被嚴懲。重點是這些嚴懲及心理緊張的理由，譬如亂發政論、毀謗程朱、任意著史……等等，形成一種指標，使得人們知道要盡量避免涉入相關的禁區，也因此造成思想文化上的重大影響。

(一)乾隆個人的文化傾向

我們現在討論這個問題的前提是必須知道當時帝王本人的傾向可以對全國造成重大的影響，所以了解乾隆個人的思想傾向相當重要。

乾隆很早就表現出牢守儒家正統的綱常文化的思想特質，他似乎也了解這是他合理化異族統治的最大資本。乾隆對明朝末年的政治、思想、文化都表示相當的不滿，他對明季黨同伐異之風不滿，尤其是對東林黨爭不滿，對明季士大夫的思想風習不滿，對錢謙益(1582-1664)這類主持壇坫的文人也不滿。他的文化品味是相當正統化的，

10　丁原基，《清代康雍乾三朝禁書原因之研究》，頁100-101。
11　丁原基，《清代康雍乾三朝禁書原因之研究》，第五章。

忠孝不離口，對士農工商四民的次序看得非常重，喜談重農思想，並以重農、講武爲國家之大經。有學者早已發現，在他的四萬多首詩中找不到飲酒歌舞的場面[12]。

　　乾隆又頗富考證批判的精神。乾隆在位期間的一百五十多起文字獄案中，有12起是因爲士人唐突古代聖人而獲罪。乾隆雖然不允許百姓侮蔑先聖，但是在自己的著作中卻一再批判古書及古代聖人，他對語言相當感興趣，對地理的考證興趣也很高，有時候甚至把高官當成他的研究助理。譬如爲了改正朱子註的錯誤——朱子說涇水濁、渭水清，他派陝西巡撫秦承恩(?-1809)親自到渭水考察，而得出「涇水清、渭水濁」的結論[13]。

　　乾隆與他的父、祖兩代一樣，原對理學有興趣，而且比較清楚地守住宋代理學的矩矱，認爲理在氣先，無理則氣亦有問題，認爲天理與人欲，只爭一線[14]。不過他似乎也受了時代學術的影響，在編修《四庫全書》的時代，他的興趣由理學逐漸轉向漢學，並微妙地影響到當時士大夫對這兩種學問的取捨。依據我的觀察，乾隆認爲文獻考證之學蘊含道德上的嚴肅性和知識上的苦行精神，漢學這門學問需有嚴肅的、確切可信的經典根據，而且是忠於先聖先賢的教訓。宋明理學的講學則容易滋生個人意見，進行沒有根據的談論，進而影響社會風氣與政治安定[15]。

12　戴逸，《乾隆帝及其時代》(北京：中國人民大學出版社，1992)，頁99。

13　清高宗，《御製文集三集》，收入《景印文淵閣四庫全書》(台北：台灣商務印書館，1983)，1301冊卷十四，〈涇清渭濁紀實〉，頁3b-12a。

14　清高宗，《御製詩集初集》，收入《景印文淵閣四庫全書》，1302冊卷八，〈讀朱子詩有徹因效其體〉，頁10。

15　夏長樸教授的幾篇文章，深入討論了乾隆的學術態度微妙地影響了四庫館臣原先以支持宋學爲主轉向支持漢學。相關討論請見夏長樸，〈《四庫全

(二)乾隆對皇權的自我想像

乾隆對皇權的自我想像也值得在此討論。康熙以來就有一種傾向,即認為自己是以天子兼統治者與教主,用大臣魏裔介(1616-1686)的話是:「以君道而兼師道」,李光地(1642-1718)則認為清帝將道、治之統結合起來。乾隆將這個傾向加以強化,乾隆手上有兩件武器,一是天命,一是封建綱常,他相當巧妙地運用這兩件武器[16]。乾隆一方面想作千古帝王,為千古文化訂下標準,一方面想鞏固滿族統治,他要結合這兩者,在漢文化的營養皿中培養滿族政權的正當性。他一面講華夷一家,一面鞏固滿族統治之正當性,要從各種書中刪去任何不利滿族,或歷史上各種書中可以牽連想像到滿族作為異族政權的文字[17]。

乾隆高揚皇權的獨斷性與任意性,認為國家可以壟斷(monopolize)知識與文化。以皇帝作為天下思想文化之評斷標準的想法並不新穎。君師合一,「作之君、作之師」本來就是古來的理想,乾隆的父親雍正頒行《揀魔辨異錄》以平禪宗派別之爭,又頒《大義覺迷錄》以平天下之謗議,都是合「政治」與「文化」兩個範疇為一的作法。乾隆對此更加發揮,而且規模更大、範圍更廣,他要訂下一套衡量千古,而且可以行之千古的標準。這一點我們往後還會談到。

(續)—————————

　　書總目》與漢宋之學的關係〉,《故宮學術季刊》23:2(2005),頁83-205;〈乾隆皇帝與漢宋之學〉,收入彭林編,《清代經學與文化》(北京:北京大學出版社,2005),頁156-192。

16　王鍾翰,〈四庫禁毀書與清代思想文化普查運動〉,收入何齡修等編,《四庫禁毀書研究》(北京:北京出版社,1999),頁24-25。

17　Evelyn S. Rawski, *The Last Emperors: A Social History of Qing Imperial Institutions*(Berkeley: University of California Press, 1998), p. 37.

　　乾隆對皇權還有一種觀念，即一種「天子中心論」式的，以此主軸出發壓倒種族意識[18]。他用力宣揚以君臣關係爲主軸的綱常文化。乾隆常說自己「教萬世之爲君者，即所以教萬世之爲臣者」[19]，「君者爲人倫之極，五倫無不繫於君」，「臣奉君，子遵父，妻從夫，不可倒置也。」[20]《御批歷代通鑑輯覽》在乾隆二十四年—三十三年(1759-1768)編成，全書即充滿塑造以君主爲無上中心的忠臣文化。正如乾隆自己說的「朕爲天下主，一切慶賞刑威，皆自朕出，即臣工有所建白，采而用之，仍在于朕。」[21]此外他突出對帝王的「忠義」文化，如將「關帝」由「壯繆」改稱「忠義」，還有其他歷史人物的改稱或重新評價，以及乾隆朝大臣諡號中「忠」字特別多[22]，都是爲了

18　何冠彪認爲「乾綱獨斷」是聖祖、世宗、乾隆以來一貫相承的主張，不但形諸他們撰寫的文字，也可以由他們在住處所掛的對聯看出，雍正在乾清宮掛的是：
　　惟以一人治天下，
　　豈爲天下奉一人。
　　乾隆在養心殿東閣掛上他親書的聖祖聖訓，一開頭便是「天下之治亂休咎，皆係於人主一身一心。」于敏中等，《國朝宮史》，收入《景印文淵閣四庫全書》，657冊卷十三，〈宮廷三〉，頁29a。參看何冠彪，〈「君主至治」、「君權至上」——論清世宗御書養心殿西暖閣匾聯的改變〉，《大陸雜誌》，101.6(2000.12)，頁16-26；〈乾綱獨御、乾綱獨斷——康熙、雍正二帝君權思想的一個側面〉，《漢學研究》，20：2（2002.12），頁275-300。

19　傅恆等奉敕編，《御批歷代通鑑輯覽》，收入《景印文淵閣四庫全書》，335冊，〈序〉，頁2a。

20　清高宗，《御製文集二集》，收入《景印文淵閣四庫全書》，1301冊，卷一，〈經筵御論〉，頁3b；《清高宗純皇帝實錄》(北京：中華書局，1986)卷二六九，乾隆十一年六月下，頁9b。

21　蔣良騏等纂，《十二朝東華錄》(台北：文海出版社，1963)卷二，頁33b，乾隆三年六月戊午條。

22　趙爾巽等撰，《清史稿》(台北：鼎文書局，1981)卷八十四，〈禮三〉，頁2541。

宣揚、樹立忠義文化，這個忠義文化也是超越藩籬的。

乾隆皇權觀的第三個特質是「春秋，天子之事」。因為是天子之事，所以一切以天子的眼光來看，那麼真正要緊的是對當朝的絕對忠誠，以保證本朝統治的正當性及穩固性。這種綱常思想是以君王為中心出發考量，而且是壓倒一切的，所以他認為胡安國(1074-1138)的《春秋胡氏傳》是「胡說」，即因為胡安國的書華夷觀太強，壓過了君親之優先性[23]。從前述種種可以看出乾隆把儒家綱常文化巧妙地轉換成培植滿族統治正當性的營養劑的情形。

(三)清初以來的兩條路線

大略陳述了清初以來到乾隆的皇權觀之後，接著要討論一個關鍵問題，即清初以來如何處理明、清、滿、漢的歷史。關於這個問題，從清初以來就有兩條路線在平行發展著，這兩條路線隨著時代、社會環境與漢族歷史記憶的強弱而有變化，而且與綱常名教、朝代興替、族群、國家相互糾纏著。理想上，以上幾種因素應該處於有機和諧的關係，可是，因為明清易代使得情形變得有些複雜。對於腳跨兩個朝代的人而言，「綱常名教」與「國家」、「種族」之間是矛盾的，盡忠於明，則不能承認清，所以清朝建立不久，便希望盡可能包容這些矛盾的因子，使它們看起來像是一個有機的統合體，既要嘉賞叛明佐清的貳臣，雖然有些例外，譬如清初諸帝俱會褒獎忠明烈士，但基本

---

23 乾隆對《契丹國志》之處理涉及此問題：「夫大義滅親，父可施之子，子不可施之父，父既背叛，子惟一死，以答君親，豈有滅倫背義，尚得謂之變而不失其正？此乃胡安國華夷之見，芥蒂於心，右逆子而亂天經，誠所謂胡說也。」中國第一歷史檔案館編，《纂修四庫全書檔案》(上海：上海古籍出版社，1997)，頁1418。

上也要壓制遺民的志節[24]。即使如此，從清初以來，史家對這種含混形成的有機體便有不同的意見，楊椿（1675-1753）、王鴻緒（1645-1723）、湯斌（1627-1687）等人為此與明史館形成對立。前述諸人比較傾向維持綱常忠義，湯斌曾要求表彰有明殉節諸臣而被駁斥[25]。

到乾隆三十年（1755）時，清朝開國已經一百三十年左右，敏感的明清認同問題較不明顯，社會平靜、經濟富庶，已經有閒情逸致來處理這個棘手問題了。相較於康熙、雍正，乾隆遠比他們關心這類問題，而且連篇累牘地加以討論。乾隆將種種不很搭調的元素組成一個新的有機體，其基本原理就是前面提到過的，在漢人綱常名教中培養忠於滿族政權的意識。而其方法之一即是將每一代歷史「當朝化」。對於清朝而言，則是將明史「前朝化」。

王夫之（1619-1692）曾經偏激地說，綱常名教的標準只適用於同一個族群中的成員，離開這個族群，欺騙、不忠不義，都不能算錯[26]。乾隆當然不曾看過這段話，乾隆所形成的忠義名教觀點與王夫之也不相同，但它們之間有近似的邏輯。王夫之以種族作為社群的單位，乾隆則以朝代作為社群的單位，所以他評價任何綱常名教上的問題，都是將之「當朝化」。

乾隆與他的父、祖不同，康熙、雍正還沒有成熟到自己形成一個自成系統的看法，他們對種族、朝代、明與清之間，仍存在剪不斷理

24　本文寫成後，讀到陳永明先生的《清代前期的政治認同與歷史書寫》（上海：上海古籍出版社，2011）一書，其中有若干篇章與此主題相關，如〈《欽定勝朝殉節諸臣錄》與乾隆對南明殉國者的表彰〉、〈《貳臣傳》、《逆臣傳》與乾隆對降清明臣的貶斥〉等，值得參考。

25　喬治忠，《清朝官方史學研究》（台北：文津出版社，1994），頁227。

26　王夫之，《讀通鑑論》，收入《船山全書》（長沙：嶽麓書社，1996）卷四，頁154-155。

還亂的牽扯，一下子要維護這個，一下子又要維護那個。乾隆則清清楚楚地下了一個判斷，一切以「當朝」為斷──所有人都要模擬自己立身於那個朝代時究竟應該如何作為才符合儒家的綱常名教，不管這個朝代是漢人還是異族所建立。我們已經不清楚乾隆在何時確立了這樣的觀點，我們比較確定的是乾隆身為太子及執政的早年，還來不及考慮這方面的問題，所以當時文字中對此並沒有任何清楚的表示。但到了後來編纂《四庫全書》期間，他曾經為了修改自己早年的正統觀，下令收繳有自己早年議論的書加以改正然後再行頒發。

這個正統觀表現在他後來的各種文章中，《御批通鑑輯覽》中涉及明代的部分隨處可見，他之所以特別欣賞史可法（1601-1645）等人，亦應作如是觀。他刻意搜求史可法答多爾袞（1612-1650）書信，而且還站在史可法的角度來討論他與多爾袞的來往。這不僅出現在他的許多專論中，同時也具體印證在他對有問題的案件的處置上，譬如王仲儒的案子，他的處置是這樣的，王氏生為明人，入清之後並未有任何身分，所以即使著作中有不敬於清的話，也不構成罪狀[27]。

在乾隆所形成的這個系統中，第一、本朝人應忠於本朝，所有綱常名教、忠義道德皆應該用於這一個朝代，一旦跨越了「本朝」，忠義道德便算是做錯了題目的文章，所以即使對滿清的從龍功臣，他也要從這個標準出發加以貶抑。

在四庫工作進行的過程中，乾隆更於四十年（1775）編《勝朝殉節諸臣錄》，大肆褒揚殉明的臣子。乾隆四十一年（1777），他下令編輯《貳臣傳》，在這部別出心裁的書中，他把《明史》再三褒譽的一批從龍功臣貶為貳臣，因為他們生於明朝，曾為明官，如果以明朝的標

<hr/>

27　中國第一歷史檔案館編，《纂修四庫全書檔案》，頁1311-1317。

準看，是不折不扣的貳臣。乾隆接著又分別得更細，他認為這些人中還應該分出等第來。凡是從龍或降清之後，忠清到底的，列入《貳臣傳》的甲編，而在清代為官，後來卻又心懷怨懟的，列入乙編。接著他又覺得不夠，所以第三種範疇出現了——《逆臣傳》。凡是降清之後卻又反叛的，收入《逆臣傳》中。

　　乾隆常說他的歷史評論是在為天下萬世立其大公至正的標準，而不是在為任何私人發言。這個陳述是值得推敲的。乾隆心中所謂天下萬世至公之標準，即是以「當朝化」為標準去評論那個朝代的史事。所以，在說到有關南宋與遼金的正統問題時，他毫不忌諱地捍衛南宋的正統地位。他說自己很清楚金是清之祖先，但是面對正統問題時仍應一秉至公，這也就是既然是評論南宋史事，就應「當朝化」，完全站在南宋子民的角度來看歷史，在南宋尚未完全滅亡之時就不應該奉金為正統。

　　上述這種態度自然與其父、祖時代有所不同。而《明史》這一部經歷八、九十年才完成的書，出版於乾隆四年(1739)，這是他的整個歷史評論的系統尚未成立之前，反映了其父、祖兩代以來雖不一致，但大致可接受的觀點。那麼，如果我們發現乾隆後來處處不點名地與《明史》的歷史評論作對，便不應感到奇怪了。

　　只是他還有第四個標準，不大明白說出來，即種族——同種族之間的忠誠。所以他在討論楊維楨(1296-1370)的正統論時，說了一些有時令人摸不著頭緒的話。乾隆特地要四庫館臣從載籍中找出他久思一讀的楊維楨〈正統辨〉。他在一篇專文中一方面痛罵楊維楨之人品，一方面卻肯定他的正統論，說他生為元人，身為元代官吏，以元朝為正統，暗中以明為非正統，看來有問題，其實是正確的。以元代的制度看，正應該如此方能算得上忠於本朝。可是這篇文章最後卻話

鋒急轉直下,說楊維楨還不如錢謙益(1582-1664)。我們知道,錢謙益是乾隆所最看不起,認爲不得再稱爲人類,何以楊維楨還不如他呢?他的話寫得很含糊,但其意思是這樣的,楊維楨是漢人,他後來繼續在漢人的朝代(明)爲官,則是在投降異族之後爲官,卻仍心存不滿,但錢謙益所不滿的畢竟是異族,而楊維楨所不滿的是他的本族,所以楊不如錢[28]。

由此可以看出,在乾隆心目中,「當朝化」是第一個原則,但在此前提之後,如要再深究下去,則「本種族化」也是一個標準,只是他對後者著墨極少。

乾隆作爲一個滿洲部族的領導者,又是一個漢人帝國的皇帝,他在位期間,既要極力突出滿族文化、習俗、語言的特殊的自我認同性[29],同時又要表示自己是中華正統文化的繼承者。所以他一方面要搜繳、毀滅任何對其種族不敬或反對的文字,另一方面,要突出他的種族與漢族是不同的,他的種族是樸質的、尚武的、勇敢的、以游獵騎射爲本質的,與漢文化不同。乾隆朝編了不少與滿族歷史文化有關的書,這些書中提及滿人的部分,皆一反其父、祖兩代的作風,極力把前人認爲落後而應加以掩藏的部分凸顯出來。他的父、祖刻意強調入關之前滿人已如何進步,乾隆則在《滿洲源流考》、《皇清開國方略》等書中刻意突出其野蠻、勇武、淳樸的一面[30]。

乾隆在漢文化的正統標準中突出了「忠義」,而忠義是對於當

---

28 清高宗,《御製文集二集》卷八,〈命館臣錄存楊維楨正統辨諭〉,頁2b-5a。

29 當然,另外值得注意的是清朝皇帝是滿漢蒙回藏的統治者,所以清代皇帝同時又是西域佛教之法王,而熱河行宮是皇帝接見這些部族領袖的地方。

30 喬治忠,《清朝官方史學研究》,頁258-259。

朝，而且限於當朝的，所以生存於清朝，則忠義的標準即是對滿洲政權完全的忠貞。他同時承負了兩個正統論，而又將兩者有機地結合在一起。

乾隆發動《四庫全書》這個大規模的「寓禁於徵」的運動有兩個優先性，第一優先任務當然是要維護滿清統治的正當性，所以要壓抑、刪除、禁毀任何不利滿族的材料，而且也要把古往今來，凡是可以引起種族意識的文章盡情刪改或查禁。然而我們完全不可忽略他同時一心一意要「為萬世臣子植綱常」[31]。而且他要藉此宣揚正統的學術文化與風俗人心，故他說：「朕輯四庫全書，當採詩文之有關世道人心者。」[32]又經常讓臣下把「伏思違礙各書，實為風俗人心之害」[33]一類的話掛在嘴邊，或說出「今收查遺書一事，乃讀書人本分所應為」[34]，反覆論證禁書乃是為了維持萬世風教。

(四)從「稽古右文」到「寓禁於徵」

我可能無意間將這篇文章寫成是乾隆個人的故事了，不過此處必須強調的是，清代的意識型態運動經歷了康、雍兩朝，在乾隆一朝到達最高峰，持續時間又長，值得大書特書。

乾隆似乎是一個集自尊與自欺於一身，而且這兩者又巧妙地交織在一起。他享受一種在他非凡的領導之下，「天下已經太平」的玫瑰色感覺，這種感受在他的文章或詩歌中時有流露。為了維持這個美好的感覺，他有時會欺騙自己，對任何看起來不利於「天下太平」的徵

31　中國第一歷史檔案館編，《纂修四庫全書檔案》，頁559。
32　中國第一歷史檔案館編，《纂修四庫全書檔案》，頁1433。
33　姚覲元，《清代禁燬書目》(台北：成文出版社，1978)，頁39。
34　中國第一歷史檔案館編，《纂修四庫全書檔案》，頁446。

象視而不見,甚至極度憤怒地加以否認[35]。

如果我們詳讀乾隆十五年以前的歷史,確實也可以支持這樣一個帝國的自我印象。可是有兩件事似乎使得玫瑰逐漸褪色,一是發生在乾隆十六年(1751)的孫嘉淦偽奏稿案,一個是乾隆二十二年(1757)的彭家屏案。

乾隆十六年社會上抄傳一份假託以正直敢言知名的孫嘉淦(1683-1753)上呈的奏稿。這份偽奏稿流傳十幾省,直到傳到雲南土司那裡才被發現舉報,足證它已經歷相當長的時間,流傳相當大的地區,而且居然無人發覺檢舉,這就不能不特別重視了。更要緊的是奏稿中列舉乾隆的十大罪狀,這些罪狀不但攻擊到皇帝個人,而且還聯繫到政權合法性的問題。自從雍正朝的曾靜案之後,已經很久不曾出現這樣的案子了。乾隆對這個案子進行了連根拔起的追查,但是最後還是不了了之。值得注意的是,查辦這個案子時,孔復禮教授書中所陳述的「叫魂案」也在如火如荼進行中。至於彭家屏(?-1757)私藏野史案規模則小得多[36],這個案子簡單地說,是因為河南東部連年水災,退職家居的高官彭家屏趁乾隆下江南時接駕的機會投訴地方官員隱匿災情、救賑不力,後來又有人跪於道旁舉牌向皇帝投訴。多疑的乾隆敏感地察覺到彭氏可能是地方上不滿分子的中心。但事實上是有兩位生員資助告狀,當縣令到其中一位生員段昌緒家裡搜捕時,發現他藏有吳三桂(1612-1678)檄文,段氏並在檄文若干攻擊清帝的文字下面濃

35　David S. Nivison, "Ho-shen and His Accusers: Ideology and Political Behavior in the Eighteenth Century," in David S. Nivison and Arthur F. Wright, eds., *Confucianism in Action*(Stanford, Calif.: Stanford University Press, 1959), p. 235.

36　孟森,《明清史論著集刊》(北京:中華書局,2006),〈彭家屏收藏明季野史案〉,頁202-207。

圈密點，表示讚許。

　　這件事情引起乾隆的震驚，所以他選擇獎賞發現此事的當地官員，輕縱他們因為隱匿災情所應受的懲罰，但重懲私藏野史的彭家屏及生員等人。野史及其他文獻可能給人們注入危險思想，或是為對現實不滿的人們提供對話、共鳴的材料。這件案子提醒乾隆，他所統治的帝國中可能到處私藏明清之際到三藩時期的野史材料，它們非常危險，是隨時可能引爆的火藥庫。

　　乾隆下令編纂《四庫全書》是要到乾隆三十九年(1774)，纂修《四庫全書》的最重要目的是要實現與「佛藏」、「道藏」並立的「儒藏」的構想，是要「稽古右文」，最初並沒有文化禁制的目的。而《四庫全書》的編纂也不是一開始就已計畫充分的工作。至於文獻禁毀的部分，一開始也沒有明白表示過這樣的計畫。最開始時，乾隆是為了充實內府的藏書而下令蒐羅天下群書，最初各方的反應相當冷淡。不過乾隆並不死心，發了第二波諭旨，表示即使書中有忌諱，也不作任何處罰，而且說他自己辦事一向光明正大，要人們相信他。這一道諭旨頒布之後，各方才開始大量繳送書籍。

　　不管是蒐書或是禁書，整個發展過程帶有許多偶然性。而且，許多新想法不是出自皇帝本人，而是大臣們在了解皇帝的意圖之後，配合執行、擴大處理、挖空心思想出來的點子，是一幕君臣共同完成的大戲。

　　乾隆三十九年八月五日，皇帝決定蒐書之後，在浙江總督鐘音(?-1778)面覲時，乾隆密語提到「寓禁於徵」這個想法。鐘音領旨之後，各省督撫一開始反應極為詫異，從原先純粹為了「稽古右文」，到一面搜書一面禁燬，他們覺得啞巴吃黃連又不能不竭誠辦理的感

覺，在檔案中有所反映[37]。李侍堯(?-1788)坦白說：

> 從前臣等止就其書籍之是否堪備采擇，行司照常辦理，竟未
> 計及明末稗官私載，或有違礙字句，潛匿流傳，即可乘此查
> 繳，以過邪言，實屬愚昧。[38]

除此之外，乾隆還透過明發上諭，責問高晉(1707-1778)、三寶(?-1784)、薩載(?-1786)等江南方面大員，何以在大量呈繳的書中，未能覺察違礙的內容。

督撫們何嘗不知道乾隆是突然變臉、出爾反爾，但是不好明說皇帝前後不一，所以有的人將錯就錯，讓人覺得好似乾隆原先就要大家注意這個面向，而且自己或多或少正朝著這個方面在做，但現在既經皇帝指出，今後將更加用力去辦。對於這種技巧性的將錯就錯，乾隆亦未加以咎責，雙方都保住面子，政策也可以落實推行。

督撫的另一種反應是大夢初醒，向皇帝坦承原來早該朝這方面去著想，但是因為自己的愚昧，而未能早著先鞭，今後將如何盡力落實云云。前面所引李侍堯的話即是一個例子。這樣，既未點出乾隆的破綻，也能落實皇上交辦的任務。因為這道諭旨完全出乎大家意料之外，所以各地督撫在收到之後，紛紛曉諭原先呈書的藏書家或書鋪，要求他們注意搜繳犯忌的書。乾隆所下的命令往往只有一些方向性的指示，所以詳細的搜禁標準大多是地方大員在摸索皇帝的意思後從實際的查繳工作中逐步累積而成的。

37　中國第一歷史檔案館編，《纂修四庫全書檔案》，頁239-240。

38　〈李侍堯德保奏據繳屈大均詩文摺〉，原北平故宮博物院文獻館編，《清代文字獄檔》（上海：上海書店出版社，1986），頁198。

　　以下我將討論三個問題，第一是如何愈縮愈緊，使得任何文獻或實物中可能有問題的部分皆可收繳清除。第二是如何愈往愈下，使得山村野奧都能翻查到。第三是如何動員最多可能的人手參與這個運動。

　　大體而言，四庫工作有一個由「買」到「搜」，由一點一點的找到全面性的搜查，由原先只注意紳士藏書之家到挨家挨戶的過程。因為這是一個由點到面，希望擴及全國的運動，所以盡可能地動員幹部，盡可能地成立各種能下探草根的組織，盡可能找場合把搜繳的政策傳達下去。

　　在這個龐大的帝國中，如何將有問題的書盡量繳清？江西巡撫海成提出了一套具有里程碑意義的辦法：「傳集地保，令其逐戶宣諭」。海成的辦法深爲乾隆所欣賞，並下令各省督撫照辦，所以此後我們看到各省紛紛上奏響應海成。各督撫相當清楚乾隆的敏感與嚴厲，所以他們眞的非常賣力[39]。

　　在相當短的時間內，中國本部的所有省份都進行了「招集地保，逐戶曉諭」的工作。在這個過程中，河南巡撫徐績又發明了另一個辦法，就是利用發給河南每戶人家門牌的機會，逐戶曉諭。到了這個地步，我們可以說這個勸諭收繳的工作已經盡可能深入帝國的每一戶人家。唯一沒有做的是「逐戶搜索」。

　　大部分地方爲了完成任務，動員了帝國最下層的官吏介入這件工作，最常動用的是丞倅、教官、紳士、委員、沒有官職的下層士人、藏書家、鹽商，並且動員書商(包括書坊、書船、荒攤、舊書鋪)[40]。

39　中國第一歷史檔案館編，《纂修四庫全書檔案》，頁313、317-321。
40　從檔案中可以看出當時動員的人員、組織分別是：由教官到地方坐監，如「諭令佐雜等官於分防本境，同地保逐戶曉諭。」或是認爲「貢生係在籍

為了保證下層官員盡心辦事，還有取印結的規定，即保證此後如果在各人所負責的地區查出禁諱之書，該員必須負責。對沒有現代警察體制的帝制中國而言，是很有創意的一種辦法。

我目前還看不到一般老百姓的直接反應，雖然經過「逐戶曉諭」，但是為了怕有些百姓不識字，官方還派員幫忙檢閱書本，幫忙清查板片，可以說設想得非常周到。乾隆對查繳工作雷厲風行，一有風吹草動便嚴厲處置，動輒責問「良心」何在[41]。因為過度敏感，我們也常見到有許多不相干的書被牽扯出來。

除了「逐戶曉諭」幫忙清查外，從一開始即要求當長官接見僚屬時，要囑咐其認真訪求，或是「刊刷謄黃，宣示曉諭」，或是將已經清楚知道可能著有禁諱書籍的著書人的年代、姓名、里居，轉飭部屬加以訪求。但是這些作法並不大見效，所以後來又發展出兩種新辦法：第一種是要求讀書人填寫家裡的藏書單，也就是趁各郡錄試士人雲集之時，開造名冊，要他們把家藏書籍名字詳細填列，以候學臣查

(續)————————————

候選，較之分發候補之員須回本籍查辦者，更為近便。」因此發動恩、拔、副、歲各項貢生。而三寶則說：「現任教職回籍查辦，並令試用佐雜人等自行隨處設法查繳……一州一縣中僅委一人查辦，其勢實難周到。」所以主張「各州縣會同各該學教官，於地方紳士中，慎選素行循謹、端正自持、為閭井悅服者，酌舉數人，分派四鄉。」各省也多如此進行，三寶還利用閒職人員回到故鄉「因親及友，易于詢訪，更便代為清查，事本不煩，且勵以繳書多寡，即為將來補用名次先後。」另外也有「曉事商總等，因親及友」，或是「分飭委員書賈，徧歷城鄉市鎮，四處蹤覓」，或者「於湖州書賈書船中遴選諳練者數人，給以銀兩，令能事教官帶同蹤尋，詳加物色。」等等方式。參見中國第一歷史檔案館編，《纂修四庫全書檔案》，頁134、136、141、644、734、743、869。Kent R. Guy, *The Emperor's Four Treasuries: Scholars and the State in the Late Ch'ien-lung Period* (Cambridge: Harvard University Press, 1987)也對此問題有所討論。

41　如韶州府知府高綱為漢軍八旗，其子孫藏有陳建《皇明實紀》，就被乾隆嚴懲。中國第一歷史檔案館編，《纂修四庫全書檔案》，頁454-455。

閱。同時還將這個辦法推廣到各府，命令教官在考課學生時，「開單
諄諭各生，自行尋檢家藏，有即呈繳，並戚鄰等家，……隨處留心查
訪」。畢沅（1730-1797）更為聰明，他發展出一種「消去法」──
「將各鄉城村堡現有書籍內，除六經、正史及家塾通行讀本冊庸覆查
外」，其他所有藏書，尤其是明人詩文集及稗官野史、平常不常見之
書皆開單送到衙門由他親自審閱[42]。畢沅大概知道一般讀書人家裡藏
書有限，所以他先列出一批常見書，然後審閱這批常見書單以外的書
單。

　　另一波新發展是審後刊書。三寶下令不准私自刊書，一定要經事
先審查。凡有欲刊之書，不管是古人或今人的著作，要先錄正、副二
本，送給本籍教官轉呈提學核定，如果可刊則留存副本，將正本發給
著述之人，遵照刊行。他並命令地方官出示曉諭給刻字工匠，凡遇刊
刻書籍，必須先查明該書確實鈐蓋提學的印信才准刊刻。但是後面這
個提議並未被接受[43]。

　　接著我要簡短談一下搜查的文類。最開始是查各種子史文集，可
是慢慢地，查繳的範圍更廣了，如查族譜，所查繳的重點是在譜中
「妄相援引」，把古今名人拉進自己宗族的自誇行為[44]。接著查繳地
方志，這代表禁毀工作進入了另一個階段。閔鶚元（?-1797）首先注意

42　中國第一歷史檔案館編，《纂修四庫全書檔案》，頁184、238、511、864-
　　865、867。

43　中國第一歷史檔案館編，《纂修四庫全書檔案》，頁797。

44　譬如「於凡例內遠引漢裔，妄自誇耀，甚屬不合。但漢人積習相沿，每有
　　此等陋見，其實可鄙。……若止於支譜內妄相援引，以為宗族榮寵，亦不
　　過照例擬以不應重律，將所有板片及印存家譜盡行銷燬，已足示懲。並令
　　地方官曉諭百姓，務各安分守法，毋得再蹈此等陋習。」中國第一歷史檔
　　案館編，《纂修四庫全書檔案》，頁1215。

到方志中問題，他發現各省及各郡縣之方志在人物、藝文中往往載有禁諱書籍的作者，或是在名勝、古蹟門中收入這些人的遊歷題詠，他說自己閱讀《江南通志》及各郡邑志，便發現錢謙益、金堡(1614-1680)、屈大均等人之詩文所在多有，應該斬草除根。乾隆馬上降旨說：「於名勝、古蹟編入伊等詩文，而人物、藝文門內并載其生平事實及所著書目，自應逐加芟削。」[45]

　　為了清查各地志書，地方上紛紛設局：如直隸總督接獲乾隆諭旨後，「即通行各府州縣，將志書俱呈送藩司衙門，遴委通曉文義之人數員，設局分司查閱。」陝甘總督勒爾謹也將甘肅省志及各府州縣志全部調集省城，設局委員校勘。如有應禁詩文，地方志內有所採錄，並且記載相關的人、事、書者，經覆核之後，應行剷削者，即將板片剷削，其已經刷印散布民間者，即將某部某頁應行撤出銷毀之處，剟切公布，令其呈繳，務期芟除淨盡[46]。

　　清查演劇劇本則代表著禁書運動的一個新階段。乾隆說，演戲曲本中亦未必無違礙之處，如明季國初之事，有關涉清朝的字句，應當一體飭查。至於與南宋、金朝有關之詞曲，「外間劇本，往往有扮演過當，以致失實者。流傳久遠，無識之徒或致轉以劇本為真，殊有關係，亦當一體飭查。」[47] 接著是查空格，因為乾隆發現空格中往往即是違礙字樣，讀者幾乎可以自行填補，危險性仍然存在[48]。到了查印書的板片則是另一個新重點，因為發現有些書商知道官方正在購買禁

45　中國第一歷史檔案館編，《纂修四庫全書檔案》，頁1119、1129。

46　中國第一歷史檔案館編，《纂修四庫全書檔案》，頁1132、1151-1152。

47　中國第一歷史檔案館編，《纂修四庫全書檔案》，頁1228。

48　乾隆讀沈鍊之《青霞集》，「內篇中凡違礙字樣俱行空格，已發交阿桂、和珅查核填補」，之後更下令「凡有存留空格書籍，隨時呈繳」。中國第一歷史檔案館編，《纂修四庫全書檔案》，頁1231、1296。

書繳交上司，所以故意預留版片，不斷重印禁書出售給官方[49]。到了後來甚至查樂譜，看看其中所載指法有無錯謬[50]，這時候的查禁工作已經與是否思想出軌無關，而是要看知識是否正確。後來查及字畫，看有無不當題材，或是其他具有不良暗示性的意涵[51]。

接著是查及實物，如碑文、門匾等，那是因為馬蘭總兵發現地方上祭祀漢靈帝時中郎將孟謐，在明代嘉靖、萬曆間重修立碑，文內有妨礙清朝之字樣，他隨即將碑掩埋。後來認為掩埋土中，久了可能被掘出，其字尚在，故認為應將碑文盡行磨去，另擬碑文刊刻，因此乾隆下令沿邊地方，如神祠、門堡、隘口所存門匾碑碣，如果上面有違礙字樣，「應磨毀者即行磨毀，應改刻者即行改刻」。當時到處都有人在磨碑，尤其邊境戰地，盛京將軍福康安（1754-1796）即奏稱：他曾派遣噶爾瑃赴錦州府屬各州縣，「將應行磨毀及磨毀字跡間有未盡者，眼同該地方官磨毀淨盡。」[52]

查書的最後階段是江西巡撫何裕城（1726-1790）所發明的新方法，他下令將違礙之書刪去有問題的部分，印刷多部，派教官帶到各地，遇有相同書籍，即當場換書[53]。最後是把乾隆早年所審定過的幾

49　湖廣總督鄭大進奏稱：「不肖者因禁書有給值購燬之事，竟敢暗為留板，以冀得值，均恐難保必無。……若有板片存留，以盈室充棟，未易隱匿。或繳書之人自無板片，而市賈從出處轉販，未必不盡知板所存處。……飭各官紳實力蒐羅外，現仍責令按書新舊，悉心尋訪板片。」中國第一歷史檔案館編，《纂修四庫全書檔案》，頁1032。

50　譬如有些樂譜用「世俗常用之法，較之欽定雅樂，相去逕庭，但所載各譜指法尚無錯謬，其繙繹亦皆穩妥。合將原書繳進。」中國第一歷史檔案館編，《纂修四庫全書檔案》，頁1984。

51　譬如「兩淮鹽政徵瑞咨送駱愉揚州寓所書籍字畫前來，臣等詳加查閱」，中國第一歷史檔案館編，《纂修四庫全書檔案》，頁1971。

52　中國第一歷史檔案館編，《纂修四庫全書檔案》，頁862、863、1052。

53　何裕城奏稱：「飭取改正書板，印刷多部，派委教官一員攜赴附省各鄉，

種書籍從全國各地收回來挖改，並且製造充滿不信任的氣氛，不准在地銷毀查禁書籍，必須送京處理，在挖改書籍時，下令將挖改的紙片送到北京[54]。

(五)各種罪狀及它們對學術文化之影響

正如前面提到的，這個大規模的禁書運動並不是一開始就有一套完整的標準及一張確定的書單，而是不斷查繳，不斷透過想像、牽連，逐步形成一張大網。儘管當時許多省份四庫館及軍機處都曾陸續依照他們清查所得印行各種禁書目錄[55]，但是一般人並不一定一本在手隨時查核，故多半是道聽塗說，加上隨時透過個人的畏懼與想像而無限擴充(當然也可能因為不識字、無知或不在乎而沒事)。然而，當時那一件又一件的禁書或文字獄案例，形成了一套指標，被指涉的種種罪狀像是一批風向球，使得人們一望而知那些是不被鼓勵或是應該禁絕，也是此後一段時間在思想文化領域被忌諱，不應該被發展的東西。

我曾蒐集清代各省禁書目錄中對禁諱書的摘語，因為這些摘語提

(續)————

遍加訪問，如有此書者，無論全闕，概令繳出，即時換給新本。」中國第一歷史檔案館編，《纂修四庫全書檔案》，頁1932。

54 如瓊山縣民邱鎮魁赴縣呈繳伊祖前明邱濬所著《大學衍義補》，此書曾蒙乾隆寫序，但是當年並未看出問題。而且說自己的書《御批通鑑綱目續編》，「於遼、金、元三朝時事多有議論偏謬及肆行詆毀者。」「至《發明》、《廣義》內三朝時事不可更易外，其議論詆毀之處，著交諸皇子及軍機大臣量為刪潤，以符孔子《春秋》體例。」中國第一歷史檔案館編，《纂修四庫全書檔案》，頁829、1054-1055、1675-1676、1823。

55 陝甘總督勒爾謹奏稱：「臣等到任後，節經嚴飭搜查，並將前後奉行查禁書目匯刊一冊，按照各道府州縣並各府州縣儒學頒發一本，令其加意蒐訪。」結果是「自奉行以來，邊隅村塾，人人悉喻。」中國第一歷史檔案館編，《纂修四庫全書檔案》，頁198、1387。

供當時人一套標準，知道什麼是應該避開的，什麼是被鼓勵的。然而這些摘語往往語帶含混，如果未將它們與原書比讀，並不容易看出實指爲何。但是一對一的比對工作並不容易做到，目前對禁書所作的各種系統研究，極少能一一比對並清楚指出觸犯禁忌的具體內容[56]。然而我們還是可以大略看出除了眞正涉及滿漢種族思想之外，違犯正統的思想，對時代表示不滿或憤激、不恰當的史論、隨意誣蔑歷史上的君主或聖賢，甚至有所感傷或想要遁世，也有可能被渲染成罪狀。在這種氣氛之下，才會有如下一個故事。朝鮮使臣柳得恭(1748-1807)在乾隆五十五年(1790)的燕行記錄《灤陽錄》中記載，在北京有一個士人吳照南請人畫一幅畫，上題「石湖漁隱圖」，翁方綱(1733-1818)一見即以爲不可，寫信給吳氏說「聖世安得有隱」[57]。

前面提到，乾隆最大的目的是在建立一個regime of truth，而建立的方法一方面是「禁」一方面是「勸」，「禁」的部分主要就是透過官方的諭示及禁毀的案例所建立的「傳訊系統」（Signalling System），傳達那些文化內容是應被禁止的，那些是應被鼓勵的。

由於罪狀大多是勾稽歸納個案才能得到的，所以我將在本文(附錄一)中將個案罪狀作比較詳細的整理，此處只是我從當時各種禁書目錄歸納出的幾個重點。

第一、註經、著史都是要非常小心的。當時常見的罪狀之一是「割裂經史，違礙失體」，意思是不能隨便編排經史。在歷史方面，牽涉到「遼東事蹟」、「南宋及元末事蹟」、「明初事蹟」是危險的，如敘述

56　如王彬，《清代禁書總述》（北京：中國書店，1999），〈清代禁書解題〉，頁71-564。

57　柳得恭，《灤陽錄》（瀋陽：遼海書社，遼海叢書本，1934年重刊)卷二，11a。

這些歷史而有所干礙，是不被允許的。至於史論、史鑑、年曆、氣運都是非常敏感的話題。隨意議論聖賢也有危險，江蘇鹽城縣民周煌私自批注《綱鑑易知錄》，被認為「痛詆先聖先賢，妄談歷朝氣運」，而被處死。而且史著中的褒貶最好要與欽定史書相合，如郭彥伯《通鑑明紀》便因卷內褒貶書法與欽定《明史綱目》不合而受罰[58]。

第二，妄談望氣占星之論，或用兵策略是有罪的。第三，詩文中「語多感俳」、「語多憤嫉」，甚至對於特定歷史有「感傷」也是有罪的。第四，以「遺民」自稱是有罪的。第五，有「違礙」語句，甚至「語多狂吠」，是有罪的[59]。第六是用字遣詞不謹慎，如擅用「敕」字，如不用「大兵」或「王師」，而用「清師」稱呼入關軍隊，都是不對的。此外也不能亂用「漢」、「大業」、「清」、「日」、「月」、「夷」、「明」等字眼[60]。第七，語多誕妄、引用失倫是不行的。第八，語多鄙俚不堪，通常是涉及色情、詞意媟狎。第九，「語涉不經」或造作宗教經典。第十，文本中「挖去字樣甚多」。第十一是傳抄謠言或猜測皇家私生活[61]。

前面這些罪狀有一大部分有些含糊籠統，不直接摘引有忌諱的地

---

58 上述案例分別見雷夢辰，《清代各省禁書彙考》（北京：書目文獻出版社，989），頁26、29-30；郭成康、林鐵鈞，《清朝文字獄》，頁335；中國第一歷史檔案館編，《纂修四庫全書檔案》，頁777。

59 以上案例參見雷夢辰，《清代各省禁書彙考》，頁12、19、28、30、32、34、37、61、83；中國第一歷史檔案館編，《纂修四庫全書檔案》，頁1528。

60 中國第一歷史檔案館編，《纂修四庫全書檔案》，頁937、1668；郭成康、林鐵鈞，《清朝文字獄》，頁371。

61 上述案例分別見雷夢辰，《清代各省禁書彙考》，頁28、32、34、36、40、61、82、83；中國第一歷史檔案館編，《纂修四庫全書檔案》，頁1224；郭成康、林鐵鈞，《清朝文字獄》，頁335、349。

方，這是清代官方文書共有的特質。其中有一類查禁理由，則指涉相當清楚，即凡是與晚明文人文化，或與明清易代之間的事件、人物有關的書籍，被大規模地禁制了。譬如與錢謙益、龔鼎孳(1615-1673)、顧炎武等人有關的文獻；或與李贄(1527-1602)、陳繼儒(1558-1639)、李日華(1565-1635)、鍾惺(1574-1624)、譚元春(1586-1637)、金堡、屈大均、陳恭尹(1631-1700)等人有關的著作，或呂留良直接所著，或間接提及他的篇章、著作，皆屬於有問題，因為呂留良評選的書數量非常龐大，所以在各種禁書目錄中屢屢被提到[62]。後來可能是因為晚明人的著作常常成為禁書，尤其是那些題目較為奇特的，所以造成有些人一見到晚明的書即逕行繳禁的現象。

　　乾隆對於明季文人文化的態度，相當程度地影響了禁書政策。乾隆在各種文字中嚴厲斥責明季文人的行為，對於那些在現代人看來是具有「現代性」的思想成分相當厭惡，甚至連東林及晚明佛教活動都在痛斥範圍。乾隆對明季以後具有突破傾向的文人、思想家，如李贄、李漁(1610-1680)，都表示很大的好奇，所以有官員查到李贄的著作時，乾隆表示要送到北京親覽，但是同時也表現出極為厭惡的態度說：「議論乖僻，是非錯謬。」[63]此外，對袁黃(1533-1606)、侯方域

62　雷夢辰，《清代各省禁書彙考》，頁1、30、54、68-69、91。

63　中國第一歷史檔案館編，《纂修四庫全書檔案》，檔809頁。又如「《千百年眼》、《李氏藏書》、《李氏焚書》三種，雖非野史，亦無悖逆詆毀之處，但立論誕妄，毀謗聖賢，甚有關於世道人心，應請一并銷燬，以免遺禍後世。」而「據河南巡撫徐績奏繳應燬書單內有李卓吾《焚書》一部，奉旨令臣舒赫德俟繳到時，隨報進呈。」乾隆又諭令查到「呂留良《四書語錄》及李卓吾《焚書》二種，令於解到時先行進呈。」一些禁書如《訂正雜書》、《明季遺聞》、《酌中志略》、《三藩紀事本末》、《東夷考略》、《啓禎野乘》、《天啓實錄》、《陳眉公集》、《蓮鬚閣集》、《匡時集》、《備變集》、《駑鴦縧傳奇》、《明季甲乙事略》、

(1618-1654)等文人著作亦甚排斥。由此可以推測,他不欣賞逸出儒家正統的書。

由於這是一個包山包海的禁書運動,罪狀也就無奇不有,有時候主其事者像改卷子的主考官一樣,不但要糾正不正確的思想,同時也要糾正不正確的知識,譬如戲曲中扮演古代歷史有的過當或失實,因怕將來「無識之徒」轉以劇本所扮演的爲眞實,或是像《狀元策》中所收歷科狀元的策文與原來的不合,也入於「摘燬」之列[64]。

(六)四庫之外的禁制活動

以上說的是與四庫有關的,清代政治壓力對文化的影響不限於編纂《四庫全書》或其衍生出的文字獄案,乾隆朝還有許多大大小小的案件,有些實際上是誤會,有些是希冀恩寵,有些只是批評地方官員或地方政事,更多的是在地方社會中因爲各種原因而惹人厭惡,被安上思想有問題的罪狀加以舉發。許多地方社會透過這類辦法篩掉「不合群」的人,以恢復在地的和諧或秩序。

這些案子中有的是因爲個人利害衝突,而釀成文字獄。如安徽太平縣民焦祿因奸情被逐出宗族,焦氏遂捏造揭帖,寫入「清朝大不仁」,陷害族眾;有的是因爲純粹無知而獲罪,如一位僧人心光說:

(續)————————————

　　《白苧山人集》、《呂晚村家訓》、《兩朝從信錄》、《三藩紀事本末》、《皇明從信錄》、《四夷考》、《錢謙益尺牘》、《幸存錄》、《存笥稿》等,書前有乾隆硃點,但後來被禁。乾隆認爲「侯方域《壯悔堂集》於應試本朝策內尚沿明季惡習,語涉誕肆,……《天元玉曆》,侈陳占驗,附會多近怪異」,應該禁毀。另外,《感應篇功過格》亦被禁。以上見中國第一歷史檔案館編,《纂修四庫全書檔案》,頁405、406、500、510、517、775、782、796、809。

64　中國第一歷史檔案館編,《纂修四庫全書檔案》,頁1228;雷夢辰,《清代各省禁書彙考》,頁76。

「趙姓既爲百家姓首，必是本朝皇帝姓氏」，並將乾隆的名字及趙姓寫入經卷[65]。更多的是挾怨報復，譬如湖南臨湘縣民婦黎李氏因其夫被監生黎大本欺負，因此誣告黎大本私刻的《資孝集》中，語多僭越；贛榆縣民蔡嘉樹因鄰人徐食田不允許他贖田，所以挾嫌出告；丹徒縣生員殷寶山則是因爲鄉里私怨而胡亂呈供；雲南楊錦因爲生意與人結怨，因此捏造揭帖陷害仇人；福建閩縣人游光輝與潘朝霖因兩人雞姦最後起了仇恨，游光輝遂以文字案陷害潘朝霖[66]。

　　魯迅(1881-1936)在讀過清代文字獄檔，不無諷刺地說，他原以爲這些人是如晚清革命宣傳家所說的是爲了反清復明，一讀之下才知道他們多的是想歌頌皇帝，但歌頌的不得法，才觸犯忌諱[67]。他說得不錯，譬如山西人戎英平庸迂腐，寫了《萬年配天策》、《天人平西策》呈獻四庫館，被當作思想有問題而重辦；有的人是爲了求官[68]，或是想陷害他人[69]，或爲女色、爲財富而獲罪[70]，或是妄想考拔前列，向上級長官呈送著作而獲罪的事。譬如河南生員郭良肱向

65　郭成康、林鐵鈞，《清朝文字獄》，頁362、369-370。

66　以上案例請見郭成康、林鐵鈞，《清朝文字獄》，頁329、330、344、353；中國第一歷史檔案館編，《纂修四庫全書檔案》，頁938、940。另外如江蘇寶山縣職員范起鳳因擁有《顧亭林集》而爲人所控制。參見郭成康、林鐵鈞，《清朝文字獄》，頁356。

67　魯迅，〈隔膜〉，收入氏著，《且介亭雜文》(北京：人民文學出版社，1973)，頁31。

68　浙江常山縣民林志功爲求官職，將捏造的諸葛碑文投官而被拿獲。以上案例見郭成康、林鐵鈞，《清朝文字獄》，頁326、344。

69　另外如歸安縣人沈大章因與同縣湯御龍結怨，因此誣賴湯氏收藏刻有興復宋代，指斥清朝詩句的書冊，經地方官查明後，反被凌遲處死。以上案例見郭成康、林鐵鈞，《清朝文字獄》，頁325、334。

70　江西人余豹明因與余騰蛟爭田產結怨，而告發余騰蛟所做詩詞譏訕。郭成康、林鐵鈞，《清朝文字獄》，頁327。

學政呈送自己所寫的書，內容雖無不妥，但乾隆認爲其人「假附道學，……向學臣投遞呈詞，望希荐錄，究屬不安本分之人」，因此斥革其衣帽，枷責發落。又如福建童生郭文亮捏造夢見雍正「諭以機密事查拿逆犯馬朝柱」，並作文呈遞考官，希望獲得考官紀昀(1724-1805)的鑒賞而入學。地方官因考慮「福建爲海疆重地，斬候尚不足以警人心而彰國憲，特請旨正法。」[71] 有的是爲了報復惡徒，而被入罪[72]。有些是條陳對地方政事，如安徽婺源縣民王大蕃條陳地方漕糧、考試、關稅之弊[73]；有的只是信口妄誕，批評地方官，最後竟然變成死罪。

因爲發表政論而被當作文字獄案處理的例子，具有重要的歷史意義。當時常見的案例不外幾類：有人長期觀察地方上的秕政，遂將之記錄下來，準備呈給上級長官。或是有人主張恢復均田，有人主張整頓鹽政，有人建議皇帝應該聽諫、施德。有時地方官或者出於過敏，或是爲了保護自己，把這類情事當成文字獄案來處理，使得自己免於受到批評，這大概是皇帝始料未及的。它使得地方上防止腐敗的機制失靈。一些今天看起來其實是議論地方或中央政府的事件，卻被當成以違逆罪來處理，形成一種訊號，使人們視議政爲畏途，久而久之，形成一種微妙的恐怖平衡，變成一個互相欺瞞以求互相保護的官僚體系。

71　郭成康、林鐵鈞，《清朝文字獄》，頁330-331、333。

72　歸安縣人鮑體權爲報復平常爲惡鄉里的屠雍若，乘縣裡發生逆書案件的時機，寫詩陷害屠雍若，但仍被查獲，判刑斬立決。郭成康、林鐵鈞，《清朝文字獄》，頁325。

73　另外如湖北宜昌生員艾家鑒在試卷中條陳徵賦苛刻、廣西南平生員吳英寫奏稿抒發對於朝廷蠲免錢糧的政見等，都被判以重刑。郭成康、林鐵鈞，《清朝文字獄》，頁362、366。

　　文字獄是一頂人人提在手上的帽子，遇到不滿意的人便把帽子往他頭上一戴。乾隆雖然一再說誣告者要反坐，但實際上反坐的例子幾乎沒有，只要一告，常常見到的處罰是：發配伊犁效力、斬監候或斬立決，有的甚至要凌遲，而且相關人等常因連坐而家破人亡。這個忌諱文化是無邊無際的，小至百姓大至官員都可以玩弄這個武器。

　　在乾隆朝，最常見的受害者是下層的識字人。在社會各地遊走的識字人，算命的術士或走方的醫生，受禍的頻率較高，他們經常遊走各地，社會關係比較複雜，比較容易在語言文詞中惹下麻煩，尤其術士常常預言自己或他人的命格，如果預言過當，往往是一個很大的忌諱。有意思的是，他們被查出問題的時刻，往往是離開家鄉，在經往某處的途中被攔尋查出，或是投宿旅店時被查出，可見人們對本地社會之外的游離人物有較高的警戒或敵意。此外，替人家寫狀子的人、地方上的監生、生員，或是被黜革的生員，或是進學不成的童生，也是常見的受害者。另外，還有一些略解文墨的瘋子[74]。

　　前面已說過，文字獄案的處理一向非常嚴厲。康、雍兩朝如此，在乾隆朝一百三十幾個文字獄案中大部分的處罰也是如此。連一些雞毛蒜皮的案子也動輒是死罪，有一部分甚至是凌遲。在當時這些案子

74　值得注意的是，雍正對瘋子觸犯忌諱時的處置與乾隆是截然不同的。雍正曾在一個案子中表示，如果犯人真是瘋了，又何必理他。但是乾隆並不如此，他正式下令，即使瘋子，也必須從重治罪。家屬應報准地方官加以鎖禁，而且不應該給予紙筆，以免其任意書寫。乾隆朝瘋子觸犯忌諱數目相當多，成為一值得注意的現象。乾隆二十八年福建南安縣民林時元罹患瘋病後，曾寫字帖「孔子張天師楊家府楊令公林家府即該犯是第一軍師賢臣及龍翁龍母」，被福建巡撫捉拿後，乾隆諭令必須嚴加刑訊。而乾隆二十八年，陳宏謀等官員曾上書奏請嚴加防範瘋病，他們提出的辦法是不給瘋人紙筆，認為文字是禍源。郭成康、林鐵鈞，《清朝文字獄》，頁329、332。

透過各種管道到處傳播，我們可以想像它們引起了多大的社會心理緊張了。

　　這個忌諱文化，不像大清律例，條文是寫得清清楚楚的，它的標準是一個無邊的海洋，雖然有許多漏網之魚，然而禁網有時愈張愈大。乾隆動輒責罰查辦官員警覺不夠，甚至認為這方面的疏忽反映了他們的忠誠問題，也使得官員們寧可誇大，也不敢輕易放過任何一件可疑的案子。它造成一種「風」，使得人們不敢往容易觸罪的方向去從事思想、文化方面的活動，而且無時不刻地在檢點自己，造成了無所不在的自我壓抑、自我刪竄的現象。在本文的下一節，便想集中討論這個重要而時常被忽略的歷史現象。

二、自我壓抑的現象

(一)刪竄者的身分

　　由於我在這裡是以清代文獻中所見到的自我刪竄為例，來說明自我禁抑的現象。因此，首先要問的第一個問題便是：是誰在私下進行這些工作？刪竄勾塗者的身分是極堪研尋的，他可以是原作者，可以是刻書者，可以是編者，也可以是再版者，可以是後代子孫，可以是藏書家，更可以是讀者。

　　在自我禁抑的過程中，幾乎沒有壓迫者與被壓迫者、受害者或加害者之分。我們原先以為，朝廷有一批高官親貴可以自由自在地在禁區中馳騁，但從幾條史料看來，似乎未必見得。乾隆皇帝身為太子時，也籠罩在這個氛圍中。近人的研究發現，乾隆身為皇子時所寫的史論，集中於漢、唐、宋三代而不及近代；也就是說即使是貴為皇子，也不敢肆無忌憚地議論明代和本朝歷史。一直到了乾隆中晚期，

乾隆本人才比較專心研究明清史[75]。所以統治者本身既是壓迫者，也是被壓迫者。在自己登上黑格爾(Hegel，1770-1831)東方專制論所描述的唯一具有自由意志的人──皇帝之前，仍須小心翼翼地看管自己。

弘旿(1743-1811)批永忠弔曹雪芹(1724-1764)詩說：「第《紅樓夢》非傳世小說，余聞之久矣！而終不欲一見，恐其中有礙語也。」[76] 此處「礙語」有人解釋為綺語，不過我同意牟潤孫(1909-1988)之詮釋，「礙語」應是指政治上敏感的內容，因為後四十回涉及抄家之事[77]。弘旿是宗室子弟，還因怕《紅樓夢》中有觸犯忌諱的內容而「終不欲一見」，足見他們也在自我禁制的範圍內。

作者自刪，或作者命人代刪者，如錢仲聯(1908-2003)《清詩紀事》「陳玉齊」(雍正年間人士)條引王應奎(1683-?)《海虞詩苑》，提到何焯瞻(1661-1722)為陳氏將其《情味集》五卷付刻，陳氏門人周以寧(生卒年不詳)曾對王應奎說：「《情味集》之刻，不佞實為校定，其中稍涉忌諱者，先生(陳玉齊)悉令刪去，恐觸文字禁，負焯瞻意。」[78] 這是由校定者代作者及刊刻者暗中進行刪書的例子。這段話中「恐觸及文字禁，負焯瞻意」甚堪玩味。為了不害及刻書人，他作主將有所觸犯的內容都刪去了。不過這是一條難得的史料，大部分在

75　戴逸，〈乾隆帝的青少年時代〉，《戴逸自選集》(北京：中國人民大學出版社，2007)，頁115。

76　一粟編，《古典文學研究資料彙編·紅樓夢卷》(北京：中華書局，1974)，第1冊卷一，頁10。轉引自牟潤孫，〈從《紅樓夢》研究說到曹雪芹的反理學思想〉，《海遺雜著》(香港：中文大學出版社，1990)，頁217。

77　同前註。

78　錢仲聯，《清詩紀事》(南京：江蘇古籍出版社，1987)，冊七，〈康熙朝卷〉，頁4085。

暗地裡刪塗改削的人並不會透露自己的身分。

(二) 自我刪竄內容之轉變

接著我要談自我刪竄的內容是否有一變化的趨勢。自我刪竄之內容帶有某種報導性，而這部分常未出現在官方明示的文件中，只能從各種蛛絲馬跡推測。所以禁制的範圍與內容有兩種版本，一是官方的，一是民間發展出的，兩者並非全無關係。

從雍正到乾隆之間，忌諱的範圍有所不同，即雍正朝忌諱黨爭，乾隆朝忌諱種族及明清之間朝代興替的史事。雍正朝的兩件文字獄──查嗣庭(1653-1734)及錢名世(1660-1730)案都可以說明之。查嗣庭、錢名世遇禍，實際上都是因為黨爭的關係，前者是因為與雍正的兄弟結黨，後者則與年羹堯有關，雍正甚至發動京師官員數百人寫詩斥責錢名世，並編成一本《名教罪人》[79]。我們讀當時人史申義(1661-1712)的《使滇集》、《過江集》及《過江二集》時可以發現，詩中已刪去查嗣庭、錢名世的名字，但後來在乾隆朝被認為觸犯忌諱的錢謙益及屈大均的名字則尚未改去。他的〈讀史〉六首中，對永曆帝(1623-1662)露出懷念之意，也並未削去[80]。曾靜案是聳動全國的事，是直接關涉到種族大義的案子。此案後來以極戲劇的方式收場：雍正頒印《大義覺迷錄》以駁斥曾靜(1679-1735)，但並未殺掉曾靜。可是因為書中透露出太多的矛盾，所以其子乾隆即位後不但下令殺掉曾靜等人，也立即將《大義覺迷錄》禁掉。我們可以看到當時一些文獻中凡與《大義覺迷錄》有關的內容多被偷偷刪去：如近代藏

79　清世宗敕撰，《名教罪人》(台北：文海出版社，1971)。

80　鄧之誠，《清詩紀事初編》(上海：上海古籍出版社，1984)卷四，頁503。

書家李盛鐸(1895-1937)收藏的一部《永憲錄》的清抄本，與後來的
排印本相比，後者竟缺十六、七萬字，其中有《大義覺迷錄》之上諭
二萬餘字，依照抄本的〈編修凡例〉，這原是「雍正七年冬，頒發
《大義覺迷錄》，曉示天下，……，因繕錄上諭並紀于篇」，但是因
為乾隆即位後宣布禁《覺迷錄》，所以後來的印本乃趕緊將這些上諭
刪去[81]。但是刪除的工作沒能一致，所以此書在講到康熙帝病危時
「以所帶念珠授雍親王」，便接著說「餘詳後《覺迷》上諭」[82]，無
意間留下一道尾巴，排印本的刊行者顯然並未通讀全書，故只刪去顯
而易見的上諭。

　　在《大義覺迷錄》案當時文集中，呂留良或廢太子的名字，往往
也被悄悄刪去[83]。有意思的是，人們雖然手中不一定有禁書目錄可
查，也不可能像今天打電話到治安當局詢問那些人或書觸犯了時諱，
但卻相當清楚整個牽連的網絡。譬如直隸總督李維鈞(？-1727)在雍
正三年刻曹溶(1613-1685)的《靜惕堂詩集》，但這年冬天，李氏便
因黨年羹堯而得罪，所以，書中李氏寫的序及版末「李維鈞校刊」的
字樣便被刪去了[84]。

　　乾隆朝的空氣比先前緊張，原先不必刪除的，現在往往成了大問
題。譬如前述史申義集子中出現的錢謙益、屈大均及對永曆帝的懷

81　《永憲錄》一書成於乾隆十七年。1912年，繆荃孫將一卷殘本刊入《古學彙
　　刊》中，約六、七千字。後來鄧之誠在東方文化事業總委員會中發現新抄
　　本，於1959年排印出版。見李世愉，〈李盛鐸藏清鈔本《永憲錄》讀
　　後〉，《清史研究通訊》，第1期(1986)，頁37。
82　李世愉，〈李盛鐸藏清鈔本《永憲錄》讀後〉，頁38。
83　例如徐倬的《蘋村集》，參見鄧之誠，《清詩紀事初編》卷七，頁818。
84　曹溶《靜惕堂詩集》一事，參見鄧之誠，《清詩紀事初編》卷七，頁
　　741。

念，雍正朝並不覺得敏感，但在乾隆時代便成了大問題。忌諱的層面在擴大，緊張度在增強，民族問題成爲急邃集中的論題之一。人們或許要問，當清代統治愈趨穩固之時，在文化政策上應日漸寬大鬆弛，在種族問題上理應更無所謂，何以竟然適得其反呢？元代歷史顯示，當蒙古勢力越強，政局越穩，對漢人、南人的防範也越嚴[85]。可見有時候各種禁制措施的實行，是決定於有沒有能力去執行。正因爲天下太平，更方便把網收緊。

(三)寫作時的自我禁抑

以下我要分兩部分寫文獻中自我刪竄的現象。第一是避而不寫的，第二是避而不刊的。

讀清代種種歷史、小說、戲曲，凡涉故事之林者，應注意其情節安排，尤其是其中迴避不寫的部分。在討論這一問題時，必須先釐清一點：並不是所有未寫的部分一定有寓意於其間，也並不是所有錯誤都是有意的[86]，不過其中有一些確有深意。

以明代歷史的書寫爲例，谷應泰(1620-1690)的《明史紀事本末》，因寫李自成(1606-1645)死於何騰蛟(1592-1649)之手，以致與多爾袞(1612-1650)的口號——清兵入關是爲明雪君父之仇相牴觸，便引起了很多麻煩[87]。不過我很懷疑那原是一種疏忽，因爲該書作者已相當小心地避過一些情節，譬如說不提清兵在北方寇掠之事蹟，只

---

85 吳澤主編，《中國近代史學史》(南京：江蘇古籍出版社，1989)，下冊，頁303。

86 如《清實錄》中的許多錯字，純係錯誤，並無任何用意。見錢實甫，〈讀清史隨筆——清代歷朝《實錄》的錯字〉，《中華文史論叢》，第一輯(1962)，頁340。

87 參見謝國楨，《晚明史籍考》(上海：上海古籍出版社，1981)，頁55。

寫甲申殉難，給人一種明朝敗亡與清兵不相干的印象[88]。而在敘述這一段歷史時，採取這種迴避手筆的書不少，《明鑑易知錄》是其中一例[89]。

《明史》從開始到成書頒布，前後經過八十年左右，在《明史》未頒定之前，關於這段歷史的詮釋格局尚未確定。在莊廷鑨明史獄案中，莊氏的書用了「明史」二字；後來這個案件株連七十餘家，此後，「明史」二字相當敏感，這種緊張心情可以從谷應泰《明史紀事本末》之匆促改名看出。莊案發生時，谷應泰《明史紀事本末》已經刻版，但因莊案爆發，不知誰在該書上版刷印前緊急將「明史」二字剜去[90]。後來補《明史紀事本末》的海鹽彭孫貽（1615-1673），名其書為《明朝紀事本末補編》，而不云《明史》，也是因「其時《明

88　《明史紀事本末》附補遺、補編（上海：上海古籍出版社，1994）卷八十，頁352。通行本《明史紀事本末》並非完書。谷應泰於書成之後，將《明史紀事本末》有問題的六篇收存未刻。傅以禮在氏編《華延年室題跋》卷上的〈明史紀事本末跋〉云：「又此書尚有《補遺》六卷，藏書家罕見著錄，惟吳壽暘《拜經樓藏書題跋紀》載之，云：『舊鈔本《紀事本末備遺》二冊，不分卷，亦無序目，撰人名裁去。首冊為〈遼左兵端〉、〈熊王功罪〉、〈插漢寇邊〉，二冊為〈毛帥東江〉、〈錦寧戰守〉、〈東兵入口〉凡六篇。』吳氏舊鈔今歸陸存齋心源，曩曾假讀，錄得副本。其書體例，全仿谷氏，祇篇末無論，為小異耳。觀卷中附註有『詳〈流寇之亂〉、〈崇禎治亂〉』等語，此兩篇乃此書中子目，疑為一書。後以事關昭代龍興，恐有嫌諱，授梓時始別而出之，如鄖游刻《綏寇紀略》特關《虞淵沈》中、下兩篇，未可知也。」謝國楨《晚明史籍考》第53頁也重提此事。按，這六卷目前已出現，由上海古籍出版社刊於《明史紀事本末》之後，見同前書，頁353-374。

89　朱國標鈔、吳乘權輯，《明鑑易知錄》，收入《四庫禁燬書叢刊補編》（北京：北京出版社，2005），第15冊卷十五，〈明懷宗〉，頁9a-17a。

90　鄧之誠便曾得到原刻本《明史紀事本末》，發現版心「明史」二字皆已剜去。參見鄧之誠，〈西河合集〉，《桑園讀書記》（北京：三聯書店，1955），頁82。

史》尚未刊定，故不云『明史』而云『明朝』」。[91]

　　《明史》一經刊定，官方版本已然形成，則任何批評反對，或是要想提出另一種版本的歷史，都必須格外小心，這也成了史家自我約束的一個領域。我們看到凡與官方頒定的《明史》有關的詩、評、論等往往悄悄刪去了。如張永銓(康熙三十二年舉人)的《閑存堂文集》，根據目錄，在卷五應有〈明史論〉一篇，但是各本皆不見[92]。

　　官定《明史》不承認南明三帝延續明室之命脈，所以《明史紀事本末》亦不記南明三帝一監國之事。《明史》中凡有關女眞之事皆不見，「甚至明代名臣，其事功，史應爲之立傳的，但因與當時建州女眞事有關，《明史》便削其人而不爲傳，例如江蘇南通顧養謙(1537-1604)，曾督遼東，爲當時經營邊事的名臣，《明史》就無他的名和傳」[93]。

　　清初各種文獻中，常將清兵的橫暴之事隨意改寫成流寇，如《桃花扇》只寫流寇而不寫清兵，李漁(1610-1680)《巧團圓》中將掠賣婦女的清兵改寫成李自成軍[94]。除此之外，像劇作家楊潮觀(1710-1788)的《吟風閣》，「他寫韓世忠、梁夫人，不直接寫他們如何抗拒金兵，卻寫他們卸甲閑遊」，與一般人所習聞的韓世忠、梁夫人的事跡重點有十萬八千里之別。極可能是因爲作於乾隆年間繞過敏感地帶不寫的意思[95]。

91　寧靜，〈略論明史紀事本末〉，《藝林叢錄》(香港：商務印書館，1966)，第六編，頁46。亦可參見謝國楨，《增訂晚明史籍考》，頁55。
92　鄧之誠，《清詩紀事初編》卷四，頁483。
93　寧靜，〈略論明史紀事本末〉，頁44。
94　《桃花扇》後人重編的通行本中則不避這些忌諱，如坊間流行的南方範所著《桃花扇》(台北：文化圖書公司，1977)，即是一例。
95　周妙中，〈楊潮觀和他的吟風閣〉，收在周康燮主編，《宋元明清劇曲研

　　在編纂地方志時，這種自我禁抑的情形也非常明顯，我們一方面可以看到官方版本的潛在影響，同時也可以看到地方志中對敏感史事略而不寫的情形。關於前者，可舉地方志中照抄《明史》關於明季流寇李自成的軍師牛金星（？-1652）的事跡為例。乾隆以後的方志，在涉及明代史實時，編撰者往往照抄官書，有時導致錯誤相沿。牛金星原籍河南寶豐縣[96]，但因為清代官定《綏寇紀略》上說他是盧氏縣人，故道光《寶豐縣志》卷十〈選舉志〉舉人項下，編者便記有「舊《志》內牛金星一名，考欽定《綏寇紀略》係盧氏縣舉人，故刪」[97]。至於迴避不寫的例子更多。早在康熙十一年（1672），安徽錢澄之（1612-1693）到江陰，被約修志，當地縣官便不許他記錄守城諸人殉難的經過，錢澄之遂憤而拒絕這件工作[98]。這在清初還是零星的個案，到了乾隆朝卻已然形成禁令，要求地方志中不可以登載有問題的書名及詩文。這個政策之形成有其背景，而在乾隆朝搜繳書籍的運動中，因為各地疆臣及士大夫邀功避禍心態，使得禁書運動一步一步深入擴大，禁制尺度一次比一次嚴。官吏及士大夫們為了表現忠誠，表現業績，乃推波助瀾，將禁區越畫越廣，將查緝工作越做越細，量刑的建議愈來愈重，以表示他們的忠誠與辦差之仔細。所以許多新的禁制措施都是官員先提及，乾隆才跟進的。乾隆四十四年（1779），安

（續）────────────

　　　究論叢》（香港：大東圖書公司，1979），第四集，頁247。亦見周妙中，
　　　《清代戲曲史》（河南：中州古籍出版社，1987），頁233。

96　國立中央研究院歷史語言研究所編，《明清史料》（台北：維新印行，
　　　1972），丙編，第七本，頁618，順治四年八月十九日吏科給事中杭齊蘇題
　　　本。

97　陳高華，《中國古代史史料學》（北京：北京出版社，1983），頁401。

98　陳思等修、繆荃孫等纂，《江陰縣續志》（台北：成文出版社，據民國九
　　　年刊本影印，1970）卷二十六，〈雜識〉，頁1766-1767。

徽巡撫奏云在地方志中發現登載應銷燬的書目及詩文，乾隆才跟進，
下令地方志須「詳悉查明，概從剝削」[99]。

　　而在清朝初建立之時，關於朝代氣運方面的文字是非常敏感的。
譬如秦曉山(元朝人)「十二運」之說在清代官方眼中，即成為一個敏
感的論題。近人在整理黃宗羲(1610-1695)《明夷待訪錄》及《破邪
論》的版本時，曾作詳細的〈校記〉，從〈校記〉中我們看到，黃氏
在《待訪錄》〈題辭〉中討論到「十二運」那一段，語義模稜兩可，
可以解釋為是對滿清盛世的期待，故在清代通行的版本中，並未遭任
何改動。但《破邪論》題辭中的「秦曉山十二運之言，無乃欺人」一
句，在清代的《昭代叢書》等版本中便不知被誰悄悄刪去，因為「無
乃欺人」四字充分給人一種想像，認為作者黃宗羲是對清政權穩定下
來感到失望，故即被小心地刪去。由這一個小小例子，同樣的東西，
一處刪，一處不刪，都可見到自我刪竄者心思之細密[100]。

99　檢閱郡邑志乘，起於安徽巡撫閔鶚元之奏：「各省郡邑志書內，如有登載
應銷各書名目，及悖妄著書人詩文者，請一概俱行剗削。」乾隆見後，諭
曰：「所奏甚是。錢謙益、屈大均、金堡等，所撰詩文，久經飾禁，以裨
益世教而正人心，今各省郡邑志書，往往於名勝古蹟，編入伊等詩文，而
人物藝文志門，並載其生平事實及所著書目，自應逐加剝削，以杜繆
妄。……著傳諭各督撫，將省志及府州縣志書，悉心查核。其中如有應禁
詩文，而志內尚復採錄，并及其人事實書目者，均詳悉查明，概從芟節。
不得草率從事，致有疏漏。」見乾隆四十四年十一月十八日禁書總錄，轉
引自吳哲夫，《清代禁燬書目研究》(台北：嘉新水泥公司文化基金會，
1969)，頁92。

100　黃宗羲，《黃宗羲全集》(杭州：浙江古籍出版社，1985)，冊1，頁1、
192、207。此處必須說明的是何以《明夷待訪錄》中提到十二運並未觸及
忌諱。在《待訪錄》中，他並未說他依胡翰〈衡運〉篇算氣運時，以周敬
王甲子為起點的計算方式究竟有何根據，而且他說他當時正處於革卦的時
候，此後二十年才交入壯大之運，不過因為黃氏認為此下二十年乃交入大
壯，不會給清政權很大的期待。這應該是清廷所歡迎的。可是在《破邪

　　大抵我們閱讀清代文獻時，對於各種奇怪的字眼應該給予特別的
注意。如果順著滑過去，有時不覺異樣，可是如果能得到祖本加以對
勘，便會發現原來每一個字眼都經過一番仔細衡量評估，有時是代以
意義相關但並不忌諱的字眼，有時是以形聲相近者代替，有時則以韻
目代字。

　　余英時先生在討論方以智(1611-1671)的晚節時，曾提出明遺民
有隱語系統。這個現象的確存在許多詩文之中，而且我認爲清政府也
相當清楚有一個隱語系統存在，所以把「一把心腸論濁清」也羅織入
獄。因爲當時政治壓力之下確實有一批流行的字眼。譬如明、清兩
字，必須極小心使用。清詩中常以「漢」、「宋」或「日」、
「月」之類擬明代，漢朝也常是明朝的代稱。至於「秦」、
「金」、「胡」、「虜」等指清[101]。

　　在各種隱語系統中，當以韻目代字最難索解。譬如顧亭林詩，歷
來作注作解者如此之多，即如清季的徐嘉(1834-1913)，研求顧詩數
十年，其箋注中不能解或誤解者不少，而且每每爲求合於字面上的意
思而方柄圓鑿，多方曲解。清季大儒孫詒讓(1848-1908)在作顧詩注
時也無法完全破解，孫詒讓的好友戴望(1837-1873)則開始懷疑可能
是韻目代字(即以本韻或鄰韻中的字，取代原來使用的敏感字眼)。他
的懷疑給後來的讀者一串開啓祕密的鎖匙[102]。

　　試想在顧亭林詩中談到「正朔雖未同，變支有一人」的詩句究竟

(續)──────────────

　　　論》的題辭中他卻加了一句話説「無乃欺人」，就使原先讀起來有樂觀期
　　　望的變得一無是處了。我在〈《明夷待訪錄》〈題辭〉中的十二運〉一文
　　　中對「十二運」有新的討論，刊於《中央研究院歷史語言研究所集刊》，
　　　84.3(2013.9)，頁527-555。

101　朱則杰，《清詩史》(南京：江蘇古籍出版社，1992)，頁129、140。
102　潘重規，《亭林詩考索》(台北：東大圖書公司，1992)，頁22。

應如何解釋?一定要知道「變支」即是「變夷」,才能了解顧炎武仍
以變夷自任的豪氣。又如讀到該集卷五〈哭歸高士〉詩的自注:「君
二十五年前,嘗作詩,以魯連一矢寓意,君沒十旬,而文覃舉庚。」
歷來校注家皆不能了解最後四字,其實是韻目代字的「雲南舉兵」。
又如讀該集卷四〈杭州〉詩「那肱召周軍,匈奴王衛律」的自注「眞
東賺」,歷來也不能解。潘重規發現這三字是廣韻的韻目,乃陳洪範
之代語——陳、眞韻字;洪、東韻字;範,在范韻,與賺韻相鄰。此
外,如以顧州爲建州、以東支代東夷、以冬虞代東胡、以陽庚代王
城、以霽陽代桂王、以梗錫代永曆等等,簡直不勝枚舉[103]。潘重規
爲此畫了一張非常有用的亭林詩中所常見的韻目代字表[104], 有此一
表,則亭林詩中一些莫名其妙的文句才能清楚。近人則已用校勘學方
法,取原抄本爲據,將亭林詩中以韻目代字者校出,例證之多,簡直
不勝枚舉[105]。如果韻目代字是出於顧炎武[106],則他爲了怕有心人不
能了解,在《日知錄》中留下一條線索提醒後人。在該書卷二十一
〈古文未正之隱〉條,顧氏說文天祥(1236-1283)《指南錄》的〈序〉
中凡「北」字皆「虜」字也,後人不知其意,故無法替他改正。顧氏
又說謝翱(1249-1295)〈西台慟哭記〉中,「本當云文信公,而謬云顏
魯公,本當云季宋,而云季漢,凡此皆有待後人之改正也」[107]。

---

103 潘重規,《亭林詩考索》,頁4、12、22、93、162。

104 潘重規,《亭林詩考索》,頁16。

105 顧炎武著、王蘧常輯注、吳丕績標校,《顧亭林詩集彙注》(台北:文海
　　出版社,1986),例證極多,如上冊頁134、161、172。

106 對於顧氏作詩時即以韻目代字的問題,潘重規曾與饒宗頤有過爭論,潘氏
　　以爲顧炎武一開始即用,後來可能由潘耒將之推及全書。潘説較爲可信,
　　參見潘重規,《亭林詩考索》,頁162。

107 轉引自潘重規,《亭林詩考索》,頁158。

　　關於韻目代字的問題，我的推測是顧炎武本人在寫作這些詩篇時，並未加以密碼化或隱語化，處理這些工作最可能是他的編刊者所進行的，但是我們並無法指出是誰。

　　在清代的日常語言使用中，也有一些字在特別場合中須小心使用的，如「髮」字便是。一些帶有「髮」字的成語，有時候就格外難用。如「一髮千鈞」是平常的，可是在薙髮令後，這個成語便有敏感意味，如明臨川王若之(明末天啓崇禎年間人士)的《王湘客尺牘》一首詩上有讀者批了八個字「狂瀾砥柱，一□千鈞」，空掉的字一定是「髮」，可能是批者自己或他人塗抹[108]。因爲它令人產生一種聯想——以千鈞之重來形容一髮，似乎是對「薙髮」政策的不滿。這個假設在《明史》這一部修撰期前後達八十多年的書上得到印證，該書從頭到尾未曾用過「一髮千鈞」或「千鈞一髮」[109]。

　　在官方行動之前，作者們通常在心中放置一把尺反覆審量多時，而這一把尺的形成，常是透過各種耳語傳播加上猜測形成的。廣東陳恭尹(1631-1700)的《獨漉堂詩集十五卷、文集十五卷、續編一卷》，其中獨缺奏疏、啓事、箋的部分，但註明「僅存此目錄」[110]。陳恭尹自謂這一部分的稿子毀於火，依鄧之誠(1887-1960)推測，「實懲于(屈)大均〈軍中草〉，爲大汕劫持，因畏禍不敢刻耳」[111]。如果是

108　周作人，《風雨談》(台北：里仁書局，1982)，頁155。

109　查中央研究院歷史語言研究所「漢籍電子文獻」之《明史》部分。不過查詢《清實錄》結果：「千鈞一髮」在《清實錄》中並未出現，「一髮千鈞」則在《清高宗實錄》所錄乾隆皇帝《四賢贊》中的〈復聖顏子贊〉中，曾出現過一次。參見《清高宗實錄》卷308，乾隆十三年二月己巳條，頁17b。

110　見新校本《獨漉堂集》(廣州：中山大學出版社，1988)，頁773。

111　鄧之誠，《清詩紀事初編》卷二，頁303。

毀於火，何以火只選擇奏疏、啓事、箋的部分燒？可見這是作者自編理由以避刊。但是，他又要人知道他有這些東西，所以存下目錄。

揣度到自己的某些文字可能觸犯禁忌，而自行檢點、自行刪削的現象非常普遍，但是每個人的敏感度不同，如閻爾梅(1603-1679)，他雖說「賈禍詩文盡數刪」，可是顯然刪得不夠，或是揣度得不恰當，他後來仍「以詩禍亡命」[112]。

不過也有的人在刪竄之後，還要留一通消息給有心人。如陳梓(1683-1759)是生長在康、雍、乾盛世的人，卻對滿清得天下施以嚴詞抨擊，其內容與感情的強度，都很像是明遺民的風格。而且他在詩集的《刪後詩存》的〈自敍〉中還指出：「己酉秋，悉取篋中愜意者付之火，其他應酬諸作不足焚者，稍稍編次之，題之曰《刪後詩存》，以示門下群從輩，精華去而渣滓僅存，余之詩良可哀也。」[113]自己刪竄而又以隱晦方式加以指引，好像留一通密碼給後人。近代學者王重民(1903-1975)在美國國會圖書館中見到陳梓的《井心集》，對比之下才赫然知道何以陳氏所指的「菁華」必須刪去，但因爲不知道所刪的菁華是什麼，所以我們完全不知道陳梓太平歌詩之外的另一面。

又如李鄴嗣(1622-1680)有〈題《甬上耆舊詩》未刻十卷後〉：「馬火兵燐照眼時，誰從野墟拾遺詞？魯公故客爭傳句，翟氏門人亦有詩。鬥過庚申文益妙，人存甲乙事俱奇。埋山沉井須臾出，豈待他年定是非！」這十卷未刻詩顯然是明末抗清志士之作品。照理說他連有十卷未刻書都不應形之吟詠的，但是他又想讓人們知道遺民的這一

---

112 鄧之誠，《清詩紀事初編》卷一，頁89。
113 王重民，《冷廬文藪》(上海：上海古籍出版社，1992)，頁31-32。

段心曲，所以仍留下一首詩點出其中隱曲。全祖望(1705-1755)在遍尋這十卷詩而不可得之後，乃輯《續甬上耆舊詩》。該書在清代也始終未刻，一直以抄本方式流傳，直到辛亥革命後才排印[114]。

(四)緊張壓力下的出版與編輯工作

接著我想從書稿的編排、印刷、發行、剷板等等一系列過程來探討出版者自我禁抑的現象。

傳統中國文獻流傳及印刷方式與現代頗不相同：第一、在書未雕版開印前及開印之後，抄本流傳的情形非常普遍。傳統中國並無現代意義的所謂學報，所以書信抄傳是流通知識的重要形式。第二、並不一定一次印整部書，常常是以篇爲單位印行，古代如此[115]，在清代也常是如此[116]。第三、即使在活字印刷發明很久之後，雕版印書仍最普遍。許多書往往不一定是由書坊，而是由家族或私人所開雕。需要書的人，往往親自到雕板所存的地方刷印。由於刷印的靈活性很高，剷改也相當容易，故而在很長的一段時間內很容易抽換、剷改或補板。近人盧前(1905-1951)也這樣說：「木刻自寫樣到刻成至少經過四、五校，錯字當然少。就是成書發現一個錯字，或者改動幾個字，隨時可以挖補。起首印過二、三十本紅標本，認爲滿意再印它五、六十本，最多也可以印一百本，隨時校訂隨時加印，在機器上是

---

114 路工，〈全祖望手稿本《續甬上耆舊詩》〉，《訪書見聞錄》(上海：上海古籍出版社，1985)，頁112-114。

115 參見傅斯年，〈戰國文籍中之篇式書體──一個短記〉，《傅斯年全集》(台北：聯經出版公司，1980)，冊3，頁3-8；余嘉錫，《古書通例》(上海：上海古籍出版社，1985)卷3，〈古書單篇別行之例〉，頁93-98。

116 如章學誠《文史通義》也是先以單篇抽印本方式流傳。汪辟疆，《汪辟疆文集》(上海：上海古籍出版社，1988)，頁752。

辦不到的。」[117] 第四、抄本與印本並行，而且在印本流行之後，抄本仍然相當流行，許多藏書家都僱工抄寫。舊抄本往往是相當名貴的，清代版本大家黃丕烈(1763-1825)便很重視舊抄本。許多三家村學究，無力買書，即使很平常的書，也用抄寫[118]。而且因爲過去印書，一刷往往只有幾十部或上百部(最多兩、三百部)，買書又不似現代方便，所以僱工抄寫反而近便。

以上這些特色皆使得不斷地自我刪竄變得相當容易。在這裡我要先從出版商及刻工的自我檢點，到文稿付印前的編輯工作開始討論。

出版商是承受不少壓力的一群：首先，迴避那些書不出版就是一大考量。我們如果細考清代出版史，可以發現有些書中斷相當長一段時間不「再製造」(reproduce)，如文天祥(1236-1283)的集子從雍正到道光，一百二十多年沒有刊本[119]。出版商在出版他們認爲或有可能出問題的書時，也是盡量以各種方式亂人耳目。譬如：刻書時不註明刻書年代與刻書者，刻工也不留下名字[120]，或是作者不署眞名，署一些奇怪的別稱別號。還有一些書坊主人在刊刻小說時標榜「京本」，以示這是來自京師，有的則標明「本衙藏板」，讓人誤以爲是在某官府刻印的本子——有的是藉以提高身分，但有些可能是爲了躲

---

117 盧前，《盧前筆記雜鈔》(北京：中華書局，2006)，頁66。
118 以上見毛春翔，《古書版本常談》(台北：成文出版社，1978)，頁81-82。
119 這是由文天祥著、熊飛等點校之《文天祥全集》(南昌：江西人民出版社，1987)卷首〈點校說明〉第2頁所列各種版本年代差異而得出的結論。又如全謝山的文集因多記明末清初抗清遺民，也是嘉慶年間才刊行。
120 因爲在莊廷鑨明史案案發之後連刻工都被處死，所以在康、雍、乾時代刻工多不敢在書上留名。但是嘉慶、道光後，禁網稍疏，刻工在所刻書上留名的才漸多起來。程千帆、徐有富，《校讎廣義‧版本編》(濟南：齊魯書社，1998)，頁304-305。

避麻煩[121]。

　　編者與作者一樣要在緊張壓力下暗暗檢點自己，從取捨內容到安排先後，到記敍的豐儉，都可以看出複雜的心理活動。

　　江藩(1761-1831)《國朝漢學師承記》以顧炎武、黃宗羲置於書末〈補編〉中，這個章節上的安排便與二人早年的抗清背景甚有關係。顧、黃在清初學術的地位以及他們與清學發展的關係不能在一本講清朝學術發展的書上被遺漏，可是編書的人既要收入他們，又為了表示自己已留意到他們不仕於清的背景而有所處置，所以將他們置於卷末。

　　屈大均是明末清初嶺南地區極為活躍的文人，當時有所謂「嶺南三大家」：屈大均、陳恭尹、梁佩蘭(1629-1705)，與「江左三家」錢謙益、吳偉業(1609-1671)、龔鼎孳遙相抗衡，而大均是不折不扣的首領。論詩文的成就，梁佩蘭不能與屈大均、陳恭尹相比。可是他們的朋友王隼(1644-1700)編《嶺南三大家詩選》時，竟置屈大均於末而以梁佩蘭居首。屈、梁二人在清初的行動成強烈對比，一抗清、一仕清，則此一倒置意味深長矣。嘉慶年間，順德羅學鵬(生卒年不詳)輯《廣東文獻》，列了王邦畿(生卒年不詳)、程可則(1624-1673)、梁佩蘭、陳恭尹、方殿元(1636-?)及方氏的兩個兒子方朝、方還為清初嶺南七子，並故意漏掉了屈大均[122]。這一個遺漏是很有用心的，王隼編書的時間在清初，當時屈大均因參與抗清，故被殿後。羅學鵬編書時已到了嘉慶，這時屈大均早已因雍正、乾隆朝的文字案的牽連，成為眾矢之的，他與錢謙益的名字被人們從各種詩文集

121　敖堃，〈清代禁毀小說述略〉，《清史研究》，3(1991.9)，頁17。
122　以上見梁佩蘭撰，呂永光點校補輯，《六瑩堂集》(廣州：中山大學出版社，1992)，頁22-23。

中抹除消失了，所以在羅氏書中，屈大均就連殿後的資格都失去了。可是到了咸豐年間李元度(1821-1887)在編《國朝先正事略》時，則是將嶺南三大家放在一篇中，以陳恭尹居首、梁佩蘭殿後，屈大均居中。但寫到屈大均時仍然只有十六個字「翁山，屈姓，名大均，番禺人，著有《翁山詩集》」[123]。同一部《事略》中，並沒有錢謙益的詩[124]。這時候文網漸寬，故李元度敢提屈大均的名字，但是文網並非全然不存在，所以他只敢用十六個字寫屈氏。

清代黃澄量(乾隆年間人士)模仿黃宗羲《明文海》的體例，選錄有明一代文集纂輯成《今文類體》，該書的目錄即先將王守仁(1472-1529)、方孝孺(1357-1402)、張居正(1525-1582)等人的文章列於前，而把有觸清代忌諱的文章隱藏於後[125]。即使到了道光年間阮元(1764-1849)編《皇清經解》時，在所收書中仍大動手腳。何佑森先生舉《日知錄》為例說，凡其中以史解經或以經論史，而涉及華夷之辨、春秋大義的，如該書卷二錫土姓、王朝步自周、豐熙偽尚書，卷三楚吳諸國無詩、小人所腓等，都不收入[126]。

細察清人文集者，常會發現有些該有的文字不見了。尤其是文集中的志、傳部分，因為志、傳所載是各種事蹟，而事實最易賈禍，所以編者動了手腳。有些書在目錄上載有某些文章，但實際上刪去了，

---

123 李元度，《國朝先正事略》(台北：文海出版社，1967)卷38，頁12a。

124 李元度固可以說錢氏前半生活躍於明末，不全是「國朝」人物，但像錢氏這樣重要的人物居然無傳，畢竟說不過去。此外，金堡在該書中亦無傳。

125 杭州浙江圖書館藏有《今文類體》，不分卷，一百三十八冊。參見謝國楨，《江浙訪書記》(北京：三聯書店，1985)，頁208。謝氏說這是該館劉慎旃對他所說的。

126 何佑森，〈阮元的經學及其治學方法〉，《故宮文獻》，2：1(1970)，頁25。

有些則是有文無目。這裡要舉幾個例子。我在〈從曾靜案看十八世紀前期的社會心態〉中曾舉江蘇太倉王時翔(1675-1744)的《小山詩初稿》這一部書為例。該書應該是隨編隨刻，所以整個出版完成的過程拖了許多年，前面的已發行，而後面的還在陸續刊刻。這部書開雕時，《大義覺迷錄》已頒行天下士子誦讀，作者有一首〈宣讀大義覺迷〉詩，可是當它尚未全部刻完時，乾隆即位並且下令查禁《覺迷錄》，所以原是要吹捧雍正的詩，現在變成禁忌了，乃急忙刪去正文，可是目錄早已刻成，不能剜改，因此形成有目無文的現象[127]。

　　因為發現政治氣候的日趨緊張而在印刷前挖板、剷板的情形非常之多，以致常有剷挖之後面目全非、文義不通的例子。在曾靜案中，呂留良被開棺戮屍，這使得全天下人的文字中凡有「呂留良」三字者都特別感到緊張。陸隴其(1630-1692)的後人即是其一。呂留良是清初江浙一帶在王學盛行的空氣中轉而提倡朱子學的一位重要領袖，陸隴其自述他在遇見呂氏之後，堅定了自己衷心護持宣揚程朱學說的決心，所以呂氏是他思想發展最關鍵的一個人。可是這一層關係，在讀《陸平湖文集》或其後人所編的《陸隴其年譜》時卻看不出來。文集中或語焉不詳，或以空格代替呂留良的名字，非真熟悉陸氏思想交涉之實況的人不能知其所以。而在《國初人傳》中更告訴我們陸隴其之婿曹宗柱(生卒年不詳)所輯年譜中，「述清獻與石門(呂留良)投分最契，不啻一人。及石門事敗，其家乃改修年譜，盡滅去之。」[128] 從曹氏輯年譜到呂留良被曾靜案所牽連，其間有相當長的時間，足見這

---

127 參見王汎森，〈從曾靜案看十八世紀前期的社會心態〉，《大陸雜誌》，85：4(1992.10)，頁10。已收入本書第七章。

128 《國初人傳》不著撰人名氏，係乾隆中越人所作。此處轉引自李慈銘，《越縵堂讀書記》(台北：世界書局，1975)，上冊，頁429。

份年譜曾經流傳,但因呂氏事敗,陸氏後人趕快重改年譜。《陸隴其年譜》的現代點校者在比對最早的年譜及呂留良事件發生後的修改本時,發現多處刪竄,尤其康熙二十二年(1683)條,有「聞呂君晚邨之變,爲文以哭之」,接著是一篇長祭文,但雍正刻本自「聞呂君晚邨之變」以後全部空缺,一直到出現「徐公青來邀酌」這一件不相干的事爲止[129]。

關於呂陸之間還有一層是《國初人傳》的作者所未言及的:陸氏所著《三魚堂文集》,康熙間嘉會堂原刊本最爲完整,經比對呂留良事件後的印本,可見刪掉〈答呂無黨〉、〈與呂無黨及附答〉、〈祭呂晚村先生文〉等篇章[130]。

改書名或撕去封面是常見的辦法,時人或許會在路上撿到一本沒有頭尾的書,即使通讀了,還是不知是什麼書。《販書偶記》作者孫殿起(1894-1958)見過一部屈大均的《翁山文鈔》,是康熙年間刊本,乃屈氏晚年所爲之文,「翁山文鈔」四字書名,及「番禺屈大均撰」六字在印書時俱已剗去[131]。使人讀之,完全不知道是誰寫的。

至於挖去內文的,則比比皆是。如李世熊(1602-1686),他是明遺民中忠節之士,在《寒支初集》中有不少譴責仕清明臣,甚至以狗、以馬喻之,將他們的事跡彙爲《狗馬史記》。李氏的《寒支二集》卷五中有一封康熙十五年(1676)的〈答某〉簡,說:「今廟算反是,意似據閩爲基,關海爲戶耳,與昔人爭關中長安爲萬世基者,跡

---

129 吳光酉、郭麟、周梁等撰,諸家偉、張文玲點校,《陸隴其年譜》(北京:中華書局,1993),頁94-96。
130 傅振倫,〈鄧師之誠先生行述〉中記書賈雷夢水所言,此說可信。參見鄧珂編,《鄧之誠學術紀念文集》(北京:北京大學出版社,1991),頁37。
131 孫殿起,《販書偶記》(北京:中華書局,1962),頁347。

同而指異也。」[132] 這裡缺了主詞，究竟是誰的廟算？衡諸內容，應該是指耿藩的廟算。這一段話所以如此費猜測，是因為前面挖去了兩行。很可能這本書刻畢尚未印行時，三藩亂平，所以急急忙忙，將原先與人討論耿藩雖有所動作，但不可能成功的部分刪去。

　　讀清人文集凡逢墨釘或闕字漫漶處，都值得留神。墨釘通常是表示缺文，或版本上不易確定的文字，不過在清代常是自行劖去的忌諱字眼或名字。我在閱讀清初筆記小說時，最常見到以墨釘處理，或用蒙叟、牧翁、東澗老人等方式將錢謙益的名字蒙混過關的情形。周作人(1885-1967)說他有一部王士禛(1634-1711)的《帶經堂詩話》，是原刻稍後印的，展卷常見墨釘，細審即知是剟除錢謙益的名氏[133]。乾隆以後，是否將錢謙益的名字劖去，成為判斷士人是否遵守朝廷功令的　一個標記。而錢氏在晚明文壇地位之高，交遊之廣，留下痕跡之多，又是無人可望其項背的，所以避起來特別厲害。屈大均的名字也是當時一大忌諱，故即使到了嘉慶文網漸弛，孫銀槎(乾嘉時期人士)輯注的《曝書亭詩集箋注》裡，「屈五」(即屈大均)的字樣仍被挖去，代以「友人」二字[134]。所以清人集裡種種隙漏中，常有極複雜的風雷與隱情。

　　明季以來流行一書多序，而且常常連篇累牘[135]，　這種標榜之習常把一個人的交友圈一清二楚地呈現出來。在晚明這種標榜之習沒有

---

132 李世熊，《寒支初集十卷、二集六卷、附歲紀一卷》，收入《四庫禁燬書叢刊》(據清初檀河精舍刻本影印；北京：北京出版社，2000)，集部第89冊，頁498-499。

133 周作人，《書房一角》(台北：里仁書局，1982)，頁163。

134 鄧之誠，《清詩紀事初編》卷七，頁749。

135 顧炎武，《日知錄》(台北：唯一書業中心，1975)，頁560，有〈書不當兩序〉條：「今則有兩序矣，有累三、四序而不止者矣。」

什麼危險性，可是在清代政治壓力下，它卻變成瓜蔓抄的依據。雍正帝曾以汪景祺(1672-1726)的《讀書堂西征隨筆》中一些細小的問題作為藉口誅殺汪景祺，《讀書堂西征隨筆》雖是一部毫無可觀的少作，但卻請了朱彝尊(1629-1709)、韓菼(1637-1704)等七、八個人作序。然而根據觀察，沒有一篇序在作序者自身的文集中留存，只有朱彝尊的《曝書亭集》卷二十，還保留了與汪氏西湖唱和的五首詩。那是因為朱集刊成在汪景祺獲罪之先，已追改不及。但在後來刊印的本子中，「景祺」兩字就已經削去了。出於同樣的原因，朱集卷二十三〈春宮再建喜而賦詩〉，在康熙五十一年(1712)再廢太子以後，重印時也削去了。

　　有些書當版片刻好之後，出於經濟或其他因素，等了相當久才刷印，就在等待的期間，卻改朝換代了。敏感的人馬上知道應該如何做。如明代張岳(1492-1552)的《小山類稿》，便是這樣一本明刻清印本，王重民檢視書樣後，說「凡清諱多經劙改，因知猶是明刻原版」[136]。

　　書本既刊之後，發現空氣不對而緊急將書收回、修改或祕不示人的例子也頗有所見。明末臨沂王若之的《王湘客書牘》，大概雕板於清初，是按年而編的書信，自崇禎九年(1636)丙子至順治二年(1636-1645)乙酉，共六十四封信，但甲申是何等敏感的年份，所以這年所收的三封信便劙去一封，以致讀者翻開書本迎面而見七行的空白[137]。乾隆四十二年(1777)，也正是文字獄空氣大為緊張的時候，太倉陸時化(1714-1779)突然想起他的《吳越所見書畫錄》中有

136　王重民，《中國善本書提要》(上海：上海古籍出版社，1983)，頁598。
137　此外，說及虜、胡等處亦均空白。周作人，《風雨談》，頁154。

詆斥滿洲的句子，趕緊將所存的板塊焚毀，並盡量將所發的書追回焚棄[138]。陸時化是自己編輯、自己印行，而且自己發現，不曾有任何官方的力量介入，他就在神不知鬼不覺的時候，悄悄地完成了他的工作，可見「上有政策，下有對策」，有時「下有對策」反而是幫助政府擴大其禁制的力量。

為什麼陸時化會在乾隆四十二年才突然想起他的書中有違礙的問題呢？《四庫全書》開修於乾隆三十七年(1772)，乾隆三十九年(1774)，令各地繳獻明末清初違礙書籍，接著文字獄案迭起(如王錫侯《字貫》案)，空氣突然緊張起來，回顧過去的編纂工作，陸氏遂於不疑處有疑了。

由於已刊發的書，在某種意思上來說就是授人把柄，所以徐乾學(1631-1694)兄弟後來因黨爭而垮台，便遲遲不肯刊行他們的文集，並為此編了種種的理由[139]。這或許並不是因為他們真的在文集中寫了任何冒犯清廷的話，而是怕政敵在字面上作種種曲解。後代子孫也害怕祖先的書在外流傳，遭人任意添改以致惹禍。愈是受人歡迎的書，愈有這種可能。這也難怪鄭燮(1693-1765)的《板橋詩鈔》，清暉書屋、西山堂書樓等翻刻本上都有這樣一段話：

> 板橋詩刻止于此矣，死後如有托名翻版，將平日無聊應酬之作，改竄闌入，吾必為厲鬼以擊其腦。[140]

---

138 鄧實，〈吳越所見書畫錄跋〉，收入陸時化，《吳越所見書畫錄》(北京：中國大百科全書出版社，1997)，頁1021-1022。

139 鄧之誠，《清詩紀事初編》卷三，頁364。

140 卞孝萱，〈《詩鈔》鋟版考〉，收入氏著，《鄭板橋叢考》(瀋陽：遼海出版社，2003)，頁84。

顯然是怕翻版後加入的作品萬一有問題會引起禍端，故才如此申明。

(五)讀者的自我禁抑

在研究自我約束、自我刪竄的過程中，筆者也發現讀者大量參與其事。這大多是爲了保護讀者自己。譬如魏裔介這位清初理學名臣所批讀過的一部《趙高邑集》流傳到清末革命志士張繼(1882-1947)手中。張氏曾以之示章太炎(1869-1936)，根據太炎描述，魏氏之評記皆以藍筆書之，凡見胡虜建夷等字樣，逕爲塗抹，或大書刪字於其上。讀者的刪塗可能是表達一種態度，使得收藏該書不爲罪過。

又如陳子龍(1608-1647)的詩文，在子龍殉國之後由其友人宋轅文(1618-1667)收集，因其中極多觸清廷忌諱之處，「(宋)轅文所收並未能彙編成集。轅文卒後，文網日嚴，屢興大獄，子龍遺文在禁忌極嚴的情況下，宋之後嗣，即使能爲之藏匿，時日既久，亦難免殘缺佚散。至於陳子龍生前所刻的詩文集，人多深藏不敢出，且往往爲輾轉傳鈔本，其中觸犯禁忌的字面，都被銷除塗毀，不可通讀」[141]。

蘇州圖書館所藏一部劉若愚(1584-？)的《酌中志》，讀者孫爵昌(二酉)也是「通體朱筆細改，並粘有小籤三百四十二則。驟視之，似爲詳盡，細案之，乃商略次序，竄易違礙字樣，甚至有鉤乙塗點處，可謂枉用其心。」[142] 又如來斯行(1567-1634)《槎庵小乘》，江蘇圖書館的周愨在館中見過一部，周氏驟看以爲是黑口本，後來才知是書賈以其爲禁書，將書名、著人姓氏、書口及終卷處加以塗黑。書

---

141 陳子龍著，施蟄存、馬祖熙標校，《陳子龍詩集》(上海：上海古籍出版社，1983)，〈前言〉，頁7。
142 周愨，〈館藏清代禁書述略(上)〉，《江蘇省立國學圖書館第四年刊》(1931)，頁39。

中稍涉忌諱的字眼也用墨處理過[143]。足見官方有四庫館臣點定竄改，民間也一樣有人在暗地裡作四庫館臣的事。

黃彰健(1919-2009)先生在校勘《明實錄》的各種版本時，曾頻頻指出廣方言館所藏《明實錄》在許多涉及忌諱之處，以刀片割成空格，經與別種版本的《明實錄》相校，割去前的字樣皆能復原[144]。令我們感到好奇的是，何以廣方言館所藏《明實錄》作這些死工夫，而且更令人納悶的是，全書中還有許多犯諱字眼並未割成空格，如果割裂者是想有系統地清除這些字眼，何以未清除乾淨？

史語所的廣方言館實錄係俞大維(1897-1993)任兵工署長時所移贈的。不過，該書的收藏史並不清楚，也無從知道這些空格是何代人所割。不過這份抄本上的空格似乎使人想起一位敏感的藏書家或他的僕從在偷偷地檢查這份珍貴的抄本時，小心翼翼地以利刃割去忌諱字眼的情形。他或許不敢假手於他人，以免被告發，所以只能自己一面看一面割除；但他又不夠細心，或是只看過幾卷，故有漏網之魚。也許他割空格可能是為了表示一下態度，以防他日被查或友朋翻閱時帶來麻煩。

此處接著要談藏書家自我約束的現象。清代許多藏書目錄的編印者都刻意將禁毀書排除在錄外，其一致性到了令人瞠目結舌的地步。有時候他們的藏書目錄也有對外及對內兩種。對外的目錄迴避得乾乾淨淨，自用的目錄則不一定如此。如近人洪業(1893-1980)在北京國

---

143 同前文，頁43。這部書有相當清楚的收藏資料，據周怒說「細審收藏印識，最先得者為東方生，有白文方印，墨塗繞其緣而讓之。次為李氏，有『李廷基印』。……其後乃歸丁氏，有『八千卷樓藏閱書』朱文方印一，朱蓋於塗墨之上，可知塗墨在丁氏收藏之前矣」，見同頁。

144 黃彰健，〈明太祖實錄校勘記引據各本目錄〉，《明太祖實錄校勘記》(台北：中央研究院歷史語言研究所，1984)，頁7。

立清華大學圖書館曾發現一種稿本豔豆華館《琀笈小錄》（一冊，共
九十六頁），是汪適孫(1804-1843)個人私產之簿錄（後來也成為汪家
公產的紀錄），其中記汪氏所藏清代禁書，如錢謙益《列朝詩集小
傳》、呂留良《評錢吉士稿》，卻不見於汪家所刊《振綺堂書目》，
有可能是因為這些禁書是汪適孫私人之物，但不無可能是因涉及忌諱
而只登在私人保存的簿錄中[145]。

　　書目是各種書籍訊息的總彙之所，所以是一個特別敏感之所，許
多書目一再改修，透露出收藏者及書志纂修者內心的壓力。以最負盛
名的天一閣為例，嘉慶八、九年(1803-1804)，阮元命范氏後人范邦
甸等就館藏編印書目，不久便完成《天一閣書目》十卷、補遺一卷，
但編目在乾隆禁書之後，所以像王世貞(1526-1590)的《綱鑑會
纂》、錢肅樂(1606-1648)的《庚辰春偶吟》等屬禁書範圍的書，都
不曾編入[146]。然當時移世變，禁風漸弛，則補編、續編，或各種重
修本便紛紛出現。道光二十七年(1847)，浙江布政使劉喜海(1794-
1853)登閣看書，隨手抄錄，編成《天一閣現存書目》十二卷，便增
出阮目所不載書籍共四六三種[147]，而各種禁書赫然在目。藏書可以
祕而不出，但《書目》卻是公開發行的，所以後者往往隨著政治氣候
而變。從嘉慶八、九年到道光二十七年，前後有四十多年，正是政治
空氣改變得最厲害的一段時間，由天一閣兩本書目的改變亦可以想見
其一二。

　　討論藏書目錄中自我約束的現象，便不能省略錢謙益與屈大均這

---

145 洪業，〈跋汪又村藏書簿記抄〉，《洪業論學集》（北京：中華書局，
　　1981），頁136-139。
146 駱兆平，《天一閣叢談》（北京：中華書局，1993），頁45。
147 駱兆平，《天一閣叢談》，頁46。

兩個最敏感的人物。前面提到，錢氏在晚明清初是主持壇坫的人物，所以央他作序或收載其詩文的書非常多，然而這些序或詩文都在乾隆時代經政府的三令五申而被大量抽刪。但是經錢氏題跋的一些宋元善本便比較難以處置，宋元善本價值很高，藏書家的目錄上如不能多列，則有損令名，但是錢謙益的名字又得盡量除去，於是我們便在藏書目錄上見到一些無頭無尾的書或序跋。像嘉慶十年(1805)上板的《季滄葦藏書目》，因為當時文網尚密，我們便見到諸如：

抱朴子二十卷	五本	■翁跋
楊子方言六卷	四本	■翁跋
楊子法言十三卷附音義	一本	■翁跋
高誘註戰國策三十三卷	八本	■翁跋[148]

　　這些墨塗究係原刻《書目》即有，或是擁有此書的人所塗，從《書目類編》的景印本上看不出來。■翁望而即知是牧翁，即錢謙益。這些宋本經牧翁題跋過，聲價自高，所以如果《季滄葦藏書目》中這些墨塗是原刻所有，則可推測藏書者是既要人家不知道，又要人家知道■翁的身分；既要內行人知道此藏書中有幾許錢謙益的跋，又要對外人表示書目已作過特殊處理，如有人告發，也可以有個說詞。有意思的是這份藏書目錄中幾乎不載明人文集，因為它們最易觸犯禁諱。我常懷疑，清代書目之少載或不載晚明文集，如朱學勤(1823-1875)《結一廬書目》、楊紹和(1830-1875)《海源閣藏書目》無明人

148　嚴靈峰編，《書目類編》（台北：成文書局，1978），第34冊，頁14890、14891、14894。

文集，《豐順丁氏持靜齋書目》只有宋元文集，潘祖蔭(1830-1890)《滂喜齋宋元本書目》、瞿鏞(1794-1846)《鐵琴銅劍樓藏宋元本書目》，除了是因為宋元本價值較高故特別加以登錄，是不是也可以從自我約束這一點去理解？

再者，錢謙益的名字在當時到處成為忌諱，此處僅舉兩例。以朱彝尊的《經義考》為例，書中討論各種經學著作時每每稱引錢謙益的觀點，在《摛藻堂四庫全書薈要本》的《經義考》中，凡引用錢謙益之說，一概改作「錢陸燦曰」，共有五十幾條，這等於是把錢氏的見解一概送給明末清初的錢陸燦(1612-1698)。在《文淵閣四庫全書》本中的《經義考》中，引用錢謙益的部分則隨意套上各種名字：

(a)改作「何景明曰」者，有王廷相《太極辨》一例

(b)改作「錢陸燦曰」者，有趙汸《大易文詮》等十三例

(c)改作「黃虞稷曰」者，有朱篁《鏗鏗齋易郵》一例

(d)改作「陸元輔曰」者，有屠隆《讀易便解》等二例

(e)改作「毛奇齡曰」者，有楊慎《易解》一例

(f)改作「陳子龍曰」者，有豐坊《古易世學》等三例

(g)改作「何光遠曰」者，有何楷《禹貢圖注》一例

(h)改作「谷應泰曰」者，有吳國倫《春秋世譜》一例

(i)改作「高攀龍曰」者，有卓爾康《易學全書》一例

(j)改作「羅喻義曰」者，有錢時俊《春秋胡傳翼》等二例

(k)改作「匡解原序」者，有鄒德溥《春秋匡解》一例

(l)改作「關□□曰」者，有郭登《春秋左傳直解》等三例

(m)改作「私考駁正」者，有季本《春秋私考》一例

(n)改作「江南通志」者，有申時行《書經講義會編》等六例

(o)改作「江西通志」者，有湯顯祖《玉茗堂尚書兒訓》一例

(p)改作「浙江通志」者，有瞿佑《詩經正葩》等二例

(q)改作「山東通志」者，有劉天民《洪範辨疑》等二例

其中當然也有漏改者，如：華時亨《周易箋注》及張仲次《周易玩辭困學記》等二例[149]。

藏書目錄內容的變動自然是個溫度計。當禁網鬆弛時，有些藏書家將涉及禁諱的書以「補錄」的方式收列於原刊書目中，如趙宗建(1825-1900)《舊山樓書目》即是一例。舊山樓規模不大，葉昌熾(1847-1917)《藏書紀事詩》稱之為「小藏家」，但是因為《也是園古今雜劇》原藏其處而頗享令名。趙氏是同、光間藏書家，這個時候的文字獄壓力已遠不如乾隆、嘉慶時期，不過在此目正編中，我們看不到什麼違禁之書。反倒是在光緒二十六年(1900)十月的「補錄」中，見到連篇累牘的已禁或應禁之書，而且絕大部分是抄本。譬如《大義覺迷錄》下註明「發學官原本，乾隆時已收回，可寶也」，又如《呂氏正綱》下註「禁書，名號及圖章門人題志均挖去，可恨」[150]。

(六)民間的焚書運動

清修明史，在史料搜集上碰到很大的困難[151]。所以政府三令五

149　參見吳政上編，《經義考索引》（台北：漢學研究中心，1992），附錄頁3-4。此條由吳政上兄提供，特此銘謝。

150　趙宗健，《舊山樓書目》（上海：古典文學出版社，1957），頁59。

151　關於當時碰到之困難，可參見吳晗，〈談遷和國榷〉，氏著，《燈下集》（北京：三聯書店，1960），頁169-185；以及黃眉雲等者，《明史編纂考》，台北：台灣學生書局，1968。

申希望人們獻書[152]，但是願意付諸行動的畢竟不多。毛西河(奇齡，1623-1716)爲我們留下一封生動的信，告訴我們他如何說服張岱(1597-1679)將其所著史書稿本交給史館作爲修史之用。當時毛氏在史館中負責有關南明史事，但是苦於材料嚴重闕漏，他寫信給張岱說：

> 若其中忌諱，一概不禁，只將本朝稱謂一易便了，至其事則正無可顧慮也。……況此書既付過史館，則此後正可示人，無庸再閟，尤爲朗快。[153]

信上的意思是建議張岱，如果將史料借史館使用，便可以取得正身，以免東躲西藏。但這種寬大的情形，似乎在莊廷鑨案發生之後便漸漸消失了。清初到中葉，有一個暗暗進行的民間焚書運動，其規模無法估計，但可以推測它一定比官方收繳焚毀的規模要大得多。即使不毀，也往往改易書名、作者或其他部分，以免引起注意[154]。而且在偷偷焚毀時，不敢留下紀錄，所以我們能得到的直接證據較少。前面提到即使是《明史》的編纂者，也不敢收藏明代史料，這裡便要舉朱彝尊(1629-1709)爲例。朱彝尊曾被康熙任命爲《明史》的編纂，收有許多晚明史料，他在旅途中陸續購買五箱書寄回貯存於家。莊廷鑨《明史》案發生時，其家人似未通知他，便將所存有關明代史事者一

---

152 鐵玉欽，《清實錄教育科學文化史料輯要》(瀋陽：遼瀋書社，1991)，頁366-368。

153 張岱，《瑯嬛文集》(長沙：嶽麓書社，1985)，附〈毛西河寄張岱乞藏史書〉，頁315。

154 如《古今釋疑》，見余英時，〈方中履及其《古今釋疑》〉，《方以智晚節考》(台北：允晨文化公司，1986)，頁137-163。

併焚毀[155]。

　　貴池吳應箕(1594-1645)的孫子吳銘道(1671-1738)跋《留都見聞
錄》說：

> 今年當事慮書獄滋蔓，密令體勘，而聞風心慄者，取其家有
> 之書，稍涉疑似，無論兔園冊子，悉舉而畀之爨爐。[156]

此處所說的今年，正是莊廷鑨史案發生之時，吳銘道坦白說出人情洶
洶，望風而慄的情形。事實上當時人每每自己偷偷查核，遇到可能觸
犯禁忌之處，輕者塗黑或挖空，重者付諸一炬，而且在焚燒時顯然還
不能讓左鄰右舍察知，以免告官[157]。由家人擅為作代為焚書的例
子，如何焯(1661-1722)，他曾於康熙年間下獄，其門人惟恐他的《道
古齋識小錄》十數卷中有觸忌之處，便擅自作主將書及版片燒了[158]。
　　當時士人之間口傳的管道似乎相當暢通，所以在沒有報紙或其他
傳播媒體的情況下，卻能非常精確地焚棄因案被逮之人的著作，譬如
遺民魏耕(1614-1662)的《息賢堂集》極為罕見，即使是流傳的鈔本

155　朱彝尊，〈曝書亭著錄序〉，《曝書亭集》，收入《景印文淵閣四庫全
　　　書》，第1318冊卷35，頁55c-d。又朱氏寫作此序的時間為康熙三十八年
　　　(1699)。
156　轉引鄧實跋清姚覲元《清代禁燬書目》，在《清代禁燬書目‧清代禁燬知
　　　見錄》(台北：成文出版社，1978)，頁341。
157　《清代文字獄檔》中便有自焚板塊時被鄰人告官之例。見〈陳希聖誣告鄧
　　　德收藏禁書案〉，(上海：上海書店出版社，2007)，頁236-239。
158　張慧劍編著，《明清江蘇文人年表》(上海：上海古籍出版社，1986)，頁
　　　980，「1715乙未康熙五十四年」條下第三項：「長洲何焯所著《道古齋
　　　識小錄》於被捕時為門人焚毀。(《吳縣志》)」另可參見何焯，《義門先
　　　生集》，《續修四庫全書》(據道光三十年〔1850〕姑蘇刻本影印，上
　　　海：上海古籍出版社，1995)，第1420冊，〈附錄〉，總頁267-268。

也把書名逕改爲《雪翁詩集》，便可能是因爲「比事敗，人競毀其書」之故[159]。

最容易引起人們緊張而自焚文稿及藏書的，莫若有本地人觸忌被逮，在當地形成緊張空氣之時。毛奇齡《西河集》卷十的〈何毅菴墓誌銘〉爲我們保留了一條可貴的材料。毛氏的朋友何之杰(1621-1699)的詩被告諷刺當地縣官，縣官得其詩，看不出任何辱己之處，但搜其舊稿，卻發現一些可疑的字眼(如清戎、如夷)，後來有按察使佟君出面主張：「凡舊刻文卷，有國諱勿禁，其清、夷、虜等字，則在史館奉上諭，無避忌者。」[160] 最後無罪開釋。可是與此事有關的當地士人(包括毛奇齡)，都將他們與何氏唱和抄存的詩焚去——所謂「俱于是時，里俗相戒，擲于爨」是也[161]。

刪竄之事並不限於書籍。商務印書館出版的《呂晚村墨蹟》有呂留良的詩帖，近人發現卷中的款字和前面一段已被挖去，若非熟悉呂氏字跡，根本無法辨認作者。所幸有朱文小印「晚村」二字未被塗去，爲後人留了一通消息[162]。

自我禁制並不局限在江浙人文高度發達的地區，即使遠在雲南，我們也發現人們暗地刪書的例子。雲南人趙河(生卒年不詳)的《待焚草》二卷，據鄧之誠表示「集中闕字尚隱隱可辨，必禁書時凡涉怨望及字面可曲解者，皆亟刪去，雲南去天萬里，而禁忌若此」[163]。此

159 鄧之誠，《清詩紀事初編》卷二，頁248-249。
160 鄧之誠，《桑園讀書記》卷十四，頁79-81。
161 鄧之誠，《桑園讀書記》卷十四，頁80。
162 姚述，〈呂留良詩帖〉，在《藝林叢錄》第二編(香港：商務印書館，1962)，頁143。
163 鄧之誠，《清詩紀事初編》卷八，頁960-961。

本爲乾隆七年(1742)所刻[164]，當時還不是禁書空氣最高漲的時候，但遠在雲南的士人也已經在暗自刪書了。

　　對於士大夫自我禁制、自我刪竄問題的探討，應該掙脫舊格局的限制，不應只將眼光放在禁書目錄上。事實上禁書目錄有其局限性，許多犯禁諱的書根本不曾廣泛流通，所以也不可能列名目錄[165]。有些書始終以抄本方式存在，故不曾被注意。有些刊刻之後也因流傳不廣而未遭禁[166]。更重要的是一般人可能根本不知道有禁書目錄，官方也始終未曾編出一本完完整整的目錄。所以，尺度是在人們的心中。他們可以自由自在，無限猜測、擴張，也自然會不分青紅皂白地刪焚，不管它們是不是在禁書目錄上。

(七)自我刪竄的現象不能泛濫解釋

　　我並不完全贊成李奧·斯特勞斯(Leo Strauss, 1899-1973)解讀文獻時，在空白地方過度作文章的風格[167]。自我刪竄固然呈露一個不可言說的世界，但是並非所有空白缺漏處都有文章可做，也有一些空白闕漏是無心造成，或另有原因。

　　像崑山柴奇(明武宗正德六年進士)所著《黼菴遺稿》十卷，明嘉靖刻本(現藏北京圖書館，六冊)，集末有柴奇的五世孫柴胤璧(生卒

164　鄧之誠，《清詩紀事初編》卷八，頁961。

165　鄧之誠在《桑園讀書記》頁38說許重熙所編《歷代大政紀要》：「此書今未見流行，亦未見禁書書目，或未刻耶。」

166　如李漁《連城璧》刊刻後流傳不廣，故道光、同治年間浙江、江蘇頒布查禁小說淫詞的書目中，都只有他的《十二樓》，而無《連城璧》。參見安平秋、章培恆，《中國禁書大觀》(上海：上海文化出版社，1990)，頁296。

167　Leo Strauss, *Persecution and the Art of Writing*(Chicago: University of Chicago Press, 1988), pp. 22-37.

年不詳)所作的跋，署「嘉靖乙亥」，但嘉靖二字是剜補重寫的，以
甲子推算，則應是崇禎八年(1635)。將崇禎改為嘉靖不是想表達什麼
抗議，只不過是書賈欲以崇禎印本充嘉靖印本而已[168]。又如明代華
容孫繼芳(1483-1541)的《石磯集》(北京圖書館，一冊)。在明嘉靖
間刊本中，他的兒子於序中提到該集「凡十三卷，詩五卷，文三卷，
雜著三卷」。讀到這裡，或許對這本書實際上只有詩集兩卷(共一冊)
感到莫測高深，或許有不可說出的意見被刻意隱藏了，但一究其實就
知是「因梓人告歸，僅刻詩集二卷」[169]。又如顧可久(1485-1561)的
《在澗集》(九卷，北京圖書館)，書題與卷次頗有出入。通常這種
「文不對題」的現象可能是一面刻一面隨政治氣候轉變改換內容所
致。但這部《在澗集》根據王重民所說是：「蓋是集按年編次，以一
年為一卷，遞有增刻，故書題與卷數，前後不同也。」[170] 隨作隨刊
或花較長時間刊刻，都是舊日刻書常有的習慣[171]，有的則是限於財
力、時間而未克刻完[172]。

　　有些書被刪節，不是因為禁忌，而是因為當時人認為內容猥雜沒
有價值[173]。有些收入四庫的本子或刊刻的本子內容不及原刻本豐富，

---

168 王重民，《中國善本書提要》，頁597。
169 王重民，《中國善本書提要》，頁594。
170 王重民，《中國善本書提要》，頁596。
171 如鄧之誠，《清詩紀事初編》卷四，陳玉璂條，頁441。
172 如章性良的《種學堂詩文集》十卷，因為全書中詩的部分無絕句，故後人
　　便懷疑它實際上並未刻完。鄧之誠，《清詩紀事初編》卷四，頁507。
173 如足本《五石瓠》較昭代叢書本多三分之二，然所多出者，有孫承澤
　　(1592-1676)收藏書畫法帖，乃鈔撮《庚子銷夏記》而成。《東林點將
　　錄》，已見他書，連篇累牘，仍以刪去為宜。參見鄧之誠，〈足本五石
　　瓠〉，《桑園讀書記》，頁36。

純粹只是因刊者偷懶敷衍[174]，或原本不易求，或節省刊刻費用，不一
定有政治理由。即以書中常見的空缺或墨槓爲例，李慈銘(1830-1894)
《越縵堂日記》中出現了大量的墨槓。魯迅曾指出因爲李氏怕像何義
門(焯，1661-1722)的日記，忽然被皇帝要求呈覽，所以李氏在日記中
動輒引上諭，並且有大量的墨槓。但我們細察其墨槓的前後文，便發
現它們大多與政治無關，往往只是牽涉到一些瑣碎的人事[175]。有許多
書上的墨釘或空字，是因爲無法確定內容，或原本泐缺[176]。無論如
何，在印刷術大行之後，政治力量對文化領域的宰制能力是有限制
的。私家刻書，板存於家，可隨時刷印，也可以隨時挖改，印刷工具
的分散性及自主性極強，則任何政治禁制的效力都會受到限制。更何
況統治者並非全知全能，他們對觸諱之書的了解仍然有其限度。

　　自我刪竄也有其限制。有許多書從未引起讀者的注意，那麼誰去
刪它呢？許多藏書家不一定讀書，又何從刪起？而許多人讀書，或心
存僥倖，或懶惰，或根本沒有政治敏感性，故未作任何刪竄。這一類
的例子甚多[177]，不可忽視。

　　因爲以上種種理由，有不少觸犯禁忌的抄本、刊本保存下來。廣

---

174 黃寬重，〈《增訂湖山類稿》校異舉隅──以文津閣本四庫全書爲例〉，
　　《大陸雜誌》，95：5(1997)，頁43-45。黃寬重，〈文津閣本宋代別集的
　　價值及其相關問題──以《文淵閣四庫全書補遺》爲例的討論〉，《故宮
　　學術季刊》，15：2(1998)，頁27-61；後轉載《文獻》（北京），
　　77(1998)，頁181-194。
175 李慈銘的日記中，墨槓隨處可見。如《孟學齋日記》（台北：文海出版
　　社，1963），甲集上，頁3b、5b、14b、32a。李氏之動輒引上諭，魯迅認爲
　　是李氏怕日記突蒙御覽之故。參見魯迅，〈怎麼寫──夜記之一〉，《三
　　閒集》，收入《魯迅全集》（台北：唐山出版社，1989），第5冊，頁29。
176 如瞿晃良，《版刻質疑》（濟南：齊魯書社，1987)等書中有不少論述。
177 以鄧之誠所見者爲例，見《清詩紀事初編》卷1，頁12、19-20。

東陳恭尹的詠古絕句〈讀秦紀〉就指出「人間猶有未燒書」。他說：

> 謗聲易弭怨難除，秦法雖嚴亦甚疏。夜半橋邊呼孺子，人間
> 猶有未燒書。[178]

名爲〈讀秦紀〉，恐怕是在說清初，而「秦法雖嚴亦甚疏」一句，恐
怕也是當時的實情。

(八)影響

清代政治對文化領域之壓制最大的影響，是因漣漪效應帶來各種
文化領域的萎縮、公共空間的萎縮、政治批判意識的萎縮、自我心靈
的萎縮，形成一種萬民退隱的心態，「非政治化」的心態。政治干預
文化領域，不只是積極改造人們怎麼想，而且要人們朝著其方向想，
或是要人們什麼都不想。此處只就有材料者進行討論。

一個不明就裡的人捧讀一部經過官方刪竄及自我刪竄後的書，如
果沒有足夠的敏感度，或是無法通曉某些書中的隱語系統[179]，通常
不會有異樣的感覺。所以過一段時間後，歷史記憶常被徹底扭曲或抹
除而不自知。不只是對漢族歷史的記憶，對滿族歷史亦復如此。在我
們今天看來天經地義的事，在清末的人並非如此。譬如生於清末的錢
穆(1895-1990)一度不知道滿清皇帝不是中國人，《師友雜憶》中說
有一天「伯圭師隨又告余，汝知今天我們的皇帝不是中國人嗎？余驟
聞，大驚訝，云不知。歸，詢之先父，先父云：師言是也，今天我們

---

178 陳恭尹，《獨漉堂詩集》，收入《續修四庫全書》(上海：上海古籍出版
社，2005)，1413冊卷二，〈讀秦記〉，頁19a。
179 余英時，《方以智晚節考》，〈增訂版自序〉，頁5。

的皇帝是滿洲人，我們則是漢人。」[180] 由這一段追憶，足見歷史記憶中斷使得最簡單的事實都可能被徹底遺忘[181]。錢穆當時只是一個小孩，他的故事不能太過被誇張。一個不明就裡的人如果讀到刪改後的任何有關明末清初的歷史書籍，一定以為滿洲與明朝不曾發生過任何關係，因為這些書中完全沒有關於建州衛的事，他們甚至不會知道滿洲究竟從何處冒出來，因為官私史書不言其事。所以不只漢人不清楚明代歷史的真相，滿人對自己的歷史也不清楚，這也是為什麼章太炎在民初寫《清建國別記》時一再強調清代「官書之謬悠」了。對前半生在清朝生活的人覺得這些歷史知識相當新，因為他們是在空白的紙上一寸一寸填回歷史記憶。

　　政治是最敏感的，所以自我約束之風在政治上的表現最為明顯。李祖陶(1776-1858)說：「今人之文，一涉筆惟恐觸礙于天下國家。……消剛正之氣，長柔媚之風。」[182] 恐觸礙的柔媚之風有兩種影響。第一是不敢論政，第二是不敢上書言時事。乾隆四十四年(1752)，在黃檢私刻奏疏案後，乾隆的上諭說：

　　朕非不容直言之主，臣工亦從無以批鱗激切之言奏聞者。[183]

180　錢穆，《師友雜憶》(台北：東大圖書公司，1983)，頁34。

181　一如經過五十年統治之後，許多台灣人也自以為是日本人。譬如李遠哲先生表示「台灣光復後，我才知道我不是日本人。」見李遠哲，《李遠哲訪談與言論集》(台北：遠流出版社，1994)，頁6。

182　李祖陶，〈與楊蓉諸明府書〉，《邁堂文略》卷一，收錄在李祖陶輯，《國朝文錄》(道光19年〔1839〕瑞州府鳳儀書院刊本，傅斯年圖書館藏)，第55冊，頁27b。

183　見中國第一歷史檔案館編，《乾隆朝上諭檔》(北京：檔案出版社，1991)，第9冊，「二月二十二日上諭」，頁586。

乾隆本人應該爲「無以批鱗激切之言奏聞」之風負責，但他自己竟也
如此感嘆，足見內外臣工管束自己的程度。朝廷既然以前所未有的力
量剷除人們自由評論時政的清剛之氣，那麼汪輝祖(1730-1807)《雙
節堂庸訓》中〈勿紀錄時事〉一則中勸人勿撰作日記、箚記，且「不
宜擷拾時事」以免「謬妄觸忤，禍及身家」，便非無的放矢[184]。而
清季龔自珍(1792-1841)所形容的「避席畏聞文字獄，著書都爲稻粱
謀」，便是很自然的現象了。比龔氏稍晚的曾國藩(1811-1872)，在
侍郎任上〈應詔陳言疏〉也說「十餘年間，九卿無一人陳時政之得
失，科道無一摺言地方之利興」。其實科道無一摺言事的情形，並不
只是「十餘年間」之事。管同(道光五年舉人)〈擬言風俗書〉說：

> 近年大臣無權，而率以畏愞；臺諫不爭，而習爲緘默。門戶
> 之禍不作於時，而天下遂不言學問，清議之持無聞於下，而
> 務科第營財貨。節義經綸之事，漠然無與於其身。[185]

龔自珍於嘉慶二十年(1815)說：

> 人心混混而無口過也，似治世之不議，左無才相，右無才
> 史。[186]

---

184 汪輝祖，《雙節堂庸訓》，收入《汪龍莊遺書》(台北：華文書局，1970)
　　卷五，頁898-899。

185 管同，〈擬言風俗書〉，《因寄軒文初集》收入《續修四庫全書》，集部
　　1504冊卷四，頁423d。

186 龔自珍，《龔自珍全集》(北京：中華書局，1959)，〈乙丙之際著議第
　　九〉，頁6。

在這種風氣之下，士風必受影響，所以，像洪亮吉(1746-1809)在嘉慶初年因言事獲譴，直聲震天下，在清代士大夫的歷史中成爲極罕見的特例，但如果與明代士大夫相比，則簡直是小巫見大巫，足見兩朝士氣之不同。到了馮桂芬(1809-1874)，中國已面臨前所未有的危機，但在《校邠廬抗議》中他仍不敢直接提倡「上書」言政事，而只敢說是「陳詩」，其實「陳詩」即是「上書」的一種不得已的曲折說法。

　　到了晚清，即使批評時政，也只敢出之以極隱晦的方式，譬如以批評明朝或其他朝代的方式出現。此處僅舉一例。晚清洋務派劉錫鴻(1874-1918)，他曾作爲郭嵩燾(1818-1891)的副使出使英國。他在描述英國議會時曾說：

> 官政乖錯，則舍之以從紳民。故其處事恆力爭上游，不稍假人
> 以踐踏，而舉辦一切，莫不上下同心，以善從之。蓋合眾論以
> 擇其長，斯無不備，順眾志以行其令，斯力無不殫也。[187]

並說此制度與漢之三老，明之里老人相似。他並指出中國自明朝洪熙年間以後，里老人之制益衰，「僕隸匪人，濫竽相繼，……貴官愈多，牽掣愈甚，供億奔走愈繁，百姓之生路乃盡絕而無可逃免。」[188]其實劉氏所批評的是明清二代之歷史，但他刻意提到明朝而避過清[189]。

　　清代(尤其是乾嘉)是經學考證盛行的時代，我們亦應有幾段談到

187　轉引自鍾叔河，《走向世界：近代中國知識分子考察西方的歷史》(北京：中華書局，1985)，頁254。

188　轉引自鍾叔河，《走向世界：近代中國知識分子考察西方的歷史》，頁255。

189　轉引自鍾叔河，《走向世界：近代中國知識分子考察西方的歷史》，頁255。

自我壓抑在經學考證上的影響。我必須承認要進入這個題目首先要說明兩件事，第一，經學基本上是一個比較不會惹麻煩的領域，故章太炎說：「家有智慧，大湊於說經，亦以紓死。」第二，經學著作浩如煙海，我尚未能比較深入地發掘這方面的材料，此處僅舉兩個例子。

近人有關清代春秋學的若干研究中早已清楚地認識到，清初官方頒布《日講春秋解義》、《欽定春秋傳記彙纂》、《御纂春秋直解》等書，而康熙也由尊《春秋胡氏傳》到大力批評它，將其中牽涉到夷狄、變夷的文句加以刪節或改易[190]。這裡值得注意的是注經、解經的暗自刪抑，而深刻影響到清代春秋學的討論。

另外，黃節(1873-1935)在上個世紀初即已透過對《春秋胡氏傳》的細密比勘工作，發現其中凡是夷狄的地方，都有了偷梁換柱式的修改[191]。譬如：

---

190 以上見童正倫，〈四庫全書對春秋類的刪改〉，甘肅省圖書館編，《四庫全書研究文集：2005年四庫全書研討會文選》（蘭州：敦煌文藝出版社，2006）；汪嘉玲，〈胡安國《春秋傳》研究〉（台北：東吳大學中國文學研究所碩士論文，1998）；康凱淋，〈論清初官方對《春秋胡氏傳》的批評〉，《漢學研究》，28:1(2010.3)，頁295-323。童、汪之說見引於此文中。

191 「僖公八年」條：
春秋：狄伐晉。
左氏傳曰：晉里克帥師，梁由靡御，虢射為右，以敗狄於采桑。梁由靡曰，狄無恥，從之必大克。
（狄無恥一語刊落）
「僖公二十一年」條：
春秋：楚人使宜申來獻戎捷，公會諸侯盟于薄，釋宋公。
公羊傳曰：宋公與楚子期以乘車之會，公子目夷諫曰：「楚，夷國也，強而無義」。
（刊落夷國也三字）
「襄公二十九年」條：
春秋：吳子使札來聘。

「閔公元年」條：

春秋，齊人救邢。

左氏傳曰：戎狄豺狼，不可厭也，諸夏親暱，不可棄也。

(今錄左氏傳文而缺此二句)。

「僖公四年」條：

春秋：楚屈完來盟于師，盟于召陵。

(續)————————————————

公羊傳曰：賢季子也。春秋賢者不名，此何以名？許夷狄者，不一而足也。

(以季子之賢，猶以其爲夷狄而名之，此皆春秋攘夷大義也。而□□刊落之。則爲之案曰：春秋書子以進之，札以名書，非襃貶所係也。)

「僖公三十三年」條：

春秋：晉人及姜戎敗秦于殽。

公羊傳曰：其謂之秦何？夷狄之也。

穀梁傳曰：不言戰而言敗，何也？狄秦也。其狄之何也？秦越千里之險，入虛國，進不能守，退敗其師，徒亂人子女之教，無男女之別，秦之爲狄，自殽之戰始也。此之狄秦，猶之狄楚，所以示吾種人，雖臨制夷狄而有夷狄之行，亦夷狄之。

(刊落後面數語)

「文公九年條」：

春秋：楚子使椒來聘。

公羊傳曰：椒者何？楚大夫也。楚無大夫，此何以書？始有大夫也。始有大夫，則何以不氏？許夷狄者不一而足也。

(□□刊落之而采之左氏傳曰，越椒執幣，傲其先君，神弗福也，忘華夷之限而張君權神權也。)

「宣公十五年」條：

春秋：晉師滅赤狄潞氏，以潞子嬰兒歸。

公羊傳曰：離于夷狄，而未能合于中國，晉師伐之，中國不救，狄人不有是以亡也。春秋喜潞子去俗歸義，然而謂其未能與中國合同禮義相親比也，故猶繫赤狄。

(此春秋攘夷大義也而□□刊落之，則謂晉景公陵弱衆強，不得至於楚而求得志於狄，是不知楚與狄之別，孰爲異族，孰爲吾種人臨制之國也。)

參見黃節，〈春秋攘夷大義發微〉，《國粹學報》(台北：文海出版社，1970)，第二十期(1906)，頁8a-9a。

公羊傳曰：喜服楚也。何言乎喜服楚？楚有王者則後服，無
王者則先叛。夷狄也，而亟病中國，南夷與北狄交。中國不
絕若線。桓公救中國，而攘夷狄，卒帖荊，以此爲王者之事
也。

（刊落者所言夷狄）

《左傳》是一部攘斥夷狄思想非常濃厚的書，經此一刊削則清代人讀
《春秋胡氏傳》時宛然見到一個不攘夷自大的文本，其影響之大可以
想見。這些都是從《左傳》中直接隱去本文，我們試著比較這兩種，
如果沒有任何警覺，可以錯漏到什麼地步了。

　　清代學問往往有折向考古的傾向，這主要與學術發展的理路有
關。另外，恐怕與清代文字獄壓力不能完全分開。早在乾隆以前，其
勢力已成。譬如《讀史方輿紀要》，原是一本歷史地理之書，但它詳
古略今，於明清之際的地理變化，竟然一字不述[192]。即使如此，收
藏這部書仍然有危險，程廷祚（1691-1767）《青溪集》中的劉湘煃
《讀史方輿紀要》案即是一例[193]。乾隆以後，許多傳統學問都有考
古化的傾向，如地理學，本來最應與現代發生關係的，竟轉向古地理
之探究。清人筆記之有價值者，十九也屬於考古方面[194]。我們自然
可以說在清初諸大儒所帶動的學術風氣，本就有求古的傾向，但是，
何以治經而專要考古？因爲講經學義理，不能不牽涉到人事政治，很
容易與時政有牽纏。專考據古代的訓詁、名物，反可以與當世絕緣。

---

192 梁啓超，《中國近三百年學術史》（台北：中華書局，1975），頁318。
193 參程廷祚，《青溪文集‧續編》（合肥：黃山書社，2004）卷三，〈紀方輿
　　紀要始末〉，頁331-333。
194 梁啓超，《中國近三百年學術史》，頁276。

何以不著史而考史？因為史學家如果去著史，則很容易與御批或官修
史書差異，更會惹來借古諷今，譏議時政的罪嫌。

政治壓力對於一般人——尤其是下層讀書人的影響也值得注意。
在《鳴野山房書目》中有一篇〈沈霞西墓表〉透露了下層士人的心
態：

> 乾隆中，東南收繳禁書，吾越相戒無藏筍，士競趨舉子業，故
> 科目盛而學術微，其以餘力讀古書者，百不一、二焉。[195]

這一段話看來，政治壓力給下層士人造成的最大影響不是轉向考古，
而是不讀古書，專力追求功名。所以章太炎所謂「家有智慧，大湊於
說經，亦以紓死」的說法，並不適用於一般士子。下層士子回應政治
壓力的辦法是避免跨出科舉考試外去追求學問，也避免作有危險性的
思維創造的工作，而是完全跟隨科舉考試起舞，故說「科目盛而學術
衰」，「以餘力讀古書者，百不一、二焉」。所以政治壓力將士子逼
向兩個極端：一個是考古，一個是科名。

權力的毛細管作用所帶來的影響不可輕視。章太炎敏感地發現
《四庫全書》中沒有「譜系」一門，實含有重大意味。他說「以余觀
之，《世本》、《元和姓纂》、《千家譜》、《英賢傳》、《姓氏博
考》五書，應立一譜系門。如云書少，不足為門類，則時令何以可別
立一門耶？」（《四庫全書》的時令類只有兩部書）——「求其所以不
立之故，殆以講求譜系，即犯清室之忌。《廣韻》每姓之下，註明漢

---

195 沈復粲編、潘景鄭校訂，《鳴野山房書目》（上海：上海古籍出版社，
    2005），頁5。按，此書原為清初祁理孫《奕慶藏書樓書目》，上海古籍出
    版社誤題編者、書名。但所載〈沈霞西墓表〉則為真。

姓虜姓,如立譜系一門必有漢姓虜姓之辨,故不如逕刪去耳」[196]。

政治壓力也影響到文體的變化。詩的創作不可避免的要涉及時代觀感,最保險的辦法是稱頌皇帝,而且稱頌的內容最好是要大、要空,因為有內容的稱頌固佳,但是如果不是詳悉內情,而是道聽塗說的頌揚,則有被控捏造的危險。如曾靜案中諸葛盛際稱誦四太子胤禛,如《清代文字獄檔》中許多案件,依魯迅看來,都是稱頌不當而獲罪[197]。要稱頌,又要大、又要空,使得康熙中葉以後的詩,「承平雅誦,成為風氣」[198]。

政治壓力禁制太久,一般人表現出來的文學想像力,往往傾向於追隨他所了解的政府要人們去想、去注意的方向。在戲劇方面,梁啟超(1873-1929)《新民說》對清代內廷演劇即有這樣一段觀察:

> 昔乾隆間內廷演劇,劇曲之大部分則誨亂也,誨淫也,皆以觸忌諱被訶譴不敢進,乃專演神怪幽靈牛鬼蛇神之事,既藉消遣,亦無怨尤。[199]

---

196 章太炎,《國學略說》(高雄:復文圖書出版社,1984),頁105。太炎同時也說「清修四庫,於史部特別注意,經部不甚犯忌,然皇侃《論語疏》猶須竄改,子部宋元明作者,亦有犯忌處。……不立譜系,即其隱衷可見也」,同前引。

197 魯迅,〈隔膜〉,收入氏著,《且介亭雜文》,頁31。

198 鄧之誠,《清詩紀事初編》,頁514。

199 梁啟超,《新民說》(台北:臺灣中華書局,1978),頁126。此外,魯迅指出清代小說內容也有一些微妙的變化。如光緒初年續《三俠五義》的幾本書,皆由原來《三俠五義》的反抗官府變為幫助政府,而中間每以名臣大官總領一切,見魯迅,《中國小說的歷史的變遷》(香港:中流出版社,1957),頁44。

梁氏並未說出他的根據，但他的觀察並不差。牛鬼蛇神之戲既有趣，
又無事實，是一種比較安全的辦法。

政治壓力亦影響及於治史的方向，這主要可以分成兩方面。第一
是不同歷史文類的升降，第二是治史者專注的時段之不同。這又可分
官、私兩方面說。清代官修史籍數目最富，其中有些部分與歷史有
關，提出了官方認可的歷史版本。清初以來與史案有關的文字獄案最
多，而莊廷鑨的修史案尤爲著名，打擊範圍極大，連刻工都被牽連，
所帶來的漣漪效應極爲可觀。首先是造成私人不敢修史，即使撰史，
也集中在明代以前，而且以古代爲多。私人的歷史活動以纂輯史料，
或對傳統史書進行補、考、注爲主；是考訂，而不是撰述[200]。即以
元明兩代所修正史爲例，它們的體例完備，但謬漏甚多，而乾隆末期
以前清代學者並未改寫宋、遼、金、元、西夏的歷史，多只從事補充
與改編。

與明代後期相比，清代的私史與當代史極端衰落。明代「李贄的
《續藏書》是專門記載明代人物的著作，作者以當代人寫當代史，卻
能做到無所顧忌，仗義直書，特別是對當朝發生的兩件大事，即『靖
難之役』與『奪門之變』，在書中不僅毫無迴避，而且專列《遜國名
臣》三卷，對建文遺臣的事跡一一加以介紹。『奪門之變』中的許多
人物雖未專列類傳，但對他們的貢獻在各人的傳記中，也都能如實記
載和表彰。明末談遷的著史態度嚴肅認眞，《國榷》直書，首先表現
爲『著聖人之失』；儘管作者對太祖開國功業推崇備至，卻據實記述
其屠戮功臣，廣事株連。至於武宗之荒淫，神宗之貪婪，思宗之剛愎

---

200 梁啓超，《中國近三百年學術史》，頁271-298。

與僞善，弘光帝的愚昧腐朽，也都作了大量的揭露」[201]，但在清代卻看不到這樣的著作。僅就《清史稿・藝文志及補編》所錄史部前三類之正史、編年、紀事本末百卷以上史書，作一粗略統計，官書多達六千六百四十五卷，私史則只有二千四百六十二卷[202]，故而梁啓超、胡適(1891-1962)都嘆：自漢以來二千年，私家史料之缺乏，未有甚於清代[203]。

更有甚者，因爲尹嘉銓案的影響，有關清代的傳記文學極度貧乏，清朝的人物傳記集也不敢編輯或出版。孟森〈皇明遺民傳序〉說：「當乾隆間，尹嘉銓作《清名臣言行錄》，高宗斥爲標榜攀附，定讞殺身，列爲罪狀。以本朝之人，稱頌本朝之先正，意固爲本朝增重，何負於國家，而尚成文字之禍。故嘉、道以前，流風所被，傳記文學，爲傳者所諱言……至錢儀吉撰《碑傳集》，中間有遺逸一門，竟有表章遺民之意，無論事觸時忌，即其廣輯清代名人碑傳，已爲朝廷所不許，故其書久藏不出，至同治間，李元度之《先正事略》行世後，又久之，至光緒末乃獲印行。蓋咸、同軍興以後，禁網乃稍稍闊疏」[204]。從上面這段話可以看出，錢儀吉(1783-1850)的《碑傳集》在編好後，隱抑再三，一直等到禁網鬆弛以後才出版，由此可見其艱難之一般了。如果粗略統計現在較爲通行的三十多種清代名人傳記集成，我們便可以發現其中絕大部分都是在嘉慶、道光以後出版的[205]。

---

201 楊林，〈試析莊氏史案對清初私家修史的影響〉，《清史研究》，1992年第2輯，頁55。

202 楊林，〈試析莊氏史案對清初私家修史的影響〉，頁53。

203 梁啓超，《中國近三百年學術史》，頁276。

204 孟森，《明清史論著集刊》，頁155。

205 哈佛燕京社編，《三十三種清代傳記綜合引得》(北平：燕京大學，1932)，頁ii。

政治壓力也造成年曆學上的混亂，如汪曰楨(1813-1881)的《長
術輯要》，李兆洛(1769-1841)的《紀元編》，都從明神宗萬曆四十
四年(1616)以後即用清太祖天命、天聰等年號，好像天啟、崇禎兩個
年號在歷史上不曾存在一般[206]，而這都是受清代正統觀念影響而變
本加厲的結果。又張鉴(1761-1829)在比對《明季北略》的刊本及原
抄本時便發現，原抄本卷首第一篇〈建州之始〉，全文達一千七百七
十二字，是從來談滿洲發祥史者所未見，通行刊本既刪此篇，使得全
書之開始不得不從抄本卷首原來的萬曆二十三年(1595)，推遲到萬曆
四十四年[207]。

　　政治對文化領域的介入也反映在當時版本校讎之工夫。四庫禁毀
的行動廣泛牽涉到中國古書的版本目錄，這些作為在當時有關版本校
讎的理論性著作中得到反映。章學誠(1738-1801)《校讎通義》完成
於禁書高潮之時，所以在該書《外編》的〈論修史籍考要略〉中，他
談到《史籍考》所收史書的十五個要點，其中第十三、十四兩條便如
此叮嚀：

　　十三曰：制書宜尊。列聖寶訓，五朝實錄，巡幸盛典，蕩平
　　方略，一切尊藏史宬者，不分類例，但照年月先後，恭編卷
　　首。
　　十四曰：禁例宜明。凡違礙書籍，或銷毀全書，或摘抽摘毀，
　　其摘抽而尚聽存留本書者，仍分別著錄，如全書銷毀者，著其
　　違礙應禁之故，不分類例，另編卷末，以昭功令。[208]

206 柴德賡，《史學叢考》(北京：中華書局，1982)，頁214-215。
207 計六奇，《明季北略》(北京：中華書局，1984)，頁748。
208 章學誠，《章學誠遺書》(北京：文物出版社，1985)，頁117。

《史籍考》分制度、紀傳、編年、史學、稗史、星曆、譜牒、地理、故事、目錄、傳記、小說，共十二部五十七目，至1796年完成十之八九。它既然是想仿朱彝尊《經義考》，那麼在網羅史籍時，自然不能不對當時列入禁書目錄的大量史書閉目不視，他在這裡強調要把官方制書恭存於卷首，把有問題的書或分別著錄，或將它們違礙應禁之故彙存於卷末，即與《文史通義》中贊誦時王的君師合一論相符合[209]。

另外就是一種以歷史上的一些非漢族作為中心的新正統觀的形成。這種思想的形成與清代帝王之希望人們不要以遼金元為敵國有關。四庫館臣議定查辦違礙書目條款中說，凡宋明人著作中稱遼金元為敵國者，俱應酌量改正[210]。而禁毀目錄中所列禁書理由中，也常有輕蔑遼金元或以遼金元為敵國的罪狀，此外，在實際作為中，清代官書也出現了迴避漢族的歷史地位的觀點。1937年陳垣（1880-1971）在《舊五代史輯本發覆》中，證實清代以來口耳相傳殿本《舊五代

---

209 章學誠贊誦時王的權威主義傾向，余英時先生已闡發得相當清楚。「細推其說之涵義，則不啻謂清代一切政治措施皆如六經之足以垂法後世」，「實齋『權威主義』思想在『原道』上中下三篇中表現得最為清楚，『原道』謂集大成者乃周公而非孔子，因孔子有『德』無『位』，即無從得制作之權」。余先生又發揮錢穆所論《文史通義》何以獨缺〈春秋教〉之故，認為不只是因為實齋所說的「有德無位，不能制作」，更重要的是其權威主義之思想傾向使然。見余英時，《論戴震與章學誠》（台北：華世出版社，1977），頁77-78。

210 永瑢等，《四庫全書簡明目錄》（台北：洪氏出版社，1982），頁920，乾隆四十一年十一月十七日上諭：「或明人所刻類書，其邊塞兵防等門，所有觸礙字樣，固不可存，然祇須削去數卷，或削去數篇，或改定字句，亦不必因一、二卷帙，遂廢全部。他如南宋人書之斥金，明初人書之斥元，其悖於義理者，自當從改，其書均不必燬。」乾隆四十六年二月十五日上諭痛斥持華夷之見最堅的胡安國，說他「華夷之見，芥蒂於心，右逆子而亂天經，誠所謂『胡說』也。」（頁927）

史》曾經遭到改竄的說法。此書中指出不但虜、戎、胡、夷狄、蕃、僞、賊、犯闕等字眼是忌諱的，如劉邦項羽相爭，項羽軍的箭中劉邦胸，劉邦爲安定軍心，說「虜中吾足」，《舊五代史・盧程傳》引此故事時將「虜」字也刪去[211]。但更值得注意的是，「漢」字也盡量加以刪除或竄改(如「漢家宗社」、「遣使歸漢」)。

　　禁抑的另一面是鼓勵對功令採積極跟隨的態度，那怕政府的政策前後矛盾不一致，也要緊緊跟隨，因爲最保險的不是永遠做或說對的事情，而是不說，或是緊跟著政府的方向，或一味歌頌。衡諸歷史，這當然不是孤例。漢代士人頌漢的風氣是很早就吸引史家注意的歷史現象[212]。以「天子萬萬年」作爲小說的結尾，在元代也甚普遍。但是清代文士那樣大量頌聖、頌清的，則並不尋常，而且文字獄壓力愈大，歌頌得越厲害。

　　龔煒在《巢林筆談》歌頌雍正極爲厲害[213]，能舉出作爲歌頌理由的無不窮舉。此外稱頌清代遠邁歷朝的例子也極多見。章學誠在《丙辰箚記》中有一條說「自唐、虞三代以還，得天下之正者，未有如我人清」[214]。一直到湘軍曾國藩爲其友孫芝房(1819-1959)的《篘

211　陳垣，《勵耘書屋叢刻(第二集)》(北京：北京師範大學出版社，1982)，
　　　頁1501-1614；方詩銘、周殿爵，《錢大昕》(上海：上海人民出版社，
　　　1986)，頁83。
212　參見徐復觀，〈王充論考〉，《兩漢思想史(卷二)》(台北：臺灣學生書
　　　局，1976)，頁573。
213　龔煒，《巢林筆談》(北京：中華書局，1981)，頁30-32。
214　章學誠，《章學誠遺書》，外編，頁390。章氏在這裡還提到「而元自滅
　　　宋，雖未嘗不正……」。David Nivison亦注意到這一現象，見其*The Life
　　　and Thought of Chang Hsüch-ch'eng (1738-1801)*(Stanford, Calif.: Standford
　　　Univ. Press, 1966), p. 181。

論》所寫〈序〉，也用了「聖清膺命，巨儒輩起」八個字[215]，可能是爲了替該書批評清代制度找掩護。趙翼(1727-1814)一方面在《廿二史箚記》中寫〈長安地氣〉條，用地氣轉移，論證「至我朝不唯有天下之全，且又擴西北塞外數萬里，皆控制於東北，此王氣全結于東北之明證也。」[216] 又在《簷曝箚記》卷一〈聖學〉條中，力捧乾隆「御製詩文，如神龍行空，瞬息萬里」，並說乾隆平伊犁後花五刻鐘寫成的〈告成大學碑〉，「讀者想見神動天隨光景，眞天下之奇作也」[217]。

清代也出現了一種歌頌歷史上異族所建立之政權[218]，並貶低漢人政權的風氣。史書上說劉因(1249-1293)作賦，慶幸南宋之亡[219]。在清代早期王鴻緒(1645-1723)也發出「元爲正統，明爲龍興」[220]，但這種論斷在以前是孤例，而到了清代中期以後，逐漸成爲氣候。出現了一種新正統觀，痛斥歷史上之不以遼金元爲正統者，如《禁燬書目》中大罵不以元史爲正統者[221]，因爲不以元爲正統即有不以清爲正統的意味，譬如《四庫全書總目提要》卷五十，史部六《宋史質》中，痛斥「以明繼宋」之論爲「荒唐悖謬」、「病狂喪心」、「其書可焚、其版可斧」[222]。有這樣激烈的禁斥，便有人大動作地迎合[223]。

---

215 孫鼎臣，《孫侍講箚論》(咸豐十年刊本)，頁2a。

216 趙翼，《二十二史箚記》(台北：鼎文書局，1975)，頁442-443。

217 趙翼，《甌北全集》(清湛貽堂刊本)，《簷曝箚記》卷一，頁7a。

218 如魏源之序其《元史》，力言元邁漢、唐。

219 熊十力，《讀經示要》(台北：洪氏出版社，1982)卷二，頁25。

220 傅斯年，《傅斯年全集》(台北：聯經出版公司，1980)，冊四，頁1371。

221 如明代新安江應曉的《對問編》。此書卷七有「宋元統系」一條，但有目無文。

222 永瑢等撰，《四庫全書總目提要》(台北：漢京出版社，1982)，頁295d-6a。

因而出現了乾隆年間的凌廷堪(1757-1809)、黃文暘(1754-1809)之說。自從錢穆在《中國近三百年學術史》中摘引了凌廷堪正統觀方面的言論後，這個觀點已經漸漸引起注意[224]。凌氏附和黃文暘的《通史發凡》寫了一篇〈書黃氏通史發凡後〉。《通史發凡》主張中國歷史中只有十代可為正統，分別是漢、魏、晉、後魏、周、隋、唐、遼、金、元。其中像把東晉說成是江南盜司馬叡，而附在後魏紀，把宋齊梁陳說成江南盜劉裕、蕭道成、蕭衍、陳霸先，附書於周紀，把北宋說成是汴州盜趙匡胤附書於遼紀，把南宋說成是降附趙構，而附書於金紀，實是曠古以來未有之正統觀。黃文暘是揚州人，他的生活背景與清代官方禁毀活動密切相關。乾隆四十五年(1780)，伊齡阿奉命在揚州設局偵查古今戲曲並加以刪改時，命黃文暘與李經主持其事。而凌廷堪也在乾隆四十五年被揚州詞曲館延攬襄助刪訂古今雜刊

---

223 不過，我們必須注意明代王道(1487-1547)的《順渠先生文錄》（嘉靖年間尤麟的校本）卷二，〈少微通鑑·元〉中也將宋不足為天下主，元定當興起之理說得氣盛言宜：「元之有天下，大略與拓跋氏相類，其君臣之賢亦正相當，(北)魏之國祚稍長，而未能混一海內，元能致一統之盛，而享國稍不及焉！……譬之人家，嫡子不肖，弗克負荷，而庶孽之中，適有繼志述事之賢為之考者，將誰付托也？宋自徽欽不道，崇信奸回，囚奴正士，招亂啟釁，身辱國亡，已不足為中華之主矣。而中華之民，則未嘗逐棄之也。……高宗……殺忠良以快仇敵之心……自絕於中華之人矣……人絕者，天亦絕之，此理勢之自然也。……皇矣上帝眷求民主……何屑屑於華夷之辨哉。況元之有中華乃取之於金狄，非取之於宋也，元之帝中華乃用夏而變夷，非以夷而猾夏也。其立國經制之詳，愛民惻怛之實，具在史冊……譬之以尊代宗，乃權道也。歷時之久，嫡復生子，既長而賢，則祖考所傳之爵位、貲產；為尊者，安得久假而不歸哉……中國之聖人未生，而夷狄之賢豪偶出，天固不得已而付托之矣。」頁21b-24b。

224 凌氏「胡虜本位」方面的見解實際上是得自黃文暘的啟發。錢穆，《中國近三百年學術史》（台北：臺灣商務印書館，1968），頁509-510。如張壽安，〈凌廷堪(1755-1809)的正統觀〉，發表於《第二屆清代學術研討會論文集》（高雄：國立中山大學，1991），頁175-193。

傳奇中之違礙者[225]。他們在這樣的工作環境中及工作目標下耳濡目
染之餘,很容易以一套清廷所想要的標準來說史。

凌廷堪在讀完《通史發凡》後,力贊其論,說:「自宋人正統之
論興,有明襲之,率以私意,獨尊一國,其餘則妄加貶削,不以帝制
予之。黃氏矯其弊可也」[226],並賦詩說:

> 史以載治亂,學者資考究。胡爲攀麟經,師心失所守。拘拘論
> 正統,脫口即紕繆。拓拔起北方,征誅翦群寇。干戈定中夏,
> 豈曰無授受?蕞爾江介人,弑篡等禽獸。荒淫無一可,反居魏
> 之右。金源有天下,四海盡稽首。世宗三十年,德共漢文懋。
> 南渡小朝廷,北面表臣構。奈何紀宋元,坐令大綱覆。兔園迂
> 老生,永被見聞囿。安得如椽筆,一洗賤儒陋。[227]

凌氏此詩主張黜晉而進北魏爲正統,黜宋而以金爲正統,而且還說出
這樣做是基於文化程度的高低,與種族無關。他的論點雖不像黃文暘
那樣激烈,但也令人嘖嘖稱奇,這不由不使人推想這些論調與他(凌
氏)在揚州詞曲館中刪改古今說部的經驗不能無關。

《通史發凡》大概曾經刊行,故道光年間朱雅在讀完《通史發
凡》後,曾發了如下一通議論:

> 後見黃文暘所著《通史發凡》,以漢及曹魏、西晉、後魏、

225 參見陳萬鼐,〈凌廷堪傳〉,《故宮文獻》,4:1(1972),頁45。

226 凌廷堪,〈書黃氏通史發凡後〉,《校禮堂文集》,收入《叢書集成續
編》(上海:上海書店出版社,1994),集部174冊卷三十一,頁385b。

227 凌廷堪,〈學古詩二十章〉,《校禮堂詩集》卷五,頁97d-98a。

> 北周、隋、唐、遼、金、元十代，繫以正統，于北宋書汴州
> 盜趙匡胤，與汴州盜朱溫、廣州盜劉隱，並附于遼紀之後。
> 于南宋書降將趙構，與降將劉豫、張邦昌，並附于金紀之
> 後。由其惡程朱，而並及其代，其肆妄如此。[228]

朱雅是把黃文暘黜宋的論點與乾嘉考據學中反宋學的情緒等同起來，認爲黃氏反宋學故連帶的「欲使有宋不得爲代」。我認爲這個看法，未必得其實情。因爲反宋儒同時也反對宋代的正統地位之間或許有關聯，不過最重要的恐怕還是在於前述的關係。嘉道年間的龔自珍似乎也不能免於凌廷堪痛罵宋明人正統論的論調。他在《五經大義終始答問七》上說：「宋明山林偏僻士，多言夷、夏之防，比附《春秋》，不知《春秋》者也」[229]。這一段看似平常的話，必須放在當時人的新正統觀中看，才能了解其寓意。

三、結論

首先我要對本文作一個簡單的摘述，接著再談本文另外的一些意涵。

(一)自我禁抑之種種

本文主要探討官方在思想禁制方面的作爲所形成的巨大壓力，如何形成毛細管作用，深入到各處，觀察權力在私密的小空間作用，以

228　方東樹，《漢學商兌》，收入《叢書集成續編》（台北：新文豐出版公司，1989），哲學類42冊，〈題辭〉，頁1。

229　龔自珍，《龔自珍全集》（北京：中華書局，1959），頁48。

及在無名文人身上運作的實況，尤其注重事情發生之前的壓抑。這部全民大合唱的思想禁制活動，由作者、讀者、書商等各種有關無關的人共同參與其中。而且透過對「自我壓抑」的研究，當我們觀察清代政治對思想文化的影響時，才不再局限於相關的諭令告示或官方發動的文字獄案件的範圍來思考。對於這種壓力的評估也不再局限於表面的物理力量，可能諭令告示與文字獄已經停止甚久，但透過「自我壓抑」，它仍然以較爲稀薄、分散，而不固定的狀態綿綿曖曖地在人們心中作用著。

本文大略分成四個部分：第一部分略述刪竄者的身分，他可以是原作者、刻書者、編者、再版者、後代子孫、藏書家，更可以是讀者。而且在這個過程中，即使貴爲皇子、高官親貴，也籠罩在這種高壓的氣氛中。

第二個部分討論自我刪竄內容的變化趨勢。從雍正到乾隆之間，忌諱範圍有所不同，雍正朝忌諱黨爭(查嗣庭、錢名世案)，乾隆朝忌諱種族、明清之間朝代興替史事(大義覺迷錄案、忌諱錢謙益等人)。

第三部分探討各種身分人的自我禁制。(一)作者：避而不寫(如將清兵的橫暴改寫成流寇、有關朝廷氣運、隱語系統)、避而不刊(抽掉奏疏，或是刪竄後以隱晦文字留下密碼)；(二)出版者、刻工：有些書不出版、刻工不留名字、文字順序的安排、有目無文或有文無目、改書名或撕去封面、挖去內文或以墨釘處理。另外還有書本既刊之後收回焚棄，或是毀板的例子。(三)讀者、藏書家：閱讀時刪塗、藏書目錄中將禁燬書排除在外(藏書家有對內、對外兩種書目)、藏書目錄上有墨塗的人名(如忌諱錢謙益)。

第四部分討論民間有一個暗中進行的焚書運動，在緊張的空氣下，將可能犯忌諱的部分塗黑、挖空或是焚棄，而且刪竄的不限於書

籍，還包括詩帖；地區上也不限於江南，遠至雲南也發生類似的事情。這些自我禁制或刪竄往往是人們無限制地猜測、擴大的，不一定受限於禁書目錄。

不過，並不能過度擴大解釋自我刪竄的政治意義，有些缺漏可能是無心造成的，或是只是因為內容猥雜而被刪節，或是為節省刊印費用，使得後來的刻本在內容上不及原刻本豐富。

(二)意識型態運動

自我壓抑是歷史上恆常的現象，但是，它的強弱度、敏感主題的內容，及自我壓抑的方式，都有極大的不同。而本文所討論的恐怕是中國歷史上力道最強的一波自我壓抑。

我個人認為並不容易為這篇文章作一個負責任的結論。一切困難便在於本文所討論的歷史現象性質相當特殊：既然是自我壓抑，則往往並未留下行為者、時間點及過程的紀錄，所以它欠缺構成史學敘述最重要的幾個元素。我們比較確定的是，自我壓抑從清初以來便已存在，在康雍乾時代為最強，尤其是乾隆以迄嘉慶中期以前。嘉慶中期以後一直到清亡，早先的自我壓抑的現象雖然仍時時發生在帝國的許多角落，但是幅度與強度已大不如前，然而也有其他形式的自我壓抑興起。

「寫作的歷史」(history of writing)不只是寫什麼，而同時也是不寫什麼的歷史。在英國，專業評論崛起之後，文壇創作起了許多變化。寫什麼、不寫什麼，本身即是文學史的一部分。文學如此，其他部分更是如此。或者我們可以說，在一個時代的政治、思想、文化氛

圍中會形成「網格」（grid），在再現(representation)的過程中[230]，無所不在地篩選著不可以被表述及可以被表述出來的部分，使得人們是「用他的想法在呈現我的想法」。這些「網格」是由各種文化力量及政治力量形成的，它的範圍非常廣，譬如每一個時代的歷史書寫中都有一些潛在的「格套」或「網格」（忠義、名宦、循吏、節烈……），使得歷史書寫總是圍繞在這些網格所篩選過的東西中。而與本文的討論有關的部分，譬如他們形成一些網格，使得即使感受得到，但是也不能直接表達出來。

每一件文獻都是一個「訊息包」，有各種訊息或動能藏於其間。每一次書寫，每一次重刊，往往都有政治史、思想史、心態史、文化史的含義，同時也夾雜其個人的關懷與利益。

清代許多敏感的文獻經長時期的改寫、重編的過程中，往往折射了時代思潮及政治環境。每一個「自我壓抑」的案例都是一面折射鏡，它折射一個時代最重要的心理緊張。在晚清，當忠義意識被大規模的動員起來對抗內部動亂與西洋的侵略時，那些當年在文字獄壓力最強時被刻意隱匿的材料，往往成為最能鼓舞忠義力量的來源，此時集體意識中自我壓抑的主題便產生微妙的轉變，開始對廣大的文獻世界進行重新編碼、偷偷改換的工作。此處僅舉兩例。第一在1980年代，發現了王夫之(1619-1692)的〈雙鶴瑞舞賦〉，這篇賦乍看之下，是王夫之為一位滿清將軍所寫的歌頌清朝的文字。這一篇文獻曾經在大陸學術界引起極大的爭論，許多學者認為以王夫之的忠明反清立場，不可能寫過這樣一篇文字。但是在衡量各種證據之後，我們應

---

230 我觀察到，在一個新聞事件中，即使事件本人盡力作了大量的陳述，可是隔天各個媒體表述的內容往往只有其中某幾個部分，並有高度的一致性。在未經約定下形成一致性的再現(representation)，是一個值得研究的現象。

該相信它的眞實性。而且道光年間《船山全書》的編者們是見到過這篇文章的[231]，它之所以未被收入全書中，我推測最重要的原因是在於當時普遍動員起來的「忠義」意識下，這篇文章似乎有損於王夫之原先被認同的形象，故被刻意隱匿起來[232]。

另一個值得注意的例子是黃淳耀文集。在清代最晚出的一種本子中，編者居然刪去兩篇文字，因爲它們反映了黃淳耀(1605-1645)這位自殺殉國的烈士，在情況危急之時一度有所遲疑，甚至有遁入空門的想法。在清季以「忠義」爲號召的時代，這些文字並不利於黃氏一向的忠節烈士的形象，所以好心人士也以一種巧妙的方式將它藏匿起來[233]。

我僅舉這兩個例子來說明「自我壓抑」內容之變遷，以及爲何它是一部以「負面表列的方式」所表述的時代思潮的重要的材料。

此外這隱、顯兩面究竟以何種相對的關係而存在。自我壓抑不是只有負面消極之意義，靠著自我壓抑如何發生出許多東西來。譬如沒有適度的自我壓抑，共識難以形成，或一個群體難以維持其團結與秩序，或是某種價値、主張無法凸顯而成就領導性的地位。譬如在本文中，可以看出乾隆「爲萬世臣子植綱常」[234] 的種種作爲，如何透過

---

231 史展，〈王夫之雙鶴瑞舞賦卷書後〉，收入《船山全書》，冊16，頁928。

232 陳祖武考證它事實上不是爲滿清將軍所寫，而是送給跟隨吳三桂起兵反清的孫延齡。見陳祖武，〈王船山《雙鶴瑞舞賦》爲尚善而作說辨〉，《清史論叢》第六輯（北京：中華書局，1985），頁252-266。但這是後人費盡心力考證的結果，對於該賦如未深考，乍看之下，是會有送給滿州將軍的感覺的。

233 Lynn A. Struve, "Self-Struggles of a Martyr: Memories, Dreams, and Obsessions in the Extant Diary of Huang Chunyao, " *Harvard Journal of Asiatic Studies*, 69.2(2009), p. 347.

234 中國第一歷史檔案館編，《纂修四庫全書檔案》，頁559。

勸賞、禁制與人們自我壓抑，發生不可思議的影響力。

在本文一開始即提到，本文是討論清代政治壓力所造成的隱密性壓抑，看廣大的士人如何在不作聲響的情況下回應官方的政治壓力。本文想問的是：在勾勒清代思想學術的地圖時，那些自動隱去的板塊值得注意嗎？空白的部分與其他部分的關係及其意義是什麼？那些空白的部分是否正好發揮著支撐整個圖像其他部分的作用，也就是說是否藉著壓抑某些部分，使得官方正統的思想、態度得以更清楚、更一元、更純粹、更有力地呈現。

如果「寫作的歷史」是除了應該研究已表述的部分，那麼還應拿它與未表述出來的部分相比較，看出一個時代集體潛在共識中巧妙迴避之壓抑，看隱去的部分相對的比例，空白的部分所傳達的動機，甚至是藉著迴避而仍曲折地傳達出的隱微意涵，也同樣值得研究。譬如今天的台灣，為了怕用「日據」或「日治」而惹來麻煩，人們盡量在文字中避免提到這兩個表述，或巧妙地用種種設計、代換將之迴避過去的技巧，成為這一代人相當普遍的手法。因而使得人們乍讀之下以為這些東西並不存在，然而，這些刻意空白的現象正是一個時代共同的印記，是一種值得關注的歷史現象。

在學術史方面，前面的討論中所觸及的文學、歷史等方面的例證即可以說明它的實際影響。至於乾嘉時代最核心的經學方面，其情形又是怎樣呢？以前我們受到章太炎「家有智慧，大湊於說經，亦以紓死」這一段話的影響，認為在文字獄的壓力之下，只要逃到經學領域，麻煩就解決了。但是在前面的討論中，我們也可見到許多經學題目中，尤其涉及夷狄、尊王等方面的議題時，因為政治壓力而產生了

種種怪異的扭曲，尚未被充分探討過[235]。

我們從這一頁歷史學到的是，要以一種新的、隨時警覺的態度閱讀清代或清代流傳過的文獻。如果沒有足夠警覺，用年曆譜都可能犯錯，以爲清朝早在萬曆四十四年(1616)已經開始。如果對錢謙益的忌諱沒有足夠的了解，就不會注意在四庫本《經義考》中有五十幾種書，實際上是錢謙益著、纂或寫過序的，竟然隨意標以不相干的人名，又如《柳南隨筆》等書中凡提到蒙叟或東澗老人等，實際上都是指錢謙益，從這兩個例子看，如果沒有精細的覺知則將造成許多習焉不察的錯誤。對當時的寫作如果沒有足夠的警覺，不能精細地了解寫作或表達時刻意強調、放大、迴避、代換，或以某種套語曲折加以處理，甚至可能只留下沒有主詞，沒有受詞的寫作，將會錯失這些追索時代心態的重要線索。

1.「指標系統」（Signalling System）

從前面的研究可以發現對思想文化方面的宰制，可以分成兩種模式，第一種模式是由上而下直接的指導，第二是制定一套指標，形成一套模式，或是一套由指標形成的傳訊系統，使得權力或利益的競爭者，自由地施展最大的聰明智慧在它的框架下去表現、去創造。

這兩種模式交叉出現在清代政治壓力對思想文化的宰制中，一方面是官方大規模的搜繳及一個接一個的文字獄，另一方面是因爲禁書運動及文字獄的內容所形成的「傳訊系統」（Signalling System），也就是透過某些訊號來傳達特定價值與方向，使得官員及一般人皆盡一己之聰明才智去工作，以贏得帝王或其他長官的垂青。

談到第一個模式，我認爲它對文化領域最大的影響是由皇帝諭旨

235　當然受到現實政治之影響而產生的情形也值得注意。

中涉及實際內容的高下評論、禁書目錄中查禁的理由、層出不窮的文字獄案的理由，及四庫總目中對各書的分級等所組成的一個龐大的「傳訊系統」。以大規模，不分青紅皂白的逮捕、株連、處決，甚至凌遲，所造成的震嚇效應，以及由口傳、耳語、推測所構成的龐大心理壓力，使得眾多的「不」圍繞在日常生活及隱微情緒之中。

且讓我們複習一下威廉・詹姆斯（William James, 1842-1910）《宗教經驗之種種》一書中對「不」的分析：「沒有明白想過這件事的人很少能領會這個抑制因素多麼不斷地支配我們，這個因素如何以它的拘束的壓力包圍我們、模型我們，好像我們是關在瓶裡的流質一樣。這個因素的作用那麼毫無間斷，因之它變成潛意識的了。例如，你們此刻坐在這裡，通通受一種拘束，但完全沒有明知這件事。這是因為這個時會的影響。」[236]

從官僚機構的規模來說，明清屬於小政府，政府編制的人力有限，許多縣級衙門只有相當有限的正式人員[237]，當它需要動員大量人力來搜繳時，只能以官方的功令恩寵來引誘大量士人、教官、佐雜等努力工作。而且在恐懼與獎勵兩種指標系統下，臣工為了力求表現，往往刻意渲染擴大案情，以炫示自己的忠誠，爭取皇帝對自己的青睞。因此各逞智慧，各顯本事，發明的手法愈來愈多元而有創意，搜繳的手也愈探愈深。

接著談到「指標系統」。「指標系統」是由「禁」與「勸」兩面所構成的：一方面是透過種種禁毀打擊的動作，而這些禁毀、打擊又

236 威廉・詹姆斯著，唐鉞譯，《宗教經驗之種種》（台北：萬年青書局，出版時間不詳），頁279。

237 T'ung-tsu Ch'u, *Local Government in China under the Ch'ing*(Stanford, Calif.: Stanford University Press, 1969), pp. 8-13.

有一些特定理由，所以形成一個禁區，是人們盡量不要涉入的。另一方面是「勸」。「禁」與「勸」的管道是多元的。從《四庫全書》的編纂到《四庫全書總目》完成，即形成了一個「指標系統」。四庫總目中大致分為正編、存目、抽燬、全燬四種，它們形成了一個評價系統，使得人們知道古今的知識是有高下的；而各書的「提要」中對各書內容的抑揚，也形成一個更為細緻的指標系統，廣大的讀書人便在這套指標系統下奮其心智，激發潛能，或趨或退，形成一套管理自己、調動自己的機制，並隱然形成一種「風」。在這一個「風」中，占優位的幾乎取得「信仰」的地位(其情形一如新文化運動中的「民主」與「科學」兩種思想的地位)，其他的則自然要矮一截，不容有辯駁的餘地，即使有不同意見者也不敢出面表述，即使勉強表達了，也是在先承認優位價值的前提下妥協性的表達。

　　當然，清廷還希望形成一套regime of truth，動員人們在它的框架下奮力表現。在這方面，清代編成的大量官書是最好的代表。清代所編官書數量超過歷史上各個朝代，而乾隆朝官書之多又為清代歷朝之冠[238]，其中許多是歷史方面的書，它們被頒行到各地，也影響了人們相關知識的形塑。我們切勿輕視這件工作，依我對雍正朝頒發《大義覺迷錄》相關檔案的研究，發現除了中央頒發的刻本之外，還有各地照式翻刻。連當時台灣的官、紳、士人及兵丁也都領到了近萬冊的《大義覺迷錄》[239]，我們可以依此推想出它的擴散力。從清代各種地方志、書院志或藏書樓所記載各地的收藏，可以看到大量官書的蹤影，它們告訴人們什麼是應該傳授的知識──尤其是歷史知識，什麼

238 葉高樹，《清朝前期的文化政策》(台北：稻鄉出版社，2002)，頁125-132、311-325。
239 王汎森，〈從曾靜案看十八世紀前期的社會心態〉，頁1-22。

是該避開或不應被記錄的。

清代官史與野史之間的競爭最厲害,乾隆想消除這些野史中的歷史記憶,故不停地在編官史、官書,在生產歷史知識的競爭中,官方占了上風。除了歷史,清代某些舉措也給人們一種印象,覺得官方想控制人們對經書的解釋,譬如雍正朝的謝濟世案,骨子裡雖然是政治鬥爭,但表面上卻說是註解《大學》失當。這類事件傳遞一種印象,即聖人之經是不能亂註的。

在《四庫全書》抄成七份,分貯各地後,清廷下令允許士子進入南三閣讀書、抄書,汪中(1745-1794)的《文宗閣雜記》便是一份讀抄四庫本的具體紀錄[240]。此後出現許多「抄閣本」,士人或書商也大量翻刻四庫本,其中有不少屬於罕見祕本或是善本[241],但是我們也知道有一部分是已經被刪節過的版本——刪除不一定要參照官方的版本才能動手,光透過揣想就可以非常有效地完成任務了,所以同一本書往往有各式各樣的刪節本。「抄閣本」因此發揮相當的影響力,值得注意。

此外就是通令各省翻刊聚珍版各書,譬如乾隆同意董誥(1740-1818)奏請將聚珍版排印各書發給江南等五省翻刊通行[242]。這些聚珍版書等於在向各地士人正面表示官方認可或鼓勵的知識範圍。

---

240 汪中,《文宗閣雜記》(台北:文海出版社,1974)。

241 謝國楨《明清筆記談叢》中錄有幾種書,其書多自四庫抄出。請見謝國楨,《明清筆記談叢》,頁214-215。

242 中國第一歷史檔案館編,《纂修四庫全書檔案》,頁768。另外如福建巡撫富綱也說:「臣查聚珍板各書,邊方士子罕得寓目,茲蒙皇上嘉惠士林,俯准翻刻,……其距省較遠之處,亦即飭令各州縣照依分頒部數,剋日領回,發存各學,以便所屬紳衿易於就近購備。」中國第一歷史檔案館編,《纂修四庫全書檔案》,頁1130。

　　最後要附帶說一下，這個大規模的查書運動也可能產生一個意想不到的結果：使得人們形成一種錯誤的安全感，以為從每一個角度來看未被查禁的書都是毫無疑問值得信賴的。

2.「無主體性的文化」或「私性的文化」

　　以下要談的是一個傳統中國的常態，但是在清代有增無已：在長期政治壓力下形成一種結構性的「文化無主體性」。

　　這個命題應該仔細分疏，一方面是文化太容易受國家威權的支配，一方面是這種支配往往帶著任意性，所以猜測、恐懼，導致在這樣的文化土壤上難以發展出特定的文化主體性，而是隨幡而動，看似多采多姿，但卻有如流行性感冒的症狀，要來擋不住，要去留不住。我的觀察是國家不干涉你時，或國家不干涉的範圍中，人們的文化活動可以非常繁華、非常絢麗，可是當國家要來干涉時，往往變得毫無主體性。公共意見(public opinion)、民間社會、士大夫文化難以發展成一種制衡力量。

　　另外一種現象是私人領域的政治化。巨大的恐慌感使得人們自覺地將官方政策或對官方政策之想像內化為私人領域的一部分，要小心地看守著自己不要觸犯它，官方不必直接管束每個人，而是人們自動管制自己，使得人們自發地使自己的私人領域官方化、政治化。這個現象的另一面是私性的文化與政治。

　　雖然有燦爛的逸樂、有多采多姿的文化活動，但它們的根本性質卻是私性的，留有一個領域不去觸碰，或是留有一個領域不使它具有公共性，或是不想碰觸更高層次的反思，或是不以公共討論的方式來處理政治相關的議題。

　　「私性政治」的形成還有另外一個原因，對官方的評論或彼此的敵對與傾軋隨時都可能被無限上綱、轉換成思想問題，人們因為害怕

惹禍而小心翼翼地防止自己或防止他人以公開方式討論政治，所以面臨政治的議題時，也常常傾向於將它私化或隱匿，轉譯成別的方式處理[243]。

3. 正面的塑造

前面提到乾隆有三個目標，一是樹立正學，二是確認並維繫滿族統治之正當性，三是樹立萬世的綱常名教。對於「正學」的製造，清代有許多人認為四庫館一開，對學風有重大的正面影響，如阮元〈擬國史儒林傳序〉即說：「四庫館開，風氣益精博矣。」[244] 此外，乾隆深受儒家文化之薰陶，並形成維護正統思想的使命感[245]，所以他把禁毀運動視為是整體教化活動的一環，是在樹立「正學」，故在上諭中屢言禁書是「端風俗，正人心」。他極力廓除異端，而打擊明季山人或荒誕不負責任的著作，便是廓除異端、形塑正學的部分工作，清除批判或破壞傳統儒家價值的書也是這個工作的重要一環。其中一個顯著的例子是乾隆注意搜繳李贄的著作並加以嚴屬譴責——在此之前，李贄的著作已被認為是讀書人的常備書之一，明遺民朱舜水與人偶然的對話中提到十來種必讀之書，李贄的《焚書》與《藏書》便在其中[246]。對於當時的衛道人士而言，這個意識型態運動確實實現「道一風同」，道、學、政合一的理想[247]。而且，因為壓制了歷史

---

243 參見丸山眞男著，林明德譯，《現代政治的思想與行動》（台北：聯經出版公司，1984），頁430-434。

244 阮元，《揅經室集》（北京：中華書局，2006）卷二，〈擬國史儒林傳序〉，頁37。

245 Mark C. Elliott, *Emperor Qianlong: Son of Heaven, Man of the World*(New York: Longman, 2009), p. 118.

246 陳益源，〈清代越南使節在中國的購書經驗〉，收入《越南漢籍文獻述論》（北京：中華書局，2011），頁1。

247 如章學誠。參見我的〈對《文史通義‧言公》的一個新認識〉，收入《自

上的異端或反傳統思想，壓抑了一些所謂輕佻、荒誕的思想言論，使得儒家正統的文化秩序得以更加強固。

　　第二，我們通常是以漢族中心主義的角度來思考這場禁毀運動，故只注意到它的破壞面。這個面當然是無可諱言的，不過，如果我們試著更換一個角度來思考，馬上想得到的是，由於這種不以漢族爲中心的歷史觀，而是對各種族採取比較平等的觀點，會不會使得清朝能夠擺脫舊的華夷觀來處理周邊種族的問題，而且也比以前更成功地處理這些問題[248]。如果從這一個角度看，那麼這場大規模的掃蕩、清整運動似乎造成了一些漢族中心主義者原先想像不到的結果。

　　第三、正如乾隆一再強調的，他的種種動作是「爲萬世臣子植綱常」[249]。透過《貳臣傳》等書，乾隆傳達了一種訊息：即使投降清朝的從龍功臣也是應該被譴責的；在《勝朝殉節諸臣傳》中，再度確

（續）───────────

　　由主義與人文傳統：林毓生先生七秩壽慶論文集》（台北：允晨文化實業公司，2005），頁229-255。

248 James A. Millward在其有關清朝統治下新疆地區發展的研究中，利用清朝皇帝對於不同語言中相同詞彙的不同概念，探討清廷與各族群的關係。他對於清朝統治者眼中國家想像的討論，與傳統清史學者的論述，在視角上有微妙的不同。如Millward通過對乾隆皇帝爲《西域同文志》所作序言有關各族語言中「天」這一詞的不同語言說法的引用，認爲在乾隆的想像裡，各族（甚至包括像瑤族、苗族那樣的群體）地位在理論上是平等的。這種理論上的平等也意謂著漢人及其文化傳統在清朝的內陸亞洲部分並沒有特權地位。此外，在乾隆皇帝的觀感中，無論就文化或是疆域而言，中國都是由五個主要的成員所構成，即滿、蒙、漢、藏與回部。他進一步延伸其觀點，指出這種民族平等（即使只是理論上的、極爲抽象的一種平等），自然而然地在漢人王朝與清朝的滿洲統治者處理它們與其他少數民族的關係時發揮了各種不同的作用。參見James A. Millward, *Beyond the Pass: Economy, Ethnicity, and Empire in Qing Central Asia, 1759-1864*(Stanford: Stanford University Press, 1998), pp. 200-249.

249 中國第一歷史檔案館編，《纂修四庫全書檔案》，頁559。

定君臣之忠節是凌駕一切之上的價值；在《御批通鑑輯覽》則通過數量龐大的批語——雖然其中大部分是由臣下揣測皇帝意思所擬，但是都由皇帝本人審決，也是再三樹立君臣綱常之義，而且比先前的中國帝王強調更具獨占性、更任意性的忠誠政治，使得「忠」的內容比傳統儒家所認知的程度更具壓倒性，也使得它超越了種族之別，而強化異族統治的正當性。

第四，David S. Nivison在他早期的一篇文章中說乾隆有一種兩面的矛盾心態，想要遮掩帝國內部的種種錯失，不願人們拆穿其像，享受一種太平的感覺[250]。這個分析確實很有見地，我們如果不是只從帝王一人出發而看整個18世紀的場景，可以發現在龐大的文字壓力之下，因為帽子抓在每個人的手上，形成互相欺瞞、粉飾太平的情況，這種恐怖平衡使得地方上得以維持一種「和諧」，中央——尤其是大臣與皇帝們的關係，也是在這個氛圍之下形成一個互相欺瞞的體系。我推測，清廷最關心的是如何維持社會秩序，面對好發議論或時常干擾地方秩序的「好事者」，即使不真相信他們有任何不軌之意圖，仍然加以嚴厲的處罰，其最終目的是為了維持社會秩序。

(三)自我禁抑的兩面性

1. 雙重寫作

在有些時候「自我壓抑」可能只是一種買保險的動作，即以表現出自我檢查來形成保護作用。而且正如前面已經提到過的，有些人在寫作中一方面壓抑自己，一方面也暗留一通密碼，隱隱希望讀者最終

250　David S. Nivison, "Ho-shen and His Accusers: Ideology and Political Behavior in the Eighteenth Century, " p. 235.

還是能知道他的本意，顧炎武詩的「韻目代字」現象即是一個好例子。我個人判斷將顧詩「韻目代字」化的不是顧氏本人，而是某一位編者，這位編輯者可以將有問題的詩完全刪去，但是他沒有這樣做，他選擇一種「雙重寫作」，既傳達又遮掩。

「雙重寫作」的方式非常多，在特定的語境之下，連沉默、壓抑，或空白也可能是一種語言，是與知情人之間的一種無聲的對話。何時空白是一種阻絕，何時是對話，情形非常複雜，往往與時代處境及讀者心態有關。乾隆在進行大規模的查繳運動時，一度下令要查有空格的書[251]，我推想即是著眼於這些空格的強大暗示性。到了晚清，許多文獻中的空白或沉默，在被一一點明之後，往往產生龐大的現實爆發力量。

「雙重寫作」的現象提醒我們，應當如何看待明清鼎革之際一些敏感的寫作，譬如方以智究竟是自沉還是病死，傳述者似乎既想遮掩又想傳達，把余英時先生在他的《方以智晚節考》中對隱語系統的分析放在這個脈絡下來觀看，就可以證實其洞見。對「雙重寫作」現象的把握有助於我們以更廣大的文化視野來幫助解答有關方以智晚節考的爭論，以及這類敏感文獻的解讀。

2. 漏網之魚

前面提到「上有政策，下有對策」時，我曾強調「下有對策」的結果是人們幫助官方政策的深入化與擴大化。不過，我們仍然必須記得「下有對策」還有另一種結果，就是產生了許多漏網之魚。

清代的城市文化十分發達，在敏感的忌諱範圍之外，人們相當快樂地享受著商業文化的果實。應付、陽奉陰違，或享受不帶政治意涵

251　中國第一歷史檔案館編，《纂修四庫全書檔案》，頁1296。

的自由與逸樂。與本題更爲相關的是許多有問題的書也因各種原因而
得以存留下來。從當時辦理《四庫全書》的檔案看來,雖然有愈鎖愈
緊,搜繳範圍愈來愈寬,愈來愈往下層挖掘的現象,但是望風呈繳,
蒙混充數,或是技巧應付過關的例子也比比皆是[252]。沒有人知道究
竟有多少有問題的書,既然不知道就無法進行數目字化的目標管理,
就有各種應付辦法,有的官員是將自己的藏書,或在外仕宦隨身所攜
帶的書送繳[253],有的則是每次繳一點充數。教官是當時搜繳的主
力,而利用閒職人員回故鄉搜查的情況也不少,但是他們往往觀望等
待、盼望政策鬆弛下去。因此江西巡撫海成就曾經提到民間常常因朝
廷一時停止查繳書籍而不再上繳,故他說必須不停地查下去[254]。而
且因爲官方作爲的任意性,漏網的例子也不少。此外,不識字、不知
道政令,糊裡糊塗混過關的也大有人在。

　　此外,商業力量、利益動機始終是一個不可忽視的因素。在搜繳
違礙書的過程中,有一段時間是以購代搜,由官方出錢收買禁書,效
益還比搜繳更大[255]。恐怕也是因爲商業利益,使得有些流行書商甘
冒忌諱偷印禁書,譬如李贄的種種著作名列各種禁書目錄,但是因爲
它們的議論尖新出奇,吸引大量讀者,書商仍然願意冒險刻售。商人
爲了獲得利益,對時代境況及書市流行非常敏感,回應迅速,他們通

252 有些書籍如《明末諸臣奏疏》、《同時尚論錄》因爲書中多說明季秕政,
　　被認爲不需銷毀,見中國第一歷史檔案館編,《纂修四庫全書檔案》,頁
　　558。
253 如湖北巡撫陳輝祖呈繳自己舊藏的《郡國利病書》一部。見中國第一歷史
　　檔案館編,《纂修四庫全書檔案》,頁162。
254 中國第一歷史檔案館編,《纂修四庫全書檔案》,頁560。
255 兩江總督高晉就提到他要求查繳人員看到書上有字句違礙的書籍、板片,
　　要「不惜重價購覓呈繳」。中國第一歷史檔案館編,《纂修四庫全書檔
　　案》,頁594-595。

常為書籍世界的變化起著重要的助緣力量。

我們在留存於東亞其他國家的文獻中即能發現前述實例。以李贄的《焚書》、《藏書》等著作為例，乾隆年間安南派來的一位北使在廣州書店中將所有出售的書名抄下一份攜回以待其主君之選擇，在這份冗長的書單中，便有李贄各種被嚴格查禁的書[256]。此外像顧亭林的書雖然遭到查禁，但乾隆四十三年(1778)，朝鮮使節李德懋(1741-1793)在琉璃廠中仍然見到它們的蹤跡[257]，足見官方禁制力量的限制。不過，私下流通與公開成為主流論述畢竟是有所不同的。

3. 公開的與私人的

從許多自我壓抑的現象中我們也多少看出，許多人在「私」的部分分裂成兩個部分，一部分是在從事壓抑的，一部分是被壓抑下去的。所以「私」的部分也分成兩層，覺知的那一層一直在那裡活動著。另外，藉由藏匿，或私下傳抄、口傳、實物保存等各式各樣的方式，被官方或自我壓抑下去的部分成為底流，以稀薄、凌亂的方式存在著。我們尤其必須重視「抄本」的潛在力量，許多被禁毀的書以抄本方式潛在流傳著，有些被刪改得七零八落的書，也有完整的抄本暗暗流傳(譬如原抄本《日知錄》)。即使在印刷術大行之後，「抄本文化」仍然相當重要。清代收繳的書籍中當然包括不少抄本，但是因為抄本不須經刻板的過程及花費，所以它可以很小規模的、不公開流通，在私下形成一種零星而不大流動的底流，一旦統制力量鬆弛或人

256　陳益源，〈清代越南使節在中國的購書經驗〉，文後附錄《筠清行書目》。

257　李德懋在乾隆四十三年(1778)出使清朝，即曾購遭禁顧炎武文集於五柳居。李德懋，《青莊館全書》(首爾市：民族文化推進會，2000)卷六十七，頁231。

們對現實有重大的不滿，便有浮現或發作的可能。

另外一個值得注意的部分是底層社會中不很起眼的人物，許多文字獄案件中的主角幾乎都是地方上的識字者或下層讀書人、作小生意的、蒙館教書的、遊走各地卜卦算命的、走方郎中、瘋子等。這些人從出生就是清朝子民，他們顯然也沒有什麼文化資源，對明清史事止於道聽塗說的程度。雖然絕大部分的案子與種族意識一點關係都沒有，但是也有幾個案子，尤其是瘋子的案子——瘋子有時候似乎說出人們想說而不能說的話，從官方來往文書的抄錄中可以看出，是有人要把國家的嚴重挫敗加上日常生活中的挫折與不滿，和不同種族或明清易代這件事扯在一起。如果再有文獻可資憑藉，而不止於道聽塗說，就有可能組織成較有體系的看法。清季以來漢族意識的出現，有相當一部分便是這樣的歷程。

本文的討論也可以聯繫到三種很有價值的論述。首先是余英時的〈現代儒學的回顧與展望〉一文[258]，余先生在這篇文章中深入闡述晚明許多思維、活動在清末民初具體的展現。不過，從上述的研究可以發現，上述質素並不是兩、三百年來一脈相傳延續下來的，它們在相當長的時間內曾經經歷壓抑、潛藏或幾乎消失，到了清季才在時代的震盪下重現，進而造成在清末民初的影響。

第二是島田虔次(1917-2000)的「近代思維挫折」論。由於許多禁諱的名目帶有任意性，使得謹慎的讀書人覺得壓力範圍很大。在四庫之後，許多人印書時，往往要把四庫提要刻在前面，以增加分量。雖然實際上刊刻的不一定是提要中的版本。反過來說，四庫總目中往

258 余英時，〈現代儒學的回顧與展望——從明清思想基調的轉換看儒學的現代發展〉，收入氏著，《現代儒學論》（香港：八方文化企業公司，1996），頁1-60。

往只是對某部書的某方面稍加貶抑，那本書就不再受重視，減少流通，或是在重刻時刻意略去被貶抑的部分，甚至被壓入潛流中。被禁抑或被貶低的部分大多數是從「正統思想」的角度下看來不值得流傳或應該被批判的部分，而這些被認爲「不經」、「荒誕」或「狂妄」之類的思想，往往就是20世紀學者所提到的「近代思維」。因此島田虔次所提出的「中國近代思維之挫折」的原因，除了是他的名著中所指出的，中國未能形成類似近代歐洲的中產階級之外，還有一個重要的理由，即清代文化與政治氛圍下所造成的中斷或挫折。

　　第三是在了解當時廣大的忌諱文化之後，如何評論孔復禮(Philip Kuhn)的《叫魂》(*Soulstealers : The Chinese Sorcery Scare of 1768*)一書。《叫魂》一書的主要案件是發生在乾隆三十三年(1768)，這件事其實不能獨立於整個乾隆朝忌諱文化之外來看，否則會完全誇大其不應有的意義。首先，從本文的討論可以看出，乾隆皇帝親自過問過無數具有敏感性的案件，「叫魂案」只是其中的一個而已，乾隆對這一類的案子無不以最高的警覺心與注意力去鞭策、恫嚇、責備、處罰各級官員，凡有不滿之處，其責備、懲罰、教訓可謂毫不留情，所以孔復禮引用韋伯(Max Weber, 1864-1920)有關官僚體系的理論，說乾隆藉此案來刺激龐大、麻木的官僚體系，藉體制外的案件來鞭策官僚體系的積極性。這個說法當然有道理，然而因爲乾隆對任何思想上敏感的事都傾向如此處置，不獨「叫魂案」，所以我們應該由前述討論中所勾勒的18世紀的廣大的「忌諱文化」來觀察這類案件的意義。

　　本文的探討也得到一個結論，即「漣漪效應」無所不在，這裡所指的是丟一顆石頭進湖心，它的漣漪一圈一圈地擴散到出去。在自我禁抑的部分，我們看到一種現象，用不著明文查禁，也一樣會有漣漪效應而波及甚廣。譬如《明夷待訪錄》，它並未出現在禁燬書目中，

但是由於黃宗羲有別的書遭禁,加上《待訪錄》內容敏感,所以在很長一段時間,這本書便伏而不出,一直到道光十九年(1839)才有第一次的重印本。這種現象到處存在,人們與官方之間無止盡地進行著「無聲的對話」,因此有各種無所不在的漣漪效應發生。而《明夷待訪錄》中批判君權並帶有近代自由民權色彩的激烈思想便在這種效應下隱褪了。這是我們光只是關注官方作為時所看不到的。

此外,我們也可以藉著本文討論的「自我壓抑」現象,反思傳統帝國進行意識型態運動時的可能性與局限,從而檢討黑格爾(1770-1831)《歷史哲學》及東方專制論中對中國皇權的陳述。如果從官方來往文件看來,帝王的命令似乎都已經以最完美的方式執行了,但是它顯然並沒有達到斬草除根的目的。最直接的證明是許多書在晚清最後七、八十年間被重刻或重現了,而且書籍「出土」的地方,往往就是在原來的家族、宗裔或宗祠中,它顯示即使是透過挨家挨戶尋搜的方式,仍然無法根絕。所以局限是存在的,問題是局限如何產生?

最簡單的回答當然就是這本來就是一件不可能達成的任務,即使以現代國家的統治機器也不能達成,況且當時還有一種拖延應付戰術。譬如江南河道總督薩載曾經開列搜訪與呈繳的書單[259],這一大

---

259 它們分別是《皇明通紀輯要》、《皇明通紀直解》、《容台集》、《白石樵真稿》、《晚香堂集》、《崇相集》、《後場紀年》、《隱秀軒集》、《皇明實紀》、《徧行堂正集》、《徧行堂續集》、《喜逢春傳奇》、《博物典彙》、《孤樹衷談》、《蒼霞草》、《吾學編》、《玉鏡新譚》、《即山集》、《屈翁山詩集》、《左忠毅集》、《公槐集》、《皇明經濟文錄》、《登壇必究》、《潛確類書》、《古今治平略》、《媚幽閣文娛》、《武備志》、《皇明三朝法傳錄》、《捷錄大成》、《七錄齋稿》、《亭林集》、《獨漉堂集》、《錢謙益尺牘》、《通紀會纂》、《廣東新語》、《陳幾亭集》、《嶺南三家詩》、《群書備考》、《酌中志》、《三藩紀事本末》、《天啟實錄》、《陳眉公集》、《蓮鬚閣

堆有問題的書中，先前似多未呈繳，足見持有者是有意識地留住不交出來。有些官員則是每隔數日便查繳數種聊以塞責[260]。

　　除此之外，還有幾個因素。首先，以當時的統治形式而言，並不能特別組成一支像現代警察系統那樣龐大而又有組織的人力去完成任務。事實上，帝國在各個地方的公務人力是非常有限的，而這件差事又需要有相當的文化素養。所以，即使發動的人馬一波又一波，教官、佐雜、地方紳士、貢生，一層一層往下擴散，可是人數畢竟有限。而且不管官方怎麼發動，主要都還是傳統地緣範圍中的人，動員當地人的優點是了解門路，知道那些家族可能收藏違礙書籍，缺點是人情顧慮，凡事可以打個商量，或睜一眼閉一眼，「上有政策，下有對策」。

　　另一個使得權力無法徹底下達的因素是宗族這一張保護傘。宗族成員固然可能為了保護整體家族利益而主動告發有問題的族人，但也可能藉著合作或默契把這種干擾力量相當程度地阻擋在外。尤其是當有問題的書籍是出自本家族的祖先時，為了家族或地方的榮光，也可能出現這種磋商式的妥協[261]。而且值得注意的是，禁諱書的再度出現，地點大多是在宗族裡面的公共空間，即祠堂、祖廟之類的，似乎這些地方成為一種三不管但又都管的貯藏所。

　　因為宗族的理由、商業利益，或根本就是無知、忽略、膽大等原

（續）───────────────

　　　集》、《匡時集》、《備變集》、《駕鴦縧傳奇》、《明季甲乙事略》、
　　　《白耷山人集》、《呂晚村家訓》、《兩朝從信錄》、《皇明從信錄》、
　　　《四夷考》、《幸存錄》、《存筍稿》。見中國第一歷史檔案館編，《纂
　　　修四庫全書檔案》，頁512-516。
260　中國第一歷史檔案館編，《纂修四庫全書檔案》，頁94。
261　此外，我猜想因為一旦有這類書被查得，勢將罪及宗族中許多成員，所以
　　　也可能形成一種恐怖的平衡，誘使宗族成員保守其祕密。

因，許多書籍、抄本、文件、實物還是以各種方式流傳下來[262]。其
中有一部分在嘉慶後期、道光、咸豐之後一再被重印(不一定是與原
來相同的樣子)，形成道咸以降思想文化、政治上的一股新力量。

(四)一種統治方式的衰落

從乾隆自己的著作中看來，他很少閱讀當時人的著作，與他有直
接接觸的也以文人為多，學者較少——雖然為他捉刀的有趙翼(1727-
1814)那樣的學者。他的寫作中，當然反映出他對士人圈流行的學問
有所了解，而且他在皇子時代也和士人一樣寫八股文，後來也寫性理
文字、寫經解、寫語言考證的文章，但並不表示他與當時的學者有比
較密切的對話，或是他想以任何一種方式支配學風。

以纂修《四庫全書》為例，乾隆在任何文字中都未提到他想提倡
漢學或宋學，他想樹立的是一種實證的，帶有嚴謹考證意味的學問標
準——所以修書過程中，常常對一些書的事實發生疑問，要求回答。
而這些治學態度當然會產生影響。它所引起的漩渦效應，加上各方的
推測、揣摩、合作，形成了一套評論標準，並具體呈現在《四庫全書
總目提要》中。

本文最開始時曾提到，清代的康、雍、乾諸帝都比較有意識地認
為皇權包括兩種角色：統治者與教化者。乾隆的表現尤其突出，他對
古代文學、藝術的廣泛蒐集，似乎也反映了他要在這方面樹立一個標
準。這種皇帝身兼兩種身分的皇權意識，似乎在乾隆之後逐步退縮

---

262 就像司徒琳教授提到的，事實上，她檢點數種禁書目錄，發現在20世紀前
    半葉，名列禁書目錄而當時已完全不能找到的只有10種。請見Lynn A.
    Struve, *The Ming-Qing Conflict, 1619-1683: A Historiography and Source
    Guide* (Ann Arbor, Mich.: Association for Asian Studies, 1998), p. 68.

了。首先嘉慶皇帝把他父親大量的珍玩封庫，不再開啟[263]，即代表一種微妙的心態。他們仍然關心文化，苛刻而嚴格地執行偶發的思想案件，但只是偶發事件，而不是一種全面且持久的運動。再來是意識型態運動熱潮的消退。在乾隆之後比較有規模的一次清整運動，應該是道光二十四年(1844)爲了滌除小說、戲曲中有壞世道人心的成分所進行的禁毀運動，不過這一次運動的重點是道德教化，所清繳的重點是「誨淫誨盜」[264]。

最後我想引謝爾杜(Michel de Certeau, 1925-1986)在《做法》(*The Practice of Everyday Life*)一書中的一段話，謝爾杜在書中強調「從消費的角度來講用途，而不從生產的角度看」、「從陽奉陰違的角度講紀律與體制，而不從控制策略與技術的角度講」、「由同床異夢來講多數，而不從共識的角度講」，並強調在冰封的河面下，普通人活得比魚蝦快活自在。這些都是對統治權力運作方式的成說相當有力量的挑戰，用通俗的話說，就是「上有政策，下有對策」[265]。以我們目前關心的這個問題來說，那就是，即使經過連番的自上而下的禁制，但下層百

263　莊嚴引溥儀《我的前半生》的話：「我看見滿屋都是堆到天花板的大箱子，箱皮上有嘉慶年的封條……後來弄清楚了，這是當年乾隆自己最喜愛的珍玩，乾隆去世之後，嘉慶下令把那些珍寶玩物全部封存……」可見乾隆以後的皇帝再無人注意文玩書畫，都束之高閣了。此外，各書畫所在之處不是原來《石渠寶笈》中所著錄之地方，亦因此故。莊嚴又說：「更奇怪的是這些木箱內的書畫，根據石渠寶笈的著錄，都應該是分屬於乾清宮、重華宮和其他各宮殿，而不應該在景陽宮和鍾粹宮裡的。」因爲乾清宮是乾隆生活之處。見莊嚴，《山堂清話》(台北：國立故宮博物院，1980)，頁83-85。

264　劉志琴編，《近代中國社會文化變遷錄》(杭州：浙江人民出版社，1998)第一卷，頁40。

265　蔡錦昌，〈謝爾杜的《做法》〉，《思與言》，32：2(1994)，頁235-240。

姓有各種辦法將禁制的知識、記憶延續下來，在清末民初又大量出現。如果從這一個角度看，人們在冰河下的確也相當自在。

但是，下面的主動性及對策性，也常無限地擴大了上面政策的效力，靠著揣度、靠著某種程度的自主靈活性，擴大了上面政策的效力，也就是擴大清代官方無法達到的禁制面與打擊面。譬如有許多書，四庫館臣只註明部分抽燬，可是民間反應過度，以致整部書長期深匿不出，將那些官方原來憑藉物理力量絕對無法禁制的深度與廣度，悄悄地完成了。本文所要說的便是這種自我約束、自我刪竄的力量。這些「對策」原是為了避禍，但卻使權力透過毛細管作用滲透到各處，使得上方的政策達到了原先所想像不到的廣度與深度。

第九章

對《文史通義·言公》的一個新認識[*]

前言

　　一個世紀以來，章學誠(1738-1801)已經被反覆討論過無數次了，想對他作一點新理解，並不是很容易的事。但是，章氏思想中也有一些特殊的論點，因為拜近幾十年來學術的新發展，可以得到另一層次的了解，在我看來，〈言公〉篇便是個具體的例子。

　　在過去，〈言公〉篇並不常被單獨提出來討論。一般講章氏，多集中在其史學、文學或校讎之學，即使像胡適(1891-1962)偶然提到〈言公〉篇，也斬釘截鐵地說它是錯誤的[1]，但是事實是否如此呢？

一

　　章學誠的〈言公〉篇作於1783年，共有上、中、下三篇，是他的

＊　本文在史語所講論會報告時，獲黃進興、林富士、李建民、李宗焜、顏世鉉等同仁寶貴意見，特此致謝。

1　胡適著、姚名達訂補，《章實齋先生年譜》(上海：商務印書館，1934)，頁55。

得意之作[2]。在我看來，〈言公〉之旨擴散到他的《文史通義》及
《校讎通義》兩書，是章氏整個理論建構的基礎。〈言公〉篇一開始
即說：

> 古人之言，所以爲公也，未嘗矜於文辭，而私據爲己有也。
> 志期於道，言以明志，文以足言，其道果明於天下，而所志
> 無不申，不必其言之果爲我有也。(文，言公上，35)[3]

這段話中指出，在上古時代文字著述之社會功能及由此衍生的文籍體
例等層面，與後代截然相反。他說古人語言與思想皆是爲了公共的使
用，以實際見諸行事爲其終極目的，而不是爲了表現自己的聰明才
智。苟能實際見諸行事而有益於國計民生，完全不在乎這是誰的思
想、誰的著作──「苟足立政而敷治，君臣未嘗分居立言之功」
(文，言公上，35)，「蓋取足以明道而立教，而聖作明述，未嘗分居
立言之功也」(文，言公上，36)。

　　章氏認爲，在古人心目中，高遠的思辨是沒有意義的，以著述逞
聰明才智，更不是他們眞正的目的。他說：

> 文字之用，爲治爲察，古人未嘗取以爲著述也，以文字爲著
> 述，起於官師之分職，治教之分途也。(文，原道下，28)

2　同註1。
3　本文所用《文史通義》、《校讎通義》二書是台北盤庚出版社的合刊本，
　　出版年代不明。爲省篇幅，以下引文隨文注明出處，其中「文」是《文史
　　通義》，「校」是《校讎通義》，書名後爲篇名，頁碼則是合刊本的頁
　　碼。

他認爲思辨、著述，一旦脫離典章政教、人倫大用等公共的用途，是一種文化上的墮落，是「官」「師」分職、「治」「教」分途之後才發展出來的。他又說：

> 是故聖王書同文以平天下，未有不用之於政教典章，而以文字爲一人之著述者也。（文，詩教上，14）

因爲典章政教、人倫日用是眾人的事，所以理想上，思想文字不是爲一人所獨有，一旦文字著述脫離了公共的用途，文字著述便失去了意義。

章氏認爲上古以來的國家檔案（史）才是一切學問之根源，後來的人都是以這些「史」作爲學習、發揮的張本。

> 書吏所存之掌故，實國家之制度所存，亦即堯舜以來因革損益之實迹也。（文，史釋，48）

古代的「史」皆典守歷代以來的掌故，以存先王之道：

> 五史之於文字，猶太宰司會之於財貨也。……非府史所守之外，別有先王之道也。（文，史釋，47）

因爲官守文獻（史）是唯一的知識來源，所以孔子向他們問禮。章氏說：「有司賤役，巫祝百工，皆夫子之所師矣。問禮問官，豈非學於掌故者哉！」（文，史釋，47）孔子刪述這些官禮掌故成爲六經，故章學誠說「六經皆史」。

由於官、禮是歷代聖人實際施爲的記錄，這些記錄平時由五史搜

集記錄，然後典守在官府，必須要有實際作為的人才能留下記錄，所以章氏把古代聖人分成兩個層次，能得到機會實踐其抱負的人，比能著述的人要偉大，所以他說周公才是集大成的人，孔子並未集大成，他說「孔子有德無位，即無從得制作之權，不得列於一成，安有大成可集乎」（文，原道上，23-24），又說孔子「學周公而已矣」（文，原道上，24）。這並不表示孔子本人的才性不及周公，孔子未遇其時，未能施展抱負，雖「有德」卻「無位」，所以「無制作之權」，「空言不可以教人」（文，原道中，25）。

章氏認為，孔子所從事的只是將官守之文獻加以整理纂輯並用以教人，這是不得已的工作，而孔子之後所謂「儒」的傳統，是「不得已」的人所做不得已的工作，所以不是最根本最有價值的事。故章氏說「六經皆器也」（文，原道中，26），而不說六經皆「道」也，又說「六經不盡道」。但是章學誠也相當技巧地說官司典常，與師儒講習（六經），只是性質不同，不必然有優劣之分[4]，他說：

> 六經之文，皆周公之舊典，以其出於官守，而皆為憲章，故述之而無所用作，以其官守失傳，而師儒習業，故尊奉而稱經。聖人之徒豈有私意標目，強配經名，以炫後人之耳目哉。（校，漢志六藝第十三，248）

但實際上兩者高下之分是相當清楚的。他說「經」之一名並不是尊稱，只是官守失傳後，拿來作為學習的教本而被尊稱為「經」。認真

4　章學誠說：「蓋官司典常為經，而師儒講習為傳，其體判然有別，非謂聖人之書，有優有劣也。」章學誠，《校讎通義》，頁248。

地說，則六經恐怕還比不上官守之舊典，六經只是刪述古代典章記錄
的成果。甚至可以說，六經跟「儒」一樣，都是「官失其守」之後不
得已的產物，所以章學誠對後人以六經爲一種專門學問，不停地進行
研究，也表達了不滿之意，明白批判經師的工作，同時也嚴厲地批判
清代的經典考證之學(文，原道下，28)。他也對人們迷戀上古三代而
不能留意後代之事表示輕蔑，認爲「六經」不能涵括後來的歷史發
展：

> 事變之出於後者，六經不能言，固貴約六經之旨，而隨時撰
> 述，以究大道也。(文，原道下，28)

他認爲，理想上應該每一代的人都能秉著孔子刪述六經之精神，隨時
取資於每一代之官禮而有所撰述。

　　前面已說過，章氏認爲古人的言語著述，都是爲了現實的目的，
不是爲了思想的創發與論辯，所以在整部《文史通義》中，我們見到
章氏時時在區分兩個時代，一個是戰國以前，一個是戰國以後。在前
一個時代，「文」是公器，在後一個時代，「文」爲私有；戰國以
前，「文」是用來行道的，戰國以後，「文」是發揮個人才能的。章
氏本人主張前者優於後者，前者是理想，後者是墮落。正因爲章氏認
爲古代的世界是一個不重文辭、不重思辨、不重言語，而看重實際的
「事」、「物」的世界，故他的書中充滿一批相對的概念：聲音重於
文字(文，詩教下，15)、志識重於文辭(文，說林，75)、事重於言
(文，書教上，7)、典章事實重於文章(因「器」以明「道」)、質重
於文(「古之文質合於一」，文，詩教上，13)、道重於文(道「公」
文「私」)、理重於辭(「理重而辭輕，天下古今之通義」，文，說

林，76)、義理重於文辭(文，說林，76)等。

在這個世界裡，文籍著述體例的情況是相當獨特的，章氏討論這個問題的文字散見《校讎通義》及《文史通義》兩部書中，而且沒有前者，便搭不成後者之「七寶樓臺」[5]。我試著把他這方面的觀點作一個整理：

第一、人可以隨意「移置他人之書」(文，說林，77)：

> 古人之言，所以爲公也。未嘗矜於文辭，而私據爲己有也。志期於道，言以明志，文以足言，其道果明於天下，而所志無不申，不必其言之果爲我有也。(文，言公上，35)

「道」、「志」、「言」、「文」四者之間，「道」是最上位的，「文」是最下位的。「文」的最終目的是要能明「道」，只要「文」能明「道」，便不在乎「文」是否出自我之手或是否爲我所有。章氏又說，古人認爲只要「道」是相同的，則別人的話只要得我心之所同然，便等於是我的，後人能得其說加以變通發揮，也等於是我的，只在乎是否可以明「道」、行「道」。他說：

> 古人有言，先得我心之同然者，即我之言也。何也？其道同也。傳之其人，能得我說而變通者，即我之言也。何也？其道同也。(文，言公中，38)

5　余英時，〈章學誠文史校讎考論〉，《中央研究院歷史語言研究所集刊》，64本1分(1993年3月)，頁205-229。

所以古人沒有清楚的標示作者爲某的觀念，也沒有「攘竊」、「抄襲」的想法，因爲道是公的，言也是公的，能不能用才是重點之所在。能用，則竊不等於竊──「古未有竊人之言以爲己有者」（文，言公中，38），所謂「竊」是因爲「由於自私其才智，而不知歸公於道也」（文，言公中，38），要等到世道衰微之後，「道」不行了，人們才爭「文」的所有權，他說：「世教之衰也，道不足而爭於文，則言可得而私矣！」（文，言公中，38）

　　第二、古代文籍有一個由「口耳之傳」到「著於竹帛」的演化過程，在這個過程中，不斷附益的情形相當普遍。因爲「智財權」不重要，再加上上古書寫材料稀少，所以提出某種學說到書於竹帛，往往需數百年之久。在書於竹帛之前，靠的是「口耳相傳」之學，「口耳相傳」是「道」重於「文」之時代，「竹帛之功」則是「文」勝於「道」的時代，故說「口耳之學既微，竹帛之功斯顯」（文，言公下，41）。他說：

> （田）何而上，未嘗有書，然則所謂五傳之際，豈無口耳受授之學乎？（校，漢志六藝第十三，249）

許多書被前儒懷疑是後人僞撰，託古人之名以行，章氏認爲未必如此，應該是有一段由「口耳」到「竹帛」綿長的傳衍過程：

> 兵家之有太公《陰符》，醫家之有黃帝《素問》，農家之神農《野老》，先儒以謂後人僞撰，而依託乎古人，其言似是，而推究其旨，則亦有所未盡也。蓋末數小技，造端皆始於聖人，苟無微言要旨之授受，則不能以利用千古也。三代

> 盛時，各守人官物曲之世氏，是以相傳以口耳；而孔孟以
> 前，未嘗得見其書也。至戰國，而官守師傳之道廢，通其學
> 者，述舊聞而著於竹帛焉，中或不能無得失，要其所自，不
> 容遽昧也。（文，詩教上，14-15）

同時他也提醒人們，在書本之外，還有口耳相授之心傳，故可能在本
書之外，同時還有種種口傳的內容存在著：

> 古人書不盡言，言不盡意，竹帛之外，別有心傳；口耳轉
> 授，必明所自，不啻宗支譜系不可亂也。（文，師說，65）

第三、古人不著書，古代文獻以「篇」為單位，這些篇章或離或合，
本無一定，而戰國諸子其實是一種「文集」。他說：

> 故著書但當論篇。（文，篇卷，63）

又說：

> 且如韓非之〈五蠹〉、〈說林〉，董子之〈玉杯〉、〈竹
> 林〉，當時並以篇名見行於當世，今皆會萃於全書之中，則
> 古人著書，或離或合，校讎編次，本無一定之規也。〈月
> 令〉之於《呂氏春秋》，〈三年問〉、〈樂記〉、〈經解〉
> 之於《荀子》，尤其顯焉者也。（校，焦竑誤校漢志第十
> 二，246）

所以他說《漢書‧藝文志》多以「篇」來計書。(校，漢志諸子第十
四，258)

　　第四、古無私家撰述，故其書常常是學派中人綴輯、發揮、補
充、追記的結果，其中有一個發展變化的過程，以《管子》一書爲
例：

> 春秋之時，管子嘗有書矣，然載一時之典章政教，則猶周公
> 之有《官禮》也。記管子之言行，則習管氏法者所綴輯，而
> 非管仲所著述也。(文，詩教上，14)

他接著批判清初大儒閻若璩(1636-1704)，認爲他並不懂得這一層，
所以認爲《管子》書中提到齊桓公之諡號，乃是「後人所加，非《管
子》之本文」。在章學誠看來，閻氏認爲《管子》有所謂「本文」，
即已透露了他並不了解「古人並無私自著書之事，皆是後人綴輯」這
個事實(文，詩教上，14)。

　　第五、古人因爲「言公」，所以無意以著書爲標榜，故古人著書
不特意標篇名。他說「古人著書命篇」，只是爲了「取辨甲乙，非有
深意也」(文，匡謬，90)，因此常常引起後人的誤解。章氏舉一個例
子說，他讀《漢書‧藝文志》，在儒家者流下竟有魏文侯與平原君之
書，讀者不察，以爲戰國諸侯公子何以入於儒家，不知這是著書之人
自託儒家，「而述諸侯公子，請業質疑，因以所問之人，名篇居首，
其書不傳，後人誤於標題之名，遂謂文侯、平原所自著也」(文，匡
謬，91)[6]。所以是著書之人隨意把請業質疑對象的名字放在篇首所

6　章太炎對此條有所辯證，參葉瑛《文史通義校注》(北京：中華書局，

引起的誤會。

　　我們所見到的書名、篇名，往往是後人在校讎之時加上去的。篇名常是取篇章開頭前幾個字，書則常以其人為名：

> 古人著書，往往不標篇名，後人校讎，即以篇首字句名篇；不標書名，後世較讎，即以其人名書，此見古人無意為標榜也。（文，繁稱，88）

一直要到後世，「人心好異」，才「競為標題」。（文，繁稱，89）
　　第六、古人常隨意稱引他人之說，竄為己作，章學誠說：

> 或問：前人之文辭，可改竄為己作歟？答曰：何為而不可也。古者以文為公器，前人之辭如已盡，後人述而不必作也。（文，答問，110）

又說：

> 古人著書，援引稱說，不拘於方。（校，漢志諸子第十四，254）

又說：

> 夫古人著書，即彼陳編，就我創制，所以成專門之業也。

（續）────────────
　　1994）所引章氏〈與人論國學書〉，頁412。

（文，釋通，83）

以上是章氏的幾點看法，從上面的引文中，我們可以看出，章氏時時在區分兩個時代，一個是無私人著述的時代，也就是官師合一、政教合一、同文爲治的理想時代；另一個是官失其守，官師分職之後的時代。在後面這個時代，人們才脫離了「言公」，開始以著述自顯，開始標榜自己的著述，而戰國是其關鍵時刻。在這個時代，一方面是官師分職，一方面是因各國分裂，士人要表現其智慧爭取各國君主的寵愛，著述遂成干祿的工具，著述遂逐漸成爲私人之事、專門之業。戰國時代諸子爭鳴，在今人看來是思想的黃金時代，在章氏看來是文化墮落：

> 周衰文弊，六藝道息，而諸子爭鳴，蓋至戰國而文章之變盡，至戰國而著述之事專，至戰國而後世之文體備；故論文於戰國，而升降盛衰之故可知也。（文，詩教上，12）

這個文化墮落的時代，雖然發展出各式各樣的文體，開啓了各種多元的思想，但章氏一概說那是文化由「升」而「降」，由「盛」而「衰」的時代。我們今天所盛稱的百家競鳴、思想的黃金時代，在章氏的筆下成了一個衰世：

> 官師既分，處士橫議，諸子紛紛著書立說，而文字始有私家之言，不盡出於典章政教也。（文，經解上，18）
> 諸子百家，不衷大道。其所以持之有故，而言之成理者，則以本原所出，皆不外於周官之典守；其支離而不合道者，師

> 失官守，末流之學，各以私意恣其説爾。(文，易教下，5)
> 以戰國爲文章之盛，而衰端亦已兆於戰國也。(文，詩教
> 上，15)

他常常用「周末賤儒」(文，匡謬，91)一詞來形容這批以著書爲業的
人物：

> 著書之盛，莫甚於戰國，以著書而取給爲干祿之資，蓋亦始
> 於戰國也。(文，匡謬，91)

私家著述是從戰國時代才開始出現，獨立於官司掌故之外的文章學問
也從此時才開始出現：

> 蓋自官師治教分，而文字始有私門之著述，於是文章學問，
> 乃與官司掌故爲分途。(文，史釋，47-48)

前面大致討論了章氏對古代文籍體例的看法，那些看法在過去往往被
忽略或認爲是錯的，但卻與這幾十年來出土簡帛所揭示的古代文籍的
實況若合符節(不過，只能限在漢代以前，隋唐以後則不同)，我必須
先聲明：對於出土簡帛，我雖然感到濃厚的興趣，但涉獵甚淺。然而
在有限的閱讀中，卻得到一個印象，即簡帛中所見古代文籍的狀況，
並不接近漢、唐以後的情形，尤其是與我們今天的常識截然異趨，但
卻與章學誠的見解相近。

　　關於出土簡帛中所見古籍的情況，近人李學勤、裘錫圭、李零等
人已有討論，我歸納所見爲如下幾點：

　　(一)古書不題撰人：李零說普遍題撰人是從《隋書‧經籍志》才開始。他說：出土簡帛書籍不僅從未發現題寫撰人，而且像《孫子兵法》、《孫臏兵法》，簡文中出現的只是籠統的「孫子曰」，從未見到孫武、孫臏之名[7]。

　　(二)古書多無大題：彭浩〈郭店楚簡〈緇衣〉的分章及相關問題〉中，即指出郭店楚簡〈緇衣〉原無標題[8]，李零則說：「現已發現簡帛書籍皆無大題，而只有小題，銀雀山漢簡有五方篇題木牘(相當現在書籍封內的目錄)、馬王堆帛書間附目錄，其中也未發現書題。」[9]

　　(三)古書存在大量後人增加、修改、重編，或合編成卷的現象。後人增加的現象，見於一種與《孔子家語》有關之竹簡，又如銀雀山出土的《孫子兵法‧用間篇》，有「燕之興也，蘇秦在齊」，乃後人所增。後人修改的例子，如張家山及馬王堆出土的一種脈書，與後來《內經‧靈樞》中的〈經脈〉篇之間的關係。後人重編的情形，如以馬王堆帛書《周易》與今本《易傳‧十翼》相比，可以發現〈十翼〉中〈系辭〉、〈說卦〉經過重新編寫，和帛書本編次不同的現象。至於合編成卷，如馬王堆帛書《老子》乙本，以《老子》和〈五行〉、〈九主〉、〈明君〉、〈德聖〉四篇抄在一起成為一卷書[10]。

7　李零，〈出土發現與古書年代的再認識〉，《九州學刊》3:1(1988年12月)，頁109。

8　彭浩，〈郭店楚簡〈緇衣〉的分章及相關問題〉，收入李學勤主編，《簡帛研究》(南寧：廣西教育出版社，1998)，第三輯，頁44。

9　李零，〈出土發現與古書年代的再認識〉，頁110。駢宇騫，〈出土簡帛書籍題記述略〉，《文史》，2003年第4輯，頁26-56。

10　以上皆引自李學勤，〈對古書的反思〉，收在李氏的多種文集中，如《簡帛佚籍與學術史》(台北：時報文化出版公司，1994)，頁30-31。

同時，研究者們也指出特定古書常為某一學派傳習資料之匯編，裘錫圭便說：「銀雀山漢墓出土的《孫子》除十三篇外，還有一些佚篇，其中有解釋十三篇中的內容的，也有記孫子事蹟、言論的，顯然為弟子、後學所增。」[11]

（四）古書多單篇流行，篇數較多的古書帶有叢編或文件集之性質：如〈保傅〉是賈誼《新書》的一篇，又收入《大戴禮記》，在定縣八角廊竹簡中，則出現了單行之〈保傅〉[12]。

（五）古書分合無定：如李零〈銀雀山簡本《孫子》校讀舉例〉一文，可見在同一書之內的割裂、拼合[13]。古書常見各種書籍彼此抄來抄去的現象：如銀雀山簡中有一部書見於二號木牘，共十三篇，其中〈守法〉、〈守令〉篇與今本《墨子》中講城守之法的各篇相出入；〈王兵〉篇與《管子》的〈參患〉、〈七法〉、〈地圖〉等篇相出入；〈兵令〉篇與今本《尉繚子》的〈兵令〉篇相出入[14]。銀雀山的〈唐勒〉，經考定為宋玉的佚賦，而大量為《淮南子》〈覽冥篇〉所採[15]。唐蘭（1901-1979）發現馬王堆帛書《黃帝四經》中多有與《鶡冠子》相同或類似的字句。他同時也發現今本《文子》與帛書的《黃

11　裘錫圭，〈中國出土簡帛古籍在文獻學上的重要意義〉，《中國出土資料研究》（東京：朋友書店，1999），第三號，頁6。

12　李學勤，〈對古書的反思〉，頁31。

13　李零，〈銀雀山簡本《孫子》校讀舉例〉，《中華文史論叢》1981:4（總20期）（上海：上海古籍出版社，1981），頁299-316。《老子》中有原來兩章併為一章，甚至三章併為一章。《晏子》中有一章被分成兩章。楚墓出土的〈緇衣〉章序與《禮記》中的今本有許多不同，分章亦有不同。裘錫圭，〈中國出土簡帛古籍在文獻學上的重要意義〉，頁6。

14　李零，〈出土發現與古書年代的再認識〉，頁111-112。

15　裘錫圭，〈中國出土簡帛古籍在文獻學上的重要意義〉，頁5。

帝四經》相同二十餘處[16]。

以上五點並不是古代文籍體例之全貌，因為目前為止，考古出土大多是戰國楚簡（如郭店楚簡、上博楚簡）或西漢古書（如銀雀山漢簡、馬王堆帛書），商、西周、春秋仍是一片空白[17]，將來隨著出土文物的陸續發現，說不定會對前述諸點有所修正。但是從常識判斷，它們被全然推翻的可能性不大。

考古發現之古代文籍呈現了一個特質：古代文籍是流動的、是發展的，是抄來抄去、合來合去的，不大重視作者，也沒有顯著的標題。它們與後人所了解的每書、每篇皆有一個因意名篇的標題，都有清楚的作者，而且智慧財產權的觀念非常清楚，動輒指斥別人抄襲的常識截然相反。而上述種種特質皆與章學誠的推斷若合符節，使我們對〈言公〉的思想得到一種新的證實，知道它不但不是錯了，而且相當符合古代的實況。

在清代中期，章氏對古代文籍體例乃至於文字著述的社會功能的見解，是相當孤立的。我們當然可以在嚴可均（1762-1843）、孫星衍（1753-1818）、俞樾（1821-1906）等人的著作中，看到一些相近似的零星觀點[18]，但大體而言，乾嘉考證學興盛之時，人們的觀點與他大異其趣，最直接的例子是《四庫全書總目提要》中對先秦諸子的討論，

16　廖名春，〈梁啟超古書辨偽方法的再認識〉，《漢學研究》16：1（1998年6月），頁359。

17　李零，〈簡帛的埋藏與發現〉，《中國典籍與文化》2003:2（總45期），頁5。

18　嚴可均論《管子》、《鶡子》，孫星衍論《晏子》、《燕丹子》，孫詒讓論《墨子》，皆說古書不必自著。見余嘉錫，《古書通例》卷四，〈古書不皆手著〉，收入氏著，《余嘉錫說文獻學》（上海：上海古籍出版社，2001），頁259-260。

即往往以漢唐之見議論古人[19]。所以像章氏那樣有系統地見到古人文字著述是爲「公」，因而推論古書的形成，標舉一套政治哲學，是絕無僅有的。他對這個發現沾沾自喜，認爲自己是揭千古不傳之祕，認爲自己於史學如有天授。

　　章氏的發現顯然是直接從古書推論所得，而不是從任何出土材料得到的結論。他的推論基礎主要是劉歆的《七略》，益之以他對古代典籍校讎之學的心得。這可以從章氏治學歷程推知。當章氏三十六歲，開始撰寫《文史通義》的次年，他在給朋友的一封信中宣稱自己想「思歛精神爲校讎之學，上探班、劉，溯源官禮，下該《雕龍》、《史通》，甄別名實，品藻流別，爲《文史通義》一書」[20]，此處所謂「官禮」，即周官典守之舊籍，也就是溯源於古代官師合一之時官守其籍之情狀。章氏在《校讎通義》開宗明義也談到他是從「官師合一」之旨出發，而基礎是劉歆「諸子出於王官」論[21]，他說：「劉歆蓋深明乎古人官師合一之道，而有以知乎私門初無著述之故也。」（校，原道第一，229）他又說：「劉向校書、敘錄諸子百家，皆云出於古者某官某氏之掌，是古無私門著述之徵也。」（文，文集，60）不

19　《欽定四庫全書總目》一書《管子》條目下說：「今考其文，大抵後人附會多於仲之本書。」見紀昀等原著、四庫全書研究所整理，《欽定四庫全書總目·子部·法家類》（北京：中華書局，1997），上冊卷101，頁1314。

20　章學誠，〈與嚴冬友侍讀〉，《章學誠遺書》（北京：文物出版社，1985），頁333。《章實齋先生年譜》將之繫於乾隆三十八年，見該書頁29。

21　參見章學誠，《校讎通義》，頁228：「有官斯有法，故法具於官；有法斯有書，故官守其書；有書斯有學，故師傳其學；有學斯有業，故弟子習其業。官守學業皆出於一，而天下以同文爲治，故私門無著述文字；私門無著述文字，則官守之分職，即群書之部次，不復別有著錄之法也。」

過，向、歆的「諸子出於王官」之說，與古人「言公」之間，仍需要一段很寬廣的推論過程，不是簡單的繼承關係。

但是，我們不禁要問，何以讀過《漢書・藝文志》的人那麼多，卻未能得出與章氏相近之論，其中關鍵之一恐怕是詮釋態度的不同。章氏是以古人讀古人，而其他人是以今人讀古人。因為漢、尤其是隋唐以後，書籍體例已經大變，成為天經地義的常識，所以人們並不覺得古代文籍體例與文字著述的社會功能，會與今人所知截然不同，也不會認為那是一個值得深論的問題。即使關注這個問題，也是以當時的常識投射回古人身上。而章氏往往是拿幾段古書中的話，嘗試與他們在同一個層次上，試著同情地理解上古之情狀，故所得往往與他人不同。

章氏處在考證學如日中天的時代，在這樣一個時代「思」與「學」不能太過二分，沒有學術考據為基礎的「思」，是站不住腳的，故當時「思」與「學」的關係往往是以「學」之所得來推展「思」，否則不能取信時人，所以章氏也是先以弄清古代文籍體例的演變及著述的社會功能，來講他那一套「官禮為治」、「官師合一」、「同文為治」的政治思想，而這也是考證學興盛時代的人想講一套哲學時常走的路。戴震(1724-1777)的《原善》、《孟子字義疏證》也是如此。

考證學的最終目的是恢復古代的遺意，但古代是一個樸拙的初民社會，愈能如實地把握其原意，也就愈束縛住現代性的思維，章氏力圖回到古代「官師合一」的文化專制主義便是一個例子。我們在潛意識中，常常假設愈往近代，思想愈趨開通，但章氏的例子正好反其道而行。

二

　　章學誠區分「學古」與「古學」，清代經師尊漢學，尚鄭玄(127-200)、許慎，那是「學古」，而不是「古學」（文，說林，77）。眞正的「古學」是要能知「言公」之旨，留心當代之務，而不是以著述逞一己之聰明才辯而已(文，說林，77)。故章氏是一位「當世心態」非常濃厚的學者，他說「學業將以經世也」（文，天喻，64），「所貴君子之學術，爲能持世而救偏」（文，原學下，32），「故學業者，所以關風氣也」（文，天喻，64）。

　　他的「當世心態」又與極端的「復古心態」套疊在一起。章學誠的〈言公〉等篇雖講古代著述體例之變化，但其最終用意是希望他的時代能回到戰國以前「文」與「道」合一的關係，再回到「治教合一」、「官師合一」、「同文爲治」、「官、守、學、業皆出於一」的理想狀態[22]。故他鼓吹回復到秦人以吏爲師，認爲這樣才合於三代，也才眞正合於孔子之理想(文，史釋，48)。他爲清代所開的藥方，是書掌於官，禁止私人著述。在《校讎通義》他提到：

22　參見章學誠，《校讎通義·原道第一》，頁228：「有官斯有法，故法具於官；有法斯有書，故官守其書；有書斯有學，故師傳其學；有學斯有業，故弟子習其業。官守學業皆出於一，而下以同文爲治，故私門無著述文字；私門無著述文字，則官守之分職，即群書之部次。……〔秦人〕以吏爲師則猶官守學業合一之謂也。由秦人以吏爲師之言，想見三代盛時，禮以宗伯爲師，樂以司樂爲師，詩以太師爲師，書以外史爲師，三易春秋，亦若是則已矣！又安有私門之著述哉？」《校讎通義·宗劉第二》，頁229又說：「使之恍然於古人官師合一之故，則文章之病可以稍救。」

書掌於官，私門無許自匿著述，最爲合古。然數千年無行之
者，……然法固待人而行，不可因一時難行，而不存其說
也。(校，校讎條理第七，236)

書掌於官，則思想言論有所定：

則奇衺不衷之說，淫誣邪蕩之詞，無由伏匿，以干禁例。
(校，校讎條理第七，236)

但是如此激烈的言論，在清代中期當然是行不通的。

　　章氏同時也提出一套時人看來極大膽，而他認爲理所當然的校讎
主張。章氏有互見、別裁之說[23]，文廷式(1856-1904)指出，章氏並
非孤明先發，而可能是襲自其同鄉祁承㸁(1562-1628)的《書目略
例》。這裡所謂《書目略例》即是《庚申整書例略》，《例略》共有
四則，其中一則是「一曰互，互者互見於四部之中也」[24]。章學誠因
爲發現古代文章以篇散見，離合無定，在同一個主題之下，不同書以
篇爲單位，依官守之不同編集在一起，所以提倡模仿古人裁篇互著的
方法重編古書。他說：

　　……〈月令〉之於《呂氏春秋》，〈三年問〉、〈樂記〉、

23　文廷式，《純常子枝語》卷二十六，收入趙鐵寒編，《文廷式全集》(台
　　北：大華印書館，1969)，第8冊，總頁1541。我是從錢鍾書《談藝錄》中
　　獲此線索，參見錢鍾書，《談藝錄》(北京：中華書局，1984)，頁264。
24　祁承㸁，《庚申整書例略》，收入《續修四庫全書．史部．目錄類》(上
　　海：上海古籍出版社，1997)，第919冊，總頁556。我不認爲章氏只是因
　　襲祁氏之說，因爲祁說甚簡略，而章說的層次要高出太多了。

〈經解〉之於《荀子》，尤其顯焉者也。然則裁篇別出之
法，何爲而不可以著錄乎。(校，焦竑誤校漢志第十二，246)

李慈銘(1830-1894)便嘲笑他想把《大小戴記》依類分編各部，甚至
想將《周易》上、下經及十翼加以分載，「皆極謬妄」[25]。

即使是章氏自著中，也是盡量求合「古雅」，如《文史通義》即
是隨得隨作，然後編入《通義》中。《通義》本身是一個開放的系
統，用以涵括他所有的著作[26]。這種以篇爲單位，隨作隨編的作法，
可能也是師承戰國以前的著述體例。

章氏力求「古雅」的思想，還表現在與洪亮吉(1746-1809)力爭
省的名稱是否恰當，是否應該改稱爲「統部」的爭論上(文，地志統
部，135)[27]。戴震與章氏論方志意見不合，便譏其好爲「古雅」，汪
輝祖(1730-1807)則說他是「古貌古心」[28]。章氏一心一意想致
「用」，可是在「用」的層次上，卻過爲「古雅」。一心想將三代的
文化情狀復返於當代，膠柱鼓瑟，加上其他許多原因，使得他在清代
中期學術世界中相當孤立[29]。

---

25 李慈銘，《越縵堂讀書記》(北京：中華書局，1963)卷八，〈文學〉，頁
782。

26 余英時，〈章學誠文史校讎考論〉，頁205-229。

27 洪亮吉痛駁章氏的信，〈與章學誠進士書〉，見洪亮吉，《洪北江詩文
集·卷施閣文甲集》(台北：世界書局，1964)卷八，頁163-164。

28 轉引自黃兆強，〈同時代人論述章學誠及相關問題之編年研究〉，《東吳
文史學報》，第9期(1991年3月)，頁127。

29 關於章氏當時孤立情況，見余英時，《論戴震與章學誠》(台北：華世出
版社，1977)。

三

　　晚清學人對章氏有兩種態度。持極度批評態度的如李慈銘，他說：

> 蓋實齋識有餘而學不足，才又遠遜。故其長在別體裁、覈名實，空所依傍，自立家法；而其短則……不能明是非、究正變，汎持一切高論，憑臆進退，矜己自封，好爲立異，駕空虛無實之言，動以道眇宗旨壓人，而不知已陷於學究雲霧之識。[30]

　　但章氏之學在晚清卻開始得到信從者，其中有一支特別欣賞其「官師合一」、「同文爲治」的政治思想，由這一激烈的思想得到人們的欣賞，約略可以看出晚清政治思想的一個新動向。
　　這一派政治思想至少有兩個意涵。第一是反對清代文獻考證之學耽溺於考據，以著述求不朽，泥執於「文」而忘了行「道」，忘了政治事功才是士人的本分。章氏說「專於誦讀而言學，世儒之陋也」（文，原學上，30），又說「儒」是「不遇明良之盛，不得位而大行」（文，原道中，25），是「出於勢之無可如何爾」（文，原道中，26），所以他們要重新定義「士」。值得注意的是，章學誠生當乾隆時代，乾隆後期已經出現頹局，但畢竟不如後來急迫。在章氏身後幾十年間，時代危機加深，人們對如何解決社會、政治、文化上的混亂，如

30　李慈銘，《越縵堂讀書記》，頁781。

何挽救時局，感覺愈益迫切，章氏的思想開始得到一些人的共鳴。一群不滿考據，關心時局，提倡經世，或想整頓失序社會的人，開始以章氏作為他們的模範。（詳後）有人認為龔自珍（1792-1841）之學與章學有關，但龔氏著作從未提及章氏的名字，是否真受其影響，此處尚不能論定。不過他們二人至少是同調，即龔氏也想重新定義「士」，認為「士」不是讀書著述之「士」，「士」應該是關心現實而有實際作為的人[31]。

第二、清季這一波新思想的另一特色，就是前面提到過的，要回到今人看來帶有強烈文化專制色彩的「官師合一」、「同文為治」的理想，藉封閉多元思想之「淆亂」，來重整思想與文化秩序。章學誠之所以力倡「官師合一」之哲學，或許有見於某種可能性，即乾隆發動編纂《四庫全書》，使他覺得「官」與「學」可以合一，政治、思想、學術可以歸納於一途。如果這個猜測可以成立，則章氏在〈點陋〉篇中對《四庫全書》的肯定，便不能全然當作是頌揚當朝的話了（文，點陋，96）。與章學誠年代相近的汪中（1745-1794）持相近看法。汪中有一個論三代學制興廢的研究，並不見於今存集中，但由他人抄下的草目可以看出他的見解與章學誠頗為相近。汪氏認為，從古代學制的演變看來，「官師合一」是最初狀態，「古之為學士者，官師之長，但教之以其事，其所誦者詩書而已，其他典籍，則皆官府藏而世守之，民間無有也」。他與章學誠一樣，認為「官師合一」的狀態是好的，而悲夫「自辟雍之制無聞，太史之官失守，於是布衣有授業之徒，草野多載筆之事，教學之官，記載之職不在上而在下，及其

31　龔自珍，〈乙丙之際著議第六〉，收入龔自珍著、王佩諍校，《龔自珍全集》（北京：中華書局，1959），上冊，頁4-5。

衰也，諸子各以學鳴，而先王之道荒矣」。綜合前述諸語，汪中顯然
認爲「官師合一」是一種救時之良方[32]。龔自珍在〈乙丙之際箸議第
六〉中，也表達了「治學合一」的思想[33]。他說：

> 自周而上，一代之治，即一代之學也；一代之學，皆一代王
> 者開之也。有天下，更正朔，與天下相見，謂之王。佐王
> 者，謂之宰。天下不可以口耳喩也，載之文字，謂之法，即
> 謂之師、謂之禮，其事謂之史職。以其法載之文字而宣之士
> 民者，謂之太史，謂之卿大夫。天下聽從其言語，稱爲本
> 朝。奉租稅焉者，謂之民。民之識立法之意者，謂之士。士
> 能推闡本朝之法意以相誡語者，謂之師儒。王之子孫大宗繼
> 爲王者，謂之後王。後王之世之聽言語奉租稅者，謂之後王
> 之民。王、若宰、若大夫、若民相與以有成者，謂之治，謂
> 之道。若士、若師儒法則先王、先冢宰之書以相講究者，謂
> 之學。師儒所謂學有載之文者，亦謂之書。[34]

而在重新定義各種職份之後，其結論是：

> 是道也，是學也，是治也，則一而已矣！[35]

32　(清)錢林輯、王藻編，《文獻徵存錄》，收入《清代傳記叢刊》(台北：
　　明文書局，1985)，冊11卷七，〈汪中〉，頁23b-24a。

33　錢穆認爲龔氏受章學誠的影響，見氏著，《中國近三百年學術史》(台
　　北：臺灣商務印書館，1972)，頁392、535。

34　龔自珍，〈乙丙之際箸議第六〉，頁4。

35　同前註。

也就是「道」、「學」、「治」合一的理想。這種定於「一」的思想
與龔氏在〈農宗〉、〈明良論〉等文中對當時社會文化秩序的崩解的
反思是分不開的。與龔氏齊名的魏源(1794-1857),在〈默觚上‧學
篇九〉,也力闡「官師合一」的理想[36]。在晚清狂熱宣傳章學誠的譚
獻(1832-1901),也有類似的思想傾向。從《復堂日記》可以看到譚
氏如何尋訪章氏著作的實跡,因為章書並不易見,所以他花了很大力
氣尋訪書板之所在,在得到一部比較完整的章氏集子時,他狂喜之
餘,說:「表方志為國史,深追官禮遺意,此實齋先生所獨得
者。……吾欲造〈學論〉曰:天下無私書,天下無私師,正以推闡緒
言,敢云創獲哉!」[37] 譚氏所標舉的天下「無私書」、「無私師」的
理想,正是章氏的論點。甚至到了清末,像鄭觀應(1842-1922)這樣
的開明思想家,也不能忘情於「官師合一」[38],這方面的例子還很
多,此處不能盡舉,可見這一政治哲學在當時曾蔚為新潮。他們自認
為燭然有見於古代的實況,故振振有詞地提出一套整頓當世亂局的方
案。但是力圖回到官師合一的古代理想,等於是取消了獨立於政治之
外的思想、學術的批判性力量的合法性,同時也封閉了思想多元發展
的路子。在面臨前所未有的新挑戰的局面下,人們可以走兩條路,一
條是把鬆動的螺絲鎖緊,一條是開放,尋求新的可能性,章學誠以下
這一批思想菁英選擇了回到古代,以「古」為「新」,以實際上的
「關門」為「開門」,這是我們研究嘉、道以降的思想界的個別狀況

---

36 魏源,《魏源集》(台北:鼎文書局,1978),頁23。

37 譚獻著、范旭侖等整理,《復堂日記》(石家莊:河北教育出版社,
    2000),頁20。

38 鄭觀應,〈道器篇〉,收入夏東元編,《鄭觀應集》(上海:上海人民出
    版社,1982),上冊,頁244。

時值得深入玩味的。

　　民國以後，尊崇章學誠者，大致已經不再談他那種「官師合一」、「同文爲治」、「道」「學」「政」三位一體的政治哲學，一方面是知道其不可能，另方面是與近代的民主自由思想背道而馳。民國以後的信從者，主要是討論他的史學思想。有意思的是，民國學術中的新派與保守派皆在大談章氏，都宣稱他們服膺章氏之學。胡適是新派之代表，主張「六經皆史」，並積極闡發「古今凡涉著述之林皆史也」的「史」是「史料」，將六經歷史文獻化，以貶抑「經」之地位。此外，胡適對章氏治史之把記注、撰述分開，認爲撰述貴能「別識心裁」、「貴筆削獨斷之專家」，以及重「通史」的觀念等，都相當欣賞。然而胡適雖知「〈言公〉三篇爲先生得意之作」，卻對章氏所說上古無私家著述的解釋，認爲是錯的，激烈反對章氏之「諸子出於王官說」（胡適主張「諸子不出於王官說」）。

　　保守派也在闡發章學誠的「言公」思想，他們一方面以章氏的經世思想批判胡適等人所提倡的「爲學問爲學問」，從而忽略學問與現實的關係，同時認爲古書自有其讀法，不可執後人之見以疑辨之，其目的是用來打擊當時甚囂塵上的疑古之學。孫德謙(1869-1935)的《古書讀法略例》、劉咸炘(1896-1932)《推十書》，大多圍繞〈言公〉篇而續有闡述，其發言的目標皆是當時的疑古之學，故孫德謙說：「其纂述大旨，爲前哲則在辨誣求眞，爲後賢則在息疑牖智。」[39]

　　值得注意的是，傅斯年(1896-1950)的〈戰國文籍中之篇式書體——一個短記〉(1930)，文中雖未直接提及章氏，但它最核心的觀

39　孫德謙，《古書讀法略例》(上海：商務印書館，1936)，〈自序〉，頁2。

念顯然與〈言公〉篇相互照映。他說如果要斷言《管子》一書是假的，則便須先假定戰國人已有精嚴的「著者觀念」，先假定當時的文章都寫著某某人所撰，如果照此假定，則到處所見，無不是假書——

> 我們……可以確知我們切不可以後來人著書之觀念論戰國文籍。總而言之：(1)戰國時「著作者」之觀念不明瞭。(2)戰國時記言書多不是說者自寫，所託只是有遠有近有切有不相干罷了。(3)戰國書除《呂覽》外，都只是些篇，沒有成部的書。戰國書之成部，是漢朝人集合的。[40]

而且他也提到古代的著作只是一些散篇而已，或是把散篇編成文件集。他還歸納古代從記言之書、到成篇之書、到成系統之書的演變歷程。

傅斯年早年是疑古辨偽之前驅，但後來由疑古轉向重建[41]。我個人認為，在這個過程中，這篇只有薄薄幾頁的短文，起了關鍵性的作用。事實上，他在古史辨論戰中，曾提醒顧頡剛(1893-1980)，辨古史要以書為單位，不應以人為單位[42]。細繹其意，即希望當時所爭論某書是否為某人所作的疑古運動者，能認識到古書與作者之間極為複雜的情況。

此外，1931年羅根澤(1900-1960)的一篇長文〈戰國前無私家著

40　傅斯年，〈戰國文籍中之篇式書體──一個短記〉，《傅斯年全集》(台北：聯經出版公司，1980)，第三冊，頁740-741。

41　見 Wang, Fan-sen, *Fu Ssu-nien: A Life in Chinese History and Politics* (Cambridge: Cambridge University Press, 2000), pp. 116-117.

42　傅斯年，〈評〈春秋時的孔子和漢代的孔子〉〉，收入顧頡剛等編，《古史辨》(北京：樸社，1930)，第2冊，頁141。

作說〉，便是發揮「言公」之旨。文章一開始，即引章實齋的話說「古人不著書，古人未嘗離事而言理，六經皆先王之政典也」，並說「余讀之而韙焉」，「余不敏，遍考周、秦古書，參以後人議論，知離事言理之私家著作始於戰國，前此無有也」[43]。在我看來，以上兩篇文章已標誌著疑古辨偽方向之轉變了，而其根源皆來自章氏「言公」之思想。

余嘉錫(1884-1955)在1940年出版的《古書通例》，粗翻其目，即知大體繼承自章學誠[44]。這本小書顯然也是針對疑古辨偽風氣而發的，他說：「後人習讀漢以後書，又因《隋志》於古書皆題某人撰，妄求其人以實之，遂謂古人著書，亦如後世作文，必皆本人手著。於其中雜入後人之詞者，輒指為偽作，而秦、漢以上無完書矣。」[45] 而此書也成為近二十年來簡帛大量出土之後，學者藉以了解古代文籍體制的金鑰匙。

每一個時代都有「強勢論述」及「弱勢論述」，在地下實物未大量發現之前，尤其是在古史辨派強大的勢力之下，以上諸文大多淹沒不聞。孫德謙、劉咸炘、余嘉錫的書在它們刊成的年代，幾乎不曾引起過任何注意，即使是屬於新派的傅斯年、羅根澤，他們那兩篇文章也沒有得到足夠的重視。這個現象本身相當值得注意，即在一種新學術典範當令時，除非有非常強大的實物證據，否則，如果還局限在古代文獻上進行推論，它們只能存在於歷史的角落罷了。

---

43 羅根澤，〈戰國前無私家著作說〉，收入羅根澤等編，《古史辨》(北京：樸社，1933)，第4冊，頁8。

44 如〈古書不題撰人〉、〈秦漢諸子即後世之文集〉、〈古書單篇別行之例〉、〈古書不皆手著〉等皆是。

45 余嘉錫，《古書通例》，收入《余嘉錫說文獻學》，頁259。

這裡當然也牽涉到晚清今、古文之爭的問題。晚清今文家菲薄劉向、歆之學，認爲其《漢書‧藝文志》不足信，而後來更激烈的像胡適的「諸子不出王官論」，更是全盤挑戰《漢書‧藝文志》諸子出於王官之說，並在當時取得極大的勝利。而章學誠的根基便在「諸子出於王官」之說，所以前面提到的那些保守派思想家孫德謙、劉咸炘、余嘉錫等（傅斯年事實上也是反對胡適「諸子不出王官論」之說的人，只是未明白說出而已，見其所著〈戰國子家敘論〉一文），便不可能在新說盛行時得到任何注意，如果我們細繹孫、劉、余等人之書，便可以發現這裡事實上牽涉到對古書兩種不同層次的解讀：保守派是要同情地理解古書中的舊說，而新派是要批判古書中的舊說。

四

正如前面所說，章氏「言公」思想，一方面是講古代的文籍，一方面是鼓吹回復到古代理想，關於前者，過去或者被忽略，或者僅處於非常邊緣的地位。胡適則一語帶過，認爲是錯了，但是徵諸近幾十年來出土簡帛的實況，卻使我們對章氏這方面的見解得到一種新的認識，而這種認識是一反漢唐以來視爲天經地義的書籍觀念，另方面是提醒我們對近代新學術運動以「批判」古代爲出發點所留下的龐大學術遺產進行反思。不過，「反思」並不代表著全然信古，在古代文獻中仍存在眞假的問題及時間的層次。不過，章學誠「言公」的觀察似乎提醒我們，檢討古代文獻的眞假及年代時，不能純然沿用胡適、顧頡剛、張心澂（1887-1973）……等所立下的標準，而應該摸索另一套標準。

重新審視章學誠的〈言公〉篇及相關之政治思想，可以對他的思

想有另一層次的解讀。錢穆(1895-1990)似乎認爲,《文史通義》主
要便是爲了鍼砭清代經學流弊而作[46]。這當然是一個重要的面相,但
只是一個消極的面相。章氏並不只是爲了鍼砭時代學風這個消極的意
圖而作《文史通義》,他想積極地標舉一套自己的政治思想。而晚清
章學誠政治思想之得到重視,也反映了當時人面對政治、社會、文化
失序時,所開出的一劑將三者綁在一起,消弭多元、回到一元的、全
盤整頓秩序的藥方。這是晚清思想的一個重要動向。

　　此外,章氏的論點,可能對古代文明的研究產生進一步的啓發。
過去傾向於將章氏的言論當作是他個人一己的玄思,所以忽略了其中
可能蘊含著解釋古代歷史的意涵。細繹其《文史通義》、《校讎通
義》二書,可能對古書之形成,以及儒家典籍經典化的過程得到一些
新的理解。章氏的推論並不一定全對,但是它們參照啓發的價值仍然
值得挖掘。

　　近一、二十年來大量出土簡帛等遺物,促使許多學者再三呼籲研
讀先秦古籍時,要注重地下出土的實物,這基本上是王國維(1877-
1927)二重證據法之傳統[47],確是一條正路。不過,此處要提出兩
點:第一、不只研究先秦時代需要重視地下遺物,研究清代思想學術
史時,也應當重視出土文物,藉以對思想文獻獲得深一層次的理解,
了解其立言之根據,了解其多重套疊的層面,否則無法把握到其思想
之主從,而只在與今人相近似、今人所能理解,或受今人歡迎的思想

46　錢穆,《中國近三百年學術史》,頁380-381。

47　參見裘錫圭的幾篇文章:〈考古發現秦漢文字資料對於校讀古籍的重要
　　性〉、〈談談地下材料在先秦秦漢古籍整理工作中的作用〉、〈閱讀古籍
　　要重視考古資料〉,收於他的《古代文史研究新探》(南京:江蘇古籍出
　　版社,1992),頁1-72。裘氏這些文章屢屢舉出土材料增加先秦古籍之理
　　解,修正錯誤之作用。

內容上作文章。第二、研究出土史料時，恐怕也要留心章學誠這一類人的著作，看看它們在什麼地方可以起著引路的作用，在什麼地方純粹只是臆測。

最後，章氏的「言公」思想也促使我們考慮古代「作者」(authorship)觀的問題。「言公」的現象能概括先秦各類文獻嗎？將文獻「依託」某人所作代表什麼樣的「作者」觀？現代嚴格定義下的作者觀究竟何時興起？從官師分到現代，「作者」的定義又經過幾次微妙的變化？這類問題牽涉到文化、社會、政治、知識生產等面相，值得進一步研究[48]。

「言公」的現象似乎並未隨著官師分而消失。在明代後期，即大量存在不分真假、任意移置、抄輯他人書的現象。在道教典籍中，漢、唐以後仍大量存在章氏所觀察到的現象。若以文體論，則一向被輕視的小說戲曲，一直到明清時代，似乎仍大量存在著〈言公〉中所描述的現象。凡此種種，使得「作者」觀的問題，成為一個相當廣闊也相當具有研究價值的課題。

---

48 近來西方「作者」觀的研究蔚為熱潮，有謂西方的作者觀到中古時代才出現者，如Roland Barthes。

第十章

程廷祚與程雲莊

——清代中期思想史的一個研究[*]

一、胡適所留下的公案

胡適(1891-1962)可能是近代中國最早注意程廷祚(1691-1767)在清代思想史之地位的人,他曾自述說,最早是因為研究吳敬梓(1701-1754)《儒林外史》,注意到《儒林外史》中的莊徵君即程廷祚,而「搜書案」的主角盧信侯即是《青溪集》中之劉湘煃[1]。第二層因緣是胡適在1920年代著《戴東原的哲學》時,曾推測戴震(1724-1777)之反程朱思想可能承自清初的顏李學派,而程廷祚是中間的媒介[2]。胡適後來寫了〈顏李學派的程廷祚〉這篇長文,很系統地闡發程氏思想與顏李學派之關係。此外,胡適還為北大編輯出版了程廷祚的文集[3]。現在回過頭去看,胡適在討論程氏與顏李學派的關係時,創發之功很多,事實上後來幾篇有關程廷祚的論文,往往是正面發揮或

---

[*]　本文承鄭吉雄兄提供寶貴意見,特此致謝。

[1]　程廷祚,《青溪文集續編》卷三,〈紀《方輿紀要》始末〉;在《青溪集》(合肥:黃山書社,2004),頁331-333。

[2]　胡適,《戴東原的哲學》,第二章,收入季羨林主編,《胡適全集》(合肥:安徽教育出版社,2003),冊六,頁353-354。

[3]　參見胡適,〈北京大學新印程廷祚《青溪全集》序〉,原載1936年6月4日天津《益世報·讀書週刊》,第51期;收入《胡適全集》,冊八,頁137-140。

反對胡適的論點[4]。

程廷祚原籍安徽歙縣，康熙三十年(1691)生於江寧上元縣，字啓生，別號綿莊，晚年自號青溪居士。他早年即以文才聞名，旋識武進惲鶴生(皋聞、誠翁，1663-1741)，接觸顏、李之學，深深被它們吸引。

雍正十三年(1735)，程氏舉博學鴻詞科，因為拒絕某要人希望以他為門生的提議，遂以此報罷，時年四十五。從此之後，他杜門卻掃，專力於《易》，既不喜漢儒互卦、卦變、卦氣，也痛斥宋元河洛圖書、太極諸說。最有名的著作為《易通》及《大易擇言》。程氏少年時曾讀過毛西河(1623-1716)的《古文尚書冤詞》袓護梅氏《古文尚書》，乃作〈《古文尚書》冤冤詞〉以攻之。

乾隆十六年(1751)，上特詔舉經明行修之士，程氏以江蘇巡撫推薦入都，仍報罷歸。乾隆三十二年(1767)卒於家，年七十七[5]。

胡適說程廷祚早年(康熙五十三年，1714)曾經致書李塨(1659-1733)，表示自己準備寫《閑道錄》來發揚顏李學說，這封來自金陵的信，給北方的李塨莫大的鼓勵，覺得顏李學說興盛有望[6]；李塨原

4　參見薛貞芳主編、何慶善審訂，《清代徽人年譜合刊》(合肥：黃山書社，2006)，下冊，薛貞芳所輯之「附錄一：《清代徽人年譜合刊》譜主研究論著索引(1900-2003)」，頁1028的九篇論文篇目。譬如山井湧即反對程廷祚與戴震思想的關係，見山井湧著、胡發貴譯，〈程廷祚的氣的哲學：兼論朱熹、程廷祚、戴震思想的異同〉，《中國哲學史研究》，第1期(1988)，頁71-78。

5　以上參用戴望，〈徵君程先生廷祚傳〉，收入《青溪集》，「附錄」，頁408-410。

6　李塨針對此事之覆函，在《恕谷後集》(《叢書集成初編》據畿輔叢書本排印；上海：商務印書館，1936)卷四，〈復程啓生書〉，頁42-43；而程廷祚康熙五十三年(1714)致李塨函，並未收入程廷祚自己的文集，而附錄於李塨之〈復程啓生書〉後。

先寄望方苞(1668-1749)發揚其說，但是方苞因爲受到文字獄案的牽
連(1711-1713入獄)而開始有所畏葸，尤其是程朱乃清代官方功令之
學，而顏元(1635-1704)、李塨反宋儒的態度非常堅決，方苞爲了避
免觸犯功令，不再像先前那樣熱心宣揚顏李的學說，甚至有些退縮。
不過我們從方苞的文章中仍可看出他對顏李之推崇，他的「敦崇堂四
友」中有李塨、王源(1648-1710)二人，即是最好的證明[7]。在方苞之
後，李塨一度把程廷祚當作傳道的種子。康熙五十九年(1720)李塨南
遊金陵時，程氏曾與他密切討論，並說顏元「蓋五百年間一人而
已」。但是，當程氏於雍正二年(1724)及雍正四年(1726)兩次訪問北
京之後，可能被北京的程朱學風所驚嚇而對顏李的態度漸變，從此
以後，程氏便「不以顏、李之書示人」。胡適引程氏給袁蕙纕的信
說明他的消極態度：「而當代名儒即有疑其以共詆程朱相唱和
者，……然而聞共詆程朱之說，不可不爲大懼也。某之懼，非敢不自
立而甘于徇俗也。」[8]而李塨許爲傳道有望的名單中，也不再出現程
廷祚的名字[9]。

　　胡適一眼便看出程廷祚與當時思想界種種複雜的牽涉。在〈顏李
學派的程廷祚〉中，胡適顯然對程廷祚評價宋儒的態度前後不一感到
困惑，所以花了許多篇幅詳論程氏何以時而攻擊宋儒，說宋儒與三代
聖人背道而馳；但又時而極度讚頌宋儒，說宋儒一反漢唐章句訓詁之
儒，使聖經賢傳語語返向自己的身心而且又以聖人爲必可學而至，其

7　方苞，《方望溪遺集》(合肥：黃山書社，1990)，〈與黃培山書〉，頁
　　65。

8　程廷祚，《青溪文集續編》卷七，〈與宣城袁蕙纕書〉；在《青溪集》，
　　頁392。

9　上述內容請參見胡適，〈顏李學派的程廷祚〉，原載1935年7月北京大學
　　《國學季刊》第5卷，第3號，收入《胡適全集》，冊八，頁91-136。

貢獻不可小覷。胡適認為程氏「依違兩可」：在程朱作為朝廷功令之學的龐大壓力之下，程廷祚不敢公開批評宋儒，其公開批評宋儒之處，多是宋儒的解經之疏，但宋儒本來就不以解經見長，而他私下對宋儒的人性理欲方面的觀點則批判不遺餘力，這些面相說明了程氏至死都仍然是一個顏李的信徒[10]。

　　胡適的論點呈現了幾個問題。第一、胡適顯然將清儒的幾種思路視為一體：第一種思路是反宋儒的禁欲主義哲學，第二種思路是對日常生活世界的肯定，第三種思路是反宋儒。而他之所以認為「顏李→程廷祚→戴震」之間有一條直接的聯繫，是因為他誤認為若有其中一種思路，則另外兩者必同時兼具，意即只要看到某些人同樣有著反宋儒的言論，胡適便認為其思想是同質的。但是清儒中反宋儒者真是車載斗量，故不必然可以根據這個特徵即建立一個清楚的傳承關係，而且並不一定反宋儒就必定主張「尊情達欲」。事實上，顏李既反宋儒、反禁欲，又以「禮」來進行最嚴格的節欲；而戴震的「通情遂欲」之學與顏李之學，實際差異極大[11]。他們相同之處是在反宋儒，以及在講「欲」時有些表面的彷彿而已。程廷祚一方面與顏李學說關係密切，另一方面則相當尊重宋儒，而他與顏李相契之處並不在反宋儒這一點，而是顏李的一些「實」的觀念，例如：「但當從事于實學，不得高言性命」、「鄉三物，教萬民」、禮樂思想、充分肯認日常生活世界而拋棄過度形上化或心性論的思惟吸引了他。

　　第二、胡適說《儒林外史》是一部宣揚顏李哲學的小說，原因是

10　同前文。
11　參見我的〈明末清初的一種道德嚴格主義〉，收入郝延平、魏秀海主編，《近世中國之傳統與蛻變：劉廣京院士七十五歲祝壽論文集》（台北：中央研究院近代史研究所，1998），頁69-81。

《儒林外史》中批評宋儒的禁欲主義哲學。由這一個論斷可以看出，
胡適誤以為清儒中只有顏李反宋儒，所以凡反宋儒者皆與顏李有關，
因此他布置了一條線索，認為顏李經由程廷祚而影響到戴震，又因程
氏與吳敬梓有來往，故又影響到《儒林外史》[12]。其實清代反宋儒的
學者非常之多，絕非顏李之專利；因為反宋儒就把它們湊到一個系譜
中，是一件相當危險的事。

　　胡適對程廷祚與顏元的種種論斷，受戴望《顏氏學記》的影響[13]。
清儒馮煦（1842-1927）早已說過，他的朋友戴望（字子高，1837-
1873）尚顏元之學，「尤服膺先生（程廷祚）」，戴氏作《論語注》
與朱熹（1130-1200）持論相異，「每引先生說以自助。然先生折衷理
道，持之有故，不為已甚之辭，非夫子高伺瑕抵隙以求勝紫陽為名
高者也」，馮煦鄭重提醒，「後之學者毋震于子高之說，并誣先
生」[14]。

　　對於程廷祚與顏李及戴震的關係，我就先說到這裡。本文的宗旨
實別有所在，即程廷祚之學說除了顏李這個淵源之外，似乎與明末清
初另一位思想家程智（雲莊）有關。胡適在用力研治程廷祚之時，提出
了一個重要問題，即程氏《青溪集》中一再提及的程雲莊究竟是何許
人[15]？他似乎覺得這個問題有其重要性，故馬上寫信請教清史權威孟

12　參見胡適，〈顏李學派的程廷祚〉，頁110、124-126、133-134。
13　胡適，〈顏李學派的程廷祚〉，頁124。另參見戴望，《顏氏學記》（台
　　北：臺灣商務印書館，1970），頁96-98。
14　馮煦，〈程綿莊先生傳〉，收入《青溪集》，「附錄」，頁414。
15　胡適在〈顏李學派的程廷祚〉中說：「他頗采用程頤的《易傳》，也頗采
　　納王弼的說法，又受了明末一個程雲莊的易學的影響。」《胡適全集》，
　　冊八，頁122。

森(1868-1938)[16]。孟森大概也從未讀過程雲莊的著作[17]，而且也未
能提供任何進一步的線索，所以我們並未見到胡適後來有任何進一步
的工作[18]。

　　胡適之所以在研究程廷祚之時轉而注意程雲莊，是因爲他注意到
程氏幾次提到程雲莊的易學，因而開始留心這條線索，但是因爲材料
的限制而未能進一步開展研究。我評估《青溪集》中的若干材料之
後，有充分理由推定顏李與程雲莊是程廷祚思想的兩大來源。程廷祚
在爲其弟所著《明儒講學考》寫了一篇〈序〉，當談完明代講學的派
別之後，他堅確地指出在明儒朱陸兩派之後，明末清初亦見兩派，他
說：

> 崇禎之季，有吾家雲莊先生起于新安；國朝康熙中，有習齋
> 顏先生起于博野。習齋動必以禮，敦善行而不怠，率門弟子
> 講求禮樂兵農之實學，孟子有言，彼所謂豪傑之士也。雲莊
> 先生明睿挺出，以《大易》立教，獨闡性命之微，而謂之極
> 數，學者鮮能得其途徑以入。天之生上智不數矣，故所著書

16　信寫於1936年6月23日，胡適說：「心史先生：……《心史叢刊》一集頁
　　十五有云：『其緣飾以儒學，出入於九流者，厥惟程雲莊之大成教。今其
　　流派尚有存者，雖經黃厓毅戮之慘，崇奉之信徒，曾不徑絕，如毛慶蕃其
　　人，固無人不知爲大成教徒也。』程綿莊之《青溪集》中屢提及程雲莊
　　之《易學》，我正想考研其書，但苦不得其線索。今讀先生所論，似先生
　　熟知此派(按：大成教)之掌故，亟盼示以應參考諸書，使我得稍知此一派
　　之內容，不勝感謝。」見《胡適全集》，冊廿四，頁311。
17　孟森〈朱方旦案〉中那一段文字是從清代的筆記小說中所得，徐珂《清稗
　　類鈔》中即有類似的線索。
18　事實上非但孟森不曾見過程雲莊的著作，黃宗羲乃至於全祖望顯然都只曾
　　讀過程雲莊極少的著作。

　　具存，而至今無問津者。朱陸而後，又有兩派。因附識于
　　此，以俟夫尚論者焉。[19]

　　由上面這一段話可以看出程雲莊在他心目中地位之高，簡直是明末到
清初最重要的思想家。我也發現程廷祚《青溪集》當中有關程雲莊之
史料尚未被充分了解，故值得摘出，作一個比較深入的討論。

　　這個討論之所以可能，與我近年從東京內閣文庫得到程雲莊的
《程氏叢書》(孤本)有一定的關係。將來如有機會，我預備寫一篇長
文比較深入地討論程雲莊學說，此處則以程廷祚為主軸，初步介紹程
雲莊的思想大概，以及程廷祚與他的關涉，藉以推測兩位相去將近百
年的程先生之間思想交涉的思想史意義。

二、程雲莊的生平

　　在文章一開始，已經略為交代過程廷祚的生平了，此處要談程雲
莊。程雲莊是中國近三百年學術思想史中最為神龍見首不見尾的思想
家[20]，過去三百多年中，提到他名字的人非常多，卻大多未曾讀過他
的著作，故對他的思想風貌存在嚴重的誤解。它們大致可以分為兩
波：第一波是從明末清初一直到清代中期，像黃宗羲(1610-1695)

19　程廷祚，《青溪文集》，卷六，〈《明儒講學考》序〉；在《青溪集》，
　　頁133。
20　我個人十多年前研究「太谷學派」時，即曾對程雲莊產生莫大的興趣，因
　　為許多文章都提到程氏是大成教的創始者，而大成教似又與太谷學派有
　　關。參見拙文〈道咸年間民間性儒家學派：太谷學派研究的回顧〉，《新
　　史學》5卷4期(1994)，頁141-162。

〈林三教傳〉一文[21] 及全祖望(1705-1755)〈書《程雲莊語錄》後〉[22]。第二波是近代中外學者，如：胡適、酒井忠夫(1912-)、余英時(1930-)。黃宗羲雖然提到程雲莊，但表示雲莊師承林兆恩(林三教，1517-1598)之說而加遮掩[23]，現在看來，這一個推斷是沒有根據的。全祖望雖讀過部分文集，但說：「予思見其書未得，雍正甲寅，長洲徐編修丈澄齋出其遺書示予，三篇之外，尚有《守白論》。」[24] 近人似乎只有酒井忠夫讀過程氏文集，在《中國善書の研究》中有零星幾段話稍稍敘及程氏學說，而且大抵不甚準確[25]。

因為讀不到程氏文集或倉促過眼，所以對程雲莊學說之描述大多倘恍迷離，因而出現一連串問題。譬如：程雲莊是不是如黃宗羲所說的，是「修飾兆恩之餘術，而抹搬兆恩，自出頭地」[26]？或者，是不是如酒井忠夫所說的，程雲莊是明清之交三教合一的代表[27]；或余英時先生所說，為商人哲學之代表者[28]？或者，是不是如全祖望所說的「正希晚年禪學，蓋得於雲莊」[29]，言下之意，程雲莊是以禪學為主

21　黃宗羲，〈林三教傳〉，原在《南雷文案》，收入《黃宗羲全集》(杭州：浙江古籍出版社，1985-1994)，第十冊，頁544-546。

22　全祖望，《鮚埼亭集外編》(台北：華世出版社，1977)卷三十四，〈書《程雲莊語錄》後〉，頁1153-1154。

23　黃宗羲，〈林三教傳〉，頁546。

24　全祖望，〈書《程雲莊語錄》後〉，頁1154。

25　酒井忠夫，《中國善書の研究》(東京：國書刊行會，1960)，第三章第八節，〈林兆恩の三教思想〉，頁281-283。

26　黃宗羲，〈林三教傳〉，頁546。

27　酒井忠夫，《中國善書の研究》，頁282。

28　余英時，《中國近世宗教倫理與商人精神》(台北：聯經出版公司，1987)，頁125。

29　全祖望，〈書《程雲莊語錄》後〉，頁1154。

體的學者？或是如孟森所說的，他是大成教的始創者[30]？

但是我們把新見的程雲莊《程氏叢書》，和程廷祚《青溪集》中相關材料相比勘，可以看出程雲莊在當時及身後影響最大的是易學──程氏生前即號「大易師」，而與黃宗羲以來對他的種種說法不盡相合。我們現在因爲得以看到程氏弟子爲他所編的簡單年譜[31]，可以知道他的生平與易學、〈河圖〉、〈洛書〉、〈太極圖〉之糾纏及奮鬥不能分開。

程智(1602-1651)，字子尚，道號雲莊，萬曆三十年(1602)出生於安徽徽州府休寧縣，家裡經營典當業。十七歲隨父至杭州，後至蘇州。自敘云「吾十七來蘇，處商賈中，落落難合。內家以吾志在讀書，甚喜」。《年譜》說其父曾攜至杭州仲兄典當鋪中，仲兄教其「持籌會計」，但程氏「不覺淚下，又恐傷先君之心，泣則匿帳中」。由這一段自述，可見他雖然出身典當商人的家庭，但是他心中厭惡，不願從商。其父恐其鬱抑成疾，遂又帶他到揚州，他自言「獨立江干，見江濤秋漲，一望無際，此心曠然直與天地相通，豈惟商賈不足限量，即世之功名富貴亦如秋風之卷以籜耳」[32]。

程氏自云十八歲在揚州時有一老人教以學仙，學之半年棄去。自問既不願學商賈以求富，又不願事科舉以求貴，決定「學宗孔孟，儒宗獨闢，繼往開來，如宋之周程張朱」，是年(萬曆四十七年，1619)

30　孟森，《心史叢刊》一集（據1935年大東書局排印本影印；台北：華文書局，1969），〈朱方旦案〉，頁15b。

31　湯二祐纂，袁二微等同纂，《大易師雲莊亙士程子年譜》（以下簡稱《程子年譜》）一卷，收入《程氏叢書》坤編，日本內閣文庫藏本。我必須感謝廖肇亨、藍弘岳兩位先生的幫助，使我能獲讀此書。

32　湯二祐，《程子年譜》，「明神宗萬曆三十年」條，頁1a；「萬曆四十六年」十七歲條，頁4b-5a。

冬返新安[33]。此後長住新安家中[34]。

從二十二歲至二十七歲，程智都在爲《易經》中〈河圖〉、〈洛書〉及〈太極圖〉的問題掙扎。二十二歲時，程氏「讀《易》有省，曰，此道之本也」，但同時也產生關鍵性的反思，故接著說「惟于〈太極〉、〈河圖〉、〈洛書〉等圖合之經文，多不浹治，乃以諸圖綴于內衣，晝夜思維」。此間他曾徒步到河南拜謁邵雍(1011-1077)的祠像，並拜伏羲墓，取墓上的蓍草而歸[35]。

徽俗以治生爲要務，科第爲次，程雲莊既不治生，又不習舉業，鄉人「咸以癡狂目之」，以至於他寄在諸兄處生利息的資本，他的兄長們都不交給程氏使用，幸賴他的夫人黃孺人將嫁妝變賣維生。他曾寄食於本郡之問政山房及徑山僧舍，「坐處必懸綴諸圖，晝夜窮究」[36]。由此可見，程氏在二十二至三歲時，正是對〈河圖〉、〈洛書〉、〈太極圖〉等是否當存的問題進行嚴肅思考的關鍵期。

在二十五、六歲時，程氏在蘇州一帶參禪。二十七歲(崇禎元年，1628)時在休寧問政山房閉關，「忽然大悟，如夢初覺」，「乃見伏羲畫卦之故，始知易前諸圖及〈河圖〉、〈洛書〉之所以謬，乃悉棄去」[37]。朱熹《易本義》及《易學啓蒙》的圖書之學在南宋、元、明都曾有人不信，在清初，批評易圖成爲一股重要的思想潮流[38]，代表性的有毛奇齡、黃宗羲、黃宗炎(1616-1686)、胡渭(1633-

---

33 同前書，「萬曆四十七年」十八歲條，頁5a-5b。
34 指萬曆四十七年冬返家後，自萬曆四十八年(十九歲)至天啓五年(二十四歲)在家。
35 湯二祐，《程子年譜》，「天啓三年」二十二歲條，頁6b。
36 同前書，「天啓四年」二十三歲條，頁6b-7a。
37 同前書，「崇禎元年」二十七歲條，頁8b-9a。
38 周予同，《朱熹》(台北：臺灣商務印書館，1971)，頁56-57。亦可參鄭吉

1714)等，甚至顏元亦有批〈太極圖〉之語，而程雲莊決意棄去易圖的覺悟發生在崇禎元年(1628)，早在黃宗羲的《易學象數論》、黃宗炎的《圖書辨惑》、胡渭的《易圖明辨》之前。值得注意的是，在此年之後，辯儒佛之同異成為程氏思想的另一個主題，而它與程氏對易學的態度是分不開的。

　　從崇禎五年(1632)三十一歲起，程雲莊與徽州的還古書院關係密切，還古書院是當地非常具代表性的書院，並開始與金聲(字正希，1598-1645)定交。從崇禎六年(1633)三十二歲起，程氏在蘇州有一批信從者，他在雍熙寺講《大學》，衍易數、作〈蓍法定序〉等[39]，後來便往返於新安與蘇州、杭州之間，並以賣卜者的身分出現。崇禎十一年(1638)，浙江名儒陸符(字文虎，1597-1646)一見程氏，極為欽服[40]，說服吳聞詩(子含)延程氏於家，立梅溪學會教讀。後來蘇州學生聯合請其移往蘇州，程氏從三十九歲(崇禎十三年)起以蘇州為主要居停講學之所，講學於「易堂」。「易堂」前有一池，名之為「易池」，而名其地為「易池學舍」。程氏慨「井田既廢，學校不興，志學之士，無友、無師、無地，乃集同志倣井田凡八家」，且正式將家庭移至此地。後來因崇禎十五年(1642)流寇甚熾，遂遷往洞庭西山，建學舍、「公所」，立「震澤易墅」[41]。

(續)
　　雄，〈易圖明辨與儒道之辨〉，收入氏著，《易圖象與易詮釋》(台北：國立臺灣大學出版中心，2004)，頁83-126。

39　湯二祐，《程子年譜》，「崇禎五年」至「崇禎八年」條，頁10a、11a、12b。

40　黃宗羲曾於丁巳年(康熙十六年，1677)為陸符寫〈陸文虎先生墓誌銘〉，原在《南雷文案》，收入《黃宗羲全集》，第十冊，頁338-341。

41　湯二祐，《程子年譜》，「崇禎十一年」至「崇禎十五年」條，頁13a-15a。

在明清易代之際，程氏四十三歲(甲申1644)，當時他與弟子之間有一些值得一提的事。首先是他與弟子聽聞北京陷落、帝后殉國之後，「率同學北向稽顙哭，盡哀，乃除冠幘網巾投之地，曰：『今而後勿復用此矣』」。《年譜》的編者說：「當時以為一時憤激之言，不意成大清入主之讖。」當時因為天下未定，其弟子問程氏將來繼明而起者，是流寇？同姓諸侯？或異姓諸侯？但程氏回答弟子上述選項都不對，「將來繼周者，其在西北乎」，《年譜》編者說「後悉如師論」[42]。

明亡之後，程雲莊攜其門人到洞庭西山尋訪舊日講學之地，發現弟子星散，學舍雜草叢生，書籍什物僅有少許殘留。後來他決定重新聚合諸弟子[43]。

順治四年(1647)程氏四十六歲起，在蘇州易(陽)山地區積極組織私人的講學社群「研悅社」[44]，這仍舊是一個融合治生與講學為一體的社群，模仿井田，以八家為一個組織單位。明亡之後，孫奇逢(1584-1675)在河南、寧都三魏在江西也都有社群性的講學組織，不過「研悅社」的生活組織及講學方式更有古意[45]。

程氏接著似乎改稱「研悅社」為「參兩社」，這一個階段從學者最多，最多八十餘人。「參兩」是程雲莊這一時期易學最重要的主張，他刻有〈參兩說〉[46]。從順治五年(1648)開始，程氏感到學生們

42　同前書，「崇禎十七年(大清順治元年)」四十三歲條，頁15b-16b。

43　同前書，「順治三年」四十五歲條，頁17b-18b。

44　易(陽)山在蘇州西部滸墅關鎮、通安鎮、東渚鎮交界處，參見明代岳岱的《陽山志》，收入明楊循吉等著，《吳中小志叢刊》(揚州：廣陵書社，2004)，頁180-223。

45　湯二祜，《程子年譜》，「順治四年」四十六歲條，頁19a-20a。

46　同前書，「順治四年」四十六歲條，頁20a-b。

生計上有很大壓力，不能積極求道，故決心出訪江寧，希望能遇到全
力向學的人；順治八年(1651)決定再訪江寧，弟子們極力諫止，程氏
不聽，堅決外出，到達江寧之後住在天界寺，接著欲渡江到揚州，後
來未能成行，八月初，程氏痢疾發作而亡，年五十。死前他召集弟子
們說明爲何他堅決外出：「吾在山中時以兄等俱有家累，不得不以處
館糊口，不能擔荷吾道，故欲出門求友，意舊京省會之地人文彙聚，
必有豪傑非常之士，庶幾一遇。豈意兩番跋涉，不遇一人，乃思諸兄
眞豪傑，眞有志者也。吾今若得不死歸山，諸兄但覓幾擔米貯山中，
吾當盡吾所得，日與諸兄商略，即喫薄粥，吾亦安心矣。」[47]

　　程氏如此珍惜其「大道」，但是除了蘇州一群窮弟子外，他兩次
到江寧都找不到一位「大道」的信從者，想必是因爲某些理由，其
「大道」並不易爲人所接受。

三、程雲莊思想的梗概

　　在這裡須將程雲莊的「大道」略作介紹。程氏思想非常複雜，故
詳細的分梳當待他日。

　　首先，程雲莊並非如近人酒井忠夫等人所說的，是表現一種三教
合一思想，或是以佛道爲主體的思想，或是晚明清初商人思想的代
表。我認爲之所以造成這麼重大的誤解，恐怕是因爲《程氏叢書》太
過稀有，而書的內容又太艱深，所以如果匆匆寓目，確實會產生前述
的幾種誤會。如果稍稍細看，我們可以發現他有一個很大的思想格
局。程氏早年從佛、道入，但到了他思想穩定之後，佛、道之說在他

47　同前書，「順治五年」及「順治八年」條，頁21b、22b-24a。

的思想體系中反而退爲輔助性的，甚至是枝節，而他的整體思想格局是不能從一枝一節去把握的。

程氏的思想最初顯然從禪宗入手，但他的思想主體則是在苦思當佛道二氏瀰漫天下，而儒家又似乎全然無力應付的局面下，如何在一個全新的基礎上建立「實」的根基？程氏的這個思想體系以「天＜＝＞易」爲基礎，天是實的，易是實的，故等於是提出一個「實」的宇宙架構，以對抗二氏「虛」的天地。

程雲莊在思想輪廓上與並世大儒其實相去不遠。譬如有濃厚的「迴向古代」的傾向，極力分別秦漢以前之局與秦漢以後之局之不同，極力痛斥老莊申韓之學之爲害中國歷史（「混至道於申韓」）。他與陽明心學以來的傳統，似乎也不能完全無關。他常提到「自致」，譬如說「蓋不本于人心之所自致以興禮樂、興教化」之類的話[48]，其原理類似陽明的「人本自天」，強調人自能辨是非、自明利害，人人原是大人，人心原無不正，自知禮樂教化，關鍵在於能否「自致其心」。因此要靠此「心」來「辨物」（類似邵雍的觀物說），故其〈參兩說〉首先說「仁智（非仁義）」其實即是「德（人心之得）」，而此心得即具備天知地能，故其心學即是反求自身之知能來辨物。

而程氏最常提到的幾點，一是以至實的「易」來貞定宇宙的結構。譬如他與並世大儒都希望洗滌佛道二氏對中國思想之影響：

> 商韓者戕仁之賊也，戕天之賊也。若夫佛老之學，則乘民心之苦于商韓而旁出以招天下之歸者也。……然而佛老又自有

48　程智，〈與金太史論孝書〉（收入《程氏叢書》坤編，日本內閣文庫藏本），見頁2a-b、8a-9a、19b-21a。

　　佛老之偏，則佛老又自有佛老之弊。[49]

他與並世大儒顧炎武(1613-1682)、黃宗羲、王夫之(1619-1692)等一樣特重「禮」，痛責佛道二氏「生無禮制以遂養生之心，死無禮制以安既死之鬼」[50]。

　　他與並世大儒所不同之處，在於他透過非常繁難的論說，希望明天道以對抗佛老，而天道與易是互通的，故說「明天道而可不學易乎」，以「易」來定出不同於佛、道的「天」[51]。這說明了何以《易》是他的思想最為關鍵之處，而他又為何被稱為「大易師」。譬如說：

　　　吾故曰本人心之所自致以求之，不可不明天道也。然明天道
　　　而不學易，則儒者言天矣，佛氏老氏亦言天矣，吾未知其所
　　　為天者，同乎？異乎？[52]

儒、佛、道皆言「天」，但是唯有儒家由《易》以貞定的天，才是「有」的「天」，不是「無」的「天」，是有儒家的禮、樂及孝、悌等等的倫理綱常的「天」[53]。故他又說：

　　　古之大孝者，未有不學《易》，學《易》而明天以報天，立

49　同前書，頁11a。
50　同前書，頁10b-11a。
51　同前書，頁19b-21a。
52　同前書，頁21a。
53　同前書，頁21a-25a。

人以報親。[54]

但是他又不無狂妄地宣稱二千年未有學《易》者[55]。爲什麼二千年未有學《易》者？因爲五行生剋、〈河圖〉、〈洛書〉、〈太極圖〉遮蔽了易學，兩千年來學《易》者學此也，因此他要重新釐清易學之「大道」[56]。

因此，程氏的兩篇文章〈河圖辨〉、〈太極辯〉在他的整個思想系統中便有極關鍵的意義。這兩篇文章非常罕見，它們的意思不大好懂，但其基本用意都是在辯〈河圖〉、〈洛圖〉、〈太極圖〉。

前面我們曾引《程子年譜》說明程雲莊弱冠學《易》，曾因〈河圖〉而崇拜邵雍，不遠千里到其故鄉拜謁邵氏祠像，而且多年來將〈河圖〉的式樣縫綴於其內衣，這段話即出自〈河圖辨〉。他在這篇文章中也說明自己漸漸覺得〈河圖〉「不合於自心，不通於己志。久之然後棄去」[57]。程氏在〈河圖辨〉中說明自己對〈河圖〉由狂信到放棄的幾點理由：

（一）易卦言「乾天坤地」，則其原本是天地，如必據易圖以學《易》，則是致人之心知於圖象，終不足以見「眞天眞地」之變化，則人心與天地不相通。如果聖人作《易》必須靠〈河圖〉，則何以爲聖人？如果是從〈河圖〉才能見天地之變化，那麼等於說天地之間(如風雷、山澤、禽獸、草木、男女)悉皆冥頑之物，皆不足以見天地

54　同前書，頁21a。
55　原文係：「然《易書》具存，而孔孟以後二千年，無有學之者。」同前書，頁21a。
56　同前書，頁21b。
57　程智，《河圖辨》(收入《程氏叢書》乾編，日本內閣文庫藏本)，頁1b。

之變化。

　　(二)易傳明言，聖人仰觀俯察，始作八卦，並未一及〈河圖〉。在這篇長文中，程氏從《尚書》、《禮記》、《論語》等文獻加以蒐討，認為從這些文獻看不出任何易圖與《易》有關的根據。

　　除了上述兩點之外，程雲莊責備邵雍的易學為「妄配數位、掩蔽象數，為絕參兩於不傳」[58]。我初步理解他援用張載(1020-1077)的看法，其〈參兩說〉即是張載《正蒙·參兩篇》的另一種說法，意思是強調在參(天)與兩(地)之交[59]，萬物及人道生焉，佛氏只重天地之元而忽視天地之交，道家只重天地之交而忽視天地之元，而其大道則是兩者兼備。但是如採信〈河〉、〈洛〉之說，則將忽略〈參兩說〉之真義。至於另外一點說「謬著生成、淆亂〈連山〉，為致方術以無本」[60]，則我目前尚未能有較好的理解，只能暫時抄錄於此。

　　程雲莊認為〈河圖〉、〈洛書〉不過是術士占卜推算、運行生剋之學，宋儒探求爻畫之原而不可得，「以聖人言象言數，因知爻畫之前有一象數，而不能研思以求、真知其說，偶遇術士此圖，則茫然以為原本」[61]。他先是斥罵邵雍，接著又痛責朱子受邵雍(1011-1077)等人之惑，竟取其圖以冠《大易》之首，為易學增一障蔽，而朱熹的《易本義》又風行數百年，他認為那是「學者之大不幸也」。

　　〈太極辯〉不像〈河圖辨〉那樣朗朗大言，這篇文章相當短。他說：

58　程智，《河圖辨》，頁4a。
59　張載，《正蒙·參兩篇》，收入《張載集》(北京：中華書局，1978)，頁10：「地所以兩，分剛柔、男女而效之，法也；天所以參，一太極兩儀而象之，性也。」
60　同前註。
61　同前文，頁4a-b。

> 吾觀佛氏子孫，不惟教家無知，即五宗大老，並未嘗學
> 《易》，並未嘗學玄。乃欲輕判《易》玄，此皆所謂夢然者
> 也。意彼判無因者，彼蓋以兩儀爲彼之因緣，太極爲彼之自
> 然；以周子之無極，當彼之頑空；以太極爲有因，故以無極
> 爲無因耳。若《易》之太極，果如是可以配觀，則其判爲無
> 因也固宜。倘不如所云云，則是渠教自判因緣自然，自判有
> 因無因，與太極無涉也。[62]

從以上引文看出他此文主要針對佛教，也針對周敦頤等宋代理學家的
易學，他認爲這兩者相互爲因，佛家以「兩儀」爲彼之「因緣」，以
「太極」爲彼之「自然」，以周敦頤（1017-1073）之「無極」爲彼之
「頑空」，而這些都是把易學導向虛空的原因。程氏乃特別強調「極
數」之說：

> 太極立而陰陽生，陰陽生而六十四卦生。六十四卦之中，萬
> 有一千五百二十之數存焉。萬有一千五百二十，是爲萬物之
> 數。其生物也如此，是之謂生生，是皆一本於太極。[63]

程氏希望以「極數」來確定這個世界爲「有」，而不是「無」，從而
豁除〈太極圖〉之「無極而太極」、以「無極」爲一切根源之論。

程氏思想並不易了解，所以程廷祚在前面所引的〈《明儒講學
考》序〉中說他的學問太聰明、太深奧，所以傳不下去。但在這繁雜

62　程智，《太極辯》（收入《程氏叢書》乾編，日本內閣文庫藏本），頁1a-
　　b。
63　同前書，頁2b。

的內容中有一些關鍵點，即重新建構「有」、重新肯定這個日常生活世界以對抗「無」、「空」。這個問題看似輕，但晚明以來「空」、「無」之說在士人圈中影響力太大，使得程雲莊認爲他的這項思想任務是非常急切的。程雲莊建構了一個極爲繁複的易理世界來證明聖人是非常平實的，根基於天地萬物的實在，與任何形上之建構無關。所以既不是宋儒邵雍、朱熹所說的形而上之聖人，更不是佛道的「無」、「空」之聖人。

四、程廷祚思想受到雲莊影響

這個聖人觀在一百多年後，得到了共鳴。程廷祚在〈書《雲莊先生年譜》後〉中，表達了自己對程雲莊整體學說的了解，因爲材料珍貴，故全錄於此：

> 雲莊先生明睿挺出，在漢、宋諸儒之上。其學不爲禪，而其聞道則自禪入。蓋自孔子沒而微言絕，性天之蘊不可復聞，天下之學者既汨沒于陋儒之章句，又鬮亂于俗士之記誦詞章，與夫功令政事之束縛驅迫，由來尚矣。高明之士無所投足，釋氏起而張雲羅、頓天網以收納之。其往而不反者，則爲南、北二宗，闡空幻寂滅之教；其入而未深者，則爲明道、橫渠、晦庵、陽明，退而修儒門之職事。推其能洞窺儒、釋之堂奧，直探造化之根柢，以泄聖經之祕，未有如雲莊之盛者也。惜世無孔子，固所取裁，既不肯席釋氏偏安之餘業，又不屑與群儒競逐于中原，乃出其所心得，爲極數之學以自名，而托于《大易》之所以冒天下之道者，其志豈不

大哉！雖然，學有源，教有統，古之立教者以堯、舜爲宗，其他創立名號別開門戶者皆爲失中，而有乖性命之理。故唐、虞之欽明恭讓、直寬剛簡，成周之六德六行，孔子之四教，孟子之仁義，歷數千百年而同出一揆者，何也？是皆人性之所同然，孩提所可與知，而愚夫愚婦所可與能，故不能舍之而他由也。若所謂極數者，則非盡乎仰觀俯察之能，窮乎天地萬物之變，不足以明道而明《易》。夫必如是，而後可以明道，可以明《易》，是以庖犧氏責天下之學道學《易》者矣，未聞孔子有是說也。雲莊雖能獨任，奈天下何？天下之學道與學《易》者，卒無庖犧氏，則雲莊之學與皇極先天同歸于無用，未見雲莊與諸儒之優劣也。或稱宋儒之言格物窮理者，曰上自太極無極，下至一草一木，此非爲雲莊之學者也，而何其似雲莊也？則將何辭以謝之耶？客曰：何以知其自禪入也？曰：世之觀物者，所見有明暗偏全，則其言有淺深離合。宋儒之論釋氏，曰敬以直內則有之矣；又曰彌近理而大亂眞。其與雲莊之論果孰離而孰合哉？惟其入禪而造其深，故跡不能無近似焉，閱《年譜》者知之矣。[64]

程廷祚對雲莊之「極數」之論有所批評，他說如果一定要先明瞭「極數」才能明道、明《易》，那就是以伏犧造《易》的標準來要求天下學道學《易》的學者，即使孔子恐怕也沒有講過這樣的話，或許雲莊

---

64 程廷祚，《青溪文集》卷八，〈書《雲莊先生年譜》後〉；在《青溪集》，頁179-180。

自身能負此大任，但奈何天下人不能。但是程廷祚也表示非常欣賞雲莊之學，尤其欣賞他辯斥《易經》的圖書象數方面的言論，而當時人認為程廷祚最重要的學術貢獻，便是他在易學方面的兩部著作《易通》及《大易擇言》，兩書的一個重要宗旨都是要人們摒棄圖書象數，以平正寬坦的路來講《易》。胡適說他治經「是要切于人生實用，是要一個新的人生與社會」，又說他的易學主張《易經》是「一部論人事的書，『易』的本意只是『簡易』，『易』的精義只是『生生之謂易』一句話」。[65] 程廷祚在《大易擇言》自序中說：

> 後之人不能以迂怪之說加之《詩》、《書》，而于《易》則無所不至。……若舍其平易，就其艱深，周納其似是，附著其本無，論說之繁興，適以蔽經而已矣。……六經之中，惟《大易》有聖人之訓詁，則後世說《易》或鑿智強經，異說多端，不可致詰；或繪圖立象，自命畫前之祕，以相授受者，皆不可以不知所擇也已。[66]

又在〈寄家魚門書〉中說：

> 宋代諸君子出，而思有以勝之，然于《大易》剛柔易簡之理全不能明，而顧取陳希夷之〈太極〉、邵康節之〈先天〉，及劉牧之〈河圖〉、〈洛書〉諸怪妄之說，以自矜微妙，此猶漢家

之王霸雜用,而以爲自有制度也,豈足以勝佛、老哉![67]

從前面引文可以看出,程廷祚對宋儒易學圖書象數方面的工作,極爲反感,意見非常堅定。但這只是一面,他在〈上督學翠庭雷公論宋儒書〉中又說明宋儒思想的另一面,他說宋儒凡涉及天理人欲、公私義利,以及性理方面的見解,都是高不可及的:

> 審乎此,則兩漢以後之儒與宋儒之得失,較然矣。而後人所
> 以尊宋儒者,亦可得而識其輕重矣。未能察天理人欲之分,
> 嚴義利公私之介,專務于存誠、主敬、致知、力行,孜孜然
> 以聖人爲必可學而至者,此誠宋儒之不可及者也。若夫解經
> 之是非離合,則宋儒之末節也。[68]

因此在程氏心中有兩個宋儒,宋儒在解經方面是不行的,在易學象術、先天方面之說,更是錯誤百出,但是宋儒發明的學爲聖人之道,卻又是非常了不起的。胡適以爲這是程氏說兩面話,但是事實上並非如此。程廷祚在〈再上雷公論宋儒書〉中又說:

> 六經之中,《易經》最爲難言,以封錮之者,非一日之積
> 也。康節、邵子人品最高,若其學則雖與焦、京邪正不同,
> 而實不免于術數。〈先天〉諸圖,昔人謂其設爲衍數之用,
> 而托于《周易》以自重爾;非作《易》之本指也。其援引

67 　同前書,卷十,〈寄家魚門書〉,頁229-230。
68 　同前書,卷十,〈上督學翠庭雷公論宋儒書〉,頁234。

〈繫辭〉、〈説卦〉數章，察之未有明文。……彼〈先
天〉，孔子無其名也；〈太極〉之圖，亦孔子所未有也；斯
二〈圖〉者，何補于經訓聖學，而見爲日用之不可少？[69]

程廷祚認爲聖人之學，是「易簡」，是「淺近」，「不外于性命日
用」，透過批判《易經》的圖書象數說，正是要天下之人脫於「玄
妙」，入於「淺近」，以「淺近」視聖人[70]。程廷祚在這幾篇文章
中，他都說明了自己何以由早年的篤信圖書象數，到後來極力排斥，
因爲他認識到受圖書象數之學的遮蔽，人們便不能了解聖人作《易》
的「淺近」之本意。

69　同前書，卷十，〈再上雷公論宋儒書〉，頁237-238。此外，可參見程廷祚
　　《青溪文集續編》裡的相關文字如下：(一)卷一，〈救佛論〉，頁308-
　　309：「夫欲盡人道者，不可以不知性命；欲知性命者，不可以不學
　　《易》。……易簡而不能得天下之理，非也；得天下之理而不本于易簡，
　　亦非也。……彼言心，吾亦言心，彼言性，吾亦言性，天下之人必曰聖人
　　之言心、性，如此其大且正也。佛氏之言心、性，其小而偏如彼也。……
　　惜乎，其不講于《大易》之全也。」(二)卷四，〈上一齋晏公論《易》學
　　書〉，頁350：「今不舉亟稱之易簡，而標一言之太極，且托于圖以示
　　人；〈河圖〉雖見于〈傳〉，而自古未有言其爲何物者，今特表而出之；
　　至聖經本無〈先天〉之説，今亦創而爲圖；皆以出于希夷者，爲伏羲所手
　　授，《易》之本教，固如是乎！」(三)卷五，〈與王從先司馬論《易》象
　　數書〉，頁357-358：「有宋大儒輩出，學術醇正，乃其說《易》，則援希
　　夷之〈先天〉、劉牧之〈河圖〉以爲原本，倡一和百，競相推衍，以矜高
　　妙。……然不知明公所謂象數，乃焦、京之象數乎？馬、鄭、荀、虞與陳
　　希夷、劉牧之象數乎？抑孔子之象數乎？」
70　程廷祚在〈復家魚門〉書中説：「以學者見其書以爻象爲門户，以陰陽剛
　　柔爲體用，疑其玄妙不測，不得以淺近視之之故也。殊不知天生聖人以立
　　人道，人道不外于性命日用。……愚願天下之學《易》者，視以淺近，則
　　眞玄妙矣。豈必求諸〈河圖〉、〈先天〉之屬哉？愚于此，雖稍有所見，
　　而同志寥寥。」《青溪文集續編》卷八，頁395。

當時有一位許方亨讀了程氏的著作，來信表示他認為程廷祚是受到程雲莊的影響，但並未明白說出這一點。程廷祚遂在〈與毗陵許方亨書〉中清楚說出他本人是如何受到程雲莊之影響的：

> 接望後手教，甚慰；兼蒙以家《雲莊先生年譜》及〈論孝書〉見示。僕曾見此公著作，始末甚長，未獲面悉，茲略及之。憶僕成童讀《易》，壯歲以來，始求其說而茫然，乃廣覽漢、宋以來之注疏傳義，而愈不得。且所最不解者，卦、爻之詞作于文王，〈十翼〉作于孔子，故其書名《周易》，今乃冠以〈河圖〉、〈先天〉諸圖，謂為作《易》之本原。若一奇一偶與六十四卦，猶非道之至者，則何也？退而自嘆：天假以緣，我生于群經，或猶有窺見藩籬之日；而《易》則已矣，然心未服也。[71]

依我目前手上所蒐集有關程雲莊弟子及流衍的資料看來，程雲莊故逝之後，他的著作在江蘇、安徽等地區流傳[72]，許方亨是江蘇人，故可能是程氏學派中人。程廷祚回答許方亨之問，說明自己接觸程雲莊易說之始末：他說自己兒時即知有程雲莊這個人，雍正四年(1726)他旅食於北京的湘潭會館，與一位馬授疇共處數晨夕，始見程氏的〈論孝書〉及一四、二三、參兩諸說，汪洋嘆息，莫測其高深，當時認為程雲莊是「要其明睿挺出，三代以下一人而已」。他也提到馬氏並未示

71　程廷祚，《青溪文集》卷十一，〈與毗陵許方亨書〉；在《青溪集》，頁253-254。
72　江西弟子如金正希。蘇州一帶弟子，見清代華渚尚《逸民傳》(台北：廣文書局，1974)，頁1-2。關於程雲莊弟子及流衍，我將另文考證。

以程氏注《易》之書，後來在江蘇淮陰才得到《易說》二冊，論乾坤、文言及泛談《易》理，然而這兩冊書似未足以盡雲莊學說之蘊，可能是門徒所纂錄而非程雲莊手撰，而且這兩冊書他也已經遺失了[73]。程廷祚接著說：

> 來教謂與拙著多所符契，豈足下曾見其《易解》全書耶？竊觀雲莊之于易學，直參造化，所見在畫前之《易》，所得在意象之表，舉以論《易》之大體全象，則近于所謂範圍天地之化，彌綸天地之道者矣。若施之章句，以釋一卦、一爻之詞，尚未見其義之所安，而用之所當也。[74]

程廷祚的意思是，程雲莊的易說是在辨《易》的根本的、整體的道理，不是在細節上詮釋每一卦每一爻，與他的《易通》與《大易擇言》不同。他說，「爲雲莊之學者，有雲莊之力與智則可也」，但是我們何曾看到孔子用一四、二三這些抽象的原理教導七十子？程廷祚接著提到程雲莊死前囑咐「送終不以棺椁，及令其子與門人服緦」，又說「《(程子)年譜》不爲之諱，雲莊之門可謂無人矣」[75]。這段話應該是指《程子年譜》所說的「吾死不用棺，用龕，然要與佛氏別，上刻八卦」這件事[76]。程廷祚又說：

> 宋儒謂文王有文王之《易》，孔子有孔子之《易》，僕亦謂

73　程廷祚，〈與毗陵許方亨書〉，頁254。
74　同前文，頁254-255。
75　這三段引文見前文，頁255。
76　湯二祐，《程子年譜》，「順治八年」條，頁24b。

> 雲莊有雲莊之《易》，懷此已非一日，既不敢與授疇言，他
> 人又無可語者，因與吾兄私論之，幸垂教焉。至僕不揣樗
> 昧，所著多出管窺，其廓清大指，具于《部首要論》二卷、
> 《精義》一卷。間有藍本雲莊者，亦頗融會，未嘗直用其
> 說，統祈惠賜訂正爲幸。餘不悉。[77]

他承認自己的易學著作「間有藍本雲莊者，亦頗融會」，但「未嘗直
用其說」[78]。

　　毗陵許方亨質疑程廷祚的易論與程雲莊太過相似，甚至懷疑他有
剽竊之嫌，逼得程廷祚要寫一長篇文字來說明他的學思歷程，說明他
在自己的易學著作中確曾「融會」程氏之說，但並「未嘗直用其
說」。然而就我目前所知，《易通》及《大易擇言》並未提到程雲
莊[79]。我們看不到許方亨的原信或其他相關材料，不能夠判斷許氏是
否直接讀過《易通》及《大易擇言》二書，但無論如何，程廷祚這兩
部書未提程雲莊，恐怕是引來許方亨質疑的主要原因。許方亨的挑戰
對程廷祚來說似乎頗嚴重，所以他在給族侄程晉芳(字魚門，1718-
1784)的信中還詳論此事：

> 毗陵許方亨，愚三十年舊友也；近走札索拙著《易通》觀
> 之，謂與雲莊先生之言多所符契，渠蓋疑愚之易學出于雲

77　程廷祚，〈與毗陵許方亨書〉，頁255。
78　同前註。
79　參見程廷祚，《易通》十四卷(《續修四庫全書》據北京大學圖書館藏清
　　乾隆十二年道寧堂刻本影印；上海：上海古籍出版社，1995)；《大易擇
　　言》三十六卷(《景印文淵閣四庫全書》，第52冊；台北：臺灣商務印書
　　館，1983)。

莊，而不知其否也。茲錄復札稿并《書雲莊年譜》之作呈
閱，以足下爲愚易學知己之最故耳。……趙宋說《易》之家
有〈河圖〉、〈太極〉、〈先天〉諸圖，即使義蘊宏深，果
不謬于庖犧畫卦之指，而要與《周易》無涉，不足以解一卦
一爻之義，則皆贅疣涂附也。[80]

此信的最末段說「吾恐雲莊本有所自得，而托于《大易》之極數以爲
牆壁，則其用心仍與邵氏無異」，也就是說程雲莊反對邵雍，但是他
的「極數」之說仍與邵氏的體系相彷彿。而程廷祚說「要之，學之不
可施于日用而與天下共由者，非聖人之學也」，可以看出程廷祚認爲
自己雖受程雲莊之啓發而排斥圖書象數，可是他認爲程雲莊最重視的
「極數」之說，仍然與邵雍作風近似，仍然不能「施于日用」，也仍
然不是聖人作《易》之本旨[81]。我認爲有許方亨這一逼問，程廷祚才
把他自己與程雲莊的同異之處說得更清楚。

　　從前面的討論看來，程雲莊之易學是程廷祚思想的重要資源，而
程廷祚之所以同時爲顏、李與程雲莊思想所吸引，是因爲兩種學說都
呈現了一個特點：它們想擺脫形上玄遠之學(或是「去形上化」)，希
望回到實德實行與實學實習。兩種學說在這一條路上發展程度有所不
同，程雲莊走得近而顏、李走得遠，由於程廷祚主張充分肯定日用人
生，故在上述兩派中，程廷祚更近於顏、李。

　　先說顏李。顏元的學說甚廣，「實」之一字可概括之。顏元說

80　程廷祚，《青溪文集》卷十一，〈與家魚門書〉，頁256。
81　程廷祚，〈與家魚門書〉，頁256-257。另參見同前書，卷八，〈書《雲莊
　　先生年譜》後〉，頁179：「(雲莊先生)乃出其所心得，爲極數之學以自
　　名，而托於《大易》之所以冒天下之道者，其志豈不大哉！」

「堯舜之道而必以事名,周孔之學而必以物名」[82],他舉六府、三事、三物、四教、九容為學,而極力反對宋儒主靜與誦讀為大之論。《青溪集》裡程廷祚最常提到顏李的幾件事:(一)躬行禮樂兵農之實學[83];(二)闢宋明儒之主靜誦讀,不周世用;(三)歸乎實際、實用。統而言之,《青溪集》中的一段話可為總括:「以博文約禮為進德居業之功,以修己治人為格物致知之要,禮樂兵農、天文輿地、食貨河渠之事,莫不窮委探原,⋯⋯而皆歸於實用。」[84]故其特質皆是破除形上及書冊之虛文,亦破除過度高遠精微的性命之學,而歸於「實際」或「實用」。程雲莊並沒有像顏李那樣明白的兵農禮樂治平天下之學說,但他引導程廷祚破除宋代以來思想中的形上建構,其共同趨勢也是歸向「實際」。前面已經引用胡適的一段話說,程廷祚主張《周易》是一部論人事的書,「易」的本意只是「簡易」,「易」的精義只是「生生之謂易」[85]。

程廷祚反對圖書象數與明末清初的黃宗羲《易學象數論》、黃宗炎《圖書辨惑》、胡渭《易圖明辨》等論點相近[86]。而程廷祚寫〈《古文尚書冤詞》辨〉上下篇、〈《尚書古文疏證》辨〉,以及《晚書訂疑》等文章,主張《古文尚書》是晚出之偽書,與閻若璩

---

82 顏元,《習齋記餘》卷三,〈寄桐鄉錢生曉城〉,收入《顏元集》(北京:中華書局,1987),頁439。

83 程廷祚,〈《明儒講學考》序〉,頁133:「習齋動必以禮,敦善行而不息,率門弟子講求禮樂兵農之實學。」

84 戴望,〈徵君程先生廷祚傳〉,頁408。

85 胡適,〈顏李學派的程廷祚〉,頁122。

86 關於黃、胡之書的學術史意義,參見余英時的〈清代思想史的一個新解釋〉一文精采的分析,該文收入氏著,《歷史與思想》(台北:聯經出版公司,1976),頁121-156。又可參考鄭吉雄的《易圖象與易詮釋》、汪學群的《清初易學》(北京:商務印書館,2004),第三章,頁294-380。

(1636-1704)的《古文尚書疏證》論點亦相近。

　　值得注意的是，與程廷祚交往密切的程晉芳[87]，在頻繁的信件往還之後，顯然也接受了程雲莊的思路[88]。在程晉芳的《正學論》第五篇中，他歷數「國朝」以來的大儒時，有三大儒「湯斌(1627-1687)、陸隴其(1630-1692)、楊名時(1661-1737)」、三學人「顧炎武、黃宗羲、李光地(1642-1718)」之目，但對他們都有所批評，講顧亭林時說：「亭林生于明末，目擊寬弛之弊，思以嚴厲矯之，說近申韓，幾不自覺，使其術行，必有礙确不安處，幸而不試，故人寶其言。」講黃宗羲時說：「而其主意以爲不封建、不井田則世不可以治，此則迂生瞀見，不宜出于學人之口。」然後說：「前乎三人者有程雲莊焉，金正希、蔡維立之師也。當時如念臺(即劉宗周，1578-1645)、石齋(即黃道周，1585-1646)輩皆尊服之，謂是三代以下第一人。鼎革之後，逃于禪，今其書具在，其高明廣大之識，信乎爲曠世材。」[89]程晉芳對眾人皆有微辭，獨以「曠世材」許程雲莊，足見其推崇之高。推崇的理由之一恐怕是與他受程廷祚影響之「去形上化」，而歸於「實際」、「實用」有關。

　　程晉芳提倡「有用之學」、文武合一[90]，他認爲《古文尚書》眞僞這個公案，是「我朝閻伯詩、程綿莊、惠定宇(即惠棟，1697-

---

87　按：程晉芳爲程廷祚之族侄，兩人在乾隆元年(1736)相識。參見程晉芳，《勉行堂文集》(《續修四庫全書》據嘉慶二十五年冀蘭泰吳鳴捷刻本影印；上海：上海古籍出版社，1995)卷六，〈綿莊先生墓誌銘〉，頁355。

88　程廷祚曾寫信給程晉芳說：「知足下向慕雲莊久，偶檢得《語錄》一冊寄閱。」見《青溪文集續編》卷八，〈與家魚門〉；在《青溪集》，頁399。

89　程晉芳，《勉行堂文集》卷一，〈正學論五〉，頁294。程氏在二人之後，讀戢山集亦未見稱及程氏者，魚門此說恐是信口開河。

90　同前書，卷一，〈正學論七〉，頁296。

1758)輩出，始抉摘無遺蘊」[91]。他堅決排斥《易》的圖書象數，在
《勉行堂文集》中到處可尋此蹤跡。他極力張揚胡渭的《易圖明
辨》，在〈跋〉該書時說：「東樵于此旁搜博考，極辨難之力而無矜
張矯厲之氣，可謂精醇之至矣。」[92] 又極力揄揚黃宗炎的《圖書辨
惑》說：「蓋與胡氏之《易圖明辨》、程氏之《易通》，皆能撥雲霧
于晦昧之餘，使白日青天昭垂于千古矣。」[93] 他顯然是把程廷祚算作
清代辨圖書象數大傳統的幾個要將之一。

　　不過他與程廷祚在尊宋學的分量上略有軒輊。前面已說到過，程
廷祚一方面反宋、一方面贊宋，他反對宋學中圖書象數的部分，卻從
不廢對宋學心性之學的尊重。至於程晉芳，《碑傳集》中收錄翁方綱
（1733-1818）為他寫的〈墓誌銘〉說，程氏在與友人書中讚揚宋儒
「至於天道人紀，節心制行，務為有用之學，百世師之可也」[94]。程
晉芳尊宋的成分似更重些，〈正學論一〉說「宋賢出而聖學大明」，
對於「而世之人輒以程朱為迂緩之儒」[95] 感到不可解；又大談宋學之
可貴[96]，並且不滿顏李之痛斥程朱[97]。由對顏李態度之不同，我們可
以看到程廷祚與程晉芳之間思想的出入。

91　同前書，卷二，〈《尚書古文解略》序〉，頁303。
92　同前書，卷五，〈《易圖明辨》跋〉，頁335。
93　同前書，卷五，〈《圖學辨惑》跋〉，頁334。
94　翁方綱，〈翰林院編修程君晉芳墓誌銘〉，《碑傳集》卷五○；收入《清代碑傳全集》（上海：上海古籍出版社，1987），上冊，頁264。
95　程晉芳，《勉行堂文集》卷一，〈正學論一〉，頁291。
96　同前書，卷一，〈正學論四〉，頁293。
97　同前書，卷三，〈與綿莊家書三〉，頁323。

五、結論

　　第一、首先，我們必須說明，胡適首先提出程雲莊與程廷祚的思想交涉這件公案，他點出了程廷祚可能受程雲莊易學之影響，但是因為找不到程氏著作，所以他只能用寥寥幾句話提到程廷祚受到程雲莊易學的影響。本文運用了極罕見的《程氏叢書》以及《青溪集》中的若干材料，說明了這個相當具有關鍵性的思想交涉。受到程雲莊的影響，程廷祚摒去宋易圖書象數的世界，透過他的《易通》、《大易擇言》等書來宣揚一種切近於人生日用、植基於現實實感世界的哲學觀點：聖人是平實的、淺近的、貼近人事的，既沒有圖書象數所架構出的形上世界，也沒有極盡精微的性命之理。

　　第二、從明末清初以來，人們都對程雲莊之學既好奇但又不能清楚把握。不管從三教合一或是從代表商人階層思想的角度去了解他，都可能模糊了程雲莊的思想面目。事實上，我在披覽《程氏叢書》之後的感覺，程雲莊對自己的商人背景非但不願多談，而且表示厭惡之意，他的思想也未表現出任何商人的特質。他雖然大量吸納了二氏之學，以致程廷祚說他最初是從禪學入手，但是他的思想體系是希望經過理論改造之後，能以「禮」、「易」為主幹，建構一個龐大有力的儒家體系來取代二氏之學。他對後人最大的影響，也就是他的思想最具影響力的部分，是一種新的易學。在這個新的易學體系中，他對以朱熹《易本義》為代表的宋代圖書象數之學持激烈批判的態度。

　　經過這個考察，我們也才注意到，明末清初這一波反圖書象數的學風當中，程雲莊的兩篇文章是早在黃宗羲、黃宗炎、胡渭等人之前。前述諸人不約而同地形成了一個藉易學討論以去除形上化的潮

流，而後來的程廷祚、邵晉涵(1743-1796)等人仍在延續這個傳統。
而且值得注意的是，程廷祚對程雲莊仍不滿意，程廷祚認為程雲莊雖
然刪除了《易》的圖書象數，但是他太聰明了，仍然想用一套整齊的
系統（「極數」）來解釋這個世界，故盡其所有力量構造一個太過複雜
的、符號象徵的世界。所以程廷祚既推揚程雲莊、既承認受到他的影
響，又指斥他的「極數」，由此可以看出程廷祚走得比晚明清初的程
雲莊徹底，清代中期的程廷祚代表一種更平實、更貼近活生生的現實
世界的儒家哲學。

在〈清初思想中形上玄遠之學的沒落〉一文中，我曾提到清代思
想學問有一個特色是「去形上化」，將宋明理學所構建的形上世界盡
量地擺落，而在構建形上世界的過程中，《易經》的圖書象數扮演一
個重要的角色，它們使得現實生活世界之上更有一個形上世界，形下
／形上、後天／先天等兩層式的思維，皆或多或少與此有關。而「去
形上化」的另一層意義即是對日常生活世界的肯認(the affirmation of
everyday life world)，用當時的人的話說是「但當從事于實際，不得
高言性命」[98]。從二程之間的思想交涉看來，清初這一個思想趨勢比
原先所知道的影響更為長遠，在清代中期仍是一個令人矚目的議題。

第三、胡適《戴東原的哲學》中所提到的清代中期的思想人物戴
震、洪榜(1745-1780)等人，他們年輩稍晚於程廷祚，也都表現了清
代中期思想界的一個特質，即尋找「平實、淺近」的聖人。「平實、
淺近」的聖人至少有兩種特徵：第一是沒有明顯的宇宙論的關懷、不
執迷於形上的世界；第二是在心性論上提倡自然人性論、提倡通情達

98　王汎森，〈清初思想中形上玄遠之學的沒落〉，《中央研究院歷史語言研
　　究所集刊》69.3(1998)，頁557-587。收入本書第一章。

欲之哲學。在此思想脈絡之下，聖人的形象不再像宋明理學那樣高度超越、懲忿窒欲，甚至不近人情，戴震的《孟子字義疏證》即為這一路思想之代表。經過戴震的詮釋，孟子亦成為平實的、淺近的，而非高調的聖人。程廷祚則從易學的角度去彰顯聖人的平實、淺近面。

　　第四、清代的「宋學」，與宋代的「宋學」及明代的「宋學」有別，而清代宋學有一部分的特質，可以從前面的討論中看出。胡適認為程廷祚自我矛盾之處，以及胡適認為從「顏李→程廷祚→戴震」有一相承的系譜，恐怕是認為凡屬「宋學」必然帶有若干因素縉合一致的特質，故當他看到程廷祚一方面極力推崇宋儒身心性命之學，卻又同時貶抑圖書象數之學時，便直接認為程廷祚對宋儒的議論如此矛盾，反映了程氏在政治功令壓力之下的表裡不一。但是，這兩者並不矛盾，它們被分開處理，正是清代中期宋學的特色之一：人們儘可以用心闡明身心性命之學，同時幾乎不理會宋儒精心構建的形上世界，而且也不再過分熱情地探索太過精微高妙的性理精蘊，傾向於貼近日常生活的實踐性的宋學。

　　第五、如所周知，摒棄圖書象數之學的風氣在明末、尤其是清初已經熱烈展開，但雍、乾年間的程廷祚仍然以極大的熱情在編纂《易通》與《大易擇言》。這個案例提醒我們，思想的改變不是一個事件，而是一系列的事件，它必須經過一次又一次地再說服與再製造（reproduce）。在黃宗羲、黃宗炎、胡渭、閻若璩等一批學者的著作面世之後，易圖與《古文尚書》的爭論並未「大功告成」、成為一定不易之論，即使他們知道前輩學者的工作，並且知道他們之間的思想旨趣相近，卻仍然從不同角度、不同材料、不同思路上繼續工作。以《古文尚書》公案為例，在閻若璩的《古文尚書疏證》出現之後，毛西河隨即堅持異見提出反駁，此後兩端意見此起彼落，一直到同治光

緒年間還未停止。這是一個不停「再製造(reproduce)」的過程，思想對現實的影響力也要靠不斷的再製造才能延續下去。

第十一章
清代儒者的全神堂
——《國史儒林傳》與道光年間顧祠祭的成立[*]

　　清代國史館修儒林傳是從清嘉慶中期阮元(1764-1849)編輯《擬儒林傳稿》才開始的[1]，我們可以說他開始了清代儒者「全神堂」(pantheon)的安排。誰被收入這個全神堂以及他們在這個全神堂中的位次，一方面反映了時代的情狀及士人世界的輿論，另方面也對學風的發展起著推波助瀾的作用。

　　在全神堂的位次中，最引起各方面矚目的是對顧炎武(1613-1682)的安排，他的地位如何？人們從何種角度推崇他？對清代後期的士人世界具有很高的指標性意義。我最初是想探討道光二十三年(1843)北京士人的一個突出的舉動——一群對時局非常敏感的讀書人合力建造顧炎武祠，定期會祭，這個會祭行動持續超過七十年。推動建祠的一群京官用來說服時人的一個主要論據是，當代大儒阮元在他所編的《國史儒林傳》中以顧炎武爲清朝儒者第一。但事實上那只是一個傳言，爲了釐清這個傳言的形成，並推敲道光年間在內憂外患的新局面下，士人世界如何憑藉官方權威，標舉他們所期望塑造的英雄人物，故先撰此篇，作爲將來寫顧祠會祭考的引子。

---

[*]　此文曾經陳鴻森兄提供許多寶貴的修改意見，特此致謝。

[1]　在此之前，陳壽祺曾一度著手纂輯，但因嘉慶十五年秋陳氏丁大父憂，去職中輟，其已纂修傳記若干，今已不得而詳。

一

　　在清初，不管是三大儒或四大儒的名號，都不包括顧炎武[2]（當然顧氏的著作很快地就被各方士人所崇重）。值得注意的是在道光年間，也就是距明清易代約兩百年的時間，興起了一股聲勢浩大的顧炎武崇拜；道光二十三年一群京官在北京慈仁寺為顧炎武建祠，每年祭祀三次。顧祠祭祀活動持續逾七十年，一直到民國初年祭祀活動仍然在進行。

　　發起建造顧炎武祠的主將是何紹基(1799-1873)等一批在北京相當活躍的京官，促使他們建祠崇拜的原因相當多，譬如清朝在鴉片戰爭的挫敗使得士人們渴想摸索一個新的學術方向，此外還有一個很重要的原因：他們聽說阮元在他纂修的《國史儒林傳》中以顧炎武居首，這代表官方——而不是一般士人——對顧氏的最高肯定。此後，阮元的《國史儒林傳》以顧炎武居首之說便一而再、再而三地被重複述說，作為支持顧炎武崇拜的重要案據。

　　何紹基的〈顧先生祠〉詩中是這樣說的：

> 欽惟純廟年，四庫盛編纂。萬軸歸文淵，千士萃祕院。儀徵實後至，草創儒林傳。論學采源流，全編有晃弁。諸儒始相驚，乙覽大稱善阮師撰《國史儒林傳》，以先生居首。元氣入人

2　何冠彪，〈黃宗羲、顧炎武、王夫之合稱清初三大儒考——兼說清初四大儒及五大儒的成員〉，氏著，《明清人物與著述》（香港：香港教育圖書公司，1996），頁49-63。

心，史筆非私擅。……先生冠儒林，狂瀾植厓堰。……[3]

此處應特別強調由詩中「諸儒始相驚」一句，可以看出當時士人們對顧炎武是本朝儒林之首這個論斷何等的驚訝。

　　清代國史之有儒林傳由阮元開始(疇人傳、文苑傳亦然)。清嘉慶十四年(1809)九月，時任浙江巡撫的阮元因為劉鳳誥(1760-1830)科場案被控包庇而解職返京、靜待發落，擔任翰林院侍講。阮元在此之前兩度擔任浙江巡撫，前後長達十年，在當時的士人世界享有極高的聲望，我們可以說，他是繼朱筠(1729-1781)、畢沅(1730-1797)等人之後，學術世界的宗主人物。阮元建議，國史中的儒林、文苑傳不應只取皇史宬中所收藏的資料作為編修的依據，應該移文各省，求草澤遺佚，以廣未備[4]。隔年十月，阮元自願兼國史館總纂，輯儒林傳。在阮元著手儒林傳之前一百多年，史館曾經幾度作輟。乾隆三十年(1765)重開史館，此後成為常設機構[5]，但是儒林傳始終未有纂輯。原因之一是國史傳記按例要引據官書檔案，而儒者通常沒有這些材料可為案據，故清初以來，名儒輩出，但儒林傳無從修纂。阮元為了克服這一個先天的困難，提倡不應當拘守官書檔案之有無，而應向各方徵求材料。為了做到像其他國史館本傳之言必有據，他決定模仿全祖望(1705-1755)集句成篇的辦法，每段文字皆註明出處，表示言必有

3　張穆，《顧亭林先生年譜》(台北：臺灣商務印書館，1969)，頁113-114。
　　案：此詩在《年譜》中作〈何紹基顧先生祠詩〉，在《東洲草堂詩鈔》
　　(收入《何紹基詩文集》〔長沙：嶽麓書社，1992〕)中作〈別顧先生
　　祠〉。本文皆引《年譜》，故通篇題作〈顧先生祠〉詩。
4　王章濤，《阮元年譜》(合肥：黃山書社，2003)，頁527。
5　喬治忠，〈清代國史館考述〉，《文史》(北京：中華書局)39(1994)：
　　183。

據。國史館總裁同意這個作法，遂奏明開辦[6]。

　　阮元纂《擬儒林傳稿》時，持一個相當重要的宗旨。他認爲講經者不可不立品行，講學者不能不治經史，故不再劃分儒林與道學，而是將二者合而爲一，這與當時獨重經學考證而菲薄宋儒道學的風氣，大有不同。故龔自珍〈阮尚書年譜第一序〉中說阮氏「固已匯漢宋之全」[7]。不過阮氏早、晚年對宋學的態度，仍有微妙不同，大抵他愈到後期，愈能正面肯定宋學。阮元在決定編纂儒林傳時，頗與臧庸（1766-1834）、焦循（1763-1820）等他所熟悉的學者商酌撰寫義例。焦循在〈國史儒林文苑傳議〉中提出七條原則：一曰徵實，二曰長編，三曰兼收，四曰鑑別，五曰詳載，六曰公論，七曰附見[8]。臧庸也提出了一些看法。焦循提出的「徵實」、「公論」原則，被阮元所採納，此後阮元不斷地與師友往返通信，討論撰寫儒林、文苑兩傳應該收納的對象及其他事宜。譬如他在〈與陳恭甫書〉上問：「生近到史館，總輯儒林、文苑兩傳，閩中宜入傳者何人（度可入十餘人耳），望錄寄，切切。」[9]傅增湘（1872-1949）藏《朱少河雜著稿本》便收有嘉慶十七年（1812）〈與阮伯元閣學論修儒林傳書〉[10]。嘉慶十六年（1811）八月，阮元被任命爲漕運總督而離開北京，當時儒林傳仍未完全定稿，文苑傳則只創稿而尚未完成，阮元將稿本交給國史館[11]，但

6　繆荃孫，〈國史儒林文苑兩傳始末〉，收入《藝風堂文漫存》（台北：文史哲出版社，1973），稿三，頁16-18。

7　龔自珍著，王佩諍校，《龔自珍全集》（北京：中華書局，1959），頁227。

8　焦循，《雕菰集》（台北：鼎文書局，1977）卷一二，頁181-186。

9　陳鴻森，〈阮元揅經室遺文輯存〉，《大陸雜誌》103.5（2001）：18。

10　見傅增湘，《藏園群書題記》卷一七；轉引自王章濤，《阮元年譜》，頁528。

11　王章濤，《阮元年譜》，頁554。

此後他仍然不斷關心此事，而且也不時有人給他出各種意見[12]。

在清朝，能被宣付國史館立傳，本身即是一種至高的榮譽(事實上有不少宣付立傳的人來不及立傳)。因爲阮元的儒林傳是清代的創舉，是清代官方第一次爲本朝儒者排定他們在「全神堂」中的位次，是否被排入這個「全神堂」，以及在這個全神堂中居何種地位，很自然地成爲士人世界所關心的焦點，因此不斷地有人給阮元寫信表示意見，而且在誰入誰出之間，意見雜出。臧庸在嘉慶十六年寫信給阮元，從信的意思看來，臧庸高祖臧琳原先是被考慮納入儒林傳的，但因有人向阮元表示臧琳的《經義雜記》曾經子孫潤色，故阮氏對是否將臧琳列入儒林傳，頗感躊躇。臧庸則上書阮元，認爲「子孫潤色之說乃忌者有意中傷」，臧氏信中勸阮元勿輕信外間流言，亟盼史館仍將臧琳列入[13]。臧庸與阮氏關係很深，《經籍纂詁》事實上是由臧氏擔任總纂，對其先祖能否被收入儒林傳之事猶需如此爭辯，足見當時人對於是否採「公論」一事相當認眞。臧庸的抗議是有效的。後來阮

12　王章濤，《阮元年譜》，頁557記載，嘉慶十七年九月，「張其錦拜謁阮元于淮安，將凌廷堪部分遺稿呈交阮元，阮元親加校訂，謀付刊刻」。張氏編凌氏遺書，原擬攜往北京獻諸史館，以備儒林傳之采擇，中途呈阮元。頁570提到：阮元向張鑒出示《儒林傳稿》本，經商榷應增入應潛齋、張簡庵諸人。但是阮元主意時時改變，「是秋，再至薊門，吾友林太史茗齋同年告余，公前議已變易，然則若(鄭)芷畦諸人不入，未可知，其不遇于生前者，且將不遇于身後歟！」而且儒林傳可以隨時補材料，如明末清初之嚴衍，張鑒購得嚴衍題陳松圓畫卷，以爲可補《儒林傳》中嚴衍傳之未備，故跋寄阮元；見王章濤，《阮元年譜》，頁659。

13　臧庸，〈上阮雲臺侍講書〉，見《拜經堂文集》(收入《續修四庫全書》〔上海：上海古籍出版社，1995-1997〕，集部，別集類，第1491冊)，頁579-580。按：有關臧琳《經義雜記》是否爲「子孫潤色」一事，近來陳鴻森〈臧庸年譜〉嘉慶十五、十六年條有詳細的討論，文載《中國經學》第二輯 (桂林：廣西師範大學出版社，2006)，頁305，308-309。

元將臧琳寫入儒林傳，以臧庸爲附[14]。

　　另一個有趣的例子是張惠言(1761-1802)。阮元的《儒林傳稿》中收有張惠言，但當他將《傳稿》交出之後，某尙書認爲張惠言的著作顯倍宋注，而將〈張惠言傳〉刪去，一時士論大爲不平，主張要與張惠言之弟張宛鄰(琦)徧詣諸史官抗爭，宛鄰不肯，說：「先兄宜入儒林與否，將來自有定論，若爲此求入，即與奔競何異，非先兄意也。」[15] 由臧琳及張惠言之是否收入儒林傳，不但引來子孫的抗議，甚至要聯合士人集體抗爭，可見能否進入這個「全神堂」在當時士大夫心目中的重要性！

　　趙翼(1727-1814)說「男兒生墮地，例須一篇傳」[16]，在國史館能有一篇傳，揚名後世，對子孫而言是莫大的光榮，有些子孫便將國史館中的本傳依科舉硃卷式樣刊印，在親友之間散發[17]。儀徵劉氏因爲祖孫三代皆列名儒林傳，大門屏風上題有一聯曰：「紅豆三傳，儒門趾美。青藜四照，寶樹聯芳。」[18]

14　阮元，《儒林傳稿》(收入《續修四庫全書・史部》，第537冊)，〈目錄〉，頁2。

15　繆荃孫，〈國史儒林文苑兩傳始末〉，收入《藝風堂文漫存・稿三》，頁17。

16　趙翼，《甌北集》(上海：上海古籍出版社，1997)卷二三，〈偶書〉，頁476。

17　梅鶴孫的《青谿舊屋儀徵劉氏五世小記》上說：「劉氏自孟瞻先生並恭甫先生，三世樸學傳家，幼學之士，無不奉爲大師，比之高郵王氏，吳門惠氏，祖孫三世皆由清廷宣付國史館，列入儒林傳，士林莫不榮之。記得在外家書架上，檢到當時印刷的《儒林傳稿》數冊，黃面硃書，其格式與硃卷類似，是分贈世、姻、年、學、誼各家未用完的，……內容先刻上諭，後附《儒林傳稿》一長篇，俱是印紅色的，並無其他記載。」見梅鶴孫著，梅英超整理，《青谿舊屋儀徵劉氏五世小記》(上海：上海古籍出版社，2004)，頁68-69。

18　同前書，頁70。

在清代士人眼中，儒林傳的地位遠遠高於文苑傳，故當時人很在意先人究竟被收入儒林傳還是文苑傳。汪喜孫(1786-1848)曾寄函王念孫(1744-1832)，請求王氏寫信給阮元，將乃父汪中(1745-1794)由文苑傳改列儒林傳。汪氏〈致王念孫書二〉記載：

> 以史館纂錄文苑傳，先君行事與袁江寧、蔣苕生太史同列，思無以定千秋之公論，哀求老伯大人，寄書漕督阮公辨正之。……阮公及史館從事俱諸公，莫不信從執事，倘蒙致書阮公，屬其改入儒林，庶幾先君身後之名，自執事一言論定，可以信今，可以傳後。[19]

汪喜孫不欲乃父與袁枚(1716-1797)、蔣士銓(1725-1784)同列，僅以文士傳名，致其學術湮沒不彰。因此阮元當時雖已離任館職，改官漕督，但汪喜孫仍盼藉由王念孫對阮元的影響力，由阮元囑史館將汪中改列儒林。因為阮元輯《儒林傳稿》是一件眾所矚目的工作，所以它的內容、它在史館中的情形，似乎頗由史官私自談論傳述而為外人所知，否則便不能解釋有關臧琳、張惠言、汪中的三件爭論了。我們所知道的是當時已經有人開始傳播此稿。參與儒林傳分纂的錢昌齡(恬齋)即曾將所錄《儒林傳稿》借給錢泰吉(1791-1863)抄寫：

> 嘉慶甲戌(1814)，族子恬齋由翰林出守澂江，過家上冢，泰吉鈔得《儒林傳稿》，主其事者儀徵阮公，恬齋亦與分纂

19　楊晉龍主編，《汪喜孫著作集》(台北：中央研究院中國文哲研究所，2003)，上冊，頁184。

也。文苑則尚未彙稿。後數年于汪小米處見之,潘梧君藹人
因借鈔其副。昨歲梧君下世,其冊歸唐氏,泰吉乃屬鍾署
香、潘稻孫爲鈔此本。[20]

從前引文可以看出,除了錢泰吉的抄本外,陸續還有其他人傳抄錄
副。

阮元動手纂輯儒林傳是在嘉慶中期,當時清廷對明清易代的忌諱
處在一個相當模糊的狀態。這種模糊狀態是由三種力量交織而成。乾
隆四十一年(1776)頒布過《勝朝殉節諸臣錄》,正式公開褒獎殉明的
忠良,這個舉動的功用不可小看,許多原先深諱不彰的前明殉節忠臣
文集重新出版,並且經常在書前引用《勝朝殉節諸臣錄》前的那一道
上諭作爲護身符。但是緊張的空氣仍然存在,許多人害怕政治氣候不
知什麼時候還會變化。有意思的是,嘉慶皇帝竟然不知道乾隆曾有過
前述的寬鬆政策。

《水窗春囈》記載嘉慶中修《明鑑》,編纂者爲戚容台,其中
述及明清易代兵事時偶犯忌諱,嘉慶閱後大怒,將戚氏下獄。松筠
(1754-1835)召對之時,嘉慶談及此事,松筠遂上奏曰:「純皇帝有
明諭以前明之事宜直書,不當避忌。」嘉慶大爲驚異說:「先帝果
有是書?」於是命檢《乾隆實錄》,果然發現這一道諭旨,其怒始
息[21]。由此一例可以看出官方歷史記憶傳遞之不易,在父子兩代統治
者之間,如非經大臣提醒,兒子已經不復記憶父親一代對明清之際的
政治忌諱所採取的態度了,更何況是一般士人。經過乾隆後期的幾道

20 錢泰吉,《甘泉鄉人稿》(收入《續修四庫全書‧集部‧別集類》,第
1519冊)卷五,〈文苑傳跋〉,頁19-20。
21 歐陽兆熊、金安清,《水窗春囈》(北京:中華書局,1984),頁58。

上諭，及《勝朝殉節諸臣錄》、《貳臣傳》、《逆臣傳》等的洗禮，人們逐漸確立一種評論清初人物的新標準：能始終堅持志節者為高，投降或仕清者為下，而不管他們是否對清朝有過重大的貢獻。但是政治世界的奇詭之處在於不確定性所帶來的恐懼，誰知道在異族政權之下，統治者何時要翻臉。纂輯清代儒林傳時，自然不能略過清初儒者，所以也就不能不接觸到政治忌諱的問題。幫助阮元搜集史料的張鑒(1768-1850)在一封信中提醒他的老師：「寧都三魏當歸文苑，敬聞命矣。但魏禮諸人事蹟可無礙否？」[22] 可見張鑒對此仍然相當猶豫。

關於阮元的《儒林傳稿》，我先寫到這裡。現在我們回到本文一開頭所說的：阮元的《儒林傳稿》究竟是不是以顧亭林為首？如果不是，何以後來人們一而再、再而三地宣稱顧亭林為《國史儒林傳》之首？為什麼《國史儒林傳》是否以顧氏為首在當時士林中如此重要？

清代官方的權威有一個升降的歷史，在嘉、道年間，官方仍有很大的權威，官定文書的影響力仍然非常大，當時士人常用來判斷一位儒者分量的權威，是《四庫全書》所收著作數量之大小，以及《四庫全書總目提要》(以下簡稱《四庫提要》)中之評論。在道光以後，《國史儒林傳》中是否有傳？評價如何？則至為重要。《國史儒林傳》一方面是以國史館之名義纂輯，一方面是出自當時已獲學界宗主地位的大儒之手，其重要性更高。

22　張鑒，〈答阮侍郎師書〉，見《冬青館甲集》(收入《續修四庫全書·集部·別集類》，第1492冊)卷五，頁5-6。魏禮、魏禧拒不應試仕清，參見謝正光、范金民，《明遺民錄彙輯》(南京：南京大學出版社，1995)，下冊，頁1186-1187。

二

　　然而，阮元《儒林傳稿》的刊本事實上並未以顧亭林居首。嘉慶十七年阮元《儒林傳稿》其實是以顧棟高(1679-1759)居首，接著才按清初以來諸儒的年代先後排列，顧炎武被排到第八的位置[23]。這個刻本確實是阮元出任漕運總督前匆匆移交史館的，故凡例中言「嘉慶壬申(1812)八月，漕運總督阮元交出前在翰林院侍講任內撰稿」[24]。

　　阮元一開始在〈凡例〉中即說明他的基本態度是不收入貳臣及行止可議的儒者。至於王夫之(1619-1692)、黃宗羲(1610-1695)等曾在南明任職且清代未曾入仕者，因為其著作被收入《四庫全書》，「列為國朝之書」，而且多受四庫館臣的褒揚，故決定收入。他並一再強調這只是一份未定稿，「如同館諸友所見者，不妨酌補」。他強調在纂輯過程中，「凡各儒傳語皆採之載籍，接續成文，雙注各句之下，以記來歷，不敢杜撰一字。……私家狀述，涉於私譽者，謹遵館例，一字不錄。至於各句雙注，將來進呈御覽時，應否刪去，候總裁核定」[25]。

　　但是最值得注意的是他的「出奇料理」，把乾隆年間的顧棟高列為傳首，附以陳祖範、吳鼎、梁錫璵，因為乾隆三十年(1765)九月十五日降諭辦儒林傳時曾說：「且如儒林，亦史傳之所必及，果其經明學粹，雖韋布不遺，又豈可拘於品位，使近日如顧棟高輩，終於淹沒

23　《儒林傳稿》，〈目錄〉，頁1。
24　同前書，〈凡例〉，頁3。
25　同前書，〈凡例〉，頁1-2。

無聞耶！」[26] 阮元這個特殊的安排除了爲表示尊重乾隆辦理儒林傳之上諭外，還有一個重要原因，即顧、陳、吳、梁都是乾隆辦理經學特科所取人物[27]，把他們放在一起，更隆重地表示尊重朝廷功令之意。除顧棟高及其附傳諸人，其餘入傳者悉依生卒年先後排列，故在這份《儒林傳稿》中，顧炎武的位次還在孫奇逢(1584-1675)、李顒(1627-1705)、黃宗羲、王夫之、高愈、謝文洊(1612-1682)等人之後。這個排列方式阮元曾徵詢僚友意見，故張鑒在一封信中說「以顧作傳首，而附吳、梁以下，此千古不刊定論」[28]。張氏所言之顧即顧棟高，吳爲吳鼎，梁爲梁錫璵。這麼奇特的安排，張鑒卻認爲是「千古不刊定論」，足見乾隆三十年那一道諭旨的威力。

　　從這份《傳稿》實在看不出當時及後來士人一再宣稱的：本朝儒林傳之首是顧炎武。但是通讀《傳稿》，我們還可以看到在〈顧炎武傳〉中有兩句不尋常的評價，即「國朝稱學有根柢者，以炎武爲最」，並注明出於「提要」[29]，也就是說它是依據《四庫提要》中的評價，並非出於阮氏杜撰。而通覽《傳稿》，只有〈顧炎武傳〉有如此高的評價。

　　《四庫提要》中究竟是怎麼說的？《四庫提要》中收入顧炎武的著作二十二種，有的收入正編，有的則列於存目。我通檢這些提要，館臣們確實對顧氏的考證著作大加讚賞，但顧氏後來爲人們所稱美的

26　同前書，卷一，〈顧棟高傳〉，頁1。

27　《大清十朝聖訓・高宗純皇帝》卷三五，〈文教〉；轉引自林存陽，《清初三禮學》(北京：社會科學文獻出版社，2002)，頁302。

28　張鑒，〈答阮侍郎師書〉，《冬青館甲集》卷五，頁5b。

29　《儒林傳稿》，頁22b所引「提要」在永瑢、紀昀等撰，《四庫全書總目提要・經部・春秋類》卷二八。

經世之書，卻大遭貶抑[30]。可以看出在考證學如日中天時，顧炎武爲人們所看重的是考證之書而非經濟之論，其中尤以《左傳杜解補正》三卷最被稱道，而阮元那兩句話便是從《左傳杜解補正》的「提要」而來。那一條提要是這樣說的：

> 炎武一名絳，字寧人，崑山人，博極群書，精於考證，國初稱學有根柢者，以炎武爲最。[31]

細心的讀者會很快地發現，《四庫提要》中作「國初」，而阮元作「國朝」，一字之差，頗具意義，此後各種版本的列傳皆用「清朝」（如《清史列傳》），一直到民國的《清史稿》〈顧炎武傳〉才又改回「清初」[32]。由這一字之異，我們可以推測阮元同時在做兩件事：尊崇官方的功令，如引乾隆上諭而以顧棟高爲傳首，如引《四庫提要》的評價，以《四庫全書》是否收存爲去取之斷，而且在編輯《皇清經解》時，以四庫館臣一再稱道的《左傳杜解補正》爲第一部書。但是他也同時加入自己的評價，把顧炎武由「國初」的第一大儒改爲「國朝」第一大儒。

由阮元的種種安排可以看出他顯然有兩重考慮：第一是誰的學問

30　如對《日知錄》評道：「惟炎武生於明末，喜談經世之務，激於時事，慨然以復古爲志。其說或迂而難行，或愎而過銳。觀所作〈音學五書後序〉，至謂『聖人復起，必舉今日之音而還之淳古。』是豈可行之事乎？潘耒作是書序，乃盛稱其經濟，而以考據精詳爲末務，殆非篤論矣。」見《四庫全書總目提要》（簡稱《四庫提要》，台北：漢京出版事業公司，1981），子部，雜家類卷一一九，總頁645。

31　《四庫提要・經部・春秋類》卷二九，總頁162。

32　趙爾巽等撰，啓功等點校，《清史稿》（北京：中華書局，1976-1977）卷四八一，頁13168。

與道德水準夠資格放進儒林傳？第二是怎樣安排比較符合政治正確？
關於第二個問題，積極的方面是最高統治者怎麼指示，消極的方面是
如何處理政治忌諱的問題，尤其是對那些生長於明清易代時期，不仕
清朝，甚至反抗過清朝的人。阮元在《傳稿》中講到這些人時，對他
們忠明抗清的行為要多作一番解釋，說明他是採取乾隆《貳臣傳》及
《逆臣傳》的立場。阮元的思考過程我們並不了解，但他將《傳稿》
送交史館時，心中顯然非常清楚，此稿只能代表他個人的意思，最後
國史館還是要進呈皇帝御覽。想通過這道手續，當然不能不注意政治
的忌諱。阮元當時仍屬待罪之身，對官方之功令自然更加謹慎小心，
所以他寧可依據乾隆上諭，將從任何標準出發皆不宜放在傳首的顧棟
高放在最前面。

　　阮元的《儒林傳稿》傳本極稀，目前比較容易見到的是《續修四
庫全書》中用南京圖書館所藏的影印本[33]，但是從道光年間開始，坊
肆之間又出現了一種兩卷本的《國史儒林傳》，兩者之間到底有什麼
關係？從道光以後，凡提到兩卷本的《國史儒林傳》，大抵認為即是
阮元所撰[34]，但是也有人覺察到兩者的關係相當複雜。署名仰彌所撰
的〈阮文達學述〉中說，道光間所刊《國史儒林傳》，「然未諳即其
（阮元）原稿否？」[35] 孟森（1868-1938）〈清國史館列傳統編序〉：

33　關於這個刊本，《續修四庫全書》的編者註明是嘉慶刊本，但查考南京清
　　涼山《續修四庫全書》據以影印的南京圖書館古籍部所藏原本（分為線裝
　　兩冊，第一冊是卷一、二，第二冊是卷三、四），並沒有任何出版資料及
　　收藏印記，只有一「南京圖書館藏」硃印，並無任何確證可以判定為嘉慶
　　刊本，編者極可能是根據該書序於嘉慶十七年，故逕定為嘉慶刊本。

34　如周予同注皮錫瑞《經學歷史》，反覆引兩卷本阮元《國史儒林傳》。

35　周康燮編，《中國近三百年學術思想論集》（香港：存粹學社，1978），頁
　　308。

「又儒林、文苑兩傳，前無刊本，雖有一不甚明顯之國朝文苑儒林傳，亦簡略游疑，傳者亦不敢標為國史館稿，蓋早期未勘定之館傳也。」[36] 孟森在〈清史傳目通檢序〉中又說：「考清之有儒林傳，創意之者為阮文達公，……今坊刻國史舊儒林傳，雖未必即阮氏原文，猶可見初立儒林傳之義例。」[37]

孟森用「有一不甚明顯之國朝文苑儒林傳」一語，最有斟酌。我推測是因為這部儒林文苑傳無作者、無刊者、無年代，在當時如一無頭公案，故說「不甚明顯」。連見聞廣博的孫殿起(1894-1958)，都在《販書偶記》中的「《國史儒林傳》二卷，《文苑傳》二卷，《循吏傳》一卷，《賢良傳》二卷」條下註明「揚州阮元撰，無刻書年月，約同治年間刊」[38]。從書名及卷數看來，孟森與孫殿起所提到的是同一部書，只是孫氏所見到的是《國史四傳》本，將儒林、文苑與循吏、賢良傳合刊。當時這類抄自國史館的書，常常分合不定。

兩卷本《國史儒林傳》傳本不豐，臺灣目前未聞有藏本，我在日本關西大學增田涉文庫及內藤湖南文庫中則曾見到。一部是內藤(1866-1934)於1902年購自北京，書名為「《國史儒林傳》二卷，《國史文苑傳》二卷」，封面為內藤本人所書，書背上註明「內藤湖南舊藏」，則應是增田涉(1903-1977)所書；另一部在內藤本人的藏書中，只有「《國史儒林傳》二卷」，核對兩書，格式及內容完全一樣。此外，我在東京大學東洋文化研究所見到的兩種儒林傳，則是與循吏、文苑、賢良合刊的《國史四傳》本，但其儒林傳的版本與他處所見是一樣的。以上所見的《國史儒林傳》都未署作者，沒有刊者及

36　孟森，《明清史論著集刊》（北京：中華書局，1959），頁631。
37　孟森，《明清史論著集刊續編》（北京：中華書局，1986），頁485-486。
38　孫殿起，《販書偶記》（台北：漢京文化事業公司，1984），頁149-150。

刊刻年代，唯一的線索是書前都有阮元的〈擬國史儒林傳序〉，下註「國史傳無此序，今從《揅經室集》鈔出」，顯然是刻書者據阮集迻錄刻入，而非其所依據的傳抄本所有[39]。

這部兩卷本《國史儒林傳》究竟刊於何時？孫殿起推測爲同治刊本，關西大學的內藤湖南藏書編目者判斷爲「清末—民初」刊本，恐怕是跟繆荃孫的《國史儒林傳》聯想在一起而有此判斷。但是也有人判斷是道光年間刻本。看來最早的刻本不能早於道光二十四年（1844），但此後屢有刊刻。

如果認眞比對阮元的《儒林傳稿》與兩卷本《國史儒林傳》，便會發現這一部被孫殿起定爲阮撰的兩卷本，其實與《儒林傳稿》有同有不同。兩卷本顯然是以阮撰本爲基礎修改而成，故內容字句大體相同，但在許多個別地方有修改[40]。兩種本子比較明顯的差異是：第一，阮元的《儒林傳稿》，無「國史」二字，且聲明爲擬稿，表明它並非國史館的定本，但兩卷本則逕名爲「《國史儒林傳》」。第二，

39　在阮元之後，國史館臣對儒林傳續有增刪，在阮常生編《揅經室續集》（收入《叢書集成簡編》〔台北：臺灣商務印書館，1966〕，第593冊）卷二，頁59-82中，有〈集傳錄存〉，是毛奇齡、沈國模、錢澄之、臧庸、閻循觀、汪紱、王鳴盛、丁杰、任大椿、孔廣森、張惠言、孔興燮、孔繼涵、顏光猷等人的傳，被史臣所刪去，阮常生將之收入《揅經室續集》中。而這些被刪的傳，在兩卷本《國史儒林傳》中，除閻循觀之外，都未收入。

40　以顧炎武傳爲例，如《儒林傳稿》有「明贊善紹芳孫」，而《國史儒林傳》中刪去。《叢書集成續編》的《國史儒林傳》中有份繆荃孫編的《國史儒林傳》，一開始列了三種儒林傳目錄：第一種與阮元的《儒林傳稿》同，第二種是前面提到的兩卷本《國史儒林傳》目錄，第三種是光緒庚辰（1880）奏請派員重修的目錄，孫詒讓的跋尾顯示這一點，並指出這一次重修增加嘉慶之後學者，且大幅改動所收名單。見繆荃孫，《國史儒林傳》（收入《叢書集成續編》〔上海：上海書店出版社，1994〕，史部，第36冊），總頁87。

兩卷本完全刪去阮元原稿大量的引據出處，而且篇次有不同，人物有增減，內容有潤飾、有增刪，而以刪去為多，當然也有比較大幅的增改（〈孫奇逢傳〉）。第三，兩卷本的〈顧棟高傳〉有了大幅的刪改，完全刪去阮元在傳前所引的一大段清高宗的上諭，並依生卒年為顧棟高重新排序。第四，兩卷本將《傳稿》改為兩卷。第五，也是最重要的，兩卷本以顧炎武作為傳首，並對其他傳記的順序有所調動，不再完全依時代先後排列。在兩卷本《國史儒林傳》中，顧炎武才是名副其實地居清朝儒林傳之首。

從阮元的《儒林傳稿》到兩卷本《國史儒林傳》，有一個複雜的過程：阮元將《傳稿》交出之後，即不曾再回到史館任職。後來顧蒓（1765-1832）到史館擔任提調，始將阮稿修改進呈，繆荃孫（1844-1919）說時間當在嘉慶末年，但是何紹基的〈顧先生祠〉詩的改訂本說是嘉慶初年。案，顧蒓於嘉慶七年（1802）中進士，而且阮元的《傳稿》是嘉慶十六年才交出，故何說顯然錯誤[41]。顧蒓據稿立傳，改以顧炎武居首，史館總裁進呈時，將毛奇齡（1623-1713）由儒林傳改入文苑傳，並刪去沈國模（1575-1656）等十七人。因阮元所撰諸傳被史館刪棄後已非官書，故其子將被刪諸人的傳記收入阮元文集《揅經室續集》。

顧蒓進呈本目前尚未得見，我在台北故宮博物院的檔案中見到一種題為〈儒林顧炎武傳〉[42]，上面有「舊傳」字樣，當是依據顧蒓進呈本所抄立的，此傳的編排、內容，皆與兩卷本《國史儒林傳》相同，尤其值得注意的是封面的註記確實是以顧炎武居卷一的第一位，

41　何紹基撰，龍震球等校點，《何紹基詩文集》，頁184。

42　台北：國立故宮博物院藏傳稿，編號4945。

符合顧蒓改以顧炎武居首之說。不過此傳中已經刪去《儒林傳稿》中的資料與出處，應該是後來改抄過的本子。

但是目前坊間所見兩卷本卻與此本又有微妙的不同，而這些不同正好都見之於故宮所藏的另一種〈儒林顧炎武傳〉[43]。這一種傳稿對前者作了兩種工作：第一是將部分字句用白紙貼上，第二是以籤條對部分內容加以改正，而修改之後的內容即與今天所見兩卷本中之〈顧傳〉相符。在此一改定本的背面有兩方小圓印，印文爲「方印」、「蔡印」，顯然是姓方及姓蔡的兩位館臣所改。

這個發現與繆荃孫在〈國史儒林文苑兩傳始末〉一文中的描述一致。我推測繆荃孫因爲在國史館多年，主修儒林等傳，熟悉相關檔案，故所言多有根據：

> 道光甲辰（1844），方俊、蔡宗茂爲提調，另行刪并，去表字出處，復收朱鶴齡、閻循觀、汪紱三人，即坊間所刻四傳是也。[44]

據此，兩方小印中，方即方俊，蔡即蔡宗茂[45]，他們將原稿中的表字改爲本名，故前述「舊傳」中提到楊雪臣及路安卿處的籤條，有一條將「雪臣」改爲「瑀」，將「安卿」改爲「澤濃」，這些刪去或改動

43　台北：國立故宮博物院藏傳稿，編號8157。

44　繆荃孫，〈國史儒林文苑兩傳始末〉，收入《藝風堂文漫存·稿三》，頁17。

45　繆荃孫這段話應是有根據的。方俊是江蘇江寧人，道光十六年進士，授編修，故道光二十四年時爲國史館提調，是合理的。方俊之履歷，見錢仲聯，《清詩紀事》（南京：江蘇古籍出版社，1989），第14冊，頁9975。

的地方，一一皆與今傳兩卷本相合[46]。因此今傳兩卷本已經不是顧蒓
所進呈的原本，而是方、蔡改定之後的本子。而其刊行的時間便不能
早於道光二十四年。

清代國史館成例，每年進呈列傳十六篇[47]。不管是何紹基或繆荃
孫，皆曾堅定地表示，顧蒓的改定本曾進呈皇帝乙覽，故何紹基在前
面所引的〈顧先生祠〉詩中說「乙覽大稱善」。

綜合上述：《國史儒林傳》以顧炎武居首是顧蒓進呈本的狀況，
而兩卷本的內容則是方、蔡的改定本。方、蔡可能因為擴大編纂儒林
傳，把顧炎武移到卷一一，坊間的兩卷本則用了顧本的順序，但用了
方、蔡本的內容。

三

從阮元到顧蒓，也就是從嘉慶十七年到嘉慶末，政治空氣當然已
經有所變化。顧炎武死後，其遺書文稿均被外甥徐乾學(1631-1694)
兄弟取走，祕不示人，恐即害怕其中內容觸犯忌諱。乾隆年間大規模
的禁書運動中，顧炎武集被列為禁書，出現在多種禁燬書目中，乾隆
四十三年(1778)范起鳳的案子，其罪狀便是收藏了顧炎武的文集[48]。

---

46 不過台北故宮的方、蔡改定本，將顧炎武傳列於卷一一的第一位，與坊間
    兩卷本不同。
47 朱師轍，《清史述聞》(台北：樂天出版社，1971)，頁198。
48 華忱之，〈關於顧炎武的蔣山傭殘稿〉，《顧亭林詩文集》(北京：中華
    書局，1959)，頁174。關於查禁《日知錄》、《顧亭林詩文集》一事，見
    雷夢辰，《清代各省禁書彙考》(北京：書目文獻出版社，1989)，頁113-
    114。范起鳳家藏《顧亭林集》案，見郭成康、林鐵鈞，《清代文字獄》
    (北京：群眾出版社，1990)，頁356。

阮元處理他的案子，不能不更加小心翼翼。如果我們對照前面所引
《水窗春囈》中嘉慶對偶犯忌諱者之震怒，多少可以看出當時處理這
類問題仍處在模糊、緊張的狀態。道光一朝對言論的箝制比嘉慶朝鬆
弛，所以不再需要像阮元那樣大費心思以顧棟高居首。至於顧蒓為何
以顧炎武居首，從目前所能見到的資料還找不出確切解答。顧蒓是顧
炎武的小同鄉，我們只知道顧蒓在史館以秉筆直書聞名。嘉慶初期，
史館寫和珅(1750-1799)的傳記時出現了兩種不同的寫法。由於清高
宗曾經數次公開責備和珅，一種寫法是掩蓋不提，一種是顧蒓的秉筆
直書，但史館進呈的是前一種版本，仁宗閱後大怒，認為史官有意為
和珅掩飾，史館才又將顧蒓的本子上呈，因而得到仁宗的讚譽。這一
件秉筆直書的故事載在《清實錄》，後來道光帝偶然讀到《仁宗實
錄》，遂刻意提拔顧蒓為侍講學士[49]。

　　這裡有必要簡單介紹一下顧蒓。顧蒓是江蘇吳縣人，嘉慶七年進
士。在北京官場中以耿介、直言著稱，而且以工書畫聞名。嘉慶九年
(1804)北京京官組成宣南詩社，顧蒓即為最初成員之一，他與徐松、
陶澍等經世派亦相熟。我們通讀顧蒓的《思無邪室遺集》[50]，並未見
到與《國史儒林傳》相關的內容，在該書卷四中有〈顧亭林先生傳〉
一篇，撰寫的形式是國史館傳中每段話皆有案據的體例，可以判斷也
是他所纂的國史館本傳。國史館常常一人有許多篇傳記，而顧蒓這篇
傳與《國史儒林傳》中之亭林傳不同。顯然兩卷本《國史儒林傳》的
編刊者決定仍大體維持阮元的《傳稿》的規模，而不取顧氏這一篇，

49　謝鴻軒「謝述德堂鴻軒氏藏名賢翰墨」(光碟版)中有一件題為顧蒓給「竹
　　盦親家大人」的顧蒓書信，上面寫「上閱仁宗實錄，故有此超擢」。
50　顧蒓，《思無邪室遺集》(京都：京都大學人文科學研究所藏道光十九年
　　刊本)。

但由他特意為顧氏寫傳，加上與阮元相稔，可能熟悉阮氏的本衷，故他取顧傳為首上奏之舉似乎並不意外。這樣一位以秉筆直書聞名的史官，在平情衡量過《儒林傳稿》中的實際內容後，決定調動顧棟高不合理的位置，並將「國初稱學有根柢」第一名的顧炎武放在儒林傳之首，並不太令人意外。不過，我在通讀《思無邪室遺集》之後，仍未見到任何進一步的線索，可以說明他如此更動的理由。

　　阮元的《儒林傳稿》雖有刊本，而且不只一種[51]，但是直接提到此書的人很少。值得注意的是，張穆(1805-1849)於道光二十三年刊行的《顧亭林先生年譜》後面所附《國史儒林傳》中的〈顧炎武傳〉，即是出自《儒林傳稿》，但卻題為「《國史儒林傳》」。它應是何紹基道光末期與修史職，自國史館抄錄的。相較於《儒林傳稿》的隱晦，兩卷本則較為流通。道光朝以後，人們所提到的，幾乎清一色是兩卷本的《國史儒林傳》。

　　兩卷本《國史儒林傳》的成書過程已如上述，它牽涉到與顧祠會祭有關的兩個問題。

　　正如我在文章一開頭所提到的，何紹基、張穆等人發起顧祠會祭時，很重要的一個動機是因為阮元的《國史儒林傳》以顧炎武為首，而且這個說法一再地被複述(尤其是參與顧祠會祭者的詩文中)，這一點本文一開始所引何紹基的〈顧先生祠〉詩已經說得很清楚了。何紹基在史館的時間是從道光十九(1839)至二十九年，他在詩中說「泊與

51　除了南京圖書館所藏本之外，依上海圖書館編《中國叢書綜錄》(上海：上海古籍出版社，1982-1983)，《儒林傳稿》還有兩種刻本，一是《榕園叢書》續刻(1885)中的本子，一是道光中甘泉黃奭的《知足齋叢書》；見該書第1冊，頁173、196。但《叢書集成三編》(台北：新文豐出版公司，1997)中的《知足齋叢書》，並無阮稿。

修史職，讀傳生嘆羨」，表示他在史館時曾經見過《傳稿》。當時讀
此傳的不只何氏一人，許瀚(1797-1866)〈龍泉寺檢書圖記〉中說他
見到「龍泉寺檢書圖」時，「恍遇先生(阮元)於楮墨間，又不啻昔之
讀顧先生傳也」[52]。但是何紹基並不知道把顧炎武定爲儒林傳首的不
是阮元。

　　何紹基於道光十六年中進士，尋選授庶吉士，入庶常館學習，當
時阮元與穆彰阿(1782-1856)是教習，何氏深爲阮元所欣賞，他和阮
元、許瀚(1797-1866)等常見面討論金石。阮元於道光十八年五月致
仕，何紹基有序送他歸里。阮元從道光十八年離京到二十九年病卒之
前都住在南方，此間阮、何二人似只見過一次面，即道光二十年何紹
基扶父柩過揚州，請阮元爲其父撰神道碑銘，此外未曾見面[53]。由上
面的年歷可以看出，從道光十八到二十九年，阮、何只有一次短晤，
而何紹基等人起意爲顧炎武建祠是在鴉片戰爭之後，後於阮、何二人
最後一次見面，則何紹基誤以爲阮氏以顧亭林爲儒林之首，似乎可以
理解。

　　我不無驚訝地發現，前引的〈顧先生祠〉詩，與收入《東洲草堂
詩鈔》中的內容有所不同。《詩鈔》由何氏刊於同治六年(1867)[54]，
它說：

　　儀徵實後至，草創儒林傳。論學采源流，全編有冕弁。奏御
　　當先皇，乙覽大稱善。

52　許瀚，〈龍泉寺檢書圖記〉（北京圖書館藏殘稿）；轉引自王章濤，《阮元
　　年譜》，頁915。
53　王章濤，《阮元年譜》，頁903-960。
54　《何紹基詩文集》所附〈年譜簡編〉，頁1134-1135。

《詩鈔》把「諸儒始相驚」一句改爲「奏御當先皇」。尤其值得注意的是「乙覽大稱善」之下的雙行夾注——由「阮師撰《國史儒林傳》，以先生居首」，後來改爲：「阮師撰《擬史館儒林傳稿》，以先生居首，至嘉慶初年，顧丈蒓據稿立傳，進書時即依原次。」[55] 前者是「撰《國史儒林傳》」，後者改成「撰《擬史館儒林傳稿》」，尤其值得注意的是後面加的一段話，即「至嘉慶初年，顧丈蒓據稿立傳，進書時即依原次」。前文已指出此處的嘉慶初年顯然錯誤，因爲阮元的《傳稿》成於嘉慶十七年。顧蒓進呈較可能發生在嘉慶末年。從這些微妙的改變可以看出，何紹基在道光二十四年後發現《儒林傳稿》中關於顧炎武的位次另有曲折，故他的〈顧先生祠〉詩前後表述有所不同。

四

在清理這一段公案時，出現了不少疑點。前面已經提到，何紹基與阮元非常熟悉，何氏在詩文中總是自稱爲阮元的門生，而且他們的交往是在《儒林傳稿》完成之後，他爲何不了解阮元在《傳稿》中所作的安排？況且何紹基本人從道光十九至二十九年（1849）有將近十年時間在史館工作（其間曾幾度出典鄉試），寫〈顧先生祠〉詩時，人也是在史館，目前所存的何紹基日記，便有當時纂輯國史列傳的紀錄[56]，何以他對阮元的《傳稿》及後來顧蒓改動進呈等情實卻懵無所知？而且，《儒林傳稿》當時可能已有抄本，道光二十四年的《顧

55　《東洲草堂詩鈔》（收入《何紹基詩文集》），頁184。

56　何紹基，《何紹基未刊日記》，道光二十三年部分，收藏於湖南省博物館，承陳松長先生影印寄示。

亭林先生年譜》即收入了其中顧炎武一篇，而且其他收入《傳稿》中的傳狀者都清楚知道這是《擬國史儒林傳》，何以何紹基等人卻忽視「擬」這個字？前面提到《東洲草堂詩鈔》中的〈顧先生祠〉詩對雙行夾注作了修改，但何以仍說阮元擬傳是「以先生居首」，而顧純據稿立傳，「進書時即依原次」？這個公案究竟應該如何解釋？從目前所掌握的文獻資料當然沒有辦法得到確解，以下只是一些推論。

首先，當阮元纂《儒林傳稿》時，知識界對於顧炎武的評價雖頗穩定，但在阮元友人中即有持貶抑意見之人，如江藩(1761-1831)的《漢學師承記》，該書成稿時間約為嘉慶十六、七年，與《儒林傳稿》相較[57]，書中不但把顧炎武放在最後一卷，而且藉著答客問的方式透露一些他對顧炎武、黃宗羲的不滿：其一，

> 兩家之學，皆深入宋儒之室，但以漢學為不可廢耳，多騎牆之見，依違之言，豈真知灼見者哉！

其二，

> 不順天命，強挽人心，發蛙黽之怒，奮螳螂之臂，以烏合之眾，當王者之師，未有不敗者矣。逮夫故土焦原，橫流毒浪之後，尚自負東林之黨人，猶效西臺之慟哭，雖前朝之遺老，實周室之頑民，當名編薰胥之條，豈能入儒林之傳？[58]

---

57 汪喜孫為此書所作的跋寫於嘉慶十七年。

58 以上兩段引文見江藩，《漢學師承記》(台北：臺灣商務印書館，1970)，頁135。

一條是學術的,一條是政治的。江藩接著說,顧、黃二人之所以能勉
強放入全書的最末一卷,全因受到乾隆《御批通鑑輯覽》中對於明遺
民烈士的寬大處理方式的影響,以上幾點,透露出時代空氣中,除了
不滿意顧、黃二人的學術之外,政治忌諱依舊是一個不能完全去除的
因素,江藩答客問的最後幾句,正是引用乾隆來合法化自己,這種手
法在當時非常普遍。

　　阮元處理誰應居儒林傳首這個問題時顯然經過再三考量。咸豐四
年(1854),伍崇曜(1810-1863)跋《漢學師承記》時說:「鄭堂(江
藩)久在阮文達幕府,文達撰《國史儒林傳稿》,第一次顧亭林居
首,第二次黃梨洲居首。」[59] 伍氏之說想必不是空穴來風,阮元對清
朝第一本儒林傳中應該把誰放在第一的問題必然有過一段醞釀期,而
且到處與人談論,故與他熟悉的人知道阮元在顧、黃二人之間徘徊。
但是在將《傳稿》交付史館時,卻又考慮到政治忌諱的問題,所以他
也像江藩一樣,引一段乾隆的上諭,依功令刻意將顧棟高調到最前
面,後來顧蒓調動次序,改以顧炎武居首,應是阮元原來想作而最後
未作的。由此或可以窺見嘉慶末年以後政治尺度日漸寬鬆之實況。

　　何紹基在入史館前顯然沒有見過《儒林傳稿》的稿本或刻本,所
以才說「洎與修史職,讀傳生嘆羨」,表示他先前未曾讀過。我推
測,他在道光十九年進入史館之後,始終犯了一個關鍵錯誤,誤以為
他在史館所見到的儒林傳便是阮元留存的原本,而不知道他所見到的
其實是顧蒓重新排定次序進呈過的本子,而阮元在道光十八年已致仕
離京,故無從質正。因此何紹基在道光二十三年〈顧先生祠〉詩中敢
說「洎與修史職,讀傳生嘆羨」,強調「阮師撰《國史儒林傳》」,

59　同前書,頁151。

而不是「《儒林傳稿》」。他也誤以爲阮稿當時即已進呈嘉慶皇帝，所以詩中說「乙覽大稱善」；而且當時張穆所編《顧亭林先生年譜》收入顧氏本傳時也堂而皇之地稱之爲「《國史儒林傳》」。

　　他在道光二十三年以後的某一時間，開始知道這件事別有曲折，所以〈顧先生祠〉詩後來收入《東洲草堂詩鈔》前作了改動，但是從改動之後的版本看來，他仍然誤以爲先前所見到的《傳稿》及排序即是阮元的舊貌，不過後來知道該稿曾經顧蓴進呈，因此〈顧先生祠〉詩的新版有幾個新元素：一，他把「諸儒始相驚」改爲「奏御當先皇」。二，他加上了嘉慶初年，顧蓴即依阮稿進呈。三，他把「阮師撰《國史儒林傳》」改爲「阮師撰《擬史館儒林傳稿》」。但是有一個基本元素仍然未變：他仍主張阮元以顧炎武居首，而顧蓴進呈時即依原定次序。

　　同時我們也應注意，道光二十三年何紹基、張穆等人籌建顧祠、修撰顧亭林年譜等活動熱烈進行時，他們抄來的顧炎武本傳即是阮元《傳稿》中的原本，後來兩卷本《國史儒林傳》所刪去的部分(如「明贊善紹芳孫」)都還保留著。道光二十四年，方俊、蔡宗茂修改經顧蓴進呈的儒林傳時，主要刪去引用書名及表字，並對內容作輕微的改動，但這些都是細微末節，不影響儒林傳爲阮傳之印象。

　　此處牽涉到與顧祠會祭有關的第二個公案。何紹基在發起顧祠會祭時一再宣稱當時學界大宗師阮元已經有一篇〈祠記〉很快就會寄來，故〈顧先生祠〉詩中說「阮相國師〈記〉文尚未寄到」[60]。但是阮元的文集及其他傳世材料中，卻見不到這篇重要文字。北京圖書館所藏的《顧祠小志》前有一篇董康(1867-1947)的序文，認爲此文始

60　張穆，《顧亭林先生年譜》，頁113。

終未曾寄到。董康推測當時阮元已經老邁，所以未能成文[61]。在顧祠祭開始時，阮元已經退休家居，確實常請人代筆，但是自成的文章仍然不少，衰老而艱於為文恐非實情。

前述兩個公案有一個共同的特質，即阮元始終在猶豫中。對於是否正式把顧炎武擺在第一位常在游移中，對於如何為顧炎武的形象定調，也處於猶豫狀態。阮元當然推崇顧氏，《皇清經解》即從《左傳杜解補正》一書開始，但究竟是不是完全同意顧祠發起者們的宗旨？

阮元的這篇〈祠記〉事實上存在，並收入劉師培(1884-1919)《左盦題跋》中，而為陳鴻森所輯錄。劉師培為這篇〈祠記〉加了一段案語：

> 案：芸臺先生此文作于道光二十四年後，時《揅經室集》已刻成，未及增入，今檢出先生原稿，因亟錄之，以補《揅經室集》之缺。[62]

劉師培說明所據為阮氏「原稿」，疑是此稿原存於劉家，蓋劉師培為劉文淇(1789-1854)曾孫，阮元晚年致仕返里，劉文淇以鄉里後進時

---

61 董康，〈序〉，吳昌綬，《顧祠小志》(北京：北京圖書館藏民國十一年〔1922〕木刻本)，頁1。

62 劉師培，《劉申叔先生遺書》(台北：京華書局，1970)，第4冊，頁2240。修訂時按：在沈瑩瑩〈《揅經室集》版本續考〉(收入北京大學《儒藏》編纂與研究中心編，《儒家典籍與思想研究》第2輯〔北京：北京大學出版社，2010〕，頁341-362)一文中，作者考證《揅經室集》各種版本，發現國圖與北大圖書館中尚存一種相當稀見的七卷本《揅經室集再續集》。我們赫然可以從所列的目錄看到，在該書卷七中有〈京師慈仁寺新立顧亭林先生祠堂碑記〉一文，及阮元道光二十六年識語，可見這篇文章是阮元生前刊刻過的。

相過從，故劉文淇《青溪舊屋文集》中頗有爲阮元代筆之作，劉家頗
存鄉邦故老的遺稿，故《劉申叔先生遺書》中有不少揚州地區人物的
手稿及外人所罕知的事蹟[63]。

　　首先，文章的主調與阮元的〈顧亭林先生肇域志跋〉是一致的，
不滿當時有一大批人推崇顧氏的經濟之學勝於經史之學，阮元認爲那
是錯誤的，說「徒以經濟贊頌者，非篤論也」[64]。阮元先前跋《肇域
志》時說：

> 故世之推亭林者，以爲經濟勝於經史，然天下政治隨時措
> 宜，史志縣志，可變通而不可拘泥，觀《日知錄》所論，已或
> 有矯枉過中之處，若其見於設施，果百利無一弊歟？《四庫書
> 提要》論亭林之學，經史爲長，此至論，未可爲腐儒道。[65]

語氣激烈直截，認爲顧氏經濟之論多矯枉過中，不切實際，甚至諷刺
大力推闡顧氏經濟之學者是「腐儒」。〈祠記〉中的語氣雖然比較委
婉，但是仍然帶有濃厚的勸告意味。他與何紹基、張穆等顧祠的創建
者懷抱有所不同，何、張等人認爲顧氏兼包經史與經濟，在〈顧先生
祠〉詩中，何紹基說，顧氏「經心執聖權，首啓熙朝彥。兵刑禮樂
彝，九數六書衍。漢宋包群流，周孔接一線」。又說「先生冠儒
林，狂瀾植厓堰。君親鑒吾身，學行須貫穿。願從實踐入，敢恃虛

63　其中阮元的三封信，即「敝紙數頁，存于先人舊簏」；見《劉申叔先生遺
　　書》，頁2239。在《左盦題跋》中，還有阮元其他篇什。此文題爲〈京師
　　慈仁寺西新立顧亭林先生祠堂記〉，收入陳鴻森，〈阮元揅經室遺文輯存
　　（二）〉，《大陸雜誌》103.5(2001)：38。

64　同前註。

65　阮元，〈顧亭林先生肇域志跋〉，《揅經室三集》卷四，頁627。

談便」[66]。而張穆的顧炎武年譜的〈序〉中也說：「而洞古今，明治安，學識賅貫，卒亦無能及先生之大者。」[67]

接著還有一個問題：阮元的〈祠記〉是不是曾經寄發？如已寄發，何、張諸人為何隻字不提？

阮元逝於道光二十九年，上距顧炎武祠之落成還有若干年，他如果願意寄發〈祠記〉，時間相當寬裕。我推測阮元未將〈祠記〉寄發，主要原因是他與顧祠會祭人物之間看法仍然有所出入，他在〈祠記〉中一上來就先反駁「世之推亭林者，以爲經濟勝於經史」，而且強調「先生之經濟，皆學術爲之」，不欲後進徒空言經濟，而不根柢於學。在這篇〈祠記〉中有兩個明顯的重點：第一，阮元認爲顧氏之學以經史爲長，經濟方面多不切實際，當時人只贊頌其經濟之學，並非篤論。第二，阮元認爲經濟要根柢於學術。第二點與何紹基、張穆的看法相近，但第一點則與當時士人之論顯然有出入。阮元當然是非常推崇顧炎武的，他綜合了《四庫提要》中的評語，高度推崇顧氏的學術。在考證學如日中天的當時，他們所重視的是顧氏考證方面的業績。但是乾隆末年以來，隨著社會、政治、經濟問題的惡化，有另一種顧炎武崇敬在緩緩崛起，它突出的是顧氏的經濟面。當時持這方面議論的人很多，譬如，孫星衍(1753-1818)《平津館文稿》卷上〈呈安徽初撫部書〉說：「又顧寧人先生所撰《天下郡國利病書》，是未就之稿，如能增補成書，實爲經濟要務。」[68] 又如李兆洛(1769-1841)說「（《日知錄》)中言時務八卷，此爲有用，乃全書之精

66　張穆，《顧亭林先生年譜》，頁113-114。

67　同前書，〈序〉，無頁碼。

68　孫星衍，《孫淵如先生全集》(台北：臺灣商務印書館，1968)，頁286。

華，亭林所云，爲王者取法者也」[69]。而道光六年魏源編成的《皇朝
經世文編》收了顧炎武九十幾篇文章。由阮元的遲疑不寄，可以看出
兩種顧炎武形象之間的出入，此後顧炎武形象的轉變，事實上也就與
清代中期經史考證不再壟斷全局，出現了鬆動，多元的聲音開始隱然
萌現，思想世界出現了由重考證向「經濟」、「明道救世」傾斜的新
動向有關。當然，顧祠會的人還刻意突出顧炎武的忠孝、氣節，來針
砭嘉、道年間的官場與士習，對此，我將另作討論。

五

《國史儒林傳》以顧炎武居首，代表有清一代儒者的全神堂位次
的確立。清代嘉、道年間是學術全神堂開始變化的時刻，乾嘉考據仍
然盛行，但它作爲唯一權威的地位開始出現雜音，有一些新的學問起
來爭衡，不同版本的全神堂的安排即是這種表示，此處僅以顧炎武在
幾種不同的全神堂中的位次說明之。

　　嘉、道年間代表考證學正統派的全神堂是江藩的《漢學師承
記》，《師承記》的成書，至遲應在嘉慶十六年十月至翌年五月之
間[70]。在他排定的全神堂中專治考證的學者占有最核心的地位，爲首
的是閻若璩(1636-1704)、胡渭(1633-1714)、張爾岐(1612-1678)、馬
驌(1620-1673)等人，而治染佛學或宋明理學者，或排斥、或處於邊
緣地位[71]。在江藩的全神堂中，仰慕朱子的顧炎武及受陽明心學影響

69　蔣彤，《清李申耆先生兆洛年譜》(台北：臺灣商務印書館，1981)，道光
　　十三年錄，頁147。

70　陳祖武，《中國學案史》(台北：文津出版社，1994)，頁221。

71　方東樹在《漢學商兌》認爲，清代考證學者反對宋代理學的激烈程度甚至

的黃宗羲只居最末一卷,前面說過,江藩除了不滿他們的學問外,還責備他們在明清易代之際,「不順天命,強挽人心」[72]。

道光年間出現了一波重整全神堂運動。這個運動顯然與嘉、道年間內、外動亂有關,故激盪士人世界提出新的標準來評價本朝儒者,唐鑑(1778-1861)《清學案小識》是其代表。《清學案小識》自道光二十三年開始撰稿,成稿、刊行於道光二十五年(1845)夏。這一個新全神堂的安排宗旨非常清楚:「天下之患,莫大於不顧防檢,不敦節概,不修禮義廉恥,不遵規矩準繩。……」而認為「還吾程朱眞途轍,即還吾顏曾思孟眞授受」[73]。故完全以程、朱理學為評判位次的中心,全書依序是「傳道學案」、「翼道學案」、「守道學案」,然後是「經學學案」、「心宗學案」,為首的是陸隴其(1630-1692)、張履祥(1612-1674)、陸世儀(1611-1672)等人,顧炎武則在「翼道學案」中分得一席。

另外一個全神堂是《國史儒林傳》。前面已經提到,它經歷了一個發展的過程,從嘉慶中期的《儒林傳稿》,到嘉慶末顧蒓重定次序。顧炎武由原先的位居第八,到後來居於清朝儒林之首。在三種嘉慶到道光的全神堂位次中,顧炎武在《國史儒林傳》中得到最高的評價,以致道光二十三年,以何紹基、張穆為首的一群京官,以儒林傳中顧氏為首作依據,在北京慈仁寺建顧炎武祠,聯合同志進行祭拜,這個崇拜行動一直延續到清末民初,超過七十年的時間。這是相當不

(續)————————————————

　　　　到「使有宋不得為代」;見朱雅,〈漢學商兌題辭〉,收入方東樹,《漢
　　　　學商兌》(台北:臺灣商務印書館,1978),頁1。

72　江藩,《漢學師承記》,頁135。

73　唐鑑撰輯,《清學案小識》(台北:臺灣商務印書館,1975),〈敍〉,頁
　　　213。

尋常的舉動。

　　道光年間，顧炎武仍舊是一個敏感的名字，參與顧祠祭的魯一同（1805-1863）在回顧當日情景的一首詩中這樣寫：

　　　　朝士或不與，與者疑登仙，以茲盛傳播，亦復遭譏彈。[74]

它說明不少京官不敢或不願涉足參加祠祭，孫衣言(孫詒讓之父，1814-1894)也在顧祠祭的題名卷子上記下當時的實況：

　　　　始顧先生祠初成，余實在京師，予友孔繡山、葉潤臣、朱伯韓，屢要予一拜先生，予未敢往也。[75]

甚至到了光緒十年(1884)，當陳寶琛(1848-1935)提出顧炎武、黃宗羲、王夫之從祀孔廟時，我們還見到這樣一條史料說禮部尚書畢道遠(1810-1889)「發憤語諸司曰：三人學問，我所不知，但以品行言，二人在康熙時皆抗不出俗，尚得從祀耶？」[76]

　　前面所引的材料告訴我們，在清代前期的顧炎武不但不是第一大儒，而且是一個忌諱人物。但是他在全神堂中的地位正默默地改變著。到了嘉慶、道光年間，一群讀書人逐漸塑造出一種顧炎武崇拜，

74　魯一同，〈四月三日同人祀顧亭林先生於報國寺遂爲展禊之會賦五十韻〉，《通父詩存》(見《通甫類稿》〔收入《近代中國史料叢刊》，台北：文海出版社，無出版年代，第368冊〕)卷四，頁15。

75　《顧先生祠會祭題名第一卷子》(台北：中央研究院歷史語言研究所傅斯年圖書館藏光緒年間刊本)，同治七年條，頁37a。

76　見李慈銘，《越縵堂日記》，頁305；轉引自翁同龢等記，《近代人物志》(台北：新文豐出版公司，1980)，馬蔚林條，頁305。

它強調漢宋兼採、強調學問與經濟並重、強調明道救世之學。同時值得注意的是，人們正在逐步突破清代前期的政治忌諱。《國史儒林傳》收入顧炎武、王夫之(乾隆年間王夫之有九種書被查禁)等有犯忌諱的人，並給予很高的位置，多少反映了清代文網箝制力量的鬆弛。《國史儒林傳》也合法化了一些原先觸犯政治忌諱的人物，觸發了紀念或其他文化活動，道光二十四年的北京京官爲顧炎武建祠，乃至道光二十至二十三年(1840-1843)湖南鄧顯鶴(1777-1851)主持刊印的王刻本《船山遺書》[77]，都與這個新全神堂的安排有分不開的關係。

六

清代國史館成稿一向存檔，並不刊刻，那麼我們所見到的儒林傳，是如何出現的？當時人動輒說《國史儒林傳》如何如何，又是怎麼知道的？

嘉慶年間的錢儀吉(1783-1850)說國史館的列傳「外人弗得而見，曩承乏會典之役，幸獲展觀，亦不敢私有寫錄」。錢儀吉因爲參與會典的修纂而得以見到國史館的傳記，卻未敢抄錄向外流傳[78]。同治年間，李元度(1821-1887)編《國朝先正事略》，序上也抱怨草野之士無由獲睹國史館傳[79]。李桓(1827-1891)編《國朝耆獻類徵初編》年代稍後(始於同治六年〔1867〕，成於光緒十六年〔1890〕)，

77　見劉志盛、劉萍，《王船山著作叢考》(長沙：湖南人民出版社，1999)，頁28-35。

78　錢儀吉，《碑傳集》(收入《清代碑傳全集》〔上海：上海古籍出版社，1997〕)，〈序〉，頁1。

79　李元度，《國朝先正事略》(長沙：嶽麓書社，1991)，頁1。

他在〈述意〉中說該書的材料來源：「本人有國史館本傳者，均將史傳首列，次及諸家文字。惟史館故事，止准史官就館抄錄，不得將原本攜歸私寓，先文恭公，先編修兄疊直史局，均不過二、三年，就鈔無多。嗣屬在館戚友續鈔，仍屬無幾，是以應有史傳而闕載者甚夥，海內故家如將先世傳本鈔寄，當歸補編。」[80] 由此可見史館列傳一般不能得見，史官也不可攜回私寓，但是可以就館抄錄。李桓書中國史本傳的數量其實已經很大，那是他父兄兩代及他本人陸續請託在館戚友抄錄所得。

清代從史館抄輯列傳成稿並加刊刻的例子並不在少，乾隆、嘉慶間《滿漢名臣傳》等書即是。這類書的出版者往往並不明顯，有時不具名或是安上一個化名，而出版者亦多不掛名，或掛上廠甸書鋪的名字。

另外也有一種情形，即抄錄國史館本傳但並不出版。馮爾康見過一種《清人傳記・志銘・雜文鈔》，內有浙江沈炳垣（1819-1857）「校讀于崇明官舍」字樣。他又見過寧波徐時棟（1814-1873）所藏鈔本《滿漢列臣傳》，上面有徐氏於同治五年（1866）整理時所寫題記，說道：《滿漢名臣傳》有印本，但《列臣傳》不知有無印本，「將寫札與都中故人問之」。又講到該本缺四卷，有些史實弄不清楚──「俟問故人之在史館者當知之也」。由此可知從史館抄輯各種列傳是當時常見之事，而且國史館傳記抄出流傳的數量相當之多[81]。一直到清末民初，書商仍然大量從史館抄出印行，如卷帙龐大的《清史列

80　李桓，《國朝耆獻類徵初編》（收入周駿富輯，《清代傳記叢刊》〔台北：明文書局，1985〕，第127冊），〈述意〉，頁6。

81　以上見馮爾康，《清代人物傳記史料研究》（北京：商務印書館，2000），頁48、50、51。

傳》，便是清末中華書局僱人長期抄寫的成果[82]。而國史館經費之困窘，可能是允許書商付錢抄輯館傳出版的原因之一[83]。

國史館本傳擁有很高的權威，所以編書的人常常強調某某篇「依國史抄錄」或申明為「國史館原本」[84]。李桓《國朝耆獻類徵初編》的〈述意〉中便一再聲明私家傳狀不如國史本傳[85]，故何紹基〈顧先生祠〉詩中強調他見到國史館的顧炎武本傳時感覺，「元氣入人心，史筆非私擅」。

兩卷本《國史儒林傳》極可能是史館人員抄錄之本，展轉傳抄，為廠肆書賈所得，故私印之，以滿足學界殷望[86]。而一旦刻印，一般讀者即逕奉為官方定論。官版的全神堂很快就取得優勢，超過其他私人纂述，如江藩《漢學師承記》、唐鑑《清學案小識》等書，創始顧祠會祭中的何紹基等人便抓緊這一點，到處宣揚「先生(顧炎武)冠儒林」。

我們絕不能以辛亥革命以後的觀點去想像清代官方文化權威的力量。從康熙以來，能得到皇帝的青睞，不管是著作得以進呈御覽(如胡渭的《禹貢錐指》、朱彝尊(1629-1709)的《經義考》)、蒙皇帝賜匾，或是其他今人看來微不足道的賞賜，都是無上的榮耀[87]。趁著康熙南

82　王鍾翰，〈我和清史列傳〉，《清史續考》(台北：華世出版社，1993)，頁364。

83　關於清代國史館待遇之薄、經費之窘，參見喬治忠，〈清代國史館考述〉，頁186。

84　馮爾康，《清代人物傳記史料研究》，頁48。

85　李桓，《國朝耆獻類徵初編》，〈述意〉，頁6。

86　上海圖書館藏抄本《儒林傳擬稿》一卷，有秦更年跋，跋語中說，聞兩卷本《國史儒林傳》乃廠肆所刻，但他從未見其書；見王章濤，《阮元年譜》，頁555。

87　而皇帝對學問也表示相當的興趣，康熙指名購進馬驌《繹史》的書校印是一例；見張穆，《閻潛邱先生年譜》(台北：臺灣商務印書館，1966)，頁104、120。

巡，在運河兩岸跪迎，希望呈書獻詩的例子不勝枚舉。康熙四十二年(1704)胡渭詣行在獻〈平成頌〉及所著《禹貢錐指》，皇帝特書「耆年篤學」四大字賜之。當康熙到淮安時，因爲近臣的推薦，皇帝傳旨召見閻若璩，但因御舟前進的速度太快，等閻若璩趕到的時候，已經不能面見天顏，閻氏大失所望，他念茲在茲希望像胡渭一樣得御書的渴切之情，眞是難以形容。後來皇四子傳諭：「聞先生志求御書，盍不自來館我齋中，皇上萬幾之暇，我得乘閒代先生請。」諭到，閻氏正值小恙，竟霍然而起，然後趕赴北京住在王府等待，未幾而卒。他在死前對兒子說：「夫人有生必有死，何足悲。但此來御書未得，賢王崇禮未得報稱，汝當謹銜吾訓，服任遂功，亦歸語諸若孫，皆志吾志。」[88]

　　從乾隆中期以降，士人世界有三份指導性的文獻，第一是乾隆四十一年的《勝朝殉節諸臣錄》，它重估拒清殉明者的歷史地位，並宣示節義是一個重要的標準。這份文件也提供了一道擋箭牌，使得許多禁燬或長期藏匿的殉節諸臣的著作，在修改之後得以流傳，那些書籍常在書首安放乾隆的諭旨作爲護符。第二份有力的文獻是《四庫提要》，只要留心清代中期以後的著述，便可以發現它如何深入影響士人們知識世界的圖像，如何設下了一個穩當的標準。在道光以後，出現的第三份文獻即是《國史儒林傳》，它被一再稱引，成爲儒林全神堂。前兩件文獻是官方頒布、印行，第三份文獻雖經御覽，但卻是由民間的書商所刊印。

　　問題接著而來，究竟誰是「官方」，誰是「民間」？「官方」與「民間」是截然兩分，還是有色彩濃淡的差異？在以上三份文獻中，第一份出自乾隆個人的意旨，第二份是四庫館臣通力合作，最後由皇

88　同前書，頁122、124。

帝「欽定」，第三份基本上是出自阮元、顧蒓等人之手，最後經過皇
帝欽定，官方有時是皇帝，有時是士大夫與皇帝的合體。在《國史儒
林傳》的案例中，我們看到阮元作爲一個大官，自願修《國史儒林
傳》，在編纂過程中，用心採集了學界的公論，他可能認眞想過要以
顧亭林爲傳首，但他的傳稿還要通過國史館層層的審檢才可能進呈欽
定，而他必須先猜測這幾道審檢的可能標準，預作自我過濾。

　　另外一個值得思考的問題是：官方的權威究竟如何發揮影響？有
很多時候恐怕是靠著人們對它的推測與想像。以本文的討論爲例，清
代國史館的列傳照例不印，那麼它如何流通，又如何產生影響力？似
乎一旦被宣付國史館立傳，即使傳本只是貯存在國史館內，一般人無
法讀到，仍然可以產生很大的權威；也就是說傳統中國官方權威的實
際運作情形相當複雜，值得進一步探討。

　　清光緒六年(1880)，繆荃孫奏請派員重修儒林傳，這一次重修本
中，徹底打散兩卷本對先賢的安排，上卷爲講學，下卷爲經學，黃宗
羲、顧炎武落在下卷，而且黃在顧前[89]。不過這個新版本顯然未能取
代前面一個官方全神堂在士人心目中的位置。全神堂是複數的，孔廟
與《國史儒林傳》位階便有所不同，前者是萬世之典，後者是一代之
書，內容未必一致。在我們討論的這一個個案中，《國史儒林傳》的
全神堂的位次與孔廟並不一致。孔廟作爲官方全神堂最高階的代表，
黃道周(1585-1646)、劉宗周、孫奇逢、張履祥、陸世儀早已入祀孔
廟──黃道周在道光五年(1825)、孫奇逢在道光八年(1828)、張履祥
在同治十年(1871)、陸世儀在光緒元年(1875)入祀；然而顧炎武、黃
宗羲、王夫之等在《國史儒林傳》位居前列的人，卻一直要到光緒三

89　這個安排恐怕在此之前史臣已經在醞釀了。

十四年(1908)才得入祀孔廟。兩者相比，便可發現其不一致，也可以發現在所謂「官方」之中兩個陸塊正滑移開來。

結論

　　本文主要是藉《國史儒林傳》成書過程及顧炎武學術地位的轉變，來探討嘉、道年間思想文化歷史中，官方意識型態、學術、思想、社會幾種力量互相交織、轉變的情形。茲簡略撮述文中要點如下：

　　一，道光二十三年，北京一群京官建立了顧炎武祠，並定時會祭，這個會祭活動一直持續到民國初年，前後參與者多達數百人，而且多為道、咸以來的菁英。但是在清初「三大儒」或「四大儒」的名目中並沒有顧炎武的名字，故本文一開始是以顧祠的建立為引子，討論了阮元《儒林傳稿》修纂的過程，重新檢討清代官方以顧炎武為清朝第一儒者的論斷是如何形成的，同時也討論了在形成顧炎武崇拜的過程中，士大夫圈中的傳說、期望等，情緒交雜其間，編織了一個似有若無的「全神堂」的情形。

　　二，本文考證了阮元是否曾為顧祠撰寫〈祠記〉的疑案，認為這篇〈祠記〉已經寫成但似未寄出。而從這個公案中，可以看出道光中期兩種顧炎武形象之間的推移，一種是純粹的經史考證，一種是結合經史、經濟以明道救世，這個現象其實反映了當時士人兩種學風的競逐，阮元與他的下一代之間分別代表兩種理想。明道救世的一派漸漸勝過了經史考證的一派，而阮元遲遲不肯將〈祠記〉寄發，即表示他與倡建顧祠的那一群京官們所表達的新動向，看法有所出入。

　　三，本文試著釐清《國史儒林傳》形成的過程。這部書面目相當模糊，既無編者，亦無出版者，卻標明為「國史」，且逕視為阮元所

纂。但是阮元所纂的是《儒林傳稿》，並不是《國史儒林傳》。然而
從另一方面說，《國史儒林傳》是以《儒林傳稿》為基礎改修而成，
故本文的結論是：一般認為兩卷本《國史儒林傳》是阮元所纂，這是
錯誤的。阮元所纂是《儒林傳稿》，但是兩卷本《國史儒林傳》雖非
阮元所纂，其內容大幅承襲了《儒林傳稿》，所以人們籠統地稱之為
阮撰也是有道理的。

四，顧祠會祭發起人到處宣稱他們發起顧炎武崇拜的主要根據是，
因為官方的《國史儒林傳》以顧氏為清朝儒者第一。實則阮元的《儒林
傳稿》中並未以顧氏居首，一直到嘉慶末年，顧蒓才將他排在清代儒林
之首進呈皇帝，後來《國史儒林傳》以顧氏為首的安排才告確定。今傳
《國史儒林傳》並非官方所刊印，應是館臣抄錄，輾轉傳抄於外，由廠
甸書估私印之，但是並未因此減少了它在士人世界的權威地位。

五，本文討論了官方功令、政治忌諱如何影響清代儒者全神堂的
安排，並看出從嘉慶到道光，政治忌諱逐步鬆弛的情況，阮元在嘉慶
中期纂修《儒林傳稿》，將顧炎武、王夫之等在乾隆年間仍犯忌諱的
敏感人物收入，並在行文中推崇顧氏為清初儒者之首，已經是一種突
破，但另一方面，他卻非常奇詭地把顧棟高排在卷首，一直到嘉慶末
年顧蒓才調整位次，將顧氏放在首位，從這些細微的變化可以看出，
政治忌諱之逐步鬆弛與士人世界相應的變化。

在顧炎武崇拜形成的過程中，阮元轉開了門把，一大群人便衝開
大門蜂擁而入。從道光、咸豐兩朝的詩文集看來，崇顧的調子愈彈愈
高，成了千人大合唱，以致忘了阮元的猶豫與矛盾。整個發展的過
程，反映出當時廣大士人世界顧氏崇拜的動能，當然也反映了時代思
潮的新變化。

第十二章
道、咸以降思想界的新現象
——禁書復出及其意義

　　目前學術界有一種意見，認為晚明曾經發展出具有「現代性」的思想，諸如：民間社會的組織、富民論的發展、新公私觀的出現，或是批判君權、宣揚帶有異端色彩的思想，而晚清人士又往往援引清初諸遺老的立說為根據，如黃宗羲(1610-1695)《明夷待訪錄》、王夫之(1619-1692)《黃書》、唐甄(1630-1704)《潛書》等[1]。不過這裡有一個問題：明末清初帶有「現代性」的思想，在清代往往並未得到持續的發展。以《明夷待訪錄》為例，近人每每將之比為盧梭(Jean Jacques Rousseau, 1712-1778)的《社約論》，可是在盧梭《社約論》之後，追隨者繼踵而出，而《明夷待訪錄》非但沒有繼承發展，反而銷聲匿跡，一直到道光以後才又浮現在出版界，逐漸引起注意。因此，討論清代思想史時，不能忽略政治壓力對思想、文化無所不在的影響，這種壓力在不同時期力道不同，表現的方式也是形形色色，它形成了一種公開的或潛在的禁制，造成思想、知識、歷史記憶的巨大空白。故討論清代思想發展，不能不考慮其建國以來一直到乾隆為高峰之禁書運動，許多書被禁被毀，還有許多不在禁毀目錄而潛伏不出

1　余英時，〈現代儒學的回顧與展望——從明清思想基調的轉換看儒學的現代發展〉，收入氏著，《現代儒學論》(上海：上海人民出版社，1998)，頁1-57。

的書所造成的影響。它相當程度決定了清代思想的特質，也決定了明
清文化究竟有無始終不斷的連續性。晚明出現的所謂「現代性」思維
在清代是否曾經一度潛伏不出，還是由明一路通貫到整個清朝？這個
問題的另一個重要面相是，這些文獻在道咸以降復出。當然所謂的
「復出」並不一定是原樣出現，有時候是以各種意想不到的變貌，甚
至帶有虛構性，或帶有雜糅附會的成分出現。它們究竟如何復現，並
為清以降的思想言論界帶來何種新面貌，值得探討。而且它們也不是
過去舊東西的簡單重現，而是被統一於每一個時代(當時)的思想世界
中，成為其中一個因素而產生新的意義。

一、禁毀的「漣漪效應」

在此想以在清代曾遭全部或部分禁毀書籍為主，探討它們的復活
對道咸以下思想界的衝擊。此處要提醒，因為禁制是一種漣漪效應，
有許多根本不在禁毀目錄中的書，由於漣漪效應──譬如某人有部分
著作出現在目錄上，或僅是因為猜測(權威常常是建立在猜測上)，或
只是《四庫總目提要》將之列入「存目」，或是在《提要》中有指斥
之語等等，其書便因此或被遮掩、或是暗改、或被以意想不到的方式
銷聲匿跡。

從清初到乾隆時代進行的大規模禁毀書籍的工作，以修《四庫全
書》為高峰，關於這方面的著作已經相當多，當時辦理這件工作的相
關檔案也已整理出版[2]。

2　譬如R. Kent Guy, *The Emperor's Four Treasuries: Scholars and the State in the
Late Ch'ien-lung Era*(Cambridge, Mass.: Harvard University Press, 1987)以及
中國第一歷史檔案館編，《纂修四庫全書檔案》(上海：上海古籍出版

　　不管是零星或大規模禁書運動，都產生程度不等的震懾作用，大量的知識與記憶被壓抑下去了，尤其是已經刻印的書，這是大家所最注意的部分。但事實上，我們不能忽略抄本流傳的力量[3]，有不少從未刊刻的稿本，因為政治的壓力而長期沉埋，而且不只是文獻，包括一些碑銘、畫像、遺址或帶有紀念意味的實物也因壓抑而消失，或進入不被人知的角落。故整體的結果是一種大規模的集體遺忘，人們的知識與記憶空間被重新規範了，使得人們的記憶世界與知識世界出現了一大片空白，而占據主要位置的是另一些知識與記憶。

　　被壓抑下去的東西是具有敏感性的，但如何來定義敏感呢？敏感的範圍極寬，而且有很多難以捉摸、想像，但是這裡可以至少歸納出五種：

　　(一)提到滿漢之間的戰爭、種族差異，或不管任何時代、任何形式的作品，其內容足以提醒人們華夷種族意識者。

　　(二)有關兵略戰術者。

　　(三)討論、記載明清改朝換代之史事者，或記載明末清初忠臣烈士事蹟者。

　　(四)思想或文章有異端傾向，或是在清代正統意識下被認為「不恰當者」。例如李贄(1517-1602)的著作，或任何與錢謙益(1582-1664)有關的書籍。

　　(五)內容中有誨淫誨盜色彩者。

　　除了禁毀的實際動作外，我們不可忽略一份總括性的《四庫全書

(續)───────────────────
　　社，1997)等書。
　3　Joseph P. McDermott, *A Social History of the Chinese Book: Books and Literati Culture in Late Imperial China*(Hong Kong: Hong Kong University Press, 2006), pp. 43-81.

總目提要》，它對古今各種書籍進行評價，並以列入《正編》或《存目》來區別各種書籍的品級。在《四庫全書總目提要》中，人們可以從館臣的按語歸納出什麼是當時認爲是核心的、什麼是邊陲的，什麼是正統的、什麼是異端的，什麼是有意義的、什麼是沒有價值的，什麼是應該被注意的、什麼是應該被忽略的。此書完成之後，它一直是廣大士人的重要參考書。

在思想文化方面，統治者不一定總是赤裸裸地操控，而往往還定出一個層級井然的品級，在這個品級架構中，表述了何者爲上、何者爲下、何者應排除，讓人們在這個架構的前提下自在地競逐，即使沒有政治力量的介入，也能自然達到文化支配的目的。

在乾隆時代的新價值層級中，晚明思想文化中那些被我們所欣賞的、具有創新、異端或啓蒙色彩的因子，都很仔細地被編入最低層級，或是排除在這個架構之外。由各省提出的禁毀書目中簡單的評語，或是後來由四庫館臣所精心結撰的「提要」中，可以看出許多有關這方面的書被排除在《四庫》之外，至於那些勉強留在《四庫全書總目》「存目」類的書，我們也可以清楚看到館臣們往往以批判或不屑的口吻在評論著。《四庫全書總目》對乾隆以後廣大的士人世界起著強大的指導作用，許多人購書、讀書、印書、藏書往往以它作爲參考依據。

我們現在當然沒有一個龐大的電子文獻資料庫來精確計算當時明季思想文化因子的活躍性，不過據我個人閱讀所得，那些清季以來又逐漸復出的尖銳思想，在很長的時間內幾乎銷聲匿跡，即使被提到，也往往是負面表述，而不見正面的引伸。

當時官方對於書籍的訊息顯然所知有限，故在官方的禁書目錄之外，還有許多有忌諱之書伏而不出。近年來我在閱讀謝國楨(1901-

1982)、鄭振鐸(1898-1958)、黃裳(1919-2012)等人的序跋語與許多藏書志[4]，粗略得到一個結論：有許許多多的文獻，因為政治空氣的緊張，即使並未列名禁書書目中，也銷聲匿跡兩百多年。所以這是一個「漣漪效應」，向湖心丟下一顆石頭，它的漣漪會一圈一圈往外擴散，使得「忌諱」不只限於官方所認定的範圍，而是廣大百姓心中對此「忌諱性」的無限想像及擴大詮釋。

當時人們為了避禍，必須盡可能迴避，但是因為他們手頭不能總是有禁毀目錄這一類的參考書，也不大能公然到處打聽，往往靠著猜測忖度而將尺度縮得更窄更嚴。「上有政策，下有對策」，而這時「下有對策」的結果，往往是擴大了官方政策的影響。

因為上述的理由，討論清代後期禁毀文獻的復返時，也不該只注意到列名禁毀目錄中書的復返，而應注意到更廣泛的層面。譬如有些不在目錄上的抄本，是在清代後期第一次付印，而先前則以抄本形式暗中流傳許久，如計六奇(1622-?)《明季南北略》成書於康熙年間，直到嘉慶、道光間才有北京琉璃廠半松居士的木活字刊本。也有原非禁毀書，並已收入《四庫》，但在清季出現內容更為完整的重刊本[5]。但是我們的注意力常常到此為止，往往以為許多書就這樣不見了[6]，而忽略了有許多被禁的書籍在嘉慶後期以後逐漸回到歷史舞臺來。本

4　如謝國楨，《江浙訪書記》(北京：三聯書店，1985)；鄭振鐸，《西諦書跋》(北京：文物出版社，1998)；黃裳，《來燕榭書跋》(上海：上海古籍出版社，1999)；阿英，《阿英書話》(北京：北京出版社，1996)等。

5　如《馮少墟集》，四庫全書中別集類第二十五有收，而道光年間亦有重刊本。關於相關現象，參考劉乾，〈論道光年間的重刻禁書〉，《文物》，1986年第6期，頁61-67。

6　例如 Jonathan D. Spence, *The Search for Modern China* (New York: W.W. Norton, 1999), p. 101.

文即是對道、咸以後殘明遺獻復活的一個簡略的討論。在過去十幾年中，我已經對這個問題作過不少研究，但因爲累積的史料太多，一時不可能作比較滿意的梳理，目前先以概述的方式對此研究作一清理。

二、褒誅並行的手法

滿清是一個異族政權，所以「忠」始終是一個兩難的問題，它既要獎忠，又要斥忠——因爲不獎勵「忠」的精神，則政權難以維持；如果獎勵忠，對明清之際的忠臣志士又要如何處理？想同時顧及這兩方面，則需要有兩面的手法，但這兩面手法間的宗旨是一貫的。士大夫似乎也清楚政府的手法，溫睿臨(康熙四十四年舉人，生卒年待考)在廣泛搜集明末清初的史事時，在《南疆逸史·凡例》中便拿「褒」與「誅」並行，作爲他搜集史料工作的擋箭牌[7]。

明季遺獻復活的第一個契機便是「褒」、「誅」並行手法的結果。乾隆四十年(1775)左右後，也就是徵書禁書的活動正值高潮時，清廷積極獎勵忠義，凡拒敵不屈，抗拒清廷之人，編入乾隆四十一年(1776)敕撰的《勝朝殉節諸臣錄》[8]。在乾隆四十一年十二月上諭中進一步欽定《國史貳臣傳》，以羞辱投降清朝的明臣[9]，這些人大都是清朝定鼎中原的功臣。同時在地方上也有類似的書出現，如周廣業

7　溫睿臨，《南疆逸史》(香港：崇文書店，1971)，〈凡例〉，頁3：「本朝初定鼎，首褒殉國諸臣，以示激揚，其在外者，不暇及爾，褒與誅可並行也。且方開史局時，已奉有各種野史悉行送部，不必以忌諱爲嫌之令矣，採而輯之，何傷。」

8　謝國楨，《增訂晚明史籍考》(上海：上海古籍出版社，1981)，頁748-749。

9　同前書，頁775-777。

(1730-1798)撰《海昌五臣殉節軼事》一卷，輯海昌一地明季殉節諸臣祝淵(1614-1645)等五人事跡，並在乾隆六十年(1795)呈請將這五人入祠鄉賢奉祀[10]。此外有《錫金殉節諸臣錄》十二卷(刊於乾隆四十一年)、《越殉義傳》六卷(刊於乾隆三年)等，不一而足。俞忠孫(生卒年不詳)為《越殉義傳》所寫的〈序〉上說「殺其身未嘗不高其義也」[11]，這也是溫睿臨所謂「褒」與「誅」並行的意思。乾隆曾題詠史可法(1602-1645)，並要臣下和詩，可以看出公與私、褒與誅交換運用的情形，它變化莫測，使得一般人只有隨著統治者的棒子起落才能完全符合功令。原來那種有你無我的關係，到這時已變成兩線平行存在的關係。明代忠臣的事跡也可以用來獎勵清代忠臣，而士大夫也已自然而然地表現出忠清意識，如戴東原(1724-1777)在〈鄭之文傳〉中稱鄭成功(1624-1662)為「海寇」[12]，如章學誠(1738-1801)、趙翼(1727-1814)、凌廷堪(1755-1809)、江藩(1761-1831)著作中的頌清言論都是。

　　褒與禁是不相矛盾的。像袁繼咸(1593-1646)雖然被清帝諡為忠義，其文集仍被查禁；殉節諸臣被收入《四庫》的著作，主要仍以經部為主，因為經部最不會觸犯禁諱。值得注意的是，在《勝朝殉節諸臣錄》等書的保護下重新刊印的書，往往已將內容違礙的地方或刪或改，成為獎忠義而又不致犯清諱的本子。當晚清比較完整的文集出現時，人們常常恍然大悟，原來通行百年的本子是經過重刪的[13]。

10　謝氏所見是北京圖書館藏種松書塾鈔本，同前書，頁772-773。

11　轉引自：謝國楨，同前書，頁747-748。

12　戴震，《戴震文集·原善·孟子字義疏證》(台北：河洛圖書出版社，1975)，頁187。

13　如《陳子龍詩集》原有乾隆十三、四年間婁縣吳光裕的輯集，讓士昶的〈陳忠裕全集序〉文中說：「乾隆丁卯、戊辰間　婁縣吳君光裕零星搜

　　前面所談的，大多發生在乾隆後期，尤其是乾隆四十年以後，因為朝廷獎勵忠義而重現的一些文籍，此下則進入本文的重點，即嘉慶後期，尤其是道光、咸豐以後的情形。

　　在我過去這些年的研究中，發現在經過清初以來，尤其是乾隆中期以來的大力摧銷禁毀，許許多多有問題的書其實還保留在私人手裡。為何禁毀的效力有明顯的局限，我認為這是一個值得深入研究的問題，目前只能初步說：在現代警察制度尚未形成之前，大量運用教官、佐雜，乃至同鄉的人去幫忙查搜，一方面是人力有限，另方面是以同鄉甚至同族的力量去查搜，很快便遇到地緣、親緣所形成的人際網絡的阻擋。

　　保留這些文獻的，尤其是後來提供重印者，最大的來源是著者的族裔，而刊印它們的往往是當地的有力士紳，或前往該地作官的人。關於重新刊布或流傳這些文獻的原因及過程，我將在另一篇文章中討論。此處要說明的是當時相當常見的現象是，地方官員來到一個地方之後，風聞某一家族是某一作者的後裔之後，經過探詢，而其族裔——通常是識字的讀書人，畢竟只有他們知道家裡有些什麼書——乃將收藏的遺籍拿出來請地方官員評定，然後募資重刊。

　　從這一點可以看出家族的力量，它們在帝國發動大規模的搜繳書籍運動時，或出於有意，或出於無心，保留不為帝國法律功令所容許

<hr/>

（續）

　　拾，或得之江湖書賈，或得之舊家僧舍，叢殘缺軼，以致章亡其句，句亡其字，字失偏旁點畫。積有多篇，授之剞劂，未幾，吳君客死，板亦散失。」吳刻已不傳，陳子龍詩文則在乾隆四十一年明文解禁，與史可法等人集子一樣，是在乾隆四十一年《勝朝殉國諸臣錄》頒行，追諡忠裕之後。不過編者仍遵乾隆意旨，改掉許多違礙字句。參見：陳子龍著，施蟄存、馬祖熙標校，《陳子龍詩集》（上海：上海古籍出版社，1983），頁8。同前書，鄺鈴三，王昶，〈陳忠裕全集序〉，頁773。

的文獻。家族像一個深不見底的囊袋，留存了各式各樣的東西，它們似乎說明帝國穿透力的局限；到了家族的層次，帝國常須透過協議的方式，而不能滲入到底層。

除了家族後裔之外，里人通常也是重要的保存者。從許多資料中（譬如謝國楨《晚明史籍考》），我們發現里人保存禁毀文獻占有第二高的比例，而且里人常常也是重刊者，他們重刊這類書籍常常是因為強烈的「鄉邦意識」，以彰顯鄉邦的傑出人物而凸顯地方的光榮。

抄本的流通是另外一個難以估計的保存力量，傳抄比刊印要方便而且便宜，不需印刷的材料與設備，隨時隨地可以抄錄，也使得禁毀的功效打了很大的折扣。雖然官方搜繳禁書時往往連板片一起收繳銷毀，可是抄錄的工作不擇地點皆可進行，「野火燒不盡，春風吹又生」，有不少禁書係藉抄本形式傳續下來。

三、文網的鬆弛

在嘉慶後期、道、咸、同，也就是清朝開始出現大規模內亂，統治秩序漸形鬆弛之際，遺獻復出經歷了一個逐步摸索的過程。這個過程本身頗有意義。大體而言，忠節烈士的文集，或與學術考證有關者常先重刊，而史部的書，或因易觸忌諱，或因篇幅太大而較後刊。

道光、咸豐年間出書較多，其中木活字印行的一部叢書《荊駝逸史》最具里程碑意義。許多揭露明清之際史事的書都包括在其間，引起士大夫廣泛注意。咸、同年間，士大夫中也出現了抄輯或收藏禁書的圈子，這時他們常在日記或書信中談禁書及清代的文字獄（譬如楊鳳苞〔1754-1816〕《秋室集》）。而且在談到原是懸為屬禁的史事及書籍時，口氣中似乎全無種族情感的激動。如咸豐乙卯(1855)四月十

九日，李慈銘(1829-1894)讀到《荊駝逸史》本的《揚州十日記》時，只說「悚然增溝壑性命之感」[14]。這種對種族意識的冷漠態度，使人不禁要問道，如無西洋進逼，而清廷招架無力，種族意識是否會被挑起？漢族自覺意識是否會成爲一個替代選項(alternative)而在清末浮現？

明季遺獻中涉及地理兵略的書在清代初、中期被大量禁毀，可是當清政權受到內外挑戰而不安時，過去認爲危險的東西這時卻成爲重要的資源。明季士大夫經世之學及各種士人結社，在盛清時期是不許可的，但此時卻被當成激發關懷現實、有益時政而大量復甦[15]。

因爲人民久不習兵，而國家又面臨內部動亂及西方武力的挑戰，人們第一個念頭便是回到傳統，竭盡可能地去蒐討可用的資源，而不再問它出自何人之手筆。王芑孫(1755-1817)〈洴澼百金方序〉：

> 自朝廷開四庫全書館，天下祕書稍稍出見，而書禁亦嚴，告訐頻起，士民葸慎。凡天文、地理、言兵、言數之書，有一於家，惟恐召禍，無問禁與不禁，往往拉雜摧燒之。比歲兵

---

14 李慈銘，《越縵堂讀書記》(台北：世界書局，1975)，上冊，「清陳湖逸士輯《荊駝逸史》」咸豐乙卯(1855)四月十九日條，頁391。

15 如李慈銘等結言社於浙中，見黃濬，《花隨人聖庵摭憶》(上海：上海古籍出版社，1983)，頁149。如後來陳虬(1851-1904)等人結「求志社」。他們本來想取名「安樂村」，但是後來竟因這個名字可以引發不同聯想是否表示在大清天下不安樂，故改爲「求志社」。陳虬〈求志社記〉中自述道：「虬維吾儕生長天朝，踐土食毛垂三百年，值此車書大同，而欲長守渾噩，非計也。請改其名曰：『求志』，取隱居求志義，而仿古法以二十五家爲一社。眾皆曰善。」陳虬，《治平通議》(《續修四庫全書‧子部‧儒家類》冊952；上海：上海古籍出版社，1997)卷八，〈求志社記〉，頁619c。另見：胡珠生輯，《陳虬集》(杭州：浙江人民出版社，1992)，〈求志社記〉，頁202。

> 興東南，海患日出，士大夫習享承平，倉皇迷悶，頗欲訪尋
> 蠹牒，以爲前事之師，而書之存者無幾。[16]

王芑孫說「無問禁與不禁，往往拉雜燒之」到「欲尋訪蠹牒，以爲前
事之師」，最能形容人們的渴求。所以兵書中如茅元儀（1594-1644?）
《武備志》在清初遭禁，但道光年間便出現活字刻本，後來又有湖南
刻本行世[17]。

　　而討論本朝史事風氣的復活，也與對付外夷有關，魏源（1794-
1857）〈聖武記敘〉充分表達此一心情。他說因爲在京師任官而得以
接觸到許多掌故，使他可以更清楚地了解清朝衰弱之由及除弊之方：

> 京師，掌故海也，得借觀史館祕閣官書及士大夫私家著述、
> 故老傳說。於是我生以後數大事，及我生以前上迄國初數十
> 大事，磊落乎耳目，旁薄乎胸臆。……晚僑江淮，海警沓
> 至，憤然觸其中之所積，乃盡發其櫝藏，排比經緯，馳騁往
> 覆。先出其專涉兵事及嘗所論議若干篇。……告成於海夷就
> 款江寧之日。[18]

《聖武記》是研究清朝軍事史第一本最重要的書，其中有許多超出當
時言論範圍許可的內容。如非海警飆忽，兵事迭興，魏源是不大可能

16　王芑孫，《淵雅堂全集・惕甫未定稿》（《續修四庫全書・集部・別
　　集》，冊1480）卷三，〈洴澼百金方序〉，頁656a-b。

17　見邵懿辰、邵章，《增訂四庫簡明目錄標注》（台北：世界書局，1961）卷
　　九，頁413；戚繼光《紀效新書》道光年間亦有刊本，《練兵實紀》道光
　　年間亦有刊本，同前書，頁414。

18　魏源，《聖武記》（北京：中華書局，1984），〈聖武記敘〉，頁1。

寫這一部書的。

　　至於明季史乘的大量出現，也與川楚教亂及鴉片戰爭之後憂時之
士欲以明季史乘及各種文獻來激勵關心現實、發揚氣節有關。刊印這
些書的幾乎都是效忠清室的士大夫。這一看起來矛盾的邏輯其實不矛
盾，因為作為效忠的目標，明朝早就不成為對象了，而作為激勵發揚
士氣節操的工具，明季史乘是最有效的。所以，像姚瑩(1785-1853)
與顧沅(1799-1851)將明人文集七十二家選為《乾坤正氣集》，其目
的絕不是要反清，而是要激勵忠清的志節。出錢資助刊印《乾坤正氣
集》的潘錫恩(?-1867)是河道總督，贊助此書並未影響其宦途，足見
當時的政治氣候之實況了。王船山(1619-1692)著作的大量刊刻，尤
其是遭禁毀部分的重新問世，也與維持世教有關[19]。曾國藩(1811-
1872)曾說刊行船山之書，是希望以船山所闡發之仁義道德維持世
教。如果曾氏之言可信，那麼我們可以從中得到這樣的消息：維持世
教秩序的考慮已經壓過對思想忌諱的注意。為了維持世教，那怕是先
朝明令禁毀的書也可以重刊，而且是以總督的身分去刊刻宣揚。不過
我們也應該注意，即使曾氏貴為總督、中興大臣，在刊刻前朝的違禁
書籍時，仍然依照揣度的標準進行刪改[20]。

　　清代法律規定收藏禁書有罪[21]，彭家屏(康熙六十年進士，?-
1757)收藏明季野史，罪至父子大辟。連藏書都有罪，何況是將它刊

19　在完成本文初稿之後，我讀到Lynn A. Struve, *The Ming-Qing Conflict, 1619-
　　1683: A Historiography and Source Guide*(Ann Arbor, Mich.: Association for
　　Asian Studies, 1998)，注意到她也有這方面的論點，見頁72-73。

20　關於王船山著作曾氏刊本刪竄的情形，參考周調陽，〈王船山著述考
　　略〉，《王船山學術討論集》(北京：中華書局，1965)，頁524-525。

21　姚雨薌纂、胡仰山增輯，《大清律例會通新纂》(台北：文海出版社，
　　1964)卷十六，頁1437-1439。

行發布？我們發現明季遺獻重新出現過程有一個共同的特色，即它的
「匿名性」。如幾種明季野史的叢書皆為匿名者所輯——《海甸野
史》，□□輯；《明末稗史鈔》，□□輯；《陸沈叢書》，□□輯；
而《明季野史彙編》則無編輯者。有時候是編造一個別名，如《荊駝
逸史》是陳湖逸士所輯，《明季稗史彙編》是留雲居士所輯[22]。

　　這些編輯者通常宣稱他們發現遺籍的地方是目前無人居住的園
址。我們可以想像如果他們宣稱這些書是他們有意訪求所得，則容易
被人拿來作為入罪的理由，故最理想狀態是沒有任何主體，沒有任何
動機，而是因偶然緣故自然出現。《荊駝逸史》的〈序〉便是表現出
各種特點的一篇文字。徐珂（1869-1928）《清稗類鈔》中鈔存此序並
加以評論說：

> 今世所傳《嘉定屠城》、《揚州十日》等記，皆見之於《荊
> 駝逸史》。此書自《三朝野記》至《平臺紀略》，凡五十
> 種，四十八冊，編輯者稱陳湖居士，蓋當日書禁例嚴，故深
> 自隱匿其名姓。其序中詳述所由得之者，頗類怪誕。序云：
> 「無夢園者，明宮詹陳文莊公之別墅也。……是時公嘗與周
> 忠介、文文肅、姚文毅日相倡和於其間。園故為陳氏世居，
> 家多藏書，所刻書籍碑板，多繫以無夢園者，公故有《無夢
> 園文集》行於世。聞諸故老傳云，書板多藏於茲園之四飛閣
> 上。迨入清朝，卉木廢、湖石圮，頹垣零落，已成荒園矣。
> 即書籍碑板亦散失不復存。壬癸之交，予寓居於園之水閣，

22　見王重民，《中國叢書綜錄》（上海：上海古籍出版社，1986），冊一，頁
　　644。

散廬數椽，足蔽風雨，晝耕夜誦，人事都絕。庭陰有枯松一
株，雖枝幹蜿蜒，而蕭然無復生意，命人劚而去之。不數
尺，下有石板，叩之鏗然有聲，啓視之，得銅櫃一具，不敢
輕褻，疑其中有異物藏焉。再拜稽首而開之，無他，乃殘書
一束耳，字跡潦草，復多漫漶，讀書之暇，挑鐙細閱，俱係
故國遺聞，約有數十種，不忍散棄，爰錄而存之。用昭勸
懲，以備正史所未逮，可與《天寶遺事》並垂不朽。哀帙既
成，命之曰《荊駝逸史》。」[23]

李慈銘讀完這篇序後，便直覺認爲它是騙人的，故在日記上寫「蓋贗
言也」[24]。

也有人宣稱是在冷攤中買得禁書，如傅以禮(1826-1898)《華延
年室題跋》中說他所藏《明末忠烈紀實》(二十卷)這一部抄本，是
「己未歲，吾友孫苓時有從軍之役，道出袁浦，於市攤得見是書，以
重值購歸」[25]。

另外，也有從日本回流的本子。在江戶時代，明清文集大量流入
日本[26]，其中有一部分書在中國長期遭到禁抑，或者消失，或者深藏
不出，反而在日本得到完整保存。在清季遺獻復活過程中，日本回流

23　徐珂，《清稗類鈔》(北京：中華書局，1986)，頁3750。
24　李慈銘，《越縵堂讀書記》，上冊，「清陳湖逸士輯《荊駝逸史》」同治
　　乙丑(1865)十月廿七日條，頁397。
25　傅以禮，《華延年室題跋》(台北：廣文書局，1969)卷上，頁71b。案：
　　傅以禮說：「此本卷末有嘉慶五年溫純跋，稱將謀剞劂，以廣其傳，而鈔
　　本誤字尚多，俟覓他本校正。」
26　有關這方面的資料，參考：大庭脩，《江戶時代における唐船持渡書の研
　　究》(吹田市：關西大學東西學術研究所，1967)及《舶載書目》(大阪：
　　關西大學東西學術研究所，1972)。

的書籍頗不乏見，如廖燕(1644-1705)《二十七松堂文集》，李慈銘
所讀到的，便是日本刻本，說「此爲去年何學士如璋使彼得之，歸以
贈鐵香，鐵香以粵中久無板，謀更刻之」[27]。

四、「國論」與「鄉評」

章太炎(1869-1936)的文章中常強調清代官學與民間之學的不
同，官學屬於追求功名的士大夫，民間之學屬於老百姓，是章氏所謂
的「國學」。在種族意識方面，他在〈軍人貴賤論〉中強調被功令所
束縛的「士大夫」與「閭巷百姓」之間有所不同：

> 夫閭巷細民，尚知黃炎遺胄之可貴，而賤夫翼戴他族以反噬
> 同種者，士大夫乃欲倒行而挽回之。……曾閭巷細民之不若
> 也。[28]

章太炎是位強烈的種族革命主義者，他在評論清代歷史人物時往往從
「後見之明」投射太多個人想當然耳的解釋，所以他會認爲像江聲
(1721-1799)、余蕭客(1729-1777)終生未仕是能守住漢族之志節，其
實在清代承平之世，這種思維大概是不存在的。不過，章氏在〈軍人
貴賤論〉中劃分「士大夫」與「閭巷細民」種族意識之差別，恐怕不
全是誇張，甚至是他那一輩人所親見的。

27　李慈銘，《越縵堂讀書記》，中冊，「清廖燕《二十七松堂文集》」光緒
　　壬午(1882)十月十五日條，頁729。

28　章太炎，〈軍人貴賤論〉，湯志鈞編，《章太炎政論選集》(北京：中華
　　書局，1977)，頁349。

此外，我們也可以想像當時碰到忌諱的問題，會出現不同文字書寫形式之間的分流，或文字書寫與口耳相傳分開的情形，夏燮(1800-1875)曾說：「季野當鼎革之際，嫌忌頗多，其不盡者，屬之溫哂園，別成《繹史》。」[29]謝國楨也有這樣一段生動的描述：「自乾隆中收繳禁書之後，遺黎私記，複壁祕藏，抽燬既完，殘膡百一，幸故鄉耆舊，猶及見此者，每酒酣耳熱，間述舊聞，猶存口說。」[30] 指出地方口傳的歷史記憶的力量不可忽視。

在探討明季遺獻復出的過程時，我們發現鄉賢及族裔扮演重大角色，家族的口傳或沿承的文獻與地方意識常是傳遞歷史記憶的重要媒介[31]。首先，正如前面所說的，鄉邦閭巷之人的次文化中常有與士大夫不同的版本。譬如明季王季重(名思任，1575-1646)究竟是否殉國，後人便注意到當時存有「國論」與「鄉評」兩種版本，李慈銘說「季重之死，國論已定，惟鄉評尚在疑信間」[32]。

清代在官方功令之學的鼓勵與千鈞壓力禁忌之下，公開流行的書籍，與鄉邦里巷之間所藏的，似乎存在相當距離。當時雖三令五申呈繳禁書，甚至怕藏有禁書的子孫不識字[33]，還廣下命令，讓士人到這些家去代為清繳，可是仍有不少人以家族的力量，用「複壁深藏」的

29　夏燮，《明通鑑》(上海：上海古籍出版社，1990)卷首〈與朱蓮洋明經論修明通鑑書〉，頁8。

30　謝國楨，《增訂晚明史籍考》，〈自序〉，頁9。

31　即使到了民國時代，大藏書家傅增湘在收藏書籍時，也帶有濃厚的鄉賢意識，他說：「鄉邦名帙，雖舉債亦願為之。」見張元濟，《張元濟‧傅增湘論書尺牘》(北京：商務印書館，1983)，頁41。

32　李慈銘，《越縵堂讀書記》，中冊，「王弘撰《砥齋集》」同治己巳(1869)七月廿二日條，頁728。

33　如閻爾梅的後代，見故宮博物院文獻館編，《清代文字獄檔》(上海：上海書店，2007)，〈閻大鏞《俁俁集》案〉，頁479-482。

方式保存下來。清末民初當這些書重見天日時，我們查索其來源時，便會發現有許多皆出自族裔之手，足見不管是有意的藏匿或無意的存留，地方家族力量之不可忽視。

　　以下是幾個族裔重刻先人文集的例子。侯方域(1618-1654)的文集是嘉慶十九年(1814)他的裔孫侯資燦重刻[34]。楊鳳苞《秋室集》卷四中的〈張茂公傳〉說他於張氏之事未得其詳，「訪諸張氏後裔，得其家乘，并獄中書，雖殘編漫滅，而楮墨間尚存生氣，猶可想見其爲人」[35]。又如彭士望(1610-1683)的《恥躬堂詩文集》四十卷，也是消失了很長的時間，在道、咸年間才由裔孫彭玉雯刊出文錄十卷、詩鈔十六卷[36]。明人謝德溥(1591-1657)的《謝文貞公集》四卷，是光緒二十四年(1898)間，他的後人謝甘盤才爲之編輯刊行的[37]。張鏡心(1590-1656)的《雲隱堂集》四十五卷原刻於康熙六年(1667)，但是在整個清代卻無人提及，一直到民國時期才由後人纂輯其詩六卷刻行[38]。

　　鄉邦邑人往往扮演著保存傳遞的角色。邑人代爲保藏文獻的例子，如明季遺民范荃(1633-1705)的文集是「邑人陳素村藏之，以授焦理堂(1763-1820)。故焦氏得見其全書」[39]。而搜集或刊布鄉賢文

34　鄧之誠，《清詩紀事初編》(台北：鼎文書局，1971)卷八，「侯方域《壯悔堂文集》十卷補遺一卷《四憶堂詩集》八卷」條，頁921-922。

35　楊鳳苞，《秋室集》(《續修四庫全集・集部・別集》，冊1476)卷四，〈張茂公傳〉，頁57a。

36　鄧之誠，《清詩紀事初編》卷二，「彭士望《恥躬堂文鈔》十卷詩鈔十六卷」條，頁229-230。

37　謝國楨，《增訂晚明史籍考》，頁855。

38　鄧之誠，《清詩紀事初編》卷二，「張鏡心《雲隱堂集》四十五卷」條，頁163。

39　孫靜菴，《明遺民錄》(杭州：浙江古籍出版社，1985)，頁11。

獻也是一種相當普遍的情感。如平景蓀(名步青,1832-1895)輯了一些禁書,其動機也是為了留存鄉邦文獻[40]。楊鳳苞這一位搜集明季遺獻之先驅者,其思想動機也是因「吾鄉自上林之沈,南潯之莊,思谿之錢,屢陷于法,因之遺臣佚老之行蹤,莫有為之載筆者,桑海見聞,半歸脫落,余竭力搜訪,不過千百之一、二耳」[41]。瞿式耜(1590-1650)的集子也是經其孫瞿昌之整理,到道光十四年(1834)才由邑人許氏將之校梓刊行[42]。又如錢肅樂(1606-1648)的《錢忠介公集》,先是其猶子錢濬慕所藏,後由全謝山(1705-1555)編定,但在整個清代複壁深藏,一直到民國二十年(1931),才由邑人張壽鏞(1876-1945)刊入《四明叢書》中[43]。

五、明季遺獻的復活

同、光年間,士大夫間形成了一些搜集明季遺獻的圈子,其中以錢映江(名琦,1798-1858)、戴望(1837-1873)、李慈銘、傅以禮等人的圈子最為著名,道咸年間也有以抄明季遺事為職志的[44]。他們互通消息,互相借閱,互相傳抄禁書,他們一步一步地探測這禁區的深度與廣度,而且明目張膽地用「禁書」等字樣,以咸豐年間徐鼒(1810-

---

40　謝國楨,《明清筆記談叢》(上海:上海古籍出版社,1981),頁329。

41　楊鳳苞,《秋室集》卷一,〈錢瞻百河渭間集選序〉,頁7c-d。

42　江蘇師範學院歷史系蘇州地方史研究室整理,《瞿式耜集》(上海:上海古籍出版社,1981),〈前言〉,頁3。

43　參見謝國楨,《增訂晚明史籍考》,頁859。

44　例如錢泰吉,《曝書雜記》(《國家圖書館藏古籍題跋叢刊》,第10冊;北京:北京圖書館出版社,2002)卷二,頁146:「陳節亭名欣時,專鈔明季遺事,不下數十種。」

1862)所纂《小腆紀年》爲例，根據這本書的序，可以看出徐鼒是爲
了鼓舞兵士的忠義之氣，故纂集大量明末忠臣義士之事跡而成《小腆
紀年》，但因該書觸及敏感的禁區，所以當時人在談論這本書時顯得
相當猶疑困惑，李慈銘日記中寫道：「《小腆紀年》，傅節子去年書
來，言已購得之，則諸書皆非虛目矣。」[45]《小腆紀年》的書名及內
容在今天是常識，但在咸、同年間，其書是否眞正存在，都是難以印
證的。所以李慈銘才會鬆一口氣說《小腆紀年》等書「非虛目」。

　　這個圈子中人已經以考證學的方法在研究這些稀見文獻，傅以禮
便以校勘的工夫尋找刪改之痕跡。如他說《幸存錄》、《明季稗史》
彙編本，「全謝山謂是書嘗經東澗之客芟削，於茲益信。己巳伏日，
借周季貺太守《勝朝遺事》本覆校一過，《遺事》闕〈國運盛衰〉、
〈遼事雜誌〉、〈東夷大略〉三篇。蓋以有所嫌諱而去之，非足本
也」[46]。

　　這一個圈子的人相互餽贈禁書。如傅以禮記《豫變紀略殘本》
說：「此本爲上虞徐鹿苑大令藏書，卷中眉批即其手筆，其嗣子寶彝
明經與叔兄爲同年友，知余搜羅勝國野史，并因明季遺聞寫本見
貽。」[47]他所藏《幸存錄》也是「存齋觀察以此見貽」[48]。他也到處
借人禁書，如李慈銘同治四年(1865)十月廿日在日記上寫「得節子書
(傅以禮)，以《明季稗史彙編》借閱」，並註明《稗史》包括文秉
《烈皇小識》、王秀楚《揚州十日記》等十六種書[49]。而李氏在咸豐

45　李慈銘，《越縵堂讀書記》，中冊，「徐鼒《未灰齋文集》」同治壬申
　　(1872)九月初三日條，頁902。

46　傅以禮，《華延年室題跋》卷上，頁48b。

47　同前書，卷上，頁56a。

48　同前書，卷上，頁49a。

49　李慈銘，《越縵堂讀書記》，上冊，「《明季稗史彙編》」同治乙丑

庚申十年(1860)二月初二日記他自書肆攜禁書《壯悔堂集》兩冊歸，以一冊借給傅以禮，並說「不知叔子觀之，當作何語？」[50]

如傅以禮在談到曾遭查禁的《劫灰錄》時，對如何得到此書並不忌諱，說「此爲侯官陳氏帶經堂舊鈔，己巳秋日，購得上冊，陳氏稱下冊久失，越三載，又以他書出售，余於殘帙中檢得，復爲完書」[51]。可見當時文網已不密，有人也在日記中大膽寫購買或閱讀禁書的事。如同治四年(1865)十月二十四日，李慈銘在日記上寫：

> 邵念魯集《荊駝逸史》起李遜之膚公《三朝野紀》至鎖綠山人《明亡述略》共五十種，道光中，吳中以聚珍版印行。乙卯春，周素人自京口購歸，予借得徧閱之。素人將行，以此寄予架上，後爲節子借去，今遞歸節子矣。[52]

李慈銘日記中對購讀禁書都有記載。有些書其實列在禁毀目錄中，但是從日記中的語氣，看不出李氏知情。如「舊有吳枚菴箋註《梅村集》，此予十七歲購書第一部也」[53]，「閱《袁中郎全集》，係明季浙中所刻」[54]，讀「《天傭子集》」[55]，讀「《譚友夏合集》」[56]。以上

(續)——————————

(1865)十月二十日條，頁405。

50　同前書，中冊，「清侯方域《壯悔堂集》」咸豐庚申(1860)二月初二日條，頁728。

51　傅以禮，《華延年室題跋》卷上，頁55a。

52　李慈銘，《越縵堂讀書記》，上冊，「清陳湖逸士輯《荊駝逸史》」同治乙丑(1865)十月二十四日條，頁392。

53　同前書，中冊，「清吳偉業《梅村集》」同治辛未(1871)九月二十六日條，頁722。

54　同前書，中冊，「明袁宏道《袁中郎全集》」咸豐辛酉(1861)九月初七日條，頁701。

皆曾遭禁，但李氏日記隻字未提其事，不像他在讀《東華錄》等書時的緊張心情，可見咸豐、同治年間政治文化之氣氛。

　　從晚清大僚張之洞(1827-1909)的《書目答問》所推薦的書，則多少可以看出到了光緒年間，連張氏這樣的大官也不大忌諱了。如：

《明季北略》二十四卷、《南略》十八卷　計六奇，通行本。

《綏寇紀略》十二卷，補遺三卷　　　　　吳偉業，學津本。

《明季稗史》十六種二十七卷　　　　　　通行本。[57]

張之洞註了「通行本」字樣，因爲原抄本有大量忌諱而通行本中盡可能刪去[58]，所以推薦人讀的本子應該是消毒過了的。即使如此，敢於

55　同前書，中冊，「明艾南英《天傭子集》」咸豐丙辰(1856)三月十六日條，頁704。

56　同前書，中冊，「明譚元春《譚友夏合集》」同治乙丑(1865)九月二十三日條，頁705。

57　張之洞，《書目答問》(台北：臺灣商務印書館，1986)，〈史部〉，頁61。

58　一九五六年，張鈞協助杭州大學圖書館往上海訪書，在來薰閣得到吳縣潘介祉原藏之《明季南北略》舊抄本全部。見張鈞，〈計六奇與《明季南北略》〉，在《明季北略》新校本(北京：中華書局，1984)，頁729。張氏早期即寫過一些與文瀾閣藏書有關文字，其注意此本之刪節問題久矣。他經過多年比勘後，發現「《北略》抄本比通行本多出二十三篇一萬五六千字，再加通行本避諱芟削的一萬四、五千字，綜計不下四、五萬字。《南略》抄本多於通行本的有四十二篇約二萬字左右，外加避諱芟削一萬六、七千字，共達三萬五、六千字之多」(同前書，頁747)。

張鈞比對的結果發現通行本避諱刪去個別字眼爲敵、虜、魯、胡兒、韃子、夷氛等，「至於大段的刪節，則往往隱晦了清軍燒殺擄掠的暴行」(同前書，頁747)，如〈盧象觀謀攻宜興城〉末，刪去「又聞己丑春，宜興演精忠，有清兵登台，見正生裝岳武穆敗金兀朮，即殺之，衆大怒，殺六兵」。又如卷十二〈萬元吉固守贛州〉末，刪「清兵入屠城，室舍焚燬，一椽不遺」。如卷十五〈貞女絕命詩〉，在「順治十一年甲午秋，兵

公開推薦，也可以看出當時人對此事的態度了。

伴隨遺獻復活而來的，是道、咸年間對明代歷史知識的復活。明史知識的活絡與魏源、徐鼒等人分不開。而這個園地又可以分成兩個部分。第一是一般問題，第二是明清史事。魏源是首度大規模挑戰欽定《明史》的人。《海國圖志》中大量反駁《明史》中存在的種種錯誤，而且語氣相當不敬(譬如該書卷三十中說「《明史》之外國沿革，無一不謬。」)在〈明代食兵二政錄敘〉中，魏氏對《明史》亦無贊許，不過，魏氏在處理明清之交遼東史事時仍聲明要依欽定《明史》。足見在涉及外交、財政、軍事等層次的歷史時他還敢有所突破，但在涉及清代意識型態最敏感的問題時，他還是得公開聲明自己是遵照官方版本。即使如此，當時士大夫已對魏氏的著作感到相當震驚。周壽昌(1814-1884)在得到魏氏的〈書明史稿〉時，因爲了解到它的敏感性，怕湮沒失傳，趕緊抄錄[59]。

魏源《明史》方面的工作大多成於鴉片戰爭之前。在鴉片戰爭後，清代內憂外患更甚，官方禁制的力量減弱了，先前被冰封文獻與記憶漸出。另方面是因內外動亂，士大夫提倡「忠節」的熱情變得非常強烈。有些人大膽要求忠實地記錄明清易代的節烈事跡，他們這樣作只是爲了歷史求眞，以提倡千秋之義來幫助並鞏固清朝統治。夏變

(續)──────────

旋，被擄」和「女郎抗志不辱」之間刪「淫污者不勝數，獨此」八字(同前書，頁747)。又卷九「閻陳二公守江陰城〉，有江陰城陷時清兵「縱兵大殺，屍骸滿道，家無廬井」被刪(同前書，頁748)。關於此類問題，另可參見：張鑑，〈西湖文瀾閣規制徵故〉，《浙江省立圖書館館刊》第3卷第2期(1934.4)，頁1-8；張鑑，〈文瀾閣四庫全書淺說〉，《浙江省立圖書館館刊》第2卷第1期(1933.2)，頁39-46。

59 以上見劉寅生，〈論「欽定明史」的「一統」和魏源對明史學的貢獻〉，收入吳澤等主編，《中國近代史學史論集》(上海：華東師範大學出版社，1984)，上冊，頁164-179。

(1800-1875)的《明通鑑》要為《明史》中不曾立傳的張煌言(1620-1664)立傳，即是一例。夏氏說張煌言在明亡以後堅持抗清，失敗後「流離海上，與宋之陸秀夫相似，就刑杭城，與宋之文天祥相似，若其身膏斧鑕，距我大清定鼎已二十年，疾風勁草，足以收拾殘明之局，為史可法以後之一人。列之忠義傳，猶非其例，況無傳乎」[60]，又說「如太湖義旅，但載雲間，山寨殷頑，不登隻字。以及沈壽民不坿〈黃道周傳〉中，顧杲不列〈吳應箕傳〉後，此則不無可議者耳」[61]，夏氏又主張應該從一批禁書《明季北略》等及甲申以後之野史採集史料，「必使身殉社稷之大小臣工，悉取而登之簡策，以勸千秋之義」[62]，足見提倡忠節是他重寫這段歷史的首要考慮。值得注意的是他之所以能跳出欽定《明史》，重寫這一段歷史，正如他在給朋友的一封信上說是因年來「搜輯明季野史無慮數百種」之故[63]。

　　夏燮在衝出重圍的同時，也做了許多迴避與藏匿。首先，《明通鑑》的史評絕大部分直接轉引官書《御撰資治通鑑綱目三編》及《御批通鑑輯覽》，所以在價值判斷上不致出問題。在史實方面，他以史著體例的不同為理由，將南明史，尤其是抗清鬥爭的史實作為「附編」列入《明通鑑》中，也是一種精心的安排。不過，夏燮仍與魏源一樣，不敢踏進清代官方意識型態的禁區——也就是明清之間關係以及清滅明的事實。在這一方面，夏氏基本上仍然遵照清代官書落筆[64]。

　　在夏氏之後的徐鼒才逐漸步入滿清意識型態的禁區。徐氏之所以

60　夏燮，《明通鑑》卷首，〈義例〉，頁13。

61　同前註。

62　同前書，〈與朱蓮洋明經論修明通鑑書〉，頁9。

63　同前文，頁8。

64　以上有關夏燮的部分，參考袁英光，〈夏燮與《明通鑑》〉，收入《中國近代史學史論集》，上冊，頁250-270。

步入這個禁區，也不是爲了推翻滿清，相反的，是因爲目睹太平天國之亂，倫紀喪盡，覺得有必要出面大聲疾呼，以「正人心，維世運」。徐氏說他寫《小腆紀年》是因爲讀了乾隆表彰史可法、劉宗周（1578-1645）、黃道周（1585-1646），及嘉慶稱讚鄭成功（1624-1662）的文字，覺得有必要表彰明清之間抗清的「忠臣」、「義士」。尤其是當清廷處於內外危機時，一方面要以明亡的史實告誡時人，另方面要提倡忠君[65]。作這一段歷史是爲了教訓人們「國亡君死，爲人臣者，仗戈匡復，宏濟艱難，計之上也」[66]。無論如何，他爲了教忠教孝所寫出來的，常是前人所不敢碰的史事。清人林鶚（1792-1874）、宋光伯（道光十八年〔1838〕進士，生卒年不詳）在徐氏《小腆紀年》的〈參校諸同人跋語〉中說徐書有許多《明史》所未及載，而其人其事不容湮沒而不彰者，固人人所欲目而睹之，而又不敢筆而書之者[67]。而要寫這段歷史，沒有幾十種原先被深禁錮藏的史料是不可能的，徐鼒在《小腆紀年附考·自敘》中開了一張他寫作時使用的參考書，大部分都是名列禁毀書目或久藏不出的文獻[68]。由此亦可知遺獻復活與明史知識復興的密切關聯了，也由此可知在當時，這些文獻並不犯忌諱了。

---

65 有意思的是徐氏所表彰的人物（如李定國），也是後來章太炎所表彰之人。徐氏是著眼於其抗清，章氏亦著眼於抗清，但一個是爲提倡忠清，一個是爲倒滿。

66 徐鼒，《小腆紀年附考》（北京：中華書局，1957），頁126。

67 同前書，頁795-796。

68 以上見袁英光，〈徐鼒的封建正統主義史學〉，收入《中國近代史學史論集》，上冊，頁315-333。

六、辛亥革命與禁書復出的關係

接著要討論禁講之書的書復出與辛亥革命的關係。在進入這個主題前，須先作一些澄清。所謂統治鬆弛、文網漸開，是政府方面的情形，至於民間則膽大者敢於作爲、膽小者仍拘畏如故，因爲官方從未頒布任何確定的命令或標準，人們只能猜測其底線，故極拘畏與禁網鬆弛兩種現象同時並存。

關於禁書復出的現象，可以在這裡作一些推論：一、對各種復出的文獻應作分疏，看來經部的敏感性最小，集部與史部較大，尤以史部爲甚；而在史部之中，又以關涉到明清易代之戰爭與殺戮的歷史最爲敏感。這類文籍又可細分爲二：偏重清兵之凶殘屠殺者，偏重忠臣烈士殉節成仁的慘烈者。後者是清代後期獎勵忠義的上好材料，而前者則可能激發漢族的敵對意識的火藥，這兩種材料在文字獄最盛時都有敏感性，但是隨著禁網日疏，內外政治環境之變動，兩者開始分流。一直到清末，這兩者又有部分合流的情形，不管前者或後者，都在這一部分中與種族革命意識產生關聯。

道光年間的三部大書，《荊駝逸史》、《明季稗史彙編》及《乾坤正氣集》正好代表兩種不同面相。《乾坤正氣集》以忠臣烈士爲主題，其中血淋淋的場面雖然也很多，端看讀者要從那一面去閱讀。隨著閱讀的態度、著重的角度之不同，得到的意義與感覺也有異，這是一個非常複雜的問題，被整個時代政治、經濟、思想等方面所左右。在道、咸、同年間，人們主要還是從「忠義」的角度去看這些文獻。《荊駝逸史》及《明季稗史彙編》中有好些部書是大規模屠殺的歷史，後來在晚清革命中起過大作用的《揚州十日記》，即收入《荊駝

逸史》中，而《明季稗史彙編》中則收有《嘉定屠城紀略》。

上面三套書的編者一明(《乾坤正氣集》光明正大署上姚瑩、顧沅的名字)、二暗(《荊駝逸史》只署了一個陳湖居士，《明季稗史彙編》署名留雲居士，實在看不出他們的真實身分)，這三套書的編者都非常清楚他們所進行的是敏感度完全不同的工作。

在道、咸、同時期，人們對兩系復出的禁書，還是分得相當清楚的，提到涉及忠義的《乾坤正氣集》等書，雖然有時也意識到其敏感性，但通常態度公開而且振振有詞，提到《荊駝逸史》這一系書時，則比較祕密而帶猶疑。在咸豐年間讀到《荊駝逸史》的李慈銘，只說「悚然增溝壑性命之感」，卻未明白表示讀後引起任何種族之想[69]。這裡當然牽涉到一個非常難以解決的問題：李慈銘日記是否隱藏了他心中最真實的想法？除了「增溝壑性命之感」，是不是還有更深一層的情緒？這個問題從目前的李慈銘著作中得不到確切的解答。事實上，晚清的著述除外，在我所讀過的清代文集中，直接討論種族問題的文字非常罕見。

因為清代中土士人不敢討論這方面的問題，所以我轉向異域史料。我曾經泛讀清代朝鮮使者所留下的各種「燕行錄」，從大量朝鮮使者與老百姓談話的紀錄，得到的整體印象是：漢人對滿、漢之間的差異感覺始終存在[70]，其間當然有強弱之別，不過不管是強是弱，與清末那種種族敵對意識之間，仍有複雜的轉換過程。人們形成意見時往往除了念頭之外，還憑藉說理、論述的資源，流通規模越來越大的禁諱之書，以及對明清易代史知識的增加，確實會擴大滿、漢之間的差異感。但是要進

---

69 上冊，咸豐乙卯(1855)四月十九日條，頁391。

70 王汎森，〈從《燕行錄》所見之清代的敏感問題〉(未刊稿)。

一步爲這種差異感賦予現實行動的意義，仍待晚清的革命潮流。

另外，還有一個問題：嘉、道、咸以來復活或復出之殘明遺獻會自動傳遞下去，還是必須由有心人來積極發掘，它才會成爲清末歷史舞臺中活躍的分子？我的觀察傾向於後者。「傳統」不必然會自動傳遞下去，而要透過艱苦的學習才能獲得[71]。代與代之間的隔絕性遠遠超過我們的想像，在每一代人們都將手邊存有的資源、現實的關心、生活的需要等，重新整合成一個有意義的方案，也就是說許多歷史記憶資源必須透過「再發現」或「再製造」，才可能在一個時代活躍起來。每一次的活化都是「再發現」或「再製造」，而每次「再發現」的內容重點及編碼意義並不完全相同。但是話說回來，如果沒有原先所準備的條件，如《揚州十日記》、《嘉定屠城紀略》、《明季稗史彙編》等遺獻之復出，即使有一把火種也引燃不了大火。

關於清末革命與道咸以來遺獻復活之關係，劉聲木（1878-1959）《萇楚齋隨筆》中有一段相當犀利但不盡準確的記憶：

> 自光緒末造，種族革命之說興，一人倡之，千百人和之，遂至釀成宣統辛亥之變，而清社易屋。論者遂謂種族之見創自泰西，流被東瀛，四十年內，其說盛行於時。不知此種心理，其淵源早發見於三四百年以前，是當時之人，早已有此心理。其與近世相應者，蓋亦有故。我朝入關之後，禁忌各書，檢查燬滅尤甚嚴，難保無流入東瀛者。東瀛得以因之鼓盪中國人心，助成其事。[72]

71　T.S. Eliot, "Tradition and the Individual Talent, " *Selected Essays*(London: Faber and Faber, 1951), pp. 13-22.

72　見劉聲木，《萇楚齋隨筆：續筆、三筆、四筆、五筆》（北京：中華書

這一段話說得不是很清楚，但他指出在清末有兩種因素交織形成了革命意識，一是西方新傳入的種族學說，一是復活的禁諱文獻。

清末中國流行的種族主義有幾種面相，有些我們今日視爲當然，在當時則是前所未聞。譬如以「民族」、「種族」爲一種「主義」，便是一種新的表述方式。以《民報》中的材料爲例，我們可以大致理出當時種族學說的輪廓。

一、清朝因爲嚴禁華夷種族之辨，故《民報》說是「種界蕩沒」[73]。但晚清西方及日本流行人種學說，要把人種之差異區分出來，要在不同顏色的種族之間分出優劣，以及把社會進化論導入種族競爭的思想等，被大幅引介進入中國的思想世界。

二、晚清流行一種以單一民族組成一個國家的思想：譬如《民報》中說「僅知爲一國民，不知爲兩種族」，「國家有兩民族以上，利害相反」[74]，認爲處於現代世界，最理想的情況是形成「民族帝國主義」，而且認爲種族問題未解決之前，則政治問題也無從解決。

劉聲木指出引發革命的第二個重要資源是殘明遺獻的復出。這是當時許多人共有的觀察，梁啓超即提到「殘明遺獻思想之復活」[75]，劉聲木因晚清言論界充斥晚明文獻，而發出「這不是晚明人的復活嗎？」的訝嘆。劉聲木對殘明遺獻的來源作了推測，他認爲這些東西在中國早已被禁絕，所以是新從日本回流的。這個觀察有一部分是對的，幾種影響革命最大的刊物確實刊載了不少明清易代的血淚史跡。

(續)—————
　　　局，1998)，上冊，〈明王洙宋史質〉，頁349-350。

73　武靈，〈直隸省宣告革命檄〉，《民報》合訂本(北京：科學出版社，1957)，第2冊「天討專號」，頁77。

74　精衛，〈斥爲滿洲辯護者之無恥〉，《民報》合訂本，第2冊第12號，頁183。

75　梁啓超，《中國近三百年學術史》(台北：臺灣中華書局，1975)，頁29。

不過道咸以降禁書的復出同樣不可忽視，譬如《國粹學報》、《南社叢刊》中許多材料即是來自本土的收藏。

革命人物並不是學問家、藏書家，除了少數例外（如鄧實〔1877-1951〕、柳亞子〔1887-1958〕等），他們通常只在宣傳的層次上流通、擴散這類資源。革命不是作研究，凡涉及大規模行動的宣傳工作，必然是先靠大量印刷的小冊子。而《揚州十日記》、《嘉定屠城紀略》、《黃書》，便是三部傳印數目難以計數，影響最大的小冊子。此外，雕版或活字的印數通常不多（通常是一百部以內，多則兩三百部），當時又沒有現代公共圖書館，人們往往是東一本西一本地訪求這些材料，他們不像我們能有機會比較全面了解禁書復出的總體狀況及大致規模。

從目前的研究看來，一直要到光緒後期及宣統年間，對於這些原先具有高度種族敏感性的文獻，因兩種截然不同的政治團體的出現而產生兩種分裂，一種是忠清的，一種是反滿的，即使讀的是同樣的文獻，也可能出現完全不同的結果。

用什麼態度解讀古書，或閱讀之後所產生的意義及心理反應，每每與日常生活中的感受分不開。如果沒有清廷對內、對外不斷的挫敗，使得人們將挫敗感與異族統治結合起來思考，這個二分是沒有現實行動意義的。因為現實的挫折，人們開始用歷史記憶來詮釋日常生活，經驗與歷史記憶互相套疊，才逐漸將歷史的記憶轉譯成現實的種族意識。

七、結論

我們生存世界的時間是由過去、現在、未來三種時間所組成，但

三者密不能分，像是一個漩渦般運動著[76]。我們對清末革命者腦海中的「現在」及「未來」了解較多，與我們所要討論的主題最相關的是，他們當時腦海中「過去」的世界與乾、嘉或是道咸時代的「過去」有何不同。我們固然不應誇大因為禁書及自我禁制所造成的失憶程度，但是也不能過度輕視。以顧炎武的《日知錄》為例，章太炎這位敏感精細的讀者在晚清讀了通行本《日知錄》時，非常驚訝地發現其中竟無任何華夷種族的表示，直到後來「原抄本」出現之後，才憬悟此書不但經過四庫館臣刪改，早就經過私人偷偷的刪改，問題是時間一久，連通體刪改這件事也被忘得一乾二淨了[77]。因此這一代人正在一步步揭開無知的面紗。

一旦集體歷史記憶中斷，則原先擁有此等記憶的族群便會在相當長的時間內因失去共同記憶而失去認同，從而也失去凝聚成為一股政治力量的可能。但是，一旦久已逝去的歷史鏡頭忽然再現，通常便有相當深的意涵。對執政者來說，如果不能成功地消除不利於彼群的集體記憶資源，而致使它與官方認可的記憶資源平行並列，甚至轉居主流地位時，往往帶來重大的政治變動。

章太炎很早便看出這個現象。他曾為大部分清代漢學考據工作找到現實政治意義，認為清代學者的「反古復始」工作與他所從事的光復運動相合，而且也認為顧炎武(1613-1682)以整理國粹來保持漢族的自我認同：「顧亭林要想排斥滿洲，卻無兵力，就到各處去訪那古碑古碣傳示後人。」[78]他的意思是說，顧炎武等藉著保持對民族文化的集

76　這一個論點，我可能受到京都學派哲學家田邊元的影響。
77　我曾作過相關的比勘，並留下相當多的札記，但並未寫成論文。
78　章太炎，〈東京留學生歡迎會演說辭〉，湯志鈞編，《章太炎政論選集》，頁280。

體記憶，俾與異族政權對照，來彰顯出我群與他群之不同，以待時變。

清季革命刊物中，常把歷史記憶資源與異常激烈的「我群」、「你群」的劃分聯繫在一起。以《民報》為例，他們以一種「我群」、「你群」的強烈對立意識在解讀歷史，故讀後每每出現「墮淚」、「拔髮大叫」的情緒。明末清初大量抗清殉難者的人名，血腥屠殺的事件(揚州、嘉定)交織在文章的論述中，雖然東一鱗、西一爪，但是仍然表達出一種強烈的意象。值得注意的是，他們正在與明代取得一種帶有虛構性質的、新的、緊密的認同感，故談到明代時每每加上「我」字(如「我莊烈帝」)。而在虛構或重新復活歷史記憶來推動仇滿這一件事上，他們相當程度借助了原先被禁毀或伏而不出的文獻。

《揚州十日記》、《嘉定屠城紀略》、王夫之著作(尤其是《黃書》)、《南疆逸史》、顧炎武的《日知錄》及《天下郡國利病書》被熱烈地討論著。人們(如陳去病，1874-1933)成篇累牘地討論明清遞嬗之間的史事或搜集遺文，《民報》第十八至二十三號的「桑瀣遺徵」一欄，即由漢思(陶成章，1878-1912)負責，熱切地搜集、刊登各式各樣的敏感文獻[79]。

晚清革命團體常常與國粹、國學保存、刊印宋明遺民文獻，或紀念某些明季殉難人物的活動相連。這是因為集體歷史記憶的重塑乃與漢族的新認同之建立同步。這層關係在清末各種革命刊物也可以看得很清楚。湖北留日學生在東京所辦的《湖北學生界》，後來改名為《漢幟》，於1906年編印出版宋、明兩朝遺民中與湖北有關者的詩

79　《民報》合訂本，第3、4冊。

文。而《雲南雜誌》於1908年則編印收有南明桂王及明末雲南地區人民抗清文學爲《滇粹》。至於《國粹學報》中所刊的大量遺民文字，國學保存會所保存並刊刻的大批明季遺獻，更使得這些古色古香的文獻及記憶，扮演全新的歷史使命。當時地方士大夫生活中的一些小事，也反映漢族集體歷史記憶復返的實況：周作人(1885-1967)《知堂回想錄》中所記晚清活躍於紹興的鄉紳孫德卿(1866-1932)——「他曾經拿明朝人的照片去分送給農民。我看到的一張是明太祖的像，總共三寸來長，分明是從畫像上照下來的」，接著是「他並且向農民說明，清朝的政府是外面侵入的人組成的，我們應當把他們打出去」[80]。周作人又說北大的馬隅卿(1893-1935)「專門研究是明清的小說戲曲，此外又蒐集四明的明末文獻，末了的這件事是受了清末的民族革命運動的影響，大抵現今的中年人都有過這種經驗」[81]。

在這一波明季遺獻復活的現象中，我們也看到人們對某些帶有歷史紀念意義的地方、古跡、遺物等出現特有的興趣。譬如說蘇州的虎丘便是三百多年來承負明清歷史遞嬗記憶的重要媒介。明季關心國事之士人常流連虎丘，談兵論劍，並留下不少刻石，虎丘遂自然而然成了寄寓某種歷史意義的地方。故當清末士人大規模集會虎丘時，其行動本身便含有某種象徵。像南社於宣統元年(1909)雅集虎丘時，便宣稱要冒清廷之大不韙，以江南人士爲主體聯絡全國文人論交講學。它宣示了一種與過去的歷史相聯結而又對現狀不滿的情緒。有意思的是，在這一次行動中，他們還祭了虎丘附近的張公祠，該祠所祀的就

80　周作人，《知堂回想錄》(香港：三育圖書有限公司，1980)，頁253。

81　周作人，〈隅卿紀念〉，《苦茶隨筆》(收入《周作人先生文集》；台北：里仁書局，1982)，頁168。

是明末兵敗投水自盡的張國維(1595-1646)[82]。南社諸人也校印整理
了一批久不流通的宋、明遺民文集：如陳去病印《揚州十日記》、
《嘉定屠城記》等爲《陸沈叢書》，如印行宋末烈士謝翱(1249-
1295)的《晞髮集》、夏完淳(1631-1647)的遺集，編纂以太湖爲基地
抗清之吳易(1612-1646)的文集，並重印東林復社人物的手跡等[83]。

　　更露骨的是，他們開始虛構一些與明室早已不存在的親緣或臣屬
關係。如南社成員葉楚傖(1887-1946)宣稱他作夢夢到身處明朝，周
旋於明廷[84]。這些高度象徵性的舉動，都說明他們企圖超越當前而與
一個早已不存在兩百六十年以上的時空記憶相聯接，以否定實際統治
兩百六十多年的異族政權。

　　清季集體歷史記憶的重塑不只影響了政治(倒滿)，同時也重新
「發現」中國的傳統。譬如李卓吾等過去兩三百年來被視爲異端且不
齒道及的人物，竟被標舉爲「國粹」的一部分。又如《國粹學報》中
以「國學」與「君學」相對，將專制意識型態解釋成不是中國文化傳
統的重要成分，並反覆說儒家是「詐僞」、湛心利祿[85]。此外，則是
反映晚明多元文化氣息或所謂具有思想「現代性」的書籍重新出現在
歷史舞台。這些書至少包括三個方面，一種是具有異端傾向的書，如
李贄、唐甄等人的著作。另一類是晚明的戲曲小說、筆記雜書，反映
生活情趣及眞實感受的書。這一批書有許多不在禁抑的範圍，但是因
爲清代官方意識型態及學術主流氣氛的影響而被壓在箱底，這些書籍

82　楊天石，《南社》(北京：中華書局，1980)，頁17。

83　同前書，頁7。

84　同前書，頁39-40。

85　章太炎，〈諸子學略說〉，《國粹學報》，第20期(1905)，廣陵書社重印
　　本，冊五，頁2166。

重新獲得重視或重印，並成爲市場上的寵兒。原先在清帝國潛伏不活動的晚明文化因子逐漸復活，在舞台上扮演一個活躍的角色。第三類書是在禁書運動中因爲「漣漪效應」而長期隱匿不出的書，像黃宗羲《明夷待訪錄》。黃宗羲的《南雷文約》出現在禁毀目錄上，許多人恍兮忽兮地以爲《明夷待訪錄》也是一本禁書，故從乾隆初期刊印之後，《明夷待訪錄》有將近一百年並未被刊印，最多可能只有依賴過去的印本及抄本少量地流通。有意思的是，這本書再度以印本出現，是在道光十九年(1839)，也就是本文所討論的禁書復出的時期。它在長期失蹤之後再度復活，出現在士大夫世界，在最初半世紀它的影響不大，但在清末梁啓超等人節錄其中幾篇文章印成幾萬冊，爲晚清政治及思想界帶來了掀天揭地的影響，尤其是自由、民主、平等思想的啓蒙，及推倒君主制度的影響[86]。

值得注意的是這批文獻的復活，如何與現實局勢相互激盪，最後將清代歷朝官定的君臣之分高於華夷之分的順序顛倒過來，回到顧炎武在《日知錄》「管仲不死子糾」條所說的「君臣之分猶不敵夷夏之防」[87]。而漢人食滿洲之毛踐滿洲之土的官定說法，如何變成在晚清《人鏡畫報》上的一幅嘲諷畫上的對白：「我所踐的都是土，故便於火黑籍耳」，「我所食的是茅，故弄得一肚子裡艸耳」[88]。

---

86 梁啓超，《清代學術概論》（台北：臺灣中華書局，1989），頁62。

87 顧炎武，《原抄本日知錄》（台北：明倫出版社，1970)卷九，頁201。

88 人境畫報社編，《人鏡畫報》（台北：中國研究資料中心，1967），頁28。案：所謂「黑籍」有兩個意思。第一是指抽鴉片煙的人。第二是英文 blacklist，指那些搗蛋生事的工人。僱主將他們的名字列入黑籍，並與其他僱主交換，以避免僱用。依此處文義判斷，是以「土」指煙土，「火黑籍」即燒鴉片。一方面把「茅」與「土」作最粗俗解釋，一方面諷刺當時吸鴉片者之眾。

　　對不少革命家——尤其是與南社有淵源者——而言，整個革命的奮鬥過程是與殘明文獻的搜集與刊行相平行。這在南社的相關著作，及《國粹學報》等刊物中可以看得非常清楚。《國粹學報》中搜刊這類敏感文獻的種類、篇幅，更是極為可觀，此處不詳述[89]。他們四處訪書，抉發其種族思想上的意義，並設法抄存或刊行，其行動就好像章太炎筆下的顧炎武，到處抄碑訪墓，看似沒用，其實寓有深意。像南社的柳亞子在他的羿樓藏書中收聚大量晚明的禁毀書，這些書的內容在今天只有歷史學的價值，但在當日因為久藏不出，人們對前朝史事極陌生，所以它們兼有政治行動的意義。清兵入關後不久，即有「鄉人話前朝掌故，似是而非，動成笑柄」[90]的情況，何況是過了兩、三百年在接觸到這些與官方歷史版本不同的文獻時，其震動不可輕估。

　　章太炎與張繼(1882-1947)是具有無政府傾向的革命家，但這並不減少他們搜集殘明文獻之熱情。太炎到處為新見晚明文集寫跋，並刊《張蒼水文集》，民國成立後還撰成《清建國別記》等研究清史的開山之作。而張繼所搜集禁毀文獻也值得專門討論，其中嚴從簡《使職文獻彙編》一書更是太炎寫《清建國別記》一書的重要根據。張氏所訪得的原抄本《日知錄》，更曾引起學界的廣泛注意[91]。

　　歷史記憶的復活與現實行動之間的關係可以以羅家倫(1896-1969)對張繼的一段追述為例：「他(張繼)幼年在保定蓮池書院讀書的時候，經過高陽的荒郊，看見明末孫承宗的祠堂，便為高陽守城如

89　可參考Lynn A. Struve, *The Ming-Qing Conflict*以及書中對個別書籍的描述。
90　鄧之誠，《清詩紀事初編》，頁331。
91　參見顧炎武，《原抄本日知錄》，附錄一，頁957-1010中黃侃、章太炎、崔震華、徐文珊等人文章。

九邊諸鎮英勇抵抗清兵的史實所感動。⋯⋯這是他的民族思想的來源，也是他中國學問的基礎。」[92]像蘇曼殊(1884-1918)便對故鄉廣東的金堡遺跡流連再三，《曼殊遺集》中有如下一段：「金堡祝髮後，居吾粵丹霞寺，著有《徧行堂集》。昔予行腳至紅梅驛破寺龕旁，見手抄澹歸和尚詩詞三卷，心竊愛之。想是行者暫爲寄存，余不敢攜去，猶記其貽吳梅村一律，大義凜然，想見其爲人矣。」[93]

　　許多晚清知識分子對搜讀明季文獻有極大熱忱，有些是倒滿的支持者，有些則只是跟隨時代風潮。這一類材料極多，此處只引兩條。周作人《知堂乙酉文編》中〈五十年前之杭州府獄〉記其祖父在牢房中堆疊的幾部書，其中有「《明季南略》、《北略》、《明季稗史彙編》、《徐靈胎四種》」[94]，從牢房中這一堆書的內容可以看出當時熱愛明季文獻的風氣。夏丏尊(1886-1946)《平屋雜文》中〈我的中學生時代〉也回憶道：「又因排滿之呼聲已起，我也向朋友那裡借了《新民叢報》等來看，由是對於明末清初的故事與文章很有興味，《明季稗史》、《明夷待訪錄》、《吳梅村集》、《虞初新志》等書都是我所耽讀的。」[95]而陳寅恪(1890-1969)記他年少的一件重要事情便是於光緒二十五年(1899)隨父夜訪書肆，購得尚有錢牧齋序文之《吳梅村集》[96]，夏、陳生年相近，讀明季書的年代亦相彷彿，足見

92　羅家倫，〈抱任俠之氣存赤子之心：爲紀念張溥泉先生而作〉，《逝者如斯集》(台北：傳記文學，1967)，頁139-140。

93　單士元，《故宮札記》(北京：紫禁城出版社，1990)，頁87。

94　周作人，《知堂乙酉文編》(台北：里仁書局，1982)，頁91。

95　夏丏尊，《平屋雜文》(台北：臺灣開明書店，1977)，頁113。

96　蔣天樞，《陳寅恪先生編年事輯》(台北：弘文館，1985)，頁20。至於王夫之、顧炎武的書更是流行，幾乎新一代知識分子都讀，如周恩來在1908年便大讀《國粹學報》及顧、王著作。見許芥昱，《周恩來傳》(香港：明報，1976)，頁17。

當時之風潮。

　　明季遺獻復活的最後一個階段便是過去二、三百年間躲躲藏藏的書，都變成洛陽紙貴。以禁書目錄的刻印爲例，周作人說先前有《咫進齋叢書本》，這是爲了講掌故、講學術；後來有《國粹學報》的排印本，這是爲了講排滿革命；杭州影印本，上海改編索引式本，這是爲了查考，乃商業性質的，這時「禁的効力一半還是等於勸」，「只要是榜上有名的，在舊書目的頂上便標明禁書字樣，價錢便特別地貴」[97]。所以過去爲了避禍而作的塗黑、墨釘或剜板，這時都成了求索高價的依據。《舊山樓書目》在光緒二十六年(1900)補錄了一批禁書，無意間留下了一段批語，竟表示禁書比宋元本還難得[98]。

　　在辛亥革命成功之後，殘明遺獻逐步脫離政治的需要，而成爲學術研究的興趣。政治與學問當然不能完全分割，有些革命者後來成爲晚明文獻專家(如黃節〔1873-1935〕、朱希祖〔1879-1944〕)。有些革命家在民國時期仍表現出搜集明季遺獻極大的熱忱，如《邵元冲日記》中，便到處有訪尋明季文集的記載[99]。

　　從民初出版家張元濟(1867-1959)與大藏家書傅增湘(1872-1949)的來往書信可以看出，曩昔深藏複壁的抄本或印本大量出現，價格昂貴，而且這些重見天日的書本缺頁缺卷的情形相當普遍。傅、張二人

97　以上見：周作人，《苦竹雜記》(台北：里仁書局，1982)，頁71-72。周作人不只一次提到這一時期凡在坊刻禁書目中列名的，皆甚昂貴，如周作人，《書房一角》(台北：里仁書局，1982)，頁21-22。

98　《舊山樓書目》中有一批涉及禁諱的書是光緒廿六年十月才補錄的，而補錄者記曰：「此中書已有歸別姓者，最可惜。石齋未刻稿，牧齋雜詩文日記等，較宋元本尤難得。」趙宗建，《舊山樓書目》(影印1957年排印本；台北：成文出版社，1978)，頁57。

99　邵元冲，《邵元冲日記》(上海：上海人民出版社，1990)，如頁162、1415、1416。

對於與鄉邦有關的文獻搜集不遺餘力，雖索價昂貴亦常勉力爲之[100]。

不過，真正受到遺獻及種族思想波動之影響的，只是大清帝國的一部分人——甚至是相當少的一部分。大多數人民，尤其是士大夫，即使在接觸到大量禁毀文獻仍然非常忠於滿清。民初《清史稿》修撰過程中，清遺老們前仆後繼，以偷梁換柱的辦法將清代正統觀念植入該書，並盡其可能爲滿清忌諱——如有清歷代帝后失德者，諱略不載，又隨處可見反對漢族及反對民國的用意及措辭。甚至連康雍乾時代整肅漢人最爲厲害的文字獄，也都盡可能避而不寫[101]，就可以了解清遺民的心態了[102]。章太炎在革命成功後，又寫了一系列研究滿

---

100 以上見張元濟，《張元濟傅增湘論書尺牘》，頁27、39、40、41、51、53、55、57。張元濟曾爲商務主持編校影印百衲本二十四史、四部叢刊、續古逸叢書、孤本元明雜劇等書，他同時在與傅增湘的書信往返中討論購買明季遺獻的事，如傅增湘於1912年5月13日信中說：「有舊鈔《甲申小紀》初、二、三編，……皆纂輯明末遺聞逸事，……四函、二十冊，索值百元，不肯減，此亦方今流行書。」（《張元濟傅增湘論書尺牘》，頁3)1912年5月17日傅氏給張的信中又說：「又購得《詩觀》初、二、三集，亦禁書也，六函，鄧漢儀選，皆國初人。」（同前書，頁6)同年6月7日，傅氏信又說：「在厂中又見鈔本《九朝談纂》，亦明代野史，藍格舊鈔，索八十元，禁書也，未還價。又鈔本《殷頑錄》六卷，缺第五卷，明季書，價數元。」（同前書，頁12)

101 馬金科、洪京陵，《中國近代史學發展敘論》（北京：中國人民大學出版社，1994），頁315。

102 在汪辟疆《光宣詩壇點將錄》中我們可以看到大量的清遺民他們對辛亥革命抱敵視態度。譬如周樹模，《石遺室詩話》說他舊刻詩集兩冊，但「辛亥後不復行世」；如陳曾壽，汪辟疆說他「辛亥國變以後流寓滬濱，乃自託黃冠，時有夢斷郙棱之感」；又如梁鼎芬，「辛亥後，種樹崇陵，彌深故國之思，民國八年卒，死前手自摧燒其詩文稿」；又如陳三立序《俞恪士詩集》說「余嘗以爲辛亥之亂興，絕義紐、沸禹甸，天維人紀，寖以壞滅」以上見：高拜石，《光宣詩壇點將錄斠註》（台北：河洛圖書出版社，1976），頁25、29、43、48。另外林紓《畏廬文集》亦多清遺民史料。關於清遺民的研究，可參考：林志宏，《民國乃敵國也：政治文化轉

洲早期史事的文章，除了純學術興趣外，主要便是針對當時清史館中的一批遺老。革命不是一個單獨的事件，它是一連串的事件。就如同在諾曼第登陸之後，盟軍的士兵仍要花許多力量繼續肅清敵人，才能算贏得大戰。

王國維(1877-1927)說「道咸以降之學新」，這個「新」字表現在許多方面，其中一面即新思想資源的加入。這至少包括兩方面，一方面是從道光、咸豐以降，逐漸加入西方思想的成分；另一方面是在清代政治壓力下禁諱的書籍文獻的復出，它們被再創造、再意義化、再脈絡化，而產生了很大的衝擊。本文是對道咸以下思想界這個新現象的研究。

在文章一開始我提到，清代士人世界的禁諱活動是一個「漣漪效應」，一顆石頭投到湖心，漣漪往外一層一層地擴散出去，所以影響的並不只限於文字獄案件中所涉及的書籍，也不只限於在禁書目錄中所列舉的書，或是在《四庫全書總目提要》中受到貶抑、批評的書，其影響力往往擴散到許多我們想像不到的層面，政治壓力的禁諱作用造成一種「集體性的遺忘」。因為許多文獻被銷毀、被自我壓抑，或潛伏不出，以致原先在晚明清初發展的形形色色新鮮刺激的、帶有「現代性」意味的內容，往往不再成為思想世界活躍的成分。

這些禁諱的文獻，尤其是列名禁書目錄者，並不像史景遷(Jonathan Spence, 1936-)等學者所說的從此完全消失。事實上，其中有不少在嘉慶末年，尤其是道光、咸豐以降逐漸重刊或重新流通，許多原先被「漣漪效應」波及的文獻、實物……逐漸浮現、流通——當然所謂的「浮現」有時候是以意想不到的變貌，甚至帶有虛構性或雜

(續)――――――――――――――――――

　　　型下的清遺民》(台北：聯經出版公司，2009)。

糅附會的方式出現。在長期的「集體性遺忘」及「集體性遺落」之後，它們成為一批重大的新資源。在本文一開始我已經提到過，這批資源並不是簡單地「重現」，而是被整合到當時的思想言論世界中，成為其中一個因素而得到新的意義。所以它們所產生的意義也隨道咸以降時代環境的不同而有異。

本文也花費了一些篇幅，試著說明這些禁諱文獻復出的原因。由於我將在另一篇論文中較為詳細討論這個問題，所以本文只強調關心現實事務、獎勵忠義、鄉邦意識、官員為了求得政聲、地方或家族的自炫意識，以及商業利益、好異炫奇等等，都是不可或缺的動機。不過，本文特別強調清廷系統有計畫地以《勝朝殉節諸臣錄》之類具有指標性的官方文書來表達對忠誠政治的鼓勵，也是一個重要的原因。而儒家士人的道德激情，尤其是為了激發「忠義」，使許多人開始編纂明清之間殉節人物的歷史事跡或出版他們的文集，用來激發效忠本朝的熱情。

嘉慶後期的內亂，以及道咸之後一波又一波的內外動亂，使得「忠義」與經世關懷具有極強的現實感。加上清廷統治力衰弱、禁網鬆懈以及地方秩序的動搖，原先伏而不出的禁諱之書大量復現，這些文獻中所含的種族意識或種族之間的差別感又隨著局勢的變化而加劇，因此逐漸形成兩種分流的意識：一種偏於鼓舞忠義之氣，一種偏於揭露滿人的殘酷與罪惡；前者如《乾坤正氣集》，後者如《荊駝逸史》——許多後來在清季激發種族革命最有力量的小冊子如《揚州十日記》、《嘉定屠城紀略》等都在這套叢書中。

本文對當時抄寫、刊刻、復活文獻的士人身分、活動、團體及流通的情形也略作了勾勒，同時從「讀者反應」的角度考察人們對這些文獻的態度及閱讀時生發的意義。我們注意到清廷局勢尚未大壞之

前，閱讀《揚州十日記》之類的文本產生的感想與清末最後一、二十年間的截然不同。同時本文也指出，清末的世局激化了閱讀這些文獻所產生的感想及意義，成了激發清末種族意識及種族革命的重要因素。

　　本文當然也提到，禁諱文獻復活的影響是多方面的。不僅是種族意識，同時也包括晚明激烈的異端思想、對欲望與物質的強調、帶有解放及現代意味的觀念等。以黃宗羲《明夷待訪錄》為例，它在道光以後一次又一次被刊刻，書中廣泛的批判精神，不管是重視民權批判君權，或以學校為輿論中心及監督政府的機構等理念，都逐漸擴散並產生影響，而對晚清的變法及革命產生重大的影響。

　　本文最後一部分是以《南社》、《國粹學報》、《民報》等刊物中的晚明遺獻材料，討論它們塑造了一個略帶虛構的記憶世界，它與種族革命套疊在一起，發揮巨大的歷史影響。

附錄

從東亞交涉史料看中國

　　由於我對文化交涉學不曾作過專門研究，嚴格說來，對於這個主題我是沒有任何資格發言的。但是在我的研究經驗中，又對異域史料的價值有一些體會，所以試著以提要的方式將它們寫下來。

　　首先，我覺得研究任何中國歷史問題，如果能抱持著「東亞交涉」這一個理論自覺，所看到的現象必定有所不同。譬如注意到原先所不曾留意的、複雜的交涉現象，或不再抱持以中國爲中心向四周擴散的觀點，而忽略了其他重要的現象。近年來，已經有人從哲學、語言、歷史、思想、藝術等特定角度進行研究。以藝術史爲例，我的同事石守謙教授正在領導一個大型研究計畫探索相關問題。在石教授的〈中國與亞洲藝術的再定義〉這份研究提案中，他提到以13世紀以後的肖像畫及水墨畫爲例，可以透過中國部分的還原，一方面顯示日本具有選擇性的引進以及其後的變化與發展，另一方面也發現中國內部不同區域因此交流之進行而產生的對應發展。其中13、14世紀日本所引入的禪師肖像基本上來自文化中心的杭州與蘇州，羅漢圖等儀式所需的道具則取自寧波。它意謂著日本在選擇時確有品級的考慮，而且不同品級在日本所起的影響也有所不同。石守謙教授的提案中又說，如果把水墨畫的交流放在東亞的視域中，也可以得到新的了解。雖然在13、14世紀因爲中日貿易而帶動了寧波職業畫坊的蓬勃，但15世紀

日本水墨畫最大的改變卻與寧波無關，而係因日方重新取得杭州、北京等文化中心的聯繫而來，16世紀福建地區新興貿易港的出現，則增添了新的管道。但因爲中國方面與日本密切交流的幾個地區皆非文人畫的重鎮，所以在17世紀以前的日本水墨畫中，文人畫並未產生明顯的作用。

我長篇引用了石守謙先生的提案之後，還想說明一點：我們過去通常只關心強勢的、輸出方對於接受方的影響，但我們似乎不能忽略，接受方透過接受或購買的偏好，在受容過程中，替輸出方的文化產業或其他層面進行細微複雜的篩選、改進、重新編碼，或重新創造等形形色色的作用，同時也引起輸出方文化地景（cultural landscapes）的調整或重組。

英國史家John H. Elliott(1930~)在一本很小的書*The Old World and the New, 1492-1650*中提到，大英帝國向外擴張殖民的過程中，大幅改變了它的新闢殖民地，不過新闢殖民地的經驗也回過頭來影響英國[1]。中國與當時東亞各國的關係與大英帝國不同，但是J.H. Elliott所提到的現象，是不是也發生在當時的中國與東亞各國？也值得深入探考。

我始終牢記著中央研究院歷史語言研究所創始人傅斯年(1896-1950)的名言，研究、史學能擴充史料則得進步，不能擴充史料則不得進步。在東亞交涉學方面，我也想從擴充史料的角度出發，談談新的可能性。

以朝鮮方面的材料爲例，過去吳晗(1909-1969)的《朝鮮李朝實錄中的中國史料》已經爲從異域文獻中搜羅中國史料立下模範。近年

1　John H. Elliott, *The Old World and the New, 1492-1650*(Cambridge [Eng.]: Cambridge University Press, 1970).

來我翻閱《韓國文集叢刊》、《韓國歷代文集叢書》、《燕行錄》等套書，也發現了許多中土所不載、而朝鮮文獻所獨詳的歷史材料[2]。其中又以到過中國的學者文人所留下的紀錄，最爲可觀。這方面的史料已經被從外交史、文化交流史等角度作過不少研究。以下所要談的是針對目前仍在做的兩項研究，說明東亞交涉史料對研究中國史的其他意義。

近十幾年來，我一直在研究清代政治與文化的問題，迫切需要了解在清代盛世時期士大夫及一般百姓對滿漢之間種族意識的實況。我曾翻查不少清人著作，但因爲清代文字獄的壓力太大，一般人對此問題避之唯恐不及，所以幾乎找不到任何直接的材料。在經過一段尋思之後，我將注意力投向朝鮮使者的文集及各式各樣的《燕行錄》。因爲朝鮮使者們曾廣泛地與他們所遇到的北方士大夫或平民對話，一般人對外來的陌生人講話比較直接，而朝鮮使者下筆時又沒有清朝臣民的政治忌諱，所以我推測，如果他們談話的主題與我的關心相近，朝鮮使者們就像是在替我作田野調查一般。如果我們不用文化交流史或政治外交史的角度閱讀這些文獻，而是改換一個角度，用田野調查的角度讀它們，一定可以捕捉到一些迫切需要的訊息。在過去幾年，我已經從各種《燕行錄》及朝鮮文人文集中抄錄了不少材料，大致可以解答這個在清代中國既敏感而又充滿忌諱的問題。

在探討同一個問題時，我也曾閱讀關西大學松浦章教授所整理出版的幾冊《江戶時代漂着唐船資料集》，其中有一些非常有意思的問答，如果把這些對話轉成人類學的田野問答，可以看出許多在中土史

2　最近我注意到已有《韓國文集中的蒙元史料》及《韓國文集中的明代史料》出版。

料中所看不到的面相。我相信在清代東亞其他國家(如越南等地)的相
關文獻中也可以得到這類材料,而這些都是清代中國文獻中幾乎完全
找不到的。

我的另一個經驗是這樣的:在過去十幾年中,我曾陸續寫過幾篇
文章討論近世中國公開省過的傳統,並提到這個傳統的來源之一,是
宋代以來「鄉約」中所實行的一種公開記過、省過的方式。宋朝大儒
朱熹(1130-1200)的《增損呂氏鄉約》中就這樣記載著:

> 過失可規者,書于一籍。
> 於是約中有善者眾推之,有過者直月糾之,約正詢其實狀于
> 眾,無異辭,乃命直月書之。直月遂讀記善籍一過,命執事
> 以記過籍徧呈在坐。[3]

中國的鄉約有各式各樣的變型,但其中公開彰善糾過的部分,是相當
穩定的成分。能否謹守約規而被留在約內,是一件事關個人榮耀感及
社會地位的事。各式各樣約規的內容及其流變,反映不同地區及不同
時代的思潮,非常值得從思想、社會史的角度進行研究。但是我也注
意到,過去研究中國鄉約的歷史往往碰到一個瓶頸:即我們很容易看
到約條,但很不容易看到實行的紀錄,尤其是其中公開彰善糾過的部
分。我常將此現象形容是「食譜」很多,但看不到實際作出的
「菜」;連篇累牘的各種約條,只能算是「食譜」而已。

但是我在韓國的鄉約史料中,卻可以找到這方面的資料,此處僅

---

3 朱熹著,宋傑人等主編,《朱子全書》(上海:上海古籍出版社,2002),
   第24冊,頁3594、3603。

舉一例。在《朝鮮後期鄉約資料集成——靈巖、海南、羅州》中，我
讀到〈大同禊行罰錄〉，是一種「記過籍」[4]，例如：

> 鄭淳芳氏沮敗家產，事係官府，故出禊事。有司宋正煥，公
> 事員鄭有鉉，壬子十二月十日。[5]
> 崔秉性氏所逋野多，故出禊事。乙卯十二月十日，有司鄭淳
> 璟，公事員朴鍾緒。[6]
> 崔秉植氏、宋喆煥氏室內喪禮時，護喪未恭，故行酒罰事。
> 李鍾氏上仝，朱安順上仝，金南洙上仝。己未四月十六日，
> 有司鄭淳化，公事員宋奎煥。[7]
> 宋喆煥氏講信之日被酒無禮，動作無儀，故行損徒事。李哲
> 欽氏講信之日，與宋喆煥氏喧嘩失禮，故行酒罰事。崔鶴吉
> 氏講信之日與宋喆煥氏喧嘩，故行笞奴十度事。庚申四月初
> 四日，禊長崔基模，公事員鄭泰鉉，有司宋在基。[8]
> 崔致鉉氏心志放蕩，沮敗家產，放賣先山，欺人取物而逃在
> 外處，故不可同籍，故行黜禊事。辛酉四月十八，公事員鄭
> 淳璟，有司宋在默。[9]
> 宋在默氏當其有司，不察禊規，鄭奎采氏承重喪，哀賻不當

4　金鎬逸、朴京夏、朴燀、朴鍾彩合編，《朝鮮後期鄉約資料集成——靈
　　巖、海南、羅州》(韓國：國史編纂委員會，1997)，〈I.靈巖：大同禊行
　　罰錄〉，頁307-313皆爲相關案例。
5　同上書，頁307。
6　同上書，頁307-308。
7　同上書，頁308。
8　同上書，頁309-310。
9　同上書，頁310-311。

給而出給，故行酒罰事。壬戌十一月二十七，公事員崔啓
洪，有司鄭得采。[10]

〈大同禊行罰錄〉提供了一種參照性的材料，讓我們知道宋以下中國
鄉約中的「記過籍」及在約眾面前公開彰善糾過的情形大概是什麼樣
子。

在我個人的研究經驗中，還涉及到兩種尷尬的場合，而異域史料
可以替我解圍。第一是對中國人習而不察的日常生活的觀察與記錄。
法國史家米敘烈(Jules Michelet, 1798-1874)說到「歷史的緘默」(the
null of history)，我的理解是指生活於其中的人，因為缺乏一種有意
義的距離感，故把生活中的許多東西視為當然，不覺得有記錄的必
要。可是對於「他者」而言，往往對它們感到新鮮寶貴，反而提供許
多珍貴的紀錄。《清俗紀聞》[11]中鉅細靡遺的圖畫，即是一例。第
二、異域史料中有時保留一些菁英士大夫所不記錄的地方性文化史
料。多年前我在寫一篇論文時，觸及明季江南文化界的一位所謂「妄
人」豐坊(約1500-1570)，在評估各種零星史料之後，我發現我相當
倚賴日本僧人策彥周良(1501-1579)的《初渡集》，他不但記豐坊，
還記當時地方上的一批小文人小畫家，當時中國的文獻好像不大願意
提這些小讀書人[12]。

東亞諸國的文化交涉史中，往往為他國保留重要的佚籍、佚文，

10　同上書，頁312。

11　由日本中川忠英(1753-1830)所輯。

12　請參看王汎森，〈明代後期的造偽與思想爭論：豐坊與《大學》石經〉，
　　《新史學》6：4(1995)，頁1-19。"The 'Daring Fool' Feng Fang(1500-
　　1570)and His Ink Rubbing of the Stone-Inscribed Great Learning," *Ming Studies,
　　35*(1995), pp. 74-91.

清末楊守敬(1839-1914)編纂《古逸叢書》，發掘了大量中土久已不存的要籍。最近韓國學中央研究院出版的大元《至正條格》，也是一個驚動元史學界的案例。而我在古勝隆一的《中國中古の學術》書中，也看到對唐朝賈大隱《老子述義》之類佚籍的討論。佚文、佚籍的數量一定比我們想像的多，將來亦必不斷有新的發現。我個人認為，關西大學故教授大庭脩(1927-2002)的《舶載書目》及《江戶時代における唐船持渡書の研究》還留有不少進一步探索的線索。

最後我要提到，東亞諸國間訊息傳遞網絡的形成，是一個饒有趣味的問題。我觀察當時東亞諸國之間的文獻流通、學術思潮之傳播，覺得遠比我過去想像的要快速。我讀吉川幸次郎(1904-1980)的《元明詩概說》，即頗驚訝於明代中國文壇與日本文壇之密切對話關係。我讀《燕行錄》也發現朝鮮對清朝發生的敏感事件(如呂留良事件)，獲得訊息之快速。如果能對這一類現象有更深的探討，必能更清楚地建構近世東亞文化交涉史的面貌。

附記：2007年10月，應日本關西大學文化交涉學教育研究中心之邀，參加「文化交涉學的可能性：東亞新文化像的構築」第一屆國際學術研討會發表演講，並參與該校授與余英時教授名譽博士典禮，本文是當時的發言稿。

權力的毛細管作用：清代的思想、學術與心態(修訂版)

2022年10月三版　　　　　　　　　　　　　　定價：新臺幣750元
2022年12月三版二刷

著　　　者	王	汎	森
叢書主編	沙	淑	芬
校　　　對	吳	淑	芳
封面設計	蔡	婕	岑

出　版　者	聯經出版事業股份有限公司
地　　　址	新北市汐止區大同路一段369號1樓
叢書主編電話	(02)86925588轉5310
台北聯經書房	台北市新生南路三段94號
電　　　話	(02)23620308
台中辦事處	(04)22312023
台中電子信箱	e-mail:linking2@ms42.hinet.net
郵政劃撥帳戶	第0100559-3號
郵撥電話	(02)23620308
印　刷　者	世和印製企業有限公司
總　經　銷	聯合發行股份有限公司
發　行　所	新北市新店區寶橋路235巷6弄6號2F
電　　　話	(02)29178022

副總編輯	陳	逸	華
總編輯	涂	豐	恩
總經理	陳	芝	宇
社　　長	羅	國	俊
發行人	林	載	爵

行政院新聞局出版事業登記證局版臺業字第0130號

聯經網址 http://www.linkingbooks.com.tw
電子信箱 e-mail:linking@udngroup.com

ISBN　978-957-08-6586-8 (精裝)

國家圖書館出版品預行編目資料

權力的毛細管作用：清代的思想、學術與心態（修訂版）/
王汎森著 . 三版 . 新北市 . 聯經 . 2022.10 . 680面 . 14.8×21公分 .
ISBN　978-957-08-6586-8（精裝）
［2022年12月三版二刷］

1. CST：學術思想　2. CST：清代哲學　3. CST：文集

112.707　　　　　　　　　　　　　　　　　111015759